PRÉCIS
DE
GRAMMAIRE COMPARÉE
DE L'ANGLAIS ET DE L'ALLEMAND

RAPPORTÉS A LEUR COMMUNE ORIGINE
ET RAPPROCHÉS DES LANGUES CLASSIQUES

PAR

Victor HENRY

Professeur de Sanscrit et Grammaire comparée
à l'Université de Paris.

DEUXIÈME ÉDITION

PARIS
LIBRAIRIE HACHETTE ET Cie
79, BOULEVARD SAINT-GERMAIN, 79
1906.

Droits de traduction et de reproduction réservés.

PRÉCIS

DE

GRAMMAIRE COMPARÉE

DE L'ANGLAIS ET DE L'ALLEMAND

OUVRAGES DU MÊME AUTEUR

PUBLIÉS PAR LA LIBRAIRIE HACHETTE ET Cie

Précis de Grammaire comparée du Grec et du Latin,
3e édition, un volume in-8°, broché............................ 7 fr. 50

Les Littératures de l'Inde, Sancrit, Pali, Pracrit un vol. in-16,
broché... 3 fr. 50

PRÉCIS

DE

GRAMMAIRE COMPARÉE

DE L'ANGLAIS ET DE L'ALLEMAND

RAPPORTÉS A LEUR COMMUNE ORIGINE
ET RAPPROCHÉS DES LANGUES CLASSIQUES

PAR

Victor HENRY

Professeur de Sanscrit et Grammaire comparée
à l'Université de Paris.

DEUXIÈME ÉDITION

PARIS
LIBRAIRIE HACHETTE ET Cie
79, BOULEVARD SAINT-GERMAIN, 79
1906.

Droits de traduction et de reproduction réservés.

PRÉFACE.

La première édition de ce livre est de 1893. La critique l'a généralement accueillie avec une indulgence dont je ne saurais assez la remercier. Cependant elle ne m'a pas épargné le double et contradictoire reproche que j'anticipais à la fin de ma préface : d'aucuns m'ont plaint d'avoir dû faire précéder un exposé grammatical assez clair d'une phonétique aride et rebutante ; d'autres, en plus grand nombre, m'ont blâmé de l'avoir trop édulcorée, en esquivant ou me bornant à effleurer certaines questions, capitales à leurs yeux.

J'ai fait de mon mieux pour parer à ce dernier défaut. Mais, si l'ouvrage ainsi refondu et mis au courant devait ne pas répondre encore à toutes les légitimes exigences des germanistes, je les prierais de considérer que l'enseignement de la grammaire comparée des langues germaniques n'est pas, ne peut pas être en France ce qu'il est en Allemagne, où il fait partie intégrante de l'histoire linguistique et littéraire du pays lui-même. Ce livre est un précis élémentaire, d'où j'ai estimé qu'il fallait bannir la controverse, voire, autant que faire se pouvait, les opinions douteuses : j'ai voulu que les débutants eussent la sensation de prendre pied sur un terrain ferme ; j'ai essayé d'esquisser les grands contours et de marquer les points d'orientation. A ceux qui s'en contenteront, cette initiation pourra amplement suffire ; aux autres elle donnera la base nécessaire pour me dépasser et chercher ailleurs une initiation supérieure [1].

[1] Un exemple entre cent. L'étudiant lira (p. 102) : « got. *hlapan* (charger), ags. *hladan* et ag. *lade*, v. h. al. *hladan ladan* et al. *laden* ». Si rien ici ne l'arrête, tout est provisoirement pour le mieux : à quoi bon compliquer sa tâche d'une notion accessoire dont il ne ressent pas le besoin ? Que s'il s'inquiète de ce *d* anglais répondant à un *d* allemand et s'il n'est pas encore assez mûr pour appliquer à ce cas la solution générale qu'il lira au n° 55, il n'aura qu'à ouvrir le Dictionnaire de M. Kluge à l'article *laden* pour y trouver de quoi apaiser son scrupule.

Quant à l'inconvénient de débuter par une phonétique qui, malgré ces sacrifices nécessaires, demeure encore assez détaillée, je n'y vois naturellement d'autre remède que la patience, le bon vouloir et l'intelligence du lecteur, préalablement bien préparé par la connaissance approfondie de l'une au moins des deux langues et un continuel recours à la grammaire usuelle de l'autre. Ce minimum de pratique acquis, il entrera de plain pied dans la théorie. Qu'il s'en persuade bien et n'aille point, sur l'apparence, s'imaginer qu'on lui demande un redoutable effort, ou se récuser faute de savoir ce que tout justement on lui veut enseigner. Qu'il aborde la grammaire comparée des langues germaniques avec la tranquille conviction qu'elle se suffit à elle-même, qu'on s'y peut mouvoir sans avoir appris le sanscrit ni le grec ni même le latin, que les formes linguistiques étrangères citées dans ce livre sont pour aider ceux qui les connaissent et non pour dérouter ceux qui les ignoreraient, et qu'enfin, si le maître est en loyauté pédagogique tenu de presque tout dire, l'élève ne l'est point de tout apprendre, ni surtout de tout retenir d'emblée. Il appartient à son tact de faire un choix entre les notions qu'on lui offre, de se pénétrer de celles qui conviendront le mieux à son genre de mémoire, de reléguer à l'arrière-plan celles qui l'alourdiraient sans profit ; et, si quelques artifices typographiques lui peuvent parfois alléger ce travail de sélection, ce serait le trahir que de le dispenser tout à fait d'une initiative personnelle sans laquelle il n'est point d'étude fructueuse.

Par la même raison il se gardera de s'astreindre à trop de docilité et ne se croira point obligé d'avoir compris à fond tout un chapitre avant de passer au suivant. Cette méthode parcellaire, recommandable pour la grammaire empirique seulement, n'apprêterait d'ordinaire à l'apprenti linguiste que dégoûts et insuccès : tout le long du chemin il aurait ignoré où on le menait, et arrivé au but il aurait oublié tous les repères du chemin parcouru. Il faut au contraire, autant que possible, lire l'ouvrage d'une seule haleine, sans rien omettre, mais sans s'appesantir sur les passages qu'on trouverait compliqués ou obscurs, et atteindre ainsi rapidement, avec les dernières parties, le terrain de la grammaire proprement dite, où l'étudiant se sent le mieux à l'aise, parce qu'il le connaît déjà en tant que notions courantes et y vérifie directement les aperçus nouveaux pour lui. Alors seulement il commence à saisir la raison d'être et à jouir de la rigoureuse précision des prémisses phonétiques et étymologiques dont il a fallu les faire précéder ; et, lorsqu'il rouvrira le livre après l'avoir clos sur la dernière page, il verra s'éclairer d'un jour inattendu la plupart des points qu'il aura laissés dans l'ombre. A la seconde lecture, il usera largement des nombreuses références semées à travers l'ouvrage, complètera, par exemple, la théorie de l's final par celle des pluriels et des génitifs, celle de l's médial par celle du pluriel neutre en -*er*, celle de l'apophonie indo-européenne par la classification des verbes forts, s'exercera enfin à embrasser de haut et d'ensemble tout le domaine où une saine méthode n'aura pu d'abord que le guider pas à pas.

Ce qu'il se sera ainsi assimilé, l'étudiant devenu maître à son tour le fera-t-il passer dans l'enseignement secondaire par lequel il débutera ? et dans quelle mesure le pourra-t-il ? Je l'en laisse volontiers juge ; car, depuis la première publication de mon livre, s'est introduite dans notre enseignement des langues vivantes une réforme qui par certains côtés est très favorable, par certains autres très contraire à la tendance historique et scientifique. Ce n'est pas ici le lieu de discuter les avantages de la méthode directe ; mais il est bien évident que, dans sa défiance morbide de toute théorie, elle exclut à bien plus forte raison la collation de deux langues, dont elle ne veut jamais envisager qu'une, et l'évocation de leur lointain passé. D'autre part, en fait, il ne l'est pas moins que, dans nos lycées, beaucoup d'élèves apprennent les deux langues à la fois, que leur nombre, selon toute apparence, est encore appelé à s'accroître, et qu'il y aurait une contradiction étrange à tenir radicalement séparés deux ordres d'étude qui sainement envisagés n'en font qu'un seul. A ces enfants, un rapprochement discret et sûr, non pas artificiellement plaqué sur l'enseignement direct, mais amené par ses conditions mêmes et en quelque sorte par la force des choses, — une de ces étymologies qui laissent entrevoir l'étonnant mystère de la vie des mots, la constatation sommaire d'une concordance constante comme celle de *th* anglais et *d* allemand à l'initiale, l'esquisse de l'expansion anglaise de l'indice du génitif, la comparaison lettre pour lettre de tel verbe fort dans les deux langues, — peut pratiquement faciliter la mnémotechnie vulgaire, tout en ouvrant à leur jeune curiosité des horizons encore inconnus. Je n'insiste pas ; mais j'aime à me rappeler que la notion subconsciente de la constance des lois phonétiques a dû s'imposer à moi dès l'enfance, par le seul fait qu'on m'enseignait le « bon allemand » et que j'entendais parler autour de moi le patois alsacien [1].

Mais, encore une fois, il ne m'appartient à aucun titre de m'immiscer dans la pédagogie de l'enseignement secondaire. Quoi qu'en décident ceux qui ont charge de ses destinées, il demeure certain que l'enseignement supérieur des langues vivantes ne peut que gagner à reposer sur de solides bases historiques, et que les programmes des futurs diplômes d'études, qu'on élabore à cette heure, donneront ample satisfaction à ce besoin. Nombre de nos jeunes maîtres auront le goût et l'ambition de faire leurs preuves dans cet ordre de connaissances. C'est à eux surtout que je songe en rééditant cette grammaire. Je souhaite qu'ils en tirent tout le profit nécessaire pour l'apprécier, la discuter, la critiquer et, plus tard, la dédaigner.

V. H.

Sceaux (Seine), le 1er mai 1906.

---

[1] C'est pourquoi l'on ne saurait trop recommander à ceux qui ont le bonheur de connaître de naissance un dialecte anglais ou allemand, d'entretenir leurs souvenirs, de les rafraîchir par la fréquentation des indigènes et la lecture d'œuvres patoises, de les préciser par la comparaison des dialectes voisins. La documentation à cet effet est maintenant abondante : le *Wörterbuch der Elsässischen Mundarten* de MM. Martin et Lienhart, le *Schwäbisches Wörterbuch* de H. Fischer, l'*English Dialect Dictionary* de M. Wright, et bien d'autres qu'on n'a pu insérer dans une bibliographie parce que l'intérêt en est tout local, leur seront, suivant les cas, de précieux auxiliaires. Ils feront même œuvre utile à eux et à d'autres en s'essayant à la description partielle ou totale de leur idiome natal, en en fixant tout au moins dans une courte monographie les particularités les plus caractéristiques, aujourd'hui si déplorablement éphémères.

TRANSCRIPTIONS.

Dans les transcriptions de mots des langues indo-européenne et prégermanique et en général de tous les idiomes, qui, étant dépourvus de littérature, n'ont point d'orthographe fixée (patois), les caractères sont employés pour leur valeur phonétique précise, telle qu'elle est définie au début de l'ouvrage (nos 10-14) : ainsi, le χ, le $þ$, le $đ$ et le $ƀ$ sont des spirantes, qui équivalent, respectivement, au g allemand de *ewige*, au *th* anglais dur, au *th* anglais doux et (à peu près) au v français [1] ; le $š$ vaut notre *ch*, et le $\check{z}$, notre j ; l'u se prononcera toujours comme fr. *ou* ; le w, comme en anglais ; l'y, en semi-voyelle, comme dans fr. *yeux*, etc. Par exception toutefois, en prégermanique, cette dernière articulation est rendue par le j [2], comme en gotique, vieil-allemand et allemand actuel.

En ce qui concerne la valeur des voyelles, il importe de distinguer toujours avec grand soin, par exemple : $ă$ ou a, brève non accentuée ; $á$, brève accentuée ; $ā$, longue non accentuée ; $â$, longue accentuée [3] ; quelquefois $à$, brève frappée d'un accent secondaire ; et ainsi des autres [4].

[1] Notre v est denti-labial, tandis que le $ƀ$ est bilabial comme le b (v) espagnol.

[2] Non qu'il y ait à cela le moindre avantage, mais parce que telle est la graphie courante de tous les germanistes ; et, par la même raison les diphtongues ay et aw sont écrites ai et au en prégermanique.

[3] Ce caractère peut prêter à quelque ambiguïté, parce qu'on l'a également employé pour transcrire les voyelles ultra-longues de l'indo-européen ; mais ces phonèmes exceptionnels ne se rencontrent guère en dehors de notre n° 34.

[4] Ne pas confondre ces accents avec ceux qui servent à distinguer les uns des autres certains phonèmes gotiques. On ne marque pas l'accentuation des anciennes langues germaniques, non plus que celle des modernes, supposée connue, ni celle du latin.

La transcription théorique adoptée pour les langues-mères vaut aussi en principe pour les langages particuliers qui en sont issus, sauf les additions et modifications qu'impose leur orthographe conventionnelle et dont suit le résumé.

SANSCRIT. — Le *c* en toute position se prononce à peu près comme *tš*, ou *c* italien devant *i* ; le *j*, comme *dž*, ou *g* italien devant *i*. Les d, t et n qui figurent en romain dans le texte italique sont des articulations cacuminales ; mais la prononciation usuelle néglige cette légère nuance. L's n'est jamais douce et se prononcera en toute position comme le *ç*.

GREC. — La prononciation usitée dans l'enseignement français n'est que peu défectueuse et peut suffire, à la condition toutefois de ne pas négliger la différence des brèves et des longues. Le ϝ, consonne disparue en grec classique, vaut le *w* anglais ou un *v* bilabial.

LATIN. — La prononciation scolaire est très fautive. Il serait bon, si l'on en peut prendre l'habitude, de la corriger comme suit : traîner un peu sur toute voyelle marquée longue ; l'*u* bref ou long, comme en allemand ; le *c*, en toute position, comme *k*, et le *g*, de même, comme *g* initial allemand dans *geben*, etc. ; le *j*, comme en allemand ; le *v*, comme *w* anglais ; l's, toujours dure ; la voyelle suivie de nasale, par la voyelle très pure et la nasale détachée sonnant séparément ; l'accent tonique sur l'avant-dernière syllabe, si elle est longue de nature ou de position, ou si le mot n'a que deux syllabes ; sinon, sur la précédente ; jamais plus haut.

GOTIQUE. — L'*ei* est un simple *i* (long !). L'*ai* est un *e* ouvert bref, comme dans fr. *lait* ; l'*au*, un *o* ouvert bref ; au contraire, *ái* et *áu* sont de vraies diphtongues, prononcées respectivement comme *ai* et *au* allemands [1]. La diphtongue *iu* est descendante : appuyer sans traîner sur l'*i* et glisser sur l'*u*. Le *b*, le *d* et le *g* ont une prononciation double, qu'il suffit au surplus de connaître sans s'astreindre à la reproduire :

---

[1] Quand par exception l'accent distinctif manque sur un de ces groupes, c'est qu'on en ignore la vraie valeur ; car les manuscrits gotiques ne les différencient jamais.

plosifs à l'initiale et après nasale, ils sont spirants, soit donc ƀ, đ et ʒ, partout ailleurs. Le þ est le *th* dur anglais. L's est toujours dure, et le *z* est sa douce comme en français [1]. Le *w* est le *w* anglais, et le *q* vaut *kw*. Enfin, le *g* devant *k* ou *g* représente la nasale gutturale *ṅ* (*briggan*, « to bring, bringen »).

VIEUX-NORROIS. — L'*æ*, l'*oe* et l'*y*, longs ou brefs, valent respectivement l'*ä*, l'*ö* et l'*ü* allemands. L'écriture distingue la spirante dentale sonore (ð) de la spirante dentale sourde (þ) ; mais les deux spirantes labiales (*f*, *v*) sont confondues dans la graphie *f*. Le reste sans difficulté. D'ailleurs on n'a cité que bien peu de mots scandinaves.

ANGLO-SAXON. — On manque de données précises sur la prononciation des voyelles et diphtongues, mais le plus sûr est de s'en rapporter simplement à l'écriture [2] : l'*u*, comme en allemand ; l'*æ*, comme l'*a* anglais de *cab*, *bag*, et l'*ǣ*, comme l'*ä* long allemand ; l'*y*, bref ou long, comme l'*ü* allemand ; les groupes *ea*, *ēa*, *eo*, *ēo*, *ie*, *īe* ne forment pas deux syllabes, mais sont, comme l'*iu* gotique, des diphtongues descendantes [3]. La spirante dentale, sourde ou sonore, s'écrit indifféremment ð (plus tard þ), et la spirante labiale, sourde ou sonore, indifféremment *f* ; mais la prononciation de l'anglais actuel permet en général d'établir le départ entre *f* et *v*, þ et đ (*th* dur ou doux [4]). Le *c* se prononce *k* devant toute voyelle ; toutefois il a pris de bonne heure, devant voyelle palatale, la nuance palatale qui a abouti au *ch* moderne [5]. Le *ġ* était spirant, au moins

[1] Se garder de le prononcer comme en allemand moderne !

[2] Se garder, sur toutes choses, d'articuler les voyelles de l'anglo-saxon, ou même celles du moyen-anglais, comme celles de l'anglais actuel.

[3] Quand la première voyelle est marquée longue, la diphtongue entière doit être un peu prolongée. Les manuscrits anglo-saxons écrivent ces diphtongues *eá*, *eó*, *ié*.

[4] Voir aux nᵒˢ 48 et 49.

[5] Voir au nᵒ 50, III, 4. Même parfois à la finale d'un enclitique, comme dans *ic* (je) devenu *ich* en moyen-anglais : certains dialectes ont encore la forme *chill* (je veux), où l'initiale du verbe n'est autre chose que la finale ancienne du pronom.

dans tous les cas, très nombreux, où il a abouti au *y* ou au *w* actuel [1] : il s'écrivait ʒ, et c'est même à l'alphabet anglo-saxon que les germanistes ont emprunté ce symbole de la spirante palatale sonore [2]. Mais en pratique il est bien loisible de négliger toutes ces nuances [3]. Le *w*, bien entendu, est le *w* anglais.

MOYEN-ANGLAIS. — Se conformer, en principe, à l'écriture, mais étouffer tant soit peu les sons qui deviendront muets en anglais moderne ; le *th* dur ou doux comme en anglais dans les mots correspondants.

VIEUX-HAUT-ALLEMAND. — Se conformer scrupuleusement à l'écriture, et par conséquent prononcer brèves les voyelles qui ne sont pas marquées longues (l'ë de *gëban*) et longues celles qui sont marquées telles (l'ē de *habēn*), sans égard à ce qu'elles ont pu devenir en allemand moderne [4]. Les diphtongues, *ea, ia, eo, io, iu, uo*, sont toutes descendantes. Les consonnes, en général, comme en allemand moderne, sauf les différences suivantes : *h* médial devant consonne ou final, comme *ch* actuel (*naht* = *nacht*) ; ʒ et ʒʒ, à peu près comme *s* dur [5] ; *s*, en toute position, de même (comme *ss* de *wasser*) ; *w*, comme *w* anglais.

MOYEN-HAUT-ALLEMAND. — L'assourdissement des voyelles atones est marqué par l'écriture, puisque *ia* et *io*

---

[1] Voir au n° 50, II.

[2] Toutefois, dans ce livre, on a écrit *g* la palatale anglo-saxonne, afin d'éviter de multiplier inutilement un caractère insolite.

[3] Il n'est pas nécessaire non plus d'observer une distinction de timbre entre l'ë (issu d'*e* primitif) et l'*ę* (symbole de la métaphonie de l'*a*) : cette distinction, qu'on trouvera partout rigoureusement marquée dans notre graphie de l'anglo-saxon, ainsi que de l'allemand vieux et moyen, est de première importance au point de vue historique, mais insignifiante en pratique. Quant à l'*ǫ* anglo-saxon, modification d'*a* devant nasale, c'est un *o* bref très ouvert.

[4] En d'autres termes, *haben* est aujourd'hui longue accentuée + brève, tandis qu'il était jadis brève accentuée + longue : le timbre restant identique à lui-même, le rythme de la langue a changé du tout au tout.

[5] Mais le ʒ ou ʒʒ, comme aujourd'hui, soit *ts*.

deviennent *ic*, etc.; mais il faut se borner à les assourdir et se garder de les amuïr entièrement, par exemple, de prononcer *ic* à la moderne, comme un simple *i*. La diphtongaison doit rester sensible. Toutefois, comme *iu* évolue vers *ü* long dès les premiers temps et y aboutit nettement aux bas temps, on ne se fera point faute de le prononcer ainsi. On pourra également adopter la prononciation moderne du *w*, qui est aujourd'hui un *v* bilabial ou denti-labial. Quant au *v*, c'est, bien entendu, un *f* comme aujourd'hui.

LANGUES SLAVES. — Sans intérêt, vu le peu de mots cités : l'ŭ, très assourdi ; le š, comme plus haut ; le č, comme *c* sanscrit.

LANGUES MODERNES. — Rien à dire, sinon que, pour l'allemand, on s'est conformé à l'orthographe simplifiée et désormais officielle.

SIGNES CONVENTIONNELS.

acc.	accusatif.	pl.	pluriel.
adv.	adverbe.	pl. 1, 2, 3.	1re, 2e, 3e personne du pluriel.
advb.	adverbial.		
ag.	anglais.	ppe.	participe.
al.	allemand.	pr. (1).	présent.
cf.	comparer.	pr. (1).	prononcer.
dat.	datif.	préf.	préfixe.
fl.	fléchi.	prg.	prégermanique.
fm.	féminin.	rac.	racine.
fr.	français.	réd.	réduit.
gén.	génitif.	sg.	singulier.
germ.	germanique.	sg. 1, 2. 3.	1re, 2e, 3e personne du singulier.
got.	gotique.		
gr.	grec.	sk.	sanscrit.
i. e.	c'est-à-dire.	sl.	vieux-slavon (ou slave en général).
i.-e.	indo-européen.		
impf.	imparfait.	sq.	et suivants.
ind.	indicatif.	subj.	subjonctif.
inf.	infinitif.	suff.	suffixe.
lat.	latin.	V.	voir.
lit.	lituanien.	v. al.	vieux-haut-allemand.
m. ag.	moyen-anglais.	vb.	verbe.
m. al.	moyen-haut-allemand.	vbl.	verbal.
métaph.	métaphonique.	v. fr.	vieux-français.
m. fr.	moyen-français.	v. g.	par exemple.
mod.	moderne.	v. nor.	vieux-norrois.
msc.	masculin.	v. sax.	vieux-saxon.
nom., nomin.	nominatif.	voc.	vocatif.
nt.	neutre.	zd.	zend (ou avestique).
pf.	parfait.		

Toutes autres abréviations s'expliqueront d'elles-mêmes.

[1] Le sens même de la phrase empêchera toujours de prendre l'un de ces sigles pour l'autre.

Le signe = entre deux formes implique leur identité, soit qu'elles procèdent l'une de l'autre, v. g. ag. *book* = ags. *bōc*, soit qu'elles remontent toutes deux à une forme commune plus ancienne, v. g. ag. *book* = al. *buch*. Employé concurremment avec le signe : , il sert à expliquer une création analogique, v. g., ag. *mothers* [1] : *mother* = *fathers* [1] : *father*, et se lit comme en arithmétique (*mothers* est à *mother* comme *fathers* est à *father*).

L'astérisque devant une forme indique qu'elle n'est point historiquement attestée, mais simplement restituée par conjecture [2]. C'est naturellement le cas pour toutes les formes indo-européennes et prégermaniques.

Le trait d'union, devant ou après une forme, indique un élément linguistique qui n'apparaît jamais isolé et ne peut s'employer qu'en s'unissant à un autre élément. La forme suivie du trait d'union est, ou bien un préfixe détaché du composé dont il fait partie (ag. *be-*, al. *ver-*), ou bien un thème nu dépouillé de toute désinence grammaticale (al. *seh-* « voir »). La forme précédée du trait d'union est, ou bien un mot qui n'apparaît nulle part sans un préfixe (al. *-kunft* [3]), ou (bien plus souvent) un suffixe de dérivation ou une désinence de déclinaison ou de conjugaison (ag. *-y* = al. *-ig* dans *hol-y* = *heil-ig*, ag. sg. 2 *-st* = al. sg. 2 *-st*, etc., etc.

L'ouvrage a été divisé en 240 articles, de numérotation continue et très apparente, dont chacun forme un ensemble

---

[1] Le pl. ags. est respectivement *mōdru* et *fædras*.

[2] Exceptionnellement, comme à la p. 1, il peut marquer un type inexistant qui n'a jamais existé. Mais au contraire il faut insister sur cette observation que les formes ainsi restituées *ne sont pas fictives*. Ainsi les textes gotiques ont beau ne nous fournir aucun exemple d'un adjectif got. *warm-s « chaud » ; l'ag., l'al. et autres le supposent nécessairement, et en outre le got. possède. son dérivé, le vb. *warm-jan* « chauffer », en sorte que nous sommes aussi assurés de l'existence, à un moment donné, de l'adjectif *warm-s, que si nous le lisions dans Ulfilas.

[3] Dans *aus-kunft, zu-kunft, ein-künft-e*, alors qu'il n'y a pas de mot *kunft. Mais l'adjectif qui répond à *zu-kunft* est *künft-ig*, lequel suppose nécessairement l'existence d'un simple *kunft.

aussi homogène que possible : c'est à eux que renvoient toutes les références indiquées par *supra* et *infra*, ainsi que les index alphabétiques de la fin du volume.

En consultant ceux-ci, on prendra garde qu'un mot donné peut revenir plusieurs fois dans le même article et se trouver dans les notes aussi bien que dans le texte.

INDICATIONS BIBLIOGRAPHIQUES.[1]

Behaghel (O.). Die Deutsche Sprache. — Leipzig et Prague, Tempsky, 1902.

Beiträge zur Geschichte der Deutschen Sprache und Litteratur, herausgegeben von H. Paul und W. Braune (E. Sievers). I-XXX. — Halle, Niemeyer, 1874-1905.

Beiträge zur Kunde der Indogermanischen Sprachen, herausgegeben von Ad. Bezzenberger (und W. Prellwitz). I-XXIX. — Göttingen, Peppmüller, 1877-1905.

Bossert (Ad.) et Beck (Th.). Les Mots Allemands groupés d'après l'étymologie. — Paris, Hachette, 1896.

Braune (W.). Althochdeutsche Grammatik, 2te Auflage. — Halle, Niemeyer, 1891.

Braune (W.). Althochdeutsches Lesebuch, 3te Auflage. — Halle, Niemeyer, 1888.

Braune (W.). Gotische Grammatik, mit einige Lesestücken und Wortverzeichnis, 5te Auflage. — Halle, Niemeyer, 1900.

Bright (J. W.). An Anglo-Saxon Reader, with notes and glossary. — Londres, Swan Sonnenschein, 1892.

Brugmann (K.). Abrégé de Grammaire comparée des Langues Indo-Européennes, traduit par J. Bloch, A. Cuny et A. Ernout, sous la direction de A. Meillet et R. Gauthiot. — Paris, Klincksieck, 1905.

---

[1] C'est à dessein qu'on a réduit la présente liste au strict minimum : il serait dangereux aux débutants de trop disperser leur consultation ; ceux qui voudront pousser plus avant trouveront d'ailleurs dans les ouvrages cités ici des bibliographies plus complètes.

BRUGMANN (K.) und DELBRÜCK (B.). Grundriss der vergleichenden Grammatik der Indogermanischen Sprachen, 5 volumes. — Strasbourg, Trübner, 1886-1900 [1].

BÜLBRING (K. D.). Altenglisches Elementarbuch. I. Lautlehre. — Heidelberg, Winter, 1902.

CHAMPNEYS (A. C.). History of English, a sketch of the origin and development of the English Language. — Londres, Percival, 1893.

DELBRÜCK (B.). — V. sous BRUGMANN.

DIETER (F.). Laut- und Formenlehre der Altgermanischen Dialekte, zum Gebrauch für Studierende dargestellt von R. BETHGE, O. BREMER, F. DIETER, F. HARTMANN und W. SCHLÜTER. — Leipzig, Reisland, 1900.

EARLE (J.). The Philology of the English Tongue. — Oxford, Clarendon Press, 1892.

HALL (J. R. Clark). A concise Anglo-Saxon Dictionary. — Londres, Swan Sonnenschein, 1894.

HENRY (V.). Précis de Grammaire comparée du Grec et du Latin, 5ᵉ édition. — Paris, Hachette, 1894.

HEUSER (W.). Altfriesisches Lesebuch, mit Grammatik und Glossar. — Heidelberg, Winter, 1903.

HOLTHAUSEN (F.). Altsächsisches Elementarbuch. — Heidelberg, Winter, 1899.

Indogermanische Forschungen, Zeitschrift für Indogermanische Sprach- und Altertumskunde, herausgegeben von K. BRUGMANN und W. STREITBERG. I-XVIII. — Strasbourg, Trübner, 1892-1905.

JESPERSEN (O.). Lehrbuch der Phonetik, autorisierte Uebersetzung von H. DAVIDSEN. — Leipzig et Berlin, Teubner, 1904.

JESPERSEN (O.). Progress in Language, with special reference to English. — Londres, Swan Sonnenschein, 1894.

---

[1] La *Phonétique* (Brugmann), en 2ᵉ édition, 1897; la *Morphologie* (Brugmann), 1892; la *Syntaxe* (Delbrück), 1893-1900.

Jespersen (O.). Growth and Structure of the English Language. — Leipzig, Teubner, 1905.

Kahle (B.). Altisländisches Elementarbuch. — Heidelberg, Winter, 1896.

Kaluza (M.). Historische Grammatik der Englischen Sprache. I. — Berlin, Felber, 1900.

Kluge (Fr.). Nominale Stammbildungslehre der Altgermanischen Dialekte, 2te Auflage. — Halle, Niemeyer, 1899.

Kluge (Fr.). Etymologisches Wörterbuch der Deutschen Sprache, 6te Auflage. — Strasbourg, Trübner, 1905.

Kluge (Fr.) und Lutz (F.). English Etymology, a select Glossary serving as an introduction to the history of the English Language. — Strasbourg, Trübner, 1898

Lichtenberger (H.). Histoire de la Langue Allemande. — Paris, Laisney, 1895.

Luick (K.). Untersuchungen zur Englischen Lautgeschichte. — Strasbourg, Trübner, 1896.

Mayhew (A. L.). Synopsis of Old English Philology, being a systematic account of Old English Vowels and Consonants and their correspondences in the cognate languages. — Oxford, Clarendon Press, 1891.

Meillet (A.). Introduction à l'étude comparative des Langues Indo-européennes. — Paris, Hachette, 1903.

Michels (V.). Mittelhochdeutsches Elementarbuch. — Heidelberg, Winter, 1900.

Noreen (A.). Abriss der Urgermanischen Lautlehre mit besonderer Rücksicht auf die Nordischen Sprachen. — Strasbourg, Trübner, 1894.

Noreen (A.). Altnordische Grammatik. — I. Altisländische und Altnorwegische Grammatik, unter Berücksichtigung des Altnordischen. — II. Altschwedische Grammatik, mit Einschluss des Altgutnischen. — Halle, Niemeyer, 1892, 1897 et 1901.

OLIPHANT (T. L. Kington). The Old and Middle English, 2nd edition. — Londres et New-York, Macmillan, 1891.

PASSY (P.). Étude sur les Changements phonétiques et leurs caractères généraux. — Paris, Didot, 1890.

PAUL (H.). Grundriss der Germanischen Philologie, 2te Auflage. — Strasbourg, Trübner, 1896.

PAUL (H.), Mittelhochdeutsche Grammatik, 5te Auflage. — Halle, Niemeyer, 1900.

PAUL (H.). Principien der Sprachgeschichte, 3te Auflage. — Halle, Niemeyer, 1898.

SCHERER (W.). Zur Geschichte der Deutschen Sprache, 2te Ausgabe. — Berlin, Weidmann, 1890.

SCHLEICHER (A.). Die Deutsche Sprache, 5te Auflage herausgegeben von J. SCHMIDT. — Stuttgart, Cotta, 1888.

SIEVERS (E.). Angelsächsische Grammatik, 2te Auflage. — Halle, Niemeyer, 1886.

SIEVERS (E.). An Old English Grammar, translated by A. S. COOK, 2nd edition. — Boston, Ginn, 1899.

SIEVERS (E.). Grundzüge der Phonetik, 4te Auflage. — Leipzig, Breitkopf et Härtel, 1893.

SKEAT (W.). An Etymological Dictionary of the English Language. — Oxford, Clarendon Press, 1884.

SKEAT (W.) A concise Etymological Dictionary of the English Language. 4th edition. — Oxford, Clarendon Press, 1897.

SKEAT (W.). Principles of English Etymology, 2 vol. — Oxford, Clarendon Press, 1891-92.

SMITH (C. A.). An Old English Grammar and Exercise Book, new edition. — Boston et Chicago, Allyn et Bacon (1898).

SOAMES (L.). Introduction to Phonetics : English, French and German. — Londres, Swan Sonnenschein, 1891.

Société de Linguistique de Paris (Bulletin et Mémoires de la), I-XIII. — Paris, Vieweg (Bouillon, Champion), 1869-1905.

Streitberg (W.). Urgermanische Grammatik, Einleitung in das vergleichende Studium der Altgermanischen Dialekte. — Heidelberg, Winter, 1896.

Streitberg (W.). Gotisches Elementarbuch. — Heidelberg, Winter, 1897.

Sweet (H.). A Primer of Phonetics. — Oxford, Clarendon Press, 1890.

Sweet (H.). A History of English Sounds, from the earliest period, with full word-lists. — Oxford, Clarendon Press, 1888.

Sweet (H.). An Anglo-Saxon Primer, with grammar, notes and glossary. — Oxford, Clarendon Press, 1890.

Sweet (H.). An Anglo-Saxon Reader, in prose and verse, with grammatical introduction, notes and glossary, 6th edition. — Oxford, Clarendon Press, 1892.

Sweet (H.). The Student's Dictionary of Anglo-Saxon. — Oxford, Clarendon Press, 1897.

Sweet (H.). The practical Study of Language, a Guide for teachers and learners. — Londres, Dent, 1899.

Uhlenbeck (C.C.). Kurzgefasstes Etymologisches Wörterbuch der Gotischen Sprache. — Amsterdam, Müller, 1896.

Vietor (W.). Elemente der Phonetik des Deutschen, Englischen und Französischen, 5te Auflage. — Leipzig, Reisland, 1904.

Wilmanns (W.). Deutsche Grammatik : Gotisch, Alt-, Mittel- und Neuhochdeutsch. I-II. — Strasbourg, Trübner, 1893-1896 [1],

Wright (J.). A Primer of the Gothic Language, containing the Gospel of St. Mark, selections from the other Gospels, and the Epistle to Timothy, with Grammar, Notes and Glossary. 2nd edition. — Oxford, Clarendon Press, 1899.

Wright (J.). The English Dialect Dictionary. — Londres, H. Frowde, 1898-1905.

[1] Mais le tome 1er (Phonétique) en 2e édition considérablement augmentée, 1897.

Wyatt (A. J.). An elementary Old English Grammar (Early West Saxon). — Cambridge, University Press, 1897.

Wyatt (A. J.). An elementary Old English Reader (Early West Saxon). — Cambridge, University Press, 1901.

Zeitschrift für Deutsches Altertum, herausgegeben von M. Haupt (K. Müllenhoff, E. Steinmeyer, E. Schröder, G. Roethe). I-XLVIII. — Berlin, 1856-1905.

Zeitschrift für Deutsche Philologie, herausgegeben von E. Höpfner und J. Zacher (H. Gering, O. Erdmann). I-XXXVII. — Halle, 1869-1905.

Zeitschrift für Deutsche Wortforschung, herausgegeben von Fr. Kluge. I-VII. — Strasbourg, Trübner, 1901-05.

Zeitschrift für vergleichende Sprachforschung, herausgegeben von (Th. Aufrecht), A. Kuhn (E. Kuhn, J. Schmidt, W. Schulze). I-XL. — Berlin, etc., 1852-1905.

PRÉCIS

DE

GRAMMAIRE COMPARÉE

DE L'ANGLAIS ET DE L'ALLEMAND

INTRODUCTION.

Lorsque l'enfant reçoit de ses parents ou l'élève de son maître la tradition du parler vivant ou d'une langue littéraire, on la lui formule en règles dogmatiques, arbitraires et souvent contradictoires, qu'il ne s'explique point et qu'on ne peut lui expliquer. Pourquoi dit-on en français *un âne, des ânes*, mais *un cheval, des chevaux*? Pourquoi *bon bonnement*, et non pas *prudent *prudentement* ? Pourquoi *prudent prudemment*, et non pas de même *lent *lemment* ? Parce que cela se dit ainsi. Il n'y a pas d'autre réponse. Ainsi apprise, une langue est un chaos informe : on peut la savoir parfaitement, c'est affaire d'exercice et de mémoire ; mais la logique n'y a aucune part, l'esprit scientifique en est absent, et l'intelligence de tout un vaste domaine de la pensée humaine en est à jamais faussée. Alors que toutes les œuvres de l'homme portent le sceau de sa raison, la première et la plus noble de toutes, le langage qui le distingue de l'animal, semble un édifice monstrueux et bizarre, plein de disparates et hérissé de pièges, construit au hasard de l'incohérence et du caprice.

C'est qu'une langue, à elle seule, ne saurait rendre raison

d'elle-même, non plus qu'aucun autre fait humain. Pourquoi, par exemple, les pays de l'Europe et les districts intérieurs de ces pays affectent-ils des formes si irrégulières ? pourquoi ne sont-ce pas tout uniment de petits carrés soigneusement tracés au cordeau sur le terrain ? C'est leur histoire qui nous l'apprend. De même, si nous remontons dans l'histoire d'une langue, et plus haut nous y remonterons, mieux nous apercevrons les causes des dissonances qui nous y ont choqués et les verrons se concilier peu à peu en une harmonie supérieure. Telle est la tâche de la **Grammaire historique** : elle est aux langues ce que l'histoire est aux nations.

Mais, si haut qu'elle remonte ainsi dans le passé, force lui sera bien de s'arrêter longtemps avant d'avoir élucidé tous les problèmes. Faute de témoignages, l'historien se tait ; faute de documents écrits, la langue échappe au grammairien. Or, une langue, le jour qu'on commence à l'écrire, a déjà derrière elle des siècles d'existence à l'état de parler vulgaire, ignoré, méprisé des lettrés. C'est des patois que naissent les langues les plus polies et les plus savantes. Et quels risques d'altération et de destruction ne courent pas ces premières empreintes d'une langue qui s'essaie à la composition littéraire ? Le plus ancien texte suivi en langue française — combien court et maltraité par les copistes successifs ! — est du IXe siècle : le français parlé, qui succéda au latin dans la Gaule, est sûrement beaucoup plus ancien.

Que faire alors, si les documents font défaut ? L'historien politique est à court, mais non l'historien de la langue. A défaut de la langue même qu'il étudie, il s'adresse à la langue antérieure dont elle est issue : à défaut du français, qui lui manque en deçà du IXe siècle, mais qu'il sait procéder du latin, il ira donc demander au latin lui-même la raison d'être du français, et souvent il l'y trouvera ; car, par le latin, il remontera jusqu'au IIIe siècle avant notre ère et aura ainsi étendu de douze siècles le champ de son investigation. Supposons, par impossible, que le latin lui fît défaut aussi, c'est-à-dire que toute la littérature, toute l'épigraphie, toute la civilisation latine eût péri sans laisser d'autre trace que son nom : serait-il, pour cela, dénué de toute ressource ? Non, car le latin a d'autres descendants que le français : l'italien, l'espagnol, le portugais, le roumain en sont concurremment issus ; en rapprochant et comparant ces langues, dont chacune doit avoir gardé plus ou moins pur tel ou tel trait de l'idiome originaire, en unifiant ce qu'elles présentent de semblable, en éliminant ou conciliant leurs divergences, le linguiste pourrait reconstituer le latin qui lui manquerait, le reconstituer, non pas sans doute dans tous ses détails ni surtout dans les finesses de son style, mais suffisamment dans les grandes lignes de sa structure grammaticale pour ramener à l'unité les langues qui en sont sorties et renouer ainsi la chaîne qu'un accident aurait rompue. C'est ce qu'en tout état de cause il sera bien obligé de faire, s'il veut remonter plus haut encore que le latin ; car, de la langue antérieure au latin et dont il est né, il n'existe et n'existera jamais aucun document écrit : elle est morte pour l'histoire, et cependant la comparaison du sanscrit et du grec a permis au grammairien de la restituer.

Ainsi, puisque tôt ou tard les documents échappent, la tradition littéraire ou monumentale s'évanouit dans le passé, la **Grammaire** ne saurait être vraiment et conséquemment **historique**, sans être en même temps **comparée** [1].

---

[1] On ne saurait trop insister sur ce point, que la comparaison entre deux types linguistiques, comme entre deux espèces naturelles, n'a pas pour objet de restituer un type *intermédiaire*, qui présenterait à la fois les caractères de l'un et de l'autre, — ce serait de la fantaisie pure, — mais bien un type *antérieur* où ces caractères divergents se concilient dans une synthèse plus élevée. L'entendre autrement, c'est ne rien comprendre à la méthode des sciences naturelles. Écoutons Darwin, le maître génial qui l'a renouvelée (*Origine des Espèces*, trad. Barbier, Paris 1882, p. 355) : « Lorsqu'on examine deux espèces quelconques, il est difficile de ne pas se laisser entraîner à se figurer des formes *exactement intermédiaires entre elles*. C'est là une supposition erronée : il nous faut toujours chercher des formes *intermédiaires entre chaque espèce et un ancêtre commun, mais inconnu*, qui aura généralement différé, sous quelques rapports, de ses descendants modifiés. Ainsi, pour donner un exemple de cette loi, le pigeon-paon et le pigeon à grosse gorge descendent tous deux du biset : si nous possédions toutes les variétés intermédiaires qui ont successivement existé, nous aurions deux séries continues et graduées *entre chacune de ces variétés et le biset* ; mais nous n'en trouverions pas une seule qui fût *exactement*

(2)   Tel est le cas en particulier pour l'anglais et l'allemand. Tout le monde sait qu'ils sont proches parents; et pourtant ils ne descendent point l'un de l'autre, ni l'un et l'autre d'aucune autre langue historiquement connue. L'anglais ne vient pas de l'allemand, en dépit des formules vicieuses de ce genre qui eurent cours, paraît-il, jusqu'à présent dans les écoles d'Angleterre[1] et qu'il faut scrupuleusement bannir des nôtres : ils se sont séparés, avant le Ve siècle de notre ère, d'une souche commune et ont évolué chacun de son côté jusqu'à nos jours. Quel est le tronc d'où ont divergé ces deux rameaux ? Ce n'est pas le gotique [2], comme peut-être, bien à tort, quelques-uns le croient encore. Le gotique n'est point l'aïeul, mais tout au plus un frère aîné : aîné en ce sens que les documents qui nous en sont parvenus sont de quatre siècles antérieurs aux plus anciens textes des langues anglo-saxonne et allemande, et que, par suite, il reflète un état plus archaïque du germanisme primitif, mais non pas nécessairement plus pur. On verra que, sur plusieurs points, l'anglais et l'allemand sont plus fidèles que lui au type originaire [3].

Précisons les rapports de parenté qui les unissent. L'**allemand continental** (*deutsch*) comporte deux grandes divisions : le **haut-allemand** (*hochdeutsch*) et le **bas-allemand** (néerlandais [4], flamand, *plattdeutsch* des côtes de la Baltique).

---

intermédiaire entre le pigeon-paon et le pigeon grosse-gorge, aucune, par exemple, qui réunit à la fois une queue plus ou moins étalée et un jabot plus ou moins gonflé, traits [respectivement] caractéristiques de ces deux races. »

[1] Cf. Skeat, *Principles*, I, p. 73.

[2] C'est ainsi qu'il convient d'orthographier ce mot, et non par un *h* emprunté au bas-latin : que l'écriture où l'architecture *gothique* conserve cet *h*, c'est affaire d'usage ; mais l'historien des origines germaniques n'a pas à tenir compte d'une superfétation graphique.

[3] Ainsi l'on verra conservé, dans le germanique-occidental, et souvent jusque dans l'anglais et l'allemand actuels, l'ŏ primitif indo-européen, que le gotique a presque partout changé en *i*.

[4] On sait que, par une restriction de sens dont *la Vie des Mots* de Darmesteter offre maint autre exemple, c'est aux Hollandais seuls que l'anglais applique le nom (*Dutch*) qui convient à tous les Teutons. Par une extension inverse, les Français nomment ceux-ci « Allemands », du nom

L'allemand proprement dit, littéraire et usuel, est du haut-allemand à peu près pur, à peine influencé par quelques emprunts au bas-allemand. D'autre part, bien avant que s'accusât la scission de l'allemand continental, un dialecte, dit angle ou saxon et par fusion **anglo-saxon** [1], avait quitté par voie d'émigration la terre natale, et, isolé désormais par sa situation insulaire, soumis d'ailleurs à diverses influences étrangères qui n'ont pas atteint l'allemand continental, ce dialecte est devenu l'**anglais actuel** [2] (*english, englisch*). La langue commune, historiquement inconnue, mais restituable par la comparaison linguistique, qui a donné naissance à l'anglais et à l'allemand, est couramment désignée par l'appellation conventionnelle de **germanique-occidental** (*westgermanisch*).

Cette langue, à son tour, a des sœurs, qui vont nous permettre de remonter un degré généalogique de plus. Le **gotique** (*gotisch*) ressemble fort à l'anglais et à l'allemand, mais beaucoup moins qu'ils ne se ressemblent entre eux. Il en est de même du **vieux-norrois** (*altnordisch*), qui vit encore de nos jours par les langues dites scandinaves : islandais, norvégien, danois et suédois [3]. Entre eux aussi le gotique et le vieux-norrois ont plus d'affinités visibles qu'avec le germa-

---

d'une peuplade de la Teutonie méridionale (lat. *Alamanni*) avec laquelle les Francs de France se trouvèrent tout d'abord en relation.

[1] On tend à abandonner ce terme impropre pour y substituer celui de « vieil-anglais » ; en effet, il n'a jamais existé de langue anglo-saxonne, mais un dialecte *exclusivement saxon* au sud de l'Angleterre, et un dialecte *exclusivement angle*, au centre et au nord, d'où est issu l'anglais moderne. Mais le hasard veut que les documents de beaucoup les plus importants de cette double langue soient en saxon : circonstance qui justifie la création et permet le maintien du terme de convention par lequel on l'a désignée.

[2] L'anglais a considérablement modifié ses voyelles, et ses consonnes, au contraire, sont restées celles du bas-allemand, tandis que le haut-allemand a changé les siennes : ainsi, le haut-allemand et le bas-allemand sont plus proches parents par le vocalisme ; par le système des consonnes c'est au contraire le bas-allemand et l'anglais.

[3] De ces quatre langues modernes c'est l'islandais qui a le mieux gardé les traits primitifs du vieux-norrois.

nique-occidental ; mais néanmoins un ensemble de différences spécifiques bien accusées et de considérations historiques les constitue en deux unités distinctes qu'on désigne respectivement par les noms de **germanique-oriental** (*ostgermanisch*) et **germanique-septentrional** (*nordgermanisch*). Élevons-nous maintenant jusqu'à l'ancêtre commun, à jamais perdu, mais toujours restituable, que suppose nécessairement la scission du germanique en ces trois rameaux, oriental, septentrional et occidental : ce sera la **langue germanique commune**, ou primitive, ou, d'un seul mot, le **prégermanique** [1] (*urgermanisch*), qui ne fut jamais écrit, mais que parlaient, à l'heure de la floraison brillante de la civilisation hellénique, les peuplades encore barbares qui campaient dans les bois et les marais de l'Europe centrale.

Que si maintenant nous retraçons en sens inverse la filière historique et préhistorique que nous venons de remonter, nous obtiendrons à grands traits l'arbre généalogique ci-dessous, où l'astérisque désigne les langues qui n'ont pas laissé de document écrit :

*Germanique primitif ou prégermanique.

*Germanique oriental	*Germanique septentrional	*Germanique occidental	
Gotique [2] (mort sans postérité)	Vieux-norrois [3]	*Anglo-frison	*Allemand commun
	Langues scandinaves	Anglo-saxon	Bas-allemand Haut-allemand
		Anglais	

[1] On m'a reproché l'emploi de ce terme, et en effet il n'est pas exempt d'ambiguïté : exactement, « prégermanique » signifierait « ce qui est antérieur au germanique » et désignerait donc plutôt l'indo-européen. Il faudrait écrire « protogermanique » ; mais je ne vois pas le grand avantage d'allonger d'une syllabe un terme tout conventionnel. Les lecteurs qui en seraient par trop choqués prononceront comme ils l'entendront le sigle « prg. ».

[2] Le gotique est la langue que parlaient les Gots civilisés et christianisés de la province de Mésie (entre le Danube et le Balkan). Il nous est connu par les quatre Évangiles, la plupart des Épîtres de S. Paul et quelques fragments de la Bible, restes mutilés, mais importants, d'une traduction complète de l'Ancien et du Nouveau Testament composée à l'usage de son diocèse par l'évêque Ulfilas (Wulfila = « petit loup ») au IVᵉ siècle.

[3] Les plus anciens monuments du vieux-norrois sont contemporains

3)   Aussi sûrement donc que les langues romanes nous ramènent au latin, les langues germaniques nous font remonter à un germanique primitif, à cette seule différence près, que le latin fut à la fois parlé et écrit, tandis que le prégermanique ne fut jamais que parlé. Mais ce latin, ce prégermanique, à leur tour, sont-ce des unités isolées et sans lien entre elles? sommes-nous arrivés à la limite de nos connaissances, au terme extrême de l'induction préhistorique? Non, nous pouvons monter encore. Une science née avec le XIXe siècle, mais déjà mûre, en possession de méthodes d'investigation rigoureuses et de résultats d'une incomparable certitude, a permis de grouper en une seule famille tout un vaste ensemble de langues dont les descendants couvrent aujourd'hui plus de la moitié du monde habité : en Asie, le **sanscrit**, le zend et le perse, puis les idiomes modernes qui en sont issus ; en Europe, le **grec**, le **latin** et les langues romanes transplantées de nos jours en Amérique, le **celtique** dont les derniers rejetons se meurent, le **germanique** qui par l'anglais du moins a rayonné en tous sens, le **lituanien** de la Baltique orientale, et le **slave** [1] qui occupe tout l'est et une partie du centre de l'Europe (vieux-slavon, bulgare, croato-serbe, ruthène, russe, polonais et tchèque). Parmi ces langues, le sanscrit, dont les plus anciens poèmes, certains hymnes du Rig-Véda, remontent à dix siècles au moins avant notre ère, et le grec, qui par le fonds primitif de l'épopée homérique ne nous reporte guère moins loin, sont naturellement les témoins les plus fidèles et les garants les plus sûrs d'un état originaire [2] qu'on

---

du gotique ou même antérieurs (IIIe-IVe siècle); mais ce ne sont que de courtes inscriptions scandinaves en caractères dits runiques. Il faut descendre jusqu'au XIIe siècle pour rencontrer les premiers textes littéraires de vieil-islandais, puis la riche littérature des Eddas.

(1) Ces deux derniers groupes, très voisins entre eux, se laissent ramener à une unité supérieure, dite letto-slave ou balto-slave. On peut aussi concevoir un groupe celto-italique. Mais quelques traits communs, d'importance secondaire, ne sauraient suffire à constituer des sous-unités gréco-italique et germano-letto-slave.

(2) Le sanscrit l'emporte par le degré de conservation de ses consonnes; le grec, par la pureté de son vocalisme : au point de vue des voyelles le

désigne indifféremment par les appellations conventionnelles d'âryen primitif, préâryen, indogermanique (*indogermanische Ursprache*) ou **indo-européen commun** [1]. Mais toutes, même les plus modernes, ont voix délibérative dans la discussion ; car ces fragments d'un miroir brisé se complètent pour refléter l'image évanouie, et c'est à chacune ou tout au moins à quelqu'une des langues indo-européennes qu'il faudra nous adresser, toutes les fois que nous chercherons à expliquer par son histoire un mot ou une forme quelconque de l'anglais et de l'allemand.

Résumant en un tableau succinct la division du tronc indo-européen en six rameaux principaux, nous traçons l'arbre que voici :

			*Indo-européen commun.		
*Indo-éranien	*Hellénique	*Italique	*Celtique	*Prégermanique	*Letto-Slave
Sanscrit. Éranien (zend et perse).	Grec (anc. et moderne).	Latin et lang. rom. actuelles.	Gaulois et langues celtiques modernes.	*Or. *Sept. *Occ. / Lang. germ. modernes.	*Lette *Slave / Lang. lettes et slaves modernes.

Maintenant que nous sommes fixés sur la situation de l'anglais et de l'allemand actuels dans la grande famille dont ils relèvent, revenons, pour ne plus les quitter, à ces objets spéciaux de notre étude.

grec est vraiment de l'indo-européen primitif ; mais il en a souvent changé l'accent tonique, que le sanscrit védique a gardé presque intact.

[1] C'est le terme auquel je m'arrête, non comme le plus commode, mais comme le moins inexact ; au surplus toutes ces questions de nomenclature sont d'ordre inférieur. Il va sans dire d'ailleurs, d'après tout ce qui précède, que l'indo-européen est un idiome préhistorique, *restitué*, mais *non point fictif*. Il va sans dire aussi qu'il est l'aboutissant ultime de notre connaissance actuelle : sans doute, il y a derrière lui un passé indéfini ; mais ce passé est pour nous lettre close. On peut remonter par delà l'anglais et l'allemand parce qu'il y a un gotique et un norrois, par delà le prégermanique parce qu'il y a un grec et un sanscrit ; on ne peut pas remonter par delà l'indo-européen parce qu'il n'y a plus rien à côté de lui. La question changerait de face, si l'on parvenait à découvrir une affinité, par exemple, du domaine sémitique (assyrien, hébreu, syro-arabe) et du domaine indo-européen ; mais nous en sommes loin.

4) L'anglais est la langue officielle de la Grande-Bretagne et de son vaste empire colonial, la langue usuelle des deux îles, — sauf les districts ruraux où persistent les restes des langues celtiques (gallois, gaélique d'Écosse), — des États-Unis de l'Amérique du Nord, du Canada presque tout entier, de l'Australie et de nombre d'autres centres coloniaux répandus de par le globe, la langue commerciale enfin et de courant échange des ports et des grands marchés de l'Extrême Orient, sur lesquels l'Angleterre exerce, sans protectorat effectif, une influence prépondérante. A cette merveilleuse expansion d'une langue devenue universelle, opposons immédiatement ses obscurs et humbles débuts.

Dans le courant du Ve siècle, diverses tribus originaires du Nord de la Germanie (isthme de Schleswig et bouche de l'Elbe) et détachées des peuplades des Angles, des Saxons et des Jutes, qui parlaient des dialectes germaniques apparentés entre eux, mais non pas identiques, colonisèrent par émigrations successives le pays alors nommé Bretagne et habité par un peuple de race celtique. Ils y fondèrent les sept royaumes connus sous le terme général d'heptarchie anglo-saxonne : les Jutes s'établirent à l'angle S.-E. (Kent) et dans l'île de Wight; les Saxons, sur les bords de la Tamise et le littoral de la Manche (Essex, Middlesex, Sussex et Wessex); aux Angles appartinrent la protubérance orientale que dessinent le Suffolk et le Norfolk (Estanglie) et le grand carré central (Mercie), — dont les coins sont à peu près marqués par les embouchures du Severn, du Mersey, de l'Humber et la situation actuelle de Londres, — enfin le Northumberland sur les confins de l'Écosse. C'est spécialement de la langue des Angles et, plus spécialement encore, **c'est du mercien que dérive l'anglais actuel** : il est donc fort bien nommé. Mais, d'une part, il s'y est introduit par infiltration un bon nombre d'éléments saxons, d'autant que la capitale est précisément à la frontière des deux domaines ; de l'autre, par une regrettable fatalité, il ne nous est parvenu aucun document important du vieux-mercien, qui ne s'est élevé que fort tard à la dignité de langue littéraire. Le saxon, nommément le dialecte du Wessex, avait pris les devants dans cette voie [1] : les textes suivis, fort nombreux [2], y sont du IX⁰ siècle; les petits glossaires latins-saxons, au moins du VIII⁰ siècle; et c'est dès lors cette langue, dite communément anglo-saxon, qui nous représente l'état le plus archaïque possible de l'anglais. Il ne faudra donc jamais oublier que, quand nous comparons l'anglais actuel à l'anglo-saxon, nous le comparons, non pas à son ancêtre immédiat, mais en quelque sorte — faute de mieux — à un frère jumeau de cet ancêtre [3].

Les dialectes historiques et actuels de l'anglais sont au nombre de trois : le septentrional (northumbrien et écossais des Lowlands) et le central (Midland, distingué en Eastern et Western) se rattachent à l'angle; le méridional (Southern) relève du saxon. Le jute a laissé peu de traces [4].

Au point de vue chronologique, on divise l'anglais en trois périodes : **anglo-saxon**, dont on trace la limite vers la fin du XII⁰ siècle ; **moyen-anglais**, jusque vers le début du XVI⁰, avec Chaucer pour principal représentant littéraire (1328-1400); **anglais moderne**, enfin, de 1500 à notre temps.

(5) Puisque le vieil-anglais est un mélange, à doses très inégales pourtant, d'angle, de saxon et de jute, on doit d'ores et déjà s'attendre à ce que l'anglais moderne ne soit point une langue pure. Mais, depuis la fondation de l'heptarchie jusqu'à nos jours, bien d'autres influences l'ont atteint et profondément altéré. D'abord, il a emprunté quelques mots aux idiomes celtiques qui végétaient autour et au dessous de lui. Puis, au IX⁰ siècle, la lutte de l'île contre les envahisseurs danois mêla au fonds primitif un certain nombre d'**éléments scandi-**

---

[1] Le northumbrien l'avait précédé ; mais sa brillante civilisation avait péri sous les coups des Danois, qui n'atteignirent pas le sud de l'île.

[2] Œuvres d'Alfred le Grand (mort en 901), savoir : traduction de la *Cura pastoralis* de S. Grégoire le Grand, de la Chronique d'Orose, etc. ; Chronique des Saxons ; homélies d'Ælfric ; version du Nouveau Testament (en northumbrien) dite Évangiles de Lindisfarne, etc.

[3] Ainsi les phénomènes vocaliques dits « de fracture anglo-saxonne » (infra n° 21) sont étrangers au mercien et, par suite, à l'anglais pur.

[4] L'irlandais et l'américain ne sont pas des dialectes, mais de simples variétés de prononciation de l'anglais classique et officiel, récemment introduit par la conquête ou l'immigration.

naves, que favorisa encore la prépondérance politique des Danois réalisée par Knut le Grand (1006). Bien plus graves furent les conséquences de la bataille de Hastings (1066), qui livra l'Angleterre à la conquête normande : on sait que le français devint la langue officielle du pays, que l'aristocratie n'en connaissait point d'autre, et que, au temps de la Guerre de Cent ans, la Cour d'Angleterre était encore à peu près aussi française que celle de France ; quand la langue nationale eut repris le dessus, elle n'en demeura pas moins surchargée d'une masse énorme de **mots français** prononcés à l'anglaise [1]. Enfin, depuis lors et jusqu'à notre époque, mais surtout au temps de la Renaissance, l'anglais n'échappa non plus que le français à l'infiltration de **vocables savants**, empruntés au français même, au latin et plus récemment au grec, emprunts rendus de jour en jour plus nécessaires par l'accroissement incessant des idées, auxquelles la langue courante ne pouvait plus suffire. Bref, le lexique anglais est aujourd'hui plus d'à demi roman [2].

Avec tout cela, **l'anglais** reste, sans contredit, un idiome vraiment, purement, **exclusivement germanique.** Le lexique d'une langue et, dans une certaine mesure, sa syntaxe elle-même n'en est que l'accident, exposé à tous les hasards du mélange des races. Le fonds qui la constitue, c'est sa grammaire, et la grammaire de l'anglais, sauf quelques types de dérivation imités du roman [3], n'offre rien que de germani-

[1] De là, en anglais, tant de doublets comme *hue* et *colour*, *kindred* et *relations*, *husband* et *spouse*, etc., parfois avec des nuances de signification, comme *sheep* et *mutton*, *shape* et *form*, *fulness* et *plenty*. Sur cette question, étrangère à notre sujet, on lira avec fruit : Skeat, *Principles*, II, p. 3-248 ; Behrens, *Französische Elem. im Engl.*, dans le *Grundriss* de Paul, I, p. 799 sq.

[2] Bien entendu, c'est surtout la langue scientifique qui est romane ou latine ; mais celle des poètes et des littérateurs admet un très fort mélange, que comporte à plus forte raison le parler usuel : dans un billet reçu de Londres, j'ai compté 13 mots germaniques et 12 mots latins ou romans, en ne relevant que les substantifs, les adjectifs et les verbes, car il va sans dire que les prépositions, conjonctions et pronoms sont tous germaniques. Le compte brut des mots du *Pater* n'en fournit que quatre français contre quarante-quatre germaniques.

[3] Notamment le suffixe féminin *-ess*. infra 69 et 87.

que, à ce point que les flexions germaniques se sont imposées à tous les mots de provenance étrangère naturalisés au cours de huit siècles [1]. C'est, bien entendu, sur ce fonds immuable en ses caractères généraux, et non sur le sable mouvant des emprunts de hasard, que doit porter la comparaison linguistique entre l'anglais et l'allemand [2].

(6) Le domaine géographique de l'allemand est beaucoup moins étendu que celui de l'anglais : il ne comprend guère que la plus grande partie de l'empire d'Allemagne, moins les districts français, danois et polonais [3], les trois quarts environ de la Suisse, les pays-allemands de la couronne d'Autriche, et partie des provinces baltiques de la Russie ; il existe pourtant à l'étranger, surtout aux États-Unis et au Brésil, des centres prospères d'immigration qui ont constitué de forts îlots de langue allemande.

Au point de vue dialectal, le Nord de l'Allemagne étant occupé par le bas-allemand, le haut-allemand proprement dit, qui seul doit nous occuper, se divise en deux groupes : central *(mitteldeutsch)* ou **saxon-franconien**, et méridional *(oberdeutsch)* ou **alaman-bavarois**. Le groupe central, à son tour, comprend le saxon, le thuringien, le haut et le moyen franconien [4]. Les dialectes du Sud sont l'alaman-souabe (Würtenberg, Bade, Alsace, Suisse), et le bavarois, auquel se rattache la langue de l'Autriche. De tous ces dialectes, c'est le **saxon** qui, depuis la Réforme et l'expansion de la Bible de Luther, a

[1] On dira, par exemple, au génitif, *the barber's shop* comme *the father's house*, au prétérit, *he face-d* comme *he live-d*, en déclinant et conjuguant le mot d'emprunt comme le natif.

[2] Un exemple entre mille. A l'absolue similitude des deux mots ag. *butter* et al. *butter*, qui douterait qu'ils fussent parents par le germanisme ? Rien de plus faux pourtant. S'ils l'étaient, précisément ils ne se ressembleraient pas tant : un ag. *butter* appellerait un al. *butzer ou *busser (cf. *water* et *wasser*) ; un al. *butter* exigerait un corrélatif ag. *bodder (cf. *fodder* et *futter*). En fait, chacun des deux mots a été, artificiellement et séparément, emprunté par l'anglais et par l'allemand au lat. *butyrum*.

[3] L'allemand est d'ailleurs la langue officielle de tous ces districts annexés, ainsi que des provinces de l'extrême Nord de l'Allemagne (côte de la Baltique) où l'idiome usuel est le plat-allemand.

[4] Plus bas, le *niederfränkisch* est déjà du bas-allemand.

exercé sur l'**allemand littéraire** la plus puissante influence. Mais les plus anciens monuments que nous possédions du haut-allemand du moyen âge relèvent plutôt du groupe alaman [1].

Ainsi que l'anglais, l'allemand se divise, dans son évolution historique, en trois périodes distinctes. La première, celle du **vieux-haut-allemand** *(althochdeutsch)* commence au VIIIe siècle avec les premiers textes qui nous soient parvenus, et se clôt à la fin du XIe : ce sont d'abord des gloses de mots latins brièvement commentés, des chartes comme la contrepartie allemande du fameux serment de Strasbourg (842) [2] ; puis des fragments mutilés, dont le plus important est le *Hildebrandslied*, morceau épique [3] ; enfin, des ouvrages de longue haleine, l'Harmonie Évangélique de Tatien (IXe siècle), le Poème des Évangiles d'Odefroy de Wissembourg (Otfrid, haut-franconien), de considérables extraits de la Bible et les documents alamans déjà mentionnés. Avec l'assourdissement des finales [4] et les progrès de la métaphonie envahissante [5] s'esquisse, en traits de plus en plus vigoureux, le **moyen-haut-allemand** *(mittelhochdeutsch)*, qui règne, comme le moyen-anglais, jusqu'à l'an 1500 : c'est la langue du célèbre poème des Nibelungen (XIIe siècle) et des trouvères de l'Allemagne médiévale qui figurent en 1206 (?) au concours peut-être légendaire de la Wartburg en Thuringe. La traduction saxonne

[1] Le *schwäbisch* propre est peu représenté ; mais l'*alemannisch*, très amplement, par divers recueils de gloses (VIIIe siècle), la Règle des Bénédictins, les Hymnes (IXe siècle), et les œuvres de Notker, moine de St-Gall (Xe siècle, mort en 1022). C'est ce dialecte qu'autrefois, par une abusive extension de la seconde loi de Grimm (infra 47), on avait pris pour le haut-allemand rigoureux (*strengalthochdeutsch*) et désigné sous cette appellation, qui n'a plus de raison d'être.

[2] Mais le manuscrit de l'historien Nithard qui nous l'a conservé n'est que du XIe siècle, au plus tôt du Xe. Le document est en franconien rhénan (*rheinfränkisch*).

[3] Texte curieux, mais impur, parce que les hasards de la transcription l'ont mélangé de haut et de bas allemand. Le poème du Sauveur (*Héliand*), un peu postérieur en date, est en vieux-saxon ou bas-allemand pur.

[4] Le v. al. *dëmu* = m. al. *dëme dëm* = al. mod. *dem* permet de suivre à l'œil cette insensible dégradation. Cf. au surplus infra, n° 19.

[5] Sur la métaphonie allemande (*umlaut*), voir infra, n° 22.

de la Bible ouvre l'ère de l'**allemand moderne**, qui d'ailleurs, dans ses formes ainsi que dans ses tournures, diffère à peine de son devancier immédiat : les mots se sont un peu raccourcis, quelques finales déjà à demi muettes sont tombées, la grammaire s'est simplifiée, en même temps que la syntaxe se créait de nouvelles ressources pour l'expression d'idées nouvelles ; mais en somme le langage n'a point changé, et, dans ce précis élémentaire, il ne sera presque jamais indispensable de citer une forme de moyen-allemand pour faire saisir du regard la tradition ininterrompue du vieil idiome à la langue actuelle.

On voit que l'allemand, non plus que l'anglais, ne saurait passer pour une langue pure. Il est pourtant beaucoup moins hybride : développé sur le terrain qui lui est propre, il n'a guère admis de mots empruntés à des races vaincues, et surtout il n'a pas eu à subir l'ingérence étrangère d'un conquérant. Si son lexique s'est enrichi d'emprunts bas-allemands, toujours aisément reconnaissables, si les témoins de la civilisation romaine y persistent en grand nombre, si enfin le dialecte méridional a infusé à la douceur de l'accent du centre quelque peu de sa rude énergie et contribué pour sa part à l'accroissement normal de la langue [1], le fonds n'en demeure pas moins l'allemand central, le saxon, parlé plus ou moins purement par toutes les personnes instruites, de Goettingue à Koenigsberg, de Berlin à Berne et à Vienne. Comme toutes les langues civilisées, il a dû, à partir de la Renaissance, accueillir les mots savants créés sur des modèles latins ou grecs ; mais il en a beaucoup moins que l'anglais et le français, car il leur a préféré, à tort ou à raison, peu importe, ceux qu'il a pu tirer de son propre fonds [2]. Aux

---

[1] Ainsi les diminutifs en -*chen* (b. al. *ken*, ag. -*kin*) appartiennent à l'allemand central ; ceux en -*lein* (v. al. -*lin*, suisse -*li*), aux dialectes du sud : on sait que l'allemand classique cumule les deux catégories. Cf. infra 103 (IV).

[2] Ainsi il dira *eindruck* pour « impression », *ausdruck* pour « expression », *gleichung* pour « équation », *wasserstoff* pour « hydrogène », et au besoin *fernsprecher* pour « téléphone ». Cela est parfait, en ce sens qu'un enfant allemand comprendra du premier coup ce dont il s'agit, mais défectueux, en tant qu'un étranger ne comprendra pas et qu'on s'éloigne ainsi de l'idéal d'une langue scientifique internationale.

XVIIe et XVIIIe siècles, sous l'influence générale des modes et de la littérature française, l'allemand des hautes classes était devenu un jargon macaronique de mots français affublés de désinences germaniques, et il en a gardé un fort contingent jusqu'à nos jours [1] ; mais il s'en est débarrassé peu à peu par une réaction fort légitime du sentiment national qui tout récemment a été parfois poussée jusqu'au ridicule.

Notre étude comparée de l'anglais et de l'allemand exclut tout naturellement la syntaxe, par l'unique et péremptoire raison que la syntaxe anglaise, profondément influencée par celle du français, n'offre dans le détail presque plus rien de germanique [2]. Elle se divisera en quatre parties : la première consacrée à la **Phonétique** ou **étude des sons** ; les trois autres, à la **Morphologie** ou **comparaison des formes**. En d'autres termes, nous aurons à examiner successivement les voyelles et consonnes de l'une et l'autre langue, la **formation des mots**, la flexion des mots déclinables (noms et pronoms) ou **déclinaison**, et la flexion des mots conjugables (verbes) ou **conjugaison**.

[1] De là procèdent les mots tels que *genie, mode, marsch, marschieren, parlieren, räsonnieren* (ces derniers d'ailleurs pris en mauvaise part), parfois modifiés par l'étymologie populaire : *abenteuer* (m. al. *āventiure* « récit », emprunt ancien) est compris des illettrés comme *abend-teuer*, et un « trottoir » est devenu en berlinois *ein tretoir* ou *trittoir*, d'après le vb. *treten*.

[2] D'autre part, dans ses types de propositions relatives, de verbes intransitifs qu'une préposition fait passer à la fonction active, ou de locutions verbales transportées tout entières à la voix passive, — soit *the tidings I am hearing of, that paradise which she had sinned herself away from* (G. Eliot), *this point should not be lost sight of*, etc., — il s'est frayé des voies très originales, inconnues tout à la fois à l'allemand et au français.

PREMIÈRE PARTIE

LES SONS.

Les sons ou **phonèmes** [1] *(sounds, laute)* de toute langue sont en voie de continuel changement. Le fils ne parle pas tout à fait la même langue que son père; mais l'écart est si faible qu'ils ne s'en aperçoivent pas; autrement, le père s'applique à corriger le fils. La différence s'accentue entre le grand-père et le petit-fils; mais ils se comprennent sans peine et croient parler de même. Il n'en est rien, puisque, selon l'intensité de l'évolution, à la dixième ou à la vingtième génération, l'ancêtre et le descendant ne s'entendraient plus. Mais, quels qu'ils soient, lents ou rapides, il est évident, pour quiconque a jamais envisagé une langue à deux phases distantes de son histoire, que ces changements obéissent à une norme précise, à un ensemble de lois naturelles et par conséquent constantes, en d'autres termes, que, si un phonème ou un groupe de phonèmes donné a subi, dans une certaine position, une mutation déterminée, il l'a nécessairement subie dans tous les mots de la langue où il se trouvait occuper la même position.

Le bon sens seul l'indique. Prenons un groupe de sons français, soit *fl* initial, et supposons un individu ainsi conformé qu'il ne puisse l'articuler purement et le remplace

---

[1] Ce n'est point par une préférence pédantesque, mais par une véritable nécessité scientifique que se justifie l'emploi de ce terme : il désigne les sons en tant que « sons du langage » et englobe à la fois les voyelles et les consonnes; c'est donc le seul terme adéquat pour les émissions vocales qui sont à la fois l'un et l'autre, infra 10, 6.

par quelque chose comme *fy* [1] : il est clair qu'il ne pourra pas plus l'articuler dans un mot que dans un autre, et que, s'il prononce *fyéchir*, il prononcera aussi *fyétrir*. Bref, dans le parler individuel de ce sujet, il n'y aura plus un seul *fl* initial, au moins devant la voyelle *é*, et, s'il transmet sa langue à ses descendants sans altération hétérogène, il se sera donc formé un dialecte français où tout *fl* initial devant *é* sera remplacé par *fy*. C'est ce qu'on exprime en disant que, dans une langue idéalement pure, **les lois phonétiques sont constantes**, c'est-à-dire qu'un même phonème, dans une même situation, ne saurait, en évoluant, aboutir à deux phonèmes différents.

Mais, nous l'avons vu par l'exemple de l'anglais et de l'allemand, il n'y a point de langue pure, il n'en est pas qui ne procède de quelque mélange plus ou moins complexe. A côté du sujet qui dit *fyéchir fyétrir*, il y en a un autre qui continue à prononcer *fléchir flétrir* : si sa langue fait souche à son tour, il y aura deux dialectes parallèles dont l'un conservera et l'autre transformera le groupe *fl*. Si ces deux dialectes restent à jamais séparés, ils poursuivront, chacun de son côté, leur évolution régulière ; mais, pour peu que la conquête, le commerce ou le simple voisinage les mette en contact, il se pourra que celui qui dit *fyéchir* emprunte à l'autre le mot *flétrir* ; ou que celui qui dit *flétrir* emprunte à l'autre le mot *fyéchir* ; et alors on trouvera côte à côte, dans un seul et même dialecte, les deux mots contradictoires *fyéchir* et *flétrir*. La constance de la loi phonétique « *fl* devient *fy* » ou « *fl* demeure intact » paraîtra en échec. Or, de semblables emprunts, c'est par milliers qu'ils se comptent dans toutes les langues. Nous en effectuons nous-mêmes tous les jours, par cela seul que nous causons et que le parler individuel de chaque sujet se nuance indéfiniment par l'imitation, inconsciente ou voulue, des autres parlers individuels qui l'entourent. Si donc, en principe, il ne se peut pas que les lois phonétiques ne soient point constantes, en fait cette constance théorique n'est rigoureusement observable dans aucun langage, parce qu'un

[1] Cf. l'italien *fiore* par rapport au latin *flórem*.

langage collectif n'est et ne saurait être qu'un agrégat capricieux de langages individuels [1].

Le principe de la constance des lois phonétiques est donc avant tout **affaire de méthode :** il exclut les écarts de l'imagination, les rapprochements spécieux et arbitraires, hâtifs et superficiels ; c'est un garde-fou et non un axiome. Sainement appliqué, il se réduit à ceci : grouper et classer les faits semblables, qui, en tout état de cause, l'emportent de beaucoup, on le verra, sur les faits divergents ; et, ce résultat une fois acquis, s'efforcer de son mieux de concilier ou d'expliquer les divergences.

Mais, pour comprendre comment les sons se transforment, il est indispensable de savoir en gros par quel mécanisme ils se forment. C'est l'objet de la phonétique physiologique, science ardue et délicate, dont pourtant les premiers éléments et les données sûres peuvent tenir en quelques pages [2].

---

[1] Elle l'est mieux toutefois, — cela se conçoit aisément, — dans un langage illettré, un patois resté isolé, que dans une langue savante qui a subi les influences de nombreux dialectes indigènes et idiomes étrangers. Si partisan que je fusse de tout temps du principe de la constance, je n'ai pas laissé de m'étonner, lorsque j'ai analysé le dialecte alaman de ma ville natale (Colmar), de le voir s'y vérifier avec une précision, oserait-on dire, aussi mathématique : à peine, çà et là, quelques dérogations insignifiantes, presque toutes explicables par raisons historiques ou très plausibles conjectures.

[2] Consulter à ce sujet : Rousselot, *les Modifications phonétiques du Langage,* Paris, Welter, 1892 ; *Principes de Phonétique expérimentale,* Paris, Welter, 1897 sqq.

CHAPITRE PREMIER.

ÉLÉMENTS DE PHONÉTIQUE PHYSIOLOGIQUE [1].

(9) Comme tout instrument à vent, l'appareil vocal se compose d'un **soufflet**, qui émet un courant d'air, d'un **tuyau sonore**, où le courant d'air, plus ou moins contrarié, fait vibrer un obstacle, et d'un **résonnateur**, qui enfle le son en le répercutant.

Le soufflet, c'est le poumon. Comme il ne peut émettre d'air que pendant l'expiration, les moments d'inspiration sont des temps d'arrêt, que figure la ponctuation. Il n'y a guère, dans les langues européennes du moins, de phonèmes inspiratoires, que quelques interjections instinctives [2].

L'air expiré, s'échappant de la trachée-artère, arrive au **larynx**, qui en forme l'extrémité supérieure et dont la saillie cartilagineuse est très visible sur la gorge masculine. Le larynx, à son tour, s'ouvre dans l'arrière-bouche par un orifice circulaire, la **glotte**, dont les bords supérieurs, élastiques et durs, nommés **cordes vocales**, sont susceptibles en se contractant, d'opposer un obstacle au courant d'air expiré et de vibrer à son passage.

Le résonnateur se compose de la **double cavité de la bouche et du nez**. La forme et l'étendue de cette cavité varient, de façon à modifier diversement le son émis par la glotte, sous l'influence de trois facteurs principaux.

1° L'**élasticité** propre aux parois mêmes **de la bouche**,

---

[1] Les pages qui vont suivre sont empruntées, sauf les modifications qu'a paru comporter une grammaire anglo-allemande, à mon *Précis de Grammaire comparée du Grec et du Latin*.

[2] L'exemple le plus simple est le bruit du baiser en tant qu'exclamation admirative.

qui peut s'allonger en se rétrécissant et s'élargir en se raccourcissant.

2° Le jeu du **voile du palais**. Dans les deux tiers antérieurs de leur étendue, la bouche et le nez sont absolument isolés l'un de l'autre par la voûte osseuse du palais ; mais de l'arrière-bouche aux fosses nasales il y a une assez large communication, susceptible seulement d'être interceptée par un prolongement charnu et mobile du palais, très bien nommé voile du palais. Quand ce voile au repos retombe comme un rideau lâche, les deux cavités communiquent ; quand il se relève et vient appuyer contre la paroi postérieure de l'arrière-bouche, il isole les fosses nasales et annule ainsi toute la moitié supérieure du résonnateur. Le voile du palais se termine par un petit appendice en forme de grain de raisin, qu'on appelle la **luette** (lat. *ūvula*) et qu'on peut apercevoir dans une glace en ouvrant fortement la bouche : on verra plus bas le rôle qu'il joue dans certaines émissions.

3° L'extrême **mobilité de la langue**, qui, en s'appuyant à volonté contre le voile du palais, la partie postérieure, médiane ou antérieure de la voûte palatine, les gencives ou les dents, modifie à l'infini la forme et l'ouverture de la cavité buccale.

Outre que le résonnateur répercute, grossit et fait varier les sons musicaux émis par la glotte, les mouvements de la langue et des lèvres y engendrent des bruits, soit momentanés ou de plosion, quand la bouche vient à s'ouvrir ou à se fermer brusquement, soit continus ou de friction, quand la bouche presque fermée en un point quelconque de son étendue ne laisse échapper le courant d'air que par un étroit couloir. **Les sons musicaux sont les voyelles. Les bruits**, accompagnés ou non de sonorité glottale, **sont les consonnes.**

Section Ire.

LA PRODUCTION DES PHONÈMES.

1. Avant d'entrer en action, l'appareil vocal est dans la **position d'indifférence** : la bouche très légèrement ouverte.

le voile du palais abaissé, la langue reposant à plat sur le fond de la bouche, la glotte laissant passer l'air sans obstacle ; bref, l'attitude de la méditation profonde ou du sommeil tranquille. Il ne peut alors se produire ni son ni bruit. Seulement, dans les temps d'expiration, passe le faible courant d'air qui contient en puissance l'émission d'une voyelle [1] : c'est ce **phonème inaudible** que certaines écritures notent parfois d'un signe particulier, l'esprit doux des Grecs, l'*h* française ou espagnole. Que si l'air est expiré avec plus d'énergie et un certain effort, on perçoit l'*h* anglaise ou allemande, très improprement dite aspirée.

2. Les organes étant dans la position 1, le voile du palais se relève et intercepte la communication avec les fosses nasales, en même temps que les cordes vocales se contractent et entrent en vibration. Il se produit alors une **voyelle** pure ou **orale**, telle que *a*, *i*, *u*, etc.

3. Si la glotte entre en vibration sans que le voile du palais se relève, la voyelle émise résonne dans les deux cavités à la fois [2], et il en résulte une **voyelle** nasalisée ou **nasale**, transcrite en français par *an*, *in*, *un*, etc.

4. Si, dans la position 3, la bouche est fermée par la langue ou les lèvres, de telle sorte que l'air expiré n'ait absolument d'autre issue que les narines, le **son** n'est plus du tout oral, mais purement **nasal**, soit *n*, *m*, etc.

5.[3] La bouche ouverte laisse passer le courant d'air ; mais sur son passage s'interpose un obstacle élastique, qu'il déplace et qui revient à sa position première avec un son rapide et alterné de tremblotement, la **vibrante** *r* (infra 13, 1 A).

---

[1] C'est-à-dire que, la position ne changeant pas, dès que les cordes vocales entreront en vibration, on entendra une voyelle.

[2] Il est facile de le vérifier : une glace, placée devant la bouche et le nez et protégée contre le souffle de la bouche, reste limpide si l'on prononce *o* et se ternit si on le nasalise en *on*.

[3] A partir de cette position et dans toutes les suivantes, le voile du palais est relevé et par suite la cavité nasale ne joue aucun rôle, excepté chez les personnes qui, par défaut de conformation ou habitude de paresse, ne peuvent relever assez fortement le voile du palais et conséquemment ont l'intonation nasillarde.

6. La bouche est ouverte, mais la langue en obstrue complètement la partie médiane, ne laissant libres que les deux côtés : alors le courant d'air arrêté est contraint de se ramifier en deux pour se frayer une issue dans l'étroit intervalle des joues et des dents. Il en résulte le son spécifique de la **vibrante latérale** *l*.

Suivant que les nasales et les vibrantes ou liquides sont ou non accompagnées d'une légère vibration des cordes vocales, elles sont, au même titre que toutes les autres articulations, dites sonores ou sourdes (infra 7). Le premier cas est de beaucoup le plus fréquent ; mais la nasale ou la vibrante peut s'assourdir, lorsqu'elle est immédiatement précédée ou suivie d'une consonne sourde à laquelle elle s'assimile.

Il y a lieu maintenant de se demander si les divers phonèmes des positions 4, 5 et 6 sont consonnes ou voyelles. Consonne, la nasale ou la vibrante l'est à coup sûr, lorsqu'elle est précédée ou suivie d'une voyelle qui la soutient et fait syllabe avec elle [1] : ag. *note, undo, mare, rare, lame, elbow*, etc.; al. *nein, mein, baum, rad, fern, lahm, salz*, etc., Mais envisageons les finales anglaises et allemandes si répandues telles que ag. *even, buxom, sister, middle*, etc., al. *rasen, gutem, mutter, mittel*, etc., et, **sans nous occuper de l'écriture**, qui en phonétique est un élément aussi décevant que d'ailleurs conventionnel, rapportons-nous-en exclusivement à notre bouche et à notre oreille pour démêler ce que contient la dernière syllabe. Ce n'est pas une voyelle suivie d'une consonne, car on ne prononce point *ivĕn, böksĕm, sistĕr, midĕl*, ni *rāzĕn, gūtĕm, mutĕr, mitĕl*, mais bien, tout court, *ivṇ, böksṃ, sistṛ, midḷ*, et *rāzṇ, gūtṃ, mutṛ, mitḷ*; en d'autres termes, c'est la nasale ou la vibrante elle-même et toute seule qui fait syllabe et soutient la consonne précédente. Dans cette position, elle est donc vraiment une voyelle, et nous nous trouvons amenés à cette conclusion que les **nasales** et les **vibrantes** sont à la fois et **tour à tour consonnes et voyelles** [2] : consonnes, lorsqu'elles s'appuient sur une

[1] Sauf ce qu'on sait et ce qui sera rappelé plus bas des particularités de la prononciation de l'*r* anglais.

[2] Ou, si on le préfère, consonnes précédées d'un minimum de voyelle:

voyelle ; voyelles en général quand elles appuient une consonne, et tout spécialement lorsqu'elles se trouvent entre deux consonnes (ag. *fatherless*, al. *vergehen* [1]). Par cette raison, nous les dénommerons **consonnes-voyelles**.

7. Poursuivons. Si la bouche, complètement fermée en un point quelconque de son étendue, s'ouvre brusquement pour laisser échapper le courant d'air, ou si au contraire, s'étant ouverte pour émettre une voyelle, elle intercepte brusquement le courant d'air en se fermant complètement sur un point quelconque de son étendue, il se produit, non plus un son, mais un bruit pur, une consonne dite **momentanée, explosive** dans le premier cas, **implosive ou occlusive** dans le second [2]. Si ce bruit ne s'accompagne d'aucune sonorité glottale, la **momentanée** est dite **sourde**, k, t, p ; si la glotte, au passage du courant d'air, s'est légè-

on ne saurait entrer dans le détail de ces minuties, qui sont affaire de prononciation dialectale ou même parfois presque individuelle. Il est bien entendu, d'autre part, que, dans la prononciation londonienne de *sister* et similaires, il n'y a plus aujourd'hui d'*r* consonne ni voyelle : ce n'est plus qu'une voyelle qui flotte entre *a* et *ĕ*.

[1] Je rappelle encore, une fois pour toutes, que l'orthographe est ici hors de cause : on ne prononce pas comme on écrit.

[2] Soit un groupe *pa*, le *p* y est purement explosif : les lèvres fermées se desserrent brusquement pour l'articuler. Dans un groupe tel que *appa*, si l'on prononce les deux *p*, le premier est implosif (on l'articule en refermant la bouche après l'avoir ouverte pour émettre l'*a*) et le second explosif (on l'articule en rouvrant la bouche pour émettre le second *a*). Dans le groupe similaire *abba*, l'occlusion et l'explosion, pour être moins énergiques, n'en demeurent pas moins fort sensibles. On voit dès lors que, dans *apa* ou *aba*, le *p* ou *b* unique est tout à la fois implosif et explosif. — De cette constatation ressort une conséquence fort importante : c'est que, en dépit de l'illusion que donne l'écriture, *il n'y a pas de consonnes doubles*, il n'y a que des consonnes longues ; en d'autres termes, dans *appa* tout comme dans *apa*, il n'y a qu'un seul *p*, seulement il s'écoule entre l'implosion et l'explosion de ce *p* unique un temps de silence plus ou moins appréciable. — Dans *abma*, le *b* n'est qu'implosif, car les lèvres ne se rouvrent qu'après l'*m*, et, dans *amba* enfin, il n'est qu'explosif, car les lèvres se sont fermées tout de suite après l'*a* pour articuler l'*m*. — Toutes ces délicates nuances sont à considérer, si l'on veut se rendre compte des influences que peuvent exercer les unes sur les autres les articulations contiguës d'un groupe.

rement contractée et que les cordes vocales aient vibré, on perçoit une **momentanée sonore**, *g, d, b* [1].

8. Enfin, si la bouche, au lieu d'être fermée hermétiquement, se trouve obstruée en un point quelconque de son étendue, de manière à laisser le courant expiratoire s'échapper par une fente étroite et médiane, l'air passe entre les parois de la fente avec un bruit de frottement qui est une consonne **continue**, dite aussi **fricative ou spirante**. Selon qu'elle est ou non accompagnée de sonorité glottale, cette consonne à son tour est dénommée **sonore**, soit *z* ou *v*, **ou sourde**, soit *s* ou *f*, etc.

Section II.

Classification des phonèmes.

L'étude sommaire du mécanisme de la parole, ramené à huit positions fondamentales, nous a permis de répartir tous les phonèmes humains en quatre catégories distinctes : simple expiration (cas 1) ; **voyelles** (cas 2-3) ; **consonnes-voyelles** (4-5-6), et **consonnes** simples (7-8). Poussons maintenant l'analyse plus avant.

§ 1er. — *Voyelles, semi-voyelles et diphtongues.*

1. **Voyelles** orales. — Les deux pôles du vocalisme sont l'*i*, la voyelle aiguë, et l'*u* (*ou* français), la voyelle grave par

---

[1] On peut constater sur soi-même cette vibration inconsciente de la glotte : prononcez un *p* ou un *b* bien pur, sans le faire suivre d'aucune voyelle ; ce résultat atteint, bouchez-vous fortement les deux oreilles : en prononçant le *p*, vous n'entendrez aucun son ; mais, en articulant le *b* aussi chuchoté que vous voudrez, vous percevrez, sous forme de bourdonnement intense, la vibration des cordes vocales pénétrant dans l'oreille par le conduit auditif interne. Au surplus, le simple contact du doigt sur la saillie du larynx suffit souvent à l'accuser. Toutefois certains groupes ethniques prononcent les sonores presque sans sonorité : tels le *d* et le *b* de l'alaman, de l'alsacien, où l'oreille française croit reconnaître un *t*, un *p* ; et en fait, la sonore ainsi assourdie ne diffère guère de la sourde pure que par une moindre énergie d'articulation.

excellence. Pour l'*i*, le larynx remonte et les coins de la bouche s'étirent, de façon à donner au tuyau sonore la moindre longueur possible ; pour l'*u*, au contraire, le larynx s'abaisse [1] et les lèvres s'avancent, en sorte que la longueur du tuyau atteint son maximum. Entre les deux se place la voyelle d'équilibre, l'*a*, le son qui se produit naturellement quand, les organes se trouvant dans la position d'indifférence, le voile du palais se relève et la glotte entre en vibration.

Entre ces trois notes fondamentales de la gamme vocalique, il y a place, bien entendu, pour une infinité de degrés diversement nuancés : ainsi, l'on montera de l'*a* à l'*i* par l'*e* dit ouvert (fr. *è* = al. *ä*) et l'*e* dit fermé (fr. *é*), et l'on descendra de l'*a* à l'*u* par l'*o* ouvert (fr. *homme*) et l'*o* fermé (fr. *eau*). A leur tour, les sons *o* et les sons *e* se relient par les intermédiaires de l'*ö* allemand (fr. *eu*), de l'*u* anglais en syllabe fermée brève (ag. *but*) et de notre *e* dit muet. Enfin, si le larynx vient à prendre la position de l'*i* tandis que les lèvres se placent dans la position de l'*u*, on entend le son mixte de l'*u* fr. ou de l'*ü* al., qui manque à l'anglais [2].

2. Voyelles nasales. — Par définition même, à chaque voyelle pure peut correspondre une voyelle nasale. Mais il est fort rare que le cas se produise : le français, par exemple, n'a que quatre voyelles nasales en tout ; comme la prononciation correcte de l'anglais et de l'allemand n'en comporte aucune, il est superflu d'y insister.

3. **Diphtongues.** — Prenons un groupe tel que l'al. *ai*, et demandons-nous ce qu'il contient. Sont-ce deux voyelles ? Non, car l'on ne prononce point *aï* par deux efforts successifs, mais *ai* en une seule syllabe : en d'autres termes l'*a* est bien

---

[1] On peut s'assurer de ce double mouvement en posant le doigt sur la saillie du larynx (pomme d'Adam) tandis qu'on émet avec force l'*i* et l'*u* alternés. On sait d'ailleurs l'extrême difficulté qu'on éprouve à chanter un *i* sur une note basse, ou un *u* profond sur une note très haute.

[2] Se défier, ici plus que partout, des apparences de l'écriture : chaque langue n'a guère à sa disposition que cinq ou six signes vocaliques, plus ou moins diversifiés par des signes accessoires ; mais il n'est pas de langue humaine qui n'ait au moins dix voyelles, et le français, l'anglais, l'allemand en ont bien davantage, tant brèves que longues.

ici une voyelle, mais l'*i* n'en est pas une ; pour en être une, il lui manque l'effort expiratoire de la position 1, que nous avons défini comme la condition indispensable de l'émission d'une vraie voyelle. Même observation, évidemment, pour l'*u* dans le groupe al. *au*. Cet *i* et cet *u* atténués, qui ne font qu'une syllabe avec la voyelle précédente ou suivante, nous les nommons **semi-voyelles** et les notons en phonétique exacte par les signes respectifs *y* et *w*, soit donc *ay*, *aw*, et *ya*, *wa*. L'union réelle d'une voyelle et d'une semi-voyelle en une syllabe est ce qu'on nomme une diphtongue [1]. L'allemand en a beaucoup ; l'anglais, peut-être davantage encore ; car presque toutes ses voyelles longues, si elles ne sont déjà diphtonguées, accusent une forte tendance à la diphtongaison.

4. Brèves et longues. — Toute voyelle, orale, nasale ou en diphtongue, peut être émise très brièvement ou prolongée autant que le permet la durée d'une expiration : de là, des nuances indéfinies de durée, qu'il est aisé d'observer dans le langage. Pour plus de simplicité, les grammairiens les ont réduites à deux, la brévité et la longueur, soit $\breve{a}$ et $\bar{a}$, et ils admettent que la longue a environ deux fois la durée de la brève [2].

§ 2. — *Consonnes-voyelles.*

1. **Vibrantes.** — A. La vibrante médiane *r*, on l'a vu, se

---

[1] Réelle, dis-je, et non fictivement accusée par l'écriture : ainsi fr. *au* et al. *ie*, malgré l'orthographe, sont de simples voyelles, puisqu'on les prononce simplement $\bar{o}$ et $\bar{i}$; tandis que l'*i* tout seul dans ag. *fine* est une vraie diphtongue, car il équivaut à *ay*.

[2] Le français note quelquefois la longue par l'accent circonflexe. L'anglais n'a point de signe spécial. L'allemand emploie parfois la double voyelle (*saat*), parfois après l'*i* un *e* (*viel*, *vieh*), parfois un *h* subséquent (*zahm*, *sohn*). Il est bien entendu que toutes ces notations conventionnelles n'ont aucune valeur étymologique (v. al. *sât*, *filu*, *fihu*, *zam*, *sunu*). — On ne perdra jamais de vue que la distinction d'un seul ordre de longueur ou de brévité n'est qu'affaire de commodité pédagogique, dont force est bien parfois de se départir pour serrer de plus près les faits réels : ainsi l'on verra (infra n° 34) que l'ancien indo-européen avait des longues de trois temps, dont la restitution est indispensable à l'intelligence des lois des finales germaniques.

forme par l'interposition d'un obstacle tremblotant sur le passage du courant d'air. Cet obstacle peut être à volonté le bord même de la glotte, la luette ou le bout de la langue. L'*r* **glottal** est fort rare dans les langues européennes [1]. Mais l'*r* **uvulaire** et l'*r* **lingual** y sont communs : le type en est chez nous, respectivement, l'*r* grasseyé du parisien vulgaire et l'*r* très fluide du provençal et du languedocien. L'*r* anglais est essentiellement lingual : c'est ainsi qu'il sonne à l'initiale ou entre voyelles (*raven, caring*) ; mais, à la finale (*fair, sister*) ou devant consonne (*earth, careless*), il éteint sa vibration et devient un son vocalique indécis plus facile à reproduire qu'à définir. L'*r* allemand, au rebours de l'*r* français, paraît surtout lingual dans le Nord et uvulaire dans le Midi ; mais il est fort mélangé. Lorsqu'il éteint sa vibration à la finale, il peut également aboutir à un son vocalique indécis confinant à l'*a* [2].

B. Pour former la **vibrante latérale** *l*, la langue s'appuie ordinairement contre les alvéoles des dents supérieures : c'est l'*l* dental, ou mieux, alvéolaire. Mais elle peut aussi s'appuyer sur une partie plus profonde de la bouche, ce qui arrive surtout quand l'*l* est suivi d'une autre consonne. C'est cet *l* profond, assez voisin du *w*, qui a fait en français *autre* de *altre, faucon* du lat. *falcónem*, et qui détermine en anglais la prononciation bien connue de ce même mot *falcon* et similaires, tandis que dans l'al. *falke* l'*a* et l'*l* sonnent séparés.

2. **Nasales.** — L'occlusion complète qui produit la consonne-voyelle nasale peut s'effectuer en divers points de la capacité buccale : tout en avant et par les lèvres, c'est la nasale **labiale** *m* ; par le bout de la langue appuyé contre les dents ou les alvéoles supérieures, c'est la nasale **dentale** ou

[1] Fréquent au contraire dans les idiomes sémitiques (arabe actuel). Dans certains dialectes de la Suisse allemande, la prononciation profonde du *ch* produit un râclement particulier de la gorge, qui confine de très près à l'*r* glottal.

[2] On a cité, entre autres, le singulier vocable *fyamènna*, d'apparence tout italienne, entendu en Allemagne à l'arrêt d'un train devant une station de chemin de fer : c'est tout simplement la prononciation ainsi modifiée de « *für männer* ».

alvéolaire *n* ; plus profondément encore, par la racine de la langue appliquée contre le palais dur ou même contre le voile du palais, c'est la nasale **palatale** ou **vélaire**, souvent confondue dans l'appellation commune et inexacte, mais commode, de nasale **gutturale**, *ń*. Cette dernière articulation manque au français ; mais on sait combien elle est fréquente dans les langues germaniques (ag. *pink, ink, ringing, tongue*, al. *schlank, henker, schwingung, zunge*).

§ 3. — *Consonnes.*

4) 1. **Momentanées.** — L'occlusion nécessaire à l'émission d'une momentanée, sourde ou sonore, peut pareillement se produire sur divers points : par les lèvres, c'est la **labiale**, *p, b* ; contre les dents ou les alvéoles, c'est la **dentale** ou alvéolaire, *t, d* [1] ; contre le fond du palais dur, c'est la **palatale** (*k, g*, des mots al. *kind, gift*) ; contre le voile du palais, c'est la **vélaire** (*q*, g [2], des mots al. *kuh, gunst*) ; ces deux dernières également confondues dans l'appellation commune de **gutturale** plus ou moins profonde.[3].

2. **Continues.** — Le lieu de l'occlusion incomplète est naturellement aussi varié que celui de l'occlusion complète. Si elle se fait par les lèvres, on a la **spirante labiale** (soit bilabiale, soit dentilabiale), sourde *f*, sonore *v*. Entre les dents, c'est la spirante **interdentale**, sourde *þ*, sonore *đ* (*th* anglais fort ou doux). Contre les alvéoles, la **dentale** ou alvéolaire, sourde *s*, sonore *z*. Au sommet de la voûte palatine, la **cacuminale** ou chuintante, sourde *š* (fr. *ch*, ag. *sh*, al.

[1] La langue peut même remonter plus haut et toucher presque le sommet de la voûte palatine : l'articulation est dite alors cacuminale. Les personnes habituées à la prononciation anglaise remarqueront sans peine que le *t* et le *d* y sont plutôt cacuminaux, tandis qu'ils sont alvéolaires en allemand ainsi qu'en français.

[2] Partout où il sera indispensable de distinguer la vélaire sonore de la palatale sonore, on écrira celle-ci en caractère italique, l'autre en caractère romain.

[3] On a déjà fait observer que l'Allemagne du Sud accuse une tendance générale à confondre, dans tous ces ordres, la sonore avec la sourde.

sch), sonore *ź* (fr. *j*, ag. *z* de *glazier*). Au fond du palais dur, la spirante **palatale,** sourde (al. *ch* de *ich, blech*) ou sonore (al. *g* de *wiegen, lüge*) ; et, contre le voile du palais, la spirante **vélaire,** sourde (al. *ch* de *doch* = ag. *though, nacht, hoch*), ou sonore (al. *g* de *tage, gelogen*)[1] : il n'y a aucun inconvénient à réunir ces deux derniers ordres sous le nom de **gutturale** et à les noter respectivement d'un seul signe, soit *h* pour la sourde [2] et *ʒ* pour la sonore.

3. **Modifications des consonnes.** — Les deux principales modifications possibles des consonnes sont l'aspiration et le mouillement.

A. **L'aspiration** n'affecte guère que les momentanées. Elle consiste en ce que l'explosion est plus énergique et accompagnée de la forte expiration [3] que nous avons notée plus haut par *h*. C'est pourquoi l'explosive aspirée se transcrit par un double signe, soit *ph, th, kh, qh,* pour les sourdes, et *bh, dh, gh,* gh, pour les sonores. Il n'y a pas d'aspirées en français, et guère en anglais. L'allemand non plus n'a pas de sonores aspirées ; mais quant à ses sourdes, il les nuance presque toujours, à l'initiale, d'une aspiration plus ou moins énergique (*pabst* presque comme *phăpst*), que ne marque plus nulle part l'écriture (*tun, tat, tal* = ag. *dale,* etc.) ; c'est un véritable *kh* qui sonne dans *kind*, et un *qh* qu'on entend à l'initiale de *kuh* = ag. *cow*.

Quand l'explosion de la momentanée vient à se fondre peu à peu dans le souffle expiratoire qui l'accompagne, les deux consonnes finissent par n'en plus faire qu'une seule, qui est la continue ou spirante du même ordre que l'explosive primitive :

[1] On sait que cette nuance de prononciation du *ch* ou du *g* entre voyelles dépend de la nature de la voyelle qui le précède. Noter toutefois que, dans le bon usage allemand, le *g* n'est constamment spirant qu'à la finale des mots en -*ig*.

[2] Il ne faut qu'avertir le lecteur de ne jamais confondre l'*h* de simple expiration (toujours à l'initiale, v. al. *hūs* = al. *haus*) avec l'*h* désignant la spirante gutturale (v. al. *naht* = al. *nacht*).

[3] Les consonnes ainsi modifiées sont donc bien improprement nommées aspirées (cf. supra 10,1) ; mais on conservera ici cette terminologie consacrée par l'usage.

ainsi, la transition est bien aisée, de *ph* à *pf* et *f*, de *th* à *tþ* et *þ* (ag. *th*), d'une part, et à *ts* (al. *z*) et *s* (al. *sz*, *ss*), de l'autre [1] ; et la gutturale aspirée initiale de *kind* et *kuh* est devenue, dans les dialectes alamans de Suisse, une spirante très accusée.

B. Le **mouillement** consiste dans la fusion intime d'une consonne (surtout *l* ou *n*) avec un *y* subséquent. Ce phénomène, bien connu dans les langues romanes, n'a dans le domaine germanique que peu de portée et n'en a point du tout dans l'anglais et l'allemand actuels [2].

[1] Cette observation est, pour l'histoire des langues germaniques, d'une importance hors ligne. On en verra les multiples applications dans l'étude des lois de Grimm (infra 47 sq.).

[2] Le mouillement, de son vrai nom « palatalisation », est même insignifiant d'un bout à l'autre de l'histoire de l'allemand : devant un *j*, l'allemand ne palatalise pas ses consonnes ; il les double (infra 36). Mais au contraire, dans la phase anglo-saxonne de l'anglais, il a joué un rôle considérable dans l'explosion des gutturales : c'est lui, notamment, qui explique le contraste des consonnes dans ag. *king* (roi) = ags. *cyng* et ag. *child* (enfant) = ags. *cĭld* (l'*i* est voyelle palatale), dans ag. *to drink* (boire) = ags. *drincan* = got. *drigkan* (al. *trinken*) et ag. *to drench* (abreuver) = ags. *drencean* = got. *dragkjan* (faire boire, al. *tränken*), etc., etc. ; cf. infra 50, III, 4, et la formation des causatifs, infra 83, IV. — Sur la métaphonie envisagée comme phénomène de palatalisation, cf. infra 22.

CHAPITRE II.

LES VOYELLES ET LES DIPHTONGUES.

(15) Nous commençons l'étude du phonétisme anglo-allemand par celle des voyelles et des diphtongues. Ce chapitre englobe donc nécessairement aussi les semi-voyelles, en tant qu'elles font diphtongue avec la voyelle précédente. Quant aux semi-voyelles prises isolément, il y a avantage à les examiner à part et à les apparier aux consonnes-voyelles, avec lesquelles elles présentent, comme on le verra [1], un caractère commun très important.

Si l'esprit et le but de nos méthodes se sont assez nettement dégagés de notre introduction, le lecteur doit comprendre que notre tâche présente est d'examiner en détail les deux systèmes vocaliques de l'anglais et de l'allemand, de les concilier historiquement et préhistoriquement entre eux et avec le vocalisme des autres langues germaniques connues, de les ramener ainsi à l'unité dans le sein de la langue prégermanique dont elles sont toutes issues, puis, cette unité germanique ainsi constituée, de remonter, par elle et les autres langues indo-européennes (sanscrit, grec, latin, slave), à une unité supérieure, au vocalisme primordial de notre famille. Débutons à cet effet par les phénomènes les plus récents.

SECTION Ire.

LOIS VOCALIQUES ANGLO-ALLEMANDES.

(16) Nous comprenons sous ce titre général tous les faits qui ont pu modifier le système des voyelles de l'une ou l'autre

---

[1] Dans la section de l'Apophonie, infra 43-45.

langue, soit récemment et à une époque historique, soit en remontant dans le passé prégermanique où elles se concilient avec le gotique et le norrois.

§ 1ᵉʳ. — *Changements de timbre des voyelles.*

I. Un fait qui frappe à première vue toute personne tant soit peu familière avec les deux langues, c'est que leur extrême similitude se dénonce dans l'écriture pour s'effacer dans la prononciation. Placez une page d'anglais et sa traduction en allemand sous les yeux d'un sujet même ignorant des deux langues : il mettra immédiatement le doigt sur dix couples de mots similaires. Mais lisez quelques lignes d'anglais à un sujet qui ne sache que l'allemand, le sût-il dans la dernière perfection : il déclarera n'y rien comprendre. Que l'on compare seulement ces quelques mots, graphiquement presque identiques : ag. *fare*, al. *fahren* ; ag. *bare*, al. *bar* ; ag. *even*, al. *eben* ; ag. *slide*, al. *schlitten* ; ag. *dumb*, al. *dumm* ; ag. *maid*, al. *maid* ; ag. (*he*) *was*, al. (*er*) *war* ; et l'on arrivera invinciblement à cette conclusion, que, là même où l'écriture révèle, à n'en pas douter, l'identité de la voyelle originaire, la prononciation actuelle la déguise jusqu'à la rendre parfois tout à fait méconnaissable.

Si l'on pousse l'examen un peu plus loin, on s'aperçoit sans peine que la divergence est ici surtout du fait de l'anglais. L'allemand, en effet, prononce encore les voyelles avec la valeur qu'elles ont dans l'alphabet latin, auquel il les a empruntées comme nous : l'*a* y vaut notre *a*, bref ou long ; l'*e*, notre *e*, tantôt ouvert, tantôt fermé, et, plus fidèle que nous-mêmes aux origines, il a maintenu à son *u* le timbre primitif que nous transcrivons par *ou*. L'anglais, tout au contraire, assigne à ces mêmes lettres des valeurs toutes différentes : l'*a* s'y nomme *ē* ; l'*e*, *ī* ; l'*u*, *yū*, et ainsi de suite. La conclusion s'impose : **l'anglais a dû changer le timbre de ses voyelles depuis que l'orthographe s'y est fixée** [1]. Ce

---

[1] Cela saute aux yeux, par la seule comparaison des deux langues, n'en connût-on pas l'histoire ; mais l'histoire confirme rigoureusement les

changement a été si multiple, si délicat et même, par endroits, si capricieux, à raison des mélanges de dialectes divers qui ont contribué à former la langue littéraire [1], que force est bien, pour le détail, de s'en remettre aux grammaires spéciales ou, mieux encore, à l'usage. Mais il ne sera ni inutile ni malaisé d'en esquisser rapidement les grandes lignes.

1. A. — L'*a* long en syllabe fermée [2] est généralement resté *ā* (*far*, *hard*), tandis que l'*a* bref, ou postérieurement abrégé [3], dans la même position, incline vers le son *e* ouvert (*bag, cab, bath, to have*) [4]. Mais l'*a* long en syllabe ouverte, s'est changé presque partout, — sauf *father*, *rather*, — en un *é* fermé long, si long et si fermé même qu'aujourd'hui il s'accompagne d'un léger son d'*i* qui fait comme diphtongue avec lui : ainsi *cave* sonnera presque *kéyv*, [5] ; et de même *knave* = al. *knabe, to lade* = al. *laden*, etc. : parfois aussi dans

résultats de la comparaison. Nous savons, par des témoignages sûrs et notamment par l'étude des assonances et des rimes, que non seulement l'anglo-saxon, mais encore l'anglais de Chaucer se prononçait, ou peu s'en faut, comme il s'écrivait : Skeat, *Principles*, I, p. 24 sq. et 51 sq.

[1] Cf. supra 4, 5 et 8, et infra 21.

[2] On dit qu'une syllabe est ouverte quand elle se termine par une voyelle, et fermée lorsqu'elle se clôt par une consonne : en d'autres termes, une syllabe est fermée, lorsqu'elle est finale et terminée par une consonne (*far*), ou, si elle n'est pas finale, quand sa voyelle est suivie d'au moins deux consonnes (*farther*), sauf l'union d'explosive et vibrante qui ne compte jamais que pour une (ainsi, dans le mot fr. *tableau*, la syllabe *ta* est ouverte, car on prononce *ta-bló*, et non *tab-ló*, et de même en anglais et en allemand).

[3] Cf. infra 20. On ne saurait trop recommander au lecteur de s'inspirer de ces références et de les multiplier lui-même au besoin. La phonétique est un ensemble de lois qui se complètent ou se contrarient l'une l'autre : on n'y saurait rien comprendre en l'étudiant par fragments : il faut l'embrasser d'un coup d'œil, du commencement à la fin. Ici, par exemple, *hard* (cf. al. *hart*) n'est long que parce que l'*a* y est suivi d'*rd*, et inversement *bath* (cf. al. *bad* et ag. *to bathe*) n'est resté bref que parce que l'*a* s'y trouve en syllabe fermée.

[4] L'*e* final ne sonne pas : la syllabe est donc fermée. Elle l'était d'ailleurs déjà en ags., où le *b* était double, inf. *habban*.

[5] Ici non plus, il est vrai, l'*e* final ne se prononce plus ; mais il se prononçait en moyen-anglais, au moins au pluriel *caves* (pr. *kāvĕs*, aujourd'hui *kéyvz*) : la syllabe *ca* était donc ouverte.

certaines syllabes fermées, ag. *haste* = al. *hast* (tous deux empruntés au moyen-français).

Devant ou après un *w*, ou devant un groupe commençant par *l* [1], l'*a* bref ou long, sous l'influence de ce voisinage, est descendu d'un degré dans la gamme vocalique, en s'assombrissant jusqu'à un son très voisin d'*o* ouvert, tandis que le *w* ou l'*l* subséquent se fondait parfois plus ou moins dans l'émission de la voyelle : ag. *draw* = al. *tragen*, ag. (*he*) *saw* = al. (*er*) *sah*, ag. *wash* = al. *waschen*, ag. *water* (*o* ouvert long) = al. *wasser* (*a* pur et bref), ag. *all* = al. *all*, ag. *fall* = al. *fallen*, ag. *false* = al. *falsch* (cf. lat. *falsus*), ag. *balk* « poutre » (l'*l* ne sonne pas) = al. *balken*, etc. Quelquefois, devant l'*l*, le changement de timbre est allé jusqu'à l'*o* franc : ag. *old* = ags. $\bar{a}ld$ *eald* = al. *alt* ; ag. *cold* = ags. *cald ceald* = al. *kalt* ; ag. *hold* = ags. *haldan healdan* = al. *halten* [2].

2. E. — L'*e* accentué en syllabe ouverte est devenu *i*, qui, lorsqu'il est long, se diphtongue presque en *iy* : ag. *mere* (étang) = al. *meer* (mer) ; comparer la prononciation commune de l'*e* dans la syllabe fermée du composé *mer-maid* (ondine). A plus forte raison en est-il de même de l'*e* long, ou postérieurement allongé, qui s'écrit *ee* ou *ea* : ag. *see* = al. *sehen* [3] ; ag. *breed* (élever) = al. *brüten* (couver), cf. les substantifs *brood* et *brut* ; ag. *speak* = ags. *spëcan* = al. *sprechen* [4] ; ag. *queer* (étrange) = al. *quer* (oblique, transversal, de travers). L'*e* bref même non accentué a pris dans les monosyllabes le son *i* (*he, me, we*), et, dans les préfixes en syllabe ouverte [5], un son au moins teinté d'*i* (*be-fore, be-cause,*

[1] Cf. supra 13, 1 B, et ajouter fr. *chevaux* = *chevals* = lat. *caballos*. — Pour plus de détails, voir W. Viëtor, *Elemente*, p. 81 sq.

[2] Cf. en néerlandais *oud* (vieux), *houden* (tenir), *stadhouder* = al. *statthalter*, et, pour les variantes vocaliques anglo-saxonnes, se reporter infra 21.

[3] Ne pas s'imaginer que les deux *e* apparents de l'anglais représentent les deux *e* réels du mot allemand : en réalité, dans *see*, il n'y a qu'un *e*, l'*ē* allongé du radical *seh-*, transcrit *ee* ; la finale *en* est tombée en anglais comme toutes les finales de verbes, infra 19, 2°.

[4] Les deux mots ne sont pas absolument identiques, ou bien le vb. ag. a perdu son *r* sous l'influence analogique du quasi-synonyme *spell*.

[5] Mais en fait, ici, l'*i* est primitif : infra 19,1° et 4°, et 66, II, 2.

cf. l'al. *be*-). En syllabe fermée l'*e* bref ag. et al. (ouvert) sont restés identiques (*net* = *netz*, *set* = *setzen*), sauf le son particulier que communique parfois à l'*e* et à l'*ea*, comme d'ailleurs à l'*i*, un groupe subséquent commençant par *r* (*her*, *serve*, *person*, *heard*, *earth* = al. *erde*, etc.).

3. I. — Les deux *i* ag. al. se recouvrent en général assez bien : car l'*i* bref en syllabe fermée reste *ĭ* dans les deux langues (*he will* = *er will*, *bit* = *bisz*, *swim* = *schwimmen*, *wind* = *wind*), et l'*i* long en syllabe ouverte qui est devenu *ay* en anglais[1] se prononce aussi *ay* en allemand tout en s'écrivant *ei* : *wine* = *wein* (emprunt lat. *vinum*), *by* = *bei*, *while* = *weile* (laps de temps), *mile* = *meile* (emp. lat. *mīlle*)[2]. On observera pourtant le contraste fréquent, en syllabe fermée, devant *l* ou *n* : ag. *wild* pr. *wayld* = al. *wild* pr. *vĭld* ; ag. *wind* (tourner, guinder) = al. *winden* ; ag. *blind* = al. *blind*, etc. L'anglais a allongé l'*i*. L'écart est considérable aussi dans la prononciation de l'*i* en syllabe fermée devant *r* : sous cette influence l'*i* anglais s'est assombri en une sorte d'*ŏ* ouvert, identique au son de l'*u* en syllabe fermée : ag. *birch* (bouleau) = al. *birke* ; *birth* = ags. (*ge*-)*byrd*, cf. al. (*ge*-)*burt* ; *first* = ags. *fyrsta* = al. *fürst*, pr. comme *burst* = ags. *bërstan* = al. *bersten* ; *circle* = lat. *circulum* ; *virgin* = lat. *virginem*, etc. On sait enfin que l'*i* atone des finales anglaises, communément écrit *y* (*lusty*, *manly*), oscille entre *ĭ* et *ĕ* fermé, cf. al. *lustig*, *männlich*[3].

4. O. — L'*ŏ* ouvert est identique dans les deux langues : *ox* = *ochs*, *shop* (boutique) = *schopf* (hangar, en oberdeutsch), *bishop* = *bischof* = lat. *episcopum*. Mais, de même que l'*ē* (*a*) ag. s'accompagne aujourd'hui d'une sorte de semi-voyelle d'*ĭ*, ainsi l'*ŏ* se fait suivre d'une résonnance de la semi-voyelle d'*ŭ*, et il en résulte une diphtongaison comme celle de *note*, soit à

[1] Avec *a* médiocrement ouvert, confinant à l'*æ*.

[2] La prononciation *vīn*, *bī* (*pī*), *ĕ vīl* (un moment) etc., s'est maintenue dans les dialectes du Sud (alaman), mais elle est étrangère à l'allemand classique et officiel (central).

[3] En allemand aussi, l'*i* en toute position a un son mixte, moins pur et plus rapproché d'*ĕ* fermé que celui de l'*ī* : comparer la prononciation de *spielen* à celle de *spinnen*.

peu près *nōwt*. Parfois ce phonème accessoire a prévalu au point de changer l'*ō* lui-même en un véritable *u* : *who* pr. *hu* ; *move*, pr. *mūv* ; même *gold* = al. *gold*, vulgairement pr. *guld*. A plus forte raison en est-il ainsi de l'*ō* long d'origine noté par la graphie *oo* : ag. *loose* (emprunt scandinave), cf. al. *los* = v. al. *lōs* ; ag. *hoof* = ags. *hōf* = al. *huf* [1] ; mais la prononciation primitive s'est conservée dans *floor* (sol) = al. *flur*, *door* (porte) = al. *tor*. Parfois ce même *ū* procède réellement d'un ancien *ū* qui ne s'est point diphtongué (cf. infra): ag. *room* (chambre) = ags. *rūm* = v. al. *rūm* d'où al. *raum* (espace) ; ce qui se dénonce par la brèveté de l'*u* en syllabe fermée dans le verbe dérivé *to rummage* « chercher de place en place ».

5. U. — L'*u* anglo-saxon se prononçait certainement comme l'*u* allemand, et l'*u* anglais a même gardé cette valeur dans un certain nombre de mots, notamment après les labiales, après un *r* et devant un *l* : ag. *put*, *bull* (taureau) = al. *bulle*, *bush* = *busch*, *butcher* = fr. *boucher*, *rule* = v. fr. *reule* = lat. *régulam*, *full* = al. *voll*, etc. Partout ailleurs, en syllabe ouverte, l'*ū* s'est diphtongué en *yu*, mais cette loi n'intéresse guère que des noms d'emprunt [2] (*tune*, *music*, *suit*) [3] ; et, en syllabe fermée, l'*ŭ* est devenu le son indistinct qui confine à *ö* ouvert (*tub*) : ag. *dung* (fumier) = al. *dung* ; ag. *funk* (étincelle) = al. *funke* ; ag. *hut*, emprunt au fr. *hutte*, lui-même emprunté à l'al. *hütte* ; préfixe négatif ag. *un-* = al. *un-*, soit *un-even* = *un-eben*, etc.

[1] Dans ce dernier type, les deux langues s'accordent pour la prononciation et diffèrent par l'écriture : cf. infra 18, 2°.

[2] Parce que l'*ū* primitif anglais était devenu *ow*, infra 18, 1°.

[3] Il en est résulté que la prononciation de l'*u* s'est entièrement confondue avec celle du groupe *ew* (*dew* = al. *tau*, pr. comme *due* = fr. *dû*, et *screw* = al. *schraube*, pr. comme *accrue* = fr. *accru*), et que, dès lors, on a écrit par *u* des mots où la graphie par *ew* aurait été plus étymologique : ag. *hue* (couleur) = ags. *hiw* ; ag. *tuesday* = ags. *tiwesdæg* (jour du dieu *Tiu*, qui est le même que le gr. Ζεύς et le lat. *Jū-piter* ; l'al. *dienstag* est corrompu par étymologie populaire, comme qui dirait *dingestag* « jour des affaires » au lieu du m. al. régulier *ziestac*, qui vit encore dans les dialectes du Sud, en Haute-Alsace *tsištik*). Inversement, la graphie *ew* a prévalu parfois là où l'on attendrait plutôt un *u* ou un *oo* : ag. *view* = fr. *vue* ; ag. *he slew* = al. *er schlug*.

L'anglo-saxon avait en outre une voyelle *ü*, brève ou longue, qu'il écrivait *y* et que l'anglais a complètement perdue [1]. Elle s'y est changée en *i* et s'y prononce toujours *i*, alors même que, par hasard, elle continue encore à s'écrire *u* : ag. *busy* = ags. *bysig*, pr. comme *dizzy* = ags. *dysig* ; ag. *fill* (remplir) = ags. *fyllan* = al. *füllen* ; ag. *sin* = ags. *synn* = al. *sünde* ; ag. *pillow* (coussin) = ags. *pyle* (*pylwe*) = al. *pfülwe*, emprunté au lat. *pulvinum* [2]. Naturellement, cet *ü* devenu *i* se prononce *ay* dans les mêmes conditions que l'*i* ordinaire : ag. *lie* (mensonge) = ags. *lygen* = al. *lüge*. A plus forte raison quand l'*i* fut toujours long, en tant que procédant d'un ancien *ȳ* : ag. *hide* (pelage) = ags. *hȳd*, cf. al. *haut* = v. al. *hūt* (peau) ; ag. *kite* = ags. *cȳta* (milan) ; ag. *mice* = ags. *mȳs* (souris, pl.) cf. al. *mäuse*, etc.

6. Il serait facile de multiplier les observations de ce genre à propos des anciennes (vraies ou fausses) diphtongues anglaises, plus ou moins prononcées en voyelles, mais toujours écrites en diphtongues, par exemple : — *ea*, dont la marche a été exactement parallèle à celle de *e*, soit donc *i* en syllabe ouverte et *ĕ* ouvert en syllabe fermée : *read* « lire » = ags. *rǣdan*, cf. al. *reden* « parler », mais *he read* = ags. *rǣdde*, cf. al. (*be-*)*redt* ; *clean* « propre » = ags. *clǣne* = al. *klein* « petit » [3], mais *weather* = ags. *wĕder* [4] = al. *wetter*, etc. ; — *oa*, qui en fait ne se prononce point autrement que *ō* ouvert et, par cette raison, concourt avec le simple *o* pour transcrire la voyelle longue issue de l'*ā* ags. : *bone* (os) = ags.

[1] On sait quelle difficulté ont les Anglais à imiter la prononciation de l'*u* français, surtout suivi d'*i* (*pluie*).

[2] L'*ü* allemand, lui aussi, est bien plus voisin de l'*i* que l'*u* français et, dans certains dialectes, se confond entièrement avec *i*. Et parfois même l'*i* étymologique vient à s'écrire *ü* : al. *fünf* = v. al. *finf* = got. *fimf* = ags. *fīf* = ag. *five* ; mais ici il y a eu corruption, infra 121, 5. Cf. aussi m. al. *wiste* devenu mod. *wüszte*, infra 223, 3-4.

[3] La transition de sens est, en partant de « joli » (cf. al. *klein-od* « bijou »), d'une part, « joli — propre », de l'autre, « joli — mignon — petit ». — L'al. *reden* n'est donné plus haut qu'à titre d'analogie de prononciation, car phonétiquement il ne répond pas à *read*, qui relève de *raten* « deviner » = v. al. *rātan*.

[4] On voit qu'ici la graphie par *ea* n'a pas même de raison d'être.

$bān$ = al. *bein*, mais *loaf* (pain) = ags. *hlāf* = got. *hláif s*[1] = al. *laib*; ag. *road* (route) = ags. *rād*, absolument identique en vocalisme primitif à ag. (*he*) *rode* (ags. *rād*), pf. du vb. *ride* = ags. *rīdan* = al. *reiten*, etc. — Mais il faut abandonner à l'initiative de l'étudiant ce travail de minutieux détail[2], et se borner à rappeler, une fois pour toutes, que, parmi les langues aujourd'hui parlées sur la surface du globe, il n'en est pas une, y compris le français et sauf le seul tibétain, qui se puisse comparer à l'anglais pour l'énorme divergence de l'écriture et de la prononciation.

II. Aux nombreux cas énumérés jusqu'à présent, où l'anglais et l'allemand s'écrivent de même en se prononçant différemment, s'opposent des cas non moins importants où ils s'écrivent différemment en se prononçant à peu près de même. En pareil cas, si toutefois les mots des deux langues se laissent ramener à une forme commune, c'est que les deux langues, par une évolution soit parallèle soit divergente, ont abouti chacune à part à la même voyelle ou diphtongue, et qu'ensuite l'une d'elles ou chacune des deux a modifié son orthographe en se conformant à ses habitudes propres. Examinons cette double hypothèse.

1° **L'évolution a été parallèle dans les deux langues.** — On a déjà vu que tout i primitif est devenu ay en allemand comme en anglais: l'allemand l'écrit ei[3] et l'anglais maintient la graphie i. Une diphtongaison toute semblable, mais avec modification graphique dans les deux langues à la fois, s'est produite pour l'$\bar{u}$ primitif, devenu une diphtongue dont la semi-voyelle est un w, et la voyelle, un son mitoyen entre o et a: l'anglais l'écrit ow ou ou, et l'allemand, au[4]: ag.

---

[1] L'*s* final got. est la désinence du nomin. sg. perdue ailleurs.

[2] On verra avec intérêt les statistiques si complètes et instructives de M. Mayhew, dans *Synopsis of Old English Phonology* (Oxford 1891), notamment les tableaux des pp. 257-9.

[3] Parce qu'à un moment donné il l'a réellement prononcé *ey*.

[4] Les mêmes dialectes qui ne diphtonguent pas l'$\bar{i}$ (supra 17,3) laissent également intact l'$\bar{u}$ primitif: Suisse *pruun* = *braun*, *huus* = *haus*, etc.; Haute-Alsace *tr tŭmĕ* (*ŭ* long) = *der daumen*.

brown = ags. *brūn*, et al. *braun* = v. al. *brūn* ; ag. *house* et al. *haus* = ags. et v. al. *hūs*, cf. le même *u* abrégé dans ag. *husband* = scandinave *hūs-bōndi* (al. *bauend*) «résident de maison»; ag. *town* (ville) = ags. *tūn* [1] (enclos), et al. *zaun* (enclos) = m. al. *zūn*, etc. Comme d'ailleurs les allongements et les abrègements de voyelles ne se sont pas produits dans les deux langues en vertu des mêmes lois [2], on ne s'étonnera point de voir un *ū* de l'une correspondre à un *ŭ* de l'autre : ag. *found* = *fūnd*, pour al. *(ge-)funden*, et ag. *pound* = al. *pfund* = lat. *pondō*, mais inversement ag. *thumb* (pouce) = al. *daumen* = v. al. *dūmo*, etc.

2° L'**évolution**, quoique **divergente**, a pourtant abouti à un **résultat identique**. — La voyelle prononcée est à peu près la même dans *foot* et *fusz*, *brood* et *brut*, et nombre d'autres ; mais ce n'est point par le même chemin que les deux langues sont arrivées au même point. L'*ō* de l'ags. *fōt* (got. *fōt-u-s*, v. nor. *fōt-r* [3]), écrit *oo* en anglais, s'est tout simplement changé en *ū*, ainsi qu'on l'a vu, puis abrégé en *ŭ*. En allemand, cet *ō* a commencé par se diphtonguer en *uo*, m. al. *vuoʒ*, v. al. *fuoʒ* [4] ; puis, l'*o* semi-voyelle s'est peu à peu fondu avec l'*u* précédent et l'a allongé, sauf ultérieurement l'effet abrégeant de la syllabe fermée. Quand cet *ō* primitif s'est abrégé en anglais plus ancien, on constate au contraire la corrélation ag. *ŏ* = al. *ū* (parfois postérieurement abrégé en *ŭ*) : ag. *brother* = ags. *brōðor*, pour al. *bruder* = v. al. *bruodar* ag. *mother* = ags. *mōdor*, pour al. *mutter* (*ŭ*) = v. al. *muotar* ; ag. *goose* (oie), mais abrégé *gosling* (oison). Inversement, l'*ō* est resté long et, par conséquent, devenu *ū*, dans

---

[1] L'anglais possède, dans ses dialectes, le parfait parallèle de l'arrêt d'évolution signalé dans les patois allemands du sud : dans l'ouest (Cornwall), le vb. *shine* = al. *scheinen* se dit *šīn*, et dans le nord (voir le patois de J. Browdie dans le *Nickleby* de Dickens) *town* se prononce *tūn* (écrit *toon*) ; et de même, respectivement, *tšīld* = *child*, *dūn* = *down*, même *kū* = *cow*.

[2] Cf. supra 17,3, et infra 20.

[3] L'*r* final v. nor. équivaut à l's final got., supra 17,6.

[4] La diphtongaison est encore très sensible dans toute l'Allemagne du Sud, où l'on prononce *fuĕs* (*ĕ* muet), *pruĕt*, *puĕp* = *bube*, *muĕtr* = *mutter*, etc.

ag. *moon* = ags. *móna*, et le groupe tardif des deux consonnes ne l'a pas abrégé dans al. *mond* = m. al. *mānde* = v. al. *māno*; cf. la voyelle identique de *monday* et *montag*.

9) III. Dans tout ce qui précède il n'a guère été question que des voyelles placées en syllabe plus ou moins accentuée. Toutefois on a vu le traitement de l'*y* final anglais. En dehors de ce cas, les lois des voyelles atones, bien que parfois assez capricieuses en apparence à raison des irrégularités de l'écriture, présentent dans les deux langues un remarquable caractère de conformité et peuvent se ramener à cinq chefs essentiels.

1° La voyelle atone, soit dans les préfixes, soit dans les finales, prend un timbre indécis, que l'écriture traduit ordinairement par *e* et qui ressemble fort à l'*e* muet français : préf. *bi-*, dans got. *bi-gitan* (trouver), *bi-satjan* (occuper), *bi-saihwan* (regarder), *bi-hlahjan* (railler), ag. *beget* (engendrer), *beset*, al. *besehen, belachen,* etc.; préf. *ga-* dans got. *ga-baúrþ-s* (naissance), *ga-juk* (couple), al. *geburt, gejoch,* etc.; got. *haban* (avoir), *haba* (j'ai), ag. *have,* al. *haben habe;* got. *fiskōn* (pêcher), *fiskō* (je pêche), *fiskōda* (je pêchai), ag. *fish fished,* al. *fischen fische fisch(e)te.*

2° Dans les finales atones en *-en*, surtout d'infinitifs et de participes, l'*n* a disparu vers les débuts du moyen-anglais (*have,* cf. ags. *habban* et al. *haben*); après quoi l'*ĕ*, devenu absolument muet, s'est écrit ou non, suivant les conventions particulières de l'orthographe anglaise (*fish* = *fischen*). Comparer *find* = ags. *findan* et al. *finden, found* = ags. *(ge-)funden* et al. *gefunden*[1].

3° En allemand comme en anglais, quand l'*ĕ* en question

---

[1] L'*n* pourtant s'est conservé dans un certain nombre de finales, soit *heathen* (païen) = al. *heide, maiden* (aussi *maid*) = al. *magd,* aux pluriels *children, oxen* = al. *ochsen,* et dans nombre de participes forts (*bidden* et *bid, hidden* et *hid, fallen known* opposés aux infinitifs *fall know,* etc., infra 179-185). Sans entrer dans le détail, observons : 1° que l'*n* sonnait en liaison quand le mot suivant commençait par une voyelle (cf. l'alternance actuelle de *a* et *an*) : 2° que certains dialectes (saxons) perdirent l'*n* plus tôt que certains autres (angles) ; 3° que, dès lors, la langue commune sortie de tous ces dialectes le garda ou même le restaura là où il parut un indice grammatical nécessaire.

s'est trouvé en contact avec une consonne-voyelle, *m, n, r, l,* il a disparu purement et simplement, et la consonne est devenue voyelle, *m̥, n̥, r̥, l̥,*[1]; pour soutenir la syllabe: ag. *oxen,* al. *ochsen,* pr. *oksn̥*; préf. *fra-,* dans got. *fra-liusan-s* (perdu), ag. *for-lorn,* al. *ver-loren* (pr. *fr̥-*); ag. *mother* (pr. *módr̥*) = ags. *mōdor,* comme al. *mutter* (pr. *mútr̥*) = v. al. *muotar,* etc.

4° Devant toute autre consonne l'*ĕ* est également tombé dans la plupart des cas et le mot s'est réduit d'une syllabe: al. *bleiben* = v. al. *biliban* = got. *bi-leiban* (rester); al. *glauben* = v. al. *gilouben* = got. *ga-láubjan* (croire); al. *begleiten* (accompagner) = *be-ge-leiten,* cf. *geleiten* et *leiten* = ag. *lead*; ag.gén.*son's,*al.*sohns* = *sohnes*; ag. *slept* (dormi) = ags. **(ge)slǣped;* al. *gehabt*[2] = v. al. *gihabēt,* etc. Là même où l'écriture le marque, on sait que la prononciation l'élimine presque toujours (ag. *walked* pr. *wōkt* tout comme *slept*), surtout dans le parler vulgaire et rapide (ag. *b'lieve* = *believe*). En fait, il ne subsiste nécessairement que quand il sépare deux consonnes de même ordre, qui dès lors ne pourraient se prononcer sans une ombre de voyelle intermédiaire: ag. pl. *sons, rats,* mais *kisses, houses*; ag. *slept, walked,* mais *blotted, reminded*; al. *geliebt, angeregt,* mais *geleuchtet, geredet.* Encore peut-il même disparaître en pareille situation: ag. pl. *oaths, paths, months,* etc.; al. *geredet,* mais *beredt* (éloquent)[3]. Quand cette chute de l'*ĕ* amène en présence des consonnes inconciliables, il se produit une assimilation, ainsi qu'on l'a vu, ou même une chute complète de la première: ag. *hast* = **havest* et al. *hast* = **habest,* etc.; ag. *had* = **havde* et **haved,* comme ag. *head* (tête) = ags. *hēafod* = got. *háubiþ* = v. al. *houbit* = al. *haupt* pour **haubĕt.*

5° Enfin, lors même que l'écriture n'a point marqué par la lettre *e* le caractère indécis de la voyelle atone, ce caractère n'en est pas moins fort sensible dans la prononciation réelle.

---

[1] V. supra n° 10, 6.

[2] Réellement pr. *gĕhapt* par assimilation du *b* au *t.*

[3] Et *geredet* devient *krèt,* par exemple, en alsacien. La syncope date de loin ici: cf. infra 187.

Ainsi, la dernière syllabe a beau contenir un *o* apparent dans ag. *buxom* (souple, gai) = ags. *būhsum* (flexible, cf. al. *biegsam*); la vraie prononciation n'en est pas moins presque *böksṃ*, tout de même que al. *allem* sonne en réalité *álṃ;* et, en dépit de l'écriture, les voyelles sont les mêmes dans ag. *thousand* et al. *tausend*.

§ 2. — *Abrègements et allongements.*

On sait à présent que les voyelles anglaises et allemandes ont subi des changements de timbre variés selon qu'elles étaient brèves ou longues. Mais lesquelles étaient brèves? lesquelles longues? Étaient-ce les mêmes dans les deux langues? en d'autres termes, la durée de chaque voyelle est-elle restée, dans l'une et l'autre, ce qu'elle était en prégermanique? Non, car nous avons vu, dans un même mot, une même voyelle traitée comme longue en anglais et brève en allemand, ou réciproquement. Il faut donc que, avant la phase des changements de timbre[1], il y ait eu une phase durant laquelle les voyelles prégermaniques se soient abrégées ou allongées, en anglais ou en allemand, séparément et suivant des lois propres à chacune des deux langues. C'est à cette phase qu'il nous faut maintenant remonter.

Tout d'abord, une grande loi domine l'évolution de la quantité des voyelles: en anglais et en allemand, **une voyelle accentuée tend à s'allonger en syllabe ouverte et à s'abréger en syllabe fermée.** Que l'on compare, par exemple: ag. *keep* = ags. *cēpan*, et *kept* = *cēpte; sleep* et

(1) Aussi importante au moins que la considération des *faits phonétiques* eux-mêmes est celle de *leur chronologie*. On n'y saurait trop insister. En linguistique comme en géologie les faits se datent d'eux-mêmes, si l'on sait les observer. Soit une couche de terrain donnée: s'est-elle déposée avant ou après tel affaissement? si avant, elle sera disloquée comme les couches sous-jacentes; si après, elle sera demeurée plane, tandis que les couches inférieures seront disloquées. De même l'*ŭ* ag. de **fund* (cf. al. *gefunden*) est-il devenu long avant ou après que l'*ū* de *hūs* fut devenu *ou*? Avant évidemment, puisque cet *u*, lui aussi, est devenu *ou*, et qu'on a *found* tout comme *house*. Si l'*u* de **fund* ne s'était allongé qu'après ce changement, on aurait *house*, mais **fūnd*.

slept, leave et *left, read* et *read* (*rædde* supra 17, 6), *lose* et *lost*, etc.; al. *ich habe, gehabt*; *ich treie, er tritt*; *tragen* et *tracht* (costume), *mögen* (pouvoir) et *macht* (puissance); al. *stube* (étuve, chambre) = v. al. *stuba* = ags. *stofa* = ag. *stove* (poêle), etc., etc.

Mais, si la loi est la même dans les deux langues, on s'attendrait toujours à trouver dans l'une et l'autre les mêmes brèves et les mêmes longues. Il n'en est rien pourtant, ainsi que le fait déjà pressentir le dernier exemple ci-dessus. Qu'est-ce à dire? C'est que, si le principe est identique, les effets s'en sont exercés séparément, en divers temps et sur divers dialectes de l'anglais et de l'allemand, et conséquemment ont pu aboutir aux plus frappants contrastes. Qu'on en juge.

1° La loi exprime, non pas précisément un phénomène positif, mais une simple tendance générale, que tous les dialectes n'ont pas poursuivie avec une égale rigueur. En allemand, par exemple, la loi de l'abrègement en syllabe fermée n'appartient point comme telle à la langue commune, mais surtout aux dialectes du bas-allemand, à la prononciation desquels la langue littéraire a fait d'assez nombreux emprunts. Bien des mots hésitent même entre les deux quantités : al. *genŭg* et *genūg*, en regard de l'ag. *enough* à finale toujours brève. C'est devant le groupe *ht* que l'abrègement allemand est le plus ancien et, par suite, le plus constant : al. (*er*) *brăchte* = m. al. *brāhte* = ags. *brōhte* = ag. (*he*) *brought*; et l'on voit pourtant qu'il ne s'est effectué que dans la période moderne. Le travail a commencé bien plus tôt en anglais [1].

2° Par suite des changements subsidiaires de prononciation introduits dans les deux langues, la même voyelle a pu se trouver en syllabe fermée dans l'une et en syllabe ouverte dans l'autre. On a vu que l'*ĕ* muet de la syllabe atone se prononce un peu ou tombe selon la rapidité de l'élocution : de là des disparates. On constate la brève dans *he read, he led*, tandis qu'on a la longue dans les formes comparables de

[1]. Quoique précisément la voyelle corrélative de l'ag. semble être restée longue ; mais, si elle l'est ici, c'est que la résonnance de l'*h* (*gh*) disparu s'est fondue avec elle. On voit combien de causes diverses concourent à faire diverger les deux langues.

l'allemand, *er redete, er leitete,* où l'*e* muet a été maintenu ou rétabli en opposition à l'ags. *rǣdde,* etc. [1]. De même, au génitif, ag. *son's* = al. *sohnes,* etc.

3° Dans les diverses flexions d'un même mot, sa voyelle radicale se trouvait en syllabe tantôt fermée, tantôt ouverte, et, par voie de conséquence, elle apparaissait alternativement brève et longue : alors il est arrivé fort souvent que **l'analogie grammaticale** a nivelé ces différences [2] et généralisé, dans tout l'ensemble de la flexion, soit la brève, soit la longue. Ainsi, l'al. a partout la brève dans *gemacht, er macht, ich machte, ich mache, machen,* et l'anglais, partout la longue dans *made* (ags. *macode*), *he maketh, I made, I make, make,* etc. L'al. *glas* fait au gén. *glases* et par conséquent *glāses,* d'où la longue s'est introduite aussi au nomin. pr. *glās* = ag. *glăss.* Semblablement, le gén. *sohnes* a amené le nomin. *sohn* [3] = v. al. *sunu* = got. *sunu-s* = ags. *sunu* = ag. *sŏn.* Ainsi encore, en al., la longue du pl. *waren* (m. al. *wāren*) a déteint sur le sg. *war* (m. al. *was*), tandis qu'en ag. la longue du pl. *were* (ags. *wǣron*) n'a pas pu, vu la différence du vocalisme, influencer la brève du sg. *was* [4]. Le lecteur multipliera aisément les exemples de ce genre.

4° Enfin, d'autres lois subsidiaires ont agi, surtout en anglais, sur la quantité des voyelles, pour la modifier.

A. Devant le groupe *nð, ns, nf,* une brève anglaise s'allonge en même temps que la nasale disparaît [5] : ag. *mouth* (bouche) = ags. *mūð* = *münð = got. *munþ-s* = al. *mund* ; ag. *us,* abrégé

---

[1] Les patois qui disent *krèt* = *geredet* ont l'*è* bref.

[2] Sur le rôle et les effets de l'analogie en linguistique, cf. Henry, *Gramm. comp. du Gr. et du Lat.,* n⁰ˢ 83 et 183, et infra 22, 55, 177, etc. — Tenir compte, en outre, des fluctuations que détermine, même devant un groupe presque identique, soit une consonne de plus, soit la longueur du mot : un exemple sûr est ags. *cīld cildru,* ag. *child children.*

[3] Pr. *zōn.* L'*h* n'est que signe de longueur, supra 12, 4.

[4] Ainsi se trouve expliquée la double différence de timbre et de quantité signalée au début (17). Quant à *r* = *s,* cf. infra 61, I, 2.

[5] Ce qu'on nomme l'allongement compensatoire anglo-saxon. Même phénomène qu'en grec et en latin : τοὺς ἵππους = τὸνς ἵππονς, et *equōs* = **equŏ-ns.* Henry, *op. cit.,* 189, 2, et 206, 3.

en syllabe fermée et atone [1], de ags. *ūs* = got. *uns* = al. *uns*; ag. *five* (abrégé en syllabe fermée dans *fifth* et *fifty*) = ags. *fíf* = got. *fimf* = al. *fünf*.

B. Dès la plus ancienne période de la langue, une voyelle anglaise accentuée s'allonge devant un groupe composé de nasale ou vibrante et de momentanée sonore. Ainsi se résout la différence quantitative déjà en partie signalée entre ag. *find, mild, gold, old* (ags. *āld*), *word, sound, hound*, et al. *finden, mild, gold, alt, wort,* (*ge*)*sund, hund*, etc. De plus, dans l'anglais moderne, l'*r* devant toute consonne allonge la voyelle en se fondant avec elle [2] : comparer, par exemple, *hard* et *hart*, *heart* et *herz*, *learn* et *lernen*, *hark* (silence!) et impér. *horche*, *sharp* et *scharf*, etc. En al. aussi on a *bārt, zārt, ērde* = *earth*, etc.

§ 3. — La fracture anglo-saxonne.

(21) L'allongement anglais mentionné en dernier lieu se rattache à une cause plus profonde et plus ancienne, dont relève également la diphtongaison particulière connue sous le nom de **fracture** (*brechung*). Ce phénomène, sans doute, n'appartient pas à l'anglais proprement dit, puisqu'il paraît étranger au dialecte mercien ; mais, prodigieusement développé dans la langue du sud (Wessex), il n'a pu manquer d'exercer une certaine influence sur l'idiome né du mélange de tous ces dialectes [3]. En négligeant les détails on en peut brièvement formuler la loi en ces termes : devant un groupe de consonnes commençant par *r, l* ou *h* (y compris *x* = *hs*), les voyelles *a* et *e* se « brisent » respectivement en *ea* et *eo*. Ainsi l'anglo-saxon aura *wearm, feallan* (mercien *fallan*), *heord, seox, cneoht, neaht, healf* (mercien *half*), etc., en regard de l'ag. *warm* = al. *warm, fall* = *fallen, herd* = *herde, six* = *sechs, knight* = *knecht, night* [4] = *nacht, half* = *halb*, etc., etc. [5]

[1] Cf. supra 19 et infra 65, 5, et 66, II, 4.
[2] Cf. supra 13, 1 A.
[3] Cf. supra 4.
[4] Dans ces trois mots la voyelle *i* est due à une sorte de métaphonie (infra 22) régulièrement produite par la consonne palatale subséquente.
[5] Dans *seolfor* = mercien *sylfur* = ag. *silber* = al. *silber*, et bien

Dans tous ces cas on voit que l'anglais littéraire n'accuse point trace de la fracture : la cause qui l'a produite en anglo-saxon [1] ne se traduit en anglais classique que par un allongement, et c'est sans doute de l'allongement seul que relève l'$\bar{o} = a$ déjà signalé dans *old, cold, hold, sold*, etc., où l'anglo-saxon oppose encore sa voyelle fracturée (*eald, ceald, healdan, seald*) à la voyelle simple du mercien (*āld, cald, sald*) [2]. Mais le changement de timbre, bien plus profond dans *worth* = ags. *weorð* = al. *wert* = got *wairþ-s*, *sword* = *schwert*, *work* = *werk*, ag. *world* [3] = ags. *weorold*, cf. al. *welt* = m. al. *wërált* [4], dénonce dans ces mots et d'autres un effet persistant d'une cause bien voisine de la fracture anglo-saxonne, si ce n'est la fracture elle-même. Il en faut dire autant de l'*a* ag. répondant à l'*e* germanique dans les types : *far* = ags. *feor*, en regard du got. *fairra* et de l'al. *fern* = v. al. *vërr-ana* ; *star* = ags. *steorra*, en regard du m. al. *stërre* aujourd'hui remplacé par *stern* = m. al. *stërne* = v. al. *stërno* = got. *stairnō*, etc. Enfin, la fracture est encore bien nettement visible dans l'écriture et partiellement conservée dans la prononciation des mots tels que *beard* = *bart*, *earth* = *erde*, *learn* (ags. *leornian*) = *lernen*, *heart* (ags. *heorte*) = *herz*, *hearth* = *herd* (foyer), et autres similaires.

d'autres, c'est une loi différente qui est en cause : l'influence d'une voyelle labiale sur la voyelle d'une syllabe précédente ; on comprend qu'il est impossible d'entrer ici dans tout le détail du vocalisme anglo-saxon.

[1] D'après cela, il va sans dire que les patois du sud doivent être extrêmement riches en formes fracturées. C'est même ce qui les rend si différents de l'anglais usuel.

[2] Al. *alt, kalt, halten*, et m. al. *sal* (livraison) = ag. *sale*, encore vivant dans *sal-buch* (registre terrier) : le vb. *sellan*, qui a pris en ag. le sens exclusif de « vendre », signifiait « assigner, allotir ».

[3] En fait, il y a peut-être ici combinaison de la fracture et de l'effet labialisant du *w* précédent (supra, 17, 1).

[4] Le mot serait en got. **wair-ald-u-* et signifierait « âge d'homme » (*wair-* = lat. *vir*; cf. *wer-geld* « compensation pour un homme » et *wer-wolf*, devenu en fr. *garou*, « loup-homme, loup-garou »). Le sens primitif du mot était donc « siècle », d'où il a passé à celui de « monde » : comparer le transport de signification semblable dans le latin ecclésiastique *saeculum*, v. fr. *seule* au vers 24 de l'*Eulalie*.

— *La métaphonie.*

(22) A force de remonter dans le passé nous touchons presque à la phase prégermanique. Nous n'y sommes pas encore : le remarquable phénomène de la **métaphonie** (*umlaut*) s'est accompli séparément en anglais et en allemand ; mais il y est si ancien et si général qu'il semble difficile de ne pas le rapporter au moins à une tendance commune héritée du germanique-occidental. Le gotique l'ignore seul. Partout ailleurs il suit son cours, mais avec une inégale rapidité : en anglais, la métaphonie est fixée dès avant les plus anciens monuments écrits de l'anglo-saxon ; en allemand, l'on en peut encore suivre les progrès pas à pas, depuis le vieux-haut-allemand où elle débute, jusqu'au XIIe-XIIIe siècle où elle semble à peu près fixée, constituant ainsi l'un des critères séparatifs du vieux et du moyen haut-allemand [1]. Elle consiste essentiellement en ce que le timbre d'**une voyelle**, *a, e, o, u*, se modifie et **se colore d'une nuance d'**i **sous l'influence d'une voyelle** i (ou de sa semi-voyelle, écrite en germanique j) **de la syllabe** immédiatement **suivante** [2].

N'envisageons pour l'instant que la métaphonie allemande, puisqu'elle est la plus récente et par conséquent la plus claire, et ne l'envisageons que dans les mots où la cause en saute aux yeux, soit dans des types tels que *mann männlich*, *erde irdisch*, *gott göttlich*, *(zu)kunft künftig*, etc. Il est aisé de voir ce qui s'est passé : de même que, dans une finale latine en -*arium*, -*oriam*, etc., prononcée en bas-latin -*áryo*, -*órya*,

---

[1] On trouvera l'histoire détaillée de la métaphonie allemande dans Wilmanns, *D. Gr.*, I, p. 248 sqq. : celle de l'$\breve{o}$ est prégermanique (si elle n'apparaît pas en gotique, c'est que le gotique a changé en $\bar{\imath}$ tous les $\bar{e}$) ; la première métaphonie d'$\breve{a}$ (car il y en a eu deux phases) appartient au v. h. al. ; celle d'u, d'$\bar{a}$ et des diphtongues s'échelonne dans les premiers siècles du m. h. al. Toutefois l'on est généralement d'accord pour admettre qu'elle s'est produite dans le langage bien avant d'être dénoncée par l'écriture.

[2] Sur la métaphonie anglo-saxonne par u, qui extérieurement ressemble à la fracture, cf. la note sous 24. Sur la métaphonie allemande par u, cf. infra 26, I in fine. D'autre part, il y a en allemand des groupes de consonnes qui entravent ou paraissent entraver la métaphonie par i. On doit, pour ces minutieux détails, renvoyer aux ouvrages spéciaux.

le timbre du *y* s'est fait entendre à la suite de la voyelle précédente, en sorte que *várium* et *glóriam* sont devenus *váyr et *glóyre [1], plus tard *vair* et *gloire*, — de même ici l'*i* de la syllabe subséquente a introduit dans la syllabe précédente son timbre qui peu à peu s'est fondu avec elle [2]. Tel est le principe de la métaphonie.

Il faut aller tout de suite au devant d'une objection : en face des exemples très nombreux du type ci-dessus, où la métaphonie se produit, on en pourrait citer bien d'autres similaires, où elle ne se produit pas, soit *gelb gelblich, gold goldig, ruhe ruhig*, etc. Mais il ne faut pas oublier que la langue est sans cesse en travail de création de mots nouveaux, tandis qu'une loi phonétique donnée n'y a qu'un temps. Il ne faut pas oublier non plus qu'une forme dérivée, déclinée ou conjuguée reste toujours sujette à l'analogie de toutes les autres formes du même système. Si donc, par exemple, *ruhig* a été tout simplement tiré de *ruhe* à une époque récente où la loi de la métaphonie avait épuisé ses effets, ou si, ce qui est certain, une forme métaphonique régulière *gülden*, encore notée dans tous les vocabulaires comme archaïque et poétique, a été remplacée dans le langage courant par *golden* d'après l'analogie de *gold*, on comprend que la cause et la marche générale du phénomène n'en demeurent pas moins certaines, pour avoir été entravées, dans tels ou tels cas particuliers, par des causes accidentelles absolument étrangères à leur principe. Tout au contraire, on s'étonnerait fort de rencontrer, par exemple, des composés métaphoniquement réguliers du genre de *häls-binde (cravate) ; car, en supposant qu'ils eussent jamais été créés, le sentiment linguistique du sujet parlant, qui les décompose instantanément en *hals* et *binde*, ne pouvait manquer de faire rétablir le type sans métaphonie.

Poursuivons. Nous trouverons, en sens inverse, nombre d'exemples de métaphonies toutes pareilles, sans qu'il y ait d'*i*

---

[1] Bien entendu, pr. *áy óy* en diphtongue, supra 12,3.

[2] L'écriture elle-même dénonce souvent très nettement ce processus phonétique : l'*u* qui a subi la métaphonie s'écrit en m. al. *iu* ou *ui*, et l'on sait qu'aujourd'hui encore l'*ü* s'épelle *ui*.

dans la syllabe suivante : al. *lamm lämmer, geben (du) gibst, hoch höher, buch bücher*, etc. ; rapprocher ag. *man men, brother brethren, goose geese, foot feet*. Mais, si, au lieu d'envisager la forme moderne des mots à métaphonie, nous les considérons dans le vieil-allemand, ou, par delà l'anglo-saxon, dans le gotique par lequel nous remontons au prégermanique, nous trouverons presque invariablement, dans la syllabe qui suit la voyelle modifiée, un *i* ou un *j* primitif, que la loi des atones ou celle des finales [1] a, dans les langues modernes, fait disparaître ou changé en *ĕ*. Nous lirons, par exemple : v. al. *lam lęmbir, gëban gibis, hōh hōhiro*, etc. La voyelle qui a disparu se trahit encore par la métaphonie qu'elle a causée, et réciproquement la métaphonie, qui semble sans cause, s'explique par la voyelle attestée par un langage plus ancien.

Enfin, l'on ne saurait s'étonner non plus de trouver parfois la métaphonie là où régulièrement on ne l'attendrait pas, c'est-à-dire là où, en fait, il n'y eut jamais d'*i* ni de *j* ; car, de même que les formes sans métaphonie ont pu agir sur les formes métaphoniques pour les transformer à leur image (*ruhig* et *golden* d'après *ruhe* et *gold*), de même évidemment celles-ci ont pu exercer leur influence sur celles-là : en d'autres termes, on eût pu tout aussi bien en venir à dire *güld (de l'or) d'après *gülden*, que *goldig* et *golden* d'après *gold*. De là les extensions abusives et analogiques de la métaphonie, telles que : al. *träne* (larme), m. al. *trēne* (mais v. al. *trān trahan*), refait sur le pluriel *trēni = vieux-saxon *trahni* ; ag. *friend* = ags. *frēond* (al. *freund*) et ag. *fiend* = ags. *fēond* (al. *feind*) refaits sur les datifs réguliers *friend* = *frēond-i et *fiend* = *fēond-i [1]. Il va donc sans dire qu'une voyelle métaphonique d'une des deux langues pourra toujours, suivant l'occurrence, répondre à la même voyelle, mais sans métaphonie, de l'autre langue, et que ce cas est même fort fréquent.

Car tout ce qui a été dit de l'allemand est vrai, à plus forte raison, de l'anglais : lui aussi a formé des mots nouveaux

---

[1] V. supra 19, et infra 34.
[2] Cf. la déclinaison, infra 139, I, 5, et 152,3.

depuis la clôture de la phase métaphonique, et en bien plus grand nombre que l'allemand, puisque cette phase s'y est close beaucoup plus tôt ; lui aussi a perdu, depuis l'accomplissement de la métaphonie, les *i* et les *j* qui l'ont causée, et, toujours pour le même motif, sur une bien plus vaste échelle [1] ; lui aussi, enfin, a unifié et nivelé, durant une plus longue période de siècles, les formes avec et sans métaphonie, et fait prévaloir tantôt l'une tantôt l'autre dans toute l'étendue d'une série dérivative, déclinable ou conjugable, *gold golden*, *man manly*, *god godly*, en contraste à al.- *gülden männlich göttlich*. De plus, la métaphonie, moins accusée par l'orthographe parce qu'elle est plus ancienne, et en partie dissimulée par la fracture anglo-saxonne, ne se laisse point ramener au parallélisme rigoureux que présente le schème en quelque sorte mathématique de la métaphonie allemande actuelle, savoir :

Voyelles pures [2]	*a*	*e*	*o*	*u*
» métaphoniques :	*ẹ, ä* [3]	*i*	*ü, ö* [4]	*ü*

[1] En général même ils sont perdus dès l'anglo-saxon.

[2] Longues ou brèves à peu près sans distinction, c'est-à-dire que ă en métaphonie devient ä bref, et ā, ä long, et ainsi des autres.

[3] Variante simplement graphique, mais qui en principe devrait répondre à la chronologie des deux métaphonies d'*a*. On a vu que l'ancien allemand écrit *ẹ*. Quant à l'allemand moderne, par scrupule étymologique, il écrit *ä*, lorsqu'il existe en regard une forme à voyelle *a* qui accuse la métaphonie ; mais il maintient la graphie *e* dans le cas contraire, ou lorsqu'il a perdu la conscience de l'origine métaphonique du mot : *mann männer*, *kalb kälber* = v. al. *chęlbir* = *chalbir*, etc., mais *ende* = v. al. *ęnti* = got. *andei-s*, où réapparaît l'*i* qui a causé la métaphonie (cf. ag. *end* = ags. *ęnde*, soit prg. * *andja-* qui se rattache à sk. *ánta-* « borne, extrémité »); *hand hände*, mais en composition *behende* = v. al. * *bi hęnti*, littéralement « à la main », d'où « commode, aisé, dispos, prompt », etc.

[4] Quand l'*ü* répond à l'*o*, comme dans le type archaïque *gülden*, c'est que l'*o* équivaut à un *u* (cf. infra 28, I) et que la métaphonie s'est produite à l'époque lointaine où il était encore *u*. Or, comme phonétiquement il ne peut pas y avoir d'*ö* devant une syllabe qui contient un *i*, il est vrai de dire que la seule métaphonie d'*ŏ* est *ü*, comme d'ailleurs elle est *y* en ags. La métaphonie d'*ŏ* en *ö* et celle d'*ō* sont en fait très récentes et entachées d'analogie.

A quoi l'anglo-saxon répond par les corrélations :

Pures : $a, \bar{a}$ | e | $o\ \bar{o}$ | u [1] | (en fracture $ea\ eo$
Métaph. : $\text{\textytilde}e, \bar{æ}$ | i | $y\ \bar{e}$ | y | ou autrement) $ie\ y$

(23) On a déjà donné plusieurs exemples de métaphonie ; ils foisonneront au surplus dans l'étude des formes : il suffira donc d'en indiquer ici quelques-uns encore, choisis parmi les plus intéressants au point de vue de la dérivation des mots par suffixe contenant un i ou un j.

A. — Al. *ameise* = v. al. *ameiza* = ags. *æmette* (ag. *ant*), mais v. al. *emizzig*, m. al. *emzic*, al. *emsig* (laborieux). — Al. *rettich* et ags. *rǣtic* [2], emprunt lat. *rādicem*. — Al. *pfanne* et ag. *pan*, emprunt lat. *patina*, mais en dérivation, al. *pfenning pfennig* et ag. *penny* (menue monnaie, à cause de sa forme circulaire ?). — Ag. *Angle* (nom ethnique), mais *English*, et de même *France* et *French* = *Frankish (cf. al. *fränkisch*), *Wales* et *Welsh* (cf. al. *Wälsch* opposé à *Deutsch*), etc. ; ag. *tale* (conte) et *tell* (conter = ags. *tellan* = prg. *tal-jan, comme al. *zahl* (nombre) et *zählen* (nombrer) [3] = v. al. *zellen* = *zal-jan.

E. — Al. *gern* = v. al. *gërno* (got. *gairn-s* « cupide »), *begehren* = v. al. *gërōn*, mais *gier* (avidité) = v. al. *girī*, *gierig*, *begierig*, *begierde*, etc. — Al. *feder* (plume) = ag. *feather*, et *fittich* (aile). — Al. *pilgrim* et ag. *pilgrim*, emprunts, lat. *peregrinum*, cf. ital. *pellegrino* et fr. *pèlerin*. — Ag. *silly* (bizarre, fou, sot) = ags. *syllic* = *seollic (par fracture) = got. *silda-leik-s* (étrange), cf. al. *selt-en* (= ag. *seld-om* « rare »), *selt-sam*, etc.

O. — Al. *gold* et *gülden*, ags. *gold* et *gylden*, aujourd'hui redevenu *golden* par analogie, mais la métaphonie conservée dans *gild* (dorer) = ags. *gyldan* = *guld-jan. — Ag. *fore* et al. *vor* (devant), mais *first* = ags. *fyrst* = *for-ist, cf. al. *fürst*. — Ag. *fox*, mais *vixen* (la femelle) [4], cf. al. *fuchs*

[1] Long ou bref, c'est-à-dire que $\bar{u}$ donne en métaphonie $\bar{y}$ et de même $\bar{e}a$ donne $\bar{\imath}e$, et $\bar{e}o, \bar{y}$. On a vu plus haut ce que chacune de ces voyelles ags. devient ensuite en anglais.

[2] L'ag. *radish* est refait sur le fr. *radis*.

[3] Pour le sens, cf. al. *er-zählen* « raconter ».

[4] Le mot appartient à un dialecte du sud qui change f en v ; cf. ag. *vat* (cuve) = al. *fasz* (tonne).

füchsin. — Ags. *dōm* (jugement) et ag. *doom*, mais ag. *deem* (juger) = ags. *dēman* = **dōm-jan*, et de même *food et feed*, *brood* = al. *brut*, et *breed* = al. *brüten* = v. al. *bruoten* qui serait en got. **brōd-jan*, etc.

U. — Ags. ag. *full*, v. al. *fol*. et al. *voll* = got. *full-s*, mais ags. *fyllan* et ag. *fill*, al. *füllen* = v. al. *fullen* = got. *full-jan*. — Ag. *dizzy* (troublé) = ags. *dysig*, en face de v. al. *tusig*, m. al. *dusel* (trouble), al. *dusel* (vertige) ; cf. *bustle* et la prononciation de *busy* = ags. *bysig*[1]. — Ags. *fūl* (pourri) et ag. *foul*, v. al. *fūl* et al. *faul* (got. *fūl-s*, v. nor. *fūll*), mais m. ag. *file* (souiller), ag. *defile* et *filth* (ordure), cf. al. *fäule fäulnisz*. — Ag. *mouse* = ags. *mūs*, pl. *mice* = ags. *mȳs*, cf. al. *maus* et *mäuse*.

Il est inutile d'insister sur les voyelles de fracture de l'anglo-saxon, dont *silly* a fourni un type. Mais, à titre de récapitulation générale, on énumérera ici les principales catégories grammaticales où l'allemand, plus fidèle aux origines que l'anglais par cela même que les origines sont ici plus près de lui, a gardé le sens et l'obligation régulière de la métaphonie, bien que parfois l'analogie la lui fasse négliger.

1° Substantifs féminins en *-in* : *gott göttin*, etc.

2° Collectifs neutres à préfixe *ge-* : *berg, gebirg* = v. al. *gi-birg-i* ; de même *stern* et *gestirn*, *tosen* et *getöse*.

3° Féminins abstraits en *-e* (jadis *-ī*) : *höhe* = *hōh-i*.

4° Diminutifs en *-el, -chen, -lein* et *-ling* (v. al. *-ila, -kin* ou *-chīn, -līn* et *-linc*) : types bien connus.

5° Adjectifs de matière en *-en* (jadis *-īn*) : *gülden, irden*.

6° Adjectifs dérivés en *-icht, -ig, -lich*, etc.

7° Comparatifs d'adjectifs : *hoch* = got. *háuh-s*, et *höh-er* = *háuh-iza* ; et superlatifs, *höch-(e)st* = *háuh-ist-s*, etc.

8° Pluriels dits métaphoniques : *füsze, kälber, väter*.

9° Verbes causatifs et dénominatifs, parce qu'ils contiennent à l'état latent un suffixe *-jan* : aux exemples donnés ajouter ag. *set* = al. *setzen* = got. *sat-jan* (faire asseoir).

10° Formation de l'imparfait du subjonctif des verbes dits

---

[1] Supra 17, 5.

forts : *er nahm, er nähme* (v. al. *nam* et *nāmi*) ; *trug, trüge ; zog, zöge,* etc.

11° Conjugaison des verbes forts à la 2ᵉ-3ᵉ pers. du sg. de l'indicatif du présent : *er schlägt, er spricht,* etc.; *ich fahre, du fährst, er fährt, wir fahren* = v. al. *faru ferist ferit farēn*[1].

§ 5. — *Allongement compensatoire prégermanique.*

(24) Nous franchissons cette fois le seuil de la langue germanique primitive, et au seuil même nous rencontrons une loi commune à tous les dialectes qui en sont issus, par conséquent attribuable à la langue-mère elle-même, et pourtant vérifiable par la seule comparaison de ces dialectes sans intervention des autres langues indo-européennes. Ils s'accordent tous à nous présenter, dans un seul et même mot, tantôt une voyelle brève suivie d'une nasale et d'une momentanée gutturale, tantôt la même voyelle, mais longue, sans nasale et suivie d'une spirante gutturale. De ce seul contraste la loi se déduit avec la plus grande simplicité : toute voyelle brève prégermanique, $\breve{a}, \breve{i}, \breve{u}$ [2], suivie de nasale et spirante gutturale sourde (*nh*), s'allonge en même temps que la nasale disparaît. Reste à la vérifier.

1. Groupe $\breve{a}$ + *nh.* — Got. *þagkjan* (penser), ags. *ðencean* et m. ag. *thenk,* v. al. *denchen* et al. *denken* [3], partout avec

---

[1] Notons en terminant une dérivation bien connue, mais qui présente la curiosité d'une double métaphonie, le composé *elend* = v. al. *eli-lenti* « d'un autre pays » (*eli-* = got. *alji-* = lat. *alio-*, également métaphonique dans ag. *el-se* « autrement »), par suite « étranger, exilé, misérable » et « exil, misère ». Cf. *Elsasz* « l'Alsace » (l'établissement qui est de *l'autre* côté du Rhin). — Bien entendu, on n'a envisagé ici la métaphonie que comme phénomène phonétique général, sans insister sur les énormes différences de chronologie et d'application qu'il présente en anglais et en allemand. On le retrouvera à chaque pas dans les deux domaines, et l'on verra les conditions très variées dans lesquelles il s'exerce : infra 26 (I, 1° 2° 3°); 28 (I), 80 (XVI), 144-6, 147, 194, 197, 204-206, etc., etc.

[2] Le cas ne saurait se présenter pour $\breve{e}$ ni $\breve{o}$, parce qu'en pareille situation ils sont où restent respectivement $\bar{\imath}$ et $\breve{u}$, infra 26, I, 5°, et 28, I.

[3] Voyelle métaphonique à cause du suff. *-jan.*

voyelle brève et nasale, d'un prg. *þankjanam. Mais, si le k devient une spirante [1], soit prg. *þanhta (il pensa), l'a devient ā et l'n̊ tombe, d'où : prg. *þāhta et ses descendants, got. þāhta, ags. ðōhte et ag. thought, v. al. dāhta et al. dachte [2]. De même : got. briggan = prg. *brenǯanam, pf. brāhta = prg. *brańhta, ag. bring brought brought ; al. bringen brachte gebracht.

2. Groupe ĭ + n̊h. — V. norr. þing (procès, affaire), ags. ðing et ag. thing (affaire, chose), v. al. dinc et al. ding, partout avec la nasale et la brève, soit donc un prg. *þinǯ-. Mais, du verbe dérivé *þinhan, devenu *þīhan, le got. gadeihan, l'al. gedeihen (réussir, prospérer), et l'ags. geðēon, qui montre la nasale et la brève dans son participe geðungen [3].

3. Groupe ŭ + n̊h. — Got. þugkjan (sembler) : la racine est la même que celle de þagkjan, mais à un autre degré de vocalisme [4]. Ags. ðyncan et ag. think, ce dernier confondu avec ðęncean et ayant pris le sens de «penser». V. al. dunchan, m. al. dunken, al. dünken. Partout donc la brève et la nasale, indiquant un prg. *þunkjanam, qui fera au pf. *þunhta, d'où *þūhta : got. þūhta (il sembla), v. al. dūhta et al. (mich)

---

[1] Sur cet échange, voir infra 53 C et la note, 53 D et 55. Lorsqu'il s'est effectué de par la loi de Verner et que l'analogie a indûment propagé l'une ou l'autre forme, il s'est produit des doublets tels que : got. hāhan (être suspendu), ags. hōn (= *hōhan = *hǫn̊han), v. al. hāhan, mais ags. hangian et ag. hang, v. al. hangēn et al. hangen, etc.; de même pour al. fangen (saisir), dont les doublets ont subsisté longtemps ou subsistent encore dans les dialectes (so focht er [der Win] an zu schumen, en alsacien de Geiler, Bilger, éd. 1494, 87 B ; bis die heilige Mutter Gottes einen andern Sohn empfāht, dans une formule magique de Westphalie, etc.).

[2] Avec abrègement en allemand moderne, supra 20, 1°. — L'ō ags. au lieu de a dénonce la nasale disparue : en d'autres termes, ags. *ðan̊hte est devenu d'abord *ðǫn̊hte (infra 39, I, 3), et l'allongement ne s'est produit qu'après.

[3] L'al. gediehen a été refait sur l'analogie de gedeihen et des types à ī primitif (schreiben geschrieben, leihen geliehen). Mais, gedungen et bedungen sont demeurés comme participes des doublets dingen et bedingen.

[4] V. la section de l'Apophonie, infra 45, 4.

deuchte [1] ou *däuchte* = **dauchte* avec métaphonie empruntée au subjonctif, d'où subsidiairement par analogie un vb. *däuchten*.

Section II.

LES VOYELLES ET DIPHTONGUES PRIMITIVES ET LEUR ÉVOLUTION.

(25) Nous avons épuisé la série des transformations qu'ont subies les voyelles de l'anglais et de l'allemand dans la période historique et préhistorique de ces langues. Si le prégermanique nous était connu par tradition directe, il ne nous resterait qu'à montrer comment ses voyelles se reproduisent dans l'une et l'autre langue ; mais, comme il ne nous est connu que par elles et subsidiairement par la comparaison des autres idiomes indo-européens, c'est à ceux-ci désormais que nous devons recourir pour reconstituer le vocalisme prégermanique, anneau nécessaire de la chaîne que nous avons commencé par suivre de bas en haut et que maintenant nous cherchons à renouer de haut en bas. Quand le sanscrit, le grec et le latin nous auront confirmé ce que l'anglais et l'allemand ont pu nous apprendre de ce vocalisme, la preuve de l'opération sera faite, et le résultat de la double induction, acquis à la science.

L'indo-européen primitif possédait, d'après le témoignage des langues qui en sont issues : cinq voyelles brèves, $\breve{a}, \breve{e}, \breve{i}, \breve{o}, \breve{u}$; les diphtongues correspondantes, ay, ey, oy, et aw, ew, ow ; les cinq longues correspondantes, $\bar{a}, \bar{e}, \bar{i}, \bar{o}, \bar{u}$ [2] ; enfin, la voyelle indécise $\ddot{a}$, que, dans les langues européennes du moins, il n'y a aucun intérêt à distinguer de l'$\breve{a}$ avec lequel elle s'est entièrement confondue (i.-e. **pätér-*, gr. πατέρ-, lat. *pater*, got. *fadar*, ag. *father*, al. *vater* [3]).

---

[1] C'est la forme archaïque et la vraie : l'usuelle *mich dünkte* a été refaite sur l'analogie de *dünken*.

[2] Aussi parfois en diphtongue, soit $\bar{a}y$, $\bar{e}w$, etc. Mais, dans ce *Précis*, il est permis de négliger ces phonèmes fort rares : on se bornera à constater que, dès une époque fort ancienne, ils sont susceptibles d'abréger leur premier élément ou de perdre le second, en sorte que $\bar{e}y$, par exemple, se réduit éventuellement à $\breve{e}y$ ou à $\bar{e}$; cf. infra 85.

[3] Les langues asiatiques répondent par $\breve{i}$, sk. *pitár-*.

L'*a* et l'*o* indo-européens, brefs ou longs, **se sont complètement confondus dans le domaine germanique** : en d'autres termes, le prégermanique répond à l'*ă* et à l'*ŏ* par un *ă*, à l'*ā* et à l'*ō* par un *ō*. **Toutes les autres voyelles, sauf quelques mutations partielles, sont demeurées distinctes.** Il y a donc avantage à commencer par celles-ci l'examen du vocalisme.

§ 1er. — *L'e bref ou long.*

3) La voyelle *e* est la pierre de touche des langues européennes, car le rameau asiatique ou indo-éranien de notre famille (sanscrit et zend)[1] l'a partout changée en *a*. Le rameau germanique la montre avec autant de netteté que ses congénères d'Europe.

I. I.-e. *ĕ* = gr. ε = lat. *ĕ* = prg. *ĕ* : i.-e. **bhérō* (je porte, cf. sk. *bhárā-mi*), gr. φέρω, lat. *férō*, prg. **bérō*, d'où got. *bair-an*[2] (porter), ags. *bëran* et ag. *bear*, v. al. *bëran*, m. al. *bërn* (porter fruit) et al. (*ge*)*bären* (enfanter), cf. le sens conservé dans *bahr-e* (civière); i.-e. **pĕll-a* (peau), gr. πέλλ-α, lat. *pell-i-s*, prg. **féll-a-m*, d'où ag. al. *fell*; i.-e. **éd-ō* (je mange, cf. sk. *ád-mi*), gr. ἔδω, lat. *ĕdō*, prg. **étō*, d'où got. *it-an* (manger), ags. *ëtan* et ag. *eat*, v. al. *ëʒʒan* et al. *essen*, etc.

L'*ĕ* prégermanique a généralement persisté; toutefois, dès la période la plus ancienne, il est devenu *ī* dans divers cas qu'on peut ramener à cinq.

1° Dans la diphtongue primitive *ĕy*, devenue d'abord *iy* en vertu de la loi infra 3°; puis cet *iy* s'est contracté en *ī* : i.-e. **stéyghō* (je monte), gr. στείχω, mais prg. **stīgō*, d'où got. *steig-an* (monter), v. al. *stīgan* et al. *steigen*[3].

2° Dans le même groupe devant voyelle, devenu d'abord *iy*,

[1] Cf. supra 3.

[2] En réalité, le gotique, moins pur à cet égard que les autres langues germaniques, a changé tout *ĕ* prg. en *ī* : seulement il rétablit l'*ĕ* (écrit *aí*) devant *r* et *h* : de là, le contraste de *baíran* = ag. *bear* et *itan* = ag. *eat*.

[3] Ags. *stīgan* et ag. *sty* tombé en désuétude (remplacé par le fr. *mount*). Sur l'évolution postérieure de l'*ī* dans l'une et l'autre langue, cf. supra 17, 3, et infra 27, II.

puis réduit à un simple *y*. Ainsi de tous les verbes dits causatifs. On verra que l'i.-e. les forme en fléchissant la racine [1], à laquelle s'attache un suffixe -*ĕyŏ*- suivi des désinences de conjugaison, p. ex. sk. *bhár-ā-mi* (je porte), mais *bhār-áyā-mi* (je fais porter), gr. φορέω; rac. *men* (penser), lat. *moneō* (je fais penser, j'avertis) = **mon-éyō* ; rac. *nek* (mourir, cf. lat. *nex nec-is*), lat. *noc-eō*, etc. Soit donc une racine *sed* (s'asseoir, sk. *sád-as* « siège », gr. ἕδ-ος, lat. *sed-eō sed-ēs*, etc.): au causatif elle fera « je fais asseoir, je place », **sod-ĕyō*. Or le got. *sat-jan* (placer) nous reporte à un prg. **sat-ja-*, absolument identique à **sod-éyō*, à cela près seulement que *ey* est devenu *y*: d'où avec la métaphonie de rigueur, ags. *settan* et ag. *set*, v. al. *sęzzen* et al. *setzen*, en opposition à *sit*, *sitz* et *sitzen*.

3° Quand la syllabe qui suit l'*ĕ* contient un *i* ou un *y* préhistorique [2] : i.-e. **médh-yo-s* (placé au milieu, cf. sk. *mádhyas*), gr. μέσος μέσσος = **μέθ-yo-ς*, lat. *medius*, mais prg. **mid-ja-z*, d'où got. *midjis*, ags. *midd* et ag. *mid*, v. al. *mitti* et al. *mitte* ; i.-e. **és-ti* (il est, cf. sk. *ásti*), gr. ἐστί, lat. *est*, mais ag. (*he*) *is*, al. (*er*) *ist*, etc.

4° Très souvent en syllabe de moindre accentuation, où au surplus la métaphonie ci-dessus se cumule fréquemment avec l'atonie de la voyelle: i.-e. **-ĕs*, finale du nomin. pl., soit **pód-es* (pieds), sk. *pád-as*, gr. πόδ-ες, mais prg. **fōt-iz*, d'où la métaphonie dans ags. *fēt* (sg. *fōt*) et ag. *feet*; i.-e. **bhéreti* «il porte » (cf. sk. *bhárati*), mais v. al. *birit* (al. *sie gebiert* «elle enfante »), où le 2ᵉ *i* vient de *ĕ* en syllabe atone et devant syllabe contenant un *i*, et le 1ᵉʳ est l'*ĕ* radical changé en *i* devant l'*i* suivant en vertu de la loi formulée sous 3° [3].

---

[1] Voir la section de l'Apophonie, infra 44.

[2] Ceci est le début de la métaphonie, auquel il a été fait allusion plus haut, n° 22, n. 1 : l'influence qui, dès le prégermanique, avait atteint l'*ĕ* devant *i* s'est peu à peu étendue, en ag. et en al., aux autres voyelles dans la même position. On conçoit dès lors sans peine pourquoi il y a si peu de vraies métaphonies d'*e* (supra 23 E) à signaler séparément en allemand et surtout en anglais : la mutation s'était accomplie dès avant leur séparation.

[3] L'ags. *bireð* « il porte » a postérieurement assourdi l'*i* atone en

5° Devant un groupe commençant par une nasale : i.-e. rac. *bhĕndh* (lier), sk. *bandh* (lier), *bándh-u-s* (parent), gr. πενθερός = *φενθ-ερό-ς (beau-père), πειστήρ = *φενθ-τήρ (câble), mais got. *bind-an* (lier), ags. *bindan* et ag. *bind*, v. al. *bintan* et al. *binden* ; i.-e. rac. *wē* (souffler), cf. al. *wehen*, lat. *ve-ntu-s*, mais ag. al. *wind* ; i.-e. *péṅqe* (cinq), d'où une dérivation probable *peṅq(e)-ró-s* (au nombre de cinq), got. *figgr-s* (doigt), v. nor. *fingr*, ags. *finger*, v. al. *finger*, ag. al. *finger*.

Tout autre *ĕ* a persisté. Cependant, en vieux-haut-allemand, l'*ĕ* est devenu *i* quand la syllabe suivante contenait un *u* : i.-e. *septm̥* (sept), sk. *saptá*, gr. ἑπτά, lat. *septem*, prg. *sebun*, d'où got. *sibun*, ags. *seofon* et ag. *seven*, mais v. al. *sibun*, m. al. *siben*, al. *sieben* [1].

II. L'i.-e. *ē* est devenu en prégermanique comme en grec (η) un *ē* prononcé très ouvert (*ǣ*) : cet *ē* s'est fermé en gotique, mais est resté très ouvert en germ. sept. et occ., où il a même abouti à l'*ā* pur ; toutefois, en anglo-saxon, il est resté ou revenu au stade *ǣ*, puis a subi l'évolution commune aux *ē* longs en anglais. Exemples : i.-e. rac. *ĕd* (manger), pf. *ēd-*, sk. *ād-imá* (nous mangeâmes), gr. (ἐδ-)ήδ-αμεν, lat. *ēd-imus*, prg. *ǣt-umḗ*, d'où got. *ētum*, ags. *ǣton* et ag. *we eat* (pf.), v. al. *āzum* et al. *wir aszen* ; i.-e. rac. *dhē* (placer, faire), gr. θή-σω de τί-θη-μι, lat. *fē-c-i*, prg. *dǣ-di-s* (action), d'où got. *dēþ-s*, ags. *dǣd* et ag. *deed*, v. al. *tāt* et al. *tat* ; i.-e. rac. *sē* (semer, jeter), gr. ἵημι = *σί-ση-μι (je lance), ἧ-μα (jet), lat. *sē-men* (semence), prg. *sǣ-di-s* (semence), d'où got. (*mana-*)*sēþ-s* (race humaine, humanité), ag. *seed*, al. *saat* ; i.-e. rac. *nē* (filer, coudre, cf. gr. νῆ-μα « tissu » et vb. lat. *nē-re*) ; d'où *nē-tro-* et *nē-tlo-* (instrument à filer ou coudre), gr. νῆτρον (quenouille), got. *nēþla* (aiguille), ag. *needle*, al. *nadel*.

muet ; mais son *i* en syllabe radicale montre bien qu'ici aussi la syllabe suivante a jadis contenu un *i*. — Il n'en est probablement pas de même des impératifs du type al. *nimm* (prends) = v. al. *nim* = gr. νέμ-ε (partage), qu'on expliquait autrefois par prg. *nim-i*. Ici la métaphonie du radical paraît plutôt analogique de celle de sg. 2 de l'indicatif *nimis* = (*du*) *nimmst*, etc. ; cf. Streitberg, *Urgerm. Gr.*, n° 65, 2.

[1] Avec allongement en syllabe ouverte, supra 20.

§ 2. — *L'i bref ou long.*

(27) I. L'$\breve{\imath}$ est une voyelle très stable, il demeure intact dans toutes les langues indo-européennes, y compris le prégermanique : i.-e. rac. *bhĭd* (fendre), sk. *bhĭd* (fendre), lat. *fĭd-imus* (nous fendîmes), prg. **bit-umé* (nous mordîmes), got. *bitum*, v. al. *biȝȝum* et al. *wir̂ bissen*, ag. *we bit* ; lat. *pĭsci-s*, got. *fisk-s*, v. nor. *fisk-r*, ag. *fish*, al. *fisch*; sk. *vidhavā* (veuve), lat. *vidua*, got. *widuwō*, ags. *widewe* et ag. *widow*, v. al. *wituwa* et al. *wittwe*.

Devant *r* et *h*, l'$\breve{\imath}$ prg. se change en *ĕ*, en gotique seulement (écrit *ai*) : i.-e. rac. *migh* (être humide, uriner), sk. *mih* (uriner), gr. ὀ-μῑγ-έω (id.), ὀ-μίχ-λη (nuage), lat. *ming-ere*, mais got. *maih-stu-s* (humidité, brouillard) = ag. *mist* (brouillard) — al. *mist* (fumier[1]), tous deux avec l'$\breve{\imath}$ conservé.

Dans les cinq cas où prg. *ĕ* devient *ĭ*, à plus forte raison prg. *ĭ* subsiste sans changement. Mais, en dehors de ces conditions, prg. *ĭ* devient *ĕ*, si la syllabe suivante contient un *a* ou un *o* : i.-e. **wir-o-s* (homme), lat. *vir*, prg. **wir-a-z*, devenu **wĕr-a-z*, d'où got. *wair* (homme), ags. et v. al. *wër*, conservé dans ag. al. *wer-wolf* (garou), ag. *world* et al. *welt*[2]; i.-e. rac. *sed* (s'asseoir), d'où en composition **ni-zd-ó-s* (demeure, nid), sk. *nidá-s*, lat. *nidus*, mais prg. **ni-st-á-s*, d'où **nestás*, ag. al. *nest*. Toutefois cette loi, encore mal précisée, est sujette à des alternances par lesquelles s'expliquent les contrastes nombreux tels que : ag. *lick* et al. *lecken* (i.-e. *ligh* dans sk. *rih* « lécher », gr. λείχ-ω, lat. *ling-ō*); ag. *live* (vivre) et al. *leben* ; ag. *liver* (foie) et al. *leber* ; ag. *quick* (vif, cf. lat. *vivus* = **gvigv-o-s*) et al. *queck* (cf. *er-quick-en*) dans *queck-silber* = ag. *quick-silver*.

II. L'$\bar{\imath}$ est encore plus stable que sa brève. Le prégermanique le laisse intact : le got. le prononce *ī*, en l'écrivant *ei*[3] ; on

---

[1] À cause de la vapeur qu'il dégage. Cf. le fr. *fumier*, qui vient du lat. *fimus*, mais modifié d'après le vb. *fumer*.

[2] Supra 21 et la note sur *wëralt*.

[3] Cette graphie a été empruntée par Ulfilas à la langue grecque, où de son temps, l'ancienne diphtongue ει se prononçait *ī*.

sait que l'ag. et l'al. en tant qu'il ne s'y est pas abrégé, le prononcent *ay*, en l'écrivant respectivement *i* et *ei* [1]. I.-e. *sŭ-s (porc), sk. *sū-*, gr. ὗ-ς σῦ-ς, lat. *sū-s*, ags. *sū* et ag. *sow*, v. al. *sū* et al. *sau*: de là, l'adj. dérivé i.-e. *su-ino-s *swīnos (de porc); employé substantivement en prg. *swīnam, d'où got. *swein* (porc), ags. *swin* et ag. *swine*, v. al. *swīn* et al. *schwein*.

§ 3. — *L'u bref ou long.*

1. I.-e. *ŭ* = sk. *ŭ* = gr. υ = lat. *ŭ* = prg. *ŭ* : i.-e. **kŭn-* (chien), sk. *çun-*, gr. κύων κυν-ός, prg. *hund-a-z [2], d'où got. *hund-s*, v. nor. *hund-r*, ags. *hund* et ag. *hound* [3] (chien de chasse), v. al. *hunt* et al. *hund*; i.-e. rac. *dhŭbh* (sens vague d'infirmité, défaut physique), gr. τυφλός (aveugle) = *θυφ-λό-ς, prg. *dumb-a-z, d'où got. *dumb-s*, v. nor. *dumb-r*, ags. ag. *dumb* (muet), v. al. *tump tum* et al. *dumm* (imbécile); i.-e. **yŭwen-* (jeune, sk. *yúvan-*, lat. *juven-i-s*), d'où une dérivation **yuwn̥-kó-s*, sk. *yuvaçás*, lat. *juvencus*, prg. *yuwunʒás, contracté en *yunʒás, got. *jugg-s*, ags. *geong* et ag. *young*, v. al. et al. mod. *jung*, etc.

Dans les mêmes conditions où got. *ĭ* devient *ĕ* (écrit *ai*) [4], got. *ŭ* devient *ŏ* (écrit *au*) : i.-e. *dhur-ó-m (porte, cf. sk. *dúr-* et gr. θύρ-ᾱ), d'où prg. *dŭr-á-m, mais got. *daúr*.

On a vu qu'un *a* ou *o* subséquent change *ĭ* en *ĕ*. Dans les mêmes conditions, c'est-à-dire partout ailleurs que devant nasale suivie d'une autre consonne [5] et d'ailleurs assez irré-

---

[1] Cette orthographe vient de ce que l'*ī* a passé, en moyen-haut-allemand, par la prononciation *ey*, qu'il conserve d'ailleurs encore dans certains dialectes, avant d'arriver au son actuel d'*ay*.

[2] On ignore l'origine de ce *d* surajouté en germanique.

[3] Avec allongement régulier devant *nd*, supra 20, 4° B.

[4] Supra 27, I. — Ces phénomènes n'intéressent pas l'ag. et l'al., puisqu'ils sont spéciaux au germanique-oriental ; mais il faut bien les mentionner en passant pour permettre d'apprécier les concordances.

[5] Pour l'effet conservateur d'un pareil groupe, comparer les participes *swollen* et *geschwollen*, de *swell* et *schwellen*, mais *bound* et *gebunden*, *found* et *gefunden*, de *bind* et *binden*, *find* et *finden*.

gulièrement, l'$\breve{u}$ prg. paraît se changer en $\breve{o}$: prg. *$d\breve{u}r$-$\acute{a}$-m [1] (porte), got. *daúr*[2], ag. *door*, al. *tor* ; i.-e. rac. *y$\breve{u}g$* (joindre), *$y\breve{u}g$-$\acute{o}$-m* (joug), sk. *yugám*, gr. ζυγόν, lat. *jugum*, prg. *$y\breve{u}kám$* (got. *juk*), d'où *$y\breve{o}kám$*, ags. *geoc* et ag. *yoke*, v. al. *joh* et al. *joch* ; i.-e. rac. *gh$\breve{u}$* (« verser », cf. gr. χέ-ω χυ-τό-ς, et « faire libation »), sk. *hu-tá-s*, « versé en libation »), d'où une forme participiale, i-e. *$gh\breve{u}$-$tó$-s*, « à qui on fait libation, adoré », en prg. *$\zeta\breve{u}$-$\acute{d}a$-* (got. *guþ* « dieu »), et par suite *$\zeta\breve{o}\eth a$*- devenu ag. *God*, al. *Gott*, etc. [3]

II. I.-e. $\bar{u}$ = sk. $\bar{u}$ = gr. $\bar{u}$ = lat. $\bar{u}$ = prg. $\bar{u}$ [4] : i.-e. rac. *p$\bar{u}$* (être fétide et corrompu), sk. *p$\bar{u}y$* (id.), gr. πῦ-θω (pourrir), lat. *p$\bar{u}$-s* (pus), en dérivation prg. *$f\bar{u}$-$lá$-s* (pourri), d'où got. *f$\bar{u}l$-s*, ags. *f$\bar{u}l$* et ag. *foul*, v. al. *f$\bar{u}l$* et al. *faul* ; i.-e. rac. *r$\bar{u}$* (espace libre, cf. lat. *r$\bar{u}$-s* « campagne »), en dérivation prg. *$r\bar{u}$-$má$-s* d'où got. *r$\bar{u}m$-s* (espace), ags. *r$\bar{u}m$* et ag. (exceptionnellement sans diphtongaison) *room*, « espace, chambre », v. al. *r$\bar{u}m$* et al. *raum*. Comparer encore : ag. *house* et al. *haus* = ags. et v. al. *h$\bar{u}s$* = v. nor. *h$\bar{u}s$* = got. *h$\bar{u}s$* (dans *gud-h$\bar{u}s$*, « maison de Dieu, temple ») ; ag. *thousand* et al. *tausend* = ags. *ð$\bar{u}$send* et al. *d$\bar{u}$sunt* = got. *þ$\bar{u}$sundi*. On a déjà trouvé *eu* pour *au* dans *deuchte*. Il est moins explicable dans *euter* = v. al. *$\bar{u}$tar* (ag. *udder* avec abrègement), cf. lat. *$\bar{u}$ber*, gr. οὖθαρ, sk. *$\hat{u}$dhar* (mamelle).

§ 4. — Les diphtongues d'$\breve{e}$.

(29) Des deux diphtongues d'$\breve{e}$ on sait que l'$\breve{e}y$ se confond avec *i* devant consonne et avec *y* devant voyelle [5]. Reste donc l'$\breve{e}w$, dont le traitement est un peu compliqué, mais strictement

---

[1] La qualité de la voyelle est attestée par le prg. *$d\breve{u}r$-i*, v. al. *turi* et al. *tür* avec *ü* de métaphonie : supra 22, et cf. ags. *dur-u*.

[2] En gotique l'$\breve{u}$ avait donc double raison de devenir $\breve{o}$.

[3] On voit ici clairement comment, malgré les apparences, la vraie métaphonie d'*o* est *ü* : si *göttin* était un mot ancien, il ne pourrait être que *güttin* ; s'il a l'*ö*, c'est qu'il est refait sur *gott*.

[4] En ag. et al. diphtongaison parallèle à celle d'$\bar{i}$, supra 18, 1°.

[5] Cf. supra 26, I, 1°-2°.

conforme aux prémisses phonétiques qui ressortent du traitement de $\breve{e}$ et $\breve{u}$ pris à part. Le gotique, qui change partout $\bar{e}$ en i, change naturellement ew en iu (l'u dans ce groupe est semi-voyelle). En anglo-saxon, ew se change en eo, dont la voyelle s'allonge, soit $\bar{e}o$, et ultérieurement en anglais on n'a plus qu'un $\bar{e}$ ordinairement écrit ee et prononcé i. Que si cet $\bar{e}o$ se trouve devant une syllabe qui contienne un i ou un j, on a vu déjà qu'il se métaphonise en ie ou $\bar{y}$ et comment évolué ce dernier phonème. La scission de la diphtongue est plus profonde en allemand : si la syllabe qui suit contient un o ou un a, la diphtongue ew devient naturellement eo (supra 28, I), puis passe à v. h. al. io, que l'assourdissement m. h. al. réduit à ie (diphtongue), et cet ie à son tour, par monophtongaison, devient en al. mod. un simple $\bar{i}$ [1], bien que l'on continue à l'écrire en diphtongue ; si au contraire la syllabe suivante contient un i ou un u, la diphtongue prg. eu devient v. h. al. iu, qui en m. h. al. continue à s'écrire iu, mais tend peu à peu à se prononcer en simple $\bar{u}$ long ; puis, en al. mod., $\bar{u}$ long se diphtongue, tout comme $\bar{i}$ et $\bar{u}$ et devient eu, qui est son état actuel [2].

Soit, par exemple, la rac. i.-e. $g\breve{e}ws\ g\breve{u}s$, qui signifie « goûter, choisir », gr. γεύ-ω = *γεύσ-ω, lat. gus-tu-s, etc. Elle aura en prg. un inf. *$k\acute{e}us$-ana-m, que le got. reproduit en $kius$-an « choisir »; l'inf. ags. est $c\bar{e}os$-an, et la 3ᵉ personne du sg. du présent, théoriquement *$c\bar{e}os$-$i\eth$, aboutit à $cies$-$\eth$ (l'ag. $choose$ a unifié la flexion). Le même verbe est en v. h. al. $kiosan$ (m. al. et mod. $kiesen$) et se conjugue au présent $kiusu\ kiusis\ kiusit$ (mais pl. 1 $kiosamēs$), qui, si l'al. moderne n'avait unifié la flexion, y donnerait ich *$keuse$, etc. [3], pl. $wir\ kiesen$. Soit de

[1] Ultérieurement abrégé en syllabe fermée. — La diphtongaison primitive est encore très sensible dans le Sud : alsacien $ti\breve{e}f$, $li\breve{e}p$, $li\breve{e}cht$, etc., cf. al. $tief$, $lieb$ (pr. $t\bar{\imath}f$, $l\bar{\imath}b$), $licht$, etc.

[2] Comme $\bar{u}$ se diphtongue en au. Observer que $\bar{u}$ long et eu sont précisément les métaphonies respectives de $\bar{u}$ et au. La voyelle ancienne est demeurée dans les dialectes qui ne diphtonguent pas les longues : suisse $t'lüt$ ($\bar{u}$ long), alsacien $t'lit$ = $die\ leute$.

[3] Vocalisme archaïque conservé dans $er\ fleugt$ par rapport à $fliegen$ et autres types similaires (infra 206 B).

même, i.-e. rac. *dhŭb* (être creux, profond, cf. lit. *dub-ù-s* « creux »), d'où i.-e. **dhĕwb-o-s* et prg. **đeupaz* (profond), devenu **đeopaz* : on aura got. *diup-s*, v. nor. *djūp-r*, ags. *dēop* et ag. *deep*, v. al. *tiof* et al. *tief*. Soit la même racine devant *i* ou *j* : prg. **đeup-janam* (plonger) sera devenu **điup-ján*, ags. *dȳfan* et ag. *dive*, cf. aussi ag. *dip* [1].

On voit que ce qui complique surtout ces traitements multiples, ce sont les influences analogiques qui les ont traversés et troublés ; les deux diphtongues *eo* et *iu* se ressemblaient trop pour que la forme pure ne se confondît pas plus ou moins avec la forme métaphonique. Aussi ont-elles largement empiété sur le domaine l'une de l'autre, et la forme pure l'a généralement emporté. Ainsi le verbe **kęusanam*, cité plus haut, devait faire à l'infinitif **keosanam* (ags. *cēosan* et v. al. *chiosan*) et à sg. 3 de l'indicatif présent **kiusit* (ags. *cīesđ* et v. al. *chiusit*) ; mais l'ag. moderne ne connaît plus que le radical *choose*, lui-même altéré d'ailleurs (le substantif *choice* est réemprunté au français), et l'al. mod., que le radical *kies-en*. Ainsi encore, un substantif **leođ-u-* faisait au pl. **liuđ-i* ; mais l'ags. a étendu au pl. la forme pure et ne connaît plus que *lēode* (gens), tandis que le v. al. a fait passer au sg. *liut* (peuple) la forme métaphonique qui n'est régulière qu'au pl. *liuti* = al. mod. *leute*, et ainsi souvent.

C'est à l'affection spéciale à la diphtongue prégermanique *eu* que se rattachent indirectement les alternances nombreuses telles que : al. *licht* = v. al. *lioht* = ags. *lēoht* [2], et al. *leuchten* ; al. *ziehen* = got. *tiuhan* (cf. lat. *dūcō* = **deucō*), et al. *zeugen* (produire) ; al. *biegen* = got. *biugan*, et al. *beugen* (faire fléchir) [3]. Comparer encore, en terminant : v. al. *diota* (peuple) et ags. *đēod* = got. *þiuda* = i.-e. **tewtâ*,

---

[1] L'al. *taufen* (baptiser) = got. *đáup-jan*, est le même mot sans métaphonie. Cf. encore ags. *fȳr* = ag. *fire*, et v. al. *fiur* = m. al. *viur* = al. *feuer*, le tout comparé au gr. πῦρ.

[2] Sur l'*i* de ag. *light*, cf. supra 21, au sujet de *night*.

[3] En réalité, tous ces verbes, qui sont des causatifs, avaient en i.-e. une diphtongue *ŏw*, devenue en prg. *au* (infra 32) ; mais le résultat revient en somme au même, puisque cet *au* est devenu *eu* par métaphonie devant le suffixe causatif *-jan*. Cf. supra, 26, I, 2.

ét v. al. *diutisk* (traduit en lat. par *theotiscus*), aujourd'hui *teutsch* et *deutsch* (*tütsch* et *titsch* en alaman); avec les formes sans métaphonie encore vivantes dans m. al. *diet* (peuple) et les noms propres *Diet-rich* (lat. *Theodoricus*, fr. *Thierry*), etc. Et surtout ne jamais perdre de vue la conjugaison archaïque : *ich fliege, du fleugst, er fleugt, wir fliegen*, qui sera reprise en son lieu [1].

§ 5. — *L'ă et l'ŏ et leurs diphtongues.*

I. — 1. I.-e. ă = sk. ă = gr. ă = lat. ă = prg. ă [2] : i.-e. *sáld (sel), gr. ἅλ-ς = *σαλ-ς, lat. *sāl* = *săld, prg. *sălt, d'où got. *salt*, ag. *salt*, al. *salz* ; i.-e. *dákru (larme), gr. δάκρυ, lat. *dacru-ma* (*lacruma*), prg. *táhru *taʒrú, d'où got. *tagr*, ags. *tahur d'où par contraction *tēar* et ag. *tear*, v. al. *zahar* et al. *zähre* par métaphonie ; i.-e. *ăgró-s (champ), sk. *ájra-s*, gr. ἀγρό-ς, lat. *ăger*, prg. *akrá-s, d'où got. *akr-s*, ags. *æcer* et ag. *acre* (mesure agraire), v. al. *acchar* et al. *acker* ; lat. *scăb-ere* (gratter), got. *skab-an* (gratter), ag. *shave* (raser), al. *schaben*, etc.

2. I.-e. ŏ = sk. ă ā = gr. o = lat. ŏ, mais prg. ă : i.-e. *ghortó-s (enclos), gr. χόρτος, lat. *hortus*, prg. *ʒardás, d'où got. *gard-s* (enclos), cf. ag. *gard-en* et al. *gart-en*, ag. *yard* (cour) ; i.-e. *ghŏsti-s « étranger », d'où « ennemi » ou « hôte », lat. *hosti-s* (ennemi), got. *gast-s* (hôte), ag. *guest* [3] et al. *gast* ; i.-e. *ŏktōw (huit), sk. *aštáu*, gr. ὀκτώ, lat. *octō*, got. *ahtáu*, ags. *eahta* par fracture et ag. *eight*, al. *acht* ; i.-e. *ŏzdŏ-s (rameau), gr. ὄζο-ς, got. *ast-s*, al. *ast*, etc.

II. Conséquemment, les deux diphtongues i.-e. *ăy* et *ŏy* se confondent en prg. *ai*. Cet *ai*, bien conservé en gotique [4],

---

[1] De tout ce développement, on peut se borner provisoirement à retenir le résultat, au premier abord contradictoire, dont voici la formule :

    prg. *eu* devenu *eo* est représenté en al. mod. par *ie, i* ;
    »   *eu*   »   *iu*   »   »   *eu*.

[2] En ags., *æ* ou *a*, selon le timbre vocalique de la syllabe suivante ; mais cette distinction n'importe plus pour l'anglais.

[3] Avec la métaphonie qu'on retrouve au pl. al. *gäste*.

[4] On sait que nous l'écrivons *ái*, pour le bien distinguer de la fausse diphtongue got. *ai* qui est un *ĕ* ouvert.

est devenu en ags. $\bar{a}$ et en ag. $\bar{o}$. D'autre part, en al., *ai* s'est changé en *ei* par métaphonie ; puis, cet *ei*, en allemand moyen, est revenu peu à peu à la prononciation *ay*, en sorte qu'il ne se distingue nullement, sauf dans les dialectes du Sud, de l'*ay* procédant d'*ī*[1]. Enfin, dès le v. h. al., la diphtongue *ai* s'est contractée en *ē* devant *r*, *h* et *w* : voir plus bas *lehren* et *ewig*, et ajouter : got. *sáiwala* (âme), ags. *sāwul* et ag. *soul*, v. al. *sē(w)la* et al. *seele*; got. *sáir* (douleur), ags. *sār* et ag. *sore* (souffrant), v. al. et m. al. *sēr* (douleur), avec sens étymologique conservé dans al. *ver-sehr-en* et très affaibli dans al. *sehr* [2].

1. I.-e. *ăy* = sk. *ē* = gr. αι = lat. *ai ae* = prg. *ai* : i.e. *slaywó-s (gauche, maladroit), gr. λαιός = *λαιϝό-ς, lat. *laevo-s*, ags. *slāw* et ag. *slow* (lent), cf. v. al. *slēo* ; i.-e. **ayw-* (temps, siècle, durée), gr. αἰών = *αιϝ-ών, lat. *aev-o-m*, got. *áiw-s* (temps, éternité), d'où le dérivé v. al. *ēw-ig* et al. *ewig* ; v. nor. *heit-r* (chaud), ags. *hāt* et ag. *hot*, v. al. *heiz* et al. *heisz* ; m. ag. *bōthe* et ag. *both* = al. *beide* ; lat. *caed-ere* (couper), got. *skáid-an*, al. *scheiden* (diviser), etc.

2. I.-e. *ŏy* = sk. *ē* = gr. οι = lat. *oi* ($\bar{u},\bar{\imath}$), mais prg. *ai* : i.-e. rac. *wĭd* (voir), d'où au pf. **wŏyd-ĕ* (il a vu, il sait), gr. οἶδε = ϝοῖδ-ε, lat. *vid-it*, sk. *vêd-a*, prg. **wáit-e*, d'où got. *wáit*, ags. *wāt* et ag. *he wot*, v. al. *weiz* et al. *er weisz* ; i.-e. **ŏy-nó-s* (un), gr. οἰνό-ς, lat. *ūnus* = *oino-s*, prg. **ainá-s*, d'où got. *áin-s*, ags. *ān* et ag. *one*, v. al. *ein* et al. *ein* ; cf. le même *ā* en métaphonie et abrègement dans ags. *ǣnig* et ag. *any* = al. *einige* ; prg. rac. *lĭs* (got. **leis-an* « apprendre »[3]), dont un causatif qui serait en i.-e. **lŏys-éyō* (je fais apprendre, j'enseigne [4]), got. *láis-jan*, v. al. *lēren* et al. *lehren*, naturellement la même racine qui se trouve dans ags. *leornian* et

[1] En d'autres termes, l'al. classique prononce *ein* comme *scheinen*, tandis que l'alaman a, d'une part, *ayn*, et, de l'autre, *sĭnĕ*, etc. Le néerlandais distingue de même *een* et *schijnen*. Cf. supra 17, 3, et 18, 1º.

[2] Sens successifs : « avec douleur, — effort, — intensité, — très ». Parfois en ag. aussi : *sore amazed*, dans l'*Authorized Version*, Marc, 6, 51, traduit λίαν...... ἐθαύμαζον.

[3] Pf. got. *láis* (il sait), qui serait i.-e. **lŏys-e*, formé comme **wŏyd-e*.

[4] Cf. supra 26, I, 2º.

ag. *learn*, v. al. *lërnen* et al. *lernen*, lesquels auraient pour corrélatif un vb. got. *liz-n-jan « apprendre ».

(32) III. Toujours par voie de conséquence, les deux diphtongues i.-e. *ăw* et *ŏw* se confondent en prg. *au*. Cet *au*, encore bien visible en gotique [1], a subi en ags. une curieuse transformation : il y est devenu *ēa*, encore écrit souvent *ea* en anglais, mais prononcé, comme on l'a vu, *ī* ou *ĕ* ouvert, suivant qu'il y est resté long ou s'est abrégé. En allemand, *au* est resté tel quel, sauf une nuance de prononciation en *ou*, que le v. al. exprime ordinairement dans l'écriture ; mais, devant les dentales, devant *r*, *l* et *h*, et partiellement même ailleurs, l'ancien *au* est contracté en *ō*, ainsi qu'on va le voir.

1. I.-e. *ăw* = sk. *ō* = gr. αυ = lat. *au* = prg. *au* : i.-e. rac. *ăwg* (grandir, accroître), gr. αὐξάνω, lat. *aug-eō*, etc., prg. adv. **auk-* (en outre, aussi), d'où got. *áuk*, ags. *ēac* et ag. *eke*, v. al. *ouh* et al. *auch* [2] ; i.-e. **kă(w)p-et-* (tête, cf. lat. *căp-ut*), prg. **hauƀ-iþ-*, d'où got. *háubiþ*, v. nor. *haufuþ*, ags. *hēafod* et ag. *head*, v. al. *houbit* et al. *haupt*, etc.

2. I.-e. *ŏw* = sk. *ō* = gr. ου = lat. *ou ū*, mais prg. *au* : i.-e. rac. *rŭdh* (rouge, cf. sk. *rudh-irá-s* = gr. ἐ-ρυθ-ρό-ς = lat. *rub-er*), d'où un dérivé fléchi *rŏwdh-ó-s, lat. *rūf-u-s*, prg. *rauđ-á-s, got. *ráuþ-s*, ags. *rēad* et ag. *red*, v. al. *rōt* et al. *rot*; i.-e. rac. *dhŭbh* (infirme) [3], d'où une dérivation similaire *dhŏwbh-ó-s, prg. *dauƀ-á-s, got. *dáuf-s* (imbécile), ags. *dēaf* (sourd) et ag. *deaf*, v. al. *toup* et al. *taub* [4], mais avec voyelle *ō* dans le vb. *toben* (assourdir).

Citons encore, sans remonter plus haut que le germanique :

[1] Où nous l'écrivons *áu* (comme plus haut *ái*) pour le distinguer de l'*au* qui est un *ŏ* ouvert, supra 28, 1.

[2] Ainsi l'ancien *au* et l'ancien *ū* ne se distinguent plus l'un de l'autre dans l'al. classique ; mais, pas plus que l'ancien *ai* et l'ancien *ī*, ils ne se confondent dans les dialectes du Sud : l'alaman a *au* (haut-alsacien *ŏy*) = al. *auch*, mais *fūl* = al. *faul* ; et de même *frau frŏy* = *frau*, *lauch lŏych* = *lauch* (poireau), etc., mais *sūr* = al. *sauer* = ag. *sour*, *hūs* = v. al. *hūs* (*haus*, *house*), *sūfe* = al. *saufen*, et ainsi toujours et partout avec une absolue rigueur.

[3] Déjà vue dans τυφλός et *dumm*, supra 28, I.

[4] Comparer, quant au vocalisme, l'alsacien *tŏyp* (sourd) et *tüp* (*ü* long) = al. *taube* = ag. *dove*.

ags. *dēað* et ag. *death*, al. *tod* = got. *dáuþ-u-s*, et de même *dead* et *tot*, *great* et *grosz* ; ags. *hlēapan* et ag. *leap* (bondir); v. al. *loufen* et al. *laufen* = got. *hláupan* (courir) ; ags. *lēaf* et ag. *leaf*, v. al. *loub* et al. *laub* (feuillage) ; ags. *lēak* et ag. *leek* (poireau), al. *lauch*, le premier abrégé au second terme de *gar-lic* (ail), et le second dans *knobloch*, dialectal pour *knoblauch* (ail) ; got. *ga-láub-jan* (penser), ags. *gelȳfan* (avec métaphonie) et ag. *belief believe*, v. al. *gilouben* et al. *glauben* [1] ; got. *áusō* (oreille, cf. gr. οὖς, lat. *auris*), ags. *ēare* et ag. *ear*, v. al. *ōra* et al. *ohr* ; got. *táuh* (il tira, pf. de *tiuhan*, soit i.-e. *dŏwk-ĕ* d'une racine *dĕwk* que reproduit le lat. *dūc-ere*), al. *er zog*, etc.

§ 6. — L'*ā* et l'*ō*.

(33) Comme l'*ă* et l'*ŏ* en prg. *ă*, l'*ā* et l'*ō* i.-e. se sont entièrement confondus en prg. *ō*, resté *ō* en anglo-saxon, et vieil-allemand, puis ultérieurement modifié en anglais et allemand [2].

1. I.-e. *ā* = sk. *ā* = gr. ᾱ (η en ionien-attique) = lat. *ā*, mais prg. *ō* : i.-e. *bhāgó-s* (nom d'un arbre), gr. φᾱγός·φηγός (chêne), lat. *fāgus* (hêtre), prg. *bōká-s*, d'où got. *bōk* (livre), ags. *bōc-trēow* qui serait en ag. *book-tree* [3], et ag. *book* (livre) [4], v. al. *buohha* et al. *buche* (hêtre), al. *buch* (livre) ; i.-e. rac. *sthā* « se tenir debout », en dérivation *sthā-ló-s* « solide, tout objet qui tient debout », sk. *sthālá-m* (écuelle), gr. στήλη (colonne), prg. *stólá-s*, d'où got. *stōl-s* (trône), ags. *stōl* et ag. *stool*, v. al. *stuol* et al. *stuhl* ; i.-e. *mātér-* (mère), sk. *mātá*, gr. μᾱ́τηρ μήτηρ, lat. *māter*, ags. *mōdor* et ag. *mother*, v. al. *muotar* et al. *mutter* ; de même, *fräter* et *brother bruder* ; gr. ἡγ-έο-μαι (guider), lat. *sāg-īre* (être sagace), prg.

[1] Opposer encore l'alsacien *klŏyvĕ* (croire), et *klüvĕ* (*ü* long) = al. *klauben* (gratter) = v. al. *chlūbōn*.

[2] Cf. supra 18, 2°.

[3] La forme existante *beech* (hêtre) est métaphonique, ags. *bōc*, pl. *bēc*, cf. *feet* de *foot*, etc. La forme pure se retrouve encore, avec abrègement, dans la composition *buck-mast* « aliment de hêtre » (faîne).

[4] Cf. le sens de *buch-stabe* « bâton de hêtre » (lettre), à cause de l'usage du bois dans les premières écritures runiques.

*sōk-jan-am (chercher), d'où got. sōkjan pf. sōkida, ags. pf. sōhte et ag. sought [1], v. al. suohhan pf. suohte, al. suchen suchte gesucht, etc.

2. I.-e. $\bar{o}$ = sk. $\bar{a}$ = gr. ω = lat. $\bar{o}$ = prg. $\bar{o}$: i.-e. *pôd-s (pied), sk. pâd, gr. πούς πώς = *πώδ-ς, prg. *fōt-s (got. fōt-u-s, v. nor. fōt-r), d'où ags. fōt et ag. foot, v. al. fuoz et al. fusz ; i.-e. rac. bhlō (fleurir, cf. lat. flō-s), en dérivation prg. *blō-man-, d'où got. blōma (fleur), ags. blōma et ag. bloom (floraison) [2], v. al. bluomo bluoma et al. blume ; cf. la métaphonie dans al. blühen = prg. *blōjanam, et l'abrègement dans ag. blossom = ags. blōstma ; i.-e. rac. plō (fluidité); gr. πλω-τό-ς (qui nage), prg. *flō-dú-s (flot), d'où got. flōdu-s, ags. flōd et ag. flood avec abrègement, v. al. flōt float fluat fluot et al. flut, etc.

Comparer encore, sans sortir du germanique : ags. blōd et ag. blood [3], v. al. bluot et al. blut ; ag. stud (haras, cf. studbook) [4] et al. stute (jument) ; ag. boy = *bōf-ig, diminutif de *bōf = m. al. buobe et al. bube.

Section III.

LES VOYELLES EN SYLLABE FINALE.

(34) La plupart des exemples de concordances vocaliques qui ont figuré dans la section précédente portent sur des syllabes qui sont encore actuellement frappées de l'accent d'intensité ; et en effet, à partir du moment où cet accent a commencé à reculer vers la première syllabe du mot [5], les voyelles des syllabes suivantes se sont assourdies jusqu'au timbre de l'e muet, puis ordinairement jusqu'à syncope totale, en sorte qu'il n'y a plus

---

[1] L'infinitif seek = ags. sēcean est métaphonique comme beech ; cf. aussi beseech dont le pf. est besought.

[2] Il va sans dire que flower est emprunté au français.

[3] Toujours avec abrègement. La voyelle métaphonique dans le vb. bleed « saigner » = *blōd-janam ; l'al. bluten a été refait sans métaphonie sur blut.

[4] La métaphonie dans steed = ags. stēda « étalon ».

[5] Sur ce recul et ses effets, cf. infra 65, II.

guère qu'un intérêt tout théorique à rechercher ce qu'elles étaient devenues en germanique commun et par delà. Il convient toutefois, sans entrer dans la complexité du détail, d'arrêter un instant notre attention sur une certaine catégorie de voyelles maintenant disparues, à savoir celles qui en indo-européen se trouvaient en syllabe finale.

§ 1ᵉʳ. — *Principes généraux.*

On se facilitera cette matière ardue en ne perdant pas de vue quelques propositions d'une application générale, bien que troublée par mainte cause secondaire.

1º Dans cette position, les voyelles indo-européennes sont demeurées intactes en germanique commun, puis se sont réduites, dans chacune des langues germaniques prise à part, suivant des données uniformes.

2º Il n'importe en principe, à cet égard, que la voyelle soit à la finale absolue, ou seulement en syllabe finale, c'est-à-dire couverte par une consonne, soit que celle-ci subsiste ou disparaisse⁽¹⁾ : le traitement de la voyelle est toujours le même. — Toutefois un *s* final empêche la longue précédente de s'abréger : nommément, le nomin. pl. got. *wulfōs* (loups) garde sa longue intacte, comme si c'était une ultra-longue indo-européenne.

3º La réduction, quand elle s'opère, amoindrit d'un temps la durée de la voyelle indo-européenne : conséquemment, une brève tombe, une longue ordinaire s'abrège, et une longue de trois temps devient longue ordinaire.

4º Très souvent, mais avec des fluctuations qui dépendent des espèces et des dialectes envisagés, la quantité de la pénultième exerce sur la réduction de la finale une influence prépondérante : ainsi, la brève finale tombe toujours dans un trissyllabe accentué sur l'antépénultième ; mais elle ne tombe dans un dissyllabe que si la pénultième accentuée est lourde, c'est-à-dire si elle contient une voyelle longue ou une brève suivie de deux consonnes au moins.

⁽¹⁾ Sur le traitement des consonnes finales, cf. infra 39, 1-2, 46 et 63.

§ 2. — *Voyelles brèves.*

En gotique, toute voyelle brève en syllabe finale, sauf *u*, couverte ou non par une consonne, disparaît sans distinction. — Découverte : voc. sg. gr. λύκ-ε, lat. *lup-ĕ*, mais got. *wulf* tout court. — Couverte : acc. sg. gr. λύκ-ο-ν, lat. *lup-u-m*[1], got. *wulf* tout court ; nomin. sg. gr. λύκ-ο-ς, lat. *lup-u-s*, got. *wulf-s*. — Mais, si la voyelle est *u*, sk. acc. *sūnúm* (fils), nomin. *sūnús*, got. respectivement *sunu* et *sunus*[2] ; et de même, acc. got. *handum*, nomin. *handus* (main).

En anglo-saxon et vieil-allemand, la loi est la même (ags. *wulf*, al. *wolf*) pour les voyelles autres que *i* et *u*. Mais ces dernières ne tombent que sous réserve de la condition posée au § 1er, 4° : de là la différence entre ags. *giest* (ag. *guest*) et v. al. *gast* (hôte) = lat. *hostis* (étranger), d'une part, et ags. *mere* (ag. *mere*) et v. al. *mĕri* (al. *meer*) = lat. *marĕ* (pour *marĭ*), de l'autre ; de même, pour l'*u*, ags. *hond* et v. al. *hant* (main), mais ags. et v. al. *sunu* (fils). Au surplus, il n'y a pas lieu de s'appesantir sur une distinction que la chute des finales dans les langues modernes a presque entièrement effacée[3].

§ 3. — *Voyelles longues et diphtongues.*

I. Une longue ordinaire s'abrège dans toutes les langues germaniques[4], et nommément l'*ō* final venu de *ō* ou *ā* i.-e. donne *a* en gotique, mais *u* en germ.-occ. : i.-e. **bhér-ō* (je

---

[1] Ne pas oublier que l'*ŭ* latin, dans tous les mots de cette déclinaison, représente un *ŏ* indo-européen, qui, s'il subsistait en germanique, y serait représenté par un *ă*.

[2] La brève en première syllabe, en contraste avec la longue du sk., tient à un état différent de la rac. *sū* « enfanter ».

[3] Elle est importante, notamment, en ce qu'elle explique la métaphonie de *meer* en opposition à la voyelle pure de *gast*. Et, d'autre part, comme au contraire l'ags. *giest* est métaphonique, et par conséquent antérieur à la chute de l'*i*, on voit par là encore une fois combien le phénomène métaphonique est plus ancien dans le domaine anglais que dans le domaine allemand.

[4] Sauf dans les monosyllabes, et sauf la réserve du § 1er, 2°.

porte), gr. φέρ-ω, lat. *fer-ō*, got. *bair-a*, v. al. *bir-u* [1]; i.-e. nomin. sg. *ghebh-ā que suppose le prg. *ʒeb-ō (don), d'où got. *gib-a* et ags. *gief-u* [2].

En germ.-occ. la brève finale issue de cette longue tombe dans les mêmes conditions que la brève primitive : got. nomin. pl. *waúrd-a* (cf. lat. *verb-a* pour *verb-ā [3] « paroles »), ags. pl. *word*, al. *wort* ; mais, par exemple, ags. *scip-u* (navires) [4].

II. Les diphtongues ordinaires, en tant que finales, confondent leurs deux éléments en une voyelle primitivement longue, qui dès lors subit le traitement défini plus haut.

III. Les voyelles ou diphtongues ultra-longues, ou de trois temps, apparaissent en gotique comme longues ordinaires. En ags. et v. al. ces longues s'abrègent, mais gardent leur timbre ; plus tard seulement elles s'assourdissent en *e* muet, puis souvent, surtout en anglais, jusqu'à syncope totale. — Soit, par exemple, la finale d'ablatif ou d'instrumental i.-e. (*-ēd* ou *-ôd*, *-ê* ou *-ô*) qui, en germanique et en latin, sert à former les adverbes tirés d'adjectifs : lat. *certē* et *certō*, got. *galeikō* (pareillement), v. al. *gilīhho* (vocalisme *ō*), ags. *gelīce* (vocalisme *ē*), aujourd'hui unifiés par chute de la finale (*gleich* et *like*). — Soit le gén. pl. i.-e. en *-êm* ou *-ôm* (gr. θεῶν « des dieux ») : on a prg. *daʒêm ou *daʒôm (des jours), got. *dagē*, ags. *daga*, v. al. *tago* (aujourd'hui *tage*). — Soit enfin la finale de sg. 3 de l'optatif *-oî-t* (gr. φέρ-οι) : on a prg. *bind-ai (qu'il lie), subj. got. *bind-ái*, ags. *bind-e*, v. al. *bint-e* (ag. *he bind* tout court en regard de al. *er binde*).

[1] Sur l'*i* radical, cf. n° 26, I, in fine. — En ags. aussi une forme *beor-u* est attestée ; mais la forme ordinaire est *bëre*, avec finale probablement influencée par sg. 2 *birest* et sg. 3 *bireð*.

[2] Le v. al. *gëb-a* (don) paraît être un accusatif en fonction de nominatif : la finale *-m* de l'acc. i.-e., en nasalisant l'*ō* germanique précédent, l'a incliné au timbre *a*.

[3] C'est le sk. qui dénonce la longue du nomin.-acc. pl. nt., abrégée en grec et en latin : cf. infra, 138, I, 4.

[4] En v. al., au contraire, l'analogie de *wort* a fait créer *faʒ* (tonneaux), au lieu de *faʒʒu qui serait seul régulier, et ainsi des autres neutres. Inversement, *bintu* (je lie) devrait être *bint tout court ; mais il a repris ou gardé son *-u*, par analogie de *biru*, etc. Toute cette matière est un vrai chaos d'actions et de réactions secondaires dont il vaut mieux retenir le caractère général que s'appliquer à analyser les effets par le menu.

CHAPITRE III.

LES SEMI-VOYELLES ET LES CONSONNES-VOYELLES.

(35) La concordance des semi-voyelles et des consonnes-voyelles étant d'une extrême simplicité, il y a avantage à l'établir en partant immédiatement de l'indo-européen primitif. Puis, la concordance de ces phonèmes mixtes une fois établie, il restera à se demander dans quelles conditions ils alternaient, en indo-européen, du rôle de consonnes à celui de voyelles : ce sera l'objet de la section de l'Apophonie.

Section Ire.

LES SEMI-VOYELLES.

L'indo-européen possédait les deux semi-voyelles d'i et d'u, soit y et w, susceptibles, dans certaines conditions, de former syllabe en permutant chacune en sa voyelle respective. On sait que le prégermanique répond aux voyelles par i et u : on a vu comment il répond à y et w en diphtongue : quant à y et w consonnes, en tant qu'ils subsistent, le germanique y répond par $j = y$ (écrit got. et al. j, ag. y), et w (prononcé v en al. moderne).

§ 1er. — *Le y.*

(36) I. **Initial** i.-e. $y =$ sk. $y =$ gr. ζ ou esprit rude $=$ lat. $j =$ prg. j : on a déjà vu *yoke* et *joch, young* et *jung*, etc. ; on verra dans les pronoms *you* et *euch* ; joindre i.-e. rac. $y\bar{e}r$ $y\bar{o}r$ (laps de temps), zend $y\bar{a}re$ (année), gr. ὧρος, ὥρα (temps, saison, année), prg. *$j\bar{e}r$-a- (année), d'où got. $j\bar{e}r$, ags. $g\bar{e}ar$ [1] et ag. *year*, v. al. $j\bar{a}r$ et al. *jahr*.

[1] Sur ce g, cf. 50, II.

II. **Médial.** — 1. **Entre voyelles,** i.-e. *y* conservé en gotique et en vieil-allemand (comme en sanscrit) tombe en anglo-saxon et moyen-allemand (comme aussi en grec et latin), sans laisser d'autre trace que la métaphonie qu'il a pu causer : v. al. *bluo-jan*, al. *blühen* ; got. *kiu-jan (mâcher), ags. *cēow-an* et ag. *chew*, v. al. *chiuw-an* et al. *kauen* (la métaphonie conservée dans le composé *wieder-käuen*).

2. **Après consonne,** soit primitif, soit issu de la diphtongue primitive *ĕy* [1], le *y* persiste en gotique ; mais, plus tard, il produit doublement de la consonne qui le précède, puis disparaît dans ce doublement [2]. I.-e. *ten-yō (je tends), gr. τείνω = *τέν-γω, ags. ðen-ian (tendre) et ðennan. v. al. *dennen* et al. *dehnen* [3]. Got. *wilja* (volonté), ag. *will*, al. *wille*. Got. *hlah-jan* (rire), v. al. *hlahhan* et al. *lachen*, ags. *hliehhan* (métaphonique) et ag. *laugh*. I.-e. rac. *stheg teg* (couvrir), gr. στέγ-ω στέγ-ος τέγ-ος, lat. *teg-ō tog-a*, etc. : un dérivé prg. *þak-á-m = i.-e. *tog-ó-m se trouve représenté par ags. ðæc (toit), ag. *thatch*, al. *dach* ; puis, de ce dérivé à son tour est sorti un vb. dénominatif *þak-jan-am, got. *þakjan (couvrir), ags. ðeccan, v. al. *deccħan* [4] et al. *decken* (tous métaphoniques). Le causatif du vb. qui est en ag. *wake* (veiller) et al. *wachen* devait être prg. *wak-jan-am, d'où got. *wakjan* (éveiller), ags. *weccean*, v. al. *wecchan* et al. *wecken*. On a vu ailleurs : ags. *settan* (ag. *set*, al. *setzen*) = got. *sat-jan* (faire asseoir); got. *mid-ji-s* (= lat. *med-iu-s*), ags. *midd* et ag. *mid*, v. al. *mitti* et al. *mitte* [5], etc.

[1] V. supra 26, I, 2°.
[2] Comme en grec le λ dans ἀγγέλλω = *ἀγγελ-γω.
[3] Le groupe *nn* abrégé en *n*, puis la voyelle allongée.
[4] Plus exactement *decchen*, car c'est une loi certaine du v. al. que *j* change en *e* l'*a* subséquent ; mais les effets de cette loi ont été traversés par l'analogie, c'est-à-dire qu'on a refait *decchan* à l'imitation d'un infinitif comme *sëhan* (mod. *sehen*) = got. *saíhwan*, où l'*a* n'était pas précédé d'un *j*. Cf. Braune, *Ahd. Gr.*, § 58.
[5] Ce n'est pas seulement devant *j*, c'est dans diverses autres positions, notamment devant nasale ou vibrante, que les consonnes sont ainsi susceptibles de se redoubler en allemand : got. *akr-s*, v. nor. *akr*, ags. *æcer* (ag. *acre*, mesure agraire), mais v. al. *acchar*, al. *acker* (champ) etc.; de là procèdent alors des doublets tels que *knabe* (observer le gén. *knaben*) et *knappe*, *rabe* (corbeau) et *rappe* (cheval noir), etc.

§ 2. — Le *w*.

I. **Initial**. — 1. **Devant voyelle**, i.-e. *w* = sk. *v* = gr. ϝ (disparu en ionien-attique) = lat. *v* = prg. *w* : on connaît déjà *wine* et *wein* (emprunt latin), *wot* et *weisz*, *wind* et *wind*, etc.; joindre *water* et *wasser* (slave *voda*), i.-e. *wḷqo-s* (loup) = sk. *vṛka-s* = got. *wulf-s* = ag. *wolf* = al. *wolf*.

2. **Devant consonne**, le *w* subsiste en prégermanique et gotique, mais l'allemand l'a perdu, et l'anglais, qui l'écrit encore, ne le prononce plus : got. *writ-s* (raie, gravure), al. *ritz* (égratignure), v. al. *rizan* et al. *reiszen* (déchirer, cf. le substantif *risz*), ags. *writ-an* (id.) et ag. *write* (graver, écrire).

II. **Médial**. — Entre voyelles, le *w* persiste, sauf ensuite à se confondre avec la voyelle précédente en lui donnant une nuance labiale. Dans ce cas il arrive souvent que l'écriture elle-même ne le révèle plus, comme dans *hue* (pour *hew*), *tues-day* [1], etc. On peut citer encore : ag. *true* (vrai) = ags. (*ge-*)*trēowe*, et al. *treu* (fidèle) = v. al. (*gi-*)*triuw-i*, avec l'état fléchi de la même racine dans ag. *trow* (se fier) et al. *trauen*; ag. *snow* = ags. *snāw*, al. *schnee* = v. al. *snēo* [2], cf. got. *snáiw-s*, d'un prg. *snaiw-á-s* (lat. *nix niv-em*); ag. *tree* = got. *triu*, apparenté au gr. δρῦς (gén. δρυός = *δρυϝ-ός) et au russe *derevo*.

2. **Après consonne**, *w* primitif est assez rare [3], mais subsiste en général : i.-e. *dwŏ-* (deux) = prg. *twá-*, d'où got. *twái*, ag. *two* [4], al. *zwei*; i.-e. rac. *kwit* (briller), d'où une dérivation *kwĕyt-o-s*, sk. *çvēt-á-s* (brillant, blanc), prg. *hwit-a-z*, d'où got. *hweit-s*, ags. *hwit* et ag. *white*, v. al. *hwiz* et al. *weisz*. Toutefois le groupe *nw* s'assimile en *nn* : i.-e.

---

[1] Cf. supra 17, 5.

[2] La voyelle labiale *o*, dans ce mot et similaires (cf. v. al. *sēo* = al. *see*, etc.) est le résidu de la syllabe commençant par la consonne labiale *w*. En m. al. il se fond dans la longue qui précède, *snē*, mais reparaît aux cas obliques, gén. *snēwes*. En al. mod. un nomin. *schnee* amène par analogie un gén. *schnees*, et toute trace de la labiale disparaît.

[3] On retrouvera plus bas le groupe initial fréquent *sw*, infra 59, II.

[4] Le *w* naturellement fondu avec l'*u* subséquent dans la prononciation.

*mánu- (homme), d'où une dérivation *manw-ó-s [1] (humain, homme), prg. *mann-a-z (cf. got. manna), ags. m*o*n et ag. man = *mann, al. mann [2].

Section II.

LES CONSONNES-VOYELLES

(38)   Les consonnes-voyelles, c'est-à-dire les nasales et les vibrantes primitives, pouvaient être, en indo-européen, soit consonnes, soit voyelles. Dans l'un et l'autre cas, leurs concordances sont très simples.

§ 1er. — *Les nasales.*

(39)   **Le propre de la nasale,** dans toutes les langues indo-européennes, **est de s'assimiler** partiellement **à la consonne qui la suit,** labiale si celle-ci est labiale, dentale si elle est dentale, etc. Il y a donc toujours autant de nasales qu'il y a d'ordres de momentanées, quatre par exemple en indo-européen, trois en prégermanique, en gotique, en anglais, en allemand [3]. De plus, si, au cours des âges, la momentanée vient à changer d'articulation, la nasale en change avec elle : ainsi la nasale vélaire de l'i.-e. *pénqe (cinq) est restée nasale gutturale dans le lat. *quīnque*, mais devenue nasale labiale dans le grec (éolien) πέμπε et le got. *fimf*, et nasale

---

[1] L'*u* devenu consonne (*w*) devant voyelle. Le prototype *mánu-* est sanscrit : cf. le mythique Manu, ancêtre des hommes.

[2] Le traitement du *w* paraît quelquefois assez capricieux ; mais il faut réfléchir que sa position n'était point partout la même dans un même mot, parce que le hasard de la déclinaison ou de la conjugaison le plaçait tantôt à la médiale tantôt à la finale. Il est final, par exemple, au nomin. ags. *geolo* = *geolw (jaune), mais médial au gén. *geolw-es* : l'ag. *yellow* est comme un compromis entre ces deux formes. Le v. al. a de même nomin. *gëlo* et gén. *gëlw-es*, d'où le doublet *gehl* (alaman) et *gelb*, cf. lat. *helv-o-s* (jaune). Ce dernier changement de *w* en *b* se remarque aussi dans les doublets *fahl* et *falb* (fauve), dans *wittib, hieb* (coup) et pf. *hieb* en regard de *wittwe* (lat. *vidua*), *hauen* (frapper), etc. C'est exactement de même que ags. *sceadu* (pl. *sceadwa*) s'est différencié en ag. *shade* et *shadow*.

[3] V. infra 52.

dentale dans le gr. πέντε et l'al. *fünf* [1]. Sous cette seule réserve, les nasales se répondent rigoureusement d'une langue à l'autre.

I. **Consonnes.** — 1. Labiale : i.-e. *m* = prg. *m*, partout conservé, sauf à la finale primitive. On a déjà rencontré *mid* et *mitte*, *room* et *raum*, etc. On y peut joindre : *comb* et *kamm* = sk. *jámbha-s* (mâchoire) = gr. γόμφο-ς (cheville), etc.; ag. *mead* = ags. *meodo*, et al. *met* (hydromel) = v. al. *mëtu* = gr. μέθυ (vin) = sk. *mádhu* (liqueur sucrée et enivrante); got. *qiman*, ag. *come*, al. *kommen*; ag. *swim*, al. *schwimmen*; ag. *lamb*, al. *lamm*, etc.

L'*m* final primitif est devenu *n* en prégermanique comme en grec : le fait ne se constate que dans les rares cas où cet *n* s'est maintenu, préservé par une particule affixée qui le défendait d'une chute totale, al. acc. *den* = got. *þan-a* = gr. τόν = sk. *tám* = lat. (*is-*)*tum* et *tum* (acc. advb.).

En dehors de ce seul cas, toute nasale finale est tombée en prégermanique, et la voyelle découverte par cette chute a été traitée en voyelle finale : got. *akr* [2] (acc.) = gr. ἀγρόν = lat. *agrum*.

A son tour, l'*m* jadis médial, mais découvert par la chute des voyelles qui le suivaient et, par suite, devenu final, s'est changé en dentale (*n*) en vieux-haut-allemand lorsqu'il y constituait une désinence grammaticale [3] : dat. pl. v. al. *tag-um* devenu *tag-un*, al. *tag-en*. Le même phénomène s'est produit dans le passage de l'anglo-saxon au moyen-anglais; mais la chute de l'*n* final (supra, 19, 2°) lui enlève à peu près toute importance pour l'anglais moderne.

2. Dentale : i.-e. *n* = prg. *n*, partout conservé, sauf à la

---

[1] La différence entre le gotique et l'allemand vient de ce que l'*f* got. était bilabial, tandis que l'*f* al. est denti-labial.

[2] V. supra 34, § 1er, 2°.

[3] Dans les autres cas l'analogie a ordinairement préservé l'*m* parce qu'il n'était point partout final : *arm* n'est pas devenu *arn* parce qu'il y avait un génitif *arm-es*, et *nim* (prends) n'a pu se changer en *nin*, car on ne le séparait pas de l'infinitif *nëm-an*. Mais on constate pourtant al. *boden* = ag. *bottom*, al. *faden* (fil) = ag. *fathom* (toise, fil de sonde, sonde), et un assez grand nombre de similaires.

finale primitive. On connaît déjà *night* et *nacht*, *needle* et *nadel*, *snow* et *schnee*, *one* et *ein*, *son* et *sohn*, *man* et *mann*. Qu'on y joigne encore : ag. *can, ken, land, sand*, etc.; al. *kann, kennen, land, sand*, etc.

3. Gutturale : i.-e. n̊ = prg. n̊, qui s'écrit *g* en gotique [1] et simplement *n* partout ailleurs : i.-e. rac. *sing̊* (cf. sk. *siñcati* « il verse »), got. *sigq-an* (plonger), ag. *sink*, al. *sinken*; lat. *long-u-s*, got. *lagg-s*, ags. *lǫng* et ag. *long* [2], al. *lang*. Ajouter : ag. *drink* (got. *drigk-an*), *hang, finger, tongue*, et al. *trinken, hangen, finger, zunge* [3].

(40) **II. Voyelles.** — Toute nasale-voyelle indo-européenne devient en sanscrit et en grec un simple ă; en latin, m̥ se vocalise en ĕm, et n̥, en ĕn; en prégermanique, la vocalisation donne respectivement ŭm et ŭn [4], après quoi le groupe ainsi formé est naturellement sujet aux lois déjà déduites pour ŭ, m et n.

1. I.-e. m̥. — L'i.-e. avait une racine *sĕm*, signifiant l'unité, qu'on trouve dans le lat. *sem-el* et le gr. εἷς = *σεμ-ς : quand cette racine perdait son *ĕ*, il restait donc *sm̥*, comme dans le dérivé *sm̥m-ó-s* (quelque), qui est devenu en sk. *sam-a-s*, en gr. ἀμ-ό-ς, en got. *sum-s*, cf. ags. *sum* et ag. *some*. Soit de même une rac. *gĕm* (aller), gr. βαίνω = *gm̥-yō et lat. *veniō* = *gvem-yō : en perdant l'*ĕ*, elle devient *gm̥-tí-s (marche), sk. *ga-ti-s*, gr. βά-σι-ς, etc., et cette dernière forme se retrouve

---

[1] Orthographe empruntée par Ulfilas à la langue grecque.

[2] Un groupe nasal a la propriété de changer ags. *a* en *ǫ* (*o* très ouvert) : ainsi l'on lit *man* et *mǫn*, *hand* et *hǫnd*, *land* et *lǫnd*, *sand* (sable) et *sǫnd*, etc.; cette prononciation encore tout à fait courante en moyen-anglais et restée dialectale, n'a pas persisté en anglais classique, sauf dans *long*, *tong* (pince) = al. *zange*, *song* = *sang*, *comb*, et quelques autres.

[3] Les concordances ne se comptent pas. Mais il faut se garder d'y joindre ag. *angel* et al. *engel* : celui-ci est le got. *aggilus*, lui-même pris au gr. ἄγγελος (observer la métaphonie de l'*a* par l'*i* subséquent); mais *angel* est simplement le v. fr. *ángele* = lat. *ángelum*, également emprunté au grec; si *angel* était germanique, il ne se prononcerait pas ĕndžl, mais an̊gl; cf. l'ag. *angle* (pointe, crochet, hameçon) = al. *angel*.

4) La vocalisation de l'n̊ (un̊) est également possible, mais les exemples en sont plus rares. Cf. ag. inf. *drink* et ppe *drunk*, al. *trinken* et *getrunken*.

dans le got. (ga-)qum-þ-s (arrivée, assemblée) et l'al. (aus-) (ein-) (zu-)kunft, par rapport à *kommen* = got. *qiman* = lat. *veniō*. A en juger par le gr. ἀμφί (autour), le sk. *abhí* (vers) suppose un i.-e. *$mbhi$, que reproduit le v. al. *umbi* (autour, vers), m. al. *umb*, al. *um*. A la finale, *um* devient naturellement *un* : i.-e. *$dek-m$ (dix), sk. *dáç-a*, gr. δέκ-α, prg. *$teh-um$, d'où *$teh-un$, got. *taihun*, ag. *ten*, al. *zehn*. Et de même pour *sibun* = *seven* = *sieben* [1].

2. I.-e. n. — La particule négative de l'indo-européen était *$ně$, sk. *ná* : si l'*ě* venait à tomber, ce qui était la règle en composition, il restait *n-, qui est devenu en sk. *a-* (privatif), en gr. ἀ- (privatif), en lat. *in-* (négatif), en germanique, enfin, la particule privative bien connue *un-*, soit ag. *un-fair*, al. *un-rein*, etc, cf. gr. ἀ-σθενής (sans force), lat. *in-firmu-s*, etc. L'i.-e. *$snter$ (à part, sans), dénoncé notamment par le gr. ἄτερ (sans), se retrouve en germanique sous la forme got. *sundrō* (à part, mais), ags. *sundor* et ag. *(a-)sunder*, v. al. *suntar*, al. *sonder* (sans) et ses nombreux dérivés. Rapprocher encore : i.-e. *$ndhero-s$ (inférieur), sk. *ádhara-s*, lat. *inferu-s*, got. *undar* (sous), ag. *under*, al. *unter* ; i.-e. *$mn-tó-$, lat. *men-tu-m* (menton), got. *mun-þ-s* (bouche), ags. *mūð* = *$mǔnð$ [2], et ag. *mouth*, al. *mund*, etc.

§ 2. — Les vibrantes.

41) Les vibrantes, *r*, *l*, soit consonnes, soit voyelles, sont extrêmement constantes en germanique comme partout ailleurs.

I. Consonnes. — 1. I.-e. *r* = sk. *r* = gr. ρ = lat. *r* = prg. *r*, conservé dans les langues modernes [3]. Il suffirait de rappeler *red* et *rot*, *read* et *raten*, *ride* et *reiten*, *brother* et *bruder*, etc. On y peut joindre : i.-e. *$der-ō$, gr. δέρ-ω (j'écorche), prg. *$ter-ō$ d'où got. *(ga-)tair-an* (déchirer), ag.

---

[1] L'*n*, qui aurait dû tomber à la finale prégermanique, a été conservé probablement par l'influence analogique des ordinaux : got. *sibunda* « 7ᵉ ».

[2] Allongement compensatoire anglais, supra 20, 4° A.

[3] Mais observer que tous les *r* modernes ne procèdent pas d'un primitif : beaucoup sont des *s* (*z*) rhotacisés, infra 61, I.

tear, al. (*ver-*)*zehr-en*; lat. *hester-nu-s* (d'hier), got. *gistra-*
(*dagis*) « hier », ag. *yester-*(*day*), al. *gester-n*; i.-e. **priy-ó-*
(cher, cf. sk. *priy-á-s*, id.), d'où une dérivation germ. **frijōn-*
(aimer), got. *frijōn*, dont le participe présent est *frijōnd-s*
(ami), ags. *frēond* et ag. *friend*, v. al. *friunt* et al. *freund*[1];
gr. καρπ-ό-ς (fruit), lat. *carp-ere* (cueillir), ag. *harv-est* (moisson) et al. *herb-st* (vendange).

2. I.-e. *l* = sk. *r* = gr. λ = lat. *l* = prg. *l*, conservé dans les langues modernes. I.-e. rac. *lŭk lĕwk* (briller), sk. *ruc* (id.), cf. gr. λευκ-ό-ς (blanc), lat. *lūx lūc-em*, etc. : en dérivation, got. *liuh-aþ*, ags. *lēoht* et ag. *light*, v. al. *lioht* et al. *licht*. I.-e. rac. *klŭ klĕw* (entendre), d'où sk. *çru-tá-s* (dont on a entendu parler, célèbre) et *çráv-as* (gloire), gr. κλυ-τό-ς (illustre) et κλέος = κλέϝ-ος (gloire), lat. (*in-*)*clu-tu-s*, etc. : en composition, v. al. *Hlut-hari*, nom propre « Clotaire »[2]. De la même racine sous la forme allongée *klū*, est dérivé un prg. **hlū-đá-s* « entendu », d'où : ags. *hlūd* et ag. *loud* (à haute voix); v. al. *lūt* et al. *laut* (id.), al. *laut* (son); cf. le vb. suisse *losen* (écouter). Citons encore : gr. ἄλσος (forêt) = **ϝάλτϝ-ος*(?), al. *wald* (forêt), ags. *weald* et ag. *wold*, postérieurement confondu avec *wood* (bois) = ags. *wudu* = v. al. *witu*[3]; got. *fugl-s* (oiseau), ags. *fugol* et ag. *fowl* (volaille), v. al. *fogal* et al. *vogel*.

(42) II. **Voyelles.** — La vibrante-voyelle indo-européenne, r, l, ne reste absolument telle qu'en sk. (r). Dans toutes les autres langues, elle s'accompagne d'une résonnance vocalique indécise, d'où résultent: gr. αρ, ρα, et αλ, λα; lat. *ŏr*, *ŭr*, et *ŏl*, *ŭl*; prg. *ŭr*, *rŭ*, et *ŭl*, *lŭ*, selon que l'épenthèse vocalique tombe avant ou après la vibration[4]. L'*ŭ* se modifie ensuite, selon les

---

[1] L'ags. est pur; les autres formes sont métaphoniques, parce que certaines finales de la déclinaison contenaient un *i*, v. g. ags. dat. *frīend* = **frēond-i*, puis extension analogique.

[2] Proprement « qui a une armée (al. *heer*) célèbre ».

[3] Perdu en al. mod., mais encore reconnaissable dans le nom d'oiseau *wiedehopf* = *witu-hopfo* « qui sautille dans les bois ».

[4] Ce dernier cas est de beaucoup le plus rare, et plus analogique que phonétique. Soit la rac. i.-e. *bhrĕg* (briser), cf. lat. *frēg-ī* (pf.) : sa forme réduite *bhr̥g* est devenue prg. *brŭk* et non pas *bŭrk* (got. *bruk-an-s* = ag.

lois propres de chaque langue : ainsi, en gotique, on aura régulièrement *aúr* et *ul* ; en ag. et al., tantôt *or* et *ol*, tantôt *ur* et *ul*, selon la nature de la syllabe suivante [1].

1. I.-e. $r̥$. — L'i.-e. a une rac. *mĕr* (mourir), sk. *mar*, qui se réduit en *mr̥* dans des formations telles que sk. *mr̥-tá-s* = lat. *mor-tuu-s* et sk. *mr̥-ti-s* = lat. *mors* (gén. *mor-ti-s*) ; une autre formation, non moins légitime, serait i.-e. *$mr̥$-tró-m*, soit « instrument de mort [2], meurtre », que reproduisent got. *maúr-þr*, ags. *morðor* et ag. *murther murder*, cf. al. *mord* = *$mr̥$-tó-s*. L'i.-e. a une racine *kĕr* au sens de « tête, corne », cf. gr. κέρ-ας : elle est réduite à *kr̥* dans gr. κάρ-ᾱ (tête) et κρά-νο-ς (casque), lat. *cŏr-nu* (corne), et ce dernier, soit *$kr̥$-nu*, se retrouve dans got. *haúrn*, ag. *horn*, al. *horn*. Comparer encore : i.-e. rac. *tĕrs trs* (avoir soif), sk. *tr̥s̥-ti-s* (soif), got. *þaúrs-tei*, ags. métaphonique *ðyrst* et ag. *thirst*, al. *durst*, cf. la métaphonie de *dürr* (sec) = v. al. *durri* = i.-e. *$tr̥s$-i-* ; lat. *porc-a* (le rehaut entre deux sillons) = *$pr̥k$-ā*, ags. *furh* et ag. *furrow* (sillon), al. *furche*, etc.

2. I.-e $l̥$. — I.-e. *wl̥q-o-s* (loup), sk. *vr̥̃k-a-s*, lat. *lup-u-s*, prg. *$wŭlf$-a-z*, got. *wulf-s*, ag. *wolf*, al. *wolf*. I.-e. rac. *pĕl* (emplir), réduite en *pl̥* = gr. πλα dans πίμ-πλα-μεν (nous emplissons) et dans la dérivation *$pl̥$-nó-s* (plein), sk. *pūr-ná-s*, lat. *plē-nu-s* [3] : soit donc un prg. *$fŭl$-ná-s*, assimilé en *$fŭllás$*, d'où got. *full-s*, ag. *full*, al. *voll*. I.-e. rac. *mĕl* (moudre), sk. *mar* (id.), réduite en *mr̥* : gr. μύλ-η (meule), lat. *mol-a*, ags. *myln* (métaphonique pour *mul-in*) et ag. *mill* (moulin), v. al. *mulin muli* et al. *mühle* [4].

brok-en = al. *(ge-)broch-en*), mais surtout parce que la consonne et la voyelle ont tendu à prendre la place respective qu'elles occupaient au présent et au parfait (got. *brika brak*, ag. *break brake*, al. *brechen brach*).

[1] Cf. supra 28, I.

[2] Voir la dérivation, notamment infra 79 (XIII). Tous ces mots ont passé au sens de « mort violente », tandis qu'un autre thème prenait celui de « mort ». — Le fr. *meurtre* est emprunté au germanique.

[3] Les longues du sk. et du lat. viennent de ce que parfois, en indo-européen, $l̥$ long alternait avec $l̥$ bref.

[4] Mais pourraient aussi être empruntés directement au bas-latin *molīnum*, fr. *moulin*. C'est même le plus probable.

Section III.

L'APOPHONIE INDO-EUROPÉENNE.

(43) Dans toutes les explications et les exemples qui précèdent, nous avons supposé que les semi-voyelles et les consonnes-voyelles indo-européennes pouvaient être, selon l'éventualité, soit consonnes, soit voyelles, et qu'**une même racine indo-européenne pouvait alternativement revêtir divers aspects.** Il reste à exposer la loi précise qui régissait ces alternances. Ce sera le suprême effort de notre généralisation, le point le plus reculé où il nous soit donné de remonter dans la préhistoire du vocalisme indo-européen : plus haut, les termes de comparaison nous font défaut; mais, plus bas, les concordances vocaliques sont troublées par les lois propres à chaque idiome. C'est donc l'indo-européen seul qui peut nous donner la clef de la mutation vocalique, d'ailleurs très simple, communément désignée sous le nom d'**apophonie** (*ablaut*), dont les conséquences dominent, dans toutes les langues indo-européennes, l'ensemble et les moindres détails de la dérivation et de la grammaire, et, plus particulièrement, dans les langues germaniques, la conjugaison des verbes dits forts, inintelligible sans cet adjuvant historique.

§ 1er. — *Le principe de l'apophonie.*

(44) I. N'envisageons le principe de l'apophonie que dans le cas, de beaucoup le plus fréquent, où il se laisse aisément saisir, celui d'une syllabe primitive contenant un $\breve{e}$. Toute syllabe de ce genre, soit racine, soit suffixe, peut se présenter sous quatre états, que nous désignons respectivement par les termes « **état normal** », « **réduit** », « **fléchi** » et « **allongé** » : dans le premier, la syllabe contient un $\breve{e}$; dans le second, l'$\breve{e}$ a disparu sans laisser de trace [1]; dans le troisième, l'$\breve{e}$ a été remplacé

---

[1] Quand la syllabe forme un groupe de consonnes qui serait imprononçable sans une voyelle intermédiaire, l'$\breve{e}$ subsiste, et alors l'état réduit ne diffère pas de l'état normal.

par un $\breve{o}$; dans le quatrième enfin, suivant que l'allongement a affecté l'état normal ou l'état fléchi de la racine, la voyelle radicale est $\bar{e}$ ou $\bar{o}$.

Faisons, pour l'instant, abstraction de l'état allongé, qui, malgré sa fréquence en germanique, n'est, comme on le voit, qu'accessoire au système général de l'apophonie : la triade apophonique sera représentée par les symboles $\breve{e}$, zéro et $\breve{o}$. Soit, par exemple, une racine $p\breve{e}t$ (sk. $p\acute{a}t\text{-}ati$, lat. $p\breve{e}t\text{-}ere$), qui signifie « tomber, voler, aller » : normale, elle sera $p\breve{e}t$, gr. πέτ-εσθαι (voler); réduite, pt, gr. πτ-έσθαι (id., à l'aoriste au lieu du présent); πί-πτ-ω (je tombe); et fléchie, $p\breve{o}t$, gr. ποτ-άο-μαι (je voltige) [1]. De même, rac. $bh\breve{e}r$ (porter, sk. $bh\acute{a}r\text{-}ati$, gr. φέρ-ω, lat. $f\breve{e}r\text{-}\bar{o}$, got. $ba\ddot{\imath}r\text{-}an$) : normale φέρ-ω φέρ-σίν, réduite (δί-)φρ-ο-ς (siège à deux personnes), fléchie φόρ-ο-ς φορ-ό-ς φορ-ά φορ-έω.

Il n'appartient qu'à l'étude des mots et à la grammaire proprement dite de distinguer les formations respectives que caractérise chacun de ces trois degrés ; toutefois l'on en verra plus bas quelques exemples. Quant à la cause du phénomène en lui-même, elle est conjecturalement connue, au moins pour les deux premiers : il semble avéré que le degré normal est celui de la syllabe accentuée, et qu'elle se réduit lorsque son accent passe sur une autre syllabe, ainsi que le montre le contraste de πέτεσθαι et πτέσθαι [2]. Le passage d'$\breve{e}$ à $\breve{o}$ paraît aussi dépendre

[1] Et ποτ-άομαι (même sens) au degré fléchi allongé.

[2] Le sanscrit surtout est instructif à cet égard, parce qu'il a conservé presque intacte l'accentuation originaire : il conjuguera, par exemple, é-mi (je vais), i-más (nous allons), rendant ainsi visible la cause de la réduction de la racine $\breve{o}y$, tandis que le grec, qui a fait remonter son accent partout (εἶ-μι ἴ-μεν), reste fidèle à la mutation dont le principe lui a échappé. Certaines de ces perturbations, soit d'accent, soit de vocalisme, remontent même à la langue indo-européenne, en sorte qu'on y pourra trouver çà et là des syllabes réduites et pourtant accentuées, des syllabes atones et pourtant normales, tout de même qu'en germanique on rencontre des syllabes métaphoniques qui ne devraient pas l'être, et réciproquement (supra 22). — Il convient toutefois d'ajouter que certains linguistes, — notamment M. Meillet (*du Genre animé en Vieux-Slave*, p. 178 sq.) — considèrent cette concordance partielle de la réduction et de l'atonie de la syllabe comme une simple coïncidence à peu près fortuite, et

de l'accentuation, mais le principe en est beaucoup moins clair.

Jusqu'ici nous avons supposé une syllabe contenant un simple $\breve{e}$: s'il disparaît, comme il est seul à soutenir la syllabe, celle-ci disparaît aussi, ses consonnes s'appuyant dès lors sur les voyelles voisines. Mais, si l'$\breve{e}$ se trouve joint à des phonèmes semi-vocaliques, il faudra, du moment qu'il viendra à disparaître, que ces phonèmes eux-mêmes se transforment en voyelles, pour soutenir la syllabe, qui autrement serait imprononçable ; en d'autres termes,

à un degré normal $\breve{e}y$, $\breve{e}w$, répondra un degré réduit $\breve{i}, \breve{u}$,
» » $\breve{e}m$, $\breve{e}n$ » » » $m̥, n̥$,
» » $\breve{e}r$, $\breve{e}l$, » » » $r̥, l̥$,

les degrés fléchis corrélatifs restant toujours, bien entendu, respectivement $\breve{o}y$, $\breve{o}w$, $\breve{o}m$, $\breve{o}n$, $\breve{o}r$, $\breve{o}l$.

Ainsi, les semi-voyelles et consonnes-voyelles indo-européennes sont consonnes lorsqu'elles suivent ou précèdent une voyelle, voyelles lorsqu'elles étayent un groupe de consonnes.

C'est en grec et, bien qu'à un moindre degré, en latin que l'on peut le mieux observer ces alternances [1]. Pour ne donner qu'un exemple de chacun des six types ci-dessus, que l'on compare : présent λείπ-ειν (laisser), aoriste λιπ-εῖν, pf. λέ-λοιπ-α ; futur ἐλεύ(θ)-σο-μαι (j'irai), aoriste ἤλυθ-ο-ν, pf. εἰλ-ήλουθ-α ; εἴ-ς (un) = *sém-s, ἁ- = *sm̥- dans ἅ-παξ (une fois), et ὁμ-ό- (le même) = *som-ó-; πένθ-ος (douleur), aoriste παθ-εῖν (souffrir) = *πn̥θ-εῖν, pf. πέ-πονθ-α ; présent δέρκ-ο-μαι (je vois), aoriste ἔ-δρακ-ο-ν (= sk. *á-dr̥ç-a-n* pl. 3), pf. δέ-δορκ-α ; présent στέλ-λω (j'envoie), aoriste passif ἐ-στάλ-η (il fut envoyé), στόλ-ο-ς (expédition). On a de même en latin : $t\breve{e}g$-$\bar{o}$, mais $t\breve{o}g$-a ; $d\bar{\imath}c$-$\bar{o}$ (je dis) = $deic$-$\bar{o}$, mais $(causi$-$)d\breve{\imath}c$-u-s (avocat) ; $f\breve{u}g$-$i\bar{o}$, mais au pf. $f\bar{u}g$-$\breve{\imath}t$ = *$foug$-$\breve{\imath}t$; $p\breve{e}nd$-$\bar{o}$ (je pèse), mais $p\breve{o}nd$-us (poids) ; et certaines racines y montrent, comme en grec, les trois degrés successifs, soit normal $f\bar{\imath}d$-$\bar{o}$ = *$feid$-$\bar{o}$ (je me fie, gr. πείθ-

---

appuient leur scepticisme sur des arguments qui seraient décisifs (*Mém. Soc. Ling.*, XIII, p. 358, article du même), si l'on ne tenait compte des perturbations analogiques ci-dessus visées.

[1] Le sk. distingue très bien le degré réduit du degré normal ; mais, comme il confond l'$\breve{e}$ et l'$\breve{o}$ en $\breve{a}$, il a presque partout obscurci le passage du degré normal au degré fléchi.

-ο-μαι « je crois »), réduit *fīd-ēs* (confiance, comme l'aoriste gr. ἐ-πιθ-ό-μην), *foe-dus* = *foid-os* (traité, même vocalisme qu'au pf. gr. πέ-ποιθ-α).

II. Le cas où la syllabe à l'état normal ne contient point d'$\check{e}$, mais une voyelle longue, $\bar{a}$, $\bar{e}$, $\bar{o}$, rentre peut-être originairement dans le précédent [1]. Quoi qu'il en soit, l'apophonie y revêt des aspects différents, qu'on peut ramener essentiellement aux trois degrés que voici, où l'on voit que les degrés réduit et fléchi sont les mêmes pour les trois catégories, et que, dans la troisième, le fléchi se confond absolument avec le normal :

$$\text{normal } \bar{a}, \quad \text{réduit } \check{a} \,[2] \quad \text{fléchi } \bar{o} ;$$
$$\text{» } \bar{e}, \quad \text{» } \check{a}, \quad \text{» } \bar{o} ;$$
$$\text{» } \bar{o}, \quad \text{» } \check{a}, \quad \text{» } \bar{o}.$$

III. Revenons maintenant à l'état allongé. Il est clair que, dans cette dernière catégorie de racines, il se confondra entièrement avec le degré normal ou fléchi. Mais il s'en distinguera au contraire, très nettement dans la première : c'est ce que rendront sensibles quelques exemples. — L'allemand a deux verbes qui signifient « interroger » : *forschen* = v. al. *forskōn*, et *fragen* = v. al. *frāgēn*. D'autre part, l'i.-e. a une racine *prĕk* « demander », reconnaissable surtout dans le lat. *prĕc-o-r* « je prie ». Il est facile de reconnaître dans *forschen* l'état réduit de cette racine, soit *forh-skōn*, autrement dit une formation avec suffixe identique au sk. *pr̥ccháti* « il demande » = i.-e. *pr̥k-ské-ti*. Mais ni l'état normal ni l'état fléchi de cette racine ne saurait expliquer *frāgēn* : i.-e. *prĕk* aurait donné germ. *frĕʒ* (cf. got. *fraih-nan*), et i.-e. *prŏk* aurait donné germ. *frăʒ*. Pour expliquer l'$\bar{a}$, il faut partir d'un degré normal allongé *prēk*. — L'ags. et le v. al. ont un substantif, respectivement *giefu* et *gëba* (don, got. *giba*), qui accuse le même vocalisme que le vb. *giban* (ag. *to give*) et *gëban* (al. *geben*), soit donc i.-e. *ghĕbh*. Mais ce mot n'a pas vécu, et il est remplacé, en allemand du moins, par un substantif *gabe* = m. al. *gābe*,

---

[1] La voyelle longue, en effet, peut procéder de la contraction préalable d'un $\check{e}$ avec quelque autre voyelle.

[2] La voyelle que le sk. rend par ĭ, l'européen par $\check{a}$, supra 25.

qui serait v. al. *gāba et suppose donc un i.-e. *ghēbh-ā. On en dira autant de l'al. *bahre* (civière) par rapport à *bëran* (porter, ag. *to bear*), *(auf-)nahme* (réception) par rapport à *nehmen* = v. al. *nëman* (prendre), etc., et l'on verra aux nos 182-183 le rôle essentiel que joue dans la conjugaison de certains verbes forts l'état normal allongé de la racine. — L'état fléchi allongé a beaucoup moins d'importance.

§ 2. — Les applications en germanique.

(45) I. — Syllabes contenant un ĕ. — 1. Soit d'abord l'ĕ isolé, type *pĕt — pt — pŏt* : le prégermanique répondra théoriquement par *fĕþ — fþ — făþ* [1], après quoi chacune de ces syllabes suivra dans les diverses langues l'évolution qui lui est propre. Le grec nous a fait voir que la voyelle radicale du sg. du pf. a le degré fléchi, par rapport au présent qui est généralement normal ; d'autre part, on verra que le participe passé réduit régulièrement la racine : ce sont donc ces trois formes, infinitif présent, participe passé et sg. du parfait, qu'il sera plus commode de prendre pour types respectifs des degrés normal, réduit et fléchi.

Mais ici nous rencontrons une première irrégularité : par imitation des cas exceptionnels où l'ĕ se maintenait au degré réduit, le germanique l'a maintenu partout, et dès lors son apophonie ne comporte plus que deux degrés. Exemples :

    Normal : got. *saíhw-an* (voir), ag. (*to*) *see*, al. *seh-en* ;
    Réduit : » *saíhw-an-s* (vu), » *see-n*, » (*ge-*)*seh-en* ;
    Fléchi : » *sahw* (il vit), » (*he*) *saw*, » (*er*) *sah*.
    Normal : » *gib-an* (donner), » (*to*) *give*, » *geb-en* ;
    Réduit : » *gib-an-s* (donné), » *giv-en*, » (*ge-*)*geb-en* ;
    Fléchi : » *gaf* (il donna), » (*he*) *gave*, » (*er*) *gab*.

2. Soit maintenant l'ĕ en diphtongue avec *y*, et une racine indo-européenne *stĕygh* (monter) — *stīgh* — *stŏygh* : le préger-

---

[1] Puisque i.-e. ŏ donne prg. ă, et ainsi de suite. Se reporter, bien entendu, aux concordances vocaliques précédemment établies. Plus exactement encore *fĕþ — ft — făd* ou *făþ*, infra 53 ; mais il ne faut pas mêler les questions.

manique répondra par $st\bar{\imath}\mathfrak{z} - st\bar{\imath}\mathfrak{z} - st\breve{a}i\mathfrak{z}$ sans difficulté, ce qui se vérifie :

Normal : got. *dreib-an* (pousser), ag. (*to*) *drive*, al. *treib-en* ;
Réduit : » *drib-an-s* (poussé), » *driv-en*, » (*ge-*)*trieb-en* ;
Fléchi : » *dráif* (il poussa), » (*he*) *drove* [1].

L'allemand a perdu, on verra plus tard comment, la forme fléchie, qui y serait devenue **treib*, se confondant avec le degré normal. Mais il la montre encore dans des formes isolées, que leur isolement même protégeait contre toute influence analogique : *er weisz* = ag. *he wot* = ags. *wāt* = got. *wáit* = gr. ϝοῖδ-ε (οἶδε). Le pluriel de ce dernier parfait a très régulièrement le degré réduit [2] : *wir wissen* = got. *wit-um* = gr. ϝίδ-μεν (ἴδμεν).

3. L'*ĕ* en diphtongue avec *w* donnera en i.-e. l'alternance *ĕw — ŭ — ŏw*, qui se traduira en germanique par *eo* ou *iu — ŭ* ou *ŏ — au*, ainsi qu'il suit :

Normal : got. **lius-an* (perdre), al. **lier-en* [3],
Réduit : » **lus-an-s* (perdu), ag. (*for-*)*lor-n*, » (*ver-*)*lor-en* ;
Fléchi : » **láus* (il perdit), » (*er*) (*ver-*)*lor*.

L'anglais, qui a perdu la forme fléchie en conjugaison, la montre dans la dérivation ags. *lēas* (lâche) = v. al. *lōs* = al. *los*. En allemand, par suite de l'allongement postérieur, la forme réduite s'est confondue ici avec le degré fléchi ; mais le départ est encore bien visible ailleurs, par exemple dans *ver-lus-t* (perte) et dans le contraste de *gieszen* (= got. *giut-an* normal), *gusz* (fonte) et *er gosz* (il fondit).

4. L'*ĕ* fait syllabe avec une nasale : aux trois degrés i.-e. *ĕn — n̥ — ŏn*, correspondront prg. *ĕn* ou *ĭn — ŭn* ou *ŏn — ăn*, qui évolueront ensuite en germanique-occidental. Soit les deux racines *bhĕndh* « lier », *nĕm* « prendre » (gr. νέμ-ω).

---

[1] Ags. *drāf*. Observer la différence de quantité maintenue dans *drīven*, par rapport à *drīve* = ags. *drīfan*. Dans l'al. *getrieben*, l'*ĭ* primitif a subi un allongement postérieur.

[2] Car, primitivement, on le verra, l'accent, au pluriel du parfait, passait sur la désinence, et la racine se réduisait ; mais, en anglais et en allemand comme en grec, le vocalisme du sg. a presque partout passé au pl., ou réciproquement.

[3] En composition, got. *fraliusan* = ags. *forlēosan* = al. *verlieren*.

Normal :	got.	*bind-an* (lier),	ag. *(to) bind*,	al.	*bind-en* ;
Réduit :	»	*bund-an-s* (lié)	» *bound*,	»	*(ge-)bund-en* ;
Fléchi :	»	*band* (il lia),	ags. *bond* [1],	»	*(er) band*.
Normal :	»	*nim-an* (prendre),		»	*nehm-en* ;
Réduit :	»	*num-an-s* (pris),		»	*(ge-)nomm-en* [2] ;
Fléchi :	»	*nam* (il prit),		»	*(er) nahm*.

L'anglo-saxon répond par *nim-an — num-en — nam*, verbe que l'anglais a perdu ; mais que l'on compare forme pour forme :

got.	*qim-an* (venir),	*qum-an-s* (venu),	*qam* (il vint),
ag.	*(to) come*,	*come*,	*(he) came*,
al.	*komm-en*,	*(ge-)komm-en*.	*(er) kam*,

où l'on voit que l'ag. et l'al., à la faveur, du reste, du caractère labial de la consonne initiale, ont donné à l'infinitif la voyelle labiale du participe, mais bien conservé le degré fléchi, en regard de la parfaite régularité du gotique.

5. L'$\breve{e}$, enfin, fait syllabe avec une vibrante, soit i.-e. $\breve{e}r — \mathring{r}$ — $\breve{o}r$, et par conséquent prg. $\breve{e}r — \breve{u}r$ ou $\breve{o}r — \breve{a}r$, et de même pour l'l. Soit les deux racines i.-e. *wĕrt* « tourner » (sk. *várt-ati*, lat. *vĕrt-ere*), passée en germanique au sens de « devenir », et prg. *hĕlp* « aider ».

Normal :	got.	*wairþ-an* (devenir),		al.	*werd-en* ;
Réduit :	»	*waúrþ-an-s* (devenu),		»	*(ge-)word-en* ;
Fléchi :	»	*warþ* (il devint),		»	*(er) ward*.
Normal :	»	*hilp-an* (aider),	ag. *(to) help*,	»	*helf-en* ;
Réduit :	»	*hulp-an-s* (aidé),		»	*(ge-)holf-en* ;
Fléchi :	»	*halp* (il aida),		»	*(er) half*.

L'anglais a perdu le premier verbe et l'apophonie du second ; mais l'anglo-saxon répond très nettement par *weorðan*[3] — *worden — wearð*, *helpan — holpen — healp*. Au pl. du pf.

---

[1] Avec ϱ pour *a* devant nasale, supra 39, 3. L'ag. a *bound* par confusion avec le participe passé ; mais en dérivation il a gardé *band (lien) = al. *band*, sous la forme métaphonique *bend*. Le mot *band* est emprunté au fr. *bande*, lui-même pris à l'al. *band*.

[2] Le *mm* n'est qu'un expédient pour marquer que la voyelle est brève, comme l'*h* de *nahm* pour en indiquer l'allongement.

[3] Bien entendu *eo* et *ea* sont respectivement le résultat de la fracture de *e* et *a* (cf. supra 21).

(degré réduit); le gotique a, très régulièrement aussi, *waúrþ-um*, l'ags. *wurdon*, et l'al. *wir wurden*, forme qui, transportée par analogie au sg., a fait créer *ich wurde* concurremment à *ich ward*.

II. Quand la syllabe, au lieu d'un $\breve{e}$, contiendra une voyelle longue, nous aurons théoriquement les concordances apophoniques que voici :

I.-e.	$\bar{a} — \ddot{a} — \bar{o}$	$\bar{e} — \ddot{a} — \bar{o}$	$\bar{o} — \ddot{a} — \bar{o}$
Prg.	$\bar{o} — \breve{a} — \bar{o}$	$\bar{e} — \breve{a} — \bar{o}$	$\bar{o} — \breve{a} — \bar{o}$

En d'autres termes, la 1re et la 3e classe n'en feront plus qu'une, où d'ailleurs le degré fléchi ne se distinguera plus du degré normal, et le tout formera deux nouvelles catégories apophoniques, la 6e et la 7e dans la nomenclature germanique.

6. La syllabe normale contient un $\bar{e}$, cf. rac. i.-e. *dhē* « placer, faire », gr. θή-σω (je placerai) et lat. *fē-c-it* (il fit), θε-τό-ς (placé), θω-μό-ς (monceau). Prg. $\bar{e} — \breve{a} — \bar{o}$.

Normal : got. *lēt-an* (laisser),   ag. (*to*) *let*, al. *lass-en*;
Réduit : »   *lat-s* (mou, lâche), ags. *læt*, » *lasz* [1];
Fléchi : »   (*lai-*)*lōt* (il laissa).

Ici, l'ag. et l'al. n'ont plus trace du degré fléchi ; mais ils le montrent peut-être dans le dérivé de rac. *dhē*, ag. (*to*) *do* = ags. *dōn*, al. *tun* = v. al. *tuon*, en opposition au degré normal déjà constaté dans ag. *deed* et al. *tat*.

7. La syllabe normale contient un $\bar{a}$ ou un $\bar{o}$, confondu en prg. $\bar{o}$ (cf. gr. στᾱ-σω στή-σω « je placerai », στα-τό-ς « placé »; δώ-σω « je donnerai », δο-τό-ς « donné »). Le germanique est irrégulier : le degré normal s'est assimilé au degré réduit, comme pour maintenir aussi nettement que possible l'indivi-

---

[1] Les apophonies sont profondément troublées par des phénomènes postérieurs : pour les comprendre, il faut observer que ags. *læt* a l'*æ* bref = $\breve{a}$, tandis que le verbe « laisser » est *lǣtan* = got. *lētan* (supra 26, II) ; la voyelle s'est postérieurement abrégée en syllabe fermée, comme s'est abrégé aussi l'$\bar{a}$ de l'al. *lāʒan* devenu *lassen*. Dès lors, la concordance est parfaite, à cela près que le degré fléchi du gotique manque au germ.-occ. (infra 185).

dualité du parfait, qui autrement aurait eu le même vocalisme que le présent. On aura donc : $\breve{a} - \breve{a} - \bar{o}$.

Normal : got. *slah-an* (frapper, tuer), ag. *(to) slay*, al. *schlag-en*;
Réduit : » *slah-an-s* (tué), » *slai-n* » *(ge-)schlag-en*;
Fléchi : » *slōh* (il tua), » *(he) slew*, » *(er) schlug*.

L'al. *schlug* = *sluoh* est régulier, et l'ag. *slew* (pr. *slū*) est une simple graphie pour $\bar{o}$ (ags. *slōg*) [1].

[1] Cette section est, somme toute, de grammaire autant que de phonétique. On ne saurait trop la signaler à l'attention : qui l'a bien comprise, il sait, ou peu s'en faut, toute la théorie du parfait fort dans les deux langues, en tant du moins qu'il est possible de la ramener à l'unité. Cf. infra 175-184.

CHAPITRE IV.

LES CONSONNES MOMENTANÉES ET LEURS ÉQUIVALENTS.

6) Dès le premier coup d'œil que l'on jette sur le système des consonnes anglo-allemandes, on se convainc de l'impossibilité absolue d'étudier, à part les unes des autres, les consonnes momentanées et les continues ; car on voit fort souvent l'anglais répondre par une continue à une momentanée de l'allemand, et réciproquement. Il convient donc de réunir, dans un seul et même chapitre, les **momentanées des deux langues** et les **continues de l'une qui équivalent à des momentanées de l'autre.** Quant aux consonnes qui sont continues à la fois dans l'une et l'autre, elles forment naturellement une classe isolée.

Au début de cette étude se place une restriction générale : aucune des lois qui vont suivre ne s'applique à une momentanée finale ou à son équivalent, parce que **toute consonne** proprement dite, **finale en indo-européen, sauf l's, est tombée en prégermanique** et n'a plus laissé aucune trace dans les langues postérieures [1] : après quoi, la voyelle découverte par la chute de cette consonne a été traitée elle-même en voyelle finale. Quant aux consonnes devenues finales par la chute de la voyelle qui les couvrait, elles étaient primitivement médiales et rentrent sans difficulté dans les cadres ci-dessous.

[1] On sait qu'il en est de même en grec, cf. Henry, *Gr. comp. du Gr. et du Lat.*, n° 65. Exceptionnellement, la consonne s'est maintenue, lorsqu'elle était couverte par une particule vocalique affixée : cf. al. *dasz* = ag. *that* = got. *þat-a* = sk. *tád*, dans la déclinaison de l'article, infra 130.

Section Ire.

LA SECONDE MUTATION CONSONNANTIQUE.

(47) Si nous envisageons, de l'anglais à l'allemand, des exemples tels que *think* et *dünk-en*, *thumb* et *daum-en*, *thin* et *dünn*, *thorn* et *dorn*, qu'on pourrait multiplier à l'infini, nous y voyons, avec une constante et vraiment merveilleuse uniformité, l'allemand répondre par une momentanée sonore à une spirante sourde [1] du même ordre en anglais.

Que si nous portons alors notre examen sur les autres langues de la famille germanique, nous y constatons, avec une égale constance, exactement la même spirante qu'en anglais : got. *þagk-jan* (penser) ; v. nor. *þum-all* (pouce), qui serait en got. **þum-al-s* ; v. nor. *þunn-r* (mince), qui suppose un got. **þunnu-s* ; got. *þaúrnu-s* et v. nor. *þorn* (épine), etc. Tout s'accorde donc à faire présupposer, dès l'abord, que l'anglais a gardé un état consonnantique ancien et prégermanique modifié dans le haut-allemand.

Poursuivons le parallèle, toujours dans l'ordre des dentales et à l'initiale. Nous relevons, par exemple, *death* et *tod*, *deed* et *tat*, *day* et *tag*, etc., soit, cette fois, une momentanée sourde allemande pour une momentanée sonore anglaise ; et, cette fois encore, les langues congénères donnent raison à l'anglais, got. *dáuþu-s* (mort), *dēþ-s* (action, v. nor. *dād*), *dag-s* (jour, v. nor. *dag-r*) [2]. Nous relevons enfin *tongue* et *zunge*, *timber* (bois de charpente) et *zimmer* [3], *ten* et *zehn*, soit une simple sourde anglaise contre une double sourde allemande ; et c'est toujours la consonne anglaise que nous montreront le got. *tuggō* (langue), *ga-timr-jan* (charpenter, bâtir), *taíhun* (dix), le v. nor. *tunga*, *timbr* (charpente), suédois *tio* (dix), etc.

---

[1] Quelquefois sonore (*the* = *die*, *that* = *das*, *thou* = *du*), par suite d'un adoucissement anglais qui sera expliqué.

[2] Pour ce cas et le suivant le bas-allemand concorde aussi avec l'anglais.

[3] Sens étymologique visible dans *zimmer-mann* « charpentier » et autres.

Si, de l'ordre des dentales, nous passions à ceux des gutturales et des labiales, nous y constaterions, bien qu'avec moins de précision et de régularité, une série de phénomènes très analogues, que nous sommes dès lors amenés à généraliser en une formule de loi encore approximative, mais qui ira se précisant au cours de notre analyse, soit :

L'état consonnantique du prégermanique paraît s'être maintenu à peu près **tel quel en** germanique oriental et septentrional, ainsi que dans les rameaux **anglais** et bas-allemand du germanique occidental, tandis que **le haut-allemand accuse une tendance** générale **à substituer,** dans chaque ordre, **la momentanée sonore à la spirante sourde** (d pour $\flat$), **la momentanée sourde à la momentanée sonore** (t pour d) **et une spirante sourde à une momentanée sourde** (ts pour t).

Cette loi, découverte par Grimm, qui d'ailleurs s'en exagérait la portée, constitue **la seconde mutation consonnantique** (*zweite lautverschiebung*), ainsi nommée par opposition à la première, commune à tous les dialectes germaniques et par conséquent beaucoup plus ancienne. Nous n'y pourrons remonter qu'après avoir poursuivi, dans tous les ordres de consonnes anglo-allemandes, les conséquences de la seconde.

§ 1ᵉʳ. — *Les labiales*.

I. Pour mieux mettre en relief le caractère approximatif et provisoire de notre formule, nous commençons par un cas où précisément elle est sans application, c'est-à-dire où le haut-allemand n'a rien changé au consonnantisme germanique : le cas de la spirante labiale sourde, f, commune à tous les dialectes, bien qu'elle procède d'une explosive indo-européenne, soit donc

1. **Prg.** $f =$ **ag.** $f =$ **al.** f (souvent écrit v [1]).

Exemples : got. *fadar*, ag. *father*, al. *vater* ; got. *fisk-s*, v.

---

[1] C'est aujourd'hui pure affaire de convention, la prononciation étant toujours f. Mais, sur l'origine de la double orthographe, consulter Wilmanns, *D. G.*, § 93-94 : l'f prg. différait de l'f al. = p prg., infra III.

nor. *fisk-r*, ag. *fish*, al. *fisch*; v. nor. *flesk*, ag. *flesh*, al. *fleisch*; got. *fugl-s*, ag. *fowl*, al. *vogel* ; got. *fimf-taihun* et *fimf tigjus*, ag. *fif-teen* et *fif-ty*, al. *fünf-zehn* et *fünf-zig*; v. nor. *stif-r* (raide), ag. *stiff* (= ags. *stîf*), al. *steif*; got. *wulf-s* (loup), ag. *wolf*, al. *wolf*, etc.

2. En anglais, l'*f* entre deux voyelles s'adoucit en *v* : cf. le pl. *wolv-es* = ags. *wulf-as*, et al. *wölf-e*; ag. *oven* = ags. *ofen* = v. nor. *ofn* = al. *ofen* (four) ; ag. *shovel* (pelle) = ags. *sceofl* = al. *schaufel* [1]. C'est d'ailleurs une loi commune à toutes les spirantes. [2].

II. De la spirante sourde passons à la spirante sonore (*b̃*) qui s'écrit *v* en anglais : ici l'allemand ne concorde plus, car il répond par un *b* (*give* = *geben*, *shave* = *schaben*). Et pourtant l'allemand a gardé trace du *b̃*, puisqu'il nous le montre, assourdi en *f* devant une sourde, dans des formations dérivées telles que *gif-t* (poison) = ag. *gif-t* (présent) [3], *schaf-t* [4] (hampe) = ag. *shaf-t*, etc. Ici donc, comme partout, et au témoignage de l'allemand, la spirante anglaise apparaît comme la consonne primitive, soit

1. **Prg.** *b̃* = **ag.** *v* = **al.** *b*.

---

[1] En dehors même de cette position, on constate, en anglais et partout, des adoucissements ou des renforcements irréguliers, mais aisément concevables. Soit le mot ags. *fîf* : devant une sonore, par exemple dans la locution *fîf dagas* (cinq jours), il ne pouvait se prononcer que *fîv*, et cette forme généralisée a donné l'ag. *five*. Ces assimilations de sonore à sonore (fr. *pazdəbu* = *passe-debout*) ou de sourde à sourde (fr. *vittatás* = *vide ta tasse*) sont le pain quotidien du langage familier et de toutes les langues. On n'y reviendra plus.

[2] De là vient, entre autres conséquences curieuses, la différence bien connue de la prononciation de la spirante finale dans les substantifs et les verbes : *breath* et *to breathe*, *use* et *to use*, etc.; en ags., la spirante était déjà finale dans le substantif, mais encore médiale dans le vb. qui en était issu, et la distinction s'est ensuite propagée par analogie.

[3] L'apparent euphémisme de l'allemand a été bien élégamment expliqué par L. Duvau : il n'est autre chose qu'une traduction littérale du grec δόσις et a primitivement désigné une « dose » pharmaceutique ; comparer le fr. *poison*, qui ne signifie autre chose que « boisson, potion », lat. *pōtiōnem*.

[4] Littéralement « (objet) gratté, raboté », cf. got. *skaban* infra.

Exemples: got. *gib-an*, v. nor. *gef-a*, ags. *gief-an*[1] et ag. (*to*) *give*, v. al. *gëb-an* et al. *geb-en* ; got. *skab-an* (gratter), v. nor. *skaf-a*, ags. *sceaf-an* et ag. *shave*, v. al. *scab-an* et al. *schab-en* ; got. *ibn-s* (plane), ags. *ëfn* et ag. *even*, v. al. *ëban* et al. *eben* ; got. *liuf-s* (gén. *liub-is*), v. nor. *ljūf-r*, ags. *lēof* et ag. *lief*, v. al. *liob* et al. *lieb* ; got. *kalb-ō* (veau femelle) dont le msc. serait *kalf-s, v. nor. *kalf-r*, ags. *cealf* et ag. *calf*, v. al. *chalb* et al. *kalb*. Ces deux derniers exemples montrent que, comme contre-partie du changement d'*f* intervocalique en $v = b$, inversement le *b* devient *f* à la finale anglaise : comparer la sonore maintenue dans : *love* = *liebe* ; pl. *wives*[2] du sg. *wife* = ags. *wif* = al. *weib* ; ag. *live* (vivre) = al. *leben*, et *life* (vie), etc. Souvent l'analogie a tendu à niveler ces différences : soit ag. *staff* (bâton) = al. *stab*, dont le pl. régulier est *staves* ; on a refait sur *staff* un pl. *staffs*, et sur *staves* un sg. *stave*.

2. Quand, par suite du voisinage d'une sourde, le *b* primitif était devenu sourd (*f*), il a naturellement subi le sort ordinaire de l'*f*, c'est-à-dire qu'il est resté intact en allemand, témoin les exemples ci-dessus et al. *hälf-te* (moitié), dérivé de prg. *halb-*, ag. *half*, al. *halb* [3].

3. **Prg. *b*, à l'initiale** et après nasale, **est devenu** simple *b* dès la période prégermanique et persiste tel quel

---

(1) On sait que *b* got. entre deux voyelles se prononce *b*. Quant à l'*f* v. nor. et ags., il n'est, dans l'orthographe imparfaite de ces langues, qu'un signe ambigu représentant tour à tour la spirante sourde ou sonore. Tout indique qu'ici il équivaut à *v*.

(2) L'allemand, lui aussi, accuse une tendance générale à changer en sourdes toutes les sonores finales, et ce fait a même trouvé son expression dans l'orthographe du moyen-allemand, qui écrit régulièrement *liep, kalp,* etc. (mais *lieb-en, kelb-er*). Aujourd'hui l'orthographe s'est unifiée, et l'on écrit *lieb, hand, tod*, encore qu'on prononce plutôt *līp, hant, tōt*, etc.

(3) Comparer encore m. al. *senfte* (doux) et *sanfte* (doucement) = m. ag. *sōfte*, al. *sanft*, ag. *soft*, soit donc * *sănfte* devenu * *sonfte* par influence de la nasale, puis *sōfte* par allongement compensatoire, et enfin abrégé en *soft*. L'*o* n'a pas pu revenir à *ă* (comme dans ags. *mon* redevenu ag. *man*) parce qu'il s'était allongé dans l'intervalle.

dans toutes les langues de la famille [1] : ici donc, l'anglais et l'allemand retombent d'accord. On a déjà rencontré : *book* = *buch*, *beech* = *buche*, *bull* = *bulle*, *bind* = *binden*, etc. On y joindra : *bite* = *beiszen* (got. *beitan*) et *bit* (bouchée) = *bisz*, *buck* (daim) = *bock* (bouc), *brother* = *bruder* (alam. *pruader*), *bride* (métaphonique) = *braut*, *bone* (ags. *bān*) = *bein* = prg. *$\bar{b}$ain-a-m*, *blow* = *blähen* (métaphonique, cf. ags. *blāwan*), *beard* = *bart*, et tant d'autres. Après nasale : *comb* = *kamm*, *womb* = *wamme*, parce que le groupe *mb*, conservé en ag. dans l'écriture, s'y assimile à peu près en *mm*, et s'y assimile complètement en al., même dans l'écriture.

III. Nous connaissons maintenant le sort de toutes les labiales prégermaniques, moins la momentanée sourde, *p* anglais.

1. En regard d'un *p* ag., l'al. ne montre un *p* que dans le groupe *sp*. Comparer : ag. *spew* (cracher) et al. *spei-en* ; ag. *spin* et al. *spinn-en* ; ag. *spear* (épieu) et al. *speer*.

2. Partout ailleurs, on constate la concordance déjà visée par notre formule générale, spirante sourde pour momentanée sourde, soit :

Prg. *p* = **ag.** *p* = **al.** *pf* ou *ff* ou *f*.

On voit ce qui s'est passé en haut-allemand : le *p* a commencé par développer à sa suite une aspiration, *ph* ; puis ce *ph* est devenu *pf* [2], qui est demeuré à l'initiale. Mais, à la médiale, la spirante a complètement absorbé la momentanée, et le groupe est devenu *ff* : got. *wairp-an*, ag. *warp*, v. al. *wërpf-an wërfan*, al. *werfen* ; got. (*ga-*)*skap-jan*, ags. *scieppan* et ag. *shape* (former), v. al. *scepfen* et *scaffan*, al. *schöpfen* et *schaffen* [3] ; ag. *sleep*, al. *schlaf*, *schlaf-en* et

---

[1] Mais on sait que l'alaman le change souvent en *p*. C'est pourquoi Grimm, constatant que l'alaman effectuait une *verschiebung* qui manquait au haut-allemand, le considérait ici, mais à tort, comme le véritable représentant du *hochdeutsch* et l'honorait du titre de *strengalthochdeutsch*. Supra 47 in fine.

[2] Cf. supra 14, 3 A.

[3] Sur cette alternance de *pf* et *f* ou *ff* à la médiale, voir la fin de ce paragraphe. — Dans *flaum* (duvet), du lat. *plūma*, on n'a, à l'initiale même, qu'un simple *f* ; mais le v. al. montre la forme régulière *pflūma*, altérée sans doute par l'analogie de *feder*. — Dans *papst* (pape) = m. al.

schlaff (mou, lâche). Quant au *p* initial, fort rare en prégermanique [1], c'est surtout dans les très anciens emprunts du germanique-occidental au latin qu'il convient de le chercher, mais là les exemples foisonnent : lat. *patina*, ag. *pan*, al. *pfanne*; lat. *pālus*, ag. *pale*, al. *pfahl*; lat. *pondō*, ag. *pound*, al. *pfund*; lat. *pāvō*, ag. *pea(-cock)*, al. *pfau*; lat. *planta*, ag. *plant*, al. *pflanze*; lat. *Pentecosta*, al. *Pfingsten*; bas-lat. *paraveredus* (cf. fr. *palefroi*), v. al. *pfarifrid*, al. *pferd*, etc.

IV. Résumant en un tableau succinct ce que ce paragraphe nous a appris et ce que nous savions déjà [2] des labiales germaniques, nous obtenons, — non point pêle-mêle, bien entendu, mais chacune dans des conditions rigoureusement distinctes et déterminées, — les concordances suivantes entre ces consonnes :

momentan.	sonore : ag. $b =$ al. b ;	al. b	$=$ ag. v, f, b.
	sourde : » $p =$ » *pf, ff, f, p* ;	» p	$=$ » p (rare).
continues	sonore : » $v = b, f,$;	» w	$=$ » w.
	sourde : » $f = f, b$;	» f, ff, pf	$=$ » f, p.

Accessoirement, toutefois, en cas de doublement de la consonne (cf. supra 36, II, 2), l'allemand répond par *pp* (réduit à *p* après une autre consonne), pour la sonore, et par *pf* (médial donc) pour la sourde. — Sonore : m. al. *wëppe* (tissu) opposé à *wëben* (tisser); m. al. *wülpe* et *wülpinne* (louve), cf. infra 54, IV, C. — Sourde : al. *schaffen* = v. al. *scaffan* ou *scaffōn* = got. **skap-ōn*, mais al. *schöpfen* = v. al. *scepfen* = got. *ga-skap-jan* (façonner); al. *triefen* (dégoutter) = v. al. *triofan* = ags. *drēopan*, mais al. *tropfen* = v. al. *tropfo* (goutte), avec doublement devant l'*n* des cas obliques.

---

bābes, le *p* initial du bas-lat. *pāpa* (père) est même conservé; mais c'est que l'emprunt de ce mot est relativement récent (cf. les spirantes de *pfaffe* « prêtre », emprunt plus ancien). — Noter enfin que le moyen-franconien et le franconien rhénan, dialectes encore très centraux, conservent le *p* intact (*pluag* « charrue » Otfrid); que le saxon-thuringien substitue *f* au *pf* initial, et que la langue officielle a pu faire à ces dialectes quelques rares emprunts.

[1] On verra pourquoi, infra 57, I.
[2] Cf. supra 37.

§ 2. — *Les dentales.*

(49) I. On a déjà constaté la concordance générale :
1. **Prg.** þ = **ag.** þ (écrit ags. ð et ag. *th*) = **al.** *d*.

En d'autres termes, la spirante dentale sourde, conservée partout ailleurs, a commencé par devenir en allemand spirante sonore (*đ*) dans toutes les positions ; après quoi, la spirante s'est changée en momentanée [1], de même que *b̃* est devenu *b*. Aux exemples déjà cités l'on joindra : ags. ðurh et ag. *through*, v. al. *duruh* et al. *durch* ; got. þūsundi, ags. ðūsend et ag. *thousand*, v. al. *dūsunt tūsunt* et al. *tausend* [2] ; ag. *path* = al. *pfad* ; got. *anþar* (autre = sk. *ántara-s*), d'où ags. *anðer, *ọnðer et enfin ōðer = ag. *other*, v. al. *andar* et al. *ander* ; got. *brōþar* = lat. *frāter*, ags. *brōðor* et ag. *brother*, v. al. *bruoder pruoder* et al. *bruder* ; v. nor. *fjǫðr*, ags. *fëðer* et ag. *feather*, v. al. *fëdara*, m. al. *vëdere* et al. *feder*, etc.

2. Il résulte des trois derniers exemples qu'en anglais, entre deux voyelles, de même que *f* devient *v*, ainsi þ s'adoucit en *đ*, sans d'ailleurs que l'orthographe change. Quant au cas où *th* initial lui-même est devenu sonore, il tient, soit à l'accent faible des petits mots où cet adoucissement se produit [3], soit à ce que, ces mots faisant souvent corps avec le précédent, dans des liaisons telles que *by thee, to them, do that*, etc., le *th* se trouve ainsi effectivement entre voyelles et se nuance d'une sonorité que l'analogie transporte ensuite en toute autre position et étend à *thou, they, their*, etc.

3. Le groupe germanique *lþ* est devenu *ld*, en anglo-saxon déjà, tout comme en allemand, d'où la concordance absolue de *gold* et *gold* = got. *gulþ*, ag. al. *wild* = got. *wilþei-s*, etc.

II. Tout s'est passé, pour le prg. *đ*, exactement comme pour

---

[1] Même altération dans certaines prononciations incorrectes ou dialectales de l'anglais, *de = the, dey = they, dat = that*, etc., ainsi qu'en bas-allemand.

[2] L'irrégularité apparente de l'al. tient, comme le montre la graphie hésitante du v. al., à un échange postérieur de *d* et *t*. L'irrégularité *father = vater, mother = mutter*, etc., est plus grave, mais elle est du fait de l'anglais, infra II, 2.

[3] Sur l'effet de l'atonie, voir infra 66, II, 4.

le prg. *ƀ*, mais avec un stade phonétique en plus : à l'initiale et après nasale, il est devenu *đ* en prégermanique, mais s'est conservé à la médiale ordinaire, où le montre encore le gotique ; puis le *đ* conservé, à son tour, est devenu *d* en germanique-occidental dans toutes les positions, et l'anglais l'a maintenu ainsi ; enfin, en haut-allemand, le *d* est devenu *t* en toute position [1], sauf après nasale [2]. De là résultent trois concordances d'une extrême simplicité.

1. **Prg.** *đ* = **ag.** *d* = **al.** *t* **à l'initiale.** Aux types connus l'on ajoutera : got. *daúhtar*, ags. *dohtor* et ag. *daughter*, v. al. *tohter* et al. *tochter* ; got. *dius* (bête sauvage), ags. *dēor* et ag. *deer* (cerf), v. al. *tior* et al. *tier* [3] ; got. *dreiban*, ags. *drifan* et ag. *drive*, v. al. *triban* et al. *treiben* ; v. nor. *draum-r*, ag. *dream*, v. al. *troum* et al. *traum*, etc.

2. **Prg.** *đ* = **ag.** *d* = **al.** *t* **à la médiale :** got. *fadar* [4], v. nor. *faðer*, ags. *fæder*, v. al. *fater* et al. *vater* ; v. nor. *mōðer*, ags. *mōdor* [5], v. al. *muotar* et al. *mutter* ; got.

---

[1] Bien entendu, tout ceci s'est passé avant, et peut-être longtemps avant que prît naissance, dans l'allemand isolé, la nouvelle spirante sonore *đ*, qui, issue de prg. *þ*, s'est arrêtée au stade *đ* ; car, autrement, celle-ci se fût confondue avec le *d* et fût arrivée du même pas que lui au stade *t*. La mutation consonantique est inintelligible pour qui en fait « un bloc », ainsi qu'on l'envisageait au temps de Grimm : il faut bien se représenter qu'elle est l'effet d'actions, analogues sans doute, mais successives, séparées par de longs intervalles de temps, et ne jamais ici perdre de vue l'importance de la chronologie en phonétique, supra 20.

[2] En réalité, *d* est devenu *t* même après nasale en v. al. (*bintan, blintēr*), mais le groupe *nt* s'est généralement adouci en *nd* en m. al. (*binden, blinder*) : le résultat est le même. Cf. pourtant ag. *under* = al. *unter*.

[3] Le sens primitif encore visible dans *tier-garten* ; et, de même, ag. *deer* au sens de « gibier » en général, jusque dans Shakespeare (une fois, *King Lear*, III, 4, 144).

[4] Ne pas oublier que *d* got. intervocalique est un *đ*.

[5] L'ag. mod. a la même consonne que le got. et le v. nor., *father*, *mother*, mais c'est par un retour, et un retour très récent : il n'y en a guère d'exemple avant 1500. M. Skeat (*Pples*, I, p. 147) explique ce changement par la simple analogie du régulier *brother* ; mais on le constate également dans *weather* = ags. *wēder* = al. *wetter*, qui n'est pas un nom de parenté. Il faut donc probablement l'attribuer à quelque influence de l'*r* subséquent. S'il ne s'est pas produit dans *adder* = *natter*, *fodder* = *futter*,

nadr-s (vipère), v. nor. *naðr*, ags. *næddre* et ag. *adder* [1], v. al. *nātara* et al. *natter*, cf. aussi *middle* = *mittel*, *saddle* et *sattel*, etc. ; got. *mōd-s* (colère, gén. *mōd-is*), ags. *mōd* et ag. *mood* (disposition d'esprit), v. al. *muot* et al. *mut* (courage) ; cf. aussi *tide* (intervalle régulier, marée) et *zeit* (temps), ag. *seed* = al. *saat*, etc.

3. Prg. *d* devenu *d* = ag. *d* = al. *d* après nasale : comparer *hand* et *hand* (v. al. *hant*, m. al. *hant* par assourdissement final), *land* et *land*, *bind* et *binden*, *blind* et *blind*, etc.

III. Le traitement de la dentale sourde est absolument identique à celui de la labiale sourde : à l'initiale allemande on a *ts* pour *t* (comme *pf* pour *p*) ; à la médiale *ss* (comme *ff*).

1. Prg. *t* = ag. *t* = al. *t*, seulement après *s*, *ch* (ag. *gh*) et , qui préservent le *t* en allemand : ag. *stand*, al. *stand* ; ag. *first*, al. *fürst* ; ag. *fist* (métaphonique) = al. *faust* ; ag. *daughter*, al. *tochter* ; ag. *flight*, al. *flucht* ; ag. al. *oft*, etc. [2].

2. Partout ailleurs, **prg. *t*, conservé en ag.**, a commencé par s'aspirer en **al.** *th* ; puis ce *th* est devenu *t* accompagné de sa spirante, soit *ts* (écrit *z*), qui a subsisté à l'initiale et quelquefois, dans certaines positions, à la médiale ; mais en général *ts* médial est devenu une simple sifflante que le v. al. écrit ʒʒ [3]

---

udder = *euter*, c'est que dans ces mots la consonne s'était doublée à la suite d'une voyelle brève. — Sur deux autres irrégularités très importantes, *fifth* = *fünfte* et similaires, *he hath* (mod. *has*) = *er hat* et similaires, cf. infra 124 et 202, 3. — Dans *forth* = al. *fort* = got. *faurþ (le comparatif est *faurþ-is* = ag. *further*), la consonne allemande est réellement un *d* (v. al. *ford) simplement assourdi à la finale, supra 48, II, 1.

[1] Le groupe *a nadder a été coupé *an adder* (comme en fr. *ma mie* = *m'amie*), d'où l'apparente chute de l'*n*. Cf. *apron* (tablier) = fr. *naperon*. Inversement, *mine uncle* compris *my nuncle*, d'où (populaire) *nuncle*, Jespersen, *Progress*, p. 144.

[2] Le *t* reste également intact en al., lorsqu'il était primitivement et immédiatement suivi d'un *r* : got. *báitr-s* (amer), ag. *bitter*, al. *bitter* ; v. nor. *titra* (trembler), ag. *titter*, al. *zittern*, etc. ; mais ag. *water* et al. *wasser* = prg. *water-a-m*.

[3] La prononciation précise de ce signe est inconnue ; mais on sait, à n'en pas douter, que c'était une sifflante sourde, quelque chose comme le *th* anglais dur. Après voyelle longue et à la finale il s'écrit simplement ʒ. On observera que la distinction du *z* (= *ts*) et du ʒ (= *ss*) est une graphie commode, mais moderne, qui manque aux manuscrits et à nombre d'éditions de textes allemands.

et qui aujourd'hui se prononce comme un *s* dur (écrit *ss* ou *sz* suivant une distinction bien connue). — Exemples : — Pour l'initiale : ci-dessus n° 47, et got. *ga-tam-jan* (dompter), v. nor. *tam-r* (apprivoisé), ag. *tame*, al. *zahm* et *zähmen* ; ag. *tin, two, tale, tell* = al. *zinn, zwei, zahl, zählen*. — Pour la médiale : got. *batiza* (meilleur), ags. *bętera* (métaph.) et ag. *better*, v. al. *bęȝȝiro*, m. al. *bęȝȝer* et al. *besser* ; got. *wat-ō*, v. nor. *vat-n*, ags. *wæt-er* et ag. *water*, v. al. *waȝȝar* et al. *wasser*, cf. *bite* = *beiszen* et *bit* = *bisz* ; got. *sūt-s*, v. nor. *soet-r*, ags. *swēte* et ag. *sweet*, v. al. *suoȝi* et al. *süsz* ; ag. *sweat* = al. *schweisz*, et ag. *sweat* = al. *schwitzen* (cf. infra IV). Après nasale ou vibrante, le *t* reste régulièrement *ts* : got. *haírt-ō*, ag. *heart*, al. *herz* ; ag. *salt*, al. *salz* ; lat. *moneta* emprunté, ag. *mint*, al. *münze*.

IV. Tableau récapitulatif des concordances des dentales :

momentan.	sonore : ag. *d* = al. *t, d* ;	al. *d* = ag. *th, d*.
	sourde : » *t* = » *z, sz, ss, t* ;	» *t* = » *d (th), t*.
continues	sonore : » *th* = » *d (t)* ;	» (1) = »
	sourde : » *th* = » *d* ;	» *z, sz, ss* = » *t*.

Accessoirement, en cas de doublement de la consonne (cf. supra 48, IV), l'allemand répond par *tt* pour la sonore et *tz* (médial donc) pour la sourde. — Sonore : al. *mittel* = ag. *middle*, etc. — Sourde : comparer m. al. *saȝ gesëȝȝen* et m. al. *sizzen* (= *sit-jan*) *sęȝȝen* (= got. *sat-jan*), etc. ; *naȝ* (mouillé) et *nęȝȝen* (mouiller), al. *nasz* et *netzen* ; *ergëȝȝen* (oublier) et causatif *ergęȝȝen* (faire oublier), al. *vergessen*, mais *ergötzen* (charmer) ; al. *heisz* et *hitze*, *schweisz* et *schwitzen*, etc., etc.

§ 3. — *Les gutturales.*

50) I. La spirante sourde prégermanique (*h*) est tantôt une simple aspirée (écrite *h*) tantôt une vraie spirante (écrite al. *ch*) ; mais, dans certaines positions, elle a complètement cessé de se prononcer.

---

(1) La spirante sonore de l'al. (*s* pr. *z* fr.), non plus que les spirantes anglaises *s* et *z*, n'appartient à ce chapitre.

1. Prg. *h* = **ag.** *h* = **al.** *h* **à l'initiale**. — Toutefois, devant *l, n, r*, l'une et l'autre langue a cessé de le prononcer et même de l'écrire ; devant *w*, il en est de même en al., tandis que l'ag. l'écrit encore (sous la forme inverse *wh*), mais le prononce à peine[1]. — Exemples : got. *háuh-s*, ags. *hēah* et ag. *high*, v. al. *hōh* et al. *hoch* ; v. nor. *hār*, ags. *hǣr* et ag. *hair*, v. al. *hăr* et al. *haar* ; v. nor. *hagl* (grêle), ags. *hagel* et ag. *hail*, v. al. *hagal* et al. *hagel* ; cf. encore *hate = hassen, hand = hand, hold = halten, hard = hart, hundred = hundert*, etc. ; — got. *hlaþan* (charger), ags. *hladan* et ag. *lade*, v. al. *hladan ladan* et al. *laden* ; cf. *leap = laufen, loud = laut, laugh = lachen*, etc. ; — v. nor. *hring-r* (cercle), ags. *hring* et ag. *ring*, v. al. *hring* et al. *ring* ; v. nor. *hrafn*, ags. *hræfn* et ag. *raven*, v. al. *hraban* et al. *rabe*, etc. ; — v. nor. *hnot*, ags. *hnutu* et ag. *nut*, v. al. *nuz* et al. *nusz*, etc. ; — got. *hwáitei-s* (froment), v. nor. *hveite*, ags. *hwǣte* et ag. *wheat*, v. al. *weizi* et al. *weizen*, cf. aussi *white = weisz* ; v. nor. *hvetja* (aiguiser), ags. *hwettan* et ag. *whet*, v. al. *wezzen* et al. *wetzen* ; initiale des pronoms relatifs, *what = was*, etc.

2. Médial prg. *h* = **ag.** *gh* ou néant = **al.** *ch* **ou simple** *h* **ou néant**.

La spirante médiale ou finale a subi en anglais des fortunes fort diverses. Entre voyelles, elle a disparu, même dans l'écriture, dès l'époque anglo-saxonne, au point de ne pas même empêcher la contraction des voyelles qu'elle séparait : ag. *see* (voir) = ags. *sēon*, contracté de **seohan* (par fracture) = v. al. *sëhan* = got. *saíhwan* ; ags. *fōn* (saisir) = **fōhan* = **foṅhan* (supra 24) = got. et v. al *fāhan* (al. *fangen*). Devant consonne elle s'est généralement maintenue, sauf à devenir spirante palatale et à palataliser (métaphoniser, supra 21 i. n.) la voyelle précédente, puis se fondre avec celle-ci en l'allongeant : ag. *light* = al. *leicht* (léger) ; ag. *light* = al. *licht* (lumière) ; ag. *might* = ags. *miht* = ags. *meaht* = al. *macht* (puissance) ; ag. *night* = ags. *niht* = ags. *neaht* = al. *nacht* (nuit) ; ag. *high*

---

[1] En fait le *wh* ag. est un simple *w* sourd.

= ags. *hēah* = al. *hoch* = got. *háuh-s* (haut)[1], etc. Quand la spirante s'est maintenue telle quelle, soit à la finale, soit ailleurs par analogie de son maintien à la finale, elle s'est transformée en anglais en spirante labiale (*f*), sans d'ailleurs que la graphie ait changé : comparer ag. *laugh* et al. *lachen*, ag. *enough* et got. *ganōh-a* (suffisance) [2] ; ag. *rough* (rude) et al. **rauch* [3], etc. En ag. comme en al., le groupe *hs* est devenu *ks* : got. *saíhs* (six), v. al. et m. al. *sëhs*, mais ags. et ag. *six*, al. *sechs*.

En allemand, ainsi qu'on le voit, le *h* est resté spirant (écrit *ch* en al. mod.) devant consonne et à la finale ; mais, entre voyelles, il est devenu simple aspiration (*h*), qui n'est plus d'ailleurs aujourd'hui qu'un signe graphique : que l'on compare, par exemple, *hoch* et *höhe höher* (v. al. *hōh hōhi hōhiro*), *nach* (ag. *nigh*) et *nähe näher* (ag. *near*, où la spirante a disparu comme dans *toe* = al. *zehe*), *sicht* et *sehen* (got. *saíhwan*) = ag. *sight* et *see*, etc. Seulement il était inévitable que l'une des deux formes agît parfois analogiquement sur l'autre : certains dialectes ont *höcher* comme comparatif de *hoch*, et l'al. classique a superlatif *höchst* pour *hōh-ist*, mais *rauh* (rude) pour *rauch* par imitation de *rauher*, etc. [4].

II. Le traitement de la spirante gutturale sonore (γ) est comparable à celui des autres spirantes, mais en diffère néanmoins dans le détail : le γ prégermanique était une spirante, en toute position, même à l'initiale, et n'était devenu *g*

---

[1] Le *gh* est toujours muet après une voyelle palatale (cf. infra II 4) : *high*, *nigh*, *thigh* (cuisse), *neigh* (hennir), *neighbour* = al. *nachbar*, etc. Dans quelques mots, comme *fee* = ags. *feoh* = al. *vieh*, le *gh* non prononcé ne s'est même plus écrit.

[2] L'al. *genug* et l'ag. dialectal *enow* (m. ag. *inowe*) paraissent relever de la loi de Verner (infra 53 D). — Comparer la prononciation de *laughter*, influencée par celle de *laugh*, à celle de *slaughter* (massacre), qui échappait naturellement à pareille influence, et rapprocher de celui-ci le vb. al. *schlachten*.

[3] C'est la vraie forme, encore conservée dans l'alaman *rūch* et dans l'al. classique *rauch-werk* « objet velu, pelleteries », du mot qui isolément est devenu *rauh* par une confusion expliquée plus bas.

[4] On a de même *schuh* pour **schuch* d'après le pl. *schuhe*, et *er sah* pour *er sach* d'après *sie sahen*, etc.

qu'après nasale ; ce ʒ est ensuite devenu *g* allemand et ordinairement *y* anglais.

Le *g* al. s'est conservé dans l'écriture, sauf à prendre dialectalement, entre deux voyelles et après liquide, une prononciation spirante qui a partiellement passé dans la langue classique [1].

L'anglais n'a de *g* qu'à l'initiale, où parfois il l'écrit *gu* (*guest* = *gast*) ou *gh* (*ghost* = *geist*) pour en préciser la prononciation. Même à l'initiale, devant *e* et *i*, le *g* était la plupart du temps devenu un simple *y* dès l'époque anglo-saxonne [2]. A la médiale, il s'est plus ou moins assimilé à la voyelle précédente : écrit *y* quand cette voyelle est *i*, *e* ou *a*, *w* quand elle est *u* ou *o*, il s'est fondu avec elle de manière à souvent n'être plus prononcé et disparaître même dans l'écriture (surtout après *i*). Mais, lorsqu'il était devenu final, il a au contraire subi parfois, après *u* ou *o*, un renforcement en *gh*, dont les types les plus remarquables sont : *borough* = al. *burg* [3] ; *dough* = al. *teig*, et *enough* = al. *genug* [4].

1. Prg. ʒ devenu *g* après nasale = ag. *g* = al. *g* : got. vb. *huggr-jan*, v. nor. *hungr*, ags. *hungor* et ag. *hunger*, v. al. *hungar* et al. *hunger* ; got. *figgr-s*, ags. *finger*, al. *finger* ; ag. *tongue*, al. *zunge* ; ag. *long*, al. *lang*. Observer qu'en fait le groupe *ňg* se fond presque dans la prononciation rapide en un simple *ň*.

2. **Prg. ʒ initial = ag. *g* = al.** *g* : got. *gast-s* (= *gasti-s*, lat. *hosti-s*), ag. *guest*, al. *gast* ; got. *gōd-s*, v. nor. *gōd-r*, ags. *gōd* et ag. *good*, v. al. *guot* et al. *gut* ; cf. aussi *God* et *Gott*. Parfois même devant *e* et *i* [5] : *give* = *geben*, *gift* = *gift*, *gild* (dorer) = ags. *gyld-an*, cf. al. *gold*.

[1] On sait qu'elle hésite, par exemple, entre *lēɟn̥* et *lēʒn̥* = *legen*, souvent avec une préférence pour *lēʒn̥*. Certains dialectes vont jusqu'à *y* : on connaît les plaisanteries allemandes sur la prononciation berlinoise du *g*.

[2] La preuve, c'est que l'ags. écrit par son *g* (ʒ) l'initiale des mots qui en indo-européen commençaient par *y* et qui conséquemment n'ont jamais pu avoir de *g*. Cf. supra 36, 1.

[3] Cf. ags. *burg* et *burh*, dat. *byrig* (ag. *bury*) = *burg-i*.

[4] Cf. pourtant infra 55.

[5] Il est aisé de voir qu'en principe le *g* n'apparaît que devant *a*, *o*, *u* :

3. **Prg.** ʒ **initial** = ag. *y* = al. *g* : got. *gairn-jan* (désirer), v. nor. *gjarn* et ags. *georn* (convoiteux), ag. *yearn*, v. al. *gërno* et al. *gern* (volontiers) ; ags. *geolo* et ag. *yellow*, v. al. *gëlo* (gén. *gëlw-es*) et al. *gelb* ; ag. *yester(-day)* = al. *gestern* ; ag. *yield* (rapporter) = al. *gelten*. Le préf. got. *ga-* (ags. *ge-* = al. *ge-*) s'écrit encore *y-* en moyen-anglais, puis disparaît, reconnaissable seulement parfois à la voyelle indécise qui est *a* dans *asunder* = *gesonder(t)*, mais *e* dans *enough* = *genug*.

4. **Prg.** ʒ **médial** = ag. *y* = al. *g*. — Après *a* ou *e* : got. *dag-s*, v. nor. *dag-r*, ags. *dæg* et ag. *day*, v. al. *tac* et al. *tag* ; got. *wig-s*, ags. *wëg* et ag. *way* [1], v. al. *wëc* et al. *weg* ; got. *áugō*, v. nor. *auga*, ags. *ēage* et ag. *eye*, v. al. *ouga* et al. *auge* ; got. *fagr-s* (convenable, adapté), ags. *fæger* et ag. *fair* (joli), cf. al. *fegen* (balayer) [2] ; got. *magaþ-s* (jeune fille), ags. *mægd* et ag. *maid*, v. al. *magad* et al. *magd* (dialectal *maid*). Comparer encore *lay* = *legen*, *lain* = *(ge-)legen*, *rain* = *regen*, *nail* = *nagel*, *hail* = *hagel*, *sail* = *segel*, *say* = *sagen*, etc. [3] — Après *i*, le *g* paraît exceptionnellement conservé dans ag. *twig* = al. *zweig*. Mais, partout ailleurs, *y* fondu dans l'*i* et disparu : got. *ligan*, ags. *licgan* et ag. *lie*, v. al. *licken ligen* et al. *liegen* ; got. *liugan* (mentir), ags. *lēogan* et ag. métaph. *lie*, v. al. *lugin* (mensonge) et al. *lüge lügen* ; lat. *tēgula*, d'où l'emprunt ancien, ags. *tigel* et ag. *tile*, v. al. *ziagal* et al. *ziegel* ; cf. encore *fly* et *fliegen*, *fly* et *fliege* (mouche), *hill* et *hügel* (tertre) [4] ; dans les finales atones, *fifty* = ags. *fiftig* = al. *fünfzig*, *holy* = ags. *hālig* = al. *heilig*, etc., etc.

---

guest est métaphonique pour *gast* ; la voyelle primitive de *gild* est un *y* (cf. *guld* et *gold*) ; *get* a suivi l'analogie de *got* ; *give*, celle de *gave*, et ainsi de suite. Le mot *guilt guilty* se rattache à un vb. ags. *gëldan* (compenser, al. *gelten*), qui fait au pf. *gald*, mais dont la forme anglaise actuelle est *yield*.

[1] Pour *wey, dont la prononciation serait la même.

[2] Primitivement « arranger », puis « nettoyer, épurer » : cf. ce sens conservé dans *fegefeuer* = m. al. *vëge-viur* « purgatoire ».

[3] Ag. *egg* (= al. *ei*) est un emprunt au vieux-norrois.

[4] Même racine que *high* et *hoch*, par la loi de Verner, infra 54, III, 1-2.

5. **Prg.** ʒ **médial** = ag. w = al. g. — Après o et u : got. *biugan* (courber), ags. *būgan* et ag. *bow*, v. al. *biogan* et al. *biegen*, cf. aussi *bow* (arc) = *bogen* ; ag. *fowl* = al. *vogel* ; ag. *low* (bas), de la même racine que *lie* = *liegen*, etc. — Parfois après *a* [1] : got. *dragan*, v. nor. *draga*, ags. *dragan* et ag. *draw* [2] (tirer), v. al. *tragan* et al. *trägen* (porter) ; v. nor. *eiginn*, ags. *āgen* et ag. *own*, v. al. *eigan* et al. *eigen*.

6. **Prg.** ʒ **suivi de** w subit un traitement particulier. A l'initiale il s'est réduit à simple w dès la phase prégermanique [3] : got. *warm-jan* (chauffer), ags. *wearm*, ag. al. *warm*. Le groupe ʒw médial a subsisté, comme en témoigne parfois le gotique ; mais, suivant la voyelle qu'il précédait, il s'est réduit postérieurement à une simple articulation, soit ʒ, soit w, et l'analogie a capricieusement confondu les deux séries [4]. Il suffira de citer : prg. *snaiʒwá-s* (neige, attesté surtout par le lat. *ningu-it* « il neige » et le sl. *snêg-ŭ* « neige »), got. *snáiw-s*, v. nor. *snǽ-r*, ags. *snāw* et ag. *snow*, v. al. *snēo* et al. *schneé*, cf. *schneien* = v. al. *sniwan*. Comparer d'ailleurs le traitement du groupe prg. *hw* dans got. *saíhwan*, al. *sehen*, ag. *see*, et got. *sahw*, al. (er) *sah*, ag. (he) *saw* ; ags. *māwan*, ag. *mow* et al. *mähen* (moissonner).

7. Le groupe *gg*, provenant de l'assimilation de *gj*, devient ag. *dž* (écrit *dg*), mais se durcit en al. *kk* : v. nor. *egg* (pointe) = prg. *aʒjō* (cf. lat. *ac-iēs*), ags. *ecg* et ag. *edge*, mais v. al. *ekka*, al. *eck ecke* ; ag. *hedge* (haie) = al. *hecke*. Le *g* ag.

---

[1] Cela doit tenir à des mélanges dialectaux, ou à un timbre plus sombre de l'*a*, ou à l'analogie de cas où le *g* se trouvait réellement après *o* ou *u* : ainsi, ags. *dragan* faisait naturellement au parfait *drōg*, d'où ag. *drew* (al. *trug*), puis *draw* au présent. — En ce qui concerne l'*ā*, observer qu'en m. ag. il passe au timbre *ō* (ouvert).

[2] Le doublet *drag* est réemprunté au vieux-norrois.

[3] Ce n'est donc plus que l'indo-européen qui peut le révéler, infra 56, IV B.

[4] Le ʒw est d'autant plus difficile à distinguer du ʒ que, dans certaines conditions, ainsi qu'on l'a vu, le simple ʒ devient w anglais : got. *maúrgin-s* (matin), al. *morgen* (matin, demain), ags. *morgen*, ag. *morn* (matin) et dérivé *morning*, mais dat. ags. *tō morwe* (au matin, demain) = ag. *to-morrow*. Cf. aussi *follow* = *folgen*, *tallow* = *talg* (suif), et supra 37 in fine.

n'a jamais le son $d\overset{v}{z}$ que dans cette unique position, ou alors dans les emprunts, très nombreux, au franco-normand, au français ou au latin.

III. La concordance de la momentanée sourde (k) est d'une grande simplicité : l'anglais conserve le k (écrit k ou c), sauf à le changer en $t\overset{v}{s}$ (écrit *ch*) dans certaines positions ; l'allemand conserve aussi le k (*ch*) à l'initiale et après consonne, mais le change en spirante sourde (écrite *ch*) après voyelle [1] ; le groupe *sk* et le groupe *kw* subissent un traitement particulier.

1. **Prg.** k **initial** = **ag.** k (c) = **al.** k : got. *kald-s*, v. nor. *kald-r*, ags. *ceald cald* et ag. *cold*, al. *kalt* ; got. *kaúrn*, v. nor. *korn*, ags. ag. *corn*, v. al. *chorn* et al. *korn* ; v. nor. *kȳ-r*, ags. *cū* et ag. *cow*, v. al. *chuo kuo* et al. *kuh* ; v. nor. *konung-r*, ags. *cyning*, métaphonique, syncopé en *cyng*, et ag. *king*, v. al. *chuning* et al. *könig* (métaph.) ; got. *kniu*, ag. *knee*, al. *knie*. Ce dernier exemple permet de constater que ag. k devant n n'est plus qu'un simple signe graphique.

2. **Prg.** k = **ag.** k = **al.** k **après consonne** : got. *þagkjan*, ag. *think*, v. al. *denchen* et al. *denken*, cf. le subst. ags. *ðanc* (reconnaissance) et ag. *thank-s*, v. al. *danc* et al. *dank* ; got. *waúrk-jan* (travailler), état réduit de la racine que montrent, à l'état normal, al. *werk* et ag. *work* = ags. *weorc*.

3. **Prg.** k = **ag.** k = **al.** *ch* **après voyelle :** got. *wakan* (veiller), ags. *wacian wæccan*, ag. *wake a-wake*, v. al. *wahhēn* et al. *wachen* ; cf. *make* = *machen*, *book* = *buch*, *strike* = *streich*, etc. [2]. Le groupe *chs* est revenu à la prononciation *ks* : al. *wachs* (cire) = ag. *wax*.

4. **Prg.** k (**al.** k ou *ch*) = **ag.** *ch* **par assimilation palatale,** devant ou après voyelle palatale (*e, i*), même devant l'*e* de fracture anglo-saxonne, à plus forte raison devant les finales de verbes dérivés en *-ean* issues de prg. *-jan* [3]. A l'initiale : got. *kiusan*, ags. *cēosan* et ag. *choose*, al. *kiesen* ;

---

[1] En v. al. souvent *ch* même à l'initiale ou après consonne.

[2] Le corrélatif régulier de l'ag. *bake* (cuire) est l'alaman *bachen* (id.) ; l'al. classique *backen* paraît un cas de doublement (infra IV).

[3] C'est ainsi que le lat. k est devenu *ch* = $\overset{v}{s}$ dans *cheval* = *caballum*, *chien* = *canem*. — Il est à peine utile de faire observer que *ch* ag. a persisté après chute de la voyelle qui l'avait amené.

got. *kinnu-s* (joue), ag. *chin* (menton), al. *kinn*; ags. *ciele* et ag. *chill*[1], de la même racine que *cold*, et cf. al. *kühl*; lat. *calcem* emprunté, d'où ags. *cealc* et ag. *chalk* (craie), al. *kalk* (chaux). A la médiale : got. *swaleik-s* (tel), ags. *swilc* et ag. *such*, v. al. *sulih* et al. *solch*; ag. *rich* = al. *reich*; ags. *stearc* (fort) = al. *stark*, mais ag. *starch* (empois) concurremment avec *stark* (raide) ; et les doublets *wake* et *watch*, *beech* et *book*, *bake* et *batch* (fournée), *seek* et *beseech* [2], etc.

Sans doute par analogie de la finale *-age* des emprunts français (*courage*), ce $t\overset{v}{s}$ est devenu sonore ($d\overset{v}{z}$) [3] dans le suffixe *-ledge* de *knowledge* = m. ag. *know-leche*, emprunté au scandinave *-leiki*.

Le *k* est devenu muet, comme le *g*, dans les finales atones, telles que *earth-ly* = ags. *eorð-lic*, cf. le suff. al. *-lich*.

5. Le groupe *sk*, demeuré identique en ag. et al. [4], a suivi séparément dans l'une et l'autre langue une évolution parallèle, qui l'a fait aboutir à la simple spirante $\overset{v}{s}$, écrite ag. *sh*, al. *sch* : got. et v. nor. *skip*, ag. *ship*, al. *schiff*; got. (*af-*)*skiuban* (repousser), ags. *scūfan* et ag. *shove*, v. al. *scioban* et al. *schieben*, cf. *shovel* et *schaufel*, *shape* et *schaffen*, *sheep* et *schaf* ; got. *fisk-s*, v. nor. *fisk-r*, ag. *fish*, al. *fisch* ; lat. *discus*, emprunté en ags. *disc* et ag. *dish* (plat), en al. *tisch* (dessus de table, table), cf. *rash* = *rasch*, *flesh* (v. nor. *flesk*) = *fleisch*, *fresh* = *frisch* (v. al. *frisc*). Dans les rares cas où l'anglais a gardé le groupe *sk* (ags. *āscian* et ag. *ask* = v. al. *eiscōn* et al. *heischen*), il y a toujours lieu de penser à quelque emprunt au scandinave.

6. Le groupe *kw* se conserve en anglais, mais peut perdre dialectalement son *w* en allemand : got. *qiwa-* [5] (vivant, cf. lat. *vīvus*), ag. *quick* (vif), al. *queck* (dans *quecksilber* et

---

[1] Dans *king* (supra), *kin* (parenté) = got. *kun-i*, *kiss* métaphonique = ags. *coss* = al. *kusz* (baiser), le *k* ne se trouvait pas réellement devant un *i*.

[2] Cf. l'identité des participes *sought* et *besought*.

[3] Ou peut-être simplement par voie phonétique, comme *Greenwich* se prononce *grīnidz* (Bradley).

[4] De même que *sp* et *st*, supra 48, III, 1, et 49, III, 1.

[5] Ne pas oublier que got. *q* équivaut à got. *kw*.

erquicken), mais aussi al. *keck* (hardi). Devant *u* et *o* $=u$, le *w* disparaît partout : ag. *come* $=$ al. *(ge-)kommen* $=$ got. *quman-s*, et, par analogie aux autres temps, *come* $=$ *kommen* pour got. *qiman*, (*he*) *came* $=$ (*er*) *kam* $=$ got. *qam*.

IV. Tableau récapitulatif des concordances des gutturales :

momentan.	{ sonore :	ag. *g*	$=$ al. *g, k* ;		al. *g*	$=$ ag. *g, y*.
	{ sourde :	» *k (c)*	$=$ » *k (ck), ch* ;		» *k*	$=$ » *k, ch, g*.
continues	{ sonore :	» *y*	$=$ » *g* ;		» *g*	$=$ » *y*.
	{ sourde :	» *gh*	$=$ » *ch, h. g* ;		» *ch*	$=$ » *gh, k, ch*.
palatale sourde :		» *ch*	$=$ » *k, ch* ;			
chuintante sourde : (1)		» *sh*	$=$ » *sch* ;		» *sch*	$=$ » *sh*.
aspirée :		» *h*	$=$ » *h* ;		» *h*	$=$ » *h, gh*.

Accessoirement, en cas de doublement (cf. supra, 48, IV, et 49, IV), l'allemand répond par *ck* pour la sonore comme pour la sourde. — Sonore, supra, II, 7. — Sourde : v. al. *acchar* et al. *acker* $=$ ag. *acre* $=$ got. *akr-s* (doublement devant *r*); al. *dach*, mais v. al. *decchan* et al. *decken* (couvrir) ; al. *wachen* (veiller), mais *wecken* (éveiller) ; alaman *bachen* (cuire), mais *beck* (boulanger) $=$ v. al. *beccho*, et al. *backen* (cuire), supra, III, 3, etc.

Section II.

LA PREMIÈRE MUTATION CONSONNANTIQUE.

(51) Après avoir établi les rapports des consonnes anglo-allemandes entre elles et avec celles du prégermanique dont elles sont issues, il nous reste à rechercher les concordances de celles-ci avec celles de la langue commune indo-européenne révélées par les langues classiques.

Pour nous en tenir provisoirement au latin, si nous comparons, par exemple, les consonnes initiales de *brother* $=$ *bruder*, *father* $=$ *vater*, *guest* $=$ *gast*, à celles de *frāter*, *pater*, *hostis*, nous y entrevoyons immédiatement une série de

---

(1) La palatale sonore n'existe en ag. que dans le type *edge*. L'al. n'a ni la sourde ni la sonore. Il n'a pas non plus la chuintante sonore (fr. *j*), que l'anglais ne possède que comme modification du *z* (dans le type *glazier*, *occasion*).

contrastes symétriques qui rappellent de très près ceux que nous avons constatés entre l'anglais et l'allemand : en d'autres termes, nous sommes amenés à penser qu'il a dû se produire, de l'indo-européen au prégermanique, un ensemble de mutations consonnantiques, bien antérieures, mais analogues à celles qui marquent le passage du prégermanique au germanique-occidental, ou de celui-ci à l'anglais ou à l'allemand. Cet ensemble de phénomènes, dont la formule remonte à Grimm, est dit *erste lautverschiebung*, et le principe en est des plus simples.

La **première mutation consonnantique**, en effet, se distingue essentiellement de la seconde, en ce qu'elle a affecté de la même manière tous les ordres de momentanées indo-européennes, et qu'elle tient, par conséquent, tout entière en une seule formule. Il n'en faut pas inférer que tous les changements qu'elle comporte se soient accomplis en même temps, en vertu de la même cause et, en quelque sorte, mécaniquement par un seul tour de roue[1]. Loin de là : tout semble indiquer qu'ils furent séparés par de longs intervalles de temps et relèvent peut-être d'évolutions très différentes. Mais, en fait, ce qui est vrai du *p* l'est aussi, rigoureusement, du *t* et du *k* ; ce qui est vrai du *b* l'est de même du *d* et du *g* ; et, au point de vue du résultat final, tout se passe comme si, d'un seul coup, toutes les momentanées indo-européennes avaient changé de place dans l'échelle des articulations.

Et toutefois, si nous ne nous bornons plus à comparer les initiales, la seule considération du lat. *frāter* et *pater*, où la médiale est la même, et de l'al. *bruder* et *vater*, où la médiale est différente, nous dénonce à son tour une rupture de parallélisme, une loi secondaire dont l'effet traverse et modifie l'application normale de la loi de Grimm. La formule n'en date que de trente ans, et l'honneur en revient à K. Verner [2].

---

(1) Il est à peine besoin d'insister sur ce qu'a de suranné et d'irréel cette façon de se représenter l'infinie complexité des faits phonétiques.

(2) Voir son admirable article dans la *Zeitschrift* de Kuhn, XXIII, p. 97.

§ 1ᵉʳ. — *Lois de Grimm et de Verner.*

2) Pour comprendre ces deux lois, il est indispensable de connaître le système des seize consonnes momentanées de la langue indo-européenne, tel qu'a permis de le restituer la comparaison du sanscrit, du grec et du latin.

L'indo-européen possédait les quatre ordres de momentanées, labiales, dentales, palatales et vélaires, et, dans chaque ordre, la sourde et la sonore, soit simple, soit aspirée [1].

	Labiales.				**Dentales.**				**Palatales.**				**Vélaires.**			
	I.-e.	Sk.	Gr.	Lat.	I.-e.	Sk.	Gr.	Lat.	I.-e.	Sk.	Gr.	Lat.	I.-e.	Sk.	Gr.	Lat.
ourde...	p	p	π	p	t	t	τ	t	k	ç	κ	k, c	q	k, č	π, τ, κ	qu, c
. asp...	ph	ph	φ	f	th	th	θ	t	kh	kh	χ	h, c	qh	kh, ch	χ	gu
onore...	b	b	β	b	d	d	δ	d	g'	j	γ	g	g	g, j	β, δ, γ	gu, v, g
n. asp..	bh	bh	φ	f, b	dh	dh	θ	f, d, b	gh	h	χ	h	gh	gh, h	φ, θ, χ	f, v

On voit que le sanscrit est seul à avoir conservé tout le système. D'une manière générale les sourdes aspirées et les sonores aspirées se sont confondues : le grec, notamment, répond aux unes et aux autres par des sourdes aspirées. Le latin est allé plus loin encore dans la voie de l'altération : les aspirées y sont souvent devenues spirantes. Mais aucune consonne n'a changé d'ordre, à l'exception des vélaires, que le grec reproduit le plus souvent par des labiales ou des dentales.

C'est exactement aussi ce qui s'est passé en prégermanique : les trois premiers ordres ci-dessus répondent absolument aux trois ordres de consonnes que nous avons distingués dans la langue germanique primitive, soit donc :

labiale indo-européenne = labiale prégermanique ;
dentale   »   = dentale   »   ;
palatale   »   = gutturale   »   .

Quant aux vélaires, pour en comprendre le traitement, il faut savoir que, dès la période indo-européenne, elles étaient

---

[1] Cf. supra 14, 1 et 3 A, et, pour le détail des concordances gréco-latines, ma *Gr. comp. du Gr. et du Latin*, nᵒˢ 57-60.

sujettes à une affection particulière et mal définie, qui ne les atteignait pas toujours et ne les a pas suivies dans toutes les langues de la famille : elles s'accompagnaient souvent d'une semi-voyelle labiale, en sorte qu'alors *q*, *qh*, g et gh équivalaient à peu près, respectivement, à *kw*, *khw*, *gw* et *ghw*. Le phénomène est dit labialisation, et langues à labialisation, celles qui en ont conservé trace, le grec, le latin et le germanique, par opposition au slave et au sanscrit [1].

Cela posé, en germanique, la vélaire non labialisée se confond entièrement avec la gutturale ordinaire et rentre dans le dernier des trois ordres ci-dessus. Quant à la vélaire labialisée, elle est sujette à un double traitement : ou bien le groupe indo-européen est purement et simplement transporté en germanique, où l'on a alors une gutturale ordinaire suivie de *w*, respectivement *hw*, *kw*, *ʒw*; ou bien, comme en grec, l'articulation de la consonne parasite l'emporte sur celle de la consonne principale, et le groupe tout entier devient une labiale ordinaire, respectivement *f*, *p* et *ƀ* [2].

Ainsi, de toutes façons et par toutes voies, **les quatre ordres de momentanées indo-européennes ont** conflué **et abouti aux trois ordres de consonnes germaniques** conservés par l'anglais et l'allemand.

(53) Selon quel inflexible et rigoureux parallélisme, c'est ce dont on jugera par les quatre formules suivantes où il se résume.

---

[1] Ce sont les vélaires labialisées qui deviennent en grec π τ, β δ, φ θ. en contraste aux vélaires pures, qui restent κ, γ, χ. De même en latin pour le contraste de *qu* et *c*, de *gu* (*v*) et *g*.— Pour être complet, il convient d'ajouter que la plupart des indogermanistes admettent même trois ordres de gutturales primitives : vélaires labialisées, vélaires simples, et palatales. Mais, cette distinction tripartite étant fortement contestée par d'autres, notamment par M. Meillet (*Introduction*, p. 63), il a paru superflu d'en compliquer cet exposé élémentaire et succinct : on y considérera la vélaire simple comme une modification accidentelle de la labio-vélaire.

[2] Ce dernier cas est le plus rare, mais c'est tout ce qu'on en peut dire : les conditions mêmes de la scission se dérobent jusqu'à présent. Cf. Streitberg, *Urgerm. Gr.*, p. 111, et Dieter, *Laut- und Formenlehre*, p. 179 sq.

A. **Les sourdes aspirées** se sont entièrement **confondues avec les sourdes simples** et, par suite, ont partagé leur sort ultérieur. Comme, au surplus, les sourdes aspirées sont fort rares en indo-européen et parfois incertaines, il ne faut que leur consacrer cette simple mention. Que l'on compare : i.-e. *wóyd-e (il sait), sk. véd-a, gr. οἶδε = ϝοῖδ-ε, got. wáit et al. (er) weisz ; et i.-e. *wóyt-tha (tu sais), sk. vét-tha, gr. οἶσθα = *ϝοῖτ-θ, got. wáis-t [1] et al. (du) weisz-t.

B. Quand **la sourde** est immédiatement **précédée d'un** s, elle échappe à la loi de Grimm, c'est-à-dire qu'elle **demeure en germanique ce qu'elle était en indo-européen** : lat. spu-ere (cracher), got. speiw-an, ag. spew, al. speien ; sk. spaç paç (regarder), lat. *spec-iō, al. späh-en ; sk. sthā (se tenir debout), gr. ἵστημι (= *σί-στᾱ-μι) στα-τό-ς (placé), lat. stā-re si-st-ere stă-tu-s, ag. stand stood, al. steh-en stand, etc. ; gr. στείχ-ω, got. steig-an, ag. sty, al. steigen ; gr. σκι-ά (ombre, reflet), got. skei-nan, ag. shine, al. scheinen. Il en est de même de t à la suite d'une autre momentanée sourde indo-européenne : sk. naptî (fille, petite-fille), lat. neptis (petite-fille, nièce), ags. nift, v. al. nift (nièce) [2] ; gr. ὀκτώ, lat. octō, got. ahtáu, ags. eahta et ag. eight, v. al. ahto et al. acht ; lat. rēctu-s (droit), got. raiht-s, ags. reoht et ag. right, v. al. rëht et al. recht ; gr. πέμπτο-ς, lat. quinctu-s, got. fimfta, m. ag. fift, al. fünfte, etc.

C. **Loi de Grimm.** — Dans chaque ordre de momentanées indo-européennes, **la sourde devient spirante sourde** germanique, **la sonore aspirée devient spirante**

---

[1] Cet exemple ferait croire que, en prégermanique comme en grec, le groupe primitif tt (assimilé de dt) devient st. Il n'en est rien : l'assimilation se fait en ss ; mais l'analogie, ici et dans nombre de cas, a ramené le groupe st (cf. l'impf. v. al. wissa, m. al. wisse et wiste, al. wuszte, sur le modèle de konnte mochte), en sorte que la loi, toute fausse qu'elle est, peut passer en pratique pour exacte.

[2] L'ag. niece est emprunté au français, et l'allemand nichte, au bas-allemand.

— 114 —

sonore, et **la sonore non aspirée** reste momentanée, mais **devient sourde**, soit le tableau :

i.-e. *p (ph)* = prg. *f*; i.-e. *bh* = prg. *b*; i.-e. *b* = prg. *p*;
» *t (th)* = » *þ*; » *dh* = » *d*; » *d* = » *t*;
» *k (kh)* = » *h*; » *gh* = » *ʒ*; » *g* = » *k* [1].

D. **Loi de Verner.** — Ce changement une fois opéré, lorsqu'à la médiale la syllabe immédiatement précédente ne portait pas l'accent indo-européen [2], **la spirante sourde qui suivait la syllabe atone** (*f, þ, h*) **est devenue** en prégermanique **spirante sonore** (*b, d, ʒ*), et s'est dès lors confondue, dans tout le cours de son évolution ultérieure, avec la spirante sonore normalement issue d'une sonore aspirée indo-européenne [3].

Précisons en reprenant l'exemple ci-dessus : l'i.-e. **bhrāter-* (lat. *frāter*) est régulièrement devenu prg. **brōþer-* et n'a pu que rester tel, puisque la syllabe précédente était accentuée ; mais l'i.-e. **patér-* (lat. *pater*), après être devenu prg. **faþér-* en vertu de la loi de Grimm, est ensuite devenu prg. **fadér-* par adoucissement de sa spirante en vertu de la loi de Verner, parce que la syllabe précédente ne portait point l'accent prégermanique, et il se présente en définitive dans le même état germanique (gotique, anglais, allemand, etc.) que s'il procédait d'un i.-e. **padher-* qui n'a jamais existé.

Il résulte donc de cette loi que chaque sourde indo-européenne — mais rien que les sourdes — aura en germanique

---

[1] Il va sans dire que, si, dès l'époque indo-européenne, une sonore primitive est devenue sourde en s'assimilant à une sourde suivante, elle sera traitée en germanique exactement comme une sourde primitive : ainsi les groupes indo-européens *gt* et *bt* deviennent en germanique respectivement *ht* et *ft*, par la raison péremptoire qu'en indo-européen ils étaient déjà devenus respectivement *kt* et *pt*. Gr. ἔργ-ο-ν = ag. *work* ; mais le pf. ag. de *work* est *wrought* = ags. *worh-te* = i.-e. **wĕ-wr̥k-tāy*, où le *g* s'est assimilé au *t* suivant. Voir d'autres exemples germaniques sous le n° 24.

[2] Sur cet accent primitif, complètement perdu par les langues modernes, mais encore vivant en prégermanique, cf. infra 65, I.

[3] Les groupes *sp, st, sk, ft, ht* (subsidiairement *ss, fs, hs*), qui n'obéissent pas à la loi de Grimm, échappent également à celle de Verner.

deux représentants, suivant qu'elle était ou non précédée immédiatement de l'accent indo-européen.

Une autre conséquence, c'est que, l'accent venant à changer de place dans un mot donné, en dérivation, déclinaison ou conjugaison, sa consonne médiale sera sujette à se modifier aussi, suivant des alternances dont les types actuels seront, par exemple : *hof* = prg. **húfa-z*, mais *hübsch* (« distingué » comme qui dirait « *höfisch* », puis « beau ») = v. al. *hübesch* = prg. **hubiská-s*; *I seethe* = *ich siede* (je bous) = prg. **séup-ō*, mais *sodden* = *gesotten* (bouilli) = prg. **sudaná-s*; *ich ziehe* = prg. **téuh-ō*, mais *gezogen* = prg. **tuȝaná-s* [1], etc.

Poursuivons maintenant l'application des deux lois de Grimm et de Verner dans le détail du consonnantisme germanique.

§ 2. — *Les sourdes primitives.*

(54) I. **Labiale.** — 1. A l'initiale ou après syllabe accentuée (loi de Grimm) : lat. *pisci-s* = got. *fisk-s* [2]; sk. *pitá*, gr. πατήρ, lat. *pater*, got. *fadar*; sk. *pri* (aimer), *priyá-s* (cher), got. *frij-ōnd-s* (ami), ag. *friend*, al. *freund*; sk. *piy* (injurier, haïr), got. *fij-and-s* (ennemi), ag. *fiend*, al. *feind*; sk. *nápāt-* (fils, petit-fils), gr. νέποδες (descendants) [3], lat. *nepōs* (petit-fils, neveu), ags. *nëfa* et ag. *nephew* [4], v. al. *nëfo* et al. *neffe*; gr. κώπ-η (manche, poignée), lat. *cap-ere* (saisir), al. *haf-*msc. (lien), *haf-t* fm. (prise), *hef-t* (manche, poignée), ags. *hæft* (prisonnier) = lat. *captus*, etc.

2. A la médiale après syllabe atone (loi de Grimm, puis loi de Verner, *p* devient *f* qui devient *b*) : même rac. *kăp* dans got. *haf-jan* (soulever), v. nor. *hef-ia*, v. al. *heffan*, mais ag.

[1] Ce que les germanistes appellent le *grammatische wechsel*. Sauf ensuite les nivellements analogiques, cf. infra 55, 179, 184, etc.

[2] Pour l'évolution anglo-allemande des mots déjà cités, le lecteur voudra bien faire appel à ses souvenirs ou se reporter à la section précédente. Les formes anglo-allemandes sont reprises à l'index, alors même qu'elles ne figurent pas aux nos 54-57.

[3] Observer toujours l'accent du sanscrit et du grec.

[4] Pr. *nĕbyū* (à la médiale), mais la finale refaite sur fr. *neveu*.

heave et àl. *heben,* où le *b̃* a envahi toute la conjugaison par analogie des cas où il était régulier, p. ex. prg. **hab-aná-s* (saisi)[1] ; gr. ἀπό, lat. *ab* = **ap,* prg. **ab̃a* (mais got. *af* à la finale), ag. *of* (pr. *ov,* mais *off* à la finale effective), al. *ab* ; sk. *upári* (sur), gr. ὑπέρ, soit prg. **ub̃éri,* cf. ag. *over* et *a-b-ove,* al. *über* et *oben* ; lat. *aper* = **ap-ró-s,* ags. *eofor,* al. *eber* (sanglier), etc.

II. **Dentale.** — 1. Initiale ou après syllabe accentuée : sk. *tŕ̥-na-m* (brin d'herbe, fétu), got. *þaúr-nu-s,* etc. ; sk. rac. *tan* (étendre), gr. ταν-ύω, lat. *ten-ui-s* (étendu, mince), v. nor. *þunn-r* (mince), etc. ; sk. *tum-rá-* (gros, fort), zd *tūm-a-* (fort), lat. *tum-ēre* (être enflé), v. nor. *þum-al(-fingr)* « le gros doigt, le pouce », etc. ; sk. *bhrấtar-* (frère) et prg. **b̃róþer-,* etc. ; i.-e. rac. *pĕt* (voler), gr. πέτ-ο-μαι, sk. *pátram* (=**pát-tra-m* « aile »), prg. **féþram,* etc.

2. Médiale après syllabe atone (*t* devient *þ* qui devient *đ*) : sk. *pitár-* (père) et prg. **faþér-* devenu **fađér-,* etc. ; sk. *mātár-* (mère) et prg. **mōþér-* devenu **mōđér-,* etc. ; sk. *damitá-s* (dompté) [2], prg. **tamiþás,* d'où **tamiđás,* got. *(ga-)tamida,* ag. *tamed,* v. al. *(gi-)zemit* et al. *gezähmt,* et ainsi toutes les finales de participes des verbes faibles.

III. **Palatale.** — 1. Initiale ou après syllabe accentuée : gr. χάλ-ηξ (caillou) et prg. **hágl-a-z* (grêle), etc. ; lit. *kaúk-a-s* (bosse) et prg. **háuh-a-z* (haut), etc. ; gr. χάρτ-α (fortement), χαρτ-ερό-ς et χράτ-υ-ς (fort), prg. **harđ-ú-s* (dur), etc. [3] ; gr. χόρ-αξ, lat. *cor-vu-s,* prg. **hra-b̃ná-s,* etc. ; sk. *çvētá-s* (blanc) et prg. *hwitá-s,* etc. ; sk. *páçu* (nt. bétail), lat. *pecus,* prg. **féhu* (nt.), etc. ; lit. *raúka-s* (rude) et prg. **ráuha-z,* etc.

2. Médiale après syllabe atone (*k* devient *h* qui devient *g*) : même rac. *kĕwk* (haut) dans prg. **hugilá-s* (colline), etc. ; i.-e. **dékm̥* (dix), gr. δέκα, got. *taíhun,* etc., mais avec déplacement d'accent dans gr. δεκάς (dizaine), soit donc prg. **tegún-,* d'où got. **tigu-* dans *fimf tigjus* (cinq dizaines), etc. ;

---

[1] Got. *haf-an-s* par l'analogie inverse.

[2] Se rappeler l'accent constant des participes grecs en -τό-.

[3] D'où l'on voit que l'ag. *call* n'a rien à démêler avec le gr. χαλεῖν.

sk. *akṣi-* (œil) et lit. *aki-s* (cf. sl. *ok-o*, gr. ὄσσε « les deux yeux » = *ŏx-ye, lat. *oc-ulu-s*), prg. *auhi-* d'où *auʒi-*, etc. ; i.-e. rac. *ik* (être souverain), sk. *içāná-s* (souverain), prg. fl. *aihaná-s* d'où *aiʒaná-s* (propre), etc.

IV. **Vélaire**. — A. Sans labialisation (se confond avec la palatale). — 1. Initiale ou après syllabe accentuée : i.-e. rac. *qĕl* (agir, administrer), sk. *car* (se conduire), gr. πέλ-ο-μαι (se trouver), labialisée aussi dans αἰ-πόλ-ο-ς (chevrier), mais sans labialisation dans βου-κόλ-ο-ς (bouvier), labialisée en lat. (*in-*)*quil-īnu-s* (habitant, colon) et *col-ō* = *quĕl-ō*, mais sans labialisation dans got. *hal-dan* (garder, tenir) ag. *hold*, al. *halten*; i.-e. *nóq-t-s* (nuit), sk. *nák-ti-s*, gr. νύξ νύκ-τ-α, lat. *nox noc-t-em*, got. *nah-t-s*, etc. — 2. Après syllabe atone : lat. *vinc-ō* (pour *vinqu-ō*) et got. *weih-a* (je combats) = i.-e. *wéyq-ō*, mais v. al. *wigant* (combattant) et al. *weigand*, al. *weigern* (résister), ags. *wiȝend* (combattant), perdu en anglais.

B. Avec labialisation, prg. *hw* ou *ʒw*. — 1. Initiale ou après syllabe accentuée : sk. *cud* (aiguiser), soit i.-e. *qĕd qŏd* ou *kwĕd kwŏd*, prg. *hwat-ja-*, ag. *whet*, al. *wetzen* ; initiale du pronom i.-e. *qó-*, gr. πό-, lat. *quo-*, prg. *hwá-* ; rac. i.-e. *sĕq* (suivre), sk. *sac*, gr. ἕπ-ο-μαι, lat. *sequ-o-r*, prg. *séhw-ō*, d'où got. *saihw-an* (voir). — 2. Après syllabe atone : peut-être rac. i.-e. *merq mr̥q* (terne), sl. *mrak-ŭ* (sombre), *mrŭk-na-ti* (il fait sombre), soit un prg. *murʒwéna-* (l'aube encore terne), v. nor. *morgunn* (matin), mais le got. *maúrgin-s* sans labialisation apparente.

C. Avec labialisation, prg. *f* ou *b*. — 1. Initiale ou après syllabe accentuée : i.-e. *pénqĕ* (cinq), sk. *páñca*, gr. πέντε πέμπε, lat. *quinque*, prg. *fémfĕ*, etc. ; i.-e. *wl̥qo-s* (loup), sk. *vr̥ka-s*, gr. λύκο-ς, lat. *lupu-s*, prg. *wúlfa-z*, etc. — 2. Après syllabe atone : i.-e. *wl̥qî* (louve), sk. *vr̥kî*, prg. *wulfî* devenu *wulbî*, conservé seulement en v. al. *wulpa* et m. al. *wülpe* [1].

V. On a déjà signalé les **alternances grammaticales** auxquelles donne lieu l'application de la loi de Verner : très

---

[1] On attendrait *wülbe*; mais le *b* s'est doublé (supra, 48, IV). Dans *wölfin* est rentrée par analogie la consonne de *wolf*.

visibles encore dans l'état ancien de nos langues, elles ont été fort effacées par l'action de l'analogie, mais reparaissent avec force dans la comparaison d'une langue à l'autre. Le contraste de *enough* et *genug*, par exemple, pourrait être dû à semblable cause : l'al. *genuch, qui seul répondrait rigoureusement à *enough*, se retrouve dans le got. *ganōh-s* (suffisant), *ganaúh-a* (suffisance), le v. al. *ginah* (il a suffi), *ginuht* (suffisance), m. al. *genuht-sam*, etc. ; la forme en *h* et celle en *ȝ* alternaient régulièrement selon l'accent, mais en al. l'analogie a généralisé la seconde, en ag. la première, et c'est ainsi que les deux langues ont divergé.

En effet, l'accent indo-européen changeait de place, on le verra, dans la conjugaison. Soit p. ex. un vb. *déwk-ō (je conduis, je tire, lat. *dūc-ō*). Au présent, la racine est normale et porte l'accent, d'où prg. *téuh-ō, got. *tiuh-a*, al. *ich ziehe*. Au pf. sg. la racine est fléchie et porte toujours l'accent, i.-e. *de-dówk-a, got. *táuh*, v. al. *zōh*, m. al. *ich zōch*. Mais au pl. du pf., l'accent passe sur le suffixe et la racine se réduit : i.-e. *de-duk-mmé, soit donc prg. *tuȝumé et m. al. *zugen*, al. *wir zogen* ; et de même au participe prg. *tuȝaná-s et al. *gezogen*. On voit ce qui s'est passé en al. mod. : l'analogie de *wir zogen* et *gezogen* a amené *ich zog* au lieu de *zoch* [1]. Mais du moins l'allemand a-t-il conservé la curieuse alternance *ziehen gezogen*, inexplicable si l'on ne remonte au prégermanique. Le gotique, encore bien moins pur, a partout généralisé l'*h* : de même qu'il dit régulièrement *tiuhan* et *táuh*, il dit irrégulièrement *taúhum* (nous tirâmes) au lieu de *tugum et *taúhan-s* [2] (tiré) au lieu de *tugan-s, ce qui équivaut à ce que serait une conjugaison allemande *ziehen*, *ich* *zoch, *wir* *zohen, *gezohen. Observer en outre le contraste de *zucht* et de *zug*, tous issus de la même racine.

Ces nivellements analogiques étaient inévitables, et, à la longue, ils ont ramené une unité factice dans la bigarrure très normale du consonnantisme germanique. Aucune langue n'en est exempte, et le gotique, pour ancien qu'il soit, moins que

---

[1] Qui se lit encore, par exemple, dans Grimmelshausen.
[2] Avec *aú* pour *u* devant *h*, naturellement, supra 28, 1.

toute autre : on vient de voir l'allemand moderne moins altéré que lui, et il en faut dire autant de l'anglo-saxon dans la conjugaison du même verbe, *tēon* (tirer), *togen* (tiré). C'est lui aussi qui montre la même consonne d'un bout à l'autre de la conjugaison de ce verbe *hafja* (= lat. *capiō*, je prends) et *hōfum* (nous prîmes), tandis que le v. al. a l'alternance *heffu huobum*, qui a fourni au m. al. l'occasion de fabriquer le vb. *hĕben*. Parfois pourtant le gotique a gardé des nuances que les autres langues ne connaissent plus : il conjugue très purement par ex. le pf. *þarf* (j'ai besoin), pl. *þaúrbum* = prg. *þurbumé* [1], tandis que l'ags. *ðurfan* (avoir besoin), sg. 1 *ðearf*, pl. 1 *ðurfon*, et l'al. *dürfen* (métaphonique) [2], sg. 1 *darf*, pl. 1 *dürfen*, ont tous deux généralisé la spirante sourde.

§ 3. — *Les sonores aspirées primitives* [3].

I. **Labiale.** — I.-e. rac. *bhĕyd*, sk. *bhinád-mi* (je fends) et *bhid-yá-tē* (il est fendu), lat. *find-ō*, prg. *bīt-ō* (je mords), got. *beit-a*, etc. ; gr. φηγός, lat. *fāgus*, al. *buche*, etc. ; rac. *bhlā* (souffler), lat. *flā-re*, ag. *blow*, al. *blähen* ; rac. *bhĕndh* (lier), got. *bind-an*, etc. ; rac. *lĕwbh* (prendre plaisir), sk. *lúbh-ya-ti*, lat. *lub-et lib-et*, prg. *leuƀ-a-z* (cher), d'où got. *liuf-s*, etc.; lat. *scab-ō* (je gratte), ag. *shave*, al. *schaben* ; sk. *garbhá-s* (embryon, petit) et prg. *kalƀás-* (veau), etc.

II. **Dentale.** — I.-e. *dhughäter-* (fille), gr. θυγάτηρ, sk. *duhitár-*, got. *daúhtar* = prg. *ðuhter-*, etc. ; i.-e. rac. *dhē* (placer, faire), sk. *dhā*, gr. θη (τίθημι), ag. *do*, al. *tun* ; i.-e. rac. *bhĕndh* et germ. *bind* supra ; i.-e. *médh-yo-s* (milieu), sk. *mádh-ya-s*, gr. μέσος = μέσσος = *μέθ-yo-ς*, lat. *med-iu-s*, got. *mid-ji-s*, etc. ; i.-e. rac. *dhegh* (brûler, briller), sk. *dáh-a-ti* (il brûle), d'où en dérivation nominale i.-e *dhogh-ó-s*, prg. *ðaʒá-s*, got. *dag-s* (jour), etc.

---

[1] Soit i.-e. *te-tórp-a*, mais *te-tr̥p-m̥mé*.

[2] Pour le sens, comparer *bedürfen*.

[3] A partir d'ici il n'est, bien entendu, plus question de la loi de Verner.

III. **Palatale.** — I.-e. *ghósti-s (étranger, ennemi, hôte), lat. hosti-s, prg. *ȝásti-z, got. gast-s, etc. ; i.-e. *ghans- (cygne, oie), sk. hans-á-s (cygne), gr. χήν (oie), lat. ans-er = *hans-er, prg. *ȝans-, d'où al. gans, ags. *gons gōs et ag. goose ; i.-e. rac. dhigh (façonner, pétrir), sk. dih (enduire), gr. θιγ-είν (toucher), τεῖχ-ος (mur), lat. fing-ere, soit prg. *diȝ, d'où got. deig-an (façonner, pétrir), ag. dough et al. teig (pâte), etc. ; i.-e. * ghyes (hier), sk. hyás, gr. χθές, lat. her-i hes-ternu-s, got. gis-tra-(dag-is), etc.

IV. **Vélaire.** — A. Non labialisée, se confond avec la palatale : i.-e. *dhoghó-s (supra II) ; lat. helvo-s (jaune), ag. yellow, al. gelb.

B. Labialisée, prg. ȝw : i.-e. rac. snigh sněygh (être humide), sk. snih, gr. νίφ-α acc. (neige) νείφ-ει (il neige), lat. acc. nivem = *nihv-em, got. snáiw-s, etc. ; sk. gharmá-s (chaud), gr. θερμός, lat. formu-s, prg. *ȝwarmá-s devenu *warmá-s, etc.

C. Labialisée, prég. b : sans exemple sûr.

§ 4. — *Les sonores primitives.*

(57) I. **Labiale.** — Aucun exemple sûr, si ce n'est i.-e. rac. dhŭb dhěwb, lit. dub-ù-s (profond), soit un prg. *děup-a-z, got. diup-s, ag. deep, al. tief [1].

II. **Dentale.** — Sk. jihvâ (langue) = *dihvâ, lat. lingua = dingua = *dṇghwā, d'où prg. *tuṅȝō-, etc. ; i.-e. *dékm̥ (dix) et prg. *těhun ; i.-e. *dém-ō (je bâtis), sk. dám-a-s (maison), gr. δέμ-ω δόμ-ο-ς, lat. dom-u-s, got. (ga-)tim-r-jan (construire), cf. ag. timber et al. zimmer ; i.-e. rac. bhěyd (supra 56, I) ; i.-e. *swādú-s (doux), sk. svādú-s, gr. ἡδύς

[1] Le b i.-e. est exceptionnellement rare, et précisément les quelques mots grecs ou latins qui en témoignent ne se retrouvent pas en germanique, non plus que ne se retrouvent en dehors du germanique les racines prg. slăp (ag. sleep, al. schlafen, cf. cependant sl. slab-ŭ = al. schlaff), skăp (ag. shape, al. schaffen), qui présupposeraient un b i.-e. A cette dernière on pourrait rattacher lat. scăb-ō (gratter) ; mais l'analogie de sens avec schaben lui assigne bien plutôt la forme skăbh. Quant à prg. wŏrp, il a à la vélaire, infra IV, C.

= *σϝᾱδύς, lat. *suāvi-s* = *suād-ui-s* (cf. *suād-ēre* [1]), ag. *sweet*, al. *süsz*; sk. *svid* (transpirer), gr. ἰδίω = *σϝιδ-ίω, lat. *sūdor* = *sveid-os*, ag. *sweat*, al. *schwitzen schweisz*, etc.

III. **Palatale.** — Sk. *jánu* (genou), gr. γόνυ, lat. *genu*, got. *kniu*, etc.; lat. *grānu-m* = *grnó-m*, got. *kaúrn*, etc.; gr. φώγ-ω (rôtir), ag. *bake*, al. *bach-en back-en*; gr. ἀγρό-ς, lat. *ager*, got. *akr-s*, etc.; sk. *juš* (agréer), gr. γεύ-ο-μαι = *γεύσ-ο-μαι (goûter), lat. *gus-tu-s*, got. *kius-an* (apprécier, choisir),etc.

IV. **Vélaire.** — A. Sans labialisation, confondue avec la gutturale: i.-e. rac. *gĕl* (froid, gelée), lat. *gel-u*, got. *kal-d-s* (froid); i.-e. rac. *sthĕg tĕg* (couvrir), sk. *sthag-a-ti* (il couvre), gr. στέγ-ω στέγ-η (abri) τέγ-ος, lat. *teg-ō tog-a*, lit. *stóg-a-s* (toit), ags. *ðæc* et ag. *thatch*, al. *dach* et *decken*, etc.

B. Labialisée, prg. *kw*: i.-e. *gôw-s* (vache), sk. *gâu-s*, gr. βοῦ-ς, lat. *bō-s*, ag. *cow* et al. *kuh*; i.-e. rac. *gem* (aller), sk. *gam* (aller), gr. βαίνω, lat. *ven-iō*. got. *qim-an*, etc.

C. Labialisée, prg. *p*: i.-e. rac. *wĕrg* (jeter, cf. sl. *vrŭg-* «jeter»), d'où prg. *wĕrp*, got. *wairp-an*, ags. *weorp-an* et ag. *warp*, v. al. *wĕrf-an* et al. *werfen*.

[1] « Rendre qqch. doux, agréable à qqun, l'en persuader ».

CHAPITRE V.

LES SIFFLANTES.

(58) L'indo-européen avait deux sifflantes, la sourde *s* et la sonore *z*; mais, comme la sonore n'est jamais que le résultat de l'assimilation de la sourde à une sonore subséquente, — p. ex. dans le groupe *sd* devenu i.-e. *zd*, — ces deux consonnes n'en font en réalité qu'une, et il y a avantage à ne les point séparer.

La **sifflante** indo-européenne peut être **initiale, médiale** ou **finale**. Dans toutes ces positions le germanique l'a remarquablement conservée, et elle n'a guère subi d'altérations, d'ailleurs peu considérables, que dans les langues plus modernes. On peut donc en suivre l'évolution d'un coup d'œil, depuis l'origine jusqu'à nos jours.

Section Ire.

SIFFLANTE INITIALE [1].

(59) 1. Devant voyelle. — Toutes les langues indo-européennes, y compris le germanique, ont fidèlement conservé l'*s* initial primitif, à la seule exception du grec [2] qui le change en *h* (esprit rude) : i.-e. rac. *sŭ sū* (engendrer), d'où sk. *sū-nú-s* (fils), gr. υἱός = **su-yó-s*, lit. *sūnŭ-s*, sl. *synŭ*, got. *sunu-s*, v.

---

[1] Le *z* n'apparaît guère à l'initiale, jamais à la finale.
[2] Plus exactement c'est aussi le cas du zend et d'une partie du celte.

nor. *sun-r*, ags. *sunu* et ag. *son*, v. al. *sunu* et al. *sohn* [1] ; lat. *sat sat-is sat-ur*, got. *saþ-s* (rassasié), v. nor. *saðr*, ags. *sæd* (rassasié) et ag. *sad* (dégoûté, triste), v. al. *sat* et al. *satt* ; i.-e. rac. *sē* (jeter, semer), gr. ἥ-μα (jet), lat. *sē-men* (semence) [2], got. *sai-an* (semer), ags. *sāw-an* et ag. *sow*, v. al. *sā-en* et al. *säen*, cf. aussi *seed* et *saat* ; gr. ἅλ-ς, lat. *sāl* = *sald*, ag. *salt*, al. *salz* ; sk. *sád-as* (siège), gr. ἕδ-ος, lat. *sedēre* (être assis), ag. *sit*, al. *sitz-en* ; gr. ἔϑος =*ἔϑ-ος, got. *sid-u-s*, ags. *sidu* perdu en ag., v. al. *situ* et al. *sitte* (coutume, mœurs) ; sl. *sĭrebro* = ag. *silver* = al. *silber*, etc.

II. Devant semi-voyelle. — Le groupe initial *sy*, fort rare, est sans importance, car le *y* disparaît : ag. *sew* (coudre) et al. *säule* (alène), cf. got. *siu-jan* = gr. (κα-)σσύ-ω et lat. *su-ō*. Tout au contraire, le groupe initial *sw* est très commun. Il subsiste en général, à cela près que le haut-allemand moderne change l's en *š*, comme devant toute autre consonne. On a déjà rencontré *swine* et *schwein*, *swim* et *schwimmen*, *sword* et *schwert*, *sweat* et *schweisz*, etc. On y joindra : lat. *suāsum* (sorte de couleur sombre), got. *swart-s* (noir), v. nor. *svart-r*, ags. *sweart* et ag. *swart*, v. al. *swarz* et al. *schwarz* ; gr. σιγή (silence) =*σϝῑγ-ᾱ, ags. *swig-ian* (se taire), al. *schweig-en* ; sk. *svásar-* (sœur), lat. *soror* = *svesor*, got. *swistar* (v. nor. *syster*), ags. *swcostor*, v. al. *swëster* et al. *schwester*, etc. Les exceptions ne sont qu'apparentes : l'ag. *sister* est un emprunt au scandinave ; les deux mots *swamp* et *sumpf* (marécage) se réfèrent probablement à deux états différents de la racine ; quant à *süsz* = *sweet*, on n'a qu'à rétablir la forme du vieil-allemand *suozi swuozzi*, pour s'apercevoir que le *w* et l'*u*, ayant même timbre, se sont fondus ensemble.

III. Devant nasale ou vibrante, le grec et le latin perdent presque toujours l's initial, mais le germanique le laisse intact.

1. Devant *m, n, l* (ag. *s*, al. *s* devenu *š*) : sk. rac. *smi* (rire,

---

[1] Il est à peine utile de faire observer que, dans la prononciation de l'allemand classique, cet *s*, ainsi d'ailleurs que l's médial entre voyelles, est devenu sonore (pr. *zōn*).

[2] Cf. gr. ἵημι = *σί-ση-μι et lat. *serō* = *si-sō* (présents redoublés).

admirer), lat. *mī-ru-s mĭ-ro-r*, ag. *smi-le* (sourire), cf. al. *schmei-chel-n* (caresser) ; ag. *small* (petit) = al. *schmal* (mince) ; sk. rac. *snih*, gr. νίφ-α, lat. *niv-em*, ag. *snow*, al. *schnee* ; lat. *lub-ricu-s* (glissant), ag. *slip*, al. *schlüpf-en* ; lat. *lac-er* (déchiré, en pièces), ag. *slay*, al. *schlag-en*.

2. Devant *r*, le germanique, ainsi que le slave, insère un *t* : i.-e. rac. *srŭ srĕw* (couler), sk. *sráv-a-ti* (il coule), gr. ὀέ-ει = *σρέϝ-ει ; soit dès lors une dérivation à racine fléchie, *srŏw-mó-s* (courant) ; elle est devenue prg. *strau-má-s*, ags. *strēam* et ag. *stream*, v. al. *stroum* et al. *strom* [1]. Cf. le russe *o-strov-ŭ* (île), qui équivaut comme sens à un mot allemand *um-ge-ström-t* [2].

IV. Devant momentanée, on sait que l's subsiste et que la momentanée échappe à la loi de Grimm [3]. Le groupe *sk* devient *š* : aux exemples connus joindre al. *schreiben* et ags. *scrifan*, empruntés au latin *scrib-ere*, ag. *shrine* = al. *schrein*[4], etc. Quant à *sp* et *st*, on sait que l'al. mod. hésite entre les prononciations *sp st* et *šp št*.

La plupart des racines qui commençaient par un semblable groupe étaient sujettes, dès la phase indo-européenne, à une alternance particulière : dans des conditions encore mal définies [5], elles perdaient leur *s* initial, comme le montre le doublet sk. *spaç* et *paç* (voir) [6]. Les mêmes alternances se reproduisent entre le germanique et ses congénères : on a déjà vu gr. στέγω et al. *dach decken* ; inversement on a le gr. κοέω

[1] On attendrait *straum*, mais cf. supra 32, 11.

[2] L'insertion est constante. Dans *stride* et *schreiten* (marcher), ou bien la racine n'est pas la même, ou, en tout cas, l'al. a gardé pur un groupe initial *skr*, tandis qu'en ag. le *k* s'y changeait accidentellement en *t* (ags. *scrīdan*).

[3] Cf. supra 53 B.

[4] Tous deux empruntés au lat. *scrīnium* (boîte, écrin). — L'ags. *scrīfan*, remplacé par l'ag. *write*, vit encore dans l'ag. *shrive*, mais avec une restriction, puis une extension de sens, également curieuses, savoir : « écrire — prescrire — prescrire une pénitence — entendre en confession ».

[5] Cf. Henry, *Gr. comp. du Gr. et du Lat.*, n° 68, 4.

[6] Il va sans dire que dès lors, en germanique, la momentanée ainsi découverte retombe sous le coup de la loi de Grimm.

(remarquer) = *κορ-έω et le lat. *car-ēre* (prendre garde) sans *s* initial, tandis que l's apparaît dans tout l'ensemble du germanique, notamment ags. *scēar-ian* (considérer) et ag. *show* (montrer), v. al. *scouw-on* et al. *schau-en*.

Section II.

LES SIFFLANTES MÉDIALES.

60) La **loi de Verner** régit la spirante dentale sourde (*s*) prégermanique au même titre que toutes les autres spirantes. Quant à la sonore, elle tombe indirectement sous l'application de la **loi de Grimm**.

§ 1er. — *La sourde*.

61) I. Entre voyelles. — Formules générales de la loi de Verner.

A. Si l'*s* est précédé d'une syllabe qui portait l'accent en indo-européen et prégermanique, il demeure tel quel et toutes les langues germaniques le montrent sans changement; seulement, l'anglais et l'allemand ont fini par le prononcer *z*, tout en continuant à l'écrire *s* (al. toujours, ag. quelquefois *z* [1]).

B. Mais, si l'*s* est **précédé d'une syllabe atone**, il **devient** spirante sonore, **prg.** *z*, que conserve le gotique : ultérieurement, **en germanique-occidental, ce *z* devient *r*** par un phénomène de **rhotacisme** tout à fait comparable à celui du lat. *arbōs* (arbre) acc. *arbŏr-em*, *gen-us* gén. *gen-er-is* = *gen-es-is* = sk. *ján-as-as* = gr. *γέν-εσ-ος* devenu γένεος γένους [2].

Rien n'illustre mieux cette nouvelle et constante application de la loi de Verner, que certaines alternances d'*s* et d'*r*, conservées dans les conjugaisons archaïques, et plus ou moins

---

[1] Cf. al. *glas*, pl. *gläs-er* ; mais en ag. *glass*, dérivé *glazier*, où le groupe *z* + *y* a abouti à la prononciation *ž*.

[2] La position des organes est exactement la même pour l'*r* lingual que pour le *z*. Que l'on se dispose à émettre un *z* et que dans le même moment on fasse vibrer la langue : on émettra un *r*. Cf. en fr. le doublet *chaire* et *chaise*, où au contraire l'*r* est devenu *z*.

oblitérées par l'analogie dans les langues modernes [1]. Ainsi le vb. prg. * kéus-ō (got. kius-a = gr. γεύ(σ)-ω) montre l's dans l'inf. ags. cēos-an (ag. choose), où, comme on sait, l'accent primitif reposait sur la racine normale ; mais il fait au participe ags. cor-en (choisi) = prg. *kŭs-ăná-s devenu *kŭz-ăná-s, parce qu'ici l'accent avait passé sur le suffixe ; et, tout de même, l'al. archaïque et littéraire répond par inf. er-kies-en, participe er-kor-en ; mais l'ag. moderne a refait sur choose un nouveau participe chosen. Le vb. ags. lēosan = got. lius-an avait aussi un participe ags. lor-en, et il l'a gardé dans l'ag. mod. for-lor-n, vieux mot qui s'est détaché de sa souche et a ainsi échappé à l'influence du reste de la conjugaison, tandis que sur lose la langue créait un nouveau participe los-t. En al. c'est l'inverse : ver-lor-en est resté, mais l'infinitif devrait être *ver-lies-en = v. al. vir-lios-an : l'r de verloren s'est indûment glissé dans verlieren et l's régulier n'apparaît plus que dans le substantif ver-lus-t. On comparera de même ag. frost = al. frost (gelée) et le vb. ag. freeze = al. frieren, etc.

1. Après syllabe accentuée : i.-e. s = prg. s = ag. al. s. — Sk. mūš-(rat, souris), gr. μῦς, lat. mūs acc. mūr-em [2], v.nor. mūs, ags. mūs et ag. mouse, v. al. mūs et al. muus ; sk. nāsā (nez), lat. nāsus nārēs, ags. nasu nosu et ag. nose, v. al. nasa et al. nase ; prg. *lĕs-ō (je cueille), got. lis-an (recueillir), v. nor. les-a, ags. lĕs-an et ag. lease, v. al. lĕs-an et al. lesen, etc. Le mot i.-e. *kaso-s (lièvre) devait avoir une double accentuation ; car le v. al. haso = al. hase suppose une dérivation d'un prg. *hása-z, tandis que le v. nor. here, l'ags. hara et l'ag. hare ne peuvent remonter qu'à un prg. *hazá-s, attesté d'ailleurs par le sk. çaçá-s.

2. Après syllabe atone : i.-e. s = prg. z = got. z = ag. al. r. — On vient de voir ag. hare. Le sk. máhiyas- (plus grand), lat. mājus mājor mājōr-em a pour corrélatif un prg. *máȝis-, qui dès lors devient *máȝiz-: got. máiza (plus)[3], ags.

---

[1] Cf. supra 55. Il y a parallélisme rigoureux.

[2] L's i.-e. est médial partout ailleurs qu'au nominatif.

[3] La chute du ȝ ferait difficulté, mais le rapprochement ne porte que sur la sifflante.

mā̆ra et ag. *more*, v. al. *mero* et al. *mehr* ; et ainsi de tous les comparatifs, got. *bat-iza* = ag. *better*, al. *besser*. La rac. i.-e. *wĕs* (habiter), sk. *vas*, donne un prg. sg. 1 **wés-ō*, qui se traduit très régulièrement, en gardant son *s*, dans got. *wis-an* (rester, être), ags. *wĕs-an*, al. *wes-en* (infinitif devenu substantif) ; mais on sait qu'au pluriel du pf., l'accent passe sur le suffixe, soit prg. **wēz-umé*, ag. *we were*, al. *wir waren* [1]. Le mot i.-e. **óws-* (oreille) faisait passer l'accent sur les suffixes de déclinaison, comme le montre l'alternance grecque οὖς ὠτός : dès lors, en regard du lat. *aur-i-s* = **aus-i-s* (cf. *aus-cultō* « j'écoute »), on pourra concevoir un doublet prg. **áus-a-* et **auz-á-* ; et en fait le got. *áusō* (oreille) est seul à montrer l'*s* ; partout ailleurs, c'est *z* rhotacisé, v. nor. *eyr-a*, ags. *ēar-e* et ag. *ear*, v. al. *ōr-a* et al. *ohr*.

II. Devant ou après semi-voyelle : rare et sans importance.

III. Devant ou après nasale ou vibrante. — La loi de Verner s'applique, quand toutefois l'*s* ne s'est pas assimilé à la consonne voisine : ainsi, le groupe *sn* devient *zn* et subséquemment *rn*, cf. *lern-en* et *lehr-en* ; mais *rs* et *rz* deviennent *rr* ; *ls*, *lz*, *sl* et *zl* se confondent en *ll*, et *sm*, *zm* aboutissent à *mm*. Quant au groupe *sr*, il devient *str* comme à l'initiale : *sister* = *schwester*, cf. dat. sk. *svásr-ē* (à la sœur).

IV. Devant ou après momentanée : même traitement qu'à l'initiale [2].

§ 2. — *La sonore.*

Dans les groupes i.-e. *zb*, *zd*, *zg*, la momentanée devient prg. *p*, *t*, *k*, en vertu de la loi de Grimm ; puis le *z* s'assimile,

---

[1] Cf. sg. ag. *I was*. L'al. a étendu l'*r* au sg., *ich war*. Inversement, le gotique, qui devrait avoir *was* et **wēzum* a fait passer l'*s* du sg. au pl. et conjugue sans mutation *was wēsum*.

[2] Il est clair, en effet, que la loi de Verner ne peut avoir prise sur les groupes *sp*, *st*, *sk*, ni sur les groupes *ps*, *ks*, devenus respectivement *fs*, *hs*, puisque l'*s* s'y accompagne d'une sourde, qui, en supposant qu'il pût devenir *z*, l'aurait fait revenir au stade *s* par voie de simple assimilation, infra 62.

et le résultat est *sp*, *st*, *sk*. Un seul exemple suffira, car il est typique : la rac. *sĕd* (s'asseoir, résider), perdant l'accent et se réduisant en dérivation, a formé un mot *ni-zd-ó-s [1] (demeure, nid), d'où sk. *nidá-s*, lat. *nidu-s* ; le même mot transporté en prégermanique, y est devenu *nistá-s *nestá-s, ag. al. *nest*, cf. al. *nisten* (nicher). Comparer de même sk. *hêd-as* (colère), ag. *ghost*, al. *geist* (esprit).

Dans les groupes i.-e. *zbh*, *zdh*, *zgh*, la momentanée devient de même *ƀ*, *đ*, *ʒ*, et le *z* demeure ; après quoi, il devient régulièrement *r* en germanique-occidental : i.-e. *mizdhó-s (salaire), sk. *midhá-s*, gr. μισθό-ς, got. *mizdō*, ags. *meord*, cf. ag. *meed* (salaire) et al. *miete* (loyer) [2]. De même, *zn* devient *rn*. Partout ailleurs, le *z* s'assimile (supra 61, III).

Section III.

SIFFLANTE FINALE.

(63) A la finale, l'i.-e. n'a jamais que l's. Le bon sens même indique qu'en germanique cet *s* restera *s* ou deviendra *z*, selon qu'il sera ou non précédé de l'accent, soit *kasós devenant *hazás, mais *kásos devenant *hásaz, supra 61, 1. Mais le fait ne peut se vérifier en gotique, où la sifflante finale est toujours écrite *s*. En vieux-norrois, tout au contraire, la finale *z*, régulière seulement après syllabe atone, a été partout ailleurs subs-

---

[1] Comparer, pour le sens, l'al. *ein-sitz-en*.

[2] Ceci suppose deux traitements possibles, et d'ailleurs difficilement conciliables, du *z* devant consonne : 1° changement en *r* ; 2° chute, avec allongement compensatoire de la voyelle précédente. Le second constitue l'une des origines de l'*ē* fermé spécial au germanique, dont il n'a pas été question au chapitre des voyelles, mais que l'on retrouvera dans d'autres domaines (infra, 131, II, 1, et 185). Cet *ē*, que le got. confond avec son *ē* primitif (supra, 26, 11), reste *ē* en germ. septentrional et occidental, puis naturellement se prononce *ī* en ag. mod., tandis qu'en al. il se diphtongue de très bonne heure en *ia* qui s'assourdit en *ie* : ainsi, vieux saxon *mēda* (salaire), ags. *mēd*, v. al. *mēta meata miata miete*, m. al. *miete*, etc. Cf. Streitberg, *Urgerm. Gr.*, p. 65, et, pour une conjecture explicative, Brugmann, *Grundriss*, 2ᵉ éd., I, p. 780.

tituée par analogie à la finale *s*, et, devenue ensuite *r*, on l'a vue figurer sous cette forme l'indice du nomin. sg. d'un très grand nombre de mots. Le germanique-occidental, non moins altéré, mais plus éclectique, a généralisé tantôt l'*s* tantôt le *z* : ensuite l'*s* **final** y est **demeuré** (ags. nomin. pl. *dagas*), sauf à se prononcer parfois *z* (ag. nomin. pl. *days*, et par analogie *fathers, mothers*, etc.) ; quant au *z* **final** il est **tombé** purement et simplement (v. al. nomin. pl. *taga*, al. *tage*, etc.), conservé seulement, sous la forme *r*, dans les petits mots qui font corps avec le mot suivant et où, par suite, il a été traité comme *z* médial, soit al. *wir* = got. *weis*, parce qu'en fait *weis bindam* = *wir binden* ne fait qu'un mot [1].

[1] L'ag. *we* l'a perdu même dans ce cas. On retrouvera dans la déclinaison et la conjugaison les applications de ces lois, infrà 137, 139, 143, 150, 212, etc.

CHAPITRE VI.

L'ACCENT.

(64) Le rythme est aussi naturel à l'homme que la parole. C'est par une pure abstraction que nous séparons l'un de l'autre ces deux éléments du langage matériel : en réalité, il n'y a point, dans la phrase la plus banale, de paroles sans musique. Cette musique, à peine est-il besoin de le dire, est moins cadencée, moins modulée, et aussi moins artificielle, que celle du chant, mais ne laisse pas d'être fort sensible à l'oreille, au double point de vue de la mesure et de la mélodie : le temps fort de chaque mesure se nomme accent expiratoire, **accent d'intensité** ; la note haute de la mélopée est dite **accent tonique**, chromatique ou musical. C'est ce que l'anglais nomme respectivement *stress* et *pitch*.

Ces deux accents se combinent en proportions très inégales dans toutes les langues humaines : l'un ou l'autre domine, suivant le caractère spécifique de chacune. Ainsi, nos langues européennes sont en général peu chantantes, tout au moins dans la prononciation correcte et conventionnelle des gens instruits [1] ; mais le suédois, par exemple, possède encore un accent mélodique, aisément observable parce qu'il fait contraste avec l'accent d'intensité : telle syllabe s'y chante sur une note haute et se prononce faiblement, tandis que telle autre sonne avec vigueur dans les cordes basses. On sait que certaines

---

[1] Car les patois et même le français de certaines provinces ont des intonations musicales très marquées, qui produisent à première audition un effet bizarre et souvent désagréable.

langues de l'extrême Orient ont poussé jusqu'à l'outrance ces nuances de l'accent chromatique : tel monosyllabe chinois, surtout annamite, revêt les sens les plus différents, selon qu'il se chante sur une note ou une autre. Même dans les langues de l'Europe, l'accent de phrase, sinon de mot, se prête, on le verra, à l'observation d'intervalles musicaux.

Mais, dans ce domaine, dans l'anglais et l'allemand surtout, c'est l'accent expiratoire qui l'emporte de beaucoup. On n'apprendra pas à des éducateurs les difficultés qu'apprête aux jeunes Français[1] la prononciation particulièrement intense de l'accent allemand, qui repose habituellement sur la syllabe initiale : *scharf, schärfe, scharfsinnig, scharfsinnigkeit*. L'accent anglais n'en diffère que par le degré : l'attaque des syllabes est moins énergique, mais leur valeur respective est à peu près la même qu'en allemand. En français, au contraire, où l'accent d'intensité frappe la syllabe finale, il est beaucoup moins sensible à l'oreille et paraît d'ailleurs en voie de transformation.

De cet **accent de mot**, qui relève l'une des syllabes et, dans les langues que nous étudions, toujours la même, il convient de distinguer soigneusement l'**accent** dit **de phrase**, qui, dans une phrase donnée, suivant sa signification et la place respective des accents des mots qui la composent, rythme l'ensemble, appuie en un endroit, traîne sur un autre, déblaie vivement le reste, et peut varier à l'infini selon les intentions du sujet parlant.

Section Ire.

ACCENT DE MOT.

(65)   I. A la différence de l'accent expiratoire et fixe des langues modernes, l'accent indo-européen était essentiellement musical et mobile : musical, car il consistait en une alternance de

---

[1] Un sujet que j'avais suivi depuis l'âge de 6 ans et qui en avait tantôt seize, n'était pas encore parvenu à prononcer correctement sans effort les mots du type *prächtigen*.

notes basses et de notes aiguës, alternance que le grec ancien avait conservée, au témoignage de ses grammairiens ; mobile, car il changeait de place dans le mécanisme de la dérivation, de la déclinaison et de la conjugaison, frappant tantôt la racine, tantôt le suffixe ou la désinence, et y causant ainsi tour à tour des dégradations et des renforcements vocaliques dont l'ensemble a constitué l'apophonie indo-européenne, vivante encore après la mort de cet accent dont elle relève [1].

Musical et mobile il est resté en sanscrit et en grec ; musical en latin, mais il y est devenu fixe. Puis, à l'aurore du moyen âge, l'accent musical du grec et du latin, sans changer de place, a changé de nature : il est devenu accent d'intensité dans le grec moderne et dans les langues romanes.

La même transformation s'était déjà accomplie, dès la période préhistorique, dans le domaine germanique : l'accent primitif y subsistait aux mêmes places qu'en indo-européen ; il était toujours mobile, témoin les multiples et délicates applications de la loi de Verner [2] ; mais il était devenu expiratoire. Car précisément la loi de Verner ne saurait guère s'expliquer que par une plus grande intensité de prononciation de la syllabe accentuée, intensité qui, en donnant toute sa vigueur au souffle expiratoire, mettait en pleine valeur l'articulation de la spirante consécutive, tandis qu'après syllabe atone la même spirante, moins énergiquement émise, s'affaiblissait et se nuançait de sonorité.

II. Au surplus, de cet accent ancien, reconnaissable seulement à ses effets, il n'y a plus trace dans le germanisme historique. Dès la période prégermanique aussi, avait pris naissance un autre accent, exclusivement expiratoire, qui frappait avec force la syllabe initiale de chaque mot ; le même peut-être, et à coup sûr de même nature, que celui qu'on observe également en latin, où il cause les phénomènes bien connus de dégradation vocalique des types *făctus conféctus, lĕgō ēlĭgō, caedō occĭdō* et *claudō sēclūdō*. Peu à peu, cet accent initial est devenu prépondérant, puis il a fini par

---

[1] Cf. supra 44.
[2] Cf. supra 53 D, 55 et 61.

éliminer l'ancien, et aujourd'hui il règne seul. Rappelons brièvement les principes généraux qui le régissent.

1. En règle rigoureuse, tout mot, s'il n'est enclitique ou proclitique[1], contient une syllabe accentuée et n'en contient qu'une.

2. Ce n'est pas à dire que toutes les syllabes atones (non accentuées) se prononcent sur le même ton : elles ont ceci de commun, qu'elles sont toutes moins intenses que la syllabe accentuée ; mais il y en a de plus intenses les unes que les autres. Il est facile d'en faire l'expérience sur un mot comme *opportúnity* ou *unstérblichkeit*.

3. Notamment, dans les substantifs composés, l'accent principal repose toujours sur la première syllabe du premier terme, mais la première du second terme conserve le sien sous forme d'accent secondaire : ag. *bláck-bìrd* (merle), et comparer la phrase *the ráven is a bláck bìrd* ; ag. *yéllow-hàmmer* (bruant), corrompu pour *ammer = ags. amore = v. al. amero et al. ammer,* cf. al. *góld-àmmer* ; al. *sónnen-fìnsternis* ; ag. *bríde-groòm* (fiancé) = ags. *brȳd-guma,* et al. *bráuti-gam* = v. al. *brūti-gòmo*[2], etc.

4. Il en est de même dans les juxtapositions de préfixe et de verbe, en tant du moins que le préfixe et le verbe sont encore perçus par le sujet parlant comme deux mots distincts, gardant chacun sa signification propre, séparables même encore en allemand : ag. *óver-loòk*, al. *éin-sètzen*, etc. Mais, si le préfixe fait corps avec le verbe de manière à ne former avec lui qu'un ensemble significatif indissoluble, il perd son accent et celui du verbe demeure seul : que l'on compare al. *über-sètzen* (franchir) et *übersétzen* (traduire). Dans ces conditions on sait que le préfixe monosyllabique se réduit à une syllabe indécise (got. *fra-lusan-s*, ag. *for-lorn*, al. *ver-lóren* ; got. *bi-gitan*, ag. *be-gét*, al. *be-kómmen be-quém* ; got. *ga-waúrpan-s*, al. *ge-wórden*), parfois, dans le parler rapide, et même dans la langue écrite, à une simple consonne (al. *b-leiben*

---

[1] Cf. infra 66, II.

[2] Littéralement « homme de la mariée », cf. got. *guma* = lat. *homō*. L'*r* de l'ag. est dû au rapprochement de *groom* « jouvenceau ».

g-lauben; *zwar* = v. al. *zi-wāre* (à la vérité), qui serait en al. mod. **zu wahr*, cf. *fürwahr*.

5. C'est par l'énergie de l'accent initial, qui sacrifie plus ou moins toutes les syllabes à la première, que s'expliquent, en germanique comme dans les langues romanes, les syncopes violentes qui ont raccourci, jusqu'à les rendre parfois méconnaissables, soit les mots germaniques eux-mêmes, soit les mots latins ou autres introduits de bonne heure en anglais et en allemand. On en a déjà vu de nombreux exemples: ag. *world* et al. *welt*; al. *pferd*, *Pfingsten*, etc.; al. *pfalz* = lat. *palatium*; ag. *minster* et al. *münster* = lat. *monasterium*. En voici quelques autres, choisis parmi les plus anciens composés: ag. *neighbour* et al. *nachbar*, où le second terme est *būr* (colon, paysan), encore visible dans le doublet allemand *Nachbaur* (nom propre)[1]; al. *junker* = m. al. *junc-herre* (jeune seigneur, fils du châtelain); al. *armbrust*, corrompu par l'analogie des mots *arm* et *brust*, du lat. *arcu-balista*, cf. ag. *arbalist* = fr. *arbalète*, ital. *balestra*; ag. *marshal* et al. *marschall* = v. al. *marah-scalc* « valet de cheval »[2], latinisé aussi en *mariscalcus*; al. *samstag* = v. al. *sambaʒ-tac* = **sambata-*, cf. got. *sabbatō dags*; ag. *hussy* = *house-wife*; ag. *lady* = ags. *hlāfdige*, exactement « pétrisseuse de pain »[3], et *lord* = ags. *hlāford* = **hlāf-weard* « gardien de pain »; ag. *sheriff* = ags. *scir-gerēfa* « officier du comté » (ag. *shire*), etc. Que l'on compare enfin le mot *borough* et la finale de *Canter-bury* = al. *burg*, le mot *home* et la finale de *Notting-ham* = al. *heim* (demeure)[4].

[1] En alaman *nōchpr*, le dernier terme complètement réduit.

[2] Cf. les mots modernes, ag. *mare*, al. *mähre*, breton *marc'h* (cheval).

[3] C'est la fonction essentielle de la maîtresse d'une maison rustique. Pour les termes du composé, voir *toaf* et *dough*.

[4] Plus exactement, *bury* = *byrig* est le datif de *borough* = *burg*. — La réduction la plus violente est sans doute celle de l'al. *messer* = m. al. *meʒʒer*, corrompu de *meʒʒeres* pris pour un génitif : ce dernier représente un v. al. *meʒʒiras* = *meʒʒirahs*, qui à son tour vient par rhotacisme de **meʒʒi-sahs*, exactement « lame de repas ». Pour le premier terme, comparer got. *mat-s.*, v. al. *maʒ*, ags. *mete* (repas) et ag. *meat* (viande); pour le second, lat. *sax-u-m* (pierre), v. al. *sahs* et ags. *seax* (lame, glaive, couteau), qui reportent à l'âge de pierre la genèse de ce mot curieux.

6. La tendance au recul de l'accent est si forte et si universelle dans les langues germaniques qu'elle s'y est perpétuée jusqu'à nos jours. Non seulement elle a atteint en anglais les mots français importés par la conquête normande, *mútton, cóward, dánger, réason*; mais même, en anglais et en allemand, elle transforme souvent les mots savants d'introduction plus récente, et jusqu'aux emprunts de fraîche date : ag. *nátion, cháracter*, al. *charákter, léutnant* = fr. *lieutenant*[1]. Mais ces curiosités sont du domaine du lexique et ne relèvent plus de la grammaire.

Section II.

ACCENT DE PHRASE.

(66) Les mille nuances de l'accent de phrase, en supposant qu'on parvienne à les classer, sont naturellement étrangères à notre étude. Il ne s'y rattache qu'à deux points de vue : en tant que tonique, par le contraste, aisément observable, de la proposition affirmative et de la proposition interrogative; en tant qu'expiratoire, par l'atonie relative des petits mots dits **proclitiques** et **enclitiques**.

I. Le contraste de ton entre l'affirmation simple, l'exclamation et l'interrogation n'a jamais échappé à personne. On sait que les grammairiens grecs l'ont exprimé en marquant toujours de l'accent aigu le pronom interrogatif τίς, quelque position qu'il occupât, tandis que τις indéfini reste sans accent. M. P. Passy admet pour la phrase française « Viens-tu ? » la notation « *la fa* » en montant, tandis qu'une phrase française « Il vient » paraît convenablement rendue par l'intervalle « *la ut* » en descendant. Il est bien possible que l'allemand et l'anglais admettent des intervalles encore plus marqués[2]. La combinaison de l'accent de mot et de l'accent de phrase ira jusqu'à reproduire à peu près les quatre tons musicaux de l'accentuation

---

[1] Toutefois, quand le mot est long, l'accent ne remonte guère au delà de la 3ᵉ syllabe en partant de la fin, ou bien c'est qu'alors celle-ci se syncope : cf. Viëtor, *Elem. der Phon.*, 3ᵉ éd., p. 286.

[2] Cf. la triple notation de « *er geht fort* » dans Behaghel, *die Deutsche Sprache*, p. 145.

chinoise dans les quatre mots soulignés de la demande et de la réponse anglaises « You mean *to* stay *two* days, *do* you ? — I *do*[1]. »

II. Dans le langage ordinaire, les petits mots auxiliaires, tels qu'articles, prépositions, etc., n'ont point d'accent et s'unissent étroitement avec les mots qu'ils accompagnent : dans une phrase telle que « il est mórt pour la *Fránce* », l'oreille n'entend en réalité que deux mots de trois syllabes chacun, tandis que la grammaire y distingue six monosyllabes. Dans ce cas, il y a **proclise,** c'est-à-dire que les mots atones s'appuient en avant, sur ceux qui les suivent. Il y a **enclise,** au contraire, quand l'atone s'appuie sur le mot qui précède, comme dans les locutions ag. *gó on, yés sir,* al. *er schlägt ihn*[2], *schäme dich, was máchst du ?, gíb es mir.*

Par définition même, la catégorie des enclitiques et proclitiques est à la fois très large et très peu consistante ; car il dépend du sujet parlant de glisser sur un verbe qui dans une autre phrase aurait quelque importance, soit « je vais venir » pr. *žvevnír*, ou au contraire de relever un monosyllabe partout ailleurs insignifiant, « c'est à *lui* que je l'ai dit ». On doit donc se borner à cet égard à quelques indications très générales, en faisant la part des accidents de langage aisément observables dans l'usage courant.

1. Le démonstratif, surtout quand il a passé au sens vague de l'article défini, est proclitique sur le nom qui le suit : *the man, der sohn*. A cette atonie absolue de l'article se rattachent les nombreuses syncopes telles que : *am = an dem, zur = zu der,* ou même (alaman) *s puěch = das buch*; ag. populaire

---

[1] 1° bref et brusque ; 2° soutenu monotone ; 3° soutenu montant ; 4° soutenu descendant. — En d'autres termes, la phrase affirmative est un morceau achevé qui finit sur la tonique, ou tout au moins sur la dominante (ton impérieux) ; l'interrogation est un morceau inachevé, qui attend une terminaison (la réponse).

[2] Il va sans dire que *er* est proclitique : les trois monosyllabes ne font qu'un mot. — Le moyen-allemand a, pour ces successions de tonique et d'atones, des règles d'accentuation secondaire extrêmement délicates, que révèle surtout l'étude approfondie de la métrique des Nibelungen et qui ne sauraient entrer dans le plan de ce livre : cf. Paul, *Mhd. Gr.*, p. 8.

tother « l'autre » = *thĕt other*, où l'article a disparu, ne subsistant que par sa finale *t* que montre aussi le démonstratif *that* [1]. Quant à l'article dit indéfini, on connaît la différence de *éin mánn* « un seul homme » et *ein mánn* « un homme », plus sensible encore dans le parler populaire, suisse *ĕ mā*. Elle s'accuse plus fortement en anglais, dans l'écriture même, puisque l'ags. *ān* (un) a abouti à ag. *one* dans le premier cas et à ag. *an a* (pr. *ĕn ĕ*) dans le second [2]. Tout autre déterminatif dont la valeur s'est effacée est sujet à semblable dégradation : il suffit d'opposer la prononciation rapide et brève du possessif, p. ex. dans *mylord mylady*, à sa prononciation emphatique et diphtonguée dans *O my Lord and Father !*

2. La préposition est proclitique sur le mot qu'elle régit. Les deux mots al. *zu* (trop) et *zu* (à) remontent également à *zuo* = *tō : la différence ne gît que dans l'accentuation. Déjà fort marquée en allemand, elle s'accuse davantage par l'orthographe anglaise, *too* et *to* [3]. Tout de même, la différence entre *in*, préposition anglo-allemande, et *ein*, préfixe allemand, tient à ce que l'une est atone, et l'autre éventuellement accentué. Toutes les prépositions ont eu ainsi autrefois une double forme et l'ont même gardée en partie dans le parler usuel ; mais ordinairement, dans la langue littéraire, l'une des deux formes a été généralisée et a éliminé l'autre : ag. *by* = al. *bei*, tous deux à forme forte, en opposition au même mot devenu préfixe inséparable, ag. al. *be-*; ag. *out* = al. *aus*, forme constamment forte [4] ; mais ag. *up* à forme constamment faible, par rapport à al. *auf*, forme constamment forte, et ainsi de suite.

3. Le pronom-sujet est presque toujours proclitique sur son verbe, à moins qu'on n'ait l'intention d'insister sur l'idée qu'il

---

[1] Cf. infra 130, 1. — Les auteurs écrivent à tort *t'other*, comme si le mot provenait d'une élision de *the other*.

[2] *An* en liaison devant voyelle, *a* devant consonne (cf. supra 19, 2° et la note), et aussi devant *ū* (*a useful book*), puisque *ū* se prononce *yu* et que *y* est une consonne.

[3] Même *zu* (trop) peut devenir proclitique, lorsqu'on n'attache qu'une médiocre importance à l'idée qu'il exprime : en ce cas, l'adaman prononce *tsĕ*, mais *tsuĕ* quand il appuie.

[4] Le vocalisme affaibli comporterait *ŭt *ŭs. Cf. ag. *b-ut* « en dehors de, mais » (*b-* = *be-*), * utt-er* comparatif et *ut-most* superlatif de *out*, etc.

exprime. Cela est bien sensible dans la prononciation populaire : alaman *tĕ vayš s vōl* « tu le sais bien », mais *yō tū vayš s* « oui, toi, tu le sais » (ironique).

4. Sous la même réserve, le pronom-régime est généralement enclitique — ou proclitique s'il est placé devant — sur le verbe qui le régit. C'est à cause de cette prononciation atone et relâchée qu'en anglais *him* et *her* régimes ne font plus entendre leur *h*, qui même ne s'écrit plus dans *it* = ags. *hit* [1]. De là encore, des syncopes nombreuses et souvent violentes : ag. *I told'em* = *I told them* [2], al. *i kenn's* = *ich kenne es*.

5. L'auxiliaire est volontiers proclitique — ou enclitique s'il le suit — sur le verbe qu'il accompagne. L'usage anglais est constant à cet égard : *I've* = *I have*, *I'm* = *I am*, *he'd* = *he would* [3], etc. Si ces syncopes paraissent plus rares en allemand, c'est que l'auxiliaire y est souvent séparé de son verbe ; mais le verbe « être », même non auxiliaire, ne porte tout au plus, dans l'immense majorité des cas, et dans l'une et l'autre langue, qu'un accent secondaire.

6. Les menues conjonctions, ag. *and, if, when*, al. *und, wenn, wann*, etc., sont généralement proclitiques. Ainsi s'explique, notamment, la réduction du v. al. *al-sō* « tout à fait ainsi » à l'al. *als* (dialectal *ás*), et celle de l'ags. *eal-swā* (idem) à l'ag. *as*, tandis que le type sans proclise vit encore dans l'ag. et l'al. *also*.

Ces notions sommaires suffiront à orienter le lecteur dans la théorie de l'accentuation anglo-allemande. Pour les détails il convient de s'en remettre à la grammaire particulière et surtout à l'usage de chacune des deux langues.

---

[1] La même cause a amené l'affaiblissement de la sourde en sonore dans *thee them*, où, par suite de l'enclise, le *th* se trouvait réellement à la médiale ; et, par contre-coup, dans *thou they* ; cf. encore *this, that, the*, tous proclitiques d'ailleurs. Même contraste de prononciation entre *of* et *off* = al. *ab* : l'un proclitique, jamais à la finale, soit *of him, of the*, pr. *ŏvim, ŏvdĕ* ; l'autre, toujours final et secondairement accentué, soit *he goes off*, pr. *hīgōwzof*. Cf. supra 49, I, 2, et 54, I, 2.

[2] Plus exactement, toutefois, *'em* n'est pas syncopé de *them*, mais de l'ancien pluriel régulier de *him*, infra 166, II.

[3] Comparer la double prononciation *it's done* et *'t is done*, selon que la proclise affecte l'auxiliaire ou le pronom.

DEUXIÈME PARTIE.

LES MOTS.

67) C'est une observation banale et rebattue, que, pour riche que soit une langue, le total des mots s'y réduit par l'analyse à un fort petit nombre. Il n'est personne qui ne conçoive de prime abord toute une série, soit *respecter, respectable, respectueux*, comme dépendant d'un seul et même mot, *respect*. Avec un peu de réflexion, et même sans savoir le latin, on y rattache sans effort *aspect, suspect*, et tant d'autres, y compris leurs dérivés. Puis, pour si peu que l'on se familiarise avec l'histoire de la langue, voici de toutes parts des mots aussi différents de sens et de forme que *espèce, épice, évêque*, etc., qui se pressent en foule pour rentrer dans la même catégorie. Bref, en désignant par le terme conventionnel de « **racine** » la **syllabe irréductible** qui apparaît ou se cache dans chacun de ces mots et lui vaut sa signification générale, c'est à plus de cent qu'on évaluerait le nombre des mots français plus ou moins médiatement issus de la racine latine *spec* (voir, regarder).

Il y a pourtant une différence fondamentale à remarquer entre tous ces descendants d'un ancêtre commun. Les uns en relèvent en vertu d'un procédé dont le sujet parlant a toujours vaguement conscience, qui subsiste encore, qui est susceptible de se reproduire aujourd'hui, demain, à tout moment, et d'enrichir constamment la langue de nouveaux mots, puisque en ce siècle, en cette décade, *gaz* a fait *gazier*, et *téléphone*, *téléphoner*, exactement comme jadis *épice* avait fait *épicier*, ou *respect*, *respecter*. D'autres, au contraire, sont des formations anciennes et désormais fixées, qui ne se reproduisent plus, dont l'histoire seule ou parfois la préhistoire parvient à saisir le mécanisme, comme ce mot *respect*, qui, par *re-spec-tu-s*, remonte au verbe latin *re-spic-ere* et se range dans la très nombreuse famille latine des substantifs formés par addition d'une syllabe *-tu-*, mais ne saurait par voie d'analogie servir de modèle à aucune nouvelle création française, par la seule et excellente raison que ceux qui actuellement parlent le français n'ont plus aucune souvenance de ce *respectus* ni de la façon dont il a été tiré de *respicere*. Isolant donc par la pensée et appelant « **suffixe** » l'**élément surajouté** dans chacun de ces mots, nous dirons que le suffixe *-er* de *respect-er*, *téléphon-er*, le suffixe *-ier* d'*épic-ier*, *gaz-ier*, etc., sont des **suffixes vivants**, encore perçus et utilisés comme tels par le sujet parlant, tandis que le *t* final de *respect*, débris du suffixe latin *-tu-*, est un **suffixe mort**, un fossile desséché qu'exhume seule l'analyse linguistique.

Et ce qui est vrai du suffixe l'est aussi du **préfixe**, c'est-à-dire de l'élément qui parfois s'ajoute en tête de la racine. Si *re-* n'est plus perçu comme préfixe dans *re-spect*, il l'est encore dans *re-faire*, *re-tourner* et mille autres : il n'en faut pas davantage pour que le premier venu puisse à volonté forger un mot nouveau tel que *re-photographier*, sur le sens duquel personne ne se trompera. Mais, bien que le préfixe collectif latin *co-* ait laissé dans notre langue des traces nombreuses, et qu'il vive encore dans la dérivation savante de termes techniques, *co-héritier*, *co-partager*, à quel membre d'un groupe viendrait-il jamais à l'esprit de dire : « Nous nous sommes fait *co-photographier » ? et qui le comprendrait ?

Toutes les langues du monde, l'anglais et l'allemand peut-être plus que toute autre, appellent par leur structure de semblables observations.

D'abord, nous y saisissons, très visible et encore doué d'une grande vitalité, le procédé de la **composition**, que nous-mêmes avons presque perdu ; et naturellement les deux termes d'un mot composé, à moins qu'il ne soit fort ancien et n'ait subi avec le temps une forte réduction phonétique[1], y sont presque toujours nettement reconnaissables : c'en est assez pour que de nouvelles compositions, auxquelles les anciennes servent de modèle, soient toujours indéfiniment possibles.

Ensuite, **certaines dérivations** relativement récentes **sont**, en fait, **de véritables compositions**, à cela près seulement que le dernier terme a cessé d'être en usage comme mot isolé : on dira, par exemple, *child-hood* et *kind-heit*, tandis que **hood* et **heit* ne signifient plus rien par eux-mêmes ; mais, morts en tant que mots, ils vivent en tant que suffixes, et d'une vie si intense que le sujet parlant a pleine conscience de la fonction spécifique qu'il leur assigne et sent très bien qu'aucune autre dérivation quelconque du mot *child* ou *kind* n'y pourrait équivaloir avec la même nuance de signification [2].

Il n'en va plus tout à fait de même, par exemple, de *child-ish* et *kind-isch*. Encore que le suffixe *-ish* ou *-isch* soit bien vivant et toujours susceptible de se greffer sur des mots nouveaux, la signification en est déjà plus vague et plus effacée : en d'autres termes, la réflexion fait voir que des mots comme **child-ly* (cf. *man-ly*), si l'usage l'avait consacré, ou *kind-lich* (cf. *männ-lich*), si une autre nuance ne s'y fût attachée, pourraient convenir à la même fonction. Voilà donc un **suffixe proprement dit** : il fut peut-être, lui aussi, il y a des siècles, un mot isolé, comme plus récemment **hood* et **heit*, comme ce **ly* et **lich* qu'il peut remplacer [3] ; il n'en porte plus la moindre trace,

---

[1] V. les exemples, supra 65, 5, et infra 114 sq.

[2] Aussi rien ne s'oppose-t-il à la création de mots nouveaux comme *fenian-ship* ou *brahmanen-tum*. Si ces types se font rares, c'est que l'illettré a rarement occasion d'en former, et que les lettrés ont pris l'habitude des suffixes empruntés au grec ou au latin (*fenian-ism*, *brahman-ismus*, etc.).

[3] Le bon sens, en effet, tend à faire supposer qu'à un moment donné, si éloigné qu'on l'admette, tout suffixe a signifié quelque chose, et quelque chose de distinct : ce qui revient en somme à dire qu'à l'origine tout suffixe fut un mot et toute dérivation une composition. Mais il va de soi que nous ne voulons ni ne pourrions remonter à un aussi ténébreux passé.

et la signification qui s'y attache, bien que toujours accessible à l'esprit d'imitation, est si complaisante que vingt périphrases différentes paraissent de nature à la traduire.

Poursuivons. C'est le même suffixe *-isch* ou *-ish* qui se dérobe à demi dans l'al. *men-sch* par rapport à *mann*, ou l'ag. *Wel-sh* par rapport à *Wales*. Il y est, si l'on veut, encore perçu, quoique avec moins de netteté. Mais là, du moins, il est bien mort, la reproduction en est impossible : jamais un Allemand ne forgera un mot **gött-sch* « être de nature divine », ni un Anglais un mot **Burm-sh* « indigène de Birmanie ». Et, si cela est vrai d'un élément resté visible dans sa réduction phonétique, que dire dès lors d'une infinité de suffixes préhistoriques, réduits parfois à une simple consonne, ou à rien, reconnaissables seulement à quelque accident phonétique, une métaphonie que leur présence ancienne a pu causer, ou même évanouis sans la moindre trace qui les décèle ?

(68) La distinction des suffixes en vivants et morts n'est pas importante au seul point de vue de leur emploi actuel dans une langue donnée ; elle l'est aussi à raison des altérations accidentelles auxquelles ils sont sujets dans le langage courant. Un mot est un organisme : vivant, il se défend ; mort, ce n'est plus qu'une matière inerte, prête à toutes les transformations. Supposons qu'après la conquête normande le mot *tree* eût été remplacé par le mot *arbre*, mais qu'on eût continué à dire *apple-tree, pear-tree, nut-tree*, etc. ; *tree* isolé n'existant plus, on ne pouvait plus le percevoir dans ces mots que comme un élément quelconque ajouté au nom du fruit, et dans la prononciation rapide, les deux *t* se confondant, *nut-tree* serait facilement devenu **nutree* ; constatant ensuite que *nut* et **nutree* différaient par la simple addition d'une syllabe *-ree*, on aurait pu de même créer sur *apple, pear*, etc., les noms d'arbres **appleree, *pearree* ou même **pearee* tout court, etc. ; l'atonie de la finale faisant alors son œuvre sur un élément que rien ne protégeait plus contre elle, la langue actuelle eût abouti à quelque chose comme **nutry, *applery, *peary*, où il faudrait s'ingénier pour découvrir le primitif *tree*.[1] Les

---

[1] C'est exactement ce qui est arrivé au v. nor. *þridjung-r* (tiers,

gauchissements de ce genre, plus ou moins étendus ou restreints dans leurs effets, se comptent par centaines dans l'histoire de chaque langue, et il est impossible au lexique le plus complet de les relever tous.

De ce que la dérivation est sujette à pareils accidents, il s'ensuit qu'on ne saurait l'étudier avec fruit et méthode qu'en la prenant aux origines ; car là seulement elle sera aussi exempte que possible d'influences perturbatrices. Mais il y a pour cela une raison encore : les suffixes les plus récents, soit les plus dégradés par réductions phonétiques, soit les plus surchargés d'accumulations successives, ne diffèrent des plus anciens que par la forme et non par la substance ; les procédés de la langue ne varient point en se compliquant, et telle elle évoluait dans les débuts qu'il nous est donné de saisir, telle elle se développe encore sous nos yeux. Pas plus qu'un mot, un suffixe ne sort du néant : il n'y a pas un humble élément dérivatif de l'anglais ou de l'allemand qui n'ait derrière lui tout le passé indo-européen, et la structure d'un verbe aussi moderne que *veröffentlichen* relève du même principe que celle d'un verbe radical comme *heb-en* = got. *haf-jan* = lat. *cap-iō*. C'est un seul, lent et continu travail de **foisonnement analogique** qui sans trêve enrichit la langue, depuis le monosyllabisme primitif jusqu'au polysyllabisme actuel, et force est bien de partir de la racine même, fondement de l'édifice, pour retrouver un à un les matériaux qui se sont assemblés et confondus dans ses étages successifs.

9) Nous aurons donc à étudier sommairement la **dérivation primitive**, qui a fourni au germanique-occidental, comme au gotique et aux autres langues indo-européennes, son premier contingent de mots. En possession de ces mots, l'anglais et l'allemand en ont tiré, en tirent encore aujourd'hui des mots nouveaux, en leur appliquant les procédés qui ont

division en trois), prononcé *riding* dans *North-thriding* (partie du comté d'York), d'où ensuite *East-* et *West-Riding*, en sorte qu'une division territoriale de l'Angleterre a l'air de s'appeler une « chevauchée ». Par un accroissement inverse et plus fréquent, mais identique en son principe, le suff. got. *-assu-* est devenu ag. *-ness* et al. *-nis*, l'al. *-heit* a donné naissance à *-keit*, etc.

servi à former les anciens : c'est la **dérivation anglo-allemande**. A ces ressources de dérivation, que la réduction phonétique d'un grand nombre de suffixes avait rendues insuffisantes, ils en ont ajouté d'autres, soit par **accumulation de** plusieurs **suffixes**, soit par emprunt à des dérivations étrangères [1], soit encore par la large diffusion d'un **faux suffixe**, qui, jadis mot isolé, puis second terme d'une composition, s'était vidé de son sens et n'avait plus que la valeur d'un zéro à la droite d'un chiffre. Et ce dernier procédé, qui en réalité relève de la composition, établit la transition naturelle entre la dérivation par suffixes et la **composition** proprement dite, qui s'est transmise, elle aussi, sans changement notable, depuis l'indo-européen jusqu'à l'anglais et l'allemand contemporains.

[1] Il va de soi que les pages qui vont suivre ne se réfèrent qu'aux suffixes d'origine germanique, et que ceux du français, du latin ou du grec, introduits par voie d'emprunt, ne comportent tout au plus que çà et là une brève mention. Citons dès à présent : 1° l'ag. *-ess* (fr. *-esse* = lat. *-issa*), servant à former les féminins (*mistr-ess*) même de mots d'étymologie germanique (*quak-er-ess*) ; 2° l'ag. *-able*, même sens que fr. *-able*, emprunté au lat. *-abilis*, et généralisé de même (*eat-able*, *read-able*), ainsi que son dérivé *-ability* ; 3° l'ag. *-y*, al. *-ei*, qui n'est autre que la finale *-ie* du vieux français largement propagée, ag. *butcher-y*, *grocer-y*, puis par extension *yeoman-ry*, al. *arzen-ei*, *reiter-ei*, puis par extension *sklave-rei*, etc. ; 4° le suff. gr. -ιστής, lat. *-ista*, fr. *-iste*, ag. al. *-ist*, d'emploi courant malgré sa provenance savante, ag. *novel-ist* (romancier), al. *artiller-ist*, *hobo-ist*, *horn-ist*, etc. Qu'on y joigne en ag. les suffixes romans ou latins, mais plus ou moins naturalisés, de mots tels que *fulfil-ment*, *slumber-ous* (fr. *-eux*), *hindr-ance*, *starv-ation*, *Siam-ese* (fr. *-ois*), etc. Au point de vue dérivatif, l'ag. est presque aussi roman que germanique.

CHAPITRE Ier.

DÉRIVATION PRIMITIVE.

70) **L'union d'une racine et d'un suffixe** [1], soit l'élément le plus simple du langage après la racine pure, se nomme **thème**; et, en spécifiant, **thème primaire**. Sur le suffixe primaire ainsi ajouté, peut s'en greffer un **secondaire**; sur celui-ci, un troisième, et ainsi de suite indéfiniment dans le cours de la vie du langage [2]. Comme d'ailleurs le procédé de dérivation est continu et invariable, il suffit, pour l'embrasser tout entier, de distinguer les suffixes en primaires et secondaires, en observant que ces derniers ne sont pour la plupart que des suffixes ou des accumulations de suffixes primaires transportés par l'analogie en fonction secondaire.

---

[1] L'indo-européen ignore encore la dérivation par préfixes : l'élément qui est devenu en al. *ge-* ou *ver-* était primitivement un mot isolé, aussi significatif et indépendant en lui-même que peut l'être aujourd'hui *auf* ou *durch* ; en d'autres termes, la préfixation germanique est issue d'une composition.

[2] Suivre la filière latine-française : — rac. *spec* ; — th. prim. lat. (*re-*)*spec-tu-s* (l's est la désinence du nominatif), fr. *respec-t* ; — th. second. lat. *respec-t-ā-*, thème sur lequel se conjugue le vb. *respectā-re* (*re* est la désinence de l'infinitif), fr. *respec-t-er* ; — th. tertiaire, fr. *respec-t-a-ble* ; — quatern. fr. *respec-t-a-bili-té* ; et il n'est pas dit que la dérivation s'en tienne là.

Section Iʳᵉ.

SUFFIXES PRIMAIRES.

(71) Le **thème** primaire tiré d'une racine peut être **nominal** ou **verbal**, c'est-à-dire apte à jouer dans la proposition le rôle de nom ou celui de verbe, suivant qu'il sera susceptible de recevoir, en surcroît au suffixe qui le caractérise, les désinences de la déclinaison ou celles de la conjugaison. Notre plan se conformera à cette distinction fondamentale qui domine toute la grammaire [1].

§ 1ᵉʳ. — *Thèmes nominaux.*

(72) I. Thèmes-racines. — Parfois, mais rarement, la racine indo-européenne nue et sans suffixe est susceptible de se décliner et fait dès lors l'office d'un substantif. Soit une racine *pĕd*, fléchie *pŏd* : elle s'est déclinée avec le sens de « pied », et l'allongement vocalique, très fréquent au nominatif singulier, en a fait i.-e. **pēd-s* ou **pōd-s*, sk. *pād*, gr. πώς et πούς = **πωδ-ς, lat. *pēs* = **ped-s*, etc., formes que reproduit exactement le germanique, v. nor. *fōt-r*, ags. *fōt* et ag. *foot*, v. al. *fuoz* et al. *fusz*. Mais, comme les thèmes des classes qui vont suivre ne se distinguaient plus en germanique, une fois leur voyelle formative tombée, des thèmes formés sans aucun suffixe, l'analogie a confondu tous ces mots en apparence similaires et fait rentrer la plupart des thèmes-racines dans la catégorie des thèmes à suffixe vocalique [2].

---

[1] *Il n'y a pas d'autre partie du discours que le nom et le verbe* : l'adjectif et le pronom rentrent dans le nom ; quant aux mots invariables, ce sont d'anciens cas de noms, d'adjectifs ou de pronoms, qui se sont figés et immobilisés sous une forme unique.

[2] C'est ainsi qu'en al. *fusz* (pl. *füsz-e*) se décline comme s'il venait d'un prg. **fōt-i-*, et qu'en got. même le régulier **fōt-s* est devenu *fōt-u-s* nominatif, par analogie de l'acc. *fōt-u(m)* (cf. lat. *ped-em*) = i.-e. ** pŏd-m̥*.

II. Thèmes à simple voyelle brève : -ŏ- (-ĕ-)[1], -ĭ-, -ŭ-. — Les thèmes à simple suffixe -o- ou -i- ne sont naturellement plus reconnaissables en germanique[2], même en gotique, au nomin. sg. ; mais ils le sont en gotique aux autres cas, et parfois, en anglais ou en allemand, à certains accidents de flexion, par exemple, à la métaphonie qu'a pu causer l'-i- disparu. Dans ces sortes de formations, la racine revêt généralement l'état fléchi ou réduit.

1. Thèmes en -o-, jamais que masculins ou neutres : rac. i.-e. dhegh (sk. dah « brûler, briller »), d'où th. msc. *dhogh-ó-s (jour), prg. *đaʒ-á-s, got. dag-s, v. nor. dag-r, ags. dæg et ag. day, v. al. tac et al. tag ; rac. i.-e. yĕwg (sk. yuj « joindre, atteler »), d'où th. nt. *yug-ó-m (joug), sk. yugám, gr. ζυγόν, lat. jugum, prg. *juk-á-m, got. juk, ag. yoke, al. joch.

2. Thèmes en -i-, des trois genres : rac. i.-e. bhid (fendre, cf. lat. find-ere), d'où msc. *bhid-i-s (acte de fendre, morsure), prég. *bit-i-z, v. saxon bit-i et ag. bit (bouchée), al. bisz ; de même, got. slah-s (coup), ags. slęge, al. schlag msc.[3] ; sk. fm. *jā́n-i-s (femme), got. qēn-s, ag. queen (reine) ; lat. nt. mare (mer) = *mar-ĭ, got. mari- en composition, ag. mere (pièce d'eau) et al. méer où l'i a produit métaphonie.

3. Thèmes en -u- (l'u reste visible en gotique, mais disparaît partout ailleurs, aussi cette classe est-elle fort effacée) : gr. κρατ-ύ-ς (fort), got. hard-u-s (dur), ag. hard, al. hart ; got.

---

[1] On ne perdra jamais de vue que toute syllabe qui contient un ŏ i.-e. peut le changer en ĕ, et réciproquement, supra 44 : gr. nomin. ἱππ-ο-ς, voc. ἱππ-ε. Mais en fait le degré ŏ (devenu prg. ă), généralisé par l'analogie, s'est seul maintenu dans les suffixes terminés par une voyelle ; dans ceux où l'ŏ (ĕ) est suivi d'une consonne, l'alternance reparaît, cf. infra 74 et 80.

[2] Cf. supra 34, la chute de brève en syllabe finale.

[3] Au singulier, rien ne différencie, par exemple, tag et schlag ; mais au pluriel on constate tag-e = got. dagōs = i.-e. *dhoghōs et schläg-e métaphonique, qui serait en got. *slageis : ainsi la voyelle suffixale réapparaît. — Observer qu'il n'est pas indispensable qu'une dérivation donnée présente toujours le même suffixe dans toutes les langues de la famille : le mot qui est en lat. pisc-i-s (poisson) est en germanique *fisk-a-z (got. fisk-s, pl. fisk-ōs), ce qui ramènerait à deux formes indo-européennes distinctes *pisk-i-s et *pisk-o-s.

hand-u-s (main), ag. al. *hand*, où le pl. al. est *händ-e*, comme si le thème de déclinaison était **hand-i-*.

(73) III. **Thèmes à voyelle longue -ā, essentiellement féminins.** — Cette classe, qui répond à ce qu'on nomme la 1ʳᵉ déclinaison grecque et latine, est d'une importance considérable en indo-européen, presque nulle dans les langues germaniques modernes; car l'*ā* final (germ. *-ō*) devenu *ă* en gotique, s'est assourdi plus tard jusqu'à devenir *ĕ* muet ou disparaître (got. *aírþa*, v. nor. *jǫrð*, ags. *eorðe* et ag. *earth*, v. al. *ërda*, m. al. *ërde* et al. *erde erd*), après quoi la déclinaison qu'il caractérisait s'est disloquée au gré de l'analogie⁽¹⁾. Mais on n'en doit pas moins appeler l'attention sur le **parallélisme** ancien et constant **de l'ā fm. et de l'ŏ msc. -nt.** dont il vient d'être question. Il en résulte que tout suffixe quelconque, soit *-ŏ-*, *-mŏ-*, *-nŏ-*, *-tŏ-*, etc., qui finit en *ŏ* et forme un thème masculin ou neutre, est également susceptible de se terminer en *ā*, soit donc *-ā*, *-mā*, *-nā*, *-tā*, etc., et de caractériser sous cette forme un féminin corrélatif; notamment, les noms des trois genres, c'est-à-dire les adjectifs, présentent respectivement les trois terminaisons bien connues : sk. *priy-á-s* (cher, msc.), fm. *priy-ā́*, nt. *priy-á-m* ; gr. δίκαι-ο-ς δικαί-ā δίκαι-ο-ν, καλ-ό-ς καλ-ή καλ-ό-ν ; lat. *bon-u-s bon-a bon-u-m*, etc. Le gotique les montre encore avec une parfaite netteté : *lagg-s lagg-a lagg* ; *liuf-s liub-a liuf*. Et, sans doute, l'alternance allemande *lang lang-e*, *lieb lieb-e*, ne les reproduit plus, ainsi qu'on le verra⁽²⁾ ; mais tout au moins elle les rappelle, et même elle en procède indirectement, puisque la finale de *lang-e* est empruntée à un démonstratif primitif qui avait formé son féminin par ce procédé.

IV. **Thèmes à suffixes *-yo-* (*-yā*) et *-wo-* (*-wā*).** — La phonétique germanique a complètement défiguré ces catégories jadis considérables⁽³⁾: i.-e. **médh-yo-s médh-yā*, sk. *mádh-ya-s*, gr.

---

(1) Infra 142, 4, et 150, 1 a.
(2) V. infra 155 et 157.
(3) Mais la première au moins reste nettement reconnaissable en gotique et dans l'état ancien de l'anglais et de l'allemand : si l'on ne s'y étend pas davantage ici, c'est que la chute moderne des finales ne permet plus de la distinguer de l'une ou de l'autre des précédentes. Sur l'apophonie de cette finale, cf. Streilberg, *Urgerm. Gramm.*, p. 176.

μέσος = μέσσος = *μέθ-yo-ς, lat. *med-iu-s med-ia*, got. *mid-ji-s*, dont la métaphonie du moins survit dans ag. *mid*, al. *mit* (au moyen de, avec) et fm. *mitte* (milieu) ; rac. i.-e. *rō ră* (se reposer), gr. ἐρωή (repos) = *ρω-ϝᾱ, prg. *rō-wō, d'où v. al. *ruowa* et al. *ruhe* [1].

(74) V. Thèmes à suffixes -ĕn- (réduit -n-, fléchi -ŏn-) et -yĕn- (réd. -in-, fléchi -yŏn-). — Ici nous quittons le domaine des suffixes que les lois du germanisme pouvaient et devaient effacer tout entiers. Tous ceux qui vont suivre contiennent au moins un élément soustrait à leur influence, et en particulier l'*n* non final de celui-ci, non seulement a subsisté, mais a reçu en grammaire une extension considérable, qui se traduit par les empiètements de la **déclinaison** dite **faible** [2]. Pour nous en rendre raison, observons d'abord que la voyelle de notre suffixe s'allonge au nominatif et alterne en déclinaison entre les trois états : gr. κύ-ων (chien), mais gén. κυ-ν-ός ; lat. *hom-ō*, (homme), mais gén. *hom-in-is*. Observons en outre que l'*n* du suffixe, lorsqu'il est final, c'est-à-dire au nomin. sg. seulement, peut subsister ou disparaître [3], et que, s'il a disparu en indo-européen, il en est résulté une finale ultra-longue. Notons enfin que l'analogie peut fort bien transporter aux cas obliques la longue du nominatif : lat. *sermō*, gén. *sermōn-is*, et tant d'autres. Toutes ces alternances, diversement distribuées, se reproduisent en germanique : à un type lat. *hom-ō*, le got. répond très régulièrement par *gum-a* (homme); au gén. *hom-in-is*, par son gén. *gum-in-s*, où la voyelle a changé et où l'*n* reparaît; au type *sermō* enfin, par son type *tugg-ō*, où la longueur persiste à tous les cas ; et ainsi font les autres langues germaniques.

1. Thèmes en -ŏn-. — A. Nominatif sg. en -ō devenu got. -ă, masculins : sk. *ukš-án-* (taureau, nom. *ukš-â*, gén. *ukš-n-ás*), got. nom. *aúhs-a* (bœuf, gén. *aúhs-in-s*), ags. *ox-a* et ag. *ox* (pl. *ox-en*), v. al. *ohs-o* et al. *ochs-e ochs* (gén. *ochs-en*) ; de

[1] C'est la même racine qui, à un degré et avec un suffixe différents, a donné got. *ra-sta* (étape) fm., ag. *rest*, al. *rast*.
[2] V. infra 140-142, 149, 150, 156, etc.
[3] Le grec le conserve toujours, le latin jamais.

même, got. *han-a* (coq, gén. *han-in-s*) et al. *hahn*, dont le corrélatif latin serait **can-ō* (chanteur, gén. **can-ōn-is*) ; got. *gard-a* (enclos, gén. *gard-in-s*, cf. ag. *yard* et al. *gart-en*), qui serait en lat. **hort-ō *hort-in-is*, cf. *hort-u-s*, etc.

B. Nomin. sg. en got. -*ō*. — a) Avec extension analogique de cette longue aux cas obliques, noms féminins [1] : got. *tugg-ō* (langue, gén. *tugg-ōn-s* [2]), ags. *tung-e* et ag. *tongue*, v. al. *zung-a* et al. *zung-e* (pl. *zung-en*) ; got. *azg-ō* (cendre, gén. *azg-ōn-s*), ags. *æsc-e* et ag. *ash*, v. al. *asc-a* et al. *asch-e*, etc. — b) Sans cette extension, noms neutres (rares, mais importants) : got. *áug-ō* (œil, gén. *áug-in-s*), ags. *ēag-e* (gén. *ēag-an*) et ag. *eye*, v. al. *oug-a* et al. *aug-e* (pl. *aug-en*) ; de même, got. *haírt-ō* (cœur), ag. *heart* et al. *herz* ; got. *áus-ō*, ag. *ear* et al. *ohr*.

2. Thèmes en -*yŏn-*. — A. Nom. sg. en -*yō* devenu got. -*jă*, msc. : got. *arb-ja* (héritier, gén. *arb-jin-s*), ags. *yrf-e* remplacé en ag. par *heir* = v. fr. *hoir*, al. *erb-e* (pl. *erb-en*) ; got. *fráu-ja* (seigneur), cf. v. al. *frō*, base de l'adjectif dérivé *frohn* conservé dans *frohn-dienst* (service seigneurial, corvée), etc.

B. Nom. sg. en -*jō*, fm. : got. *arb-jō* (héritière, gén. *arb-jōn-s*) ; de même, al. *frau* (dame, pl. *frau-en*) = v. al. *frouw-a*, qui suppose un got. **fráu-jō* fm. de *fráu-ja*, etc.

C. Nom. sg. en -*īn* devenu -*ī*, par transport au nominatif de la forme suffixale des cas obliques : soit, par exemple, un fm. abstrait prg. **hauh-jō* (hauteur) faisant régulièrement au génitif **hauh-īn-az* ; l'analogie a amené un nomin. **hauh-īn*, d'où **hauh-ī*, got. *háuh-ei* (gén. *háuh-ein-s*), v. al. *hōh-ī* et al. *höh-e* [3] (pl. *höh-en*) ; de même, got. *manag-ei* (multitude), ags. *menig-o*, v. al. *menig-ī* et al. *menge*, cf. al. *manch* = v.

---

[1] On voit que le germanique a subsidiairement utilisé sa double désinence pour faire le départ de ses masculins et de ses féminins.

[2] Le sk. *jihv-ā* et le lat. *lingu-a* = **dingu-ā* n'accusent que le suff. fm. -*ā* ; mais, par cela même que le suff. prg. -*ō* avait également ici la fonction féminine, celui-ci, mieux reconnaissable et partant plus clair, a de très bonne heure tendu à se substituer à l'autre et à l'éliminer : c'est le début de l'expansion de la déclinaison faible.

[3] Remarquer la métaphonie constante et régulière.

al. *manag* = ag. *many*. Toute la formation allemande du type *tief-e, läng-e, kürz-e*, en regard de *tief, lang, kurz*, repose originairement sur ce suffixe [1], auquel on comparera les types latins *leg-iō, ob-sid-iō* (siège, gén. en *-iōn-is*).

VI. Thèmes à suff. *-mo-* (*-mā*), très commun : i.-e. rac. *gher* (chaleur), d'où adj. **ghor-mó-s* (chaud), sk. *ghar-má-s* (gr. θερ-μό-ς), lat. *for-mu-s*, prg. **ʒwar-má-s*, got. **war-m-s*, ag. al. *war-m* ; i.-e. rac. *dhē* (placer, faire), d'où subst. **dhō-mó-s*, gr. θω-μό-ς (monceau), prg. **dō-má-s* (affaire, jugement, juridiction), got. *dō-m-s*, ags. *dōm* et ag. *doom -dom*, v. al. *tuom* et al. *-tum* devenu suffixe [2] ; i.-e. **bhudh-mó-s* (fond, cf. gr. πυθ-μήν), ags. *botm* et ag. *bottom*, v. al. *bodam* et al. *boden* ; de même, ag. *strea-m* et al. *stro-m* = **srow-mó-s* (rac. *sru* « couler ») ; ag. *roo-m* et al. *rau-m* = **rū-mó-s* ; lat. *cul-mu-s* (chaume), ags. *heal-m*, v. al., al. et ag. *hal-m*, etc.

VII. Thèmes à suff. *-měn-* (*-mn-, -mŏn-*), reproduisant les alternances du suff. *-ĕn-*: comparer πυθ-μήν πυθ-μέν-ος, δαί-μων δαί-μον-ος, et neutres gr. ὄνο-μα (= **ŏvo-μṇ*), sk. *ná-ma* (= **nó-mṇ*, gén. *ná-mn-as*), lat. *nō-men nō-min-is*, etc. — Msc. got. *blō-ma* = prg. **blō-mō* (fleur) = i.-e. nom. sg. **bhlō-mō* d'un th. **bhlō-men-* dérivé de rac. *bhlō* (fleurir) : ags. *blō-ma* et ag. *bloom*, v. al. *bluo-mo* msc. et al. *blume* devenu fm. [3] Comparer aussi : v. al. msc. *sā-mo* et al. *sa-me*, au lat. nt. *sē-men* (semence), de rac. *sē* (semer, al. *sä-en*) ; got. nt. *na-mō*, v. al. msc. *na-mo* et ag. al. *na-me* (gén. *na-men-s*), au lat. nt. *nō-men*, etc. Le double suffixe *-mṇ-to-* du lat. *co-gnō-mentu-m*, etc., se trouve représenté dans l'al. *leu-mund* (renommée) = **hliu-mund-* = i.-e. **klew-mṇto-* de rac. *klu* (entendre), cf. gr. κλυ-τό-ς, lat. *in-clu-tu-s* (célèbre).

VIII. Thèmes à suff. *-ro-* (*-rā*) et *-lo-* (*-lā*), *-ri-* et *li-, -ru-* et *-lu-*. — De ces six classes, appauvries et plus ou moins confondues, trois sont encore reconnaissables en germanique.

---

[1] L'anglais y a substitué d'autres dérivations, infra 90 (V, 2). Mais le rapport de *pride* à *proud* le dénonce encore, et celui de *heat* à *hot* est à peu près similaire.

[2] Cf. infra 109, II.

[3] L'*n* reparaissant au gén. got. *blō-min-s* et au pl. al. *blum-en*.

1. Thèmes en -ro- : il suffira de rappeler les mots déjà cités, ag. *acre* et al. *acker* (gr. ἀγ-ρό-ς), ag. *year* et al. *jahr* (gr. ὤ-ρᾱ ὤ-ρο-ς), ag. *timber* et al. *zimmer* = prg. *tem-rá- (gr. δέμ-ω « bâtir »), et d'y ajouter des adjectifs [1] tels que ag. *sour* et al. *sauer* = v. nor. *sū-r-r* = i.-e. *sū-ró-s, got. *fag-r-s* (convenable), ags. *fæg-r* et ag. *fair* (joli), cf. al. *feg-en* (balayer) qui a signifié jadis « épurer, approprier », etc., etc.

2. Thèmes en -lo- : i.-e. rac. *pū* (pourrir, cf. gr. πύ-θω, lat. *pū-s*, etc.), d'où adj. *pū-ló-s, prg. *fū-lá-s, got. *fū-l-s*, v. nor. *fū-l-l*, ags. *fū-l* et ag. *foul*, v. al. *fūl* et al. *faul* ; i.-e. rac. *syu* (coudre, gr. κασ-σύω, lat. *suō*, etc.), d'où un nom d'instrument i.-e. *syu-lá (alène), v. al. *siu-la* et al. *säule*. Il n'est pas rare que ce suffixe soit précédé d'un *s* d'origine indécise : lat. *āla* (aile, aisselle) = *ăxla = *ak-slá (cf. le mot *axilla* « aisselle »), v. al. *ah-sala* et al. *ach-sel*, ags. *eaxl* perdu en ag. Un *i* accessoire, développé par la résonnance de l'*l*, a donné naissance au suffixe germanique -*ila* qu'on retrouvera dans les diminutifs.

3. Thèmes en -*ru* : ags. *flō-r* et ag. *floor*, m. al. *vluo-r* et al. *flur*, d'un msc.-fm. *flō-ru-s, qui équivaudrait à i.-e. *plā-ru-s, de rac. *plā* (plane, cf. lat. *plā-nu-s*) ; i.-e. *dák-ru nt. (larme), gr. δάκ-ρυ, lat. *lac-ru-ma*, got. *tag-r*, v. nor. *tār* = *tah-r, ags. *tēar* et ag. *tear*, v. al. *zahar* et al. *zähre*.

(77) IX. Thèmes à suff. -*no*- (-*nā*), -*ni*- et -*nu*. — 1. Le suff. i.-e. -*no*-, extrêmement répandu, est aussi assez commun en germanique : rac. i.-e. *pel* (remplir), d'où sk. *pūr-ná-s* = lat. *plē-nu-s*, prg. *ful-ná-s, got. *fulls* = * *ful-n-s*, ag. *full*, al. *voll* ; rac. i.-e. *děyk* (montrer, cf. gr. δείκ-νῡ-μι et lat. *dic-ere*), d'où une dérivation *doyk-no-s (signe), prg. *taik-na-z, got. *táik-n-s*, ags. *tāc-n* et ag. *tok-en*, v. al. *zeihh-an* et al. *zeich-en* (cf. le vb. *zeig-en*). Mais, sous une forme particulière, il a fait dans ce domaine une énorme et singulière fortune.

Dès la période primitive il existait un suffixe -*eno*- ou -*onó*-, qui, en tant que susceptible des trois genres (-*onó-s* -*oná* -*onó-m*), formait des **participes** moyens ou **passifs** directement tirés de la racine. Soit une rac. *wĕrt* (tourner, sk. *vart*,

[1] Se rappeler le nombre considérable des adjectifs grecs en -ρό-ς.

lat. *vert-ere*) : elle faisait, au participe du parfait moyen **we-wr̥t-onó-s*, sk. *va-vr̥t-āná-s*, « tournant, se tournant, tourné »; et le corrélatif absolument rigoureux de **we-wr̥t-onó-s*, si l'on néglige le redoublement, c'est le got. *waúrþ-an-s* (devenu), al. (*ge-*)*word-en*. On voit dès lors d'où provient toute la dérivation anglo-allemande des participes passés en *-en* de verbes dits forts [1]. D'autre part, en tant qu'invariable sous la forme neutre *-ono-m*, le même suffixe formait des noms neutres d'action : soit rac. i.-e. *bher* (porter, φέρ-ω, *fer-ō*), i.-e. *bhér-ono-m (action de porter), sk. *bhár-ana-m*, prg. *bér-ana-m devenu got. *bair-an*, et ce *bair-an*, désormais indéclinable, sert d'**infinitif** au vb. *bair-a* (je porte) = lat. *fer-ō*. Ainsi de tous les infinitifs du gotique : *steig-a* (je monte), *steig-an* (monter), al. (*ich*) *steig-e*, *steig-en*, etc., etc.: bref, cette finale *-an*, ags. *-an*, v. al. *-an*, al. *-en*, disparue en moyen-anglais [2], est le reste du suffixe formatif d'un ancien substantif neutre signifiant « l'acte de faire » ce qu'indique le verbe. Ainsi, le suff. i.-e. *-ono-* nous donne la clef de deux catégories grammaticales d'une extrême importance, et nous apprenons en même temps que, en germanique comme au surplus dans les autres langues de la famille indo-européenne [3], **l'infinitif et le participe** ne sont pas des modes du verbe, mais de véritables **formations nominales**, respectivement un nom d'action et un nom d'état.

2. Thèmes en *-ni-* : quelques adjectifs. Soit une rac. *skăw* (regarder, épier), lat. *cav-ēre*, al. *schau-en* : il en est sorti un mot *skau-ni-s (digne d'être regardé, beau), v. al. *scō-ni*, qui se retrouve sans métaphonie dans al. *schon* [4] et avec méta-

---

[1] Observer que le suffixe porte l'accent et conséquemment réduit la racine, et se reporter dès lors aux exemples d'apophonie vocalique que nous a déjà fournis cette formation, supra 45. Par la même raison, on ne s'étonnera pas des alternances consonnantiques que l'on constatera en grand nombre, dans l'état ancien de l'anglais et de l'allemand, entre l'infinitif et le participe, et dont quelques-unes subsistent encore de nos jours: ag. *seethe sodden*, al. *schneiden geschnitten* (loi de Verner, supra 55).

[2] Cf. supra 19, 2°.

[3] Henry, *Gr. comp. du Gr. et du Lat.*, n°s 115 (5), 117 et 125.

[4] Soit comme sens « bellement », d'où « déjà ». L'adv. v. al. est *scōn-o*,

phonie dans ags. *scēne* et ag. *sheen* (brillant), m. al. *schoene* et al. *schön*. Comparer de même : rac. *kri* (épurer), lat. *cri-bru-m* (crible), d'où *$kroy$-ni-s* (pur), got. *hrái-n-s*, al. *rein* [1].

3. Thèmes en -*nu*- : rac. *sū̆ su* (enfanter), sk. *sū-nú-s* (fils, cf. gr. υἱός = *συ-ιό-ς), got. *su-nu-s*, ag. *son*, al. *sohn* ; sk. *tŕ̥-na-m* nt. (brin d'herbe), got. *þaúr-nu-s* (épine), ag. *thorn*, al. *dorn* msc. ; lat. *cor-nu* nt., got. *haúr-n*, ag. al. *horn*. On voit par ces deux exemples que -*nu*- alterne avec -*no*-.

(78) X. **Thèmes à suff. -*to*- (-*tā*), -*ti*- et -*tu*-.** — Tous les suffixes primitifs à *t* initial se présenteront naturellement en germanique sous trois formes dont le départ est connu [2] : *t* (après *s*, etc.) ; *þ* (loi de Grimm), et *đ* (loi de Verner). Abandonnant cette distinction à la sagacité du lecteur, on se bornera à faire observer que le suff. -*tó*- des participes est toujours accentué en sanscrit et en grec, ainsi qu'en sanscrit le suffixe -*tí*- des noms d'action.

1. Thèmes en -*to*-. — Cette formation considérable comprend essentiellement des mots de trois genres, au sens de **participe passif**, tirés d'une racine verbale [3] : sk. rac. *ric* (laisser), *rik-tá-s* (laissé) ; gr. λείπ-ω λειπ-τό-ς ; lat. *linqu-ō lic-tu-s*, etc. En dérivation primaire germanique, elle est surtout représentée par des adjectifs qui n'ont plus d'attache avec aucun verbe : ainsi, le lat. *rēc-tu-s* (droit) est encore reconnaissable pour le participe du vb. *reg-ere* (diriger) ; mais le got. *raih-t-s*, ag. *right*, al. *recht*, est tout à fait isolé. Partant de cette analogie, on n'hésitera pas à reconnaître pour d'anciens participes une foule d'adjectifs anglo-allemands de ce type : got. *kal-d-s* (cf. lat. *gel-u*), ag. *cold*, al. *kalt* ; got. *wun-d-s* (blessé), al. *wund*,

---

instrumental de *scōn-i* nomin. : de là, l'absence de métaphonie, qui est la règle dans tout adverbe ancien. Comparer : m. al. *spæte* (tardif) et *spāte* (tard), nivelés en *spät* dans l'al. classique, mais inversement en *spŏt* en alaman ; m. al. *vrüeje* adj., mais *vruo* adv., nivelés en *früh* ; m. al. *vr̥ste* = al. *fest*, mais *vaste* = al. *fast* (presque), etc. — Noter que cet -*i* final est en réalité une réduction de -*yo*-, supra, p. 148, n. 3 : v. g. got. *hráin-s* (pur), mais *hráinja-hairt-s* (au cœur pur).

[1] Ag. *clean* (= al. *klein*, supra 17, 6) est de même sens et de même formation suffixale, mais d'étymologie inconnue.

[2] V. supra 53.

[3] Sur la fonction ordinale du même suffixe, cf. infra 124.

et fm. prg. *wun-dā (blessure), ag. wound, al. wunde ; got. dáu-þ-s, ag. dead, al. tot ; ag. tigh-t (serré), al. dich-t ; ag. sligh-t (mince, petit) et al. schlech-t (mauvais), originairement « aplati » ; ag. lou-d et al. lau-t, déjà comparés au gr. κλυ-τό-ς (entendu) ; ag. un-couth (monstrueux, inouï), négation de l'ags. cū-ð = al. kun-d, cf. gr. γνω-τό-ς (connu), etc.

Comme suffixe de participe l'élément primaire -tó- est encore assez commun : il suffit de citer though-t et ge-dach-t, brough-t et ge-brach-t [1], ag. weep wep-t, sleep slep-t, lose los-t, etc. Mais en général (cf. al. ge-schlaf-en, ver-lor-en), il avait été éliminé ici par la concurrence du suff. -en = -onó-, avec lequel il aurait fait double emploi. Nous le retrouverons, au contraire, seul régnant dans les verbes dits faibles, c'est-à-dire en dérivation secondaire.

2. Thèmes en -ti-. — Ce suffixe, également très commun, formait des **noms d'action** ou d'objet, de genre presque constamment féminin : sk. ga-ti-s (marche), gr. φά-τι-ς (parole), lat. ves-ti-s, etc. Fonction et genre se sont bien conservés en germanique : que l'on compare al. komm-en et -kunf-t (got. ga-qum-þ-s « réunion »), al. kenn-en et kun-st (art, avec insertion d'un s), ag. do dee-d et al. tu-n ta-t, ag. give gif-t et al. geb-en gif-t (passé au msc.), ag. see sigh-t et al. seh-en sich-t, mög-en mach-t (ag. may migh-t), denk-en an-dach-t (dévotion), ag. fligh-t et al. fluch-t, etc.

3. Thèmes en -tu-. — Rares en grec, mais fort répandus en sanscrit et en latin (sta-tu-s, gus-tu-s, flūc-tu-s, et tous les supins en -tu-m et -tū), ce sont des noms d'action à peu près synonymes des précédents, mais constamment masculins. En gotique ils sont encore bien visibles : ainsi, d'une rac. plō, gr. πλω-τό-ς (navigable), est sorti un th. i.-e. *plō-tú-s, prg. *flō-dú-s, got. flō-du-s. Mais dans les langues postérieures, une fois l'u tombé, rien ne les a plus différenciés des thèmes en -ti- : ags. flōd et ag. flood, v. al. fluot et al. flut fm. De même, got. luf-tu-s (air), mais ags. lyft, dont la métaphonie accuse *luf-ti-, et al. luft (pl. métaph. lüf-te).

XI. Thèmes à suff. -t- et -nt-. — Le premier est rare, mais

---

[1] Sur le rapport think thought, etc., voir 24 et 53 C.

bien caractérisé dans i.-e. *noq-t- (nuit), gr. νύξ (gén. νυχ-τ-ός), lat. nox (gén. noc-t-is), prg. *nah-t-, got. nah-t-s, ags. neaht et ag. night, v. al. naht et al. nacht. L'autre est l'indice constant des participes actifs, et nous le retrouverons à ce titre en dérivation secondaire : il est primaire dans i.-e. *do-nt- *d-n̥t- (dent), sk. dá-nt- dat-, gr. ὀδούς (gén. ὀδ-όντ-ος), lat. dēns (gén. d-ent-is), prg. *tá-nþ-s, d'où got. tunþu-s [1], ags. tōð et ag. tooth, v. al. zand zan et al. zahn.

XII. Thèmes à suff. -tér- (-tr̥-, -tŏr-). — Cette formation, si considérable en sanscrit, grec et latin, où elle comporte une foule de noms d'agent tant primaires que secondaires (sk. dā-tár- « donateur », gr. δο-τήρ, lat. da-tor), a complètement disparu en germanique, éliminée par une autre dérivation d'origine secondaire [2], et n'y subsiste plus que dans les quelques noms de parenté, « père, mère, frère, fille », qu'on a déjà plusieurs fois analysés.

XIII. Thèmes à suff. -trŏ- (-trā) et -tlŏ- (-tlā) : homologues des précédents, mais **noms d'instrument** en général, fort communs : i.-e. rac. pā (nourrir, cf. lat. pā-scō, pā-bulu-m), d'où prg. *fō-drá-m (nourriture), v. nor. fō-ðr, ags. fōdor et ag. fodder [3], v. al. fuotar et al. futter ; nom d'action ag. laugh-ter et v. al. hlah-tar, d'où al. collectif ge-läch-ter ; ag. slaugh-ter (massacre), etc.; i.-e. rac. nē (coudre, cf. lat. nē-re, gr. νῆ-μα, etc.), d'où prg. *nē-þlō (aiguille), got. nē-þla, ags. nǣdl et ag. needle, v. al. nādal et al. nadel ; al. beil (cognée) = v. al. bī-hal [4], de rac. i.-e. bhid (fendre), etc.

XIV. Thèmes à suff. -tero- (-terā). — Ce suffixe, qui indique l'alternance entre deux objets (sk. ka-tará-s « lequel des deux ? », gr. πό-τερο-ς, lat. u-ter, al-ter, etc.), est encore

---

(1) Le second u vient de l'analogie de l'acc. tunþu = lat. dentem = *dn̥t-m ; mais cette corruption est spéciale au gotique, puisque l'ags. fait au pl. métaph. tēð (ag. teeth) = * tonþ-iz = * dn̥t-es. Quant au premier u, il accuse, comme on le voit, le degré réduit du thème, qui en al. et ag. (ags. * tonð pour * tanð devant nasale) est au degré fléchi.

(2) V. infra 102.

(3) Même suff. sous la forme -stro- dans ags. fō-ster (nourriture), ag. foster (nourrir).

(4) Encore aujourd'hui beichl en bavarois.

bien visible dans : ag. *ei-ther* et al. *je-der* ; ag. *nei-ther* et al. *we-der* = v. al. *ni-wĕdar* ; ags. *wi-ðer* (contre), d'où ag. *with* (avec), et al. *wi-der* (contre), *wie-der* (une seconde fois) ; ag. *fur-ther* et al. *vor-der*, etc.

80) XV. Thèmes à suff. *-ĕs-* (*-ŏs*) : substantifs neutres. — Cette catégorie est considérable en sanscrit, grec et latin : d'une racine *gen* (engendrer), par exemple, on aura : sk. *ján-as* nt., gén. *ján-as-as* ; gr. γέν-ος, gén. γένεος = *γέν-εσ-ος, ; lat. *gen-us*, gén. *generis* = *gen-es-is*, et tous les similaires. Soit donc un sk. *ráj-as* (espace sombre), gr. ἔρεϐ-ος : le corrélatif rigoureux est got. *riq-is* (obscurité), gén. *riq-iz-is*, pl. *riq-iz-a*, etc. Dans les autres dialectes germaniques, *-is* final disparaît, en sorte que le nominatif sg. de ces mots n'a plus rien qui le distingue ; mais, aux autres cas et au pluriel, la syllabe *-iz-* non finale subsiste sous la forme *-ir-*, et l'on comprend dès lors pourquoi les neutres du type *chalb*, *lamb*, etc., font au pluriel *chęlb-ir-(u)* = got. **kalb-iz-a*, *lęmb-ir-(u)*, al. mod. *kälb-er*, *lämm-er*. Un ancien **suffixe formatif** est ainsi **devenu désinence de pluriel**.

XVI. Thèmes à suff. *-yĕs-* (*-ĭs-*, *-yŏs-*) : **comparatifs**, cf. lat. *mel-ius mel-ior*; puis par adjonction du suff. *-tŏ-* à la forme réduite, suff. *-īstŏ-* des **superlatifs**, gr. μέγ-ιστο-ς « le plus grand », etc. — Cette dérivation est d'un usage constant pour la formation des comparatifs et superlatifs germaniques : got. *háuh-is-*, en déclinaison *háuh-iz-a*, v. al. *hōh-ir-o*, ag. *high-er* et al. *höh-er* avec la métaphonie régulière, qui survit dans ag. *old eld-er eld-est*[1] ; de même, got. *háuh-ist-s*, ag. *high-est*, al. *höh-est höch-st* ; got. *bat-iz-a bat-ist-s* (d'un positif perdu en germanique, cf. sk. *bhad-rá-s* « heureux »), ag. *better best*, al. *besser beste* ; ag. *last* (dernier), cf. *late* (en retard), et al. *letzt* ; ag. *nigh* (proche) et *next* = al. *nächst* ; got. *má-iz-a* (cf. lat. *mag-is*), v. al. *mēro* et al. *mehr*, ag. *more*[2], et super-

---

[1] Seulement dans le sens d' « aîné » entre frères ; autrement, *I am older than you*, par simple analogie.

[2] M. ag. aussi *mo*, m. al. et dialectal *mē*, parce que, dans un monosyllabe à voyelle longue, *r* final est susceptible de disparaître : comparer ag. *there* et al. *dar-*, mais aussi *da* (là), ag. *where* et al. *war-* (dans *war-um*) et *wor-* (dans *wor-in*), mais communément *wo* (où).

latif *most* = *meist*. Le lecteur multipliera aisément ces exemples[1].

§ 2. — *Thèmes verbaux.*

(81) I. Thèmes-racines. — La dérivation verbale primitive, tout comme la dérivation nominale, avait ses thèmes-racines, c'est-à-dire que nombre de racines nues et sans affixe pouvaient se conjuguer en cet état par la simple addition des désinences personnelles. C'est la classe bien connue en grec sous le nom de verbes en -μι. Mais le germanique actuel n'offre plus guère trace de cette particularité, en dehors de la conjugaison du verbe « être » et des parfaits de verbes forts, que nous retrouverons en temps et lieu [2]. Souvent la racine était précédée d'un redoublement, gr. δί-δω-μι, τίθη-μι, et cet élément est encore reconnaissable dans l'al. *beb-en* = sk. *bi-bhê-mi* (j'ai peur, de rac. *bhî* « craindre »), qui d'ailleurs, lui aussi, a entièrement confondu sa conjugaison avec celle des catégories suivantes. Le germanique n'a donc plus, en fait de verbes primitifs, que des verbes en -ω qui correspondent à la 3ᵉ conjugaison latine.

(82) II. Thèmes à suffixe -$\breve{o}$- (-$\breve{e}$-). — Dans tous les suffixes verbaux terminés par cette voyelle, l'état normal et l'état fléchi alternent suivant un rythme régulier, légèrement altéré par le latin, mais préservé intact par le grec et le germanique : à la 1ʳᵉ personne du sg. et du pl., à la 3ᵉ personne du pl., la voyelle est $\breve{o}$; aux trois autres, la voyelle est $\breve{e}$, et ainsi constamment. Que l'on compare, par exemple, le présent de l'indicatif du vb. gr. νέμ-ω (je partage) = got. *nim-a* (je prends) :

νέμ-ω   νέμ-ει-ς   νέμ-ει   νέμ-ο-μεν [3]   νέμ-ε-τε   νέμ-ο-ντι
nim-a   *nim-i-s*   *nim-i-þ*   *nim-a-m*   *nim-i-þ*   *nim-a-nd* [4]

[1] En réalité, la formation du comparatif est un peu plus complexe : le suff. got. *-iza* équivaut à un i.-e. *-isōn*, que reproduit exactement le gr. *-ίων*, et c'est pour cela que les comparatifs germaniques sont exclusivement de déclinaison faible (cf. supra 74) ; mais cet historique n'intéresse que l'état ancien de nos langues.

[2] Infra 216-220, 175-184 et 208-9.

[3] Ici le lat. a l'*e* : *leg-i-mus* = *$l\breve{e}g$-$\breve{o}$-mus* au lieu de λέγ-ο-μεν.

[4] L'identification de ces thèmes avec les verbes grecs et latins étant ainsi assurée, il sera désormais plus commode de les citer sous la forme de l'infinitif (supra 77, 1), soit got. *nim-an*, al. *nehm-en*, etc.

Cela posé, les thèmes verbaux à suffixe -o- se présentent essentiellement sous trois aspects différents.

1. La syllabe radicale est à l'état normal (c'est de beaucoup le cas le plus fréquent) : i.-e. rac. ĕd (manger), gr. ἔδ-ω, lat. ĕd-ō, got. it-an, ag. eat, al. ess-en ; i.-e. rac. bhĕr (porter), soit *bhér-ō (je - porte), gr. φέρ-ω, lat. férō, got. bair-an (porter) et ga-bair-an (enfanter), ags. bër-an ge-bër-an et ag. bear, v. al. gi-bër-an et al. ge-bär-en ; i.-e. rac. bhĭd (fendre), soit *bhéyd-ō (je fends), got. beit-an (mordre), ag. bite, al. beisz-en ; i.-e. rac. dĕr (déchirer), gr. δέρ-ω, got. ga-tair-an, ag. tear, al. zerr-en et ver-zehr-en ; i.-e. rac. bhĕndh (lier), got. bind-an, ag. bind, al. bind-en ; i.-e. rac. stĕygh stĭgh (monter), gr. στείχ-ω, got. steig-an, ag. sty, al. steig-en ; i.-e. rac. lĕyq (laisser), gr. λείπ-ω, lat. linqu-ō, got. leihw-an (prêter), ags. lēōn (cf. ag. loan lend) et al. leih-en ; i.-e. rac. dŭk dĕwk (conduire), lat. dūc-ō = *deuc-ō, got. tiuh-an, al. zieh-en ; i.-e. rac. gŭs gĕws (goûter, agréer), gr. γεύω = *γεύσ-ω, got. kius-an, ag. choose, al. kies-en, etc.

2. La syllabe radicale est à l'état réduit, parce que primitivement l'accent passait sur le suffixe [1] : i.-e. rac. skăbh (gratter, racler), lat. scăb-ō, got. skab-an, ag. shave, al. schab-en ; i.-e. rac. bhăg bhōg (cuire), gr. φώγ-ω, mais ags. bac-an et ag. bake, v. al. bahh-an et al. back-en (pf. buck) ; de même ag. take et took, emprunt scandinave ; rac. i.-e. wĭd wĕyd (savoir), got. wit-an, al. wiss-en ; l'état de la racine est incertain dans got. far-an, ag. fare, al. fahr-en, par rapport au gr. rac. περ πορ (franchir).

3. La syllabe radicale est nasalisée (cf. gr. λαμβ-άνειν et λαβ-εῖν. lat. find-ō de rac. bhĭd, etc.) : rac. i.-e. păg păk, gr. πάγ-η (appareil, piège), lat. pang-ō (ficher), al. fang-en (saisir), cf. l'absence de nasale dans fach (compartiment) ; rac. siq sĭnq (verser), sk. siñc-ā-mi (je verse), sik-tá-s (répandu), got. sigk-an, ag. sink, al. sink-en ; gr. σπέρχ-ο-μαι (je cours), ag. spring, al. spring-en ; ag. cleave et al. kleb-en (s'attacher, se tenir contre), mais avec nasale intérieure ag. climb et al. klimm-en (grimper), etc.

[1] Observer le contraste du vocalisme et de l'accentuation helléniques dans les types λείπειν λιπεῖν, φεύγειν φυγεῖν, etc.

(83)   III. Thèmes à suffixe -yo- (-ye-). Cette classe est aussi considérable que la précédente [1] et comporte une division analogue.

1. La racine est réduite (c'est le cas le plus fréquent) : rac. i.-e. *stĭg* (piquer), gr. στίζω = *στίγ-yω (cf. fut. στίξω = *στίγ-σω), ag. *stitch* (broder) et al. *stick-en*; rac. i.-e. *swĭd* (suer), sk. *svid-yā-mi*, gr. ἰδ-ίω, v. al. *swizz-en* et al. *schwitz-en*; rac. *kăp* (saisir), lat. *cap-iō*, got. *haf-jan*, ags. *hębban* = *hęb-jan et ag. *heave*, v. al. *hęffan* et al. *heben*; rac. *bhĭdh bhĕydh* (persuader), gr. πείθ-ω = *φείθ-ω, mais got. *bid-jan* (prier), ag. *bid*, al. *bitten*; got. *þugk-jan* (sembler), ag. *think*, al. *dünken*; got. *bug-jan* (acheter), ag. *buy*, etc.

2. La racine est au degré normal : i.-e. rac. *sĕd* (s'asseoir), gr. ἕζομαι = *σέδ-yo-μαι (cf. lat. *sed-ēre*), v. nor. *sit-ja*, ag. *sit*, al. *sitzen*; i.-e. rac. *lĕgh* (être couché, cf. gr. λέχ-ος, lat. *lec-tu-s* « lit »), v. nor. *ligg-ja*, ags. *licgan* [2] et ag. *lie*, al. *liegen*. Il est possible que l'on constate deux états différents de la racine *wĕrg* (opérer, travailler, cf. gr. ϝέργ-ο-ν « œuvre »), dans ag. *work* = got. *waúrk-jan* = i.-e. *wr̥g-yō*, et al. *wirken* = prg. *wérk-yō*.

IV. Thèmes à suffixe -éyŏ- (-éyĕ-) : verbes **causatifs**. — Il y a tout avantage à rapprocher immédiatement cette classe de la précédente, à laquelle elle s'oppose par d'aussi remarquables contrastes que ceux de *lay legen*, *set setzen*, en regard de *lie liegen*, *sit sitzen*. Un suffixe -éyŏ-, joint à la racine toujours fléchie, formait, dès l'époque indo-européenne, un grand nombre de verbes dits causatifs, soit de la racine *bhĕr* le vb. **bhŏr-éyō* (je fais porter), sk. *bhār-áyā-mi*, gr. φορ-έω (je transporte) [3]. De même un vb. **logh-éyō*, qui serait en grec **λοχ-έω, signifierait « je fais coucher »; or, i.-e. **logh-éyō* donne en gotique *lag-ja*, où le suffixe ne se distingue plus du tout d'un suffixe primitif -yo-, mais où l'état radical est absolument caractéristique; et *lag-jan*, avec la métaphonie obligée,

---

[1] Bien davantage même, si l'on tient compte de son rôle en dérivation secondaire, infra 92-93 et 106-107.

[2] Cf. *ligging* « lying » Yorkshire (Currer Bell).

[3] Cf. rac. *mĕn* (penser) et lat. *mŏn-eō* (je fais penser, j'avertis, al. *mahnen*), rac. *nĕk* (périr), lat. *nĕx* et *nŏc-eō*, etc.

devient ags. *lecgan* et ag. *lay*, v. al. *lecken legen* et al. *legen*. On voit aussi que *set* et *setzen* remontent à un got. *sat-jan*, i.-e. *sŏd-éyō* « je fais asseoir »; et l'on expliquera de même, sans difficulté, *fell* (abattre) et *fällen*, ags. *fëran* et al. *führen* = *fŏr-jan* (faire aller en voiture), ags. *hang-ian* [1] et al. *hängen*, ag. *rear* [2] = got. *(ur-)rais-jan*, al. *lehren* = got. *lais-jan*, etc., en contraste avec *fall* et *fallen*, *fare* et *fahren*, *hang* et *hangen*, *rise* = got. *(ur-)rei-san*, *ler-n-en* (apprendre), et une infinité d'autres [3].

(84) V. Thèmes à suffixe -*nŏ*- (-*nĕ*-) : gr. πι-εῖν (boire) et πί-νω, lat. *li-nō* (enduire) et supin *li-tu-m*; rac. i.-e. *skĭ* (briller, paraître, cf. gr. σκι-ά « reflet, ombre »), got. *skei-nan*, ag. *shi-ne*, al. *schei-nen*; rac. i.-e. *gnō gn* (savoir, connaître, cf. gr. γι-γνώ-σκω, lat. *(g)nō-sco*, etc.), got. *kun-nan*, v. al. *chunnan* et al. *können* (métaphonique) [4]; gr. σφάλ-λω (je lance) et σφάλ-λο-μαι (je tombe), lat. *fal-lō* (je trompe) = *fal-nō*, got. *fal-lan* = *fal-nan*, v. nor. *falla*, ag. *fall*, al. *fallen*, etc.

VI. Thèmes à suff. -*tŏ*-, -*dhŏ*- et -*dŏ*- : gr. νέ-ω et νή-θω (je file), lat. *ten-dō*, etc.; rac. i.-e. *qĕl* (entretenir, mener, gr. πέλ-ο-μαι « se trouver », lat. *col-ō* « je cultive » = *quel-ō*), d'où vb. *ql-tō*, got. *hal-dan* (tenir), ag. *hold*, al. *halten* [5]; rac. *plŭ*

[1] On attendrait ag. *heng*, cf. *hench-man* (bourreau) et al. *henk-er*; mais le neutre *hang* a été pris au sens de l'actif.

[2] Avec *r*, de par la loi de Verner, qu'ici le got. n'observe pas, non plus que dans le suivant. Ag. *raise* est un emprunt scandinave.

[3] Comme au surplus il est naturel qu'un verbe causatif gouverne à la fois l'accusatif de l'action et celui de la personne à qui on la fait faire, on comprend sans peine le double accusatif régi par l'al. *lehren* et similaires, ainsi que par le lat. *doc-eō*. Cette particularité était mieux observée encore en m. al. qu'aujourd'hui : des locutions régulières telles que *ich verhehle ihn die sache* ont cédé le pas à *verhehle ihm*, etc., par analogie des verbes qui régissaient un datif (*sagen, geben*).

[4] Ag. *can* a été influencé dans son vocalisme par le parfait *can* = al. *kann*, infra 224. Ag. *ken* et al. *kennen* est le causatif, got. *kannjan* : on sait que plusieurs domaines du germanisme confondent entièrement *kennen* et *können*. Ag. *know* = ags. *cnāw-an* est le verbe formé par suffixation sur la racine *gnō*.

[5] On voit que le suffixe pourrait également être -*dho*-, avec accent à volonté sur le suffixe ou la racine.

plĕw (couler, cf. gr. πλέϝ-ω πλεύ-σω « naviguer »), d'où vb. **plĕw-dō*, qui serait got. **fliu-tan*, ags. *flēotan* et ag. *fleet*, v. al. *fliozzan* et al. *flieszen* ; de même, gr. χέϝ-ω, lat. *fu-ndō*, got. *giu-tan*, al. *gieszen*, etc.

VII. Thèmes à suff. *-skŏ-* : gr. βά-σκω, lat. *crē-scō*, etc. ; i.-e. rac. *wăd ŭd* (eau), germ. **wat-skō* (je lave), ag. *wash*, al. *waschen* ; i.-e. rac. *prĕk* (demander, cf. lat. *prec-or*), d'où vb. **prk-skō* (lat. *poscō* = **porc-scō*), germ. **forh-skan*, mais v. al. *forscōn* et al. *forschen*, ce verbe ayant revêtu une forme de dérivation secondaire [1], ainsi que beaucoup d'autres de cette même classe ; ag. *wish* = ags. *wȳscean* et al. *wünschen* = v. al. *wunsken* ; ag. *ask* = ags. *āscian*, et al. *heischen* = v. al. *eiscōn* [2], qu'on a rapproché de lat. *aeruscō* (mendier).

(85) VIII. Thèmes à suff. *-ē-*. — La langue primitive paraît avoir possédé un certain nombre de thèmes à racine réduite et suffixe *-ē-*, qui s'opposent, avec un sens généralement intransitif, à des verbes transitifs d'autres formations : gr. ἐ-τύπ-η-ς (tu fus frappé), en regard de τύπ-τει-ς (tu frappes) ; lat. *jac-ē-s* (tu es couché) [3], en regard de *jac-i-s* (tu jettes), etc. C'est ainsi que nous trouvons : v. al. *lĕb-ē-n*, al. *leben*, ag. *live*, en regard d'une rac. *līp* que montre le gr. λιπ-αρής (qui s'attache), cf. le composé *bleiben* = got. *bi-leib-an* ; v. al. *hab-ē-n*, al. *haben*, ag. *have*, soit une formation i.-e. **kap-ê-*, de la même racine qui a donné lat. *cap-iō* et al. *heben* [4], etc. La forme suffixale *-ē-*, au surplus, n'est autre chose que la modification très ancienne d'une forme primitive *-ēy-*, attestée notamment par le slave, et les alternances phonétiques que comportent les diphtongues à voyelle longue expliquent en partie les irrégularités caractéristiques de la 3ᵉ conjugaison faible germanique,

---

[1] Cf. infra 92-93 et 174.

[2] L'*h* initial de l'al. mod. vient probablement de l'analogie de *heiszen*, qui, bien entendu, sort d'une racine toute différente.

[3] Originairement sans doute « tu es jeté par terre ».

[4] Cette étymologie séparerait al. *haben* de lat. *habēre*. — On voit que le suff. *-ē-* ne comporte pas nécessairement la fonction intransitive.

dans le détail desquelles il sera superflu d'entrer puisque l'anglais et l'allemand modernes ne la distinguent plus des deux autres [1].

Section II.

Suffixes secondaires.

(86) On ne doit pas s'attendre à rencontrer en fonction secondaire tous les suffixes étudiés en dérivation primaire, et en revanche on en pourra rencontrer de nouveaux : certains indices semblent n'avoir pris naissance qu'à l'époque où la langue avait déjà formé, ou peu s'en faut, tous ses thèmes primaires ; les accumulations de suffixes, qui par leur masse résistaient mieux à l'usure phonétique, avaient naturellement plus de chances de durée et d'expansion que de simples voyelles à demi noyées déjà dans l'ensemble dérivatif qu'elles avaient caractérisé ; et enfin le caprice de l'analogie déréglée, en multipliant les néologismes de tous genres, encombrait le lexique d'une foule de synonymes qu'une langue plus sobre devait tendre à éliminer dans la suite. C'est ainsi que la dérivation germanique, malgré sa richesse, se réduit à un nombre assez restreint d'éléments primitifs.

§ 1er. — Thèmes nominaux.

(87) Par application de ce qu'on vient de lire, les suffixes à simple voyelle et le suffixe -yo-, si important dans la dérivation secondaire du sanscrit, du grec et du latin (type *pitr-ya-s* πάτρ-ιο-ς *patr-iu-s*) ne jouent presque aucun rôle dans notre domaine [2]. Mais un suffixe féminin à voyelle longue, -ī, si rare en dérivation primaire qu'on a pu l'y négliger, mérite ici la toute première mention.

[1] Cf. supra 25, et, pour plus ample détail sur cette question encore insuffisamment éclaircie, Streitberg, *Urgerm. Gr.*, p. 306 sqq.

[2] Toutefois, ag. *herd* dans *shep-herd* (*shep*=*sheep*) et al. *hirte* = v. al. *hirt-i* = got. *haírd-ei-s*, soit donc *herd-ja-z* « qui se rapporte au troupeau » (berger), et un assez grand nombre d'adjectifs de ce type, mais qui ne sont reconnaissables comme tels que dans leur état ancien. On retrouvera encore ce suffixe dans une formation neutre collective, infra 96, I.

I. Le suffixe -i a en indo-européen la fonction spéciale de former le féminin des thèmes qui ne se terminent point par la voyelle -o-[1] : sk. *svād-ú-*, fm. *svād-v-î*, gr. ἡδ-ύ-ς ἡδ-ε-ῖα ; sk. *bhár-a-nt-* (portant), fm. *bhár-a-nt-ī*, gr. φέρων φέρουσα[2], etc. Mais ce procédé fort simple, encore bien visible en gotique[3], ne s'est pas conservé tel quel dans ses congénères : un seul mot le montre clairement, encore s'est-il perdu en anglais et corrompu en allemand, *nichte* = i.-e. **nept-î* (nièce), dérivé de **nepōt-* (neveu). C'est un cumul d'affixes qui a assuré la survivance de la **dérivation féminine**.

En effet, quand l'-i s'ajoutait à un thème en -*en*-[4], il se produisait une combinaison -*en-î*, qui en germanique devenait -*in-i*. Soit un dérivé en -*en*- (-*on*-), de la rac. *duk* (conduire) : il donnait un mot **dŭk-en-* (conducteur, chef), qui serait en latin au nomin. sg. **dŭc-ō*, et que reproduit exactement le vieil-allemand *heri-zog-o* (chef d'armée, duc) ; puis, naturellement aussi, le fm. sera *heri-zog-in-i*, où la syllabe -*in*- appartient au thème du masculin. Mais, comme cette syllabe n'est plus apparente au nomin. msc. *heri-zog-o*, le sujet parlant détache par la pensée de l'ensemble *heri-zog-in-i* toute la finale -*ini*, et, la considérant tout entière comme l'indice du féminin, il l'utilise en des formations nouvelles, telles que *gött-in* sur *gott*, *füchs-in* sur *fuchs* (ags. *fyx-en* et ag. *vix-en*), etc. Par une nouvelle surcharge, cette finale est devenue -*inna* aux confins du vieux et du moyen allemand, puis m. al. -*inne*, forme à laquelle répond la graphie moderne -*inn*, aujourd'hui généralement abandonnée au singulier[5].

---

[1] Et même de ceux-ci, concurremment avec -$\bar{a}$, supra 73.

[2] Sur gr. -ια = -ῖ, voir *Gr. comp. du Gr. et du Lat.*, n° 112.

[3] Got. *mag-u-s* (garçon), *ma-w-i* (fille), *frij-ōnd-i* (amie), etc.

[4] Cf. supra 74, et ne pas oublier que toutes les parties de la dérivation se tiennent étroitement.

[5] L'ag. a perdu cet indice, qu'il a remplacé par -*ess* emprunté au français, supra 69. En al. au contraire il est senti comme à ce point inhérent et essentiel à la dérivation féminine, que, quand la langue emprunte au français un féminin tout fait, elle y ajoute de surérogation sa propre finale : *prinz-ess-in* ; m. al. *ebbetisse* (abbesse) = lat. *abbat-issa*, al. mod. *äbt-iss-in*.

II. Ce même suffixe -*en*-, qui, en se combinant avec l'indice -*i*, a fourni à l'allemand un si important élément de formation féminine, a eu également à l'état isolé une remarquable et singulière fortune : car nous verrons plus loin que beaucoup de noms qui n'appartenaient pas originairement à la déclinaison faible y sont entrés par analogie, soit au pluriel, soit même aux deux nombres, et que toute la flexion faible des adjectifs repose pareillement sur une extension abusive de cet élément -*en*-, qui, de suffixe dérivatif, y est devenu désinence grammaticale [1].

(88) III. Le suffixe -*ro*- n'a pas été productif ; mais le similaire -*lo*- a foisonné, surtout en fonction diminutive. En s'ajoutant à des thèmes primaires en -*e*-/-*o*-, il revêt l'aspect -*elo*-, -*olo*-, qui en grec caractérise certains adjectifs dérivés (εὐ-τράπ-ε-λο-ς « souple », εἴκ-ε-λο-ς « ressemblant ») et en latin assume très nettement la fonction diminutive (*parv-o-lu-s* « tout petit », *agellus* = *ag-ro-lo-s* « petit champ »). Ces formes se traduisent respectivement en germanique par -*ila*- et -*ala*-, encore bien reconnaissables dans nombre de formations : simples adjectifs, ag. *cripp-le* et al. *krüpp-el* (avorton), cf. gr. γρυπ-ό-ς (bossu) ; noms d'animaux, ag. *weas-el* et al. *wies-el* (belette), cf. al. *wies-e* (prairie) ; noms d'instruments, ag. *shov-el* = al. *schauf-el* = v. al. *scūv-ala*, al. *meiss-el* (ciseau) = v. al. *meiȝ-il*, ag. *spind-le* = al. *spind-el* (fuseau) = v. al. *spinn-ila* ; enfin et surtout, dans des diminutifs où la métaphonie constante dénonce le type -*ila*, ag. *litt-le* = ags. *lȳt-el* et al. *lüts-el [2] = v. al. *luzz-il*, v. al. *tur-ila* (petite porte) et al. *tür-el* (chapel), ags. *cyrn-el* et ag. *kern-el* (noyau) [3].

(89) IV. Le suffixe -*no*- a été fort productif.

1. Forme -*onó-s*, germ. -*an-s* : par analogie des verbes radicaux, ceux à suffixe -*to*- et -*no*- forment leurs participes passés selon la règle de la conjugaison forte, c'est-à-dire en

---

[1] V. infra 140 sq., 149, 150 et 156.

[2] Conservé dans des noms propres : *Lützel-burg*, *Lützel-stein*.

[3] Ajouter : ag. *thimb-le* (dé), diminutif de *thumb* (pouce), soit « petit doigt » ; al. *ärm-el* (manche), diminutif de *arm*, etc. On a vu plus haut *hill* = *hügel*.

got. *-an-s*, etc., ag. *held* et al. *ge-hall-en*, ag. *fall-en* et al. *ge-fall-en*, même al. *ge-wasch-en*, mais les autres verbes en *-sko-* sont de conjugaison faible ; quelques verbes en *-yo-* ont suivi la même voie, ag. *sat* et al. *ge-sess-en* ; les autres verbes dérivés, surtout ceux en *-éyo-* et *-ē-*(1ʳᵉ et 3ᵉ conjugaisons faibles), ainsi que toutes les dérivations secondaires, ont adopté l'affixe *-t*[1].

2. Forme *-ono-m*, germ. *-an* : tous les verbes de toutes catégories possibles, ainsi qu'on l'a vu, forment leur infinitif en ajoutant l'affixe got. *-an*, etc., au thème du présent.

3. Forme *-ĭ-no-*, due peut-être originairement à l'affixation, à quelque thème en *-ĭ-*, de l'affixe d'adjectif *-no-*, germ. *-ina-z* devenu *-in-s*. — Cette dérivation est indo-européenne dans lat. *su-īnu-s* (de porc), got. *swein* (porc), ag. *swine*, al. *schwein*. On la retrouvera dans les adjectifs possessifs[2]. Elle est fort commune en gotique pour les **adjectifs de matière** ; *gulþ-ein-s* (d'or), *airþ-ein-s* (de terre), *stáin-ein-s* (de pierre), etc. La réduction phonétique a changé *-īn-* en *-ĭn-*, d'où la métaphonie régulière de la syllabe précédente, puis en *-en-* : ags. *gyld-en* redevenu ag. *gold-en*, et al. *güld-en* abandonné pour le moderne *gold-en* ; al. *ird-en*, etc., etc. Quand cet *-in-* s'ajoutait à un thème en *-es-*, soit i.-e. *reg-es-ino-s = got. *riq-iz-ein-s* (obscur)[3], il en résultait en germanique-occidental une finale *-eren*, qui s'est propagée en allemand dans le type *stein-ern*, *hölz-ern*.

(90) V. Les suffixes faits d'un *t* et d'une voyelle subsistent dans l'une ou l'autre de nos langues et parfois dans toutes deux.

1. Le suffixe *-to-* et *-e-to-*, d'où en germanique une dentale simple, ou précédée d'un *ĭ* de bonne heure assourdi en *ĕ*.

a) Dans la formation des participes passés de verbes dérivés : gr. νεμ-ε-τό-ς (partagé), lat. *gen-i-tu-s* (né), *dom-i-tu-s* (dompté) ; de même, got. *ga-tam-i-da*, de *tam-jan* (apprivoiser), ag. *tam-e-d*, al. *gi-zęm-i-t ge-zähm-t*, etc., etc.

b) Dans la formation d'adjectifs tirés de substantifs, comme lat. *cord-ā-tu-s* (qui a du cœur), *crīn-ī-tu-s* (chevelu) : got. *un-*

---

[1] Infra 90, 173 sq. et 186 sq.
[2] Infra 168.
[3] De *riq-is* (obscurité), supra 80.

qēn-i-þ-s (sans femme), v. nor. hǣr-ð-r (chevelu), v. al. gi-stirn-ō-t (étoilé), m. al. ge-jār-e-t (âgé), al. be-jahr-t, surtout ag. *fair-hair-ed, red-nose-d, hump-back-ed*.

c) Dans la dérivation des ordinaux de tous nombres.

2. Le suffixe féminin -tā̆ et ordinairement -i-tā̆ forme des **substantifs abstraits** dérivés d'adjectifs : lat. *juven-ta* (jeunesse), got. *jun-da*, ags. *geogoð* et ag. *you-th*, v. al. *jugun-d* et al. *jugen-d* ; got. *háuh-s*, d'où *háuh-i-þa* (hauteur), v. al. *hōh-i-da* ; al. *heil* (entier, bien portant), d'où *heil-i-da* (santé), etc. Cette formation, éteinte en allemand, s'est au contraire prodigieusement développée en anglais, où elle explique le contraste métaphonique des types *whole heal-th, broad bread-th, long leng-th, strong streng-th, foul fil-th, merr-y mir-th*[1], l'abrègement de *wide wid-th, deep dep-th*, et une infinité d'autres types de mots abstraits.

3. Les deux suffixes -*ti*- et -*tu*- confondus et précédés d'une voyelle longue, comme dans le type latin *sen-ā-tu-s*, se retrouvent en dérivation secondaire dans des mots tels que : al. *arm-ut* = v. al. *aram-uoti* ; al. *heim-at* = v. al. *heim-uoti* ; al. *ein-öde* (solitude) = v. al. *ein-ōti*[2] ; ags. *mōn-að* et ag. *mon-th*, v. al. *mān-ōd* et al. *mon-at*, du thème *mōn-* (lune).

VI. Le suffixe -*nt*- qui caractérise les mots *friend freund* et *fiend feind*, en s'attachant à la voyelle thématique du verbe, forme un indice i.-e. -*o-nt*-, got. -*a-nd*-, al. -*e-nd*, perdu en anglais moderne, qui caractérise les **participes présents** de tous les verbes primitifs ou dérivés : got. *nim-and-s bair-and-s*, al. *nehm-end ge-bär-end* : ags. *Hǣl-end* et al. *Heil-and* « le Sauveur, J.-C. », cf. al. *heil-en* = ag. *heal* « sauver, guérir » ; et en général tous les participes présents ags., que l'ag. remplace par le nom verbal en -*ing*.

VII. Les suffixes -*tro*- et -*tero*- n'ont guère d'application

---

[1] Dans *high* et *height* la voyelle est en réalité la même, par la raison qu'elle est déjà métaphonique dans *high* = ags. *hēah*, cf. supra la 1re note du n° 21.

[2] Sans rapport primitif avec *öde* = v. al. *ōd-i* (vide) = got. *áuþ-s* = v. nor. *auð-r* ; mais corrompu sous son influence.

dans notre dérivation secondaire[1]. C'est pourtant à l'un ou à l'autre que doit se rapporter indirectement la finale -*stre* d'un grand nombre de mots féminins anglo-saxons, finale encore subsistante dans les mots *young-ster* (jeune homme, jeune fille) et *spin-ster* (vieille fille)[2].

VIII. Le suffixe -*es*- des noms neutres ne subsiste, on l'a vu, que comme indice grammatical du pluriel de ces noms, sous la forme -*er* dont l'expansion appartient à l'étude de la déclinaison.

IX. Les suffixes du comparatif -*yos*- et du superlatif -*isto*-, sous les formes respectives -*er* et -*est* (-*st*), et avec la métaphonie qui les accompagne presque toujours en allemand[3], restent dans les deux langues les indices constants et spécifiques des degrés de comparaison à tous les étages de la dérivation adjective. On sait toutefois que, pour les formations modernes et surtout savantes, l'anglais préfère la périphrase par *more* et *most* dont le français lui a fourni le modèle. L'allemand demeure généralement fidèle à la dérivation : *merkwürdig-er*, *wissenschaftlich-er*, *dynamisch-er*.

(91) X. Le suffixe i.-e. -*kó*- est, dans toutes les langues de la famille, extrêmement rare en dérivation primaire, et dans toutes au contraire (gr. φυ-σι-κό-ς ἱππ-ι-κό-ς, lat. *cīv-i-cu-s Hispān-i-cu-s*, etc.) il prend en dérivation secondaire une extension considérable. Cette observation se vérifie en germanique comme partout ailleurs.

1. En se greffant sur un thème en -*i*-, le suffixe revêtait l'un des aspects -*i-kó*- et -*i-kó*-. C'est ce dernier surtout, devenu prg. -*iǵá*-, qui s'est perpétué dans la dérivation adjective : got. *gab-eig-s* (généreux) et al. (*frei-*)*geb-ig*; got. *maht-eig-s*, ags.

---

[1] Les noms d'instrument prennent le suffixe des noms d'agent, infra 102 : ag. *a bor-er* « une tarière », *a decant-er* « un flacon à décanter, carafe », al. *läuf-er* « la meule courante ».

[2] Exactement « fileuse », puis « personne non mariée ».

[3] Plus exactement le gotique a deux suffixes de comparatif, qu'il répartit avec assez d'arbitraire, -*iz*- = -*yŏs*- à l'état réduit, et -*ōz*- d'origine obscure. Rien n'empêche d'admettre qu'en allemand le type métaphonique procède de -*iz*- et le type sans métaphonie de -*ōz*-. Quant au détail de la formation, il relève des grammaires usuelles.

meaht-ig et ag. *might-y*, v. al. *maht-îg* et al. *mächt-ig*; v. al. *rëht*, d'où en dérivation *riht-ig*, aujourd'hui *richt-ig*, etc.

2. Quand le suffixe s'ajoutait à un thème en *-en-*, il en résultait une combinaison *-eṅkó-* ou *-ṇkó-*, soit donc prg. *-iṅg̑á-* ou *-uṅg̑á-* (v. al. *arm-ing* « pauvre homme », *edil-ing* « noble homme », *werd-unga* « dignité » de *werd* « digne »), dont on retrouvera dans les langues modernes les formes et les emplois[1].

2. Sous la forme *-isko-* le suffixe apparaît dans maints dérivés grecs, surtout diminutifs, παιδ-ίσκο-ς, νεᾱν-ίσκο-ς, et dans une des dérivations adjectives les plus répandues du domaine germanique : got. *þiud-isk-s* (populaire), traduisant le lat. *gentilis*, v. al. *diut-isc* et al. *deut-sch*, etc.; v. al. *ird-isc* et al. *ird-isch*; ags. *engl-isc wiel-isc* et ag. *engl-ish wel-sh*, etc.

§ 2. — Thèmes verbaux.

(92) La cheville ouvrière de la dérivation verbale secondaire en indo-européen, c'est le suffixe *-yó-*, au moyen duquel on peut presque à volonté tirer d'un thème nominal quelconque un thème verbal correspondant, ainsi que le montre si nettement le sanscrit : *dēv-á-s* (dieu), *dēv-a-yá-ti* (il adore); *gó-pā́-s* (berger), *gō-pā-yá-ti* (il garde), etc. Le suffixe est déjà plus voilé en grec : ἱππ-εύ-ς (cavalier), ἱππ-εύ-ω (je chevauche) = *ἱππ-εύ-yω; τῑ-μή (honneur) = τῑ-μᾱ, et τῑ-μά-ω (j'honore), φίλ-ο-ς (ami) et φιλ-έ-ω (j'aime), δῆ-λο-ς (clair) et δη-λό-ω (je montre), etc. Plus encore en latin : *for-ma* (forme) et *formō* (je forme) contracté de *for-ma-yō*. En germanique nous devons nous attendre à le trouver tout aussi altéré, et en effet il n'y serait pas souvent reconnaissable sans le secours de la comparaison linguistique : c'est elle qui nous apprend, par exemple, qu'un vb. got. *salbō* (j'oins, al. (*ich*) *salbe*) doit être formé sur un substantif féminin *salba* (onguent)[2], exactement de la même manière que τιμάω sur τιμᾱ ou *formō* sur *forma*; en d'autres

---

[1] Infra 103.

[2] Non gotique, mais constaté partout ailleurs : al. *salb-e*.

termes, qu'un substantif fm. i.-e. *solp-á, devenu prg. *salb-ō, s'est chargé du suffixe verbal -yó- devenu -ja-, et conjugué en y ajoutant les désinences personnelles.

Toutefois une observation préjudicielle est ici nécessaire. De même que l'indo-européen ou telle langue issue a pu greffer son suff. -yo- sur une forme athématique, comme celle en -ē- du n° 85, et la convertir par là, en verbe thématique, de même aussi, inversement, la dérivation dénominative n'exige pas impérieusement l'intervention du suff. -yo-, et le verbe peut se conjuguer sans lui, par la simple affixation des désinences personnelles au thème même du nom dont il est issu [1] : au grec commun φιλέω = *φιλ-έ-γω, on sait que l'éolien répondait par φιλ-η-μι où la désinence s'attache immédiatement à la base nominale, et les formes autres que le présent, φιλ-ή-σω ἐ-φίλ-η-σ-α πε-φίλ-η-κ-α, ne montrent plus aucune trace d'un suffixe formatif ; en latin, si la 1ʳᵉ personne albeō (je blanchis) = *alb-e-yō le contient à coup sûr, la 2ᵉ personne albēs s'explique tout aussi bien par alb-ē-s avec affixation immédiate de la désinence, que par *alb-ĕ-yĕ-s contracté ; et ainsi de toutes les autres, ainsi que de la conjugaison formō formās.

C'est aussi ce qui se passe en germanique, où d'ailleurs la distinction des formes qui avaient ou n'avaient pas le suffixe est souvent impossible et à peu près exclusivement théorique ; car, dans celles qui l'avaient, la chute du j intervocalique et la contraction consécutive devaient également aboutir au même résultat que l'affixation directe des désinences à la base. Ainsi il importerait peu, en pratique, qu'on expliquât le got. salb-ō-þ (il oint) par salb-ō-þ = *solp-á-ti ou par *salb-ō-ji-þ = *solp-ā-yé-ti, puisque l'un ou l'autre type justifie à la rigueur

---

[1] C'est toute la distinction, en grec, des verbes dits respectivement en -ω et en -μι : le v. al. la maintient rigoureusement, puisqu'il dit à sg. 1 du pr. hab-ē-m salb-ō-m (plus pur en cela que le got. haba salbō), et que cette désinence s'est perpétuée sous la forme -n jusqu'après le moyen âge (certains dialectes alamans disent encore ich han). Cette similitude éventuelle de sg. 1 du pr. dans les verbes faibles dits respectivement de 2ᵉ et 3ᵉ classe explique que ces deux classes aient pu çà et là se confondre dès avant l'assourdissement des finales. D'autre part, au contraire, l'ags., conjuguant toujours la 2ᵉ thématiquement par affixation de -yo- (infra, 189, II), les tient absolument séparées.

la forme historique, ainsi que l'ag. (he) *salv-e-th* et l'al. (er) *salb-t*.

(93) Cela posé, on distinguera la **formation dénominative** germanique suivant les principaux thèmes nominaux sur lesquels elle s'applique.

1. Le thème nominal est en -$\bar{a}$-, prg. -$\bar{o}$-. — La formation est très régulière, ainsi qu'on l'a vu : *salb-a*, got. *salb-ō-n*, ag. *salve*, al. *salben*; v. al. *āht-a* (attention), *āht-ō-n* (faire attention), al. *achten*, etc. La confusion des verbes dérivés en -$\bar{o}$- avec les verbes primitifs en -$\bar{e}$- a amené dans cette classe une formation en -$\bar{e}$-, qui aujourd'hui, naturellement, ne se distingue plus de la régulière : got. *saúrg-a* (soin, souci), vb. *saúrg-a-n* comme *hab-a-n*, v. al. *sorg-ē-n* et al. *sorgen*, mais ags. *sorg-ian* et ag. *sorrow*.

2. Le thème nominal est en voyelle brève, type φιλ-έ-ω. — En ce cas, comme -$\breve{e}$-$y\breve{o}$- et -$\breve{i}$-$y\breve{o}$- deviennent également germ. -*ja*-, et que -$\breve{u}$-$y\breve{o}$- paraît suivre leur analogie, la forme du verbe est nécessairement la même que si le thème nominal se terminait par une consonne : i.-e. **koy-ló-s* (entier, sauf), sk. *kêvala-s* (entier), prg. **hai-lá-s* (got. *háil-s*, ags. *hāl*, ag. *whole*, al. *heil*), d'où got. *háil-ja-n*, ag. *heal* (guérir), al. *heilen*, etc.

3. Le thème nominal est en consonne.

A. Formation régulière. — L'affixe -*ja*-, encore visible en gotique, s'ajoute à la consonne finale de la base, quelle qu'elle soit; puis le *j* disparaît dans les langues postérieures, et il ne demeure que la terminaison uniforme et incolore -*e* au présent sg. 1, -*en* à l'infinitif, etc. Soit, par exemple, une base de dérivation à *t* final : il en résulte en gotique une combinaison -*t-ja-n*, qui en allemand devient -*zen*. Après un *s* final on aura prg. -*z-ja-n*, où l'analogie a pu ramener l'*s*, d'où ags. -*sian* et ag. -*se*. Puis, ces syllabes dérivatives, nous le verrons, furent transportées de toutes pièces à des formations auxquelles elles étaient et devaient rester étrangères [1].

B. Formation analogique. — En vertu du même principe, la voyelle $\bar{o}$, empruntée aux verbes dérivés de thèmes en -$\bar{a}$, fut

---

[1] Infra 106-107.

transportée, dès la phase prégermanique, à des dérivations de thèmes consonnantiques. De même que le latin tire de *honor* un verbe *honōr-ā-re* comme s'il existait un substantif fm. **honōr-a* [1], ainsi le germanique crée des verbes faibles en ajoutant purement et simplement son *ō* dérivatif à la consonne terminale d'un thème nominal en *-es-* ou *-en-* : got. *hat-is* (haine), *hat-iz-ō-n* (haïr) ; got. *fráu-ja* (seigneur, gén. *fráu-jin-s*), *fráu-jin-ō-n* (être seigneur). Puis ces finales *-izōn -inōn*, devenues indépendantes, se répandent à leur tour : la première, confondue avec *-sian*, aboutit au *-se* anglais ; la seconde se confond avec la finale anglaise *-en* de *fast-en* (affermir) [2], par la dérivation v. al. *fest-inōn* de v. al. *fest-i*, al. *fest*, etc. Ainsi les éléments de dérivation verbale anglo-allemande se sont trouvés réduits à un nombre infime ; mais ceux qui sont demeurés ont été, comme on le verra, très largement propagés.

Ces quelques notions suffisent pour résumer les principes de la dérivation verbale germanique, et, en présence de la profonde usure phonétique qui a atteint les finales verbales dans nos langues modernes, il n'y a vraiment aucun intérêt à en pousser l'application plus avant dans le détail.

[1] Sur le modèle, par exemple, de *operārī*, que l'on pouvait facilement croire dérivé de *opus*, tandis qu'en réalité il ressortit au fm. *opera*.

[2] Cf. infra 106, 1.

CHAPITRE II.

DÉRIVATION ANGLO-ALLEMANDE.

(94) On a rencontré, dans les pages qui précèdent, un grand nombre de **suffixes anglo-allemands** qui, sous leur forme altérée et écourtée, reproduisent encore avec netteté un type suffixal primitif. On va voir à présent que, de tous les suffixes encore usités et perçus comme tels dans l'une et l'autre langue, il n'en est pas un seul qui ne se ramène à cette même origine. Toutefois, aux ressources dérivatives que lui fournissait son fonds originaire, le germanique en a ajouté deux nouvelles, empruntées au procédé, également primitif, de la composition ou de la juxtaposition de mots, à savoir : la **préfixation inséparable** [1] et la **suffixation d'éléments nominaux** désormais dénués de signification indépendante. Ainsi se trouve établie la division du présent chapitre.

Section Ire.

LES PRÉFIXES.

(95) Les **préfixes**, comme les suffixes, se distinguent en **nominaux** et **verbaux**. Mais on doit observer dès l'abord que tous les préfixes verbaux sont en même temps nominaux, en ce

[1] Il va de soi que les préfixes dits inséparables sont les seuls qui rentrent dans cette catégorie, puisque ce sont les seuls qui n'aient plus de sens ni d'existence réelle en tant que mots isolés et se soient réduits au

sens du moins que tout verbe formé par préfixation peut à son tour servir de base à une formation d'adjectif ou de substantif : sur le modèle du rapport saisi entre *werf-en* et *wurf* on tirera tout naturellement *ent-wurf* de *ent-werf-en*, et, le verbe *be-weg-en* une fois créé, les dérivés *be-weg-ung*, *be-weg-lich* et *be-weg-lich-keit* suivront d'eux-mêmes. On n'appellera donc proprement préfixes nominaux que ceux qui servent à former des noms ou adjectifs absolument indépendants d'aucune formation verbale. Ils sont très peu nombreux.

§ 1ᵉʳ. — *Préfixes nominaux*.

(96) I. Le plus commun des préfixes nominaux est celui que le gotique a conservé sous la forme *ga-*, et dont le sens, très nettement copulatif et collectif dans un fort grand nombre de formations nominales, suggère l'identification avec la préposition latine *cum* (avec) = *cŏm*, soit lat. *pār* (semblable) et *com-pār* (qui fait la paire, al. *ge-paar-t*) : got. *sinþ-s* (marche) d'où got. *ga-sinþ-a* (compagnon de route), ags. *ge-sið*, v. al. neutre collectif *gi-sind-i* (suite) et al. *ge-sind-e*. Comme d'ailleurs il est dans la destinée des éléments dérivatifs de ce genre de voir peu à peu s'obscurcir et s'oblitérer leur valeur [1], on ne s'étonnera point de rencontrer le préfixe *ga-* dans des mots d'où le sens collectif a disparu ou peu s'en faut.

Au point de vue de la forme, on voit que ce *ga-* atone [2] s'est

---

rôle modeste d'éléments dérivatifs : dans *ein-treten*, *aus-treten*, etc., même dans *ein-tritt*, *nach-druck*, et même encore dans *ein-kunft*, *zu-kunft*, — quoique *kunft* isolé n'existe plus, — le sujet parlant perçoit deux mots distincts ; dans *be-treten*, opposé à *treten*, il ne peut plus percevoir qu'un mot modifié par un simple exposant de signification, puisque *be-* tout seul ne veut rien dire.

[1] Cf. lat. *co-gnoscere* à peu près synonyme de *noscere*.

[2] La concordance phonétique n'est pas régulière, puisque la loi de Grimm exigerait *hă-* = lat. *cŏ-*. Mais on remarquera que, dans le corps d'une phrase, on pouvait avoir tantôt *hă-* tantôt *ʒă-*, suivant que la finale du mot précédent était accentuée ou atone : la forme *ʒă-* se sera généralisée par analogie. On rentrerait ainsi dans les conditions générales de la loi de Verner. Phonétiquement, toutefois, le rapprochement enseigné par M. Meillet *Mém. Soc. Ling.*, IX, p. 54) est de beaucoup préférable.

affaibli en ags. *ge-*, v. al. *gi-*, m. al. et mod. *ge-*. Le *gĕ-* ags., encore écrit *y-* en moyen-anglais, finit par disparaître de la prononciation lorsqu'il ne se transforma pas en une voyelle incolore et indécise : ag. *e-nough* = al. *ge-nug* ; ag. *a-ware* = ags. *ge-wœr* = al. *ge-wahr*. Bref, l'anglais moderne n'a plus conscience de cet élément dérivatif.

Quant à la fonction, la valeur **copulative** est bien apparente dans : al. *g-leich* = got. *ga-leik-s* (semblable) et ag. *a-like*, cf. ag. *like* ; al. *ge-mein* = got.*ga-máin-s*, cf. lat. *cómmūnis* = *cóm-moini-s*, et ag. *mean* (vulgaire) = ags. *ge-mǣn* ; al. *ge-mahl* (époux) = v. al. *gi-mahal-a*, de *mahal* (assemblée, contrat) ; al. *ge-fährt-e* (compagnon de route), de *fahr-t* (marche) ; al. *ge-vatter* (compère), *ge-sell-e*, etc. La fonction **collective** n'est pas moins visible dans les neutres, si nombreux en allemand : *ge-birg-e* = v. al. *gi-birg-i*, de *berg* [1], *ge-fild-e*, *ge-fieder*, *ge-stirn* (constellation), etc.; ags. *hand-ge-weorc* et *hand-ge-cræft* (travail manuel), devenus ag. *handiwork* et *handicraft*, où le préfixe réduit à un simple *i* ne se révèle plus qu'à l'étymologiste.

II. Un préfixe qui n'est identifiable avec aucun autre type indo-européen, mais qu'ont en commun toutes les langues germaniques, apparaît en gotique sous la forme *us-* et y signifie « hors » [2]. En préfixation nominale cette syllabe garde son accent et devient ags. ag. *or-*, al. *ur-*, par exemple dans ags. *or-dāl* (jugement) [3] et ag. *or-deal*, v. al. *ur-tel* et al. *ur-teil*, cf. ag. *deal* = al. *teil*. En anglais sa fonction n'a point survécu. Mais en allemand, soit à raison du sens d'extraction qu'elle comportait, p. ex. dans *ur-sache*, *ur-sprung*, etc., soit tout

---

[1] Le suffixe de ces mots est i.-e. -*yŏ-*, cf. lat. *con-jug-iu-m*. Quelquefois ce suffixe s'applique sur des thèmes en -*eto-*, ce qui donne en germanique une combinaison dérivative -*ipja-*, al. *-de* avec métaphonie : al. *ge-mähl-de ge-bäu-de* = v. al. *gi-mahal-idi gi-bū-idi*.

[2] Pourtant on en peut légitimement rapprocher le russe *voz-* (Meillet). En tout cas il faut se garder de le confondre avec la préposition al. *aus* = ag. *out* = got. *ut* = sk. *úd*. La phonétique les sépare, et d'ailleurs celle-ci a gardé son indépendance avec sa signification.

[3] Proprement « distribution ». De là ensuite le bas-latin *ordalium* et le fr. *ordalie* (épreuve, jugement de Dieu). — Sur la forme atone du même préfixe (verbal), cf. infra 98 (II).

simplement à cause de la signification du mot *ur-alt*, où l'idée d'ancienneté réside dans l'adjectif et non dans le préfixe, la particule a pris une acception spécifique d'**origine** et peut encore se préfixer à un nom ou adjectif quelconque auquel elle ajoute une qualification équivalente à « ancestral » : *ur-ahn*, *ur-germanisch*, *ur-sprache* (langue-mère), *ur-heimat*, etc.

III. La vieille préposition gr. ἀντί (contre, en échange de) lat. *antĕ* (vis-à-vis, devant) ne s'est pas conservée comme telle en germanique, mais y subsiste encore en tant que préfixe dont la forme accentuée est ags. *and-* et al. *ant-*, atone al. *ent-* : ags. *and-swaru* et ag. *an-swer* (réponse), cf. sk. *svár-a-s* (son) et al. *schwören* (jurer) = v. al. *swer-ian*; al. *ant-wort* = v. al. *ant-wurti*, cf. al. *wort* ; ags. *and-wlita* et al. *ant-litz* (visage), cf. got. *wlit-s* (visage); et, pour le sens, rapprocher gr. ἀντί-δωρον (don fait en échange d'un autre), etc. La particule est réduite à un simple *a* dans ag. *a-long* = ags. *and-long* = al. *ent-lang*, et ag. *a-gain* (*a-gain-st*) = ags. *on-gēan* = al. *ent-gegen* [1], cf. *gegen*.

IV. Le préfixe **négatif** ag. al. *un-* [2] a déjà été expliqué comme représentant l'état réduit de la négation indo-européenne **nĕ*, soit donc *n-*. Quand cette consonne trouvait à s'appuyer sur une voyelle, elle demeurait consonne, comme dans lat. *nōn* = **n-oino-m*, exactement « pas un » : ag. *n-one* (pas un) et al. *n-ein* devenu simple négation ; ag. *n-ought* (rien, cf. *aught* « quelque chose »), réduit aussi à une particule négative sous la forme atone *not*, et de même al. *n-icht* = v. al. *n-eo-wiht*, cf. got. *ni waiht-s* (pas une chose) [3]; ag. *n-ever*, *n-either*, *n-or*, etc.; al. *n-ic* (cf. *je*), *n-immer* (= *n-ic mehr*), *noch* = lat. *ne-que*, *nur* (seulement) = v. al. *ne wāri* (exactement « ne fût-ce »), etc. Cet *n* négatif n'a pas survécu. Mais le préfixe *un-*, résultant du cas où il était devenu *n̥* en se rencontrant avec une consonne initiale, s'est maintenu et propagé

---

[1] Le moyen-anglais *again* signifie encore « contre ». Le passage au sens de « encore une fois » ne fait pas de difficulté ; cf. al. *wider* et *wieder*.

[2] Qu'il faut se garder de confondre avec le préfixe inversif anglais *un-* qui n'est jamais que verbal, infra 98 (III).

[3] Al. *niht* a signifié « rien » jusqu'aux temps modernes : le *nichts* actuel est un génitif écourté de la locution renforçante *nihtes niht* « rien de rien ».

de façon à devenir l'indice général et exclusif de négation devant voyelle comme devant consonne : ag. *un-even* comme *un-like*, al. *un-eben* comme *un-gleich*; cf. lat. *in-ermis* comme *in-firmus*, etc. Même associé à des emprunts romans : ag. *un-just*, al. *un-sicher*, etc.

V. Le préfixe **péjoratif** *mis-* de l'ag. *mis-take* (méprise) et de l'al. *misz-klang* (dissonance), etc., n'a de commun que le sens et la ressemblance extérieure avec le préfixe péjoratif roman *mes-* (*mé-fait*, *mé-dire*) = lat. *minus*, avec lequel toutefois il ne pouvait manquer de se confondre en anglais une fois que le français eut passé le détroit (ag. *mis-chief* = v. fr. *mes-chief*). En germanique c'est un participe passé, c'est-à-dire une formation nominale à suffixe i.-e. *-tó-*, que le gotique montre encore sous la forme *missa-* = **miþ-tá-* dans *missa-dēþs* (méfait), al. *misse-tat*, exactement « action manquée »; car la racine sur laquelle s'est construit ce participe est la même que celle du lat. *mitt-ere* (cf. *ā-mitt-ere* « perdre »), de l'al. *meid-en* et du dérivé secondaire ag. *miss* (manquer), al. *missen*. En conséquence de cette étymologie, le préfixe *mis-*, ainsi que le précédent, ne saurait jamais être que nominal, sauf quelques types analogiques [1].

VI. Enfin l'on mentionnera ici, faute de meilleure place, la forme atone *a-*, sous laquelle se cachent en anglais plusieurs prépositions d'ailleurs parfaitement conservées dans la langue sous leur forme pleine, *at*, *of*, *on* : ag. *a-do* (affaire, embarras) = *at do* (à faire), où *at* est le signe du gérondif du moyen-anglais comme l'est aujourd'hui *to* son quasi-synonyme ; ag. *out a-doors* = *out at doors* ou *out of doors*, cf. lat. *forīs* et *forās* (dehors) et lat. *forēs* (porte) ; ag. *a-down* = ags. *of dūne* ; ag. *a-way* (parti) = ags. *on-wĕg* (sur le chemin), cf. al. *weg* = m. al. *en-wëc*; ag. *a-foot* = *on foot*; ag. *a-kin* (parent), cf. *kin* (race), etc. [2].

[1] Par exemple, *misz-griff* (pour le sens, rapprocher *fehl-griff*) a fait créer *misz-greifen* ; puis ont suivi *misz-deuten*, *misz-fallen* (d'après *ge-fallen* et *misz-fall*), etc. Favorisé davantage encore en ag. par la similitude du fr. *mes-* : *to mistake*, *to mislead*, etc.

[2] La préposition *at* est la même que v. al. *az*, qui survit encore dissimulée dans *bis* = *bī az* (jusque à, le premier terme est aujourd'hui *bei*). Quant à *on*, il équivaut à l'al. *an* par atonie de proclise. — Bien

§ 2. — *Préfixes verbaux.*

(97) I. Le préfixe got. *ga-* est aussi largement répandu dans la dérivation verbale que peut l'être en latin son similaire *cŏn-*, et souvent il y laisse aisément apercevoir sa fonction primitive ; car il est bien évident, par exemple, que, si *con-struere* implique l'idée d' « assembler des matériaux », le got. *ga-timr-jan* n'indique pas moins clairement celle d' « ajuster ensemble les bois de charpente », et ainsi de maint autre, *ga-háit-an* « con-voquer », *ga-nim-an* « con-cevoir », *ga-lis-an* « col-liger », etc. Toutefois, en gotique même, il ne manque pas de verbes à préfixe *ga-* dont le sens ne diffère nullement de celui du verbe simple : *ga-bau-an* (habiter), comme *bau-an* ; *ga-sat-jan* (placer), comme *sat-jan*, etc. C'est de même qu'on a, en allemand, *ge-währ-en*, *ge-winn-en*, en regard du v. al. *wër-ēn* (garantir, cf. ag. *warr-ant*), *winn-an* (gagner) ; et en anglais, parmi les très rares débris du préfixe *ge-*, le verbe *afford* (mettre en avant, produire, procurer) = m. ag. *a-forth-en* = ags. *ge-forð-ian*, en regard de l'al. *forder-n*, l'un dérivé de *forth*, l'autre de *vorder* qui en est le comparatif.

A l'origine, on le voit, ce préfixe était aussi étranger que possible à la formation du participe passé des verbes : en d'autres termes, un verbe gotique *lis-an* faisait au participe *lis-an-s*, et un verbe *ga-lis-an*, *ga-lis-an-s* (al. *ge-les-en*) ; un verbe *bau-an* faisait *bau-ida*, et un verbe *ga-bau-an*, *ga-bau-ida* (al. *ge-bau-t*), etc. Mais, en germanique-occidental, l'usage s'établit d'employer comme participe passé du verbe simple le participe passé du verbe à préfixe [1], en telle sorte que la

---

entendu, il n'a pas été question des préfixes d'origine romane, tels que ags. *ærce-* et ag. *arch-*. v. al. *erzi-* et al. *erz-* = *archi-*, gr. ἀρχι- (en chef) : ag. *arch-bishop*, al. *erz-bischof*, et préposé même à des mots germaniques, al. *erz-herzog*. Noter aussi le préfixe négatif roman *in-*, qui en anglais fait concurrence à *un-* et s'associe d'habitude aux mots d'emprunt : *in-defatigable*, *in-expedient*, etc.

[1] La raison de cette préférence est aisée à comprendre : c'est que, en indo-européen et encore dans le premier état du germanisme, bien que la distinction tende à s'y effacer, tout préfixe donne à l'expression verbale un sens *perfectif*, d'action totalement accomplie, en opposition au sens *duratif*

syllabe *ge-* parut et devint l'**indice spécifique du participe passé**. Il en est ainsi en anglo-saxon comme en allemand. En anglais, l'initiale du participe passé, réduite à *y-* (*y-clept* « nommé », *y-covered* « couvert ») [1], finit par disparaître, et l'on dit *found* comme *find*, *had* comme *have*, etc. En allemand, au contraire, on sait que tout verbe de formation germanique qui n'est pas déjà pourvu d'un préfixe inséparable prend au participe passé en *-en* ou en *-et* le préfixe inséparable *ge-*.

Et de cette extension il est résulté en allemand, sauf pour cette catégorie grammaticale, une disparition du préfixe *ge-* presque aussi complète que celle qu'a produite en anglais l'usure phonétique. En effet, du jour où, par exemple, *ge-lesen*, *ge-zimmer-t* furent réputés les participes réguliers des verbes *les-en*, *zimmer-n*, etc., l'existence des infinitifs *ge-les-en = *ga-lis-an*, *ge-zimmer-n = *ga-timr-jan* dut sembler étrange et contradictoire, et ceux-ci tombèrent de fort bonne heure en désuétude. Aussi le préfixe *ge-* ne caractérise-t-il plus en allemand qu'un bien petit nombre de verbes : soit ceux dont la forme simple était elle-même tombée en désuétude antérieurement, comme *ge-nes-en* dont le simple *nës-an (cf. le causatif got. *nas-jan*) ne se lit plus nulle part ; soit ceux où le composé avait pris un sens très différent de celui du simple, comme *ge-fall-en* [2] en regard de *fall-en* ; particulièrement enfin, ceux où le composé s'était spécialisé

du verbe simple : le verbe à préfixe est donc par excellence celui qui convient à la constatation d'un fait passé. Comparer en gotique : (Luc, 8, 42) *jah sō swalt*, « et elle (la fille de Jaïre) était à l'article de la mort » ; puis, un peu plus bas (53), *gasaíhwandans þatei gaswalt*, « (les assistants) voyant qu'elle était morte ». De même en v. al. : (Tatien, IV, 9) *Elisabeth wārlihho ward gifullit zīt zi bëranne, inti gibar irā sun*, « or à Élisabeth fut accompli le temps d'accoucher, et elle enfanta son fils », etc. Pour plus amples détails sur l'importante question du perfectif et de l'imperfectif germaniques, on consultera Streitberg, *Urgerm. Gr.*, p. 276 sqq., et *Got. Gr.*, p. 132 sqq.

[1] Fréquent encore dans Chaucer et contemporains : *yclad* (vêtu), *yborn* (né), *ytold* (dit) ; mais, sous l'influence danoise sans doute, le mercien avait de bonne heure abandonné le préfixe.

[2] Exactement « tomber avec, — coïncider, — s'ajuster à ».

au sens transitif ou causatif, comme *ge-steh-en* (soutenir, avouer) ou *ge-schweig-en* (faire taire) [1].

(98) II. Le préfixe *ur-*, atone en tant qu'il s'adjoint à un verbe, est devenu en allemand *er-* : il n'y a d'autre différence que l'atonie du préfixe, entre *ur-teil* et *er-teil-en*, *ur-laub* et *er-laub-en*, *ur-kun-de* et *er-kenn-en* [2], etc., et c'est le même préfixe atone qu'on reconnaît dans l'ag. *a-rise* (cf. *rise*) = ags. *a-ris-an* = got. *ur-reis-an* (se lever) [3].

III. Le préfixe *and- ant-*, en tant que verbal et atone, devient ag. *un-*, al. *ent-* et, devant *f* initial, *emp-* par assimilation : *emp-fang-en* = *ent-fang-en, emp-find-en* [4]. Le sens originaire de réciprocité ou de contrariété attaché à ce préfixe (gr. ἀντί) n'apparaît pas toujours avec netteté ou même semble complètement évanoui dans des formations allemandes telles que *ent-schlafen, ent-laufen, ent-flieszen* et autres. Mais il saute aux yeux dans sa fonction commune, qui est **inversive**, c'est-à-dire implique l'action contraire à celle qu'exprime le verbe simple, soit l'opposé de la fonction du préfixe *be-* ou *ver-* et l'équivalent exact de notre préfixe fr. *dé-* : *ent-decken, ent-binden, ent-ehren* ; et de même en anglais, *un-do, un-bind, un-fold*, etc. [5].

[1] Le sens intransitif encore conservé dans *ge-schweig-e* « à plus forte raison », exactement (subjonctif) « à supposer qu'on se taise sur ». — Il va de soi que le type *ge-sell-en*, assez commun, est hors de cause : il n'est point formé à l'aide du préfixe *ge-*, mais dérivé du substantif à préfixe *ge-*, supra 96, I ; c'est tout autre chose.

[2] Mais, bien entendu, *urteil* a amené *urteilen*, comme, de son côté, *erkennen* a fait créer *erkenntnis*.

[3] On voit que cette initiale anglaise *a-* représente étymologiquement au moins six particules distinctes.

[4] Exactement : « prendre en échange », d'où « recevoir » ; « trouver, acquérir en échange », répondre à un fait extérieur par une sensation corrélative et adéquate », d'où « ressentir », etc. — Ces deux verbes, toutefois, sont les seuls, avec *empfehlen*, à maintenir la forme vraiment phonétique : partout ailleurs (*ent-falten, ent-führen, ent-färben*), l'analogie a fait rétablir le préf. *ent-*.

[5] Le développement du sens inversif est allé très loin dans l'al. *ent-setzen*, « déplacer, — bouleverser, — épouvanter ».

99) IV. On a vu que le préfixe ag. al. *be-* n'est autre chose que la forme atone de la préposition ag. *by* et al. *bei*, qu'à son tour on croit retrouver dans l'élément final de la préposition sk. *abhí* (vers) et gr. ἀμφί (autour). Reconnaissable encore comme préposition dans des locutions adverbiales telles que ag. *be-fore* (par-devant), *be-neath*, al. *be-hend-e*, etc., le préfixe s'est de fort bonne heure appliqué sur un grand nombre de verbes simples, avec une nuance plus ou moins effacée de tendance ou d'accession : got. *bi-git-an*, ag. *be-get*, cf. *get* ; ags. *be-cum-an* (rencontrer), ag. *be-come* (devenir), al. *be-komm-en* (recevoir) ; v. al. *bi-ginn-an* (cf. got. *du-ginn-an*), ag. *be-gin*, al. *be-ginn-en*, etc. L'anglais en est à peu près resté là, bien qu'il possède quelques formations dérivées causatives du type *be-dim* (obscurcir), *be-spread* (parsemer), *be-set* (investir), même sur un emprunt français *be-siege* (assiéger), etc. ; mais en allemand le préfixe est encore vivant et même remarquablement développé dans une fonction spéciale.

Ainsi que le montre dès l'abord le contraste de signification de *become* et *bekommen*, le préfixe *be-* ne porte rien en lui-même qui soit de nature à imposer une fonction transitive au verbe qu'il modifie. Cependant il est bien certain que, si « venir vers » peut signifier simplement « convenir, devenir », il peut aussi signifier « aborder, atteindre, obtenir » et conséquemment gouverner un régime à l'accusatif : c'est ce qui se vérifie en allemand.[1] De même, *sitzen* signifiant « être assis », *be-sitzen*, « être assis auprès » ou « autour », équivaudra à « occuper, posséder », *be-fallen* à « se ruer sur » d'où « attaquer »[2], et ainsi de suite. De là donc une première extension de l'emploi de *be-* : la **possibilité de convertir** à peu près tout **verbe neutre en verbe actif** par la préfixation de cet élément, *folgen be-folgen, schwören be-schwören, streiten be-streiten, siegen be-siegen*, etc.

[1] Et partiellement jusqu'en moyen-anglais, puisque *be-siege* a été formé ainsi sur un substantif sûrement emprunté au français. — Observer en passant la substitution arbitraire de ces indices à sens effacé : l'ag. *be-seech* est synonyme de l'al. *er-suchen*. — Observer aussi le sens particulier de l'ag. *be-head* (décapiter).

[2] Mais ag. *befall* maintient le sens intransitif.

Ce n'est pas tout. Une fois les verbes *bestreiten, bekämpfen, besiegen* ainsi créés, il était inévitable que le sujet parlant les associât dans son esprit, non plus aux verbes simples d'où ils procédaient, mais directement aux substantifs *streit, kampf, sieg*, qu'il n'avait point de peine à y reconnaître. Dès lors, et par voie de conséquence, on en vint tout naturellement à **tirer d'un substantif**, puis aussi d'un adjectif quelconque, au moyen du préfixe *be-*, **un verbe transitif ou causatif** dérivé, impliquant habituellement l'idée de « pourvoir de, douer de » l'objet ou la qualité exprimée par le nom : *bau, be-bau-en* « construire (un terrain) » ; *frucht, be-frucht-en* ; *frei, be-frei-en* ; *fähig, be-fähig-en* ; puis, par une nouvelle analogie *be-günst-ig-en* sur *gunst*, *be-vollmächt-ig-en* sur *vollmacht*, et ainsi à l'infini [1].

V. Le préfixe allemand *ver-*, également très répandu, et conservé encore dans un certain nombre de composés anglais (*for-lorn* = *ver-loren, for-give* = *ver-geben*), représente, non seulement le got. *fra*, qui à son tour pourrait répondre au gr. πρό (devant) et au lat. *prō* (pour), mais encore les particules got. *faúr faír*, qui se réfèrent au lat. *per* (par, pour, cf. ag. *for* et al. *für*), et probablement en outre à un autre préfixe *per-*, qu'on croit retrouver dans le gr. παρά (de travers), ainsi que dans le sens péjoratif des verbes *per-dere, per-īre*, etc. Bref, plusieurs mots différents se sont confondus dans le vocalisme uniforme de cette syllabe atone, qui, en vieil-allemand, est successivement *for-, fur-*, puis *far-*, enfin *fir-* et *fer-*. De là l'extrême bigarrure de fonctions que présente en allemand cette formation par *ver-*, tantôt fort significative, tantôt n'ajoutant au verbe qu'une nuance peut-être **intensive**

---

[1] On en peut dire autant du préfixe suivant (*ver-breit-en, ver-ewig-en, ver-nachlässig-en*, etc.), et même, mais dans une bien moindre mesure, du préf. *er-*, v. g. *er-leicht-er-n, er-mann-en, er-ledig-en*, puisqu'il n'y a pas de vb. ⋆ *mannen*, ⋆ *ledigen*, etc. — Observer d'ailleurs que le sens de tous ces menus indices est devenu de bonne heure si vague, qu'ils s'emploient indifféremment l'un pour l'autre : al. mod. *vergessen* est en m. al. *ergëʒʒen* (oublier) ; au lieu de l'al. correct *ersoffen* (noyé), l'alaman dit *versoffen*, et *besoffen* pourrait aussi bien le signifier s'il ne s'était spécialisé au sens de « ivre ».

à l'origine, mais plus ou moins effacée : al. *fr-essen* = got. *fra-it-an* [1]; al. *ver-lieren*, synonyme ag. *lose* ; al. *ver-ändern*, synonyme *ändern*, etc. A la fonction **péjorative** peuvent se rattacher plus ou moins directement : l'idée d'excès, *ver-brauchen* (user), *ver-blühen* (passer fleur); celle d'erreur, d'oubli, *ver-gessen* (cf. ag. *get* et *for-get*), *ver-führen* (séduire), *ver-legen* (égarer); celle de perte ou destruction, *ver-gehen* [2], comme lat. *per-ire*, *ver-geben-s* (en vain); celle d'action prise en mauvaise part, *ver-fluchen* (maudire), *ver-leumden* (calomnier, cf. *leumund* « réputation »), et jusqu'à celle de négation complète, *ver-bieten*, cf. ag. *for-bid*, *ver-achten*, etc. Enfin, dans son acception courante, le préfixe *ver-* sert, comme le précédent, à tirer d'un verbe neutre un **verbe actif**, soit *dienen ver-dienen* [3], ou d'une base nominale un **verbe causatif** correspondant, mais avec des nuances qui relèvent soit de la grammaire allemande proprement dite soit surtout de l'usage [4].

(OO) VI. Le préfixe **dissociatif** que l'on constate en anglo-saxon sous la forme *to-*, en v. al. sous les formes *za-*, *zi-*, *ze-*, puis subsidiairement *zur-*, *zar-*, *zer-*, cette dernière étant la seule survivante en allemand moderne, ne doit à aucun prix être confondu avec la préposition anglaise *to* = al. *zu*, et paraît, comme le précédent, d'origine multiple et assez compliquée. On en peut rapprocher deux particules gotiques : l'une visible dans *twis-standan* (se séparer), qui rappelle à la fois le

[1] Intensif « dévorer », par suite restreint en al. à la pâture des animaux, ou grossier en parlant de l'homme. L'ag. *fret*, en passant par les sens « dévorer — mordre — mordiller — grincer des dents », s'est restreint à celui d'émotion violente et extérieure.

[2] Ne pas confondre avec ag. *fore-go* qui contient une forme accentuée, al. *vor* = got. *faúra* (devant): *faúra-gaggan* « aller devant, précéder », d'où « dépasser, (ag.) abandonner, céder ».

[3] « Se procurer par ses services », d'où « gagner » ou « mériter ». — Au contraire, l'actif *recken* (étendre, étirer, cf. lat. *por-rig-ere*) devient neutre dans le composé péjoratif *ver-recken* (se raidir en cadavre):

[4] Remarquer le cumul des deux fonctions transitive et péjorative dans des locutions telles que *seine zeit vergeigen* « perdre son temps à jouer du violon », et le contraste complet de *kaufen* et *verkaufen* (got. *káupōn* ne signifiant que «trafiquer » en général).

gr. δίς = *δϝίς (deux fois) et le lat. *dis-* préfixe dissociatif bien connu [1] ; l'autre péjorative, *tuz-* = gr. δυσ- = sk. *dus-*. Quoi qu'il en soit, le préfixe n'apparaît plus en anglais que dans le vieux mot *to-brake* = al. *zer-brach*, tandis qu'on sait l'usage considérable et spécifique qu'en fait l'allemand, soit pour nuancer le sens d'un verbe (*zer-reiszen, zer-stampfen, zer-flieszen, zer-bröckeln*, etc.), soit même parfois pour tirer un verbe d'une base nominale (*zer-fetzen, zer-fleischen, zer-nichten, zer-lump-t* « réduit en lambeaux », il n'y a pas de vb. *lumpen* dans ce sens).

De cette étude d'ensemble sur la préfixation verbale anglo-allemande se dégage, avec une origine commune et nombre de formations identiques, un contraste saisissant dans l'état actuel des deux langues : tous les préfixes verbaux sont encore vivants en allemand, sauf le seul *ge-* [2]; tous sont morts en anglais, sauf le seul *un-* inversif [3].

Section II.

LES SUFFIXES PROPREMENT DITS.

(101) La **suffixation anglo-allemande**, comme celle dont elle dérive, se distingue en **nominale** et **verbale**.

§ 1er. — *Suffixes nominaux.*

Parmi les thèmes nominaux formés par suffixation, il convient de distinguer ceux qui font respectivement fonction de **substantifs** ou d'**adjectifs.**

---

[1] Il est superflu de faire observer que, là où l'anglais présente le préfixe sous cette forme même (*dis-honour, dis-qualify*, même *dis-own* en composition avec un verbe germanique), c'est un emprunt pur et simple au latin.

[2] Mort comme élément dérivatif, vivant seulement en tant qu'indice grammatical du participe passé.

[3] Une phrase telle que « *we must un-boycott Ireland* » = « débarrasser l'Irlande du boycottage » n'aurait rien que de conforme au génie de la langue.

A. Substantifs.

I. Ag. -*er*, al. -*er* : **noms d'agent**. — L'intéressante histoire de ce suffixe, extrêmement répandu et encore fort vivace, peut se résumer en quelques traits essentiels, en partant d'une forme originaire -*ār-jā-* ou -*ār-ja-*, c'est-à-dire du suff. i.-e. -*yo-* greffé sur un thème de dérivation secondaire à suffixe -*ro*- : sk. *rátha-s* (char), vb. *ratha-r-yá-ti* (il est traîné sur un char)[1].

1. Le latin possède de nombreux adjectifs en -*āriu-s*, tous tirés de substantifs : *ferr-āriu-s* (de fer), *pisc-āriu-s* (de poisson), etc. Et ces adjectifs, appliqués à des personnes, aboutissent au sens de substantifs purs : (*faber*) *ferrārius* « ferronnier », *piscārius* « pêcheur », etc. Tel est aussi le sens des similaires gotiques : *wull-arei-s* « drapier », *bōk-arei-s* « scribe », et le suff. got. -*arei*- se retrouve, même avec une longue initiale, dans les formes ags. (métaphonique) -*ēre*, v. al. -*āri*, m. al. (métaphonique) -*ære*, -*er*, ag. al. -*er*, dont le rôle est identique, dans les types *fish-er* (ags. *fisc-ēre*) et *fisch-er*, et les similaires dérivés de substantifs, que le lecteur multipliera sans peine.

2. Ce suffixe s'adjoignait, cela va sans dire, à un thème nominal en -*en*- comme à tout autre : ag. *gard-en-er* et al. *gärtn-er*, m. al. *gart-en-ære* = v. al. *gart-in-āri*, cf. ag. *Gardiner* nom propre; v. al. *ohs-an-āri* (bouvier), al. *öchs-n-er*, etc. Mais on connaît la propriété particulière des thèmes en -*en*- : l'*n* disparaît au nominatif singulier, en sorte que, par rapport à un nominatif v. al. *gart-o*, m. al. *gart-e*, v. al. *ohs-o*, al. *ochs*, etc., l'*n* de la formation dérivée a l'air de faire partie du deuxième suffixe. De là donc l'illusion d'un faux suffixe -*ner*, qui s'est transporté ailleurs et a foisonné : *bild-ner* [2],

---

[1] Il semble d'ailleurs superflu de remonter aussi haut pour expliquer le suffixe germanique, qui, selon toutes probabilités, est un emprunt pur et simple au latin : de là, le caractère indécis de la quantité de la voyelle initiale.

[2] Dès le XIVe siècle, *bild-en-ære*; mais auparavant, *bild-ære*. — Les formes anglaises en -*ar* (*li-ar*) et -*or* (*sail-or* = *sail-er*, *warr-ior*; cf. *lawyer*, etc.) ne sont que des variantes graphiques.

pfört-ner, *harf-ner*, etc. On s'expliquera par un procédé semblable le suff. de *tisch-ler*, *künst-ler*, etc.; cf. *drechsl-er* refait sur le vb. *drechsel-n*, fréquentatif de *dreh-en*.

3. De ces considérations il résulte à l'évidence que l'élément dérivatif *-er* ne saurait, en principe, non plus qu'en latin *-ārius*, s'appliquer que sur des thèmes nominaux, et non sur des verbes; et c'est ce qui se vérifie rigoureusement pour les plus anciennes formations ; ags. *bōc* (livre), d'où ags. *bōc-ēre* (scribe), cf. lat. *libr-ārius* ; v. al. **fano* (drapeau) [1], d'où *fan-eri* (porte-drapeau), m. al. *venre*, al. mod. corrompu *fähnrich*, cf. lat. *vexill-ārius*, etc. Mais beaucoup de substantifs de ce genre avaient, à côté et en regard d'eux, des verbes identiques ou très pareils, et il est plus naturel au sujet parlant de rapporter, par exemple, *fish-er* et *fisch-er* aux verbes *fish* et *fisch-en* qu'aux substantifs *fish* et *fisch* dont ils sont réellement issus[2]. La conséquence analogique de cette confusion fut la possibilité désormais acquise et toujours subsistante, en anglais et en allemand, de tirer d'un verbe quelconque un nom d'agent par le suffixe *-er* : ag. *shav-er*, *hat-er*, *mak-er* ; al. *käuf-er*, *säuf-er*, *schneid-er*, etc. Il en résulta aussi en allemand un certain nombre de doublets, que la langue élimina plus tard, soit en laissant tomber en désuétude l'un des deux termes, soit en attribuant à chacun une nuance de sens différente : v. al. *sang-āri* régulièrement tiré de *sang*, plus tard *säng-er*, et *sing-er* irrégulièrement dérivé de *sing-en* ; al. *schnitt-er* (moissonneur) et *schneid-er* (tailleur) ; al. *ritt-er*, cf. *ritt* (chevauchée), et *reit-er*, de *reit-en*, etc.

4. L'emploi subsidiaire du même suffixe pour la formation de noms d'habitants (ag. *London-er*, al. *Berlin-er*) est plus conforme à son origine, quoique également étranger au latin *-ārius*.

5. Ce suffixe *-er* ne doit pas être confondu avec un autre, de

---

[1] Dans le composé *gund-fano* « enseigne de combat », fr. *gonfanon*.

[2] Cf. supra 99, le procédé inverse pour *bestreiten* rapporté à *streit*, tandis qu'il procède réellement de *streiten*, et infra IX (105). Les *blunders* de ce genre abondent dans toutes les langues et apportent un énorme appoint de fécondité à leur pouvoir de dérivation. — Tous ces mots se féminisent par ag. *-ess* et al. *-in*, supra, p. 144, n. 1, et n° 87, I.

forme identique, mais d'emploi tout différent et d'ailleurs fort rare, qui caractérise les noms de certains mâles d'animaux : ag. *cat* et al. *katze* nom générique, mais ag. **cat-er* (matou) conservé dans *cater-waul* (vacarme) et al. *kat-er* = v. al. *chat-aro* ; ag. *goose* = *gŏns* et al. *gans*, mais ags. *gand-ra* et ag. *gand-er* (jars), m. al. *ganʒ-er* et al. *gänserich* [1].

03) II. Ag. *-ing*, al. *-ung* : **noms d'action**. — Ces deux formes suffixales ne sont pas phonétiquement identiques, mais bien peu s'en faut, puisque l'une remonte à *-ĕn̊-ko-* et l'autre à *-n̥-ko-* [2] ; et au surplus l'allemand montre la forme *-ing* dans d'autres dérivations qu'on va voir, comme aussi l'anglo-saxon, dans celle-ci même, la forme *-ung* perdue par l'anglais : ags. *leorn-ung* = al. *lern-ung*, mais ag. *learn-ing*, etc. La fonction spécifique de ce suffixe est en effet, dans les deux langues, de former un nom d'action ou un substantif abstrait tiré d'une base verbale.

1. Cette fonction primitive est la seule aussi que montre l'allemand, mais on sait à quel haut degré elle y est développée : v. al. *hantal-ō-n* (traiter), fm. *hantal-unga* ; *man-ō-n* (avertir), fm. *man-unga* ; al. *handel-n handl-ung*, *mahn-en mahn-ung* ; *führ-ung*, *rüst-ung*, *fest-ung*, *brech-ung*, etc.

2. En anglais l'élément, tout en restant dérivatif (*a yearning* « un désir », *a liv-ing* « une subsistance », *a hunt-ing party* « une partie de chasse », *a danc-ing master*, etc. [3]), a cumulé cette fonction avec celle d'indice grammatical. En effet, dans certaines parties au moins de l'Angleterre, la finale ags. *-end* du participe présent était venue à se prononcer *-ing* [4]. D'autre part, en anglo-saxon, une phrase telle que « j'étais à la chasse » se disait très bien *ic wæs on huntunge*,

---

[1] Avec la même altération que *fähnrich*, cf. *enterich*, *täuberich*.

[2] Cf. supra 91, 2.

[3] En dépit des expressions françaises *une matinée dansante* et autres, on doit reconnaître dans ces locutions anglaises de véritables composés où le mot en *-ing* est encore aussi nettement un substantif que peut l'être le mot en *-ung* dans l'al. *erlernungs-mittel*. Il en est de même dans les locutions *on asking* (exactement « sur interrogation »), *of doing, for playing*, etc., etc.

[4] Cf. supra 90, VI. Prononciation attestée par l'orthographe en 1200.

et cette locution, devenue en anglais *I was a-hunting* pouvait d'autant plus couramment se comprendre comme « j'étais chassant », que la locution *a-waiting* de *I am a-waiting* (et autres) semblait le participe présent du vb. *await*. De là donc la confusion complète, en anglais, des formes du nom d'action, du **gérondif** et du **participe présent**, et ultérieurement l'emploi de locutions où la finale -*ing* perd tout à fait son caractère nominal, le mot qu'elle caractérise étant désormais construit comme un verbe ordinaire : *for having done* ; *nature's chief masterpiece is writing well* (Pope), etc.

III. Ag. -*ing*, -*ling*, al. -*ing*, -*ling* : **diminutifs**. — 1. Le suffixe -*ing*, par lui-même, n'a point de valeur diminutive propre (cf. *king* = *cyn-ing* et al. *kön-ig* = *kun-ing*, dont la base est un mot signifiant « race, tribu »). On ne saurait pourtant méconnaître qu'il s'applique volontiers à de menus objets : ag. *shilling farthing*, al. *schilling*, etc. Il n'est point commun et n'est plus vivant.

2. Puis la combinaison du suffixe diminutif -*ila* avec -*ing* a produit de bonne heure un suffixe diminutif -*iling*, -*ling*, qui compte assez de représentants, mais n'entre guère plus dans des formations nouvelles : ags. *gōs-ling* (oison) et ag. *gos-ling* ; ag. *darling* = *dear-ling, diminutif de caresse ; ag. *lord-ling* (petit seigneur) et même *lord-ing*, diminutif de mépris ; ag. *young-ling* et al. *jüng-ling* = ags. *geong-ling* et v. al *junga-ling* ; ags. *æðeling* et al. *edeling*, sans valeur diminutive précise, etc. [1]

IV. Al. -*lein* et -*chen* (ag. -*kin*) : **diminutifs**. — 1. Le suffixe -*in*, greffé de même sur le suffixe diminutif -*ila* a formé une combinaison -*ilin*, -*lin*, qui manque complètement à l'anglais et au bas-allemand, mais que le haut-allemand a fait foisonner à l'infini : v. al. *fugil-in chezz-ilīn chind-ilīn*, al. *vöglein kätzlein kindlein männlein*, etc.

2. Le même suffixe -*in* greffé sur un thème à finale gutturale, a fourni la combinaison -*kīn*, étrangère au haut-

---

[1] Très commun comme tel en anglais : *weak-ling* (chétif), *fond-ling* (favori), *change-ling* (inconstant), *hire-ling* (mercenaire), etc. Cf. al. *zög-ling* (élève), *häupt-ling* (chef), *flücht-ling* (fugitif), etc.

allemand, mais considérable en bas-allemand : néerlandais *skipe-kīn* (barque). Elle a passé par emprunt à l'anglais (*manni-kin*), où d'ailleurs elle n'a point fait fortune [1], et à l'allemand du centre où elle est devenue *-chen* et s'est fort répandue : *männ-chen, schäf-chen, häus-chen.* Les deux formations, l'une seule usitée au sud et l'autre dans le centre, sont vivantes toutes deux, adoptées également par la langue littéraire, et se font concurrence.

94) V. Ag. **-sel, *-sle*; al. *-sal, -sel* : **noms abstraits**. — L'origine de ce suffixe se perd dans les transformations phonétiques qu'il a dû subir de l'indo-européen au prégermanique : il y a donc bien des manières plausibles, aucune sûre, de se la représenter. La plus simple est de partir du suff. i.-e. *-tlo-* [2], affixé à une racine terminée elle-même par une dentale, en sorte que le groupe résultant *t-tlo-* ait produit prg. *-ssla-*, transporté ensuite dans d'autres formations [3].

1. Quoi qu'il en soit, cette dérivation est en allemand d'autant plus visible, qu'elle a, partiellement au moins, échappé aux rigoureuses conséquences de l'assourdissement des finales. Le vocalisme en *a* y est encore fort commun : *trüb-sal* = v. al. *truobi-sal, lab-sal, schick-sal* [4], etc. Mais la force productive en est à peu près éteinte. A plus forte raison l'est-elle pour la forme assourdie *-sel* : *wech-sel* = v. al. *wëh-sal* (rac. i.-e. *wik* avec idée d'alternance, cf. lat. *vic-ēs, vic-issim*), *rät-sel* = v. al. **rāt-isal* (*rat-en* = *rāt-an* « deviner »), *über-bleib-sel*, etc. Fidèles à leur origine instrumentale, la plupart de ces mots sont neutres.

2. En anglais le suffixe n'apparaît plus que sous un double voile qui le dissimule entièrement : le mot qui est al. *rätsel*

[1] Cependant *lamb-kin* (agneau), *nap-kin* (serviette = petite nappe), et quelques noms propres (*Jenkin*).

[2] Des noms d'instrument, supra 79, XIII.

[3] L's n'est pas devenu *z*, puis *r*, par la raison qu'il était double ; d'autre part, il s'est inséré une voyelle de prononciation entre *s* et *l* (v. al. *-isal*), ce qui a empêché l's de devenir *ž*.

[4] Il est probable que, dans certains mots, cette syllabe a été prise pour un élément de composition comme *-sam* et *-bar*, et en conséquence frappée d'un accent secondaire qui en a protégé le vocalisme.

est ags. *rǣd-els* par déplacement réciproque des deux consonnes [1]; on attendrait dès lors en anglais quelque chose comme *reeddles, mais l's final a été pris pour une marque de pluriel, et de ce faux pluriel on a tiré un sg. *riddle* (devinette). Ainsi s'explique aussi ag. mod. *burial* = m. ag. *burials* = ags. *byrg-els*, dérivé de *byrg-en* (enterrer), cf. al. *berg-en* (enfouir, cacher). Il va sans dire que cette dérivation est éteinte.

VI. Ag. *-ness*, al. *-nis* : **noms abstraits,** neutres aussi en général. — Ce suffixe, beaucoup plus important que le précédent, et vivant dans les deux langues, est comme lui d'origine obscure et complexe. La forme la plus ancienne à laquelle il nous soit donné de remonter est un suffixe msc. got. *-assu-s*, dont le second élément paraît être le suff. i.-e. *-tu-*. Dès lors, l'*n* initial n'appartient pas au suffixe, mais procède par analogie du cas où celui-ci se greffait sur un thème en *-en-*, soit got. *þiud-a* (peuple, gén. *þiud-in-s*, cf. lat. *Teut-ō* pl. *Teut-ōn-ēs*), d'où en dérivation *þiud-in-assu-s* (royaume), et plusieurs similaires. De même, en dérivation d'un participe en *n*, v. al. *forloran-issa* (abandon), qui serait ag. *forlorn-ess (devenu *forlorn-ness*) et al. *verlorn-is. On voit d'où procède l'illusion de ce faux suffixe *-ness* et *-nis*, d'ailleurs prodigieusement répandu [2] : ag. *holy-ness* = ags. *hāl-ig-ness*, *high-ness*, *sour-ness*, *forgive-ness*; v. al. *hart-nissa* (dureté), *got-nissa* (divinité), etc., al. mod. *zeug-nis bild-nis bünd-nis* [3].

B. Adjectifs.

(105) VII. Ag. *-en*, al. *-en* et subsidiairement *-ern* : **adjectifs de matière.** — D'un suff. prg. **-ina-* = i.-e. **-ino-*, supra 89,3.

---

(1) Rien n'est plus commun, dans toutes les langues, que les métathèses de liquides : P. Passy, *Changem. phonétiques*, nos 542 sq.

(2) C'est en anglais qu'il a le plus de vie : il peut s'attacher à des emprunts français (*coy-ness* « tranquillité », fr. *coi*) ou à des adjectifs savants tirés du latin (*acid-ness*) comme à des mots indigènes.

(3) Dans *gefängnis* analysé *ge-fäng-n-is* (cf. le participe *ge-fang-en*) on pourrait être tenté de retrouver la forme primitive du suffixe.

VIII. Ag. -*ish*, al. -*isch* : **adjectifs de provenance et d'attribution**. — Cet élément est vivace mais fortement entamé en anglais par la concurrence, soit du suffixe -*ly* [1], soit de la dérivation empruntée au français (*Americ-an, Pruss-ian*, etc.). En allemand, il est d'un emploi considérable (*französ-isch*) et se greffe même sur des mots savants (*psycholog-isch*) et des formations d'origine romane (*latein-isch, amerik-an-isch, chin-es-isch, annam-it-isch*). Sur l'origine, prg. *-*iska*- = i.-e. *-*isko*-, voir plus haut, 91,3.

IX. Ag. -*y* (= ags. -*ig*), al. -*ig* : **adjectifs de qualification**. — Très commun et toujours vivant : ag. *heart-y mood-y, heal-th-y, fil-th-y, silver-y* ; sur mots empruntés, *greas-y, juic-y*, etc. ; al. *herz-ig, mut-ig, zorn-ig, zott-ig, woll-ig, gold-ig*, etc. ; en composition, *vier-füss-ig, weit-schweif-ig* [2]. Origine : supra 91, 1.

X. Ags. -*iht* (ag. disparu), al. -*icht* : même sens, mais bien plus rare. — Ce suffixe paraît être une combinaison, spéciale au germanique, des indices i.-e. -*ko*- (-*iko*-) et -*to*- : ags. *stæn-iht* (pierreux), al. *stein-icht, woll-icht, tör-icht*, etc. L'adjectif a passé au sens de substantif dans *kehr-icht* (ordure), dérivé de v. al. **chara* qui est la base dérivative du vb. *cher-ian* = *kehren* (balayer).

§ 2. — *Suffixes verbaux.*

On a déjà vu que presque toute la dérivation verbale anglo-allemande repose aujourd'hui sur l'ancien suffixe germanique -*jan*, confondu d'ailleurs avec les anciennes finales -*ēn* et -*ōn*, c'est-à-dire sur la terminaison -*en* à l'infinitif allemand et l'absence complète de terminaison à l'infinitif anglais. Mais,

---

[1] Comparer *heaven-ly* à *himml-isch*, *earth-ly* à *ird-isch*, etc.

[2] Les adjectifs du type *gläub-ig, streit-ig, irr-ig*, etc., réellement dérivés des substantifs *glaube, streit, irre*, etc., ayant été ultérieurement rapportés aux verbes *glaub-en, streit-en, irr-en*, etc., on a formé de même *er-biet-ig* (vraie forme *er-böt-ig* sur *er-bot*), *aus-find-ig, zu-läss-ig, ab-häng-ig*, etc., sur *er-biet-en, aus-find-en, zu-lass-en, ab-hang-en*, et nombre d'autres. Cf. supra 99, 102 (3), et infra 110 (I, 2, II, III), etc. C'est toujours le même procédé.

avant d'aborder ce procédé courant, il convient d'éliminer les formations infiniment moins productives qui dépendent de la combinaison de ce suffixe -*jan* avec un suffixe antérieur ou de tout autre cumul.

I. Ag. -*n*, -*en* (assez commun), al. -*n-en* (bien plus rare) = germ. -*n-jan* et -*n-an* : **verbes surtout causatifs**. — En principe, en anglais tout comme en allemand, la simple application du suffixe **-jan* à un thème quelconque suffit amplement, ainsi d'ailleurs que l'implique son origine [1], à donner à l'ensemble dérivatif une valeur de causalité : ainsi, de *warm* (chaud), le vb. *warm* (chauffer), tout comme al. *wärm-en* = got. *warm-jan*, et de *better* le vb. *to better* = al. *besser-n*, etc., etc., Mais, à raison même de la chute de la finale anglaise, le verbe causatif, au moins dans certains cas, ne se distinguait plus assez nettement du mot dont il procédait et surtout du verbe intransitif souvent tiré de ce même mot, et l'usage devait tendre à préférer un mode de dérivation mieux caractérisé. Or, le germanique avait tiré de ses participes passés en -*an*-, comme de tout autre adjectif quelconque, des verbes causatifs et des verbes intransitifs, les uns donc à infinitif -*n-jan*, les autres à infinitif -*n-an*, qui plus tard, à la faveur de la chute du *j*, se confondirent plus ou moins, avec une nuance le plus ordinairement causative. Soit, par exemple, une racine prg. *wak*, vb. got. *wak-an* (veiller) : il en était sorti un participe prg. **wak-aná-s* (éveillé), et de celui-ci un vb. intransitif **ʒa-wak-an-an* (s'éveiller) et un verbe causatif **ʒa-wak-an-jan* (éveiller). Le corrélatif ags. *a-wæc-n-an* signifie encore « s'éveiller »; mais son descendant anglais *a-wak-en* n'a plus guère que le sens d' « éveiller », en regard de l'intransitif pur et simple *a-wake* = germ. **ʒa-wak-an* (s'éveiller) [2].

---

[1] Voir les verbes causatifs et dénominatifs en sk., gr. et lat., supra 83 (IV) et 92.

[2] La chute de la finale anglaise rend la déduction un peu laborieuse ; mais elle n'a rien que de simple, si l'on se souvient toujours : 1° qu'un infinitif ag. sans *n* devrait en avoir un ; 2° que par suite un infinitif ag. terminé par un *n* en devrait avoir deux : d'où l'on voit que ag. *sharp-en* et al. *schärf-en*, par exemple, en dépit de leur ressemblance extérieure, sont

Cette finale -*en* ainsi obtenue passa dès lors pour le signe spécifique des verbes causatifs, et elle put s'ajouter à un adjectif quelconque (*deep-en, sharp-en, soft-en, rough-en, straight-en*) ou à certains substantifs (*height-en, length-en, strength-en*), toujours avec cette valeur propre qui parfois pourtant admet en concurrence la fonction intransitive (*rip-en* « mûrir » et « faire mûrir », *sick-en* « tomber malade » et « rendre malade »). L'allemand, où l'élément formatif *-jan* restait toujours suffisamment visible, a pu s'en contenter et n'a point développé la dérivation verbale en *-n-en*, dont il avait du reste hérité au même titre que l'anglais, témoin les types très anciens *ler-n-en* (ag. *lear-n*), *leug-n-en* (ags. *lȳg-n-an*), *war-n-en* (ag. *war-n*), en regard de *lehr-en, lüg-en, wahr-en*.

II. Ag. *-se* = *-is-an* ou *-s-ian* (supra 93) : verbes causatifs. — De l'adjectif *hreinn* (pur) le v. nor. tire ainsi le vb. *hrein-sa* (nettoyer), d'où fr. *rincer* et ag. *rin-se* (emprunt). Sur *clǣne* (propre) l'ags. forme de même *clǣn-s-ian*, cf. ag. *clean clean-se*. Les types *clasp* = m. ag. *clap-s-en* et *grasp* = *grap-s-en* (cf. *to grapp-le*) paraissent relever par métathèse de la même formation.

III. Ag. *-le, -l, -er*; al. *-eln, -ern*,⁶ **verbes fréquentatifs.** — Cette dérivation se ramène au suffixe verbal ordinaire appliqué sur une base nominale en *-ila* ou en *-ira*. Comme, d'autre part, les thèmes en *-ila* ont essentiellement le sens diminutif, on conçoit sans peine la nuance que revêt un verbe ainsi modifié[1]. Les exemples surabondent : ag. *hurt-le* (escarmoucher), *snuff-le* (renifler), *draw-l* (traîner en parlant), etc., en regard de *hurt, snuff, draw*[2] ; al. *läch-eln, schütt-eln, klüg-eln* (faire l'avisé), *näs-eln*, etc., en regard de *lach-en, schütt-en*[3], *klug, nase*; ag. *glimm-er, glitt-er* (chatoyer) =

deux verbes tout différents (le corrélatif de *sharp-en* serait en allemand **scharf-n-en*). Combiner ce processus avec celui qui suppose le suff. *-inōn*, supra 93 in fine.

[1] P. ex. « boire à petits coups », c'est « boire souvent », et ainsi de suite.

[2] De *spark* « étincelle » le fréquentatif *spark-le* sans autre dérivation. Sens purement intransitif dans *kneel* « s'agenouiller ».

[3] Au XVIᵉ siècle encore, *er-schütt-en*, « renverser, ébranler ».

al. *glitz-er-n, flutt-er* (être agité), en regard de *gleam* (éclat), *glit (got. glit-mun-jan* « briller »), *float* (flotter), etc., ; al. *er-schütt-ern* (ébranler), *folg-ern* (tirer une conséquence), *zögern* (tirer en longueur, hésiter, cf. *ziehen zog*), et ainsi de suite [1].

IV. Al. *-zen* = *-t-jan* (supra 93) : verbes fréquentatifs. — La formation est bien connue et assez commune : *schluch-zen* (sangloter, cf. *schluck-en*), *kräch-zen, grun-zen, jauch-zen, äch-zen*, etc. Dans *seuf-zen* pour v. al. *sūft-ōn* (cf. ag. *sob*), le *z* s'est substitué à un *t* (m. al. *siuft-en* et *siuf-zen*) par analogie des autres verbes à semblable finale. Dans *du-tzen* (tutoyer) l'indice, fréquentatif aussi à l'origine, n'a plus qu'une valeur verbale ordinaire[2].

(107) V. **Ag. aucun indice, al. simple finale** *-en* : **dérivation verbale ordinaire**. — Cette importante formation, qui est la continuation actuelle du suffixe germanique *-jan*, et qui en conséquence est tout à la fois susceptible de valeur intransitive, transitive et causative, ne saurait être examinée en détail, mais appelle quelques observations d'ensemble.

1. Au point de vue de la forme, elle s'accompagne naturellement de la métaphonie régulière (al. *scharf schärf-en*, *queck keck er-quick-en, los lös-en, voll füllen, brut brüt-en*), naturellement aussi plus ou moins effacée par l'analogie [3] : ainsi *gold* donne ag. *to gild*, tandis que l'al. *ver-güld-en* est remplacé par *ver-gold-en* ; et inversement, à l'al. *wärm-en*

---

[1] Ne pas confondre avec les fréquentatifs le type *ver-stein-ern*, qui contient simplement le suffixe des adjectifs de matière, supra 105. De même, ag. *girdle* (ceindre) est simplement le verbe formé sur *gird-le* (ceinture), et non le fréquentatif de *gird*. La finale al. *-eln* se réclame parfois aussi d'une autre origine : *handeln* est v. al. *hantalōn*.

[2] Par combinaison des suffixes III et IV, on a le type al. *bren-z-eln* « sentir le roussi ».

[3] Comme aucun changement n'était possible de *still* à *still-en*, de *süsz* à *ver-süsz-en*, etc., on fut amené à créer sans changement *trockn-en, er-starr-en, er-blass-en, ver-dumpf-en, verfaulen*, etc. D'un dialecte à l'autre il y a parfois divergence à cet égard : *nütz-en* (tirer profit de), mais alaman *nutz-en*. On a vu d'ailleurs que la formation par *-ja-n* s'est confondue de bonne heure avec des formations par *-ē-n* et *-ō-n*, qui n'exigeaient pas métaphonie, supra 92-93. Cf. ag. *full* et *fill*, *doom* et *deem*, etc.

s'oppose l'ag. *to warm*. En fait la métaphonie anglo-saxonne est en anglais un phénomème complètement éteint. Plus récente en allemand, elle y est beaucoup mieux conservée.

2. Il va sans dire que la dérivation allemande admet toutes les préfixations verbales étudiées plus haut : *be-fremd-en, er-höh-en, ent-blöss-en, ver-dunkel-n*, etc. Mais en anglais, où la préfixation est sortie d'usage[1] et où la finale est tombée, il en est résulté l'identité extérieure absolue du verbe dérivé et de sa base dérivative. De là, dès lors, l'usage introduit et la merveilleuse facilité propre à cette langue, de changer à volonté un mot quelconque en un verbe, sans y rien modifier et rien qu'en le conjuguant tel quel : *to* ink *a pen, to* pen *a word, to* word *a thing, to* boycott *a man*, etc. L'anglais est ainsi revenu en quelque sorte à la simplicité de structure des langues soi-disant primitives, comme le chinois, où tout mot à peu près joue à volonté le rôle de nom ou de verbe.

3. Quant à la fonction, on a vu qu'elle peut varier. Intransitifs passifs : ag. *ache* (avoir mal); al. *fieber-n* (avoir la fièvre). Intransitifs actifs : ag. *to ship* = al. *schiff-en*. Transitifs simples : ag. *to love* = al. *lieb-en*. Transitifs causatifs : al. *schwäch-en, schwärz-en, kränk-en*. Parfois sens cumulés : ag. *ripe* = al. *reif-en* (mûrir, faire mûrir). Pour préciser la nuance causative, l'al. a ses préfixes *be-, ver-* et *ent-* (inversif); l'ag., son suffixe *-en*. C'est surtout affaire d'usage.

4. Al. *-ig-en*. — Un important développement de la dérivation causative reste spécial à l'allemand. Soit des verbes comme m. al. *eineg-en, nōteg-en, schedeg-en, schuldeg-en*, al. *einig-en, nötig-en, schädig-en, schuldig-en, kräftig-en, be-mächtig-en*, très régulièrement dérivés des adjectifs *einec, nōtec, schadec, schuldec*, respectivement *kräftig, mächtig*, etc. : on les a rapportés par fausse étymologie aux mots *ein, nōt, schade, schuld, kraft, macht*, etc., et l'on a formé de même, sur *ende* et *teil*, les verbes *end-ig-en* et *beteil-ig-en*, bien qu'il n'y ait point d'adjectif **end-ig* ou **teil-ig*. De cette

---

[1] Sauf en ce qui concerne *un-*, supra 98, III, et certaines préfixations romanes, *to en-able, to dis-own*, etc.

fausse analogie est issu le **suffixe causatif** -*ig-en*, extrêmement répandu : *be-fehl-ig-en*, *be-schäft-ig-en*, *ver-ein-ig-en*, *ge-nehm-ig-en*, *be-schön-ig-en*, etc.

VI. Al. -*ieren*, -*iren*. — C'est l'énorme expansion de ce suffixe qui lui vaut une place dans cet exposé, car en fait il est d'origine romane et n'a fait qu'admettre la finale allemande de l'infinitif : al. *spazier-en* = lat. *spatiāri*. Il caractérise les verbes empruntés (*räsonn-ir-en*) ou dérivés d'emprunts (*stud-ir-en*). Mais, à l'époque de sa multiplication sous l'influence de la langue française (XVIIe-XVIIIe siècles), il a atteint un certain nombre de radicaux germaniques auxquels il est resté attaché : *stolz-iren* (faire la roue), *schatt-iren* (ombrer), *buchstab-iren* (épeler).

SECTION III.

LES MOTS ANCIENS DEVENUS SUFFIXES.

(108) On a déjà dit que cette matière rentrerait, à proprement parler, dans l'étude de la composition, en ce sens que *child-hood* et *kind-heit*, par exemple, sont de par leurs origines des mots composés au même titre que *child-birth* ou *kind-bett*. La seule différence, c'est que *birth* et *bett* existent encore aujourd'hui dans la langue, en tant que mots isolés, tandis que *hood et *heit y sont tombés en désuétude. Mais cette différence, nulle au point de vue de l'analyse linguistique, est considérable dans la pratique ; car, par cela même que ces syllabes finales n'ont plus de sens en elles-mêmes et ne comportent plus que la signification élastique d'un élément dérivatif quelconque, elles ont pu et peuvent encore se plier à toutes sortes d'usages, en même temps qu'elles ont subi diverses altérations dont la permanence du mot isolé les aurait préservées[1]. Ainsi, cette dérivation spéciale anglo-allemande, qu'on pourrait dénommer assez exactement **composition dérivative**, est très propre à établir la transition entre les sujets traités jusqu'à présent et ceux qui vont suivre.

[1] Cf. supra 68.

Les mots anciens devenus simples suffixes de dérivation étaient ou des substantifs ou des adjectifs; et en conséquence, le résultat actuel de la composition dérivative est respectivement lui-même ou **substantif** ou **adjectif**. Subsidiairement elle a abouti aussi à quelques **formations adverbiales**.

§ 1ᵉʳ. — *Substantifs*.

109) I. Ag. -*hood* et (atone) -*head* = ags. -*hād*; al. *heit* = *-*hait* = got. *hái-du-s* (manière): **noms abstraits**. — D'une rac. i.-e. *qi* (voir, remarquer, distinguer, sk. *ci*) était sorti un th. i.-e. **qoy-tú-*, sk. *k̄ē-tú-s* (signe), prg. **hai-dú-s* (signe, qualité, manière), d'où l'on voit que v. al. *chint-heit* ne signifie autre chose sinon « qualité, état d'enfant », par suite « enfance », et ainsi de tous les similaires.

1. En ag. la forme -*hood* est commune, la forme -*head* très rare: *maiden-hood* et *maiden-head* = ags. *mægden-hād*. Elle s'affixe tant à des mots indigènes qu'à des emprunts étrangers: ags. *biscop-hād*[1], ag. *priest-hood*. Mais elle ne forme guère que des dérivés de substantifs: *brother-hood*, *neighbour-hood*, *man-hood*, etc.; cependant *false-hood*. Le suff. al. -*heit*, au contraire, s'attache aussi bien à des adjectifs qu'à des substantifs pour en tirer des noms abstraits, et même la dérivation d'adjectifs y est devenue prépondérante: v. al. *magat-heit*, *man-heit*, etc.; al. mod. *schön-heit*, *frei-heit*, *bos-heit* = **bōsi-hait*[2], etc.

2. Quand cette syllabe -*heit* s'ajoutait à une finale d'adjectif -*ec* (mod. -*ig*) très commune en m. al., il en résultait une combinaison -*cheit*: soit, par exemple, de *milt-ec* (compa-

[1] « Épiscopat » et non « évêché ». Observer la nuance.
[2] La voyelle a été syncopée d'assez bonne heure pour ne pas engendrer métaphonie, cf. *böse* = v. al. *bōsi*. — Pour les dérivations de substantifs l'al. a préféré le suff. -*schaft*: cf. *bruder-schaft* et *brother-hood*. Au contraire pour les dérivations d'adjectifs l'ag. a préféré le suff. -*dom*: cf. *free-dom* et *frei-heit*, *wis-dom* et *weis-heit*. — Observer, à ce propos, la richesse de la formation des mots abstraits: pour rendre « hauteur », on compte jusqu'à quatre dérivations différentes (ag. *height* et *high-ness*, al. *höhe* et *hoheit*), dont la nuance n'échappera à personne.

tissant), l'abstrait *milt-ec-heit*. Mais, à côté de l'adjectif dérivé *milt-ec*, il en existait un plus simple, *milte* (mod. *mild*), et dès lors *miltecheit* rapporté à *milte* devait donner l'illusion d'un suffixe *-keit*, qui a été transporté ailleurs : *eitel-keit*, *lust-ig-keit*, *dank-bar-keit*, *freund-lich-keit*, etc. Les deux suffixes *-heit* et *-keit* ont exactement même sens comme même origine, et leur emploi respectif est affaire d'usage [1].

II. Ag. *-dom* = ags. *-dōm* ; al. *-tum* = v. al. *-tuom* : **noms abstraits** (parfois concrets, ag. *king-dom*, al. *herzog-tum*). — Ce mot est le même que l'ag. *doom*, qu'on a vu dérivé de la racine qui signifie « faire », cf. *do* et *tun*. Il forme dans l'une et l'autre langue des dérivés de substantifs ou d'adjectifs : ags. *biscop-dōm*, *hālig-dōm* ; ag. *earl-dom*, *free-dom* ; v. al. *meistar-tuom*, *frī-tuom* ; al. *bis-tum* (syncopé), *heilig-tum*, etc. Il est très vivant, surtout en allemand, où l'on dira fort bien *junkertum*, *brahmanentum*.

III. Ag. *-ship* = ags. *-scipe* ; al. *-schaft* = v. al. *-skaft* : **noms abstraits**. — Les deux mots ne sont pas identiques ; mais tous deux signifient « forme », en tant qu'ils procèdent tous deux, par suffixation différente, de la racine qui a produit *shape* et *schaffen* ; d'ailleurs, le v. al. a encore un suffixe *-skaf* tout court = **skap-i-*, qui se rapproche davantage de la forme anglaise (v. al. *lant-scaf* = ag. *land-scape*, emprunté au néerlandais, mais m. ag. *land-skip*). Cette dérivation est fort commune dans les deux langues : ag. *friend-ship*, *town-ship*, *worship* = **worth-ship*, *court-ship* ; al. *freund-schaft*, *diener-schaft* [2], *gesell-schaft*, *herr-schaft*, *bürger-schaft*, etc. Exceptionnellement dérivé d'adjectif, al. *eigen-schaft* : observer le contraste avec *eigen-tum*.

IV. Ag. *-red*, de *kind-red* (cf. *kin*) et *hat-red* (cf. *hate*), se rattache à la même racine que *read-y* et al. *be-reit*. Beaucoup

---

[1] Une nouvelle combinaison de *-ig* et de *-keit* a produit le suff. *-igkeit* du type *neu-igkeit*, *klein-igkeit*, *genau-igkeit*, cf. le suff. verbal *-igen*, supra 107 (V, 4).

[2] Passé, ainsi que les suivants, au sens concret, comme en fr. « la domesticité » = « les domestiques ». Cf. ag. *her ladyship*. — Greffé sur souche étrangère : *undergraduate-ship* (Thackeray), etc.

plus commun en ags., il est presque éteint en ag. et ne paraît pas avoir existé en allemand. Sur ag. *hundred* = al. *hundert*, voir la numération.

V. Ag. *-lock*, de *wed-lock*, et *-ledge*, de *know-ledge*, sont deux formes (la seconde scandinave) d'un seul et même suffixe d'origine obscure qui était autrefois plus répandu (ags. *-lāc*, m. ag. *-lōk*).

VI. Ags. *-ric*, de *bishop-ric* est l'ags. *ric-e* = got. *reik-i*, qui subsiste en al. comme mot isolé (*reich* et *kaiser-reich*).

§ 2. — *Adjectifs*.

10) I. Ag. *-ly* = ags. *-lic*, atone abrégé de *lic* = ag. *like* [1]; al. *-lich*, atone abrégé de v. al. *-lih* = got. *-leik-s*, cf. le dérivé *g-leich* (semblable) = got. *ga-leik-s* : **adjectifs de similitude, de manière et d'attribution.** — Cette dérivation est considérable et variée.

1. Rien de plus aisé que de concevoir, d'après cette étymologie, comment s'est formé un adjectif composé du type *man-ly* = *männ-lich*, soit « semblable à un homme, qui convient à un homme, viril ». De même, *woman-ly* et *weib-lich*, *father-ly* et *väter-lich*, *king-ly* et *könig-lich*, etc.; et, avec des noms d'objets ou des noms abstraits, *world-ly* = *welt-lich*, *night-ly* = *nächt-lich*, *höf-lich*, *häss-lich*, *lieb-lich*, *anfäng-lich*, ces derniers très développés en allemand.

2. Les types d'adjectifs ainsi tirés de noms venant à être rapprochés en allemand des verbes similaires (*hass-en*, *lieb-en*, *anfang-en*, etc.) il parut tout naturel de former directement sur d'autres verbes, soit *begreif-en*, *empfind-en*, *beschreib-en*, des adjectifs *begreif-lich*, *empfind-lich*, *un-beschreib-lich*, suivant un procédé maintes fois décrit.

3. De même qu'il s'applique à des substantifs, il est d'évidence que le suffixe *-lich* a pu également s'appliquer à des adjectifs, soit pour en atténuer quelque peu la signification (*röt-lich*, « qui tient du rouge, rougeâtre »), soit même sans

---

[1] Cf. la forme pleine dans les composés modernes du type *court-like*. Le sens originaire est « corps, substance », al. *leiche* (cadavre).

valeur précise (*reich-lich*, « riche, abondant »). De même, ag. *silly* = ags. *syl-līc*, supra 23 E.

4. Pour comprendre la suite de l'évolution, il faut savoir qu'en germanique-occidental l'adverbe n'est autre chose qu'un cas (l'instrumental) de la déclinaison de l'adjectif, caractérisé par une désinence -*o*, puis -*e*, qui tendait à s'assourdir et à disparaître : ainsi, got. *hlūt-r-s* (pur, cf. lat. *lau-tu-s* « lavé ») et ags. *hlūtor*, ags. *hlūtr-e* (purement), v. al. *lūttar* et al. *lauter* [1], etc. Les adjectifs m. al. *frō-līch*, *grōȝ-lich*, etc., faisaient donc *frō-līch-e* (gaiement), *grōȝ-lich-e* (grandement), etc., et cette terminaison -*lich-e*, -*lich*, prise tout entière pour la caractéristique de l'adverbe et opposée aux simples *froh, grosz*, était susceptible de se transporter ailleurs avec la même fonction. C'est ce qui s'est produit sur une assez grande échelle en moyen-allemand, et l'allemand moderne en garde plus d'un souvenir ; car il a encore quelques formations en -*lich* qui ne jouent et ne peuvent jouer que le seul rôle d'adverbe : *frei-lich, kürz-lich, schwer-lich, hoffent-lich*.

5. Le pas esquissé par l'allemand a été franchi par l'anglais : -*ly* n'y est plus suffixe d'adjectif que quand il s'attache à un substantif ; greffé sur un adjectif, il le change en **adverbe**. Le type *reich-lich* est essentiellement adjectif en allemand, et son similaire *rich-ly* n'est qu'adverbe en anglais. L'anglais y a trouvé l'avantage de se créer un suffixe spécifique adverbial, tandis que l'allemand n'emploie en cette fonction que l'ancien instrumental dont l'*e* final a disparu, autrement dit l'adjectif invariable. Le suffixe -*ly* s'attache à volonté à tous adjectifs primitifs ou dérivés (*wise-ly, idly* = *id-le-ly = al. **eit-el-lich, form-er-ly, sorrow-ful-ly*), indigènes ou empruntés (*veri-ly* [2], *vacant-ly, glorious-ly*), même parfois à des substantifs (*night-ly* « nuitamment », *purpose-ly* « à dessein »).

---

[1] L'*-e* final conservé dans al. *lange* (longtemps) en opposition à l'adj. *lang*, et de même, *lose* (lâchement), *stille* (en silence).

[2] Ag. *very* = v. fr. *verai* (fr. vrai). L'adverbe indigène est *sooth-ly* = ags. *sōð-līce*, où *sōð = *sond est le participe présent du vb. « être », cf. gr. ὤν ὄντ-ος et lat. *son-s sont-is* (coupable). — L'ag. a cependant encore plusieurs adjectifs en fonction adverbiale : *he works hard, he speaks loud, pretty nigh*, etc.

II. Ag. -*som* -*some* = ags. -*sum,* la forme atone de l'ag. *same*; al. -*sam* : **adjectifs de qualification ou d'aptitude.** — Le mot, perdu en allemand, se retrouve dans le v. nor. *sam-r* (apte) et remonte au sk. *sam-á-s* = gr. ὁμ-ό-ς (égal, semblable, même [1], cf. lat. *sim-ili-s*). Il a donc à peu près même sens que le précédent et doit comme lui former des dérivés de substantifs ou d'adjectifs : got. *lustu-sam-s* (concupiscent); ags. *hȳr-sum* (obéissant), *long-sum* (ennuyeux); v. al. *gihōr-sam* (du subst. *gi-hōr*, « ouïe, obéissance »), *ein-sam, heilsam*; ag. *hand-some* (adroit, d'où « joli »), *win-some, troublesome, weari-some*; al. *müh-sam, arbeit-sam, duld-sam,* etc. Subsidiairement, par analogie, des dérivés directs de verbes : *folg-sam, erfind-sam, bieg-sam* = ag. *buxom*, etc.

III. Al. -*bar* = **bā̆r-i*, état normal allongé de la rac. de *bёran* (porter) et équivalent comme sens au sk. *bhār-á-s*, au gr. φορ-ό-ς et au lat. -*fer* dans les composés : **adjectifs** de production et conséquemment **d'aptitude.** — Le sens étymologique est encore d'une netteté parfaite dans les types tels que ags. *lēoht-bǣre* (lat. *lūci-fer* « porte-lumière »), et al. *frucht-bar* « qui porte fruit », *schiff-bar*, « qui porte bateau, navigable »; légèrement détourné dans les types *furcht-bar, wunder-bar, gang-bar*, etc. Le suffixe s'est perdu en anglais [2], mais a atteint en allemand un énorme développement, par suite de l'analogie qui l'a appliqué directement à des radicaux verbaux : *streit-bar*, par exemple, réellement dérivé de *streit*, mais rapporté par erreur à *streit-en*, a fait créer *ess-bar, les-bar, nenn-bar, annehm-bar, erreich-bar*, et une infinité d'autres, dont la création demeure d'ailleurs encore actuellement possible.

IV. Al. -*haft* = prg. **haf-tá-s-*, identique au lat. *cap-tu-s*, soit donc « saisi de, doué de », avec le sens que possède encore de nos jours le dérivé al. *be-haft-et* (manque en ags. et ag.[3]) : **adjectifs de qualification.** — Ainsi que l'exige l'étymologie, cette formation est très riche en dérivés de substantifs

---

[1] Se rappeler la locution vulgaire « être à *même* de ».

[2] Il y a été atteint par la concurrence du suff. -*able*, emprunté au fr., qui l'a complètement remplacé.

[3] Remplacé par -*ous*, d'origine romane : cf. *virtuous* et *tugendhaft*.

(*herz-haft*, *tugend-haft*, *fehler-haft*), pauvre en dérivés d'adjectifs (*wahr-haft*[1], *bos-haft*), à peu près nulle en ce qui concerne les dérivés de verbes (*schwatz-haft*).

V. Ag. -*fast* = ags. *fæst* (le même mot que al. *fest* = v. al. *festi*), suffixe identique en valeur au précédent en ags. : *hūs-fæst*, « qui a une maison » ; ne s'est conservé que dans *stead-fast*, « qui a une place, un point d'appui », d'où « ferme, solide »[2].

VI. Ag. -*fold* = ags. -*feald* ; al. -*falt* = got. *falþ-s* : **adjectifs de multiplication**. — Pour l'étymologie, comparer l'ag. *fold* et l'al. *falte* (pli) avec le latin *sim-plec-s* « qui n'a qu'un pli », *duplex*, etc. — Ag. *two-fold* (double), *twenty-fold*, etc.; got. *áin-falþ-s* (simple, bon, imbécile), m. al. *ein-falt* (id.), d'où les dérivés got. *áin-falþ-ei* fm., v. al. *ein-falt-î* et al. *ein-falt* (bêtise), v. al. *ein-falt-îg*, m. al. *ein-velt-ec* et al. *ein-fält-ig*, etc.

VII. Ag. -*ful* : **adjectifs de qualification**. — C'est le même mot que l'ag. *full* et l'al. *voll* ; mais, si dans un mot tel que *bewunderungs-voll* le sens de *voll* est toujours fortement présent à l'esprit, il n'en est plus tout à fait de même de l'élément -*ful* dans *thank-ful*, *aw-ful*, *wonder-ful*, *sorrow-ful*, *merci-ful*, *fanci-ful*, etc. L'orthographe à elle seule accuse la différence : l'accent est atténué, et la syllabe, à force de pouvoir s'attacher à un substantif quelconque pour en tirer un adjectif, n'est plus qu'un suffixe de dérivation commode et banal.

VIII. Ag. -*less*, forme atone de ags. *lēas* (lâche, vide, faux) ; al. -*los* = v. al. *lōs* = got. *láus* (vide) : **négatif** du précédent. — L'al. conserve encore *lōs* comme mot isolé[3]. Quant au sens du suffixe, il est bien connu : *father-less* = *vater-los*, *life-less* et *leb-los*, *god-less* = *gott-los* (impie), et ainsi à peu près de tous substantifs.

---

[1] Peut s'expliquer étymologiquement par « doué de vrai » (adjectif pris substantivement), d'où le sens de « sincère ».

[2] L'ags. *sceam-fæst*, m. ag. *sham-fast*, ainsi formé, est devenu ag. *shame-faced* par voie d'étymologie populaire.

[3] Ag. *loose* est identique, mais c'est un emprunt scandinave.

§ 3. — *Adverbes.*

111) Les **adverbes** qui relèvent de ce genre de dérivation ne sont autre chose que des **cas anciens** de la déclinaison **de substantifs et d'adjectifs** ainsi formés. Lorsque le cas employé était l'accusatif ou l'instrumental, il n'est plus directement reconnaissable, car sa désinence a disparu [1]; mais, si c'est un génitif, il se dénonce par son *-s* caractéristique. Le germanique-occidental était certainement très riche en locutions adverbiales relevant de l'emploi du génitif, et les langues modernes, surtout l'allemand, en ont conservé un choix assez varié. Il suffira de citer : ags. *dæg-es* « de jour », *niht-es* « de nuit », perdus en ag., mais ag. *el-se* (autrement, cf. lat. *al-iu-s*), *need-s* (nécessairement), *after-ward-s*, *since* = m. ag. *sith-en-s* (cf. v. al. *sid* devenu al. *seit*), *on-ce*, *twi-ce* [2], etc. ; al. *tag-s*, *nacht-s*, *fall-s* et *jeden-fall-s*, *ring-s*, *recht-s*, *unter-weg-s*, *augen-blick-s*, et ultérieurement les locutions plus compliquées *gerad-es weg-es*, *recht-er hand*, *all-es ernst-es*, *mein-es erachten-s*, *reines herzens*, *hungers sterben*, etc., etc. Ainsi s'explique aisément l'emploi adverbial de substantifs ou d'adjectifs.

I. Ag. *-ly* (= al. *-lich*) : suffixe adverbial commun, supra 110.

II. Ag. *-wise* : quelques adverbes, *like-wise*, *no-wise*. — C'est le substantif *wise* = ags. *wise* = al. *weise* (manière) francisé en *guise*. L'al. a la formation par le génitif : *merkwürdiger-weise* ; mais aussi *teil-weise*, *kreuz-weise*, *paar-weise*, formations d'ailleurs toutes modernes.

III. Ag. *-ling*, al. *-ling-s* (gén.) : quelques adverbes. — Ce suffixe paraît abstrait de divers cas de noms en *-ing* [3] employés adverbialement : m. ag. *hed-l-ing* (la tête la première), corrompu en *head-long* ; ag. *dark-ling* (à l'aveuglette), *side-ling*

---

[1] V. l'étude de la déclinaison, infra 149.

[2] V. l'étude de la numération, infra 124, II.

[3] Cf. la formation des mots en *-ung*, *-ing*, *-ling*, supra 103, et Delbrück, *Vergleichende Syntax*, I, p. 635.

et *side-long* (par côté) ; al. *blind-ling-s, seit-ling-s, rück-ling-s, schritt-ling-s* (pas à pas), etc.

IV. Ag. *-ward* (aussi adjectif) et *-ward-s* (gén. advb.) ; al. *-wärt-s* (id.) : adverbes de direction. — La forme de v. al. est *-wërt-es*, génitif d'un adjectif qui a en gotique la forme *-wairþ-s* et dont la racine se retrouve dans le vb. *wairþ-an* (al. *werd-en*) = lat. *vert-ere* (tourner) : ag. *to-ward* et *to-ward-s, back-ward, after-ward-s, sea-ward, lee-ward, wind-ward, awk-ward* (de travers, d'où « gauche »), etc. ; al. *vor-wärt-s, rück-wärt-s, auf-wärt-s* ; et en dérivation subséquente, ag. *in-ward-ly*, al. *wider-wärt-ig*, etc.

Les autres dérivations anglo-allemandes sont d'un caractère tout exceptionnel et s'expliqueront aisément par quelqu'un des procédés ci-dessus décrits.

CHAPITRE III.

COMPOSITION.

112) Le procédé de la **composition des mots entre eux** est indo-européen : remarquablement conservé et même développé en sanscrit et en grec, bien moins familier au latin et à peu près effacé dans les langues qui en sont issues, il s'est transmis intact au prégermanique et demeure encore très vivace en anglais et en allemand. C'est même un des caractères spécifiques par lesquels les langues germaniques modernes s'éloignent le plus de leurs voisines les langues romanes, et particulièrement du français. Les ressources que nous demandons à la périphrase (*nuit d'été*) ou à la dérivation (*pomm-ier*), l'anglais et l'allemand les trouvent en très grande partie dans la simple juxtaposition de deux mots, dont le premier en général joue par rapport au second le rôle de déterminant : *summer-night, sommer-nacht* ; *apple-tree, apfel-baum*.

Le détail intime de la composition anglaise et allemande relève soit de la grammaire usuelle soit du dictionnaire étymologique. Nous n'avons ici qu'à résumer les principes généraux de classification et de formation des composés, par lesquels les deux langues concordent rigoureusement entre elles et avec les autres idiomes de la même famille [1].

---

[1] Cf. Henry, *Gr. comp. du Gr. et du Lat.*, nos 175-181.

Section Ire.

CLASSIFICATION DES COMPOSÉS.

(113) Il y a lieu d'envisager les mots composés au double point de vue de la **forme** extérieure et de la **signification** intrinsèque. Ces deux éléments, en effet, sont la plupart du temps tout à fait indépendants l'un de l'autre : ainsi al. *hund-fliege* et *hund-s-fliege* sont exactement synonymes, bien que la formation en soit fort différente ; et inversement ag. *red-lead* et *red-breast*, quoique de forme identique, remplissent deux fonctions très dissemblables, puisque l'un signifie simplement « plomb rouge » (minium), et l'autre, « *qui a* la poitrine rouge » (rouge-gorge).

§ 1er. — *Classification grammaticale.*

(114) Au point de vue de la grammaire, les composés soit indo-européens soit anglais ou allemands sont dits **syntactiques** ou **asyntactiques**.

I. La composition syntactique résulte de la construction et de l'accord de deux mots qui prennent l'un par rapport à l'autre la forme exigée par les lois ordinaires de la grammaire et de la syntaxe, soit le type *king's wife* et *könig-s-sohn*, où le premier terme est au génitif régi par le second. Dans ce cas, il n'y a évidemment pas composition véritable, et en méthode rigoureuse la composition dite syntactique devrait même être exclue du présent chapitre. C'est une circonstance accessoire qui lui en ouvre l'accès : elle a exercé sur la composition asyntactique une action d'analogie très prononcée, surtout en allemand, et cette action demeurerait lettre close à qui n'aurait pas présents à l'esprit au moins les principaux types de syntactisme d'où elle s'est propagée.

1. Le premier terme est au génitif régi par le second [1].
A. Génitif singulier. — a) Des substantifs dits forts (gén. en

---

[1] Il va de soi qu'une composition peut comprendre plus de deux termes ; mais, au point de vue théorique, le nombre des termes est indifférent, les mêmes règles restant toujours valables de l'un à l'autre.

-s). On a déjà vu la formation de l'ag. *tue-s-day* et de l'al. *diens-tag* = *zio-s-tac*. Autres exemples : ag. *thur-s-day* = v. nor. *þōr-s-dag-r* (cf. le nom du dieu *Thōr*), et al. *donner-s-tag*, cf. le mot *donner* ; ag. *kin* (parenté) et *kin-s-man* (parent) ; ag. *daisy* (pâquerette) = **day's eye* (œil du jour, soleil), la finale abrégée par atonie ; v. al. *gotes-hūs* et al. *Gottes-haus*, mais got. *gud-hūs* (temple) asyntactique ; v. al. *hundes-fliuga* et al. *hunds-fliege* (grosse mouche), mais aussi *hunt-fliuga* et *hundfliege* asyntactique ; al. *land-s-mann* (compatriote), en regard de *land-mann* (paysan) asyntactique [1], etc. L'anglais, qui a et peut encore créer beaucoup de juxtapositions de ce genre, les écrit en général en séparant les termes, (*mid-summer*) *night's dream, doom's day, new year's day, love's labour*, et c'est même le seul ordre de locutions où il ait couramment maintenu l'usage de l'*s* du génitif affixé aux noms de choses [2].

b) Des substantifs dits faibles (gén. en *-en, -n*). C'est le type : v. al. *ohs-in-zunga* (nom d'une plante), al. *ochs-en-zunge* ; ags. *el-n-boga* (pli du bras, coude), aussi *el-boga* ; ag. *el-bow*, qui peut représenter l'un ou l'autre, mais al. *elle-n-bogen* syntactique. L'anglais, à raison de la chute des finales, a vu s'effacer cette formation : aussi répond-il à *ochs-en-zunge* par l'asyntactique *Ox-ford* (gué du bœuf) [3] ; cf. pourtant *maid-en speech*, etc. Mais l'allemand, au contraire, l'a développée en la confondant avec celle par le génitif pluriel [4].

B. Génitif pluriel. — a) Des adjectifs et des neutres forts (en *-er*) : m. ag. *alder-liefest* « le plus cher de tous » (*d* épenthétique entre *l* et *r*) ; al. *all-er-erst, all-er-höchst*, et simi-

---

[1] Cf. encore *wasser-not* (disette d'eau) et *wasser-s-not* (inondation).

[2] En un seul mot, *coxcomb* (fanfaron) = *cock's comb* (crête de coq).

[3] Mais il existe une forme ancienne *Oxenford* (peut-être « gué des bœufs »).

[4] Infra B b. Ce serait en effet un grossier contresens que l'explication par le gén. pl., au moins dans la plupart des cas. Si elle est juste pour *Frank-en-land* et peut à la rigueur passer pour *mensch-en-freund, bien-en-korb*, etc., il est clair qu'elle demeure sans valeur pour le type *tot-en-kopf, lind-en-baum, tinte-n-fasz*, qui est multiplié à l'infini.

laires; al. *rind-er-schaar*, *rind-er-hirte*, etc.; sans autre développement.

b) Des noms faibles (en -*n*) : v. al. *Franch-ōno-lant* et al. *Frank-en-land*, etc.; m. al. *vrouw-en-zimmer* et al. *frau-en-zimmer*, « appartement des femmes », d'où « domesticité féminine », et enfin concrètement « suivante, damoiselle, jeune fille ».

2. Le second terme est régi par le premier, généralement à l'accusatif, rarement à un autre cas, parfois avec une préposition entre deux : type fort peu commun d'ailleurs. Al. *störe-n-fried* (trouble-fête), où *n* est la forme syncopée de l'acc. *den*, mais où le substantif ne montre pas de désinence ; al. *vergisz-mein-nicht*, qui est une phrase plutôt qu'un mot [1]; al. *spring-ins-feld*, etc. En ag. la chute des désinences ne permet pas de reconnaître si le type similaire *Shake-speare* [2] en a jamais possédé une.

II. La composition asyntactique est celle où le rapport de signification qui unit les deux termes, quelle qu'en soit d'ailleurs la nature, — rapport appositionnel (ag. *ful-fil*, al. *still-schweigen*), possessif (ag. *hus-band*, al. *haus-herr*), adnominal (ag. *church-yard*, al. *hof-tor*), locatif ou temporel (ag. *nightingale* = ags. *nihte-gale*, al. *nachti-gall*, « qui résonne pendant la nuit »), instrumental (ag. *steam-boat* et *god-father*, al. *dampf-schiff* et *hand-haben*), etc., etc., — n'a point d'indice spécial et résulte de la **simple juxtaposition des termes** dénués de toute espèce de désinence ou de détermination grammaticale. C'est là la véritable composition primitive et, encore une fois, ce serait aussi la seule vraie composition anglo-allemande si elle ne s'était altérée par le mélange et l'expansion de types syntactiques. Quelquefois, mais bien plus rarement, la composition asyntactique n'est qu'apparente et résulte au contraire d'une ancienne locution syntactique mal comprise et transportée où elle n'avait que faire : c'est ainsi qu'une phrase v. al. *sie sind ein anderen*

---

[1] Le vb. *vergessen* gouvernait autrefois le génitif. Cf. infra 164, I, 3.
[2] « Qui brandit sa lance », cf. *Make-peace* (n. pr.), etc.

ungelīh [1], irréprochable au point de vue du mot à mot grammatical, a donné l'illusion d'un faux composé *ein-ander*, qui a été ensuite employé en toute position et sous forme invariable au sens de réciprocité [2].

§ 2. — *Classification fonctionnelle.*

15) Au point de vue de la fonction, les composés se répartissent en trois grandes classes : **copulatifs, déterminatifs** et **possessifs**.

I. Le composé copulatif est celui dont les deux termes, s'ils étaient séparés et grammaticalement construits, comporteraient l'insertion de la conjonction « et ». Ce type est assez rare : on le rencontre dans les numéraux (*four-teen, fünf-zehn*), dans quelques combinaisons de noms propres (*Griqua-namaqua-land, Oestreich-Ungarn*) et dans quelques adjectifs doubles (al. *taub-stumm*, mais ag. *deaf and dumb*). Le sanscrit seul l'a développé ; partout ailleurs on peut l'envisager comme négligeable [3].

II. Le composé déterminatif équivaut à une locution où l'un des termes, ordinairement le second, régirait l'autre à un cas quelconque. Suivant que le terme régi comporterait le même cas que celui qu'il détermine, ou un cas différent, on distingue les composés dits attributifs ou **appositifs**, et les composés **de dépendance**.

1. Composés appositifs : type gr. μεγαλό-πολι-ς (grande ville). — Ag. *wo-man* = m. ag. *wim-man* (comparer la prononciation actuelle du pl. *women*) = ags. *wíf-man*, soit « être humain de sexe féminin ». Ag. *gospel* = ags. *god-spël* (god-atone, pour *gōd*), soit « bonne nouvelle », traduction littérale

---

[1] « Ils sont, l'un à l'autre, inégaux ».
[2] Comparer la simple juxtaposition ag. *one an-other*.
[3] Les composés de deux adjectifs sont presque toujours déterminatifs: *rot-gelb* ne signifie pas « rouge et jaune », mais « d'un jaune qui tire sur le rouge », et ainsi de suite. Pour *bitter-süss* et un petit nombre d'autres on peut hésiter entre les deux traductions.

du gr. εὐ-αγγέλιο-ν. Ag. *wer-wolf*, *wal-nut* (noix du pays velche), *New-haven, pea-cock, pea-hen, she-canary-bird*, etc. — Al. *grosz-vater*, et, par une bien bizarre analogie, *grosz-sohn*, « petit-fils ». Al. *all-od*, refait sur le bas-latin *allodium* (alleu), mais celui-ci emprunté lui-même au v. al. *al-ōd*, « propriété pleine et entière ». Al. *süsz-holz* (réglisse), *wer-wolf, fürst-bischof, Herr-gott, Christ-kind, Neu-stadt*, etc.

2. Composés de dépendance : type gr. ἀνδρ-άδελφο-ς (frère du mari, beau-frère), lat. *lūci-fer*, ag. *bride-groom*, al. *pelz-waaren-händler*, etc. — Il est superflu de multiplier les exemples qui se présenteront en foule à l'esprit du lecteur et qu'il pourrait au besoin créer lui-même ; car cette formation est toujours vivante dans les deux langues, et la grande masse de leurs composés rentre dans cette catégorie [1].

III. Le composé **possessif** est avant tout déterminatif, en ce sens que l'un des deux termes y détermine également l'autre ; mais il contient quelque chose de plus que la traduction des deux termes qui y sont assemblés : ainsi, gr. ῥοδο-δάκτυλο-ς, fr. *rouge-gorge*, ne signifient point respectivement « doigt de rose, gorge rouge », mais « aux doigts de rose, (oiseau) qui a la gorge rouge », etc. Bref, le composé possessif est toujours une épithète, un genre de sobriquet impliquant l'existence d'un sujet qui possède le caractère ou réalise l'idée qu'il évoque : ag. *red-breast, heart's ease, wag-tail, light-foot*, etc. ; al. *Rot-käppchen, drei-fusz, lügen-zunge, plage-geist*, etc. Cette composition, d'origine essentiellement populaire, va de pair avec la précédente.

Section II.

FORMATION DES COMPOSÉS.

(116) La puissance de composition de l'une et l'autre langue est à peu près indéfinie [2] ; mais, comme tous les termes successifs

---

[1] V. au surplus, supra 65, 5, et infra 117, I, II et III, 1.

[2] Trois termes : ag. *pine-apple-juice* ; al. *haupt-zoll-amt*, *dudel-sack-pfeifer*. Quatre termes : ag. *mid-summer night's dream* ; al. *eisen-bahn-hof-*

ne font que se déterminer l'un l'autre, on peut ramener tout composé à deux termes, le premier et le dernier, l'un et l'autre tantôt déterminant tantôt déterminé.

§ 1ᵉʳ — *Forme du premier terme.*

(117) **Le premier terme** d'un composé **peut être un thème nominal** (substantif, adjectif ou pronom), **une particule** invariable **ou un thème verbal.** Examinons séparément chacun de ces cas.

I. **Le premier terme est un thème nominal.** — Le principe de la composition indo-européenne, c'est que le thème nominal qui fait office de premier terme apparaît toujours **sous la forme du thème nu** et sans aucune désinence. Soit les thèmes en -o-, par exemple : ce n'est ni le nominatif (*açva-s*, θεό-ς, *auru-m*) ni aucun autre cas des mêmes mots qui se montre dans les composés sk. *açva-yōga-s* (attelé de chevaux), gr. θεο-φιλής (aimé des Dieux), lat. *auru-fex* (orfèvre), etc. ; ce n'est pas non plus le duel ni le pluriel, encore que les chevaux puissent être deux et que les Dieux soient plusieurs ; c'est tout uniment le thème pur, *açva-*, θεό-, *auru-*, qui, de par la signification qu'il occupe, devient susceptible de signifier à volonté l'instrumental, le datif ou l'accusatif, le duel, le pluriel et le singulier, et mainte autre relation. Telle est aussi la règle générale de la composition anglo-allemande, dont il faut brièvement poursuivre les applications et les altérations dans les divers ordres de thèmes primitifs.

1. Quand le premier terme se terminait par une voyelle, la

---

strasze, kupfer-schmied-werk-zeug (dans ce dernier type, au lieu de se déterminer successivement un à un, les quatre termes se répartissent en deux groupes dont chacun détermine l'autre, c'est-à-dire que *kupferschmied* et *werkzeug* se comportent entre eux exactement comme si chacun était simple ; le cas est fréquent). Cinq termes : al. *alt-milch-ferkel-markt-platz* (*milchferkel* ne fait qu'un mot par rapport à *markt*, et *milchferkelmarkt* qu'un mot par rapport à *alt*, etc. Burlesque à force d'accumulation : *the United Metropolitan Improved Hot Muffin and Crumpet Baking and Punctual Delivery Company* (Dickens, *Nickleby*).

formation est en général conforme à la théorie ; seulement la voyelle caractéristique, altérée par l'atonie, puis disparue, n'est plus reconnaissable comme en grec ou en latin : ag. et al. *wer-wolf* (garou), représentant un mot i.-e. **wiro-wl̥qo-s*, qui serait en lat. **viri-lupu-s* = **viro-lupo-s* (homme-loup) ; v. al. *tago-stërno* et *taga-stërn* (étoile du matin) ; v. al. *wëgo-wiso* et *wëga-wiso*, cf. al. *weg-weiser* ; v. al. *junc-frouwa*[1] et al. *jung-frau* ; v. al. *turi-sūl* et al. *tür-säule*, cf. gr. κασί-γνητο-ς (frère) ; al. *viel-blatt*, cf. en composition got. *filu-* = gr. πολυ- ; got. *faihu-gairn-s* (cupide), cf. lat. *pecu-* et le type al. *vieh-zucht*, etc. Sur ces modèles s'est construit le type de juxtaposition invariable et bien connu (al. *tag-lohn*, *früh-stück*, *hand-habe*, ag. *day-break*, *way-farer*, *hand-mill*), dont l'anglais ne s'écarte guère, sauf pour insérer occasionnellement l'*s* du génitif quand le sens le comporte [2]. En allemand, cette insertion, souvent possible ou nécessaire (*tages-stern*), est devenue de règle absolue pour certaines catégories de mots, notamment ceux en *-heit* (*freiheits-liebe*), puis s'est étendue de là à ceux en *-ung* qui jamais n'eurent ni ne purent avoir de génitif en *-s* (*rettungs-ufer*, *wässerungs-graben*). L'allemand admet en outre l'insertion de l'*n* de déclinaison faible, particulièrement pour les mots qui se terminent en *-e* au nominatif singulier et dont l'entrée en composition suggère une idée de pluralité [3] : *gaben-reich*, *bienen-korb*, *enten-teich*, *stunden-glas* (mais *sohl-leder*, *rede-kunst*, rattachés d'ailleurs aux vb. *sohlen*, *reden*), etc. [4].

2. Les thèmes originairement terminés par une consonne autre que *n* ou *s* n'offrent rien de spécial à signaler (ag. *foot-step*, *mother-less*, *night-mare*, al. *fusz-boden*, *vater-land*, *nacht-mahl*), sauf accidentellement la même insertion de l'*s*,

---

[1] Adj. *junc-* = **yuṅgó-* et non **yuṅgā*, par conséquent sans accord avec le mot suivant, exactement comme en grec Ἀκρό-πολι-ς pour ἄκρᾱ πόλις. Le substantif aura beau se décliner, l'adjectif ne changera pas. — Avec réduction du second terme atone, *jungfer*.

[2] Supra 114, I, 1 A.

[3] Supra 114, I, 1.

[4] Cf. les composés verbaux, infra III, 1.

très fréquente en anglais et assez capricieuse en allemand où elle dépend de l'usage et de l'euphonie [1].

3. On sait que les thèmes en *n* sont susceptibles de deux formes. La plus simple est sans *n*, et c'est la forme aussi sous laquelle ils apparaissent régulièrement dans la composition la plus ancienne : got. *guma-kund-s* « de genre mâle », cf. la même forme écourtée dans le lat. *homi-cida* (th. *homin-*); v. al. *hano-crāt* (chant du coq), *namo-haft* (qui a un nom) et al. *nam-haft*; got. *áuga-daúrō* (fenêtre), v. al. *oug-brāwa* (sourcil), m. al. *ouge-lit* (paupière), etc. Mais, à côté de ce type, figurait la composition par le premier terme au génitif sg. ou pl., type *ochsen-zunge* et *Franken-land*, et celle-ci l'emporta de telle façon que le type *nam-haft* ou *fried-los* demeure aujourd'hui une exception. On dit couramment : *hahnen-kamm* [2], *ochsen-hirte*, *sonnen-schein*, *namen-buch*, *augen-brauen*, *augen-lid*, *hasen-pfote*, etc. ; puis, par analogie, *brahmanen-tum*, *studenten-blume*, etc. ; même, avec double signe de génitif, *namens-tag*, *friedens-richter*, *herzens-wunsch*[3]. Rien de pareil en anglais : *eye-brow*, *eye-lid*, *sun-shine* (cf. *sun-day* = *sonn-tag*), *oxlip* (primevère) = ags. *oxan-slyppe*, etc.

4. Les thèmes terminés en *s* présentent une particularité analogue. On sait qu'en germ.-occ. l's final tombe au nomin. sg. : al. *sieg* = got. *sigis* = sk. *sáhas* = i.-e. *séghos* [4] ; de même, *ei*, *kalb*, etc., dont les pl. *eier*, *kälber* dénoncent un *s* latent dans le radical. Mais cet *s* faisait naturellement partie intégrante du thème en composition, cf. gr. σακεσ-παλος (qui agite son bouclier, nomin. σάκος nt., gén. σάκεος = *σάκεσ-ος), ἀνθεσ-φόρος (qui porte des fleurs, ἄνθος ἄνθεσος) ; et, naturellement aussi, il n'avait aucune raison de tomber dans cette position où

---

[1] Ex. *sommernachts-traum*, *vaters-bruder* et *vaters-bruders-sohn*, mais *vaters-bruder-frau*; et de même, dans d'autres catégories, *jahr-gang* et *jahres-bericht*, *monat-schrift* et *monats-heft*, etc.

[2] Et cela, quoique *hahn* fasse maintenant gén. *hahn-s*.

[3] Ordinairement pourtant *herz-* tout court. Cf. infra 150, I, 1 b.

[4] Primitivement neutre, supra 80 (XV) ; et, pour l'entrée de pareils mots en composition, cf. le type lat. *veneri-vagus* où l's de *Venus* est aussi devenu *r*.

il était intérieur. Il est donc demeuré, alternativement sous forme d's ou d'r : al. *sieges-lohn* = got. *sigis-láun*, et cf. les noms propres qui commencent par *Sigis-* ; m. al. *eier-vël* (pellicule de l'œuf) et al. *eier-gelb*, etc. Ces formes *sieges-*, *eier-* ne sont autre chose que le thème nu ; mais, par rapport au nomin. sg. *sieg* (= sk. *sáhas* = i.-e. *ségh-os* nt.), *ei*, elles ont aujourd'hui revêtu l'aspect d'un génitif sg. ou pl., et par là même elles ont favorisé l'extension du type de composition syntactique par un génitif apparent en -*s* ou en -*er* suivant que le premier terme était conçu comme unique ou multiple, soit *kalbs-fleisch*, *rinds-fleisch*, ou *rinder-stelze* (bergeronnette), *wörter-buch* [1]. L'anglais n'a, comme partout, que l's facultatif : *calf's leg*.

II. **Le premier terme est une** préposition ou **particule** invariable : type ag. *out-law*, al. *ab-fall*, etc. — Ce cas très simple ne comporte aucun développement. Tout au plus peut-il être intéressant de faire remarquer que la particule ainsi préposée n'a parfois plus d'existence isolée dans la langue, ou y a perdu le sens antique qu'elle a gardé en composition : ag. *mid-wife* (sage-femme), où le premier terme est le même que l'al. *mit* (remplacé comme préposition par *with*) = gr. μετά, soit « femme qui assiste » ; al. *after-wort* (injure), le premier terme identique à l'ag. *after* (après) [2] ; ag. *alone* = *all-one* (tout seul), où *all* serait aujourd'hui remplacé par le mot *quite* [3], cf. al. *all-ein* ; al. *aber-glaube* (superstition), où le premier terme, identique au sk. *apara-m* (après), représente un sens péjoratif analogue à celui de *after-*, tandis qu'isolément il n'est plus que conjonction adversative.

III. **Le premier terme est un thème verbal.** — Cette formation n'est pas indo-européenne : le sanscrit, le

---

[1] Ce dernier ne s'est guère propagé ; mais, là où il existe primitivement, il reste fidèle à son origine en n'impliquant pas nécessairement le pluriel : il serait absurde d'en chercher un dans *eier-gelb*, et *kälber-magen* est le synonyme exact de *kalbs-magen*.

[2] Soit la filière « tardif — inopportun — mauvais ».

[3] Pléonastiquement ensuite, *quite alone* ; et, par syncope de l'initiale, qui a paru un élément sans valeur (cf. supra 96, VI, et 103, II, 2), les mots *lone, lonely, loneliness*.

latin et le gotique lui-même n'ont que des composés à premier terme nominal ou à particule; l'anglais et l'allemand ont développé isolément dans leur domaine un grand nombre de composés à premier terme verbal de deux sortes et par deux voies très différentes [1].

1. Le premier terme est le déterminant. — On a déjà vu comment, d'un composé tel que *schiff-bar*, par exemple, qu'on peut traduire littéralement « qui porte bateau », on a abstrait par erreur le vb. *schiffen* qui n'y est point, et créé dès lors, sur *essen, trinken, lesen*, les composés (dérivés) *esz-bar, trink-bar, les-bar*[2]. Ce qui est vrai de la composition dérivative l'est à plus forte raison de la composition proprement dite : un al. *bet-haus* = v. al. *bëte-hūs* « maison de prière » étant rapporté à *beten*, et ainsi de maint autre, on a formé de même et l'on forme encore au besoin le type *wohn-haus, schiesz-pulver, miet-kutsche*, etc. En anglais le même travail eût été possible; mais il n'y est plus discernable, par la raison qu'il n'est guère de verbe qui n'ait à côté de lui un substantif tout à fait semblable de forme [3]. Toutefois, quand l'anglais forme un composé directement sur un verbe, il met le verbe au participe présent, ce qui revient à dire étymologiquement que son premier terme est une forme nominale [4] : *eating-house, frying-pan, racing-club*, etc.

2. Le premier terme est le déterminé : c'est le type fr. *pique-assiette, tire-bouchon, tourne-bride*, etc. — Les locutions à premier terme verbal régissant le second sont fréquentes surtout comme sobriquets populaires, souvent devenus noms propres, ou usités dans la conversation familière. On a déjà signalé ag. *Make-peace* et *Shake-speare*,

---

[1] Le grec en a créé aussi, mais de la seconde sorte seulement : δακέ-θυμος « qui mord le cœur », τερπι-κέραυνος « qui brandit la foudre », φαυσί-μβροτος « qui éclaire les mortels ».

[2] Supra 110, III, et cf. supra 99, 102 (3), etc.

[3] Comme on a créé *ink* vb. sur *ink* (encre), ainsi et à l'inverse on a tiré *drink* (boisson) de *drink* vb., en sorte que les thèmes nominaux et les thèmes verbaux se confondent à peu près.

[4] Comme dans le type al. *rettungs-ufer*, supra 103 (II).

qu'on parodiait jadis en *shake-scene* ; on y peut joindre *turn-back* (poltron), *wag-tail* hochequeue), *break-fast* (déjeuner), *round-about* (par à peu près), *kill'em all* (pourfendeur), *go-to-bed* (endormi), *pin-afore* (tablier) « qui s'épingle par devant », *would-be* (soi-disant) et nombre d'autres au moins possibles. L'al. a les noms propres *Bleib-treu*, *Lebe-recht*, et les épithètes *tauge-nichts* (vaurien), *sauf-aus* (ivrogne), *wage-hals* (risque-tout), *spring-ins-feld* (étourdi), etc., etc. Le caractère de ces compositions, où le thème verbal apparaît tout à fait nu, donne lieu de supposer qu'elles procèdent, au moins en grande partie, d'exclamations familières où le verbe était à l'impératif: une fois quelques sobriquets ainsi créés, ils ont servi de modèle aux autres.

2. — *Forme du dernier terme.*

(118) Le dernier terme d'un composé anglais ou allemand est toujours un thème nominal : en d'autres termes, les composés proprement dits des deux langues sont substantifs ou adjectifs, et il n'y a point de verbes composés. Ceux qu'on désigne parfois sous ce nom rentrent tous dans l'une des catégories suivantes : — a) verbes à préfixe inséparable, étudiés dans la dérivation ; — b) verbes à préfixe séparable (al. *aus-gehen* = ag. *to go out*), types bien connus de simple juxtaposition, si lâche qu'elle fait deux mots distincts en anglais et se scinde incessamment en allemand [1] ; — c) dérivés de mots composés, dont il va être question.

Dans ces conditions, les règles qui régissent le dernier terme de la composition anglo-allemande sont d'une extrême simplicité.

1. En principe, le dernier terme d'un composé ne subit aucun changement et se présente en composition sous la même forme qu'à l'état isolé, sauf toutefois les altérations de nature purement phonétique qu'a pu y causer le transport de l'accent [2].

---

[1] Le type inséparable (*over-eat* [*one's self*] « trop manger », *übersetzen* « traduire ») n'en est qu'une variété particulière et plus rare.

[2] On en a relevé un grand nombre en leur lieu: 65,5; 114, I, 1; 115, II, etc.

2. Il va de soi, d'ailleurs, que cette règle ne s'oppose point à ce qu'un composé ainsi formé reçoive à son tour un ou plusieurs suffixes de dérivation, comme pourrait le faire un mot ordinaire, et développe en conséquence des dérivés plus usités que lui-même : ainsi, ag. *light-footed*, al. *vier-füszler*, ne sont point de vrais composés, puisqu'il n'y a pas de mots *footed ou *füszler, mais des dérivés des composés ou des locutions *light-foot*, *vier-fusz*. Et, le procédé une fois admis, la langue devait facilement aboutir à construire de semblables dérivés sur la base de deux mots simples, p. ex. ag. *gray-headed* sur *gray* et *head*[1], al. *ein-äugig* sur *ein* et *auge* : ce qu'elle fait tous les jours.

3. Par la même raison, il est clair qu'on peut tirer un verbe dérivé d'un mot composé comme de tout autre mot, et que le procédé de dérivation sera identique : ainsi, de *lord* sont sortis l'intransitif *lord* (régenter) et le transitif *un-lord* (dégrader), et de même *to husband, to elbow, to mildew, to worship, to horse-whip* ; l'al. *arg-wohn* a fait *argwöhn-en*, car il n'y a pas de vb. *wöhnen, et, malgré les apparences, l'al. *handhaben* n'est pas composé de *hand* et *haben*, mais dérivé de toutes pièces de *hand-habe* (poignée). On en dira autant des types *rechtfertigen, wetteifern, lustwandeln*, etc. ; puis des dérivés plus compliqués encore, *notzüchtigen* sur *not-zucht*, *bevollmächtigen* sur *vollmacht* [2] ; et enfin l'on comprendra sans peine comment, d'après ces modèles, l'allemand en est venu parfois à réunir en un seul deux mots syntactiquement séparés et à former de faux composés verbaux du type *lobsingen* ou *wahrsagen* [3].

[1] Il n'y a pas de mot *headed*, au moins dans ce sens, et l'existence d'un mot *gray-head n'est que possible.

[2] Cf. supra 107 (V, 4).

[3] Dans le même ordre d'idées l'ag. a *to vouchsafe* (garantir sauf) où le verbe est *vouch* et non *safe* ; mais, par une bizarre fusion, il s'est conjugué en un mot et c'est *safe* qui a pris les désinences personnelles.

CHAPITRE IV.

LA NUMÉRATION.

(119) Le système de la **numération** germanique est indo-européen, essentiellement décimal, et suppose connus les principes de la dérivation et ceux de la composition syntactique ou asyntactique. C'est donc surtout à titre de résumé général et d'exercice d'application qu'il figurera à la fin de cette IIe partie. Il y faut distinguer les nombres **cardinaux** et les diverses expressions numérales qui en sont dérivées.

Section Ire.

LES NOMBRES CARDINAUX.

(120) Les unités indo-européennes sont des expressions conventionnelles, d'origine inconnue et sans lien étymologique entre elles. Les décades sont des dérivations ou des combinaisons d'unités. Les nombres 100 et 1000 sont des expressions isolées, mais rattachées aux décades par une dérivation préhistorique.

§ 1er. — *Les unités et additions d'unités.*

(121) 1. La racine primitive était i, la même sans doute qui se retrouve dans le démonstratif lat. *i-s i-d*. Sa valeur numérale apparaît dans l'homérique ἴ-α (une) [1]. Mais, en

---

[1] Ne pas confondre avec εἷς μία ἕν qui vient d'une racine toute différente, soit *sem*, que montre aussi le lat. *semel* (une fois).

général, pour exprimer l'unité, elle se fléchit et s'accompagne d'un suffixe dérivatif : sk. *ê-ka-s*, zend *aē-va-*, perse *ai-va-*. Le suffixe commun au latin, au germanique et au letto-slave est *-no-* : i.-e. **óy-no-s*, lat. *ū-nu-s = oi-no-s* [1], prg. **ai-na-z*, d'où got. *ái-n-s*, v. nor. *einn*, ags. *ān* et ag. *one* (atone *an a*), v. al. *ein* et al. *ein*.

2. Le thème primitif était **duó-* et **dwó-* qui prenait les désinences ordinaires du duel : nomin. masc. **duô(w)*, fm. **duáy*, nt. **duóy* ; sk. msc. *dvâu*, fm. nt. *dvê* ; gr. δύω δύο invariable ; lat. *duo, duae, duo*. Le gotique a en partie adopté les finales du pluriel : msc. *twái*, fm. *twōs*, mais nt. *twa = *dwóy*. Le germanique-occidental n'est pas resté plus fidèle aux anciennes désinences : ags. msc. *twēgen*, fm. *twō*, nt. *tū* ; v. al. msc. *zwēne*, fm. *zwō*, nt. *zwei* [2]. Puis la déclinaison s'est unifiée et les formes neutres ont seules survécu : ag. *two* (qui n'a du fm. *twō* que l'orthographe) = ags. *tū* ; al. *zwei*. — En composition, le nombre 2 prenait la forme **dwi-*, sk. *dvi-*, gr. δι-, lat. *bi-*, prg. **twi-* et avec allongement éventuel **twī-*, reconnaissables respectivement dans : ag. *twi-n* (jumeau), *twi-ne* (accoupler) et *twi-light* (lumière double, lueur douteuse, crépuscule) ; al. *zwie-fach* (double), *zwi-r-nen* (doubler, retordre un fil) et *zwei-fel* (doute) = v. al. *zwî-fal* [3].

3. Rac. i.-e. *tri*, à l'état normal et avec désinence du msc.-fm. **tréy-ĕs*, sk. *tráy-as*, gr. et lat. (avec chute du *y* et contraction des deux *ĕ*) τρεῖς *trēs*, nt. τρί-α *tri-a*. En gotique, de même, msc.-fm. *þreis* contracté de **þrij-is*, nt. *þrij-a* ; ags.

---

[1] On lit OINO(M) dans de vieilles inscriptions latines.

[2] Les msc. *twēgen* et *zwēne* sont inexpliqués. Les fm. *twō* et *zwō* représentent probablement le got. *twōs*. Le nt. *tū* équivaut à **duō*. Quant au nt. *zwei*, il contient sans doute la même diphtongue que le dérivé gr. δοι-οί. — Ces formes ont vécu très longtemps : jusqu'au XVIIe siècle on a dit en al. *zween männer, zwo frauen, zwei kinder*, et l'alaman a gardé trace de la distinction, que perpétuent d'ailleurs encore les nombres *twenty* et *zwan-zig*, infra 122, 20.

[3] « Cas double » en traduction littérale. — La diphtongue n'est pas la même dans *zwei* et *zweifel* ; car l'alaman dit *tsvay*, mais *tsvīfl*.

ðrī et ðrēo, ce dernier devenu ag. *three* et seul conservé ; v. al. *dri drio driu*, unifiés en al. *drei* [1].

4. I.-e. thème **qetwor-*qetwr-*, sk. msc. *catvàr-as*, gr. τέσσαρες τέτταρες = **τέτραρ-ες*, lat. *quattuor*, got. *fidwōr*, v. nor. *fjōr-*, ags. *ſeower* et ag. *four*, v. al. *fior* et al. *vier*, sans variation désinentielle [2].

5. I.-e. **péñqe*, sk. *páñca*, gr. πέμπε πέντε, lat. *quinque*, got. *fimſ*, v. nor. *fimm*, ags. *fíſ* et ag. *five*, v. al. *finſ*, puis *funf* par contamination du vocalisme de l'ordinal, m. al. *vünf* métaphonique par importation du vocalisme de *vünſ-zic*, al. *fünſ* [3].

6. I.-e. **swéks *séks*, sk. *šáš*, gr. ἕξ = **σϝέξ*, lat. *sex*, got. *saihs*, v. nor. *sehs*, ags. *siex* [4] et ag. *six*, v. al. *sëhs* et al. *sechs*.

7. I.-e. **septm̥*, sk. *saptá*, gr. ἑπτά, lat. *septem*, got. *sibun* d'après *sibun-da* (7ᵉ) [5], ags. *seoſon* et ag. *seven*, v. al. *sibun* et al. *sieben*.

8. I.-e. **oktôu*, sk. *aštáu*, gr. ὀκτώ, lat. *octō*, got. *ahtáu*, ags. *eahta* et ag. *eight*, v. al. *ahto* et al. *acht*.

9. I.-e. **néwn̥*, sk. *náva*, gr. ἐννέα = **ἐ-ννέϝα*, lat. *novem* = **nevem* (cf. *novus* « nouveau » = gr. νέος), got. *niun* = **niwun*, ags. *nigon* et ag. *nine*, v. al. *niun* et al. *neun*.

10. I.-e. **dékm̥*, sk. *dáça*, gr. δέκα, lat. *decem*, got. *taíhun*, ags. *tien tēn* et ag. *ten*, v. al. *zëhan*, m. al. *zëhen* et al. *zehn* ; ces deux derniers paraissent relever d'une forme **dékom(t)* à syllabe finale fléchie.

11-12. En germanique seulement ces deux nombres offrent un aspect tout particulier, celui d'une composition asyntactique dont le second terme est **-libi*, thème issu de la même racine

---

[1] Les nombres 2 et 3 devaient tendre à devenir invariables, parce que les nombres 5 et suivants l'étaient devenus de très bonne heure ou même probablement l'avaient toujours été. Pour 4, cf. lat. *quatuor*.

[2] La disparition de la dentale médiale fait difficulté : on suppose que prg. **kwetwor-* est devenu par assimilation **kwekwor-*, cf. v. norr. *fiogor*, puis absorption labiale de la gutturale (Streitberg).

[3] On rattache à ce nombre l'ag. al. *fing-er* (doigt).

[4] Fracture, puis métaphonie causée par la gutturale (supra 21).

[5] Cf. supra 39, 1, et 40, 1. Le groupe *pt* allégé en simple *p* dans **septm̥-tó-*.

que le got. *bi-leib-an* = al. *bleiben*, soit donc *aina-liƀi « 1 de reste [sur 10] » : got. *áinlif*, v. nor. *ellefo*, ags. *āndleofan*[1] *ęndleofan* et ag. *eleven*, v. al. *einlif*, m. al. *eilif eilf* et al. *eilf elf*; got. *twalif*, v. nor. *tolf*, ags. *twelf* et ag. *twelve*, v. al. *zwelif* métaphonique, m. al. *zwelf* et al. *zwölf* pour *zwelf*[2].

13-19. Comme dans toutes les autres langues (cf. gr. ἕν-δεκα, lat. *un-decim*), ces nombres se forment par une composition dont le second terme est 10 : v. al. *drî-zëhan*, etc. ; ags. avec une finale surajoutée *ðri-tēn-e*, ce qui fait que la voyelle, ne se trouvant pas en syllabe fermée, ne s'est pas abrégée comme dans *ten* et a donné ag. *-teen*[3]. L'unité initiale ne varie pas ; toutefois, en anglais, l'abrègement en syllabe fermée a fait de *fiftēne fifteen*, et *ðritēne* prononcé m. ag. *thritteen* a subi la métathèse en *thirteen*.

§ 2. — Les décades.

Les noms des décades indo-européennes sont composés : sk. *viṇ-çati*, gr. τριᾱ-κοντα[4], lat. *quadrā-gintā*, etc. Ceux des décades germaniques ne le sont qu'en apparence. En réalité ce sont des locutions de deux mots, où le nom de l'unité régit au pluriel le nom de la décade, soit « deux dizaines » = 20. Mais l'anglais ni l'allemand ne laissent plus rien discerner de cette formation archaïque.

Pour la comprendre, considérons la forme grecque équivalente τρεῖς δεκάδες = 30. Le mot δεκάς (th. δεκαδ-) représente un substantif i.-e. **dekm̥t-*, dérivé de **dékm̥* (dix), lequel est devenu prg. *teʒun *teʒu, et dès lors, paraissant être un thème en *-u-*, s'est fléchi comme tel : got. sg. *tigu-s, pl. *tigjus*,

---

[1] Un *d* euphonique entre *n* et *l*. Quant à l'*an* final, il paraît être un indice de pluriel surajouté, dont *twelf* est resté exempt.

[2] Comme *schöpfen* pour *schepfen*, *schwören* pour *schweren*, et quelques autres.

[3] La finale, abstraite ensuite de ces composés, est devenue un mot significatif : *a girl in her teens* (de 13 à 19 ans).

[4] Le second terme est une dérivation écourtée du nombre 10.

acc. *tigu-ns*, etc. De là donc une juxtaposition *twái tigjus*, acc. *twa-ns tigu-ns* = 20, et ainsi de suite. La chute des finales a réduit le second terme à ags. *-tig* et ag. *-ty*, v. al. *-zug* [1], m. al. *-zic* et al.*-zig*, devenus invariables.

La théorie exigerait, dès lors, que le substantif quelconque régi par une décade fût au génitif pluriel, et c'est en effet ce qui se vérifie dans le très ancien haut-allemand, soit *feorzuc wëhhōno* « 4 dizaines de semaines », comme en lat. *tria milia hominum*. Mais l'analogie du comput par unités amena l'emploi du nominatif.

Lorsqu'un chiffre d'unité s'ajoute à la dizaine, c'est par voie de construction syntactique : ag. *three and twenty*, al. *drei und zwanzig*. L'anglais, sous l'influence du français probablement, admet en outre la simple juxtaposition : *twenty-three*.

20. Got. *twái tigjus*, ags. *twēn-tig* et ag. *twenty*, v. al. *zwein-zug* et al. *zwanzig*, cf. le nomin. msc. *twēgen zwēne*.

30. Got. acc. *prins tiguns*, ags *ðri-tig ðrittig* et ag. *thirty* (comme *thirteen*), v. al. *dri-ʒʒug* (avec le *t* traité comme habituellement à la médiale, aussi *dri-zug*) et al. *dreiszig*.

40. Got. *fidwōr tigjus*, ags. *fēower-tig* et ag. *fourty*, v. al. *fior-zug* et al. *vier-zig*.

50. Got. *fimf tigjus*, ags. *fíf-tig* et ag. *fifty*, v. al. *finf-zug funf-zug*, m. al. *vünf-zic* et al. *fünfzig*.

60. Got. *saíhs tigjus*, ags. *siex-tig* et ag. *sixty*, v. al. *sëhs-zug sëhzug* (par allègement du groupe) et al. *sechzig*.

70-90. Les trois décades suivantes se forment aujourd'hui sur le modèle des cinq premières ; mais il n'en fut pas toujours ainsi, et le gotique n'a pas de type **sibun tigjus*, etc. Le procédé était même exactement l'inverse : on disait *sibuntēhund*, où *sibuntē* est un génitif pluriel régi par *-hund* (abrégé de **taíhund*), l'ensemble signifiant « la dizaine des 7 » [2] ; et de

---

[1] Ce vocalisme bizarre et encore insuffisamment expliqué doit remonter à un état réduit de la syllabe radicale de **dĕkm̥*. — Quant à *z* = *t*, observer que le *t* était réellement initial, supra 49, III, 2.

[2] Explication contestée (cf. Streitberg, *Urgerm. Gr.*, p. 220 sq.), mais il n'y en a pas de meilleure ; ce qui demeure certain, c'est que ce changement de système à partir de 60 est dû à une contamination de la numération décimale indo-européenne par une numération duodécimale empruntée à un autre peuple (J. Schmidt).

même *ahtáutē-hund*, *niuntē-hund*, et jusqu'à *taíhuntē-hund*
« 10ne de 10 » = 100. En ags. les deux termes s'intervertissent
et l'analogie fait remplacer par *tig* la syllabe *tē* : *hund-seofontig*, *hundeahtig*, *hundnigontig* ; puis la syllabe *hund*, qui
semble inutile, disparaît[1]. En al., aussi loin qu'on remonte,
hund est supprimé, et l'on a : *sibun-zo* (pour *-ʒo*, par analogie du *z* de -*zug*), *ahto-zo* et même *zëhan-zo* (100); après
quoi, l'analogie achève son œuvre et crée *sibun-zug*, etc.,
qui vivent encore[2].

§ 3. — *Les centaines et au delà.*

I. Le nom de nombre 100 était i.-e. *$k̥m$-tó-m*, substantif
neutre : sk. *ça-tá-m*, gr. ἑ-κα-τό-ν (un cent), lat. *cen-tu-m*, lit.
szim-ta-s, got. *twa hunda* « 200 » qui serait lat. *duo centa*.
Que si l'on voulait remonter plus haut dans les origines de
cette forme, rien ne serait plus légitime que d'y voir une dérivation de *dék̥m* par le suff. *-tó-*, qui, attirant l'accent à lui,
aurait complètement réduit les syllabes précédentes : dès lors,
$dk̥m$-tó- ou *$tk̥m$-tó-*, à peu près imprononçable, se serait allégé
de son initiale, et *$k̥m$-tó-m* signifierait très pertinemment « la
décade de dix ».

C'est ce que paraissent signifier got. *taíhuntē-hund*, ags.
hund-tēontig, al. *zëhanzo*, seuls noms anciens de ce nombre.
Mais le simple *hund* = lat. *centum* n'en existait pas moins
auprès d'eux, puisqu'il forme en gotique tous les multiples
(*þrija hunda*, *fimf hunda*, etc.), et ce simple entra de bonne
heure en composition avec un mot *raþ-*, apparenté au got.
raþ-jan (compter) = al. *red-en*, en sorte que les locutions
actuelles (ag. *hund-red*, al. *hund-ert*) sont des substantifs qui
littéralement signifient « un compte de cent ».

[1] Il est fréquent en linguistique qu'un concept survive à la disparition
du mot même qui l'exprimait : dans le fr. *je ne sais pas*, la prononciation
négligente supprime le *ne*, qui est toute la négation, et le concept négatif
semble résider dans *pas*, qui pourtant ne signifie rien.

[2] Mais *zëhanzug* a cédé la place à *hundert*. Le procédé disparu est
intéressant en ce qu'il éclaire la genèse préhistorique du numéral 100. —
Pour -*zug* et -*zo*, observer en outre que la sifflante venait souvent après
nasale, supra 49, III, 2 in fine.

II. Les multiples anciens sont ags. *tū hund*, etc., v. al. *zwei hunt*, etc. = got. *twa hunda*, etc. La substitution postérieure de *hundred* et *hundert* s'imposait. Mais, bien que ces mots soient originairement substantifs et le soient restés dans les deux langues, susceptibles comme tels de prendre la marque du pluriel (ag. *hundreds of men*, al. *hunderte*), ils ne la prennent point dans la numération courante (*two hundred*, *zwei-hundert*)[1], comme d'ailleurs ils ont cessé de régir au génitif le nom qui les suit. Les dizaines et les unités surajoutées se juxtaposent.

III. Le numéral 1000 n'est commun qu'au germanique et au letto-slave[2] : c'est en gotique *þūsundi*, substantif féminin (une fois neutre), devenu nt. en ags. ðūsend et ag. *thousand*, v. al. *dūsunt tūsunt* et al. *tausend*. Comme, en franc salien, ce mot apparaît avec une aspirée interne (*thūs-chunde*, cf. v. nor. *þūs-hundrað* « 1200 »), on est porté à l'expliquer par une composition ancienne signifiant « la grande centaine »[3].

IV. Bien que substantif, ce numéral ne varie pas dans les multiples (*two thousand*, *zwei-tausend*) et régit le nom au nominatif.

V. Les nombres supérieurs à 999 999 sont, comme partout, des mots savants artificiellement construits sur des radicaux latins.

SECTION II.

LES DÉRIVÉS DE NOMBRES CARDINAUX.

(124) I. **Ordinaux.** — De ces dérivations, la plus simple et la mieux conservée est l'ordinale : elle employait divers suffixes, mais le germanique n'a conservé que le suffixe *-to-*, cf. gr.

---

[1] Ce n'est pas là une irrégularité, mais bien plutôt une survivance du temps où beaucoup de substantifs avaient au pl. la même forme qu'au sg. : cf. *zwei-mal*, *vier mann*, *sechs fusz*, infra 139, III, 1, 143, II, et 147, 4.

[2] Le sk. et le gr. (χίλιοι) en ont un autre, et le latin, un autre encore, semble-t-il (*mīlle*, pl. *mīlia*).

[3] Prg. *þūs, cf. sk. *távas* (force) et *tavás* (fort, puissant, grand).

πέμπ-το-ς (5ᵉ), lat. *quinc-tu-s quintus*, etc. L'accentuation variable du sanscrit et même du grec (δέκα-το-ς, mais εἰκοσ-τό-ς) indique que parfois au moins le suffixe attirait l'accent à lui. Cela posé, après syllabe atone (sk. *catur-thá-* « 4ᵉ »), on attendrait régulièrement ag. *four-d* et al. *vier-te* ; après syllabe accentuée (sk. *saptá-tha-* « 7ᵉ »), on attendrait tout au contraire ag. *seven-th*, mais al. *sieben-de* ; enfin, après *f* ou *s*, le *t* ne devant pas changer, on aurait sans difficulté ag. *six-t* et al. *sechs-te*[1]. C'est en partie ce qui se vérifie dans l'état ancien de ces langues ; mais on voit ce qui s'est passé depuis : sauf pour le nombre 3, l'analogie a partout généralisé en ag. l'indice *-th*, et partout en al. l'indice *-te* ; d'où le désaccord apparent du consonnantisme anglo-allemand dans le suffixe ordinal.

1. Sans aucun rapport nulle part avec le cardinal : got. *fru-ma* (cf. gr. πρό « devant » et lat. *pri-mu-s*), superl. *frum-ist-s* = ags. *fyrm-est* (cf. le comparatif ag. *form-er*), qu'une étymologie populaire a altéré en ag. *fore-most* ; autre superl. got. **faúr-ist-s*, v. nor. *fyr-st-r*, ags. *fyr-st* et ag. *first*, v. al. *fur-isto*, m. al. *vür-ste* « 1ᵉʳ » et al. *fürst* restreint au sens de « prince » (= lat. *princeps* « 1ᵉʳ ») ; autre superlatif, de la racine qui a donné en gr. ἦρ-ι (de bonne heure), ag. *ere* (avant), *ear-ly* (tôt), etc., ags. *ǣr-est* perdu en ag., v. al. *ēr-ist* et al. *er-st*, cf. got. *aír-is* comparatif « plus tôt ».

2. Sans rapport avec le cardinal : got. *an-þar*, comparatif de la racine qui apparaît dans sk. *an-yá-s* (autre)[2] ; ags. *ōðer* = **onðer*, mais ag. *second* emprunté ; v. al. *ander*[3], mais al. *zwei-te* refait sur *zwei*.

3. Got. *þri-dja* = sk. *tr̥-tíya-s* (pour **tri-*) = lat. *ter-tiu-s* ; ags. *ðri-dda* (*ðir-da*) et ag. *thir-d*, v. al. *dri-tto* et al. *dritte*.

4. Ags. *feower-ða feor-ða*[4] et ag. *four-th*, par analogie

---

[1] Il va sans dire que l'*e* final est une désinence de déclinaison, infra 156.

[2] Ne pas oublier que le suff. *-tero-* n'implique le choix qu'entre *deux* objets : cf. gr. δεύ-τερο-ς « le second de 2 », δεύ-τατο-ς « dernier ».

[3] Sens conservé dans la locution *ander-t-halb*, infra III, ainsi qu'en anglais dans la locution courante *every other day* « de deux jours l'un ».

[4] Où il se peut bien que le *ð* ait encore été sonore.

de *seven-th* et autres (cf. lat. *quar-tu-s*); v. al. *feor-do* et al. *vier-te*.

5. Ags. *fíf-ta*, m. ag. *fíf-t*[1], altéré en ag. *fíf-th*; v. al. *finf-to funf-to* réguliers (ce dernier représentant sans doute une forme à syllabe radicale réduite, i.-e. *$p\overset{\circ}{n}q$-tó-s*) et al. *fünf-te*.

6. Got. *saíhs-ta*; ags. *siex-ta*, m. ag. *six-t*, altéré en ag. *six-th*; v. al. *sëhs-to* et al. *sechs-te* réguliers.

7-10. Ag. *seven-th, eighth* (syncopé pour *eight-th*), *nin-th, ten-th*[2]. Al. *sieben-te, achte* (syncopé pour *ahto-do*), *neun-te, zehn-te*.

11-19. Sans difficulté : toujours même formation.

20-90. En ags. le *g* final de la décade développe devant le *ð* de l'ordinal une voyelle de liaison que conserve encore l'ag. *twentieth*, etc. L'al. change ici de système : il affixe au cardinal un suffixe de superlatif (v. al. *zweinzug-ōsto*) que reproduit fidèlement le type actuel *zwanzig-ste*, etc.

100-1000. Ag. *hundred-th, thousand-th*; mais al. *hundert-ste, tausend-ste*.

Les ordinaux adverbiaux se forment: en anglais, par le suffixe *-ly* ; en allemand, par une désinence d'ancien génitif, *erst-ens*.

II. **Multiplicatifs.** — 1. On a vu plus haut la formation des adjectifs multiplicatifs par ag. *-fold* et al. *-falt -fältig*. L'al. mod. emploie de préférence une composition par le mot *fach* (division, compartiment), soit *zwie-fach* ou *zwei-fach* (double), etc.

2. Les multiplicatifs adverbiaux anglais, *once* (ags. *ān-es*), *twice* (m. ag. *twi-es*), *thrice*, sont d'anciens génitifs pris adverbialement ; les autres, des locutions syntactiques, *four times*. L'al. *einst* = v. al. *ein-ēst* semble corrompu par l'analogie des ordinaux : ce serait alors un ancien génitif *ein-es*, à en juger par son corrélatif *ander-s*, qui est aussi devenu dialectalement *ander-st*. Les autres adverbes sont syntactiques, par *mal* (= v.

---

[1] Encore usité dans certains dialectes provinciaux.

[2] Le doublet *tithe* (dîme) est une forme régulière d'allongement compensatoire.

al. *māl*) substantif invariable qu'on a rapproché de la finale du lat. *semel* (une fois) et *simul* (d'un seul coup) = *semol* : *ein-mal*, *zwei-mal*, etc. Ceux du type *einer-lei*, tout modernes, sont également syntactiques et au génitif, soit *einer leie*[1] « d'une seule sorte », puis analogiquement *zweier-lei*, etc.

III. **Partitifs**. — Le partitif **halba-* (demi), commun à tous les dialectes germaniques, ne se rencontre point en dehors de cette famille. Il paraît signifier originairement « côté », à en juger par le sens des composés du type al. *meiner-halb(en)* = m. al. *mīn-halp* « de mon côté, en ce qui me concerne, à cause de moi »[2]. Il a donné ags. *healf* et ag. *half*, al. *halb* et le dérivé *hälf-te*. Les composés du type **þridja-halba-* « la moitié d'un 3ᵉ » = « 2 1/2 », sont également prégermaniques : ags. *ðridda-healf*, *fēorða-healf*, etc. ; al. *dritt-halb*, *viert-halb* ; mais l'ag. les a perdus[3].

Les autres partitifs sont : en ag. (comme en fr.) les ordinaux, *third*, *fourth*, etc. ; en al. des composés à dernier terme atone et réduit, *drittel* = **dritt-teil* (m. al. *drit-teil*), *viertel*, etc.

IV. **Distributifs**. — L'ancienne dérivation distributive par le suffixe i.-e. -*no*- (lat. *bī-nī trī-nī*, got. *twei-h-nái* et v. nor. *tven-ner* « 2 à 2 ») n'est plus représentée que par d'insignifiants débris : ag. *twi-n* = i.-e. **dwi-no-s* (jumeau) et vb. *twi-ne* (accoupler, doubler, retordre) ; al. *zwir-n* (fil retors) = i.-e. **dwis-no-s*[4] et vb. *zwir-n-en*. On dit aujourd'hui *two by two* et *je zwei*, etc.

[1] Le m. al. *leie* (façon) est le v. fr. *ley*, aujourd'hui *loi*.
[2] Sk. *árdha-* signifie également « côté » et « moitié ».
[3] L'analogie a introduit le *t* médial de *dritthalb*, *vierthalb*, etc. dans le mot *ander-t-halb* = ags. *ōðer-healf* « 1 1/2 ».
[4] Pour l's médial, cf. ag. *twis-t* (tissu doublé) et al. *zwis-t* (désaccord).

TROISIÈME PARTIE.

LA DÉCLINAISON.

25) On entend par **déclinaison l'ensemble des modifications** internes ou désinentielles **que subissent les thèmes nominaux et pronominaux pour répondre aux** diverses **relations de signification** qui les affectent.

Ces relations sont au nombre de **trois** : le **genre**, le **nombre** et le **cas**.

L'indo-européen avait trois genres, **masculin, féminin** et **neutre**, tous trois conservés dans les langues germaniques.

Il avait aussi trois nombres : **singulier**, duel et **pluriel**. Mais le duel, très bien conservé en sanscrit et assez bien en grec, ne subsiste plus en latin que par deux formes isolées (*ambō* et *duo* = **duō*) et a complètement disparu des langues germaniques [1] : la relation de dualité s'y exprime, comme chez nous, par le pluriel.

Enfin la relation du pronom ou du nom indo-européen avec les autres membres d'une proposition donnée comportait jusqu'à huit cas, que montrent encore la déclinaison du sanscrit et presque celle du russe actuel. Mais on sait que ce nombre s'est déjà réduit en latin à six, à cinq en grec. Il est encore tombé plus bas en germanique : le vocatif (cas de l'appel) s'est confondu partout avec le nominatif ; le locatif (situation dans)

---

[1] On vient d'en voir les quelques survivances, supra 121, 2.

et l'ablatif (provenance de) se sont exprimés par des prépositions [1]; l'instrumental (moyen par lequel) a résisté le plus longtemps, encore s'était-il déjà effacé en gotique; l'anglo-saxon et le vieux-haut-allemand l'ont gardé [2], mais lui aussi a dû céder le pas à une périphrase [3]. Bref, il n'est plus resté à l'allemand moyen, comme au gotique, que quatre cas, conservés par l'allemand moderne : **nominatif**, ou cas du **sujet**; **accusatif**, ou cas du **régime direct**; **génitif**, ou cas de la **possession**, de la **détermination** adnominale; **datif**, ou cas de l'**attribution** à un sujet; encore, en fait l'accusatif des noms s'y confond-il la plupart du temps avec le nominatif. Cette dernière confusion est constante en anglais, et le datif s'y exprime par une préposition [4], en sorte que la déclinaison anglaise se réduit à deux cas, nominatif et génitif, ce dernier même fortement entamé par la concurrence de la préposition *of*.

Les mots auxquels s'appliquent ces trois relations du genre, du nombre et du cas, se distinguent en quatre catégories grammaticales, dites l'**article**, le **substantif**, l'**adjectif** et le **pronom**. Autant de chapitres comprendra notre étude de la déclinaison anglo-allemande [5].

[1] Respectivement : ag. *in* et *at*, al. *in* et *zu* avec le datif (cf. gr. ἐν, lat. *in*); — ag. *from* ou *out*, al. *von* ou *aus* avec le datif.

[2] On en a vu des restes dans la formation adverbiale, supra 110, 1, 4.

[3] Ag. *with*, *by* ou *through*; al. *mit* (datif) ou *durch* (accusatif).

[4] Ordinairement *to* = *zu*. Toutefois la possibilité de construire un régime indirect sans préposition (*the land yields* the *owner ten thousand a-year*, cf. al. es gilt *dem* besitzer....) est un reste important de l'ancien datif, qu'on retrouvera aussi dans les pronoms, infra 161 et 166. Le datif existe donc, si l'on veut, quant à la fonction; mais rien, dans la forme, ne le distingue du nominatif-accusatif.

[5] Bien entendu, le participe, en tant que déclinable, rentre dans l'adjectif; en tant qu'expression verbale, dans la conjugaison. On a vu que l'adverbe est un cas du substantif ou de l'adjectif, supra 110, I, et 111. La présente étude embrasse donc jusqu'à six des parties du discours; le verbe est traité à part; les trois autres, invariables, ne réclament que çà et là un éclaircissement étymologique (se reporter aux index alphabétiques où on en trouvera un grand nombre) : la grammaire est donc ainsi tout à fait complète.

CHAPITRE Ier.

L'ARTICLE.

26) **L'article**, à proprement parler, **n'est qu'un pronom démonstratif**, et souvent même il en tient lieu en allemand : il rentrerait donc, à ce titre, dans notre chapitre IV, et ce semblerait être une erreur de méthode que de l'en détacher. Au point de vue strictement historique, c'en est une, à n'en point douter ; car, non seulement l'indo-européen, mais même le prégermanique, n'eut jamais d'article ; encore aujourd'hui, le slave n'en a pas ; et cette catégorie essentielle de la grammaire anglo-allemande n'est née, comme en français et ailleurs, que de l'emploi abusif d'un ancien démonstratif dont le sens s'est affaibli et banalisé. Mais, au point de vue pratique que nous envisageons de préférence, il y a au contraire grand avantage à isoler l'article : par la fréquence et la nécessité de son emploi, il occupe parmi les démonstratifs une place unique et distincte ; par l'influence qu'il a exercée sur les autres mots, il est très propre à fournir un paradigme général de déclinaison qu'il permet d'analyser une fois pour toutes ; enfin, en allemand du moins, où l'article a gardé intactes ses finales tandis que souvent le nom les a perdues, c'est surtout l'article qui est l'indice du cas, et dès lors la flexion du substantif suppose nécessairement connue celle de l'article qui le détermine.

L'article est, disons-nous, un ancien démonstratif, qui jadis signifiait « ce » et parfois, en allemand, le signifie encore. Il est en effet dans la destinée du démonstratif de se dégrader ainsi tôt ou tard à la valeur d'un banal accessoire, comme dans celle du nombre « un » de dégénérer quelque jour en article indéfini. Le latin *caballus* signifiait tout à la fois « le cheval » et « un cheval » : du jour où un sujet parlant éprouva le besoin de préciser davantage l'une ou l'autre de ces nuances, on en vint tout naturellement à dire *ille caballus* et *unus caballus*, v. fr. *li chevals* et *uns chevals*; c'est exactement aussi ce qui s'est passé du prégermanique à l'anglais et à l'allemand.

Section Ire.

Article défini.

(127) La majeure partie de la déclinaison de l'article défini est empruntée à un démonstratif indo-européen **só *tó*, qui se retrouve, plus ou moins altéré, dans toutes les langues de la famille. Mais quelques formes procèdent d'un autre démonstratif bien voisin, **syó *tyó*, que le sanscrit est seul à reproduire avec une parfaite netteté.

§ 1er. — *Origine et flexion primitive.*

(128) I. Le démonstratif dont le nominatif était sg. msc. **só*, sg. fm. **sâ* [1], n'apparaissait sous cette forme qu'à ces deux cas seulement : sk. msc. *sá*, fm. *sâ*; gr. ὁ ἡ. Partout ailleurs, c'est-à-dire au nomin. neutre et à tous les autres cas des trois genres, comme à tous les cas du pluriel, il était remplacé par un thème *tó-*: nomin. sg. nt. i.-e. **tó-d*, sk. *tá-d*, gr. τό [2], lat. (*is-*)*tu-d*; acc. sg. msc. i.-e. **tó-m*, sk. *tá-m*, gr. τό-ν, lat. (*is-*)*tu-m*; nomin. pl. msc. i.-e. **tóy*, sk. *tê*, gr. τοί [3], lat. (*is-*)*tī*, etc. En sanscrit, en grec homérique et jusqu'en latin, ce démonstratif a gardé toute sa valeur et signifie « ce, celui »; mais, en grec classique déjà, il est devenu simple article, se

---

[1] Cf. supra 73 (III).
[2] Pour *τόδ. Toute momentanée finale tombe en grec.
[3] Dorien. Le grec commun οἱ est analogique de ὁ.

traduit tout uniment par « le »[1] et précède obligatoirement le substantif. L'histoire des langues germaniques nous fait assister à une évolution toute semblable : le même thème, qui est exclusivement démonstratif, avec valeur un tant soit peu affaiblie, en gotique, en anglo-saxon et en vieil-allemand, est aujourd'hui article d'un emploi à peu près constant et obligatoire en allemand, obligatoire au moins dans la majorité des cas en anglais [2]. La transition est bien aisée à concevoir : quand nous lisons dans Ulfilas [3] « *mannē sums áihta twans sununs, jah qaþ sa jūhiza izē du attin*, des hommes un certain avait deux fils, et dit *celui* plus jeune d'eux à père »; ou en anglo-saxon [4] « *sōðlice ūt ēode se sǣdere hys sǣd tō sāwenne*, « véritablement hors alla *ce* semeur sa semence pour semer », nous traduisons sans hésitation « *le* cadet dit... *le* semeur sortit...»; et en fait le démonstratif est déjà un article.

La déclinaison de ce démonstratif en grec reproduit presque fidèlement celle de l'indo-européen ; d'autre part, celle du gotique est à bien peu de chose près déjà celle de l'allemand : rien ne sera donc plus propre à ménager la transition que de donner ici le tableau de la déclinaison gotique, en plaçant en regard les cas similaires du grec. La concordance est à bien des cas frappante.

	Singulier			Pluriel		
	msc.	fm.	nt.	msc.	fm.	nt.
N.	sa = ὁ	sō = ἡ [6]	þa-t-a [5] = τό	þái = τοί	þōs	þō = τά [8]
A.	þa-n-a [5] = τόν	þō = τή-ν	þa-t-a = τό	þa-ns = τό-νς [7]	þōs	þō = τά
G.	þi-s	þi-zōs	þi-s	þi-zō	þi-zō	þi-zō
D.	þa-mma	þi-zái	þa-mma	þáim	þáim	þáim

[1] Le sens de « ce » a passé à la juxtaposition δ-δε.

[2] Sauf quand le substantif est conçu dans un sens indéfini (*man delights me not*), ce qui cadre bien avec la valeur primitivement démonstrative.

[3] Parabole de l'enfant prodigue, Luc. 15, 11-12.

[4] Parabole du semeur, Matth. 13,3.

[5] L'*a* est une particule surajoutée (comme dans le fr. *ce-ci*) qui a maintenu la désinence en la couvrant, supra 39 et 46.

[6] Ne pas oublier que η grec vaut $\bar{a}$ = i.-e. $\bar{a}$.

[7] En crétois. Devenu τούς en grec ordinaire.

[8] Originairement *τᾱ (sk. *tá*), abrégé en grec.

Toutefois, en comparant ce paradigme avec celui de l'allemand, on ne perdra pas de vue que le démonstratif, une fois réduit au rôle d'article, est naturellement devenu proclitique et sujet, de ce chef, à un grand nombre d'altérations phonétiques [1].

II. Le démonstratif indo-européen *syó n'apparaît également sous cette forme qu'au nomin. sg. msc. fm., sk. *syá syâ*. Partout ailleurs le thème est *tyó-* : sk. nt. *tyá-d*, etc. La déclinaison était la même que pour le précédent ; mais, le germanique n'y ayant fait que deux emprunts, elle est pour nous sans intérêt.

§ 2. — *État actuel.*

(129) On sait que, de cette flexion si variée, l'anglais n'offre plus même l'ombre : tout s'y réduit à un monosyllabe incolore. L'allemand, qui l'a en grande partie conservée, réclame donc ici la première place. Mais une observation générale s'impose dès le début : l'allemand ne connaît plus ni le thème **só* ni le thème **syó* du nomin. sg. msc. fm. [2] ; en d'autres termes, l'analogie de tous les autres cas, où le thème commençait par un *t*, a transporté l'équivalent de ce *t* au nominatif et généralisé dans toute la flexion un thème théorique **tó-* [3] ou **tyó-*, dont la forme prégermanique serait naturellement **þa-* ou **þja-*. Sous le bénéfice de cette réserve, nous avons à étudier, en suivant l'ordre du paradigme ci-dessus : — les formes du sg. qui relèvent du thème **þa-* ; — les formes du pl. du même thème ; — les formes quelconques et peu nombreuses qui relèvent du thème **þja-* ; — la forme indifférente de l'anglais.

(130) I. Singulier. — 1. Nominatif. — Au masculin, le sanscrit, le grec et le gotique montrent ici le thème pur. Mais il ressort du lat. *qui* (= **quo-î*), *hīc* (= **ho-i-c*), etc., que les démonstratifs pouvaient s'adjoindre une particule *-î* d'emphase ou d'insistance ; et en fait le got. possède un mot invariable *sái* « voici

---

[1] Cf. supra 34 et 66, II.

[2] L'anglo-saxon les avait gardés, et nous retrouverons le fm. **syd* dans les pronoms personnels, infra 166.

[3] Exactement comme en latin : nomin. sg. msc. (*is-*)*te*, fm. (*is-*)*ta*.

que », qui ne semble autre chose que l'article msc. *sa* augmenté de cette addition. A ce *sái* correspond l'article ags. *sē*, qui en vieux-saxon est aussi *sē*, mais devient *thē* par contamination des cas obliques. Le v. al. n'a plus que *thē* ou *dē*, fréquent seulement chez Tatien, puis corrompu ailleurs, par l'analogie de *er* (infra 166, I) et conséquemment surchargé d'un *r* : c'est à ce *thēr hypothétique que remonte par proclise le v. al. *dër*, al. *der*. — Le féminin relève de la classe III, infra. — L'indice i.-e. du nomin. sg. nt. est un -*d* : sk. *tá-d*, gr. τό, lat. (*is-*)*tu-d*, soit donc i.-e. *tó-d, d'où prg. *þa-t, qui aurait dû devenir *þa; mais le *t* final a été préservé par l'*a* surajouté, got. *þa-t-a*, et, quand cet -*a* est tombé à son tour, il est resté ags. *ðæ-t* et v. al. *da-ʒ*. Ag. *tha-t* s'est maintenu, mais pour le démonstratif, le relatif et la conjonction seulement [1]. Quant au v. al. *da-ʒ*, il subsiste dans l'article al. *das*, dont naturellement le relatif *das* et la conjonction *dasz* [2] ne sont que des variétés particulières, cette dernière différenciée seulement par un plus fort accent que marque tant bien que mal l'orthographe usuelle.

2. Accusatif. — La désinence de l'acc. msc. est un -*m* : sk. *tá-m*, gr. τό-ν, lat. (*is-*)*tu-m*, soit donc i.-e. *tó-m, d'où prg. *þa-n, qui aurait dû devenir *þa; mais l'*n* final a été couvert par une particule -*a*, et l'on a got. *þa-n-a*, ags. *ðo-n-e*, v. al. *dë-n* [3] et al. *den*. — Le fm. sous la classe III. — Le neutre, dès l'époque indo-européenne, toujours identique au nominatif.

3. Génitif. — Pour apprécier cette formation et plusieurs autres, il faut se souvenir que tout thème i.-e. en -*o*- est en même temps thème en -*e*- [4], que par conséquent un thème *tó- peut aussi, dans certaines conditions, se présenter sous la forme *té- qui devient prg. *þe-, got. *þi*-. C'est précisément ce qui se produit ici. Or l'indice du génitif masculin ou neutre des démonstratifs était : soit une syllabe *-*syŏ*, sk. *tá-sya*, gr. *τό-σιο devenu τοῖο et contracté en τοῦ; soit simplement une syllabe -*sŏ*, cf. sl. *če-so* génitif du pronom relatif. Une forme

---

[1] On en a vu pourtant une trace pour l'article, supra 66, II, 1.
[2] Cf. le rôle de *quod* conjonction en latin et dans les langues romanes.
[3] Pour le vocalisme *ë*, cf. le génitif infra.
[4] Supra 72, II, et cf. le nomin. msc. lat. (*is-*)*te*.

de ce type, soit i.-e. *té-sŏ a donné prg. *þé-s, d'où got. þi-s, ags. ðæs [1], v. al. dë-s et al. des. — La désinence féminine répondant à *-syo du msc.-nt., était *-syās : sk. tá-syās. Mais, par analogie de *-so msc.-nt., elle est devenue simplement *-sās, prg. *-sōs, d'où got. þi-zōs, dont l's final est un z à raison de l'atonie, ainsi que le montre le v. nor. þei-rar. La chute régulière de ce z en germanique-occidental a abouti à ags. ðǣ-re, v. al. dë-ra dë-ru et al. der.

4. Datif. — La forme grecque τῷ n'est pas primitive, mais refaite sur l'analogie du datif des substantifs [2]. Au msc.-nt. l'indo-européen interposait entre le thème *tó- et la finale *-ōy du datif, un groupe -sm-, d'origine mal définie, sk. tá-sm-āi, parfaitement reproduit par le got. þa-mm-a [3], ags. ðǣ-m, v. al. dë-mu et al. dem. — Au fm. (sk. tá-syāi, got. þi-zái), le datif ne différait du génitif que par la diphtongue finale, encore visible en gotique, mais naturellement perdue dans l'uniformité des finales du germanique-occidental : ags. ðǣ-re, v. al. dë-ru et al. der.

(131) II. Pluriel. — 1. Nominatif : masc. i.-e. *tóy, sk. tê, gr. τοί οἱ, lat. (is-)ti, prg. *þai, d'où got. þái, ags. ðā et v. al. dē [4], ce dernier diphtongué en deu, dia, die ; et sous cette dernière forme, il s'est entièrement confondu avec le nomin. pl. fm. et nt., qui relèvent de notre classe III, ainsi que l'accusatif.

2. Accusatif. — Comme l'acc. pl. nt. était, dès l'époque indo-européenne, identique au nominatif, et que l'acc. pl. fm. l'était devenu au moins en prégermanique, cette identité a amené par analogie celle du nominatif et de l'accusatif masculins : ags. ðā, al. dē die [5].

3. Génitif. — Le thème prg. est þe- comme au gén. sg.

---

[1] Le vocalisme de l'ags. correspond à i.-e. *to-. Plus bas, il est diphtongué irrégulièrement. Ces détails importent peu à l'histoire de l'uniforme article anglais.

[2] Dat. ἵππῳ de ἵππος, etc., cf. infra 152.

[3] Supra 61 (III) et 34, § 1er, III.

[4] Avec l'ē fermé germanique qu'on a déjà rencontré au n° 62 et dont l'origine reste mystérieuse.

[5] Ni l'ags. ni le v. al. n'ont plus trace du got. þa-ns = gr. τό-νς.

Quant à la désinence, elle était, pour les démonstratifs, i.-e. *-sōm, comme le montrent le sk. fm. *tā-sām*, le gr. homérique τάων = *τᾱ-σων et le lat. (is-)tā-rum = *-tā-som. Dans ces conditions, le msc. et le nt. étant identiques, le fm. devait y ressembler beaucoup, à cela près de la nuance vocalique de la finale gotique (þi-zē, þi-zō) qui alterne du degré normal au degré fléchi, nuance qui ne saurait nous intéresser puisqu'en tout état de cause cette finale devait s'effacer dans la suite : donc, aux trois genres, ags. ðā-ra, v. al. dë-ro et al. der.

4. Datif. — Aucun rapport avec gr. τοῖς et lat. (is-)tis, qui répondent à un instrumental sk. tāis. La désinence est ici *-mĭ(s) [1], qui, comme dans l'instrumental sk. tê-bhis, s'attache, non directement au thème *tó-, mais à la forme du nomin. msc. pl., soit i.-e. *tóy-mi(s), v. sl. té-mĭ (avec eux), prg. *þái-mi, d'où got. þái-m aux trois genres, ags. ðǣ-m [2], v. al. dē-m, puis dēn [3], et al. den, par mutation régulière.

(2) III. De la déclinaison du thème *tó- nous avons pu déduire toutes les formes allemandes, sauf trois : le nomin.-acc. sg. féminin, le nomin.-acc. pl. fm. et le nom.-acc. pl. neutre.

1. Les thèmes en -o- forment leur fm. en -ā : à *tyó msc. répond fm. *tyā́, prg. *þjō, d'où v. al. diu. A l'accusatif, l'ō prg. était couvert par un m, soit *þjō-m, ce que montre bien l'u final conservé du v. al. diu. Les deux formes ont conflué en die, qui représente la seconde.

2. Le nomin.-acc. pl. fm. avait pour indice un -s, sk. tyā́-s, d'où prg. *þjō-z, v. al. deo dio, al. die.

3. Le nomin.-acc. pl. nt. est toujours identique au nomin. sg. fm., cf. lat. (is-)ta bona à l'un et à l'autre cas : i.-e. *tyā́, prg. *þjō, d'où v. al. diu et al. die.

Ainsi, et par toutes voies, les formes issues du thème *tyó- ne pouvaient que confluer entre elles, et subsidiairement avec

---

[1] Qu'on retrouvera dans les substantifs, infra 152, II.

[2] Cf. le pronom ag. the-m (à eux, eux), infra 160, 3, et 166, II.

[3] Ici l'm était final. Il ne l'était pas au datif sg., cf. supra 130, 4. — Pour faciliter le travail de l'étudiant, on a, dans cette section, rappelé les diverses lois phonétiques qui y trouvent leur application. On s'en abstiendra désormais, les supposant suffisamment connues.

celle du nomin. pl. msc. issue du thème *tó-, et les vingt-quatre formes théoriques de l'article allemand se réduisent en fin de compte à six [1].

(133) IV. La confluence a été bien plus énergique pour l'anglais, qui d'ailleurs n'a rien emprunté au thème *tyó. L'anglo-saxon avait encore un nomin. msc. sg. sē se très régulier = got. sa sái et un fm. sēo (= *sjā) qui est devenu ag. she. Vers la fin de la période anglo-saxonne, l'analogie du nt. ðæ-t et des cas obliques y à substitué des formes nouvelles, ðē et ðēo, qui à leur tour se sont confondues entre elles à la faveur de l'atonie ; plus tard, le neutre s'y est assimilé, et de ce mélange est résulté l'uniforme the du moyen-anglais. De son côté le nomin. pl. ðā, par assourdissement de l'atone, prenait la même voie ; la similitude du nominatif et de l'accusatif au neutre et au pluriel entraînait l'assimilation partout ailleurs ; l'emploi croissant des prépositions, en partie influencé par la syntaxe française, tendait à rendre inutiles les formes des autres cas : bref, et comme résultat final, l'anglais n'a plus que l'unique forme the [2], et les pronoms seuls ont gardé trace d'une ou deux autres.

Section II.

Article indéfini.

(134) Au singulier, l'anglais emploie an et a, formes atones de one = ags. ān. Ces mots sont invariables. L'allemand écrit ein pour l'article indéfini comme pour le nom de l'unité, mais prononce le premier avec beaucoup moins d'emphase. Sa négation kein est en v. al. dihh-ein, m. al. dech-ein, où, l'e s'étant assourdi, le t initial est devenu imprononçable [3] ; mais

---

[1] Savoir : 8 die, 6 der, 2 dem, 2 des et 2 das.

[2] Même devant un comparatif, v. g. the better « d'autant meilleur », où the = ags. ðȳ est l'instrumental du démonstratif, cf. lat. eō melior.

[3] Comme en indo-européen *km̥tóm pour tkm̥tóm, supra 123.

on ne sait ce que c'est que cet élément *dihh*-[1]. La flexion est celle de tous les déterminatifs[2].

L'allemand n'a pas d'article indéfini pluriel. L'anglais emploie, suivant les cas, *an-y* = al. *ein-ig-e*, et *some* = got. *sum-s* (un certain[3]) = gr. ἀμό-ς = sk. *sama*- (quiconque), tous deux invariables.

---

[1] Le doublet v. al. *nihh-ein* est beaucoup plus clair. La négation anglaise est *none* (pronom) = *n-one*, écourtée en *no* (adjectif et particule négative) = ags. *nā*, cf. al. *n-ein*.

[2] Cf. infra 159 et 169.

[3] V. le passage d'Ulfilas, supra 128. Également singulier dans les locutions *some-body*, *some-thing*, etc., cf. *any-body*, etc. — Il est probable que c'est la réduction de ce thème qui apparaît à la médiale de *þa-mm-a* = *tó-sm-ōy*, supra 130, 4.

CHAPITRE II.

LE SUBSTANTIF.

(135)   Dans la déclinaison des substantifs anglo-allemands, trois éléments sont à considérer : le genre, le nombre et les cas.

SECTION Ire.

LE GENRE.

(136)   En principe, sauf la catégorie des noms en -$\bar{a}$, tous féminins, et la désinence spéciale au nomin. -acc. des neutres en -o- [1], le genre indo-européen n'exerce aucune influence sur la déclinaison des substantifs : en latin, *soror* se décline comme *dolor*, et *frūctus*, comme *manus*. Mais il en a pris une très grande, au contraire, sur la déclinaison germanique : à la faveur de la chute des finales, qui ne permettait plus de discerner la classe de flexion à laquelle ils avaient autrefois appartenu, nombre de substantifs de tel ou tel genre, ainsi qu'on le verra, ont délaissé la déclinaison qui répondait à leurs origines, pour se plier à l'imitation d'autres substantifs de même genre, mais de formation toute différente. Il suffira ici d'un seul exemple typique : le mot *flut*, qui devrait être masculin en sa qualité de thème en -*tu*- (got. *flō-du-s*, v. al. *fluot* msc.), est devenu féminin, avec maint autre, à l'imitation

---

[1] Lat. *bonu-s bona bonu-m*, supra 72-73.

des féminins réguliers en *-ti-*, par exemple *bucht* [1]; après quoi, tous deux, *bucht* et *flut*, et une foule d'autres féminins, se sont déclinés sur le modèle de *frau*, qui est un thème en *-en-*.

L'anglais et l'allemand, tout en conservant les trois genres de l'indo-européen, les ont très différemment distribués.

La distribution des genres en indo-européen était au surplus fort arbitraire et relevait aussi peu que possible de la fonction même du substantif. Sans doute, en général, les noms désignant un être ou un agent mâle étaient masculins ; féminins, les noms d'être ou d'agent de l'autre sexe. Mais c'était là, ou peu s'en faut, la seule ébauche de catégorie logique superposée à cet étrange chaos de catégories grammaticales. Il n'est pas même sûr que les noms des mâles et des femelles d'animaux aient été tous respectivement masculins et féminins [2]. Quant aux noms d'objets inanimés ou aux substantifs abstraits, ils pouvaient être masculins ou féminins, tout aussi bien que neutres : il y avait, par exemple, des noms d'instruments en *-tro-m*, mais aussi en *-tro-s* et en *-trā* [3].

Cet état est précisément encore celui de l'allemand. Mais ce n'est point à dire qu'il n'ait rien changé à la distribution primitive des genres. Par cela même que la catégorie du genre est arbitraire, elle est fuyante et mobile : un mot change aisément de genre quand l'esprit n'aperçoit pas de raison pour l'assigner à l'un plutôt qu'à l'autre. S'il s'est produit de pareils changements dans le court intervalle du latin au français [4], à plus forte raison doit-on s'attendre à en constater à une distance de quarante siècles. En fait, ce qui doit nous surprendre, c'est bien moins le changement éventuel du genre que sa merveilleuse conservation dans nombre de cas : dans

---

[1] Supra 78, 2-3. Cf. lat. *fructus* msc. emprunté = al. *frucht* fm.

[2] Avec nos genres réduits à deux et la logique dont nous nous piquons, nous en sommes encore au même point, en sorte qu'il nous faut presque faire un effort d'esprit pour nous représenter qu'il existe des souris mâles et des papillons femelles.

[3] Lat. *arā-tru-m* (charrue), *cul-ter* (couteau), *mulc-tra* (vase à traire).

[4] Lat. *arbor* fm., fr. *arbre* ; lat. *mōrēs* msc., fr. *moeurs*.

tel mot déterminé, comme i.-e. *yugó-m (joug), sk. yugá-m, gr. ζυγό-ν, lat. jugu-m, got. juk, al. joch, sl. jigo, tous neutres ; dans toute la classe des féminins en -in- = lat. -iōn- (lat. leg-iō fm., al. höh-e = hōh-ī, etc.) ; dans toute celle des féminins en -ti-, al. -t ; dans la formation, originairement neutre et restée neutre, des pluriels en -er, etc., etc. [1].

Mais les altérations, elles aussi, ont porté sur des classes entières de mots. C'est ainsi que les masculins en -tu-, une fois l'u disparu, se confondant avec les féminins en -ti- dont l'i s'était effacé antérieurement, ont pris le genre féminin ; et, par voie de conséquence, le suffixe -heit et -keit, qui est par essence un nom masculin (sk. kē-tú-s msc.), est devenu par essence un élément formatif de noms féminins. Ainsi encore, le suffixe gotique -n-assu-, qui n'est jamais que masculin, est devenu en allemand -nis, qui ne forme que des noms neutres, avec quelques féminins. De par son origine, le suffixe -sal devrait pouvoir s'appliquer indifféremment à des masculins ou à des neutres : il est exclusivement neutre, à trois féminins près. Quant aux diminutifs, c'est la logique sans doute qui en a fait une catégorie à part, vouée au genre neutre [2].

Où la logique a triomphé complètement, c'est dans la répartition des genres anglais. On sait que, sauf d'insignifiantes exceptions, les trois genres correspondent respectivement et en toute rigueur au sexe masculin, au sexe féminin et à l'absence de sexe (animaux dont le sexe est hors de cause, objets inanimés et noms abstraits). Il va sans dire que la langue n'est pas arrivée d'un seul coup à ce nivellement absolu, phénomène à peu près unique dans les annales de la linguistique : le genre anglo-saxon admet encore les mêmes bigarrures que celui de l'allemand actuel ; en moyen-anglais achèvent de disparaître les finales qui permettaient encore de discerner le genre, et alors il se modifie lentement, mais surtout sous l'influence de la langue française et sans accuser

[1] Voir la formation des mots, passim, notamment 74 (2 C), 78, 80.
[2] Le diminutif par excellence, le mot kind, est neutre, alors que pourtant il suppose un sexe : à plus forte raison ceux qui n'en supposent pas.

de tendance nettement logique; c'est à partir du XIVe siècle enfin que cette tendance commence à prévaloir, pour aboutir dès la fin du XVIe au résultat constaté aujourd'hui.

Tous autres détails sur le genre relèvent de la grammaire usuelle.

Section II.

LE NOMBRE.

7) **Le nominatif singulier** de l'anglais et de l'allemand **est sans indice** d'aucune sorte et ressemble à un thème nu. Mais c'est là, nous le savons, l'effet combiné de la réduction phonétique et d'une analogie envahissante. Le prégermanique avait, pour le nominatif singulier, comme pour chacun des autres cas, un et même plusieurs indices que lui avait légués l'indo-européen et dont la disparition s'explique aisément par leur nature même.

A ne prendre pour guide que la déclinaison grecque, la mieux conservée, on restituera sommairement cinq types de nominatif singulier. Les masculins et féminins ordinaires le formaient : soit par un simple allongement de la voyelle en syllabe finale, gr. ἄκμον- (enclume, acc. ἄκμον-α), φέροντ- (portant, acc. φέροντ-α), πατέρ- (père, acc. πατέρ-α), nominatifs ἄκμων (cf. lat. *homin-em* et *homō*), φέρων, πατήρ, etc.; soit par l'addition d'un -*s*, gr. ἵππο- (cheval, acc. ἵππο-ν), νυκτ- (nuit, acc. νύκτ-α), nomin. ἵππο-ς (cf. lat. *equŏ-s*), νύξ = *νύκτ-ς (cf. lat. *nŏx*), etc. Mais les féminins en -$\bar{a}$, -$\bar{\imath}$, -$\bar{u}$, n'avaient, dès l'époque la plus reculée, aucun indice de nominatif : sk. *áçvā* (jument), gr. χώρᾱ (pays), lat. *terra*, etc. Quant aux noms neutres, ceux en -ŏ- prenaient un -*m*, comme à l'accusatif : sk. *yugá-m* (joug), gr. ζυγό-ν, lat. *jugu-m*. Les autres neutres étaient dépourvus d'indice : sk. nt. *svādú* (doux), gr. ἡδύ, cf. msc. ἡδύ-ς; sk. *páçu* (bétail), lat. *pecu*, got. *faíhu* (richesse), etc.

Le germanique-occidental avait donc hérité d'une classe de nominatifs neutres sans désinence, avec laquelle s'étaient déjà confondus les neutres à désinence -*m*, puisque l'-*m* final était tombé en prégermanique. Les féminins à voyelle longue abrégèrent, puis laissèrent éventuellement tomber cette voyelle, qui d'ailleurs n'était pas spéciale au nominatif. Les nominatifs à allongement du type ἄκμων ou *homō* abrégèrent leur voyelle : i.-e. *kanō (= lat. *canō « chanteur »), mais got. *hana*, ags. *hona*, v. al. *hano* ; et cette brève, à son tour, disparut plus tard, al. *hahn*. En un mot, quatre des types indo-européens ci-dessus aboutirent nécessairement en germanique à des nominatifs sans désinence.

Restait pourtant le plus important, celui des nominatifs à -*s* final. Cet -*s*, au moins après voyelle accentuée, aurait dû subsister, et il n'y a pas manqué en gotique, où l'analogie l'a même rétabli après syllabe primitivement atone [1]. Mais, en vieux-norrois et en germanique-occidental, l's du nomin. sg., devenu régulièrement -*z* après voyelle atone, est ensuite, par analogie, devenu -*z* partout : d'où l'*r* constant du vieux-norrois et la disparition totale de la désinence en germanique-occidental. Tout s'y passe, dès lors, comme si les indices du pluriel et les désinences des cas obliques s'affixaient, non pas à un simple thème de déclinaison, comme en gotique et vieux-norrois, mais à la forme même du nominatif singulier. En d'autres termes, ce cas ancien a cessé d'être un cas : pour l'Anglais et l'Allemand, **il est le mot lui-même.**

Cette uniformité une fois réalisée au singulier, il était fatal qu'elle se propageât au pluriel : du jour où les divers mots ne se distinguèrent plus entre eux par la présence ou l'absence d'un indice de nominatif, ni à plus forte raison par leurs voyelles thématiques depuis longtemps disparues, les variétés de flexion que motivaient d'intimes différences de structure devaient tendre à s'aplanir sous l'influence nivelante de l'analogie, et des ressemblances purement extérieures, parfois, on l'a vu, de simples associations logiques substituèrent de nouveaux groupements aux catégories anciennes de la déclinaison indo-européenne. Dans quelle mesure le pluriel allemand [2], ainsi nivelé, reproduit ou dégrade la formation primitive, c'est

---

[1] Cf. supra 63 et les exemples ci-dessous.

[2] L'anglais, avec son pluriel à peu près général en -*s*, est naturellement hors de cause : le nivellement y est complet.

ce dont on pourra s'assurer par un coup d'œil rapide sur les variétés curieuses et presque toutes si régulières du gotique.

1. Thèmes en -o- et en -yo- :

msc. sg. *dag-s,*   pl. *dagōs,*   cf. al. *tag   tag-e* ;
nt.   » *waúrd,*   » *waúrd-a,*   »   » *wort wort-e* (mais aussi *wört-er*) ;
msc. » *harji-s,*   » *harjōs,*   »   » *heer. heer-e* nt.

2. Thèmes en -$\bar{a}$ et en -$y\bar{a}$:

fm. sg. *airþa,*   pl. *airþōs,* mais al. *erde   erden* ;
»   » *háiþi,*   » *háiþjōs,*   »   » *heide   heiden* (landes).

3. Thèmes en -i- et en -u- :

msc. sg. *gast-s,*   pl. *gasteis,*   cf. al. *gast gäste* ;
fm.   » *dēþ-s,*   » *dēþeis,* mais » *tat   tat-en* ;
msc. » *sunu-s,*   » *sunjus,* cf.   » *sohn söhne* ;
fm.   » *handu-s,*   » *handjus,*   »   » *hand hände.*

4. Thèmes en -en- et -yen- (déclinaison dite faible) :

msc. sg. *blōma,*   pl. *blōman-s,*   cf. al. *blume   blumen* fm. ;
»   » *arbja,*   » *arbjan-s,*   »   » *erbe   erben* ;
»   » *garda,*   » *gardan-s,* mais » *garten gärten* ;
»   » *hana,*   » *hanan-s,*   »   » *hahn   hähne* (1) ;
fm. » *tuggō,*   » *tuggōn-s,*   cf. » *zunge   zungen* ;
»   » *háuhei*   » *háuhein-s,*   »   » *höhe   höhen* ;
nt. » *haírtō,*   » *haírtōn-a,*   »   » *herz   herzen.*

5. Thèmes en -es- (gr. ἔρεϐος, gén. ἐρέϐε(σ)-ος) :

nt. sg. *riqis,* pl. *riqiz-a,* cf. al *kalb kälber* (2).

6. Thèmes en toute autre consonne :

msc. sg. *frijōnd-s* pl. *frijōnd-s,* mais al. *freund freund-e* ;
fm.   » *daúhtar,* » *daúhtr-jus,* cf. » *tochter töchter.*

Que si maintenant l'on songe que l'anglo-saxon et le vieil allemand ont tout autant de catégories que le gotique et absolument les mêmes, on mesurera du regard le chemin parcouru dans l'intervalle. Il s'agit pour nous d'en fixer les étapes.

---

(1) Aussi *hahnen* régulier, mais moins usité.

(2) Dans les classes 4-5, la ressemblance extérieure du gotique et de l'allemand est frappante. Mais qu'on y regarde de près : intrinsèquement, ce qui était en gotique une partie intégrante du mot même est devenu en allemand l'indice du pluriel.

§ 1ᵉʳ. — *Généralités.*

(138) En aucune autre partie de leur grammaire l'anglais et l'allemand ne montrent moins d'accord que dans la formation du pluriel : le type presque unique et exclusif de l'anglais est tout à fait inconnu à l'allemand ; les types multiples de l'allemand ne s'accusent en anglais que par une douzaine à peine de survivances. Et pourtant, s'il y a une donnée certaine, c'est que les deux langues sont parties d'une flexion commune, soit l'ensemble des types gotiques ci-dessus, eux-mêmes reportés jusqu'aux origines indo-européennes par la comparaison linguistique. Quel était donc, au point de vue de la formation du pluriel, l'état indo-européen ; quel est l'état actuel de l'anglais et de l'allemand : c'est ce qu'il importe avant tout de préciser.

I. Les formations plurales de l'indo-européen sont d'une grande simplicité : les masculins et féminins prennent -*ĕs*, et les neutres, -*ā*.

1. Quand le thème se termine par une consonne, la désinence -*ĕs* apparaît à l'état pur : sk. *pâd-as* (les pieds), gr. πόδ-ες, lat. *ped-ēs* ; sk. *bhárant-as* pl. (portant), gr. φέροντ-ες, lat. *ferent-ēs* [1], etc.

2. Si le thème se termine par -*ŏ*- ou -*ā* (2ᵉ et 1ʳᵉ décl. gréco-latine), la désinence est un simple *s*, devant lequel l'*o* s'allonge : i.-e. **ékwŏ-s* (cheval) pl. **ékwōs*, sk. *áçvās*, prg. **éhwōz* ; i.-e. **ékwā* (cavale) pl. **ékwās*, sk. *áçvās*, prg. **éhwōz*, etc. [2].

3. Quand le thème est en -*ĭ*- ou -*ŭ*-, cette voyelle prend, devant la désinence -*ĕs*, sa forme normale -*ĕy*- ou -*ĕw*- : i.-e. rac. **tri*- (trois), en déclinaison **tréy-ĕs*, sk. *tráy-as*, gr.

---

[1] L'allongement du latin est postérieur et secondaire, analogique du troisième cas : Henry, *Gr. du Gr. et du Lat.*, n° 206.

[2] Si la forme du grec et du latin est différente (respectivement ἵπποι et *equī* = **equoi*, **ἵπποι* et *equae* = **equāi*), c'est que le pluriel des noms y a suivi l'analogie de celui des démonstratifs, cf. gr. οἱ αἱ article, et lat. (*is*-)*tī* (*is*-)*tae*, supra 131.

*τρέγ-ες *τρέες τρεῖς, lat. *trĕy-ĕs *trēēs trēs ; de même, sk. gati-s (marche) pl. gatáy-as, gr. μάντι-ς (devin) pl. μάντεις, lat. hosti-s (ennemi) pl. hostēs ; i.-e. *swādú-s (doux) pl. *swādéw-es, sk. svādáv-as, gr. *ἡδέϝ-ες ἡδέες ἡδεῖς, cf. lat. manu-s pl. manū-s, etc. [1].

4. Quand le thème neutre est en -ŏ-, l'-ā du pluriel se substitue purement et simplement à cette voyelle : i.-e. *yugó-m (joug) pl. * yugâ, sk. yugá-m yugâ, gr. ζυγό-ν ζυγά, lat. jugu-m juga [2], got. juk juka, etc.

5. Dans tout autre cas l'-ā s'affixe à la forme du thème : i.-e. nt. *génos (race), th. *génes-, pl. *génes-ā ; gr. γένος, pl. *γένεσ-α γένεα γένη ; lat. genus, pl. *genes-a gener-a ; got. riqis (obscurité) = gr. ἐρεβεσ-, pl. riqiz-a ; v. al. chalb (veau) = prg. *kálbiz, pl. chęlbir(-u) = *kálbiz-ō.

II. D'autre part, les pluriels anglo-allemands se répartissent essentiellement en cinq catégories :

1. **Pluriels en -s : exclusivement anglais** ; sans distinction de genre ; sans aucun équivalent en allemand.

2. **Pluriels en -n et -en : toujours sans métaphonie :** masculins (bote boten, christ christen), féminins (zunge zungen, frau frauen) et quelques neutres (auge augen, herz herzen) ; type dit de déclinaison faible.

3. **Pluriels en -e sans métaphonie** : masculins et neutres allemands (tag tage, arm arme, wort worte).

4. **Pluriels métaphoniques en -e ou sans désinence :** masculins (sohn söhne, vater väter) et féminins (hand hände, mutter mütter) ; cf. ag. goose geese.

5. **Pluriels métaphoniques en -er :** neutres (kalb kälber, lamm lämmer, haus häuser) et quelques masculins.

Voyons à présent comment le second système a pu sortir du premier.

---

[1] En d'autres termes, l's final du pluriel est précédé d'une voyelle longue, qui est le produit de la contraction de la finale du thème avec l'e de la désinence.

[2] L'ā s'est abrégé postérieurement en grec et en latin ; mais il était long en prégermanique (ō) puisqu'il subsiste à l'état bref en gotique : s'il avait été bref, il serait tombé, supra 34.

§ 2. — *Pluriels en -s*.

(139) On a vu que tous les masculins et féminins avaient en indo-européen un pluriel terminé en *s*. Cet *s*, selon qu'il était ou non précédé de l'accent, devait subsister, ou se changer en *z* et disparaître. C'est précisément ce qui est arrivé : aussi constatons-nous en anglo-saxon une minorité de pluriels en -*s* et une énorme majorité de pluriels sans -*s*, c'est-à dire en -*z* [1] ; mais en allemand, aussi haut qu'il nous soit donné de remonter, ces derniers avaient, par voie d'analogie, complètement éliminé les premiers. Le vieux-haut-allemand n'a donc pas plus d'*s* au nominatif pluriel que déjà le germanique-occidental n'en avait au nominatif singulier : la langue s'est frayé des voies nouvelles, et, **l'anglais venant** ensuite **à propager** par analogie [2] **ce que** par analogie **l'allemand avait laissé perdre**, les deux dialectes frères ont divergé autant qu'il était possible.

Les grands traits de l'évolution anglaise se laissent aisément saisir.

I. Masculins [3]. — 1. La classe dans laquelle l'*s* plural devait se conserver et pouvait dès lors se propager était essentiellement celle des thèmes masculins primitifs en -*o*- ; car les mots accentués sur la finale, où par suite l' -*s* du pluriel suivait l'accent, y étaient fort nombreux, témoin gr.

---

[1] Majorité justifiée ; car, ainsi qu'on peut le voir au paragraphe précédent, l'*ŏ* de la désinence i.-e. -*ŏs* ne portait jamais l'accent, en sorte que l'*s* n'était immédiatement précédé de l'accent que quand cet *ŏ* s'était rencontré avec une voyelle qui le portait.

[2] Ce facteur n'est pas seul en cause : à partir du XIIe siècle, le français a dû avoir une très large part à la propagation de l'-*s* anglais ; les emprunts français formant toujours ainsi leur pluriel, les mots indigènes ont adopté la même désinence avec d'autant plus de facilité que quelques-uns l'avaient déjà. En tout cas, il est remarquable que les deux seules langues germaniques qui aient fortement développé ce pluriel soient aussi celles qui eurent le plus de contact avec la nôtre : l'anglais et le néerlandais. Il y en a quelques spécimens en bas-allemand (*mädchens, fräuleins*), qu'on rapporte sans hésitation à l'influence du français moderne.

[3] Bien entendu, c'est du genre ancien qu'il faut partir.

στραβό-ς, φορά-ς, δεινό-ς, λυτό-ς, λαμπρό-ς, etc., etc. Soit donc un i.-e. *dhoghó-s (jour)[1], pl. *dhoghôs, prg. *đaʒá-s *đaʒôs, got. *dag-s dagōs* : rien ne paraîtra plus naturel que le maintien de l's dans l'ags. *dagas* pl. de *dæg* (ag. *day day-s*). Une fois partie de là, s'étendit à tous les mots de même formation, sans égard à leur accent originaire, la désinence plurale -*as* devenue ag. -*es* ou -*s* : ags. *wulf* (lat. *lupus*) *wulf-as*, *weal* (lat. *vallus*) *weall-as*, *pæð* (gr. πάτος) *pað-as*, *ęnde* (sk. *ántyas*) *ęnd-as*, *earm* (lat. *armus*) *earm-as*, etc. ; ag. *wolf wolv-es*, *wall wall-s*, *path path-s*, *end end-s*, *arm arm-s*, et ainsi à l'infini.

2. Cette analogie a largement atteint, dès l'époque anglo-saxonne, les anciens thèmes en -*i*-, qui, une fois l'*i* disparu, ne se distinguaient plus, au singulier, des précédents. Soit ags. *lyge* = *lugi-z*, comme le montre la métaphonie ancienne qui l'oppose à al. *lug* : il fait au pluriel ancien *lyge* = *lugiz* (al. *lüge*), mais aussi *lyg-as*, cf. ag. *lie lie-s*. Les mots où l'*i* s'était effacé sans laisser de trace ont naturellement offert encore plus de prise : ainsi *giest* = *gasti-z* (= al. *gast*) ne fait plus que *giest-as*, ag. *guest*[2] *guest-s*, et *wyrm* = *wurmi-z* (cf. sk. *kŕmi-s*, al. *worm*) n'a plus d'autre pluriel que *wyrm-as*, ag. *worm worm-s*. Mais les thèmes en -*u*-, ayant gardé leur *u*, sont restés indemnes (ags. *sunu*, pl. *suna*), jusqu'au moment où à leur tour ils ont perdu leur voyelle (ag. *son son-s*).

3. En anglo-saxon aussi, la même finale s'est attachée à un nom de parenté masculin à consonne finale : *fæder*, pl. *fædr-as* ; ag. *father father-s*. Mais *brōðor* fait encore pl. *brōðor* ou *brōðru* (plus tard *brother brother-s*).

4. Le procédé qui a modifié le pluriel des anciens thèmes en -*en*- et à peu près effacé en anglais la déclinaison dite faible de l'anglo-saxon, n'est pas moins concevable. On a vu et l'on reverra plus bas[3] comment l'*n* perdu au nomin. sg. reparaît aux autres cas. Soit donc un prg. *ʒuman-* (homme), sg. *ʒumō* = lat. *homō*, pl. *ʒuman-iz* = lat. *homin-ēs* : il se

[1] Cf. supra 72, II.

[2] Ce dernier, toutefois, emprunté du v. nor. *gest-r*, mais cela importe peu à la théorie de la formation du pluriel.

[3] Supra 74, 87, 114, 117, et infra 140.

traduit très exactement par ags. *guma*, pl. *guman*; et, de même, *mōna* (lune) *mōnan*, *flēa* (puce = al. *floh*) *flēan*, *crēda* (foi) *crēdan*, etc. Tant que cet *a* final caractéristique se maintint dans la prononciation, la classe fut préservée de toute atteinte ; mais, lorsqu'il eut disparu en moyen-anglais, ces mots ne se distinguèrent plus des autres, et l'on créa sans hésitation, sur les singuliers *moon*, *flea*, *creed*, etc., les pluriels *moon-s*, *flea-s*, *creed-s*, etc. Le pl. *oxen* de *ox* (ags. *oxa oxan*) a seul survécu de cette classe.

5. Pareil accident est arrivé aux anciens pluriels métaphoniques. Un prg. **frijōnd-s *frijōnd-iz* avait donné à l'anglo-saxon le sg. *frēond* et le pl. *friend* (cf. ag. *foot feet*) ; mais, l'*-s* du pluriel venant ensuite à s'ajouter à cette dernière forme, il en résulta un pluriel pléonastique *friend-s*, dont l'analogie fit passer la métaphonie même au sg. *friend* [1], et de même pour *fēond fiend*, ag. *fiend fiend-s* [2].

II. Féminins. — 1. On a vu qu'en anglo-saxon *brōðor* avait encore son pluriel intact ; à plus forte raison les noms de parenté féminins, *mōdor*, *dohtor*, *sweostor*, pl. *mōdru*, *dohtor*, etc. Mais, à la suite de *father* et *brother*, ceux-ci à leur tour prirent l'*s* en moyen-anglais : *mother-s*, *daughter-s*, *sister-s*.

2. Cette porte une fois ouverte, tous les féminins s'y précipitèrent avec d'autant moins d'hésitation que le genre devenait indécis et les finales du singulier incolores. Ainsi l'*ā* long spécifique du fm. sg., déjà à demi assourdi en ags., ayant cessé d'être perçu en moyen-anglais, on a les contrastes : ags. *cearu*, pl. *ceara*, ag. *care care-s* ; ags. *ondswaru*, pl. *ondswara*, ag. *answer answer-s*.

---

[1] D'autant plus aisément que le sg. avait déjà, lui aussi, une forme à métaphonie, le datif *friend* = **frēond-i* (cf. lat. *ferent-ī*).

[2] Il eût pu arriver tout aussi bien qu'on formât **foot-s* (ags. parfois *fōt-as*) sur *foot*, ou qu'on créât un pl. **feet-s* d'où l'on eût ensuite abstrait un sg. **feet*, et, dans un autre ordre de flexion, qu'on créât **child-s* d'après *child*, **ox-es* d'après *ox*, etc. Les quelques pluriels sans *-s* qu'on retrouvera dans les paragraphes ci-après sont de précieux archaïsmes échappés aux ravages de l'analogie.

3. De même pour les thèmes en -*i*- et en -*u*- : ags. *tid* (= al. *zeit*), pl. *tid-e*, ag. *tide tide-s* ; ags. *hǫnd*, pl. *hǫnd-a*, ag. *hand hand-s* ; ags. *flōr flōra*, ag. *floor floor-s*.

4. Thèmes en -*en*- (déclinaison faible) : ags. *tunge*, pl. *tungan* (cf. got. *tuggō tuggōn-s*), ag. *tongue tongue-s* ; ags. *eorðe*, pl. *eorðan* (al. *erde erden*), ag. *earth earth-s*, etc.

5. Thèmes métaphoniques : ags. *bōc*, pl. *bēc*, ag. *book book-s*[1] ; ags. *burg*, pl. *byrg*, ag. *borough borough-s*, etc.

III. Neutres. — 1. Les neutres, quels qu'ils fussent, ne pouvaient avoir d'-*s* au pluriel : aussi n'en est-il pas un qui le montre en anglo-saxon. Mais les neutres en -*o*-, les premiers, l'adoptèrent par analogie des masculins ; car, d'une part, beaucoup de masculins devenaient neutres par transport logique, et, du moment qu'ils avaient l'-*s*, on ne voyait pas de raison de le refuser aux neutres primitifs ; de l'autre, par suite de la chute de l'ancien -*ā* (-*ō*) final du pluriel neutre, le pluriel, dans cet ordre de thèmes, se confondait avec le singulier [2], ce qui dans bien des cas pouvait paraître incommode. Donc : ags. *wīf, word, geoc, dēor* ; pl. *wīf, word, geoc* (= got. *juka*), *dēor* ; mais ag. *wife wiv-es*[3], *word word-s*, *yoke yoke-s* (*deer deer* conservé), etc.

2. Thèmes en -*i*- : ags. *spëre*, pl. *spëru*, ag. *spear spear-s* ; ags. *gewile*, pl. *gewilu*, ag. *will will-s*, etc.

3. Thèmes en -*en*- : ags. *ēage* = got. *áugō*, pl. *ēagan* = got. *áugōn-a*, ag. *eye eye-s* ; ags. *ēare ēaran*, ag. *ear ear-s*.

4. Thèmes en -*es*- : résistent les derniers. L'ags. possède plusieurs représentants du type *kalb kälber*, savoir : *cīld* (enfant), pl. *cīld-ru, cealf cealf-ru, lǫmb lǫmb-ru*, etc. Jusqu'en moyen-anglais, cette désinence, non seulement se perpétue, mais même se propage par analogie. Puis elle disparaît devant les types *calv-es, lamb-s, folk-s* (cf. al. *völk-er*), refaits direc-

---

[1] La métaphonie conservée dans *beech*, qui a passé au sg. comme plus haut *friend*, cf. supra 33, 1.

[2] Encore aujourd'hui *sheep*, pl. *sheep*, infra 143, II.

[3] Celui-ci, d'ailleurs, devenu de bonne heure féminin.

tement sur les nominatifs *calf, lamb, folk* ; et *child-r-en* [1] est désormais seul à nous l'attester.

§ 3. — *Pluriels en -en.*

(140) Le type des pluriels dits de **déclinaison faible** est d'une extrême simplicité pour qui prend la peine d'observer que les thèmes indo-européens en *-ŏn-* et similaires [2] perdaient l'*n* au nominatif singulier et le conservaient partout ailleurs. Soit dès lors un thème i.-e. **uks-ón-* (bœuf) : il faisait sg. **uks-ô*, pl. **uks-ón-es*, d'où en sk. sg. *ukš-â*, pl. *ukš-án-as*, qui est en got. *aúhs-a aúhs-an-s*, ag. *ox ox-en*, al. *ochs ochs-en*. Soit de même i.-e. **kan-ón-* (chanteur), sg. **kan-ô*, pl. **kan-ón-ĕs*, qui serait lat. **can-ō *can-ōn-ēs* : le gotique a, par suite, sg. *han-a* (coq), pl. *han-an-s*, le v. al. *han-o han-o-n*, et l'al. *hahn hahn-en*.

On voit ce qui s'est passé : du jour où, en germanique-occidental, l'-*s* final du pluriel, encore subsistant en gotique, eut cessé d'être prononcé, **la syllabe nasale** précédente, seule demeurée, **passa pour l'indice du pluriel** par cette raison décisive qu'elle manquait au singulier. Ainsi naquit toute une catégorie de pluriels pourvus d'un indice que le prégermanique avait complètement ignoré. Et cette observation s'applique, non pas seulement aux masculins ci-dessus, mais, bien entendu, aux féminins similaires (got. *tugg-ō tugg-ōn-s*, ags. *tung-e tung-an*, v. al. *zung-a zung-ūn*), et à beaucoup plus forte raison aux neutres, qui n'avaient pas et n'avaient jamais eu d'-*s* pluriel (got. *haírt-ō haírt-ōn-a*, ags. *heort-e heort-an* fm., al. *herz herz-en*). Cette formation, presque effacée en anglais actuel, est au contraire très vivante en allemand.

Pourquoi elle ne s'y accompagne **jamais de métaphonie**, c'est ce qu'il est également très aisé de concevoir en se reportant à ses origines. On voit en effet qu'elle ne peut primiti-

---

[1] Lui-même contaminé par ailleurs, infra 140 et 147, 2. Mais la langue populaire l'a conservé pur : *childer*, dans la bouche d'une servante, *Jane Eyre* (Tauchn.), II, p. 184. Et la fête des Saints Innocents s'appelle encore aujourd'hui *Childermass-day*.

[2] Cf. supra 74 et 137.

vement s'appliquer qu'aux classes suivantes : — 1° masculins en -*on*-, got. *hana hanans*, *blōma blomans*, al. *hahn hahnen*, *blume* (devenu fm.) *blumen* ; — 2° masculins en -*yon*-, got. *arbja arbjans*, al. *erbe erben* ; — 3° féminins en -*on*-, got. *tuggō tuggōns*, al. *zunge zungen* ; — 4° féminins en -*yon*- (devenu -*in*-), got. *managei manageins*, *háuhei háuheins*, al. *menge mengen*, *höhe höhen* ; — 5° neutres en -*on*-, got. *áugō áugōna*, al. *auge augen*. — Or, si l'on reprend ces cinq catégories, il saute aux yeux que les 1re, 3e et 5e ne peuvent avoir la métaphonie au pluriel, et que les 2e et 4e l'ont déjà au singulier : ce qui revient à dire que, dans cette déclinaison, le pluriel ne pourra jamais différer du singulier par la nuance de la voyelle radicale.

Dans ces conditions, il peut paraître étrange que sur les trois pluriels de cet ordre conservés par l'anglais, *oxen*, *brethren* et *children*, un au moins soit sûrement métaphonique. Mais *brethren* n'est pas anglais (ags. *brōðor*) : le v. nor. avait ici un pluriel métaphonique, pareil à l'al. *brüder*, qui emprunté a donné au moyen-anglais le type *brethre* ; ce dernier a plus tard reçu un *n* final sur le modèle de *children*[1]. L'ags. avait aussi, à côté de *oxan*, un pluriel métaphonique *exen*, qui doit provenir de la forme affaiblie du suffixe -*on*-, telle qu'on la voit dans le lat. *hom-in-ēs*. Quant à *child-r-en*, on voit qu'il cumule deux formations plurales[2]. Tous les autres pluriels faibles de l'anglais ont cédé la place à l's.

En allemand aussi, le pluriel faible s'est trouvé exposé à la concurrence d'autres formations, mais dans une proportion infiniment moindre, et, s'il a cédé çà est là, il a, somme toute, beaucoup plus gagné qu'il n'a perdu. Le bilan n'en est pas long à dresser.

I. **Masculins.** — 1. Le pluriel en -*n* se justifie de lui-même pour les masculins encore aujourd'hui terminés en -*e* ; car cet -*e* ne peut représenter qu'une longue préhistorique, —

---

[1] Parce que tous deux étaient des noms de parenté. On sait au surplus que *brethren* n'appartient plus qu'à la langue ecclésiastique.

[2] Ou, si on le préfère, *children* et *brethren* sont des datifs pluriels généralisés à tous les cas.

autrement il ne se serait pas conservé, — et cette longue à son tour ne peut être que l'équivalent de la finale du lat. *hom-ō* = got. *gum-a*, pl. *gum-an-s* = lat. *hom-on-es* (archaïque). On a en conséquence : *knabe knabe-n, rabe rabe-n, löwe löwe-n* (cf. lat. *leō leōnēs*), etc. ; et dans cette classe rentrent au premier chef les noms de peuple, *Sachse Sachse-n* (cf. lat. *Saxō Saxōnēs*), subsidiairement les adjectifs employés en cette fonction, *Deutsche Deutsche-n*, et en général tous les adjectifs pris substantivement [1].

2. Mais cet *e* du singulier n'était point tenu de subsister partout : si la vieille loi des finales germaniques le maintenait, l'usure croissante des finales modernes ou simplement l'analogie en pouvait amener la chute ; c'est ainsi qu'on dit sg. *ochse*, mais aussi *ochs* tout court, et par rapport à *ochs* c'est -*en* qui semble la marque légitime du pluriel. Ainsi de bien d'autres : *bauer* (paysan) = v. al. (*gi*)*būro*; *graf* = m. al. *grāve* = v. al. *grāvo grāvio*; v. al. *heri-zogo* « chef d'armée », où l'élément -*zogo* est au vb. *ziehen* = got. *tiuhan* (conduire) ce que serait au vb. lat. *dūcere* un substantif *dŭcō, qui ferait au pl. *dŭcōnēs, pl. v. al. *herizogon*, m. al. *herzoge herzogen*, aujourd'hui *herzog* (duc), pl. *herzog-e* qu'on retrouvera plus bas ; al. *herr* = v. al. *hērro* (seigneur), pl. *herr-en* ; al. *mensch* = v. al. *mennisco*, adjectif pris substantivement ou substantif dérivé d'un adjectif *mann-iská-s, formé exactement comme *deutsch* = *þiud-isk-s*, cf. le gotique adj. *mann-isk-s* (humain) et observer la métaphonie allemande, etc.

3. Une fois cette formation en -*en* fixée dans les noms où elle était primitive, l'analogie l'étendit à d'autres noms : — soit, par une association toute matérielle, à ceux dont le nomin. sg. se terminait par un -*e* d'une autre provenance que celui de la flexion faible, par exemple à des thèmes en -*yo*- comme *hirte* (aussi *hirt*) = v. al. *hirt-i* = got. *haírd-ei-s* [2], cf. ag. *shepherd* = ags. *scēp-hyrde*, etc.; — soit surtout, par une association d'ordre logique et parce que les mots ci-dessus cités désignaient essentiellement des êtres ou des fonctions de

---

[1] Cf. infra 156.

[2] Comme qui dirait prg. *herd-ya-z « qui se rapporte au troupeau ».

sexe masculin (*knabe, bote, herr, graf, narr*, etc.), à d'autres noms de signification similaire, à mesure qu'ils s'introduisirent par voie d'emprunt dans la langue allemande (*soldat, philosoph, photograph*[1], etc.). De là vint que ce pluriel passa pour la marque spécifique des mots d'emprunt et les caractérise encore pour la plupart, y compris les noms d'animaux (*elephant*) ou d'objets inanimés (*planet*).

4. Toutefois la catégorie des pluriels faibles s'est légèrement restreinte d'autre part, au moins en apparence, par le fait de l'extension abusive de la finale -*en* au nominatif singulier. Ce phénomène[2] se laisse aisément saisir, par sensible gradation, dans les trois types suivants. — Le got. a *namō* nt., pl. *namn-a*, qui se reproduit, sauf le genre, dans l'al. *name*, pl. *namen*. Mais, comme il y a des noms en -*en* où le pluriel est régulièrement semblable au sg. (*ofen, boden*[3]), on refait sur pl. *namen* un sg. *namen*; et toutefois *name* subsiste. De même, *friede* et *frieden*[4], *funke* et *funken*, *wille* et *willen* (= got. *wilja*, pl. *wiljans*); et, pour les noms qui avaient perdu l'-*e* au sg., *fleck* et *flecken*, *fels* et *felsen*, *daum* et *daumen*, etc. — Le got. a *brunna*, pl. *brunnans*. L'al. refait sur le pl. *brunnen* un sg. *brunnen*, qui dans l'usage remplace complètement le régulier *brunn* = m. al. *brunne* (source). — Le got. a *garda* (enclos), pl. *gardans*. Le pl. al. **garten* amène un sg. *garten*, et, sur ce nouveau singulier, on refait à l'imitation de *väter, äpfel*, etc., un pluriel métaphonique *gärten* : de même *laden* (boutique), pl. *laden* et *läden*; *magen* (estomac), *magen* et *mägen*, etc.

---

[1] Pour *christ* et quelques autres, c'est le phénomène inverse : le nomin. sg. était régulièrement *christen* (= lat. *christiānus*), et le nomin. pl., sans changement, *christen*; la finale de ce dernier a été prise pour un suffixe de pl. faible, et en conséquence on l'a supprimée au sg. De même, *heide* (païen), encore m. al. *heiden* sg., et cf. ag. *heathen* = ags. *hǣðen*.

[2] Tout à fait comparable à l'extension au singulier de la forme du pluriel métaphonique *friend*, supra 139, I, 5.

[3] V. al. *ovan bodam*. La métaphonie est plus récente, infra 146, I, 3.

[4] Pour celui-ci le procédé est plus compliqué, car il n'appartenait pas à la déclinaison faible, le nom. sg. étant prg. **fri-þu-z* : il y a passé par analogie, et le reste a suivi.

5. Plus rarement encore il est arrivé qu'un ancien mot de flexion faible a passé sans autre forme de procès à la flexion forte et pris le pluriel y afférent. Ainsi *hahn*, souvent cité, fait bien encore, si l'on veut, *hahnen* = got. *hanans*; mais *hähne* est de beaucoup le plus usité, et le reste de la déclinaison s'y accorde (gén. sg. *hahn-s* et non *hahn-en). Quant à *herzog*, dont tous les cas sont de flexion forte, il n'a plus même d'autre pluriel que *herzoge*.

(142) II. **Féminins.** — 1. La grande masse des substantifs de cette classe montre encore, sous forme d'-*e* final, la désinence -*ō* qui en caractérisait le nomin. sg. en prégermanique et gotique : al. *zunge*, pl. *zungen*, cf. v. al. *zunga zungūn* [1] et got. *tuggō tuggōns*; de même, al. *taube, sonne, wittwe* (v. al. *tūba, sunna, wituwa*); al. *blume*, pl. *blumen*, passé au fm. (got. *blōma blōmans*).

2. Les féminins dont le nomin. sg. prégermanique et gotique est en -*i* montrent la même flexion déjà en gotique (*managei manageins*), mais non pas en v. al., où par corruption le pluriel ne diffère pas du sg. : *hōhī*, pl. *hōhī*; cependant on voit apparaître çà et là le type *hōhīn*. Plus tard, *menge, höhe, länge*, etc., ne diffèrent plus, par leur finale du nomin. sg., de *zunge, taube, sonne*, etc., et conséquemment ils s'y assimilent tout à fait au pluriel : *mengen, höhen, längen*, etc.

3. La formation du pluriel faible n'a encore rien que de primitif dans les féminins qui ont perdu par usure l'-*e* du nom. sg., mais qui l'avaient autrefois comme représentant d'un ancien -*ō* de thèmes en -*on*- : al. *frau* = m. al. *vrouwe* = v. al. *frouwa*, qui serait en got. *fráujō, fm. de *fráuja* (seigneur), pl. *fráuja-ns*, conséquemment pl. al. *frauen* (= got. *fráujōns); al. *au* = *aue* = m. al. *ouwe*; al. *ader* (veine) = v. al. *ādara*, etc.

4. Une fois la finale -*en* ou -*n* conçue comme l'indice spécifique du pluriel d'un grand nombre de féminins, elle a envahi graduellement presque tous les autres, soit par analogie de finale au singulier, soit simplement par analogie de genre, et nom-

[1] Ce vocalisme $\bar{u}$, commun au germanique septentrional et occidental (moins l'ags.), est inexpliqué en regard de l'$\bar{o}$ du gotique.

mément : — a) ceux en -$\bar{a}$, got. *aírþa aírþōs*, v. al. *ërdа ërdā*, mais al. *erde erden* [1] ; — b) ceux en -*i*, qui déjà en v. al. suivaient l'analogie des précédents : got. *bandi* (lien) *bandjōs*, mais v. al. *sunta* (péché) *suntā* et al. *sünde sünden* ; v. al. *kuningin* [2] *kuninginnā*, mais al. *königin königinn-en*, etc. ; — c) la plupart de ceux en -*ti*-, got. *naúþ-s naúdeis*, v. al. *nōt nōti*, al. *not* (besoin) *nöt-e*, mais au contraire *tat tat-en*, *schlacht schlacht-en*, *arbeit*, *tugend*, et tous les substantifs dérivés par -*schaft* ; — d) les thèmes en -*tu*-, assimilés en masse aux précédents, comme *flut*, *flut-en*, *kost* (= lat. *gustu-s*) *kost-en*, et tous les substantifs dérivés par -*heit* et -*keit* [3] ; — e) tous les abstraits en -*ung*, que, dès la plus ancienne période, la flexion faible (nomin. sg. v. al. -*unga*) avait différenciés des masculins de formation similaire ; — f) un nom de parenté féminin, got. *swistar swistr-jus*, v. al. *swëster swëster*, mais al. *schwester schwester-n* ; — g) enfin, à toute époque, les noms féminins empruntés à des langues étrangères, depuis v. al. *phlanza phlanzūm*, *līra līrūn*, *kirihha kirihhūn* (al. *pflanze-n*, *leier-n*, *kirche-n*), jusqu'aux plus modernes, *universität-en*, *photographie-n*, etc., etc. — Bref, cette désinence a été adoptée par tous les féminins qui n'avaient pas primitivement ou qui n'ont pas adopté par analogie le pluriel métaphonique [4] ; et, comme ceux-ci ne sont au plus qu'une quarantaine, — car le pluriel faible y a exercé de larges ravages, — on peut considérer cet -*en* ou -*n* comme la finale caractéristique du pluriel des noms féminins.

III. — **Neutres.** — Les neutres originaires en -*on*-, qui naturellement n'avaient jamais eu d'indice -*s* au pluriel et qui, après la chute phonétique de leur désinence plurale -*a*, se trouvèrent dès lors avoir pour indice la nasale toute seule, sont peu nombreux et ne se sont point multipliés. Il suffira de

[1] M. al. déjà *ërden*, quoique beaucoup de mots de cette classe y soient encore intacts : *gābe*, (don) pl. *gābe*, et non *gāben*.

[2] Supra 87. Ne pas confondre avec les noms en $\bar{i}$ = -*īn*-.

[3] Cf. supra 109, I, et 136.

[4] Et même elle s'est substituée en nombre de cas au pluriel métaphonique lui-même, puisque tous les thèmes en -*i*- devraient avoir ce dernier, infra 146, II.

citer comme authentiquement germaniques : got. *áugō
áugōn-a*, v. al. *ouga ougun*, al. *auge auge-n*; got. *áusō
áusōn-a*, v. al. *ōra ōrun*, al. *ohr ohr-en*; got. *hairtō hairtōn-a*,
v. al. *hërza hërzun*, al. *herz herzen* [1]. En anglais, ces pluriels, qui se survivaient au temps de Shakespeare (*the cat with
eyne of burning coal*, Pericles, III, 5), ne sont plus attestés
que par les dialectes (*the whites o' their een*, Yorkshire, Currer
Bell).

En résumé, l'expansion du pluriel en *-en* a été nulle pour
les neutres, notable pour les masculins, énorme pour les
féminins [2].

§ 4. — *Pluriels en -e sans métaphonie.*

(143) Cette classe, considérable par ses origines, se trouve en
fait réduite à peu de chose par l'analogie des autres : elle ne
comprend plus un seul féminin [3], abstraction faite de quelques
mots en *-sal* et *-nis*, qui le sont devenus postérieurement ;
tous les autres ont passé au pluriel faible ; au contraire, ses
masculins et ses neutres ont été fort entamés par le pluriel
métaphonique.

I. **Masculins.** — **Le pl. al. en** *-e* **est** ici **l'exact pendant
du pl. ag. en** *-s* (*-es*) [4], à cette seule différence près que
l'anglais a généralisé l'*s* par imitation des cas où il s'était
maintenu, tandis que l'allemand l'a perdu par généralisation
du cas où il était devenu sonore : en d'autres termes, si le pl.
ag. *days* se ramène à i.-e. **dhoghôs* et prg. **daȝôs*, le pl. al.
tage ne suppose pas moins nettement **dhoghōs* devenu prg.

---

[1] Got. *namō* a passé au msc., et v. al. *wanga* (al. *wange*) au féminin.
Au contraire, *ende end* est un ancien masculin en *-yo-* (sk. *ántya-s*).

[2] Comme, d'autre part, ainsi qu'on le verra, l'*-en* des féminins de
flexion faible a partout disparu au sg., il est vrai de dire que les féminins
faibles et les féminins forts se sont contaminés à dose égale, en telle sorte
que tous les féminins qui n'ont pas le pl. métaphonique sont forts au sg.
et faibles au pluriel.

[3] On vient de voir que les pluriels réguliers de *erde, königin*, seraient
*erde, *königinne, tout comme *tage* de *tag*.

[4] Ou de la 2ᵉ déclinaison gréco-latine, supra 139, 1.

*daʒōz, le got. *dagōs* pouvant à volonté représenter l'un ou l'autre. Le v. al. a *tag* = got. *dag-s*, pl. *tagā* = got. *dagōs*; mais, dès cette époque aussi, la finale s'abrège, soit *taga*, puis plus tard s'assourdit en *tag-e*, où l'-*e* détaché paraît la désinence du pluriel. De même : lat. *armus* (flanc), qui ferait au pl. régulier *armōs, al. *arm arm-e* ; gr. πίτος (sentier), qui ferait au pl. régulier *πίτως, al. *pfad pfad-e* ; lat. *calamus*, al. *halm halm-e* ; sk. *çaphás* (sabot) pl. *çaphás*, al. *huf* [1] *huf-e* ; sk. *çrutás* (entendu), pl. *çrutás*, al. *laut* (son) *laut-e*, etc. [2].

Si cette classe comprenait tous les mots qu'elle devrait régulièrement comprendre, c'est-à-dire tous les substantifs de même formation que ceux qui composent la 2ᵉ déclinaison grecque et latine, elle serait d'une incomparable richesse. Mais, fortement atteinte par la concurrence de la classe métaphonique [3], elle n'enferme plus en tout qu'une soixantaine de substantifs, dont : — moitié environ peuvent être ramenés avec certitude ou grande vraisemblance à des thèmes indo-européens en -ŏ- (pl. -ōs), où cette formation est primitive ; — quelques autres sont de structure indécise, comme *hund*, dont on ne saurait dire s'il est une dérivation secondaire du th. i.-e. **kun-* au moyen du suff. -*tó-* (soit *kun-tó-s), ou s'il n'est qu'une simple corruption de ce th. **kun-* (sk. *çván- çun-*, gr. κύων κυν-ός) originairement consonnantique, auquel cas on voit que le pluriel en -*e* serait ici le résultat de l'analogie [4] ; — et enfin un résidu de mots empruntés au latin (*grad*, *punkt*), où la formation plurale en -*e* ne peut être qu'analogique.

L'anglais n'a rien qui ressemble à cette formation : le mot *people* sans *s* n'est point un pluriel, mais un singulier collectif, et d'ailleurs il n'est point germanique.

II. **Neutres.** — Comme les masculins, les neutres de cette classe correspondent primitivement à ceux de 2ᵉ déclinaison

---

[1] V. al. *huof*, qui suppose un prg. *hōfaz = sk. *çáphas.

[2] Il est clair qu'une semblable formation ne saurait, non plus que celle en -*en*, comporter de métaphonie.

[3] Infra 146, I. Les dialectes méridionaux en sont venus jusqu'à forger des pluriels *täg(e)*, *ärm(e)* et presque tous ainsi.

[4] Il l'est sûrement dans *herzog-e* pour *herzog-en*, supra 141, 2 et 5.

gréco-latine. Soit le type i.-e. * *yugó-m*, pl. *yugâ, sk. *yugá-m yugâ*, gr. ζυγό-ν ζυγά, lat. *jugum juga*, prg. *juká-m *jukō, d'où got. *juk juka* : l'*ō* final prg. aurait dû devenir v. al. -*ŭ*, ou bien disparaître, suivant une distinction connue [1]; mais, en fait, il a disparu partout, par analogie des cas où il disparaissait régulièrement, et l'on a eu v. al. *joh*, pl. *joh*, *wort*, pl. *wort* (cf. got. *waúrd waúrd-a* = lat. *verbum verba*), *jār*, pl. *jār*, *fiur*, pl. *fiur* (al. *feuer*, pl. *feuer*), et maint autre [2].

Ce type amphibologique de pluriel absolument pareil au singulier a subsisté durant toute la période du vieux-haut-allemand et presque toute celle du moyen ; et cette circonstance a dû beaucoup favoriser le passage analogique des noms neutres à la formation métaphonique en -*er*[3] : aussi s'est-il effectué sur une large échelle. Mais, d'autre part, dès les derniers temps du moyen-allemand, sous l'influence de la finale plurale -*e* des masculins précédents, des démonstratifs et des adjectifs, s'accuse une tendance à pourvoir d'un -*e* final ces pluriels sans désinence, et cette tendance, généralisée en al. mod., aboutit à *joch joch-e, wort wort-e, jahr jahr-e, bein bein-e* [4], etc. Aujourd'hui, outre la plupart des collectifs à préfixe *ge-*, les mots en -*nis* (autrefois masculins) et ceux en -*sal* = i.-e. *-*slo-*, l'allemand range encore sous cette catégorie de pluriels une cinquantaine de mots neutres,

---

[1] Supra 34.

[2] Il va de soi que cette formation, elle aussi, exclut a priori toute métaphonie. Et, de fait, il n'y a, dans cette classe, de métaphonie au pluriel que pour les mots où le sg. déjà est métaphonique, en d'autres termes, les mots de classes différentes que l'analogie a transportés dans celle-ci, notamment les thèmes en -*i*- : *meer* = lat. *mare* = *mărĭ, pl. *meer-e* = lat. *mari-a*, et conséquemment les neutres collectifs, *gestirn gestirn-e*, cf. supra 96, I.

[3] Supra 80, 137, et infra 147 : ainsi *wort*, qui faisait *wort*, a fait *wort-e*, mais aussi *wört-er*, et ces deux pluriels, aujourd'hui différenciés pour le sens, sont au début rigoureusement synonymes.

[4] Le pluriel semblable au singulier subsiste dans les locutions de mesure (*vier pfund, zehntausend pferd*), parce qu'ici le numéral prévenait et prévient toute amphibologie. De même, en anglais populaire : *thirty year*. Cf. Wright, *Dialect of Windhill*, n° 337. Couramment d'ailleurs, *ten pounds*, mais *a ten-pound note*.

qui, au point de vue de la provenance, se répartissent comme suit : — plusieurs directement superposables à des neutres de 2ᵉ déclinaison gréco-latine, comme *schwein* = lat. *suinum* (adjectif), *werk* = gr. ἔργον, *recht* = lat. *rectum* ; — beaucoup d'autres pour lesquels pareille origine est au moins possible, comme *tor* (porte), qui serait en gr. *θύρον, cf. θύρᾱ fm., *rosz*, qui ne peut représenter qu'un prg. *hrossam (cf. ag. *horse*), pl. *tor-e ross-e* ; — quelques mots où l'analogie est certainement en cause (*heer* nt. = got. *har-ji-s* msc., v. al. *heri, knie* = got. *kniu* = lat. *genu*, *salz* = lat. *sāl* = *sald msc.) ; — et enfin un certain nombre d'emprunts étrangers (*pfund, pferd, kreuz* = lat. *crux* fm., *fest*, etc).

Cette classe, encore si importante en allemand, n'est plus représentée en anglais que par trois pluriels sans -s : *deer* « bête fauve, cerf », pl. *deer*, ags. *dēor dēor*, v. al. *tior tior*, al. *tier-e* ; *sheep*, pl. *sheep*, ags. *scēp scēp (scēap scēap)*, al. *schaf-e* ; *swine*, pl. *swine*, ags. *swīn swīn*, v. al. *swīn swīn* [1], al. *schweine*. Toutefois c'est à raison aussi de son ancienne invariabilité au pluriel que le mot *hair* signifie indifféremment « poil » et « chevelure », al. *haar haar-e*.

§ 5. — *Pluriels métaphoniques avec ou sans -e.*

(44) Nulle part mieux qu'ici ne s'accuse, à raison même de l'apparente similitude, le contraste constant des pluriels anglais et des pluriels allemands. Coïncidences remarquables : l'allemand a beaucoup de **pluriels métaphoniques**, l'anglo-saxon nous en offre quelques-uns, et l'anglais en a gardé six, qui se superposent à peu près rigoureusement à des pluriels métaphoniques allemands : *man men, foot feet, goose geese, tooth teeth, mouse mice, louse lice* ; cf. al. *männ-er* [2], *füsz-e, gäns-e, zähn-e, mäus-e, läus-e*. Et, avec tout cela, les pluriels métaphoniques de l'anglais et de l'allemand se réclament respectivement d'une origine toute différente, n'ont rien de commun que la forme et ne concordent que par l'effet du

---

[1] Aussi, mais tard et rarement, *swīn-ir, tior-ir*, infra 147.
[2] Ici seulement la finale allemande est différente, infra 147, 4.

hasard. Cette proposition, au premier abord très paradoxale, n'aura rien que de clair et même de nécessaire aux yeux de quiconque se souviendra de la relation chronologique des deux métaphonies : celle de l'anglais est bien plus ancienne que celle de l'allemand, et par conséquent elle a été causée, en anglo-saxon primitif, par des voyelles suffixales, qui à cette époque lointaine ne la causaient pas encore en vieux-haut-allemand, et qui plus tard, étant tombées, n'ont plus pu l'y causer.

De là vient que la métaphonie anglaise a pris naissance dans les pluriels de thèmes consonnantiques, et la métaphonie allemande, dans ceux de thèmes en -*i*-. — Soit, pour la première, un prg. **fôt-s* (pied), pl. **fôt-iz* = i.-e. **pôd-ĕs* : en anglo-saxon primitif, l'*i* a causé métaphonie, et l'on a eu **fēti*, devenu ensuite *fēt* ; en v. al., rien de pareil, l'*ō* reste intact sous la forme *uo* (dat. pl. *fuoʒ-un*), et par conséquent, après chute de la désinence, le nom. pl. a dû être **fuoʒ*, tout à fait semblable au sg. (cf. *man*, pl. *man*) ; puis, ultérieurement, le mot passe à la déclinaison en -*i*-, pl. *fuoʒ-i*, et, beaucoup plus tard, en moyen-allemand seulement, cet *i* nouveau produit métaphonie, aujourd'hui *füsz-e*. — Supposons maintenant un thème primitif en -*i*- : pourquoi n'a-t-il pas de métaphonie au pluriel anglais? parce qu'il l'a déjà au singulier et que dès lors la voyelle du pluriel ne peut plus différer de celle du singulier. Soit le prg. **ʒastiz* (hôte), pl. **ʒastiz* : en anglo-saxon l'*ĭ* de **ʒastiz* produit métaphonie, puis disparaît, ags. *giest*, ag. *guest*, et dès lors, quel que soit le pluriel (ags. **giest-e* ou *giest-as*, ag. *guest-s*), la voyelle radicale n'y saurait changer ; mais en v. al. l'*ĭ* ne produit pas métaphonie avant de disparaître, il reste donc sg. *gast*, pl. **gastī* ; l'*i* final s'abrège, **gasti*, puis produit métaphonie, *gęsti*, et voilà dès lors établi le contraste actuel de *gast gäste*, qui se propage par analogie.

(145)   A. Métaphonie anglaise : thèmes consonnantiques.

I. Masculins. — Le th. i.-e. **pód-* (pied) se décline gr. πούς πώς = **πώδ-ς*, pl. πόδ-ες ; d'autre part, le sk. sg. *pâd* pl. *pâd-as* nous apprend que la longue du nomin. sg. est susceptible de se propager aux autres cas, et notamment au nomin. pl., où le grec alors répondrait par *πωδ-ες : c'est ce qui est arrivé en prégermanique, sg. *fōt-s, pl. *fōt-iz. Les langues qui furent métaphoniques de bonne heure, c'est-à-dire le vieux-norrois et l'anglo-saxon, présentent en conséquence, la métaphonie très nette au pluriel : fōt-r foet-r (oe long); fōt fēt, d'où ag. foot feet. L'i.-e. avait de même un th. *dónt- *dént- *dn̥t- signifiant « dent », sk. dánt-, gr. ὀδούς = *ὀδόντ-ς, lat. dēns = *dent-s, etc. : la forme *dónt-s a donné prg. *tánþ-s, pl. *tánþ-iz, d'où ags. tōð tēð, ag. tooth teeth. Le troisième type de cette formation est analogique ; car c'est un th. en -o-, secondairement dérivé du mot *man-u- (homme, sk. mán-u-s), soit *man-u-os *manwos (humain, homme), d'où prg. *mannaz, ags. man mon, qui fait au pl. men = *mann-iz comme si le sg. était consonnantique ; ag. man men. Subsidiairement, le composé woman = wīf-man, pl. women = m. ag. wimmen = wīf-men, sans difficulté.

II. Féminins [1]. — L'i-e. avait un thème *mūs- (rat, souris), qui faisait au nomin. sg. *mús = *mús-s, au nomin. pl. *mús-ĕs, gr. μῦς μύ-ες, lat. mūs mūr-ēs, donc prg. *mús *mús-iz, représenté par ags. mūs mȳs, d'où ag. mouse mice[2]. La même formation est évidente pour louse lice, bien que l'étymologie n'en soit pas connue. Le gr. χήν, pl. χῆν-ες = *χάνσ-ες, indique pour le mot « oie » un thème également consonnantique, soit sg. *gháns, pl. *gháns-ĕs[3], prg. *ʒáns *ʒáns-iz, ags. gōs (= *gons) gēs, d'où ag. goose geese. Et c'est tout pour la métaphonie anglaise.

[1] Les neutres, ne pouvant jamais avoir eu de désinence -iz, sont nécessairement hors de cause.

[2] Le c de mice et lice n'est qu'un artifice d'écriture destiné à indiquer la prononciation dure de la sifflante. Les deux autres pluriels en -ce n'ont rien de métaphonique : dice est une simple variante orthographique pour *dies (cf. twice = twies, supra 124, II, et l'orthographe ice (glace) = ags. īs = v. al. īs = al. eis), pluriel en -s de l'emprunt français die « dé à jouer »; et pence n'est autre chose que *penn(i)s où la voyelle disparaît en prononciation rapide. Observer le pl. cumulé some sixpences.

[3] Qu'on retrouve, mais avec des suffixes dérivatifs, dans sk. haṅs-á-s (cygne, flamant, oie) et lat. anser (oie) = *hans-er.

(146)   B. Métaphonie allemande : thèmes en -i-.

I. Masculins. — 1. En indo-européen les thèmes en -ĭ- prennent la forme normale -ĕy- devant la désinence plurale -ĕs : i.-e. *ghos-ti-s *ghos-tĕy-ĕs, sk. agní-s (feu) agnáy-as, gr. μάντι-ς (devin) μάντεις = *μάντεες = *μάντεy-ες, lat. hostis hostēs = *hostĕēs = *hostĕy-ĕs, donc prg. *ʒasti-z *ʒastiz, got. gast-s gasteis, v. al. gast gęsti, al. gast gäste. A cette classe, où la métaphonie est rigoureusement justifiée par l'étymologie, appartiennent balg (ag. bellow-s) bälg-e, sang säng-e (got. balg-s balgeis, saggw-s saggweis), et sans doute aussi schlag schläg-e, wurf würf-e, etc.

2. Mais, dès le vieux-haut-allemand, cette formation commence à s'étendre hors de son domaine : tout d'abord, aux thèmes en -u-, got. sunus sunjus, mais v. al. sunu suni, al. sohn söhn-e ; à d'anciens thèmes en -o-,, got. ast-s (= gr. ὄζος = *ὄσδο-ς) astōs, mais v. al. ast ęsti, al. ast äste ; à des thèmes consonnantiques, v. al. zand zęndi, ſuoʒ ſuoʒʒi, al. zahn zähne, fusz füsze, etc. Avec le temps cette tendance ne fait que s'accentuer : le v. al. a encore stuol stuola, hals halsa, scalk scalka, slāf slāfa, etc. ; l'al. moderne répond par stuhl stühle, hals hälse, schalk schälke, schlaſ schläfe, wolf wölfe, etc., et en fin de compte le pluriel métaphonique en -e devient la formation courante et quasi-constante des monosyllabes masculins [1].

3. De très bonne heure aussi, on voit cette formation appliquée à des substantifs dissylabes terminés par une liquide : v. al. zahar (larme), pl. zahari, aujourd'hui fm., avec métaphonie passée au sg., et pluriel de flexion faible (zähre zähre--n) ; v. al. aphul (ag. apple), pl. ęphili, aujourd'hui apfel äpfel. Ici la finale est complètement tombée, et la métaphonie est seule restée comme signe du pluriel ; puis, elle s'est propagée en cette fonction. Ainsi nagel fait encore pl. m.

[1] Il est bien entendu que, quand la voyelle n'est pas susceptible de métaphonie en allemand moyen ou moderne (berg, weg) ou ne l'a jamais été (fisch), les deux formations se confondent extérieurement et l'histoire seule les distingue.

al. *nagel-e* = prg. **naʒlōz*, mais aujourd'hui *nägel* ; de même, prg. **fuʒlaz* (oiseau), pl. **fuʒlōz*, aujourd'hui *vogel*, *vögel*, etc. Dans les noms de parenté masculins : v. al. *bruoder bruoder*, *fater fater-a*[1], mais al. *vater väter*, *bruder brüder* ; puis aussi *hammer hämmer*, *acker äcker*, etc. On a construit de la même manière *öfen*, *böden*, *häfen* sur *ofen* (gr. ἰπνό-ς), *boden* (ag. *bottom*), *hafen* (emprunt récent), et obtenu ainsi pour les noms terminés en liquide ou nasale un pluriel dont le signe extérieur est la seule métaphonie.

4. Mais, d'autre part, ainsi qu'on le voit par *nagele*, l'allemand avait beaucoup de mots à finale atone, sans métaphonie au pluriel, où par suite, après chute de la finale, le pluriel ne pouvait différer du singulier. A cette classe s'adjoignaient tout naturellement, soit les mots qui avaient déjà la métaphonie au singulier (*gärtner*), soit ceux dont la voyelle était, en allemand moyen ou moderne, insusceptible de métaphonie (*degen*[2]), soit enfin les transfuges d'une classe où la métaphonie était primitivement impossible (*laden*[3]). Ce type, lui aussi, bien que partiellement atteint par l'analogie de la classe métaphonique, s'est conservé et propagé : d'où le pluriel toujours semblable au singulier, dans *adler* = v. al. *adel-ar* (aigle noble), *sommer* (cf. *winter*, où la métaphonie est impossible), et généralement les noms d'agent en -*er*, *bohr-er*, etc.[4].

II. Féminins. — 1. La formation du pluriel indo-européen et prégermanique des féminins en -*i*-, est identiquement celle des masculins : cf. gr. πόλεις comme μάντεις, lat. *vestēs* comme *hostēs*, en sorte que *haut häute* reproduit avec précision, sauf la quantité, le lat. *cutis cutēs*. C'est surtout dans les anciens noms abstraits en -*ti*- que le procédé est transparent : v. al. *maht mahti*, al. *macht mächte*, et de même *kraft kräft-e*,

---

[1] Celui-ci, bien entendu, déjà analogique de thèmes en -*o*-.

[2] Fr. *dague* tardivement emprunté par le moyen-allemand.

[3] Supra 141, 4 : pl. *laden*, mais aussi *läden* analogique.

[4] Dans les neutres de même terminaison, *feuer*, *fenster*, et les diminutifs en -*chen* et -*lein*, le résultat est naturellement le même pour une raison un peu différente, mais de même ordre, supra 143, II.

kunst künst-e, etc. Mais on en a déjà vu passer beaucoup aussi à la déclinaison faible [1].

2. On sait la confusion qui s'est produite de bonne heure entre les thèmes en *-ti-* et les thèmes en *-tu-* : d'où *luft lüft-e, lust lüst-e*.

3. Au surplus, dès le v. al., les féminins en *-u-*, comme les masculins, avaient adopté la flexion en *-i-* : v. al. *hant* (= got. *handu-s*) *hęnti* [2], al. *hand händ-e*.

4. Ce mode de formation se propagea dans un certain nombre de monosyllabes féminins terminés par une consonne ou une voyelle longue : *gans gänse, magd mägde, maus mäuse, laus läuse, nacht nächte, kuh kühe, sau säue*. D'autre part, l'analogie de *väter* et *brüder* amena *mütter* et *töchter*, seuls féminins de ce type.

5. En dépit de cette extension modérée, le pluriel faible, ainsi qu'on l'a vu, l'emporta de beaucoup, et les pluriels féminins métaphoniques en *-e* ne sont en tout qu'une quarantaine [3].

§ 6. — *Pluriels métaphoniques en -er.*

(147) Tous les **noms neutres** qui ne forment pas leur pluriel par *-e* ou *-en* sans métaphonie le forment — et c'est la grande majorité — avec métaphonie et en *-er*. Les explications déjà fournies sur cette curieuse catégorie [4] dispenseront d'y revenir en grand détail.

1. Soit le gr. βρέφ-ος (enfant, petit d'animal), gén. βρέφους

---

[1] Supra 142, II, 4.

[2] En m. al., aussi la flexion faible, qui survit dans la locution *vor-hand-en* (disponible), exactement « devant [les] mains ».

[3] Pour être complet on mentionnera, à titre d'anomalies aisément explicables : 1° les féminins non métaphoniques *drang-sal* et *trüb-sal* (anciens neutres ou masculins), auxquels s'ajoutent les féminins en *-nis* (*kennt-nis*) ; 2° au contraire, quatre neutres métaphoniques, dont deux au moins (*chor chöre, flosz flösze*) sont d'anciens masculins, et les autres analogiques (*rohr röhre, kloster klöster* emp. lat.). Tous autres détails relèvent bien plus de l'usage que de la grammaire.

[4] Supra 80, 90 (VIII) et 117 (I, 4).

= βρέφεος = *βρέφ-εσ-ος pl. βρέφη = βρέφεα = *βρέφ-εσ-α. Sur une racine à peu près pareille [1], on peut modeler un i.-e. *gólbh-ŏs, pl.*golbh-ĕs-ā, qui se traduira en prg. par *kálb-az pl. *kálb-iz-ō, en v. al. par *chalb* pl. *chęlb-ir(-u) chęlb-ir*, en al. mod. par *kalb kälb-er*. De même, probablement primitifs, *lamb lęmbir, hrind hrindir, huon huonir*, al. *lamm lämmer, rind rinder, huhn hühner, ei eier*, etc.

2. On a vu que l'ags. possède encore l'équivalent de cette forme (*cealfru, lǫmbru*). Pourtant *cīld* y fait pl. *cīld*, et ce n'est qu'exceptionnellement qu'on rencontre *cildru*. Ce dernier type, conservé, puis pluralisé à nouveau par l'addition de la désinence faible, a donné *child-r-en*, seul et dernier vestige de l'ancien pl. neutre.

3. Tandis que l'anglais laissait périr cette forme caractéristique, l'allemand, dès la période la plus ancienne, la propageait largement et créait, sur *grab, rad, holz, krūt*, les pl. *grębir, rędir, holzir, krūtir*, etc., al. *gräb-er, räd-er, hölz-er, kräut-er*, etc. L'analogie a continué son œuvre au cours des âges, et l'on a aujourd'hui *bänd-er, wört-er, büch-er, häus-er* [2], etc., etc.

4. Les quelques masculins qui suivent cette flexion n'ont rien que d'à peu près normal : *irrtum* et *reichtum*, seuls restés masculins de tous les mots en *-tum*, ont adopté le pluriel des autres, qui étaient devenus neutres (supra 109, II) ; *wald* est probablement un ancien neutre, gr. ἄλσος nt. ; *gott* en est un sûrement, car got. *guþ* est neutre dans le sens de « faux dieu », et déjà v. al. *abgot* fait *abgotir* ; *mann*, dont le pl. régulier est *mann* [3], a adopté par analogie le pl. de *Gott*, à cause de l'antithèse courante entre Dieu et les hommes, et il en

---

[1] A peu près, disons-nous, car le degré vocalique radical n'est pas le même, et le germanique a un *l* au lieu de l'*r* grec ; mais il va de soi que βρέφος n'est ici que le représentant d'une classe de noms neutres qui fut considérable et très productive.

[2] Le v. al. avait côte à côte les pl. *hūs* et *hūsir, bant* et *bantir*. On sait que, quand l'al. mod. les a conservés (*bande* et *bänder, worte* et *wörter*), il y a attaché des nuances de sens différentes.

[3] Conservé dans les locutions de compte : *vierzehn mann*.

est sans doute de même pour *geist* (= sk. *hêd-as* nt.), dont l'antithèse est *leib* ; le résidu (*rand, ort, wurm, dorn, bösewicht*) est tout à fait insignifiant.

Section III.

LES CAS.

(148) L'allemand, qui a conservé le plus de cas, n'en a pourtant que quatre, souvent à peine ou point du tout différenciés l'un de l'autre. Le **nominatif** ayant fait l'objet de la précédente section, nous n'avons plus qu'à envisager l'**accusatif**, le **génitif** et le **datif**, aux **deux nombres**.

§ 1er. — *L'accusatif.*

(149) Soit primitivement, soit surtout par suite de dégradation phonétique, l'accusatif se trouvait être presque partout en prégermanique, soit tout pareil, soit à peu près semblable au nominatif : il s'y est entièrement assimilé, partout en anglais, et presque partout en allemand.

I. Singulier. — 1. Dès l'indo-européen, l'accusatif des noms neutres est partout et toujours semblable au nominatif [1].

2. Dans les masculins et féminins, l'accusatif a pour indice une désinence -*m*, qui reste -*m* quand elle est précédée d'une voyelle [2] et devient -$\underset{\circ}{m}$ lorsqu'elle suit une consonne [3]. Comme, de toutes manières, les lois phonétiques du prégermanique ont exigé la chute de la nasale finale, il s'ensuit que, dans la plupart des déclinaisons gotiques, l'accusatif ne diffère du nominatif que par la suppression de l'-*s* final [4]. Cet -*s*, à son

[1] Gr. τὸ ζυγόν, γένος, κρέας, etc. ; lat. *jugum, genus, caput*.

[2] Gr. ἵππο-ν, χώρα-ν, πόλι-ν ; lat. *equo-m, terra-m, manu-m*.

[3] Gr. πόδ-α, ποιμέν-α ; lat. *ped-em, homin-em*. — Pour le premier, comparer got. *wulf* = lat. *lupu-m* (nomin. *wulf-s* = *lupu-s*); pour le second, got. *fōt-u* = lat. *ped-em* = *$\underset{\circ}{ped-m}$*, etc.

[4] Et n'en diffère pas du tout quand le nomin. est sans -*s*, supra 137 : got. *airþa* (terre), acc. *airþa* (lat. *terra terra-m*).

tour, ayant postérieurement disparu, la plupart des déclinaisons allemandes ne distinguent plus les deux cas.

3. Il est toutefois une catégorie de noms qui devait les tenir séparés, non par le fait de la désinence, partout disparue, mais par la forme même du thème de déclinaison : c'est le type lat. *hom-ō hom-in-em, leg-iō leg-iōn-em*, où, comme on l'a vu, l'*n* disparaît au nominatif et persiste à tous les autres cas ; en d'autres termes, le type germanique dit de **déclinaison faible**. Aussi le gotique répond-il par *gum-a* (acc.) *gum-an, hana hanan* ; et, de même au fm., *tugg-ō tugg-ōn, hauh-ei hauh-ein*, etc. Et l'anglo-saxon, par *gum-a gum-an, ox-a ox-an* (sk. *ukš-ā ukš-án-am*) ; au fm., par *tung-e tung-an, eorð-e eorð-an*. Le vieux-haut-allemand, enfin, par : *han-o han-un, haso hasun, boto botun, herizogo herizogun*, etc. ; *zung-a zung-ūn, bluoma bluomūn, sunna sunnūn, diorna* « dirne » *diornūn*, etc. Mais cette formation régulière d'accusatif a subi un fort déchet.

a) Par analogie des accusatifs partout ailleurs semblables aux nominatifs, le moyen-anglais l'a effacée partout : *ox, tongue*, etc.

b) Pour les féminins en -*i* = -*in*-, le vieux-haut-allemand déjà l'a perdue, c'est-à-dire qu'il dit à volonté *hōhī* ou *hōhīn* au nominatif et à l'accusatif ; aujourd'hui l'on ne dit plus que *höhe*, et *höhen* s'est restreint au pluriel. Pour les autres féminins, le moyen-allemand la garde encore : il dit acc. sg. *die zungen*, etc. ; mais, soit analogie des autres féminins (*erde, gabe*) où les deux cas étaient identiques, soit à cause de la fâcheuse confusion qui en résultait (acc. pl. aussi *die zungen*), la désinence -*n* s'est restreinte au pluriel, et l'on a dit *die zunge, frau, sonne, taube, dirne*, pour tous les féminins, accusatif comme nominatif.

c) Cette analogie ne s'est étendue que partiellement aux masculins, où pareille confusion était impossible[1] : aussi la plupart de ces mots ont-ils gardé leur ancienne flexion (acc. sg. *ochs-en, bote-n, hase-n, christ-en*), qui même s'est étendue

---

[1] Car *den boten* se distinguait nettement du pl. *die boten*.

à d'autres (acc. sg. *soldat-en*, *philosoph-en*, *planet-en* [1]). On sait pourtant que quelques-uns ont passé à une autre déclinaison : *den hahn*, *den herzog*, etc. D'autres, tout en gardant, comme les féminins, leur pluriel faible, ont assimilé au nominatif leur accusatif et avec lui toute la flexion du singulier : ainsi, l'on dit bien encore *die pfauen* = lat. *pāvōnēs*, mais non plus *den *pfauen* = lat. *pāvōnem*, et l'identité (*der*) *vogel* (*den*) *vogel*, etc., a amené l'identité (*der*) *pfau* (*den*) *pfau*, etc. ; ainsi encore, quoique on dise *die bauern*, *die nachbaren*, on dit *den bauer*, *den nachbar* comme *den mann*. La tendance à l'assimilation a été plus forte que la flexion traditionnelle, même manifestée par la formation du pluriel [2].

II. Pluriel. — 1. Dès l'indo-européen, l'accusatif des noms neutres est partout et toujours semblable au nominatif.

2. Partout ailleurs, le signe de l'accusatif pluriel était une désinence -*ns* (sk. *áçvān* = *áçva-ns*, gr. ἵππους = *ἵππο-νς, lat. *lupōs* = *lupo-ns*), bien visible encore dans le contraste got. nomin. *wulfōs*, acc. *wulfa-ns* [3]. Mais, soit par analogie des noms neutres, soit parce que, en fait, dans beaucoup de déclinaisons, le nominatif et l'accusatif pluriel se ressemblaient par l'effet d'un traitement phonétique particulier de la nasale après voyelle longue [4], l'habitude s'introduisit de bonne heure d'employer l'un des cas en fonction de l'autre [5], et, dès l'anglo-saxon et le vieux-haut-allemand, ils ne diffèrent plus nulle part, à plus forte raison après dix siècles d'évolution identique.

§ 2. — *Le génitif.*

(150) I. Singulier. — La formation du génitif singulier, assez complexe et multiple en indo-européen et sans doute encore

---

[1] Cf. supra 141, 3.

[2] Les masculins de ce type, faibles au pluriel, mais sans désinences nasales au singulier, sont une trentaine, dont on trouvera la liste dans toutes les grammaires usuelles.

[3] Cf. supra 128, I : got. *þái* (= τοί) et *þans* (= τούς).

[4] Got. nom.-acc. *airþōs* (terres), *tuggōns* (langues), etc.

[5] Comme en gr. τὰς πόλεις, en lat. *manūs*, *ovēs*, etc.

en prégermanique, s'est beaucoup simplifiée par voie d'analogie en allemand, et surtout en anglais. Pour la bien comprendre, il suffira de distinguer en indo-européen trois désinences essentielles : — un indice -*sŏ*, emprunté aux démonstratifs et adapté seulement aux thèmes en -*ŏ*- (2ᵉ déclinaison gréco-latine), soit i.-e. *$ẇḷqŏ$-s* (loup), gén. *$ẇḷqĕ$-sŏ* (cf. gr. λύκοιο = *λυκο-σιο), d'où prg. *$wulfa$-z*, gén. *$wulfe$-za* ; — une finale -*ŏs* ou -*ĕs*, bien visible surtout dans les thèmes consonnantiques, gr. ποδ-ός κυν-ός, lat. *ped-is*, *nec-is* ; — une simple finale -*s*, reste de la contraction de la précédente, dans les féminins terminés en -*ā*, gr. ἡμέρᾱ ἡμέρᾱ-ς, lat. archaïque *escā-s* pour *escae*, etc. — Qu'a fait le germanique de ces indices tous pourvus d'un *s* ?

1. Allemand. — a) Dans ces derniers thèmes, l'-*s* n'étant que rarement précédé de l'accent [1], le germanique-occidental a dû le perdre, et il en est résulté un génitif à bien peu près semblable au nominatif : got. *airþa*, gén. *airþōs*, mais v. al. *ërda*, gén. *ërda* [2] *ërdu ërdo*. Comme, d'autre part, les noms en -*ā* forment partout la grande majorité des noms féminins, l'analogie a plus tard achevé l'assimilation, et le génitif des noms féminins, qui en vieux-haut-allemand diffère encore du nominatif dans beaucoup de déclinaisons [3], a fini par se confondre complètement avec lui et l'accusatif. Les mots qui ont résisté le plus longtemps sont ceux de flexion faible, v. al. *dëro zungūn*, m. al. *dëre zungen*, mais al. mod. uniformément *der zunge, der frau*, etc. [4].

b) Tandis que les féminins faibles perdaient ainsi partout l'*n* des cas obliques, les masculins le conservaient et le propageaient. Là non plus, en effet, l'-*s* final du génitif n'était immé-

---

[1] La 1ʳᵉ déclinaison grecque compte en effet moins de noms accentués sur la dernière syllabe que de noms accentués sur l'avant-dernière.

[2] Probablement *ërdā*, car la voyelle i.-e. était une ultra-longue ; mais il est impossible de s'en assurer, parce que Notker, le sûr garant de la quantité allemande, ne connaît déjà plus cette finale.

[3] Il en diffère notamment dans les thèmes en -*ti*-, où l'*i* conservé produit métaphonie : got. *anst-s* (faveur), gén. *anstáis* (cf. sk. *agnı̆-s* « feu », gén. *agnēs*) ; v. al. *anst*, gén. *ensti*.

[4] Cf. la note finale du nº 142 (p. 258, n. 2).

diatement précédé de l'accent : par conséquent, de la finale des génitifs, gr. ποιμέν-ος, lat. *homin-is*, got. *hanin-s*, il ne pouvait demeurer que l'*n*, et le génitif était dès lors semblable à l'accusatif, *des ochsen, des boten, des herrn* [1], etc. On sait, d'autre part, à quelles restrictions cette formation primitive a été sujette : par la même raison que *den hahn, den herzog, den pfau, den nachbar,* etc., on a dit *des hahn-s, herzog-s, pfau-es, nachbar-s,* etc., d'après l'analogie de la classe suivante, qui a également fait disparaître l'infime minorité des neutres de flexion faible, *auge-s, ohr-(e)s,* au lieu de m. al. *oug-en, ōr-en.* Quant aux rares génitifs en *-en-s, name-n-s, herz-en-s,* il faudrait se garder d'y voir les continuateurs directs des génitifs réguliers gotiques *nam-in-s, haírt-in-s,* car le v. al. ni le m. al. n'avaient cet *-s* final, perdu ici comme partout : *namen-s* est tout simplement refait sur le nomin. sg. *namen*, dont on a vu la formation analogique [2]; et *herzens* est le produit de la fusion des deux types (régulier v. al. et m. al. *hërzen,* et irrégulier al. mod. *herz-es*), dont *schmerzens* n'est qu'une imitation.

c) Dans la finale *-ĕ-sŏ*, l'*s* était souvent au moins précédé de l'accent, soit i.-e. msc. **dhŏgh-é-sŏ*, nt. **yŭg-é-sŏ*, d'où got. *dag-i-s, yuk-i-s*, al. *tag-s, joch-es.* Il en était de même, dans un très grand nombre de cas, pour la désinence *-ŏs* des thèmes consonnantiques : sk. *pad-ás*, gr. ποδ-ός, ags. *fōt-es.* Par conséquent, notamment dans tous les masculins et neutres relevant de la 2ᵉ déclinaison gréco-latine, — on sait qu'ils sont fort nombreux, — le germanique-occidental devait avoir et a en effet une désinence *-es*, ags. *dæg-es word-es,* v. al. *tag-es word-es,* dont l'extrême commodité devait activer la propa-

---

[1] Supra 149, 3. Exactement le gén.-dat. v. al. est *hanin, hanen,* tandis que l'acc. est *hanon hanun* ; mais cette nuance s'est perdue dans l'assourdissement vocalique. On voit pourquoi les masculins faibles ont tous les cas du singulier et du pluriel semblables : c'est qu'à proprement parler ils n'ont plus un seul indice de nombre ni de cas.

[2] Supra 141, 4. La langue ne s'en est pas tenue là : à un moment donné, elle a créé de même *knabens, rabens,* etc.; mais ces formes, ne s'appuyant pas sur un nomin. **knaben,* n'ont pas survécu.

gation. Aussi le v. al déjà a-t-il *lamb-es, chalb-es* [1], *gast-es, sun-es*, même *fater-es* concurremment à gén. *fater*. Puis, peu à peu, cet *-es*, souvent réduit à *-s*, est devenu l'indice spécifique du génitif singulier de tous les noms neutres quelconques, et de tous les masculins que la flexion faible n'a pu soit attirer soit retenir.

2. Anglais. — Cette dernière action a été en anglais encore bien plus énergique et générale. Dès l'anglo-saxon, tous les masculins et les neutres, sauf ceux de déclinaison faible, ont un gén. sg. en *-es* (*dæg-es, word-es, giest-es, wyrm-es, sun-es*[2], *fōt-es, fædr-es* concurremment à *fæder, frēond-es, lǫmb-es*, etc.) [3]; mais les féminins résistent encore et ont le génitif semblable au nominatif, ou très peu s'en faut (*cearu* « soin », *sorg* « souci », *lyft* « air », gén. *ceare, sorge, lyfte*); les noms de tous genres de flexion faible montrent la nasale (*oxan, tungan, ēagan* = v. al. *ougen*) : bref, l'anglo-saxon est encore beaucoup mieux conservé que l'allemand moderne. Mais toutes ces variétés s'effacent de bonne heure : Chaucer déjà ne connaît presque plus de génitifs sans *-es*. Cet affixe, aujourd'hui simplement écrit '*s*, s'applique purement et simplement sur la forme du nominatif singulier de tous les mots, y compris et surtout les féminins, *mother's* (d'après *father's*), *queen's, wife's*, etc., qui en auraient dû être et en sont restés en allemand absolument exempts [4]. Pour la syntaxe et l'emploi de ce génitif immuable, on se reportera à la grammaire anglaise.

---

[1] Il est superflu de faire observer que régulièrement il ne pourrait avoir que *chęlbir (dat. sg. *chalbir-e* une fois) = prég. *kálb-iz-az, où l's final, devenu *z*, serait tombé, et l's médial, devenu *z*, serait représenté par *r*, et aussi *lęmbir, etc. Mais *lamb-es* (*lamms*) a été refait directement sur le nomin. *lamb*.

[2] Plus rare pourtant que *suna* régulier, et très postérieur.

[3] Ag. *day's, word's, guest's, worm's, son's, foot's, father's, friend's, lamb's*, en tenant compte pourtant de ce que l'usage ne maintient couramment le génitif que pour les noms de personnes.

[4] Il est remarquable qu'en al. aussi la contagion a atteint jusqu'aux féminins, mais seulement dans les noms propres, *Clara-s, Maria-s*, concurremment à *Mariä* (lat.), *Marien* et *Mariens*.

(151) II. Pluriel. — 1. Sans entrer le moins du monde dans le détail de la structure du génitif pluriel indo-européen, on voit sans peine qu'il substitue toujours à la désinence du nominatif pluriel une désinence terminée par une nasale, soit -ŏm ou -ōm : gr. ἵπποι (chevaux) ἵππων, ζυγά (jougs) ζυγῶν, πόδ-ες ποδ-ῶν, lat. *ped-ēs ped-ŭm*, etc. La nasale finale disparue, il restait une désinence dont le timbre vocalique, sans doute, différait bien encore de celui de la finale du nominatif [1], mais extrêmement peu, et devait par l'assourdissement tendre à s'y assimiler ; et, comme d'autre part, en allemand, le nominatif pluriel en -ĕs perdait partout son s, il en résultait qu'en fin de compte les deux cas devaient nécessairement coïncider. C'est ce qui s'est produit avec la dernière rigueur : dans toutes les déclinaisons allemandes, le nominatif, l'accusatif et le génitif du pluriel sont identiques.

2. Par une anomalie bizarre et unique, l'anglais, si pauvre en formes de déclinaison, est ici plus riche que l'allemand : c'est qu'il s'est refait un génitif analogique, en transportant au pluriel l's du singulier. L'allemand pouvait s'en passer, puisque son article indique le cas ; mais l'anglais, avec son article amorphe, eût été obligé, comme il le fait souvent d'ailleurs, de recourir à la périphrase par *of*. Étant donné le rapport de *child's* à *child*, il a formé de même un génitif *children's* sur *children* [2] ; et, comme d'autre part, au cours de l'évolution de la langue, presque aucun pluriel ne se trouva dénué d's, on conçut cet s final comme représentant à la fois le signe du pluriel et celui du génitif, qu'on différencia seulement par l'orthographe *fathers'*, *mothers'*, *sons'*, etc.

§ 3. — *Le datif.*

(152) I. Singulier. — Le datif germanique est en réalité, dans son extrême simplification actuelle, une formation historique-

---

[1] Got. *dagōs dagē, waúrda waúrdē, gasteis gastē*, etc. ; ags. *dagas daga, word wordu, giestas giesta*, etc.; v. al. *tagā tagō, wort worto, gesti gestio*, etc. (*tage, worte, gäste*).

[2] Le suédois a usé d'un procédé tout à fait identique : nomin. sg. *fisk* (poisson), gén. *fisk-s* ; nomin. pl. *fisk-ar*, gén. *fisk-ar-s*.

ment très complexe, le produit de la confusion de deux cas indo-européens au moins, datif et locatif, et même d'un 3e, l'instrumental, pour la catégorie des féminins forts.

1. Quand le thème se terminait primitivement par une consonne, le locatif indo-européen est seul en cause. Or, il se formait par l'adjonction au thème d'une désinence -*i*: sk. *pad-i* (au pied), gr. ποδ-ί, lat. *ped-e* [1] = *ped-ĭ, etc. Cela revient à dire que, dès l'époque du gotique, le datif germanique des mots de ce type ne saurait différer du nomin., sauf (en anglo-saxon et vieux-norrois, qui métaphonisent de bonne heure) par la métaphonie que cause nécessairement l'*i* final avant de disparaître [2]. C'est ce qui se vérifie parfaitement en al. : datifs *naht* = prg. *naht-ĭ (= lat. *noct-e*), *fater* = prg. *fader-ĭ, *muoter*, etc., et de même aujourd'hui.

2. Dans les noms faibles, une fois cet *i* final tombé, il ne restait plus que l'indice nasal : dat. got. *han-in*, *tugg-ōn*, *augin*, etc. On sait déjà comment l'al. l'a maintenu pour les masculins, supprimé pour les féminins [3] et les neutres, en sorte que, chez les uns, le datif ne diffère pas des autres cas obliques, ni, chez ceux-ci, du nominatif. En anglais, naturellement, plus trace de flexion.

3. Les thèmes de 2e déclinaison gréco-latine faisaient leur datif en -*ōy* (ultra-longue) : gr. ἵππῳ, lat. *equō* = *equōi*, etc. Un i.-e. *dhoghôy est très fidèlement reproduit, sinon par le got. *dag-a* (instrumental probable), du moins par ags. *dæg-e* et v. al. *tag-e*. De même, pour les neutres, *word-e*, *wort-e*. Ultérieurement, cette finale atone disparaît de bonne heure en anglais, de nos jours en allemand.

4. Dès l'époque la plus ancienne, les msc. en -*i*- ont passé à

---

[1] Dit ablatif; mais vraiment locatif dans les locutions *in pede*, etc.

[2] A noter, par conséquent, les datifs ags. si réguliers, *fēt*, *friend*, où la métaphonie dénonce encore *fōt-ĭ, *frēond-ĭ. Mais l'analogie des datifs vocaliques les a recouverts comme tous les autres, en sorte que le datif anglais, encore reconnaissable en m. ag. à une désinence éventuelle -*e* (soit *foot-e*), ne diffère plus nulle part du nominatif.

[3] V. al. dat. *dĕru zungūn*, m. al. *dĕre zungen*, al. *der zunge*. Le dernier débris d'un dat. fm. ou nt. en -*en* est la locution *auf erden*, *zu gunsten*, ou *von herzen*; et encore les deux premières sont-elles analogiques, puisque les mots *erde* et *gunst* sont des féminins forts.

l'analogie des précédents : got. *gast-a,* ags. *giest-e* et ag. *guest,* v. al. *gast-e* (au lieu de **gęst-i*) et al. *gast.* Les féminins ont au contraire conservé le substitut régulier de leur finale i.-e. *-ĕy* [1] ; mais l'analogie a effacé en al. moderne la métaphonie qui les caractérisait.

5. Dans les neutres du type *kalb,* la substitution déjà définie pour le génitif a donné *kalb-e, lamm-e,* etc., conséquemment aujourd'hui *kalb* et *lamm*.

6. Restent les féminins forts qui représentent la 1re déclinaison gréco-latine. Là, la finale i.-e. était *-ây,* gr. ἡμέρᾳ, lat. *terrae = *terrāi.* Elle apparaît sans difficulté dans le got. *aírþái* et l'ags. *eorðe.* Mais le v. al., ainsi que le v. nor., l'a remplacée par une finale d'instrumental (*ërdu ërdo*), qu'il a même transportée au génitif, et qui, une fois assourdie en m. al. (*ërde*), n'a plus différé de celle du nominatif. En ag., chute pure et simple aux deux cas : *earth.* — Ainsi, par toutes voies, la complication ancienne a abouti au nivellement actuel : datif pareil au nominatif, partout en anglais, en allemand partout, sauf dans les masculins faibles.

II. Pluriel. — L'indo-européen avait à plusieurs cas du pluriel (instrumental, datif, ablatif) un indice de forme variable, mais commençant par une consonne labiale : sk. *-bhis,-bhyas* ; gr. homér. *-φι, -φιν* ; lat. *-bŏs, -bŭs.* En germanique, ainsi qu'en balto-slave, cette labiale se trouve être la nasale au lieu d'une momentanée, et la forme de la désinence paraît avoir été *-mĭ* ou *-mĭs, -mŭ* ou *-mŭs* [2]. La nasale seule nous intéresse, puisque le reste de la syllabe a dû disparaître dans chacun des dialectes germaniques ; et, de fait, le datif pluriel est toujours et partout caractérisé par une finale invariable *-m* : got. *daga-m, waúrda-m, aírþō-m, gasti-m, sunu-m, brōþr-um,* etc. ; ags. *dagum, wordum, eorðum, giestum, sunum, fædrum,* etc. ; v. al. *tagum* (*tagom,* d'où aussi *tagon, tagun*), *wortum, ërdōm, gęstim* (aussi *gęstin* et *gęsten*), *sunim*

---

[1] V. al. *anst* (faveur), dat. *ęnsti =* got. *anstái*.

[2] Encore en russe actuel : *slóv-o* (mot), pl. *slov-á,* dat. pl. *slov-á-m(ŭ),* instrum. pl. *slov-á-mi,* etc.

(analogique du précédent, pour *sunum*), *faterum, muoterum*, etc. L'anglais moderne a complètement perdu cette forme. En moyen-allemand elle a achevé de s'assimiler, par la métaphonie, aux autres formes du pluriel, en même temps que l'-*m* final se changeait régulièrement en -*n* [1], d'où est résultée cette formule d'une extrême simplicité :

Le datif pluriel ajoute partout la désinence -*n* à la forme ordinaire du pluriel, si cette forme ne l'a déjà [2].

---

[1] Supra 39, I, 1 in fine.

[2] On remarquera à ce propos que beaucoup de noms propres d'époques et de lieux sont d'anciens datifs figés sous cette forme et désormais invariables. L'habitude de dire « à Pâques, à tel endroit », locutions où le nom de Pâques ou de l'endroit se construisait au datif, a fait transporter le datif en toute autre construction : d'où les mots tels que *Ostern* (ag. *Easter* = ags. *ēastre*), *Pfingsten, Weihnachten*, etc., les noms de lieux comme *Meyringen, Mühlhausen*, qui foisonnent. Dans *Unterwalden*, le second terme est naturellement un dat. pl. régi par le premier. On a vu aussi que *Canter-bury* contient le dat. sg. (métaphonique) de *borough*, supra 65, 5.

CHAPITRE III.

L'ADJECTIF.

(153) Tout **adjectif allemand** est susceptible de **deux déclinaisons** différentes, dont l'usage, comme on sait, établit rigoureusement le départ. De plus, l'**adjectif** en tant que **prédicat** est **amorphe**, c'est-à-dire insensible à toute distinction de genre, de nombre ou de cas : msc. sg. nomin. *der mann ist blind*, fm. *die frau ist blind*, nt. *das kind ist blind*, acc. *er machte ihn blind*, pl. *die männer sind blind*, etc.

En anglais, l'adjectif est toujours amorphe : *a blind man, a blind girl, a blind dog, the blind men*, tout comme *the man is blind*, etc. Pour comprendre comment ce double et même triple système a pu procéder d'un état commun, il nous faut tout d'abord distinguer : l'**adjectif décliné** et l'**adjectif amorphe.**

Or, le prégermanique déjà, comme on va le voir, connaissait cette distinction ; mais l'indo-européen l'ignorait complètement. D'une part, en effet, l'adjectif sanscrit, grec ou latin s'accorde avec le substantif qu'il qualifie, en quelque position respective qu'ils se construisent : lat. *pater est bonus*, tout comme *bonus pater*, etc. De l'autre, la déclinaison de l'adjectif, à cela près seulement qu'il est susceptible de tous genres, n'y diffère en aucune façon de celle du substantif de genre correspondant : gr. καλός καλή καλόν, tout comme ἵππος κεφαλή ἔργον ; lat. *bonus bona bonum* exactement similaire à *dominus terra jugum*, etc. [1].

---

[1] Il n'est question ici que des adjectifs dits de 2ᵉ et 1ʳᵉ déclinaison, qui en effet, en germanique, ont fait la loi et imposé leur flexion à tous les

Le prégermanique a donc fortement divergé du type primitif, et à son tour l'anglais a effacé jusqu'à la dernière trace des flexions prégermaniques. Mais leur évolution n'a rien que de concevable.

Section Ire.

ADJECTIF DÉCLINÉ.

154) Le vieux type indo-européen *bonus bona bonum* n'est pas perdu en germanique : il survit dans l'adjectif amorphe. Mais, côte à côte avec celui-ci, l'analogie en avait développé deux autres, que le prégermanique déjà connaissait et qui, conservés dans l'allemand actuel, y constituent la déclinaison **forte** et la déclinaison **faible** de l'adjectif employé en fonction qualificative : *blind-er mann, der blind-e mann*.

Quant à l'emploi respectif de cette double déclinaison, il est déjà, à bien peu de chose près, en gotique, en anglo-saxon et en vieux-haut-allemand, ce qu'il est aujourd'hui en allemand moderne : quand l'adjectif n'est pas précédé d'un démonstratif (article ou autre), c'est lui qui joue le rôle de démonstratif en en prenant les désinences ordinaires, en d'autres termes, les indices de flexion forte ; si au contraire le démonstratif précédent suffit à indiquer le genre, le nombre et le cas, l'adjectif revêt les désinences uniformes et simplifiées de la déclinaison faible.

§ 1er. — *Déclinaison forte.*

(155) La déclinaison forte de l'adjectif n'est autre chose, en effet, que le transport analogique à l'adjectif des désinences ordinaires du démonstratif, auquel il ressemble par la fonction puisqu'il n'est comme lui qu'un accessoire du nom. Aussi le

---

autres : ainsi les comparatifs (al. *besser*), qui en réalité sont des thèmes consonantiques (supra 80, XVI) se fléchissent aujourd'hui sur le modèle de leurs positifs (al. *gut*), tandis qu'en grec et en latin ils sont de 3e déclinaison comme l'exige leur origine.

gotique déjà affixe-t-il à bien des cas de l'adjectif les désinences que nous avons étudiées et expliquées plus haut au sujet de l'article. La similitude est devenue à peu près complète en vieux-haut-allemand : que l'on compare, par exemple, à la plus ancienne déclinaison de l'article, celle de l'adjectif fort, telle que la résume le tableau suivant :

	Singulier			Pluriel		
	msc.	fm.	nt.	msc.	fm.	nt.
N.	*blint-ōr*	*blint-iu*	*blint-aʒ*	*blint-e*	*blint-o*	*blint-iu*
A.	» *-an*	» *-a*	» *-aʒ*	» *-e*	» *-o*	» *-iu*
G.	» *-es*	» *-era*	» *-es*	» *-ero*	» *-ero*	» *-ero*
D.	»*-emu*	» *-eru*	» *-emu*	» *-ēm*	» *-ēm*	» *-ēm* [1]

Que si maintenant l'on tient compte de l'assourdissement des finales, du changement d'*m* final en *n* et des actions analogiques ci-dessus détaillées, on comprendra sans peine la flexion actuelle, trop connue d'ailleurs pour qu'on la reproduise [2].

L'anglo-saxon a une flexion toute pareille [3]. On verra plus bas comment l'anglais l'a laissée tomber en désuétude.

§ 2. — *Déclinaison faible.*

(156) Pour ramener à ses origines la déclinaison faible de l'adjectif allemand, il suffit d'observer que beaucoup d'adjectifs indo-européens du type *-ŏ-s -ā -ŏ-m* (lat. *bonus bona bonum*) avaient à côté d'eux d'autres adjectifs de même sens formés à l'aide du suffixe *-ĕn-* ou *-ŏn-*, dont la nasale pouvait disparaître au nominatif singulier et persistait partout ailleurs. Ainsi en grec, en face de φάγος (gros mangeur), nous constatons l'existence de φαγών (gros mangeur), qui fait au pluriel φαγῶνες en regard de φάγοι. De même en latin le mot *catus* (fin, avisé)

---

[1] Sg. aussi *-emo -ero*; pl. aussi *blint-ēn*.

[2] Supra 128-131. La seule divergence est sg. nt. *-es* pour *-aʒ*.

[3] On lit encore un génitif pluriel jusque dans Shakespeare : *alder-liefest* « le plus cher *de tous* », qui correspond à l'al. *aller-liebst* et remonte à un ags. *ealra lēofesta*.

a un doublet *catō, sûrement attesté par le nom propre Catō (surnom), qui fait au génitif Catōn-is. Il est facile de multiplier ces exemples : gr. αἰθός (noir-brûlé) αἴθων, ἐθελημός (de bon vouloir) ἐθελήμων, οὐράνιος (céleste) Οὐρανίωνες (les Dieux), στραβός (louche) στράβων Στράβων n. pr., etc. ; lat. (multi-)bibus bibō (biberon), rebellis (de bellum « guerre ») rebelliō, scelerus (criminel) scelerō, susurrus (murmurant) susurrō, etc. Que maintenant l'analogie se mette de la partie et fasse foisonner ce type en -on- jusqu'à donner à tout adjectif quelconque un doublet à nasale: on aurait en latin, par exemple, en regard de bonus, probus, prāvus, niger (pl. bonī, probī, prāvī, nigrī), d'autres mots de même sens, *bonō, *probō, *prāvō, *nigrō (pl. *bonōn-ēs, *probōn-ēs, *prāvōn-ēs, *nigrōn-ēs), et ainsi de suite.

C'est précisément ce qui est arrivé au prégermanique : à côté de la forme forte qui se décline sur le démonstratif, le gotique a une forme d'adjectif dite faible, qui se décline respectivement, le masculin sur hana, le féminin sur tuggō, le neutre sur áugō, c'est-à-dire sur les substantifs que nous savons être en germanique les représentants de thèmes en -on- préhistoriques [1] ; et l'anglo-saxon et le vieux-haut-allemand nous en offrent l'exact équivalent.

L'anglais l'a perdue [2]. Mais au contraire, une fois fixée dans les adjectifs allemands, elle s'y est maintenue plus pure que dans les substantifs. On a vu en effet que la désinence régulière -en -n ne s'est conservée intacte qu'au singulier des masculins et au pluriel des trois genres. Ici elle caractérise, comme elle le doit, tous les cas obliques même du singulier : tandis que l'allemand dit gén. des auges et dat. dem auge pour des et dem augen, gén.-dat. sg. der zunge pour der zungen, il dit irréprochablement gén. sg. nt. des guten, dat. sg. nt. dem guten, gén.-dat. sg. fm. der guten. Le seul point sur lequel l'analogie ait fait céder le système est l'accusatif singulier féminin, qui s'est assimilé au nominatif[3] une fois que

[1] Supra 74, 140-142, 150 et 152.
[2] Il en a encore quelques survivances, comme la locution in the olden times.
[3] Quant à l'acc. sg. nt., il va sans dire qu'il est, comme partout, semblable au nominatif.

le démonstratif précédent s'est trouvé semblable aux deux cas : v. al. nomin. sg. *diu blinta*, acc. *dea blintūn*; m. al. nomin. *diu blinde*, acc. *die blinden*; mais al. *die blinde* aux deux cas.

Section II.

ADJECTIF AMORPHE.

(157) L'adjectif **amorphe** de l'anglais et la forme d'adjectif que les grammairiens allemands appellent conventionnellement « *unflektiert* » sont, de par leurs origines, des formes aussi parfaitement fléchies que toutes les autres. Seulement il n'y paraît plus, parce que les finales de flexion sont tombées, soit en vertu des lois phonétiques, soit postérieurement par voie d'analogie.

§ 1er. — En allemand.

Revenons au type primitif représenté par lat. *bonus bona* (= *bonā*) *bonum*. Une fois l'*m* et l's également disparus, ainsi que la voyelle précédente, il en résultait pour le masculin et le neutre une forme identique, l'équivalent phonétique de notre fr. *bon*, soit v. al. *guot*, *blint*, etc. La finale primitivement longue du féminin, abrégée en prégermanique (got. *blind-a*), devait également disparaître en germanique-occidental, quand la syllabe précédente était longue, comme c'est le cas pour ces deux adjectifs et bien d'autres, soit donc fm. *guot*, *blint*, etc. Par analogie, le vieux-haut-allemand la perdit même quand la syllabe précédente était brève, et dès lors tout adjectif se trouva avoir au nominatif singulier une forme identique aux trois genres.

Puisque cette forme invariable est au fond aussi fléchie que celle de la déclinaison forte ou faible, on ne s'étonnera point de constater qu'à l'origine elle lui est équivalente et se construit sans distinction dans les mêmes positions. On dit en v. al. indifféremment : *blintēr man*, ou *blint man*; *blintiu magad*, ou *blint magad*; *blindaʒ kind*, ou *blint kind*, etc. Et non moins indifféremment : *dër man ist blintēr*, ou *blint*; *diu magad ist blintiu,* ou *blint* ; *daʒ kind ist blintaʒ,* ou *blint,* etc. Cependant, dès cette époque, on observe une tendance à fléchir de préférence l'adjectif qualificatif et à réserver l'adjectif amorphe pour la fonction prédicative.

Cette tendance, en s'accentuant, amène une première conséquence : comme on s'est habitué à ne pas faire varier en genre le prédicat, on en vient à ne pas le faire varier en nombre. Le pluriel demeure obligatoire dans la construction *blinte man*[1] ; mais on peut dire à volonté *die man sint blinte,* ou *blint* ; et ainsi aux trois genres.

Enfin la langue s'ordonne et apprend à faire le départ de ses richesses : le moyen-allemand, sans doute, emploie encore couramment l'adjectif amorphe en qualificatif[2], mais presque jamais l'adjectif variable en prédicat[3]. Ainsi, peu à peu, se dessine la règle actuelle de la syntaxe allemande : l'adjectif qualificatif accordé avec le substantif ; l'adjectif prédicatif toujours invariable.

§ 2. — *En anglais.*

Ce n'est pas une médiocre surprise que d'observer que l'adjectif amorphe est pourtant moins amorphe en anglo-saxon qu'en vieux-haut-allemand : sans doute, puisque c'est une loi phonétique du germanique-occidental, le type *gōd, blind,* etc., fait *gōd, blind,* au singulier des trois genres ; mais, quand la syllabe est brève, l'anglo-saxon montre encore régulièrement la finale du féminin, et décline, par exemple, msc. *blæc,* fm. *blac-u,* nt. *blæc* (noir), là où l'anglais n'a plus que l'unique type *black,* et le vieux-haut-allemand déjà, l'unique type msc. fm. nt. *flah* (plat).

On voit ce qui s'est passé : l'analogie qui avait altéré le v. al. a agi un peu plus tard en m. ag., et sur le modèle de

[1] Ne pas oublier que *man* fait au pluriel *man.*

[2] Usage encore largement conservé dans les patois et le langage populaire : cf. les appellations géographiques *Neuburg, Neukirch,* etc.

[3] Il y en a pourtant une survivance intéressante dans l'emploi en prédicat du sg. msc. *voller,* atteint d'ailleurs lui-même par répercussion de l'invariabilité contre laquelle il protestait seul.

good invariable, on a dit *black* invariable. D'autre part, on observera qu'en anglo-saxon, non plus qu'en gotique, l'analogie des démonstratifs ne s'était étendue jusqu'au nominatif de l'adjectif décliné; en d'autres termes, l'anglo-saxon n'avait rien qui ressemblât au nominatif al. *blind-er blind-e blind-es*, et disait invariablement *gōd* en déclinaison forte, pour les trois genres, soit en prédicat, soit en qualificatif. Le pluriel correspondant était msc. *gōd-e*, fm. *gōd-a*, nt. *gōd*, soit donc déjà une forme semblable au singulier; l'*-s* du pluriel des noms, qui manquait régulièrement au féminin, avait disparu au masculin exactement comme dans le type al. *tag-ā* (*tage*), et il n'y avait pas de raison déterminante pour que l'analogie le restaurât dans l'adjectif, comme elle devait le restaurer et le propager dans le substantif : bref, une fois les finales vocaliques assourdies et tombées, tout concourait à donner à l'anglais une forme unique des trois genres et des deux nombres, *good*, pour le nominatif de l'adjectif en toute position.

Restaient les autres cas et les formes de déclinaison faible. Mais eux aussi se trouvaient nécessairement atteints par la dégradation des finales; et d'ailleurs, la distinction des cas ayant péri dans les démonstratifs et les substantifs, elle n'avait aucune tendance à persister dans les adjectifs, où elle était à bien plus forte raison inutile; car, ou bien le substantif indique le cas [1], ou le cas est marqué par une préposition. L'anglais n'a donc gardé, des deux anciennes déclinaisons de l'adjectif, qu'un semblant de pluriel, d'ailleurs analogique du substantif, pour le cas où il est employé substantivement : *the good-s* « les marchandises » [2]. Partout ailleurs, qualificatif ou prédicat, l'adjectif anglais est une matière essentiellement amorphe [3].

[1] Quand l'anglais, par exemple, dit *the good wife's*, il marque aussi nettement le génitif que s'il disait *the *gooden wife's*, ou que peut le faire l'allemand avec son triple indice, *des guten weibs*.

[2] De même *eatable-s* « comestibles »; mais *the wise* « les [hommes] sages »; en m. ag. encore *the other* « les autres », aujourd'hui *the others*; le pl. *the... ones* est encore plus récent.

[3] Sur les comparatifs et superlatifs, les adverbes, et autres matières traitées par les grammaires usuelles au sujet de l'adjectif, se reporter à l'étude de la formation des mots, supra 80, 90, 111, etc.

CHAPITRE IV.

LE PRONOM.

58) On distingue les **pronoms** indo-européens en deux grandes catégories : les **démonstratifs** et les **pronoms personnels**.

Ces deux classes se différencient par d'énormes variétés de déclinaison. Mais le caractère spécifique qui les sépare par dessus tout, c'est que les démonstratifs s'accommodent au genre de la personne ou de l'objet qu'ils désignent, tandis que les pronoms personnels sont essentiellement insexués. Ainsi, le latin dira msc. *ille*, fm. *illa*, nt. *illud*, mais *ego* « je », *tū* « tu », aux trois genres indifféremment.

Et cette distinction reste vraie, en anglais [1] et en allemand pour les pronoms de 1re et 2e personne, en allemand pour le pronom réfléchi. Si elle est devenue fausse pour celui de 3e personne, c'est que celui-ci n'est point, de par ses origines, un pronom personnel, mais, comme on le verra, un démonstratif passé en cette fonction [2].

---

[1] Tenir compte, toutefois, de ce que le démonstratif est devenu, lui aussi, insexué en anglais ; mais il ne l'était pas en anglo-saxon.

[2] Le sanscrit, le grec, le latin, encore le russe actuel, n'ont de pronom qu'à la 1re et 2e personne, outre le pronom réfléchi, qui originairement devait être des 3 à la fois, comme aujourd'hui même en russe.

Section Iʳᵉ.

DÉMONSTRATIFS

(159) La déclinaison des démonstratifs indo-européens était exactement celle du thème *tó-, qui est devenu l'article des langues germaniques modernes. Telle elle est restée en allemand et dans les traces de flexion que présente encore l'anglais. Comme elle a été analysée au sujet de l'article, il suffira ici d'énumérer, en rappelant les particularités casuelles à mesure qu'elles se présenteront, les divers ordres de démonstratifs, savoir : — adjectifs et pronoms **démonstratifs** proprement dits ; — pronoms **interrogatifs et indéfinis** ; — pronoms **relatifs**.

§ 1ᵉʳ. — *Démonstratifs proprement dits.*

(160) L'indo-européen était amplement fourni de démonstratifs de toutes sortes ; mais le germanique en a beaucoup perdu, et c'est presque d'un thème unique que l'anglais et l'allemand ont tiré tous les leurs, par altération ou déviation.

1. Ags. ð́e-s ð́eo-s ð́i-s, et ag. *this* aux trois genres ; v. al. *dëse dësiu diz*, et al. *dies-er dies-e dies-es* [1] : démonstratif des objets rapprochés. — Ce pronom est originairement une simple juxtaposition du démonstratif ordinaire (article) et d'une particule indéclinable *-se* [2], ainsi que le montre encore très bien la flexion de l'anglo-saxon. En allemand, cette déclinaison intérieure, encore visible en partie et même restée passablement compliquée en m. al., a fait place à une déclinaison extérieure entièrement calquée sur celle de l'article : en d'autres termes, la particule indéclinable a pris les désinences, et le thème déclinable les a perdues [3]. En anglais toute trace de flexion

---

[1] La forme régulière *dies* conservée dans le sens de « cela ». Au msc. sg. v. al., aussi *dësēr* ; au fm., aussi *disiu*.

[2] Comme en français *celui-ci, celle-ci, ce-ci*.

[3] Rien n'est plus commun que ces sortes de confusions dans les déclinaisons de pronoms : c'est ainsi qu'en fr. nous écrivons *quelconques* ce qui devrait être **quels-conque* ; car la particule latine *-cunque* est invariable. L'al. *dësiu* équivaut donc à ce que serait en français un féminin **celuicie*.

s'est effacée et le nt. *this* sert pour les trois genres. Le pl. ags. est ðās et, avec une légère divergence vocalique, ðǣs⁽¹⁾ qui ont donné respectivement ag. *those* et *these* : c'est cette dernière forme qui fait fonction de pluriel invariable de *this* ; on retrouvera l'autre un peu plus bas.

2. Got. *jáin-s* ; ags. *geon* et ag. *yon* ; v. al. *jen-ēr*, etc., et al. *jen-er jen-e jen-es* : démonstratif des objets éloignés. — Origine obscure ; sans équivalent en dehors du germanique. Vieilli d'ailleurs dans cette fonction en anglais, mais encore usité en poésie, et base du dérivé *yon-der* (là-bas), cf. aussi *beyond* (au-delà).

3. Ag. *that* : démonstratif usuel des objets éloignés. — C'est le neutre du démonstratif ordinaire (article)⁽²⁾, figé sous cette forme et employé indistinctement pour tous les cas et les trois genres. Comme pluriel, l'anglais moderne a utilisé *those*, en réalité pluriel de *this* et simple doublet de *these*. L'anglais populaire garde la trace de l'ancien datif : *in them days*.

4. Al. *der-selb-e* « celui-ci, il », exactement « le même », *die-selb-e*, *das-selb-e*, pl. *die-selb-en*, etc., simple juxtaposition syntactique où, avec la plus parfaite régularité, le démonstratif ayant les formes fortes, l'adjectif suit la déclinaison faible. Cet adjectif, got. *silba*, v. nor. *sjalf-r*, ag. *self*, est un thème d'origine indécise, qui joue dans les langues germaniques le rôle de pronom d'identité. On le retrouvera dans les pronoms personnels.

5. Al. *der-jen-ig-e*⁽³⁾, etc., « celui » antécédent du pronom relatif : juxtaposition syntactique de l'article et d'un dérivé du démonstratif *jen-*. L'anglais n'a rien de pareil : il emploie en cette fonction le pronom de 3ᵉ personne ou, au pluriel, le démonstratif *those* (jamais *these* ⁽⁴⁾).

⁽¹⁾ Vocalisme probablement emprunté au datif régulier de l'article, ðǣm (devenu *them*).
⁽²⁾ Got. *þa-t-a*, supra 128 et 130, 1.
⁽³⁾ A remplacé le v. al. plus simple *dër jenēr*.
⁽⁴⁾ Simple affaire d'usage et surtout d'accentuation.

§ 2. — *Interrogatifs et indéfinis.*

(161) L'expression interrogative « qui ? quoi ? quel ? » etc., et l'expression dite indéfinie « quiconque, quelconque, celui qui, ce qui » etc., se traduisent dans la langue primitive par un seul et même pronom, dont la caractéristique est un q initial. Le thème ainsi formé est en *-o-* ou en *-i-*, soit donc i.-e. *$q\acute{o}$-* et *$q\acute{i}$-*, d'où : sk. *kā́-s* (qui ?), fm. *kā́*, nt. *kí-m*, et *ci-d* particule indéfinie ; gr. πό-, avec ses nombreux cas, ποῦ (où ?), πόθεν (d'où ?), πότε (quand ?), πῶς (comment ?), et τί-ς (qui ?), fm. τί-ς, nt. τί = *τί-δ [1] ; lat. *quo-*, thème du pronom *quī quae quo-d*, et *qui-*, thème du pronom *qui-s* (qui ?), *qui-d* (quoi ?), etc. Le corrélatif prégermanique a donc été *hwa- et *hwi- : le premier de ces types subsiste isolément comme pronom interrogatif et indéfini anglo-allemand ; le second, comme premier terme d'une composition de même sens.

1. Got. *hwa-s* msc., *hwō* fm., *hwa* nt., décliné comme le démonstratif, mais sans pluriel ; ags. *hwā* msc., *hwæ-t* nt., et ag. *who what*, sans fm. ni pl. ; v. al. *hwë-r* msc., *hwa-ʒ* nt., et al. *wer was* [2], sans fm. ni pl. — Par exception, l'anglais a gardé ici presque toute la déclinaison, savoir : le gén. *whose* = ags. *hwæs* [3], et le datif *whom* = ags. *hwām* = got. *hwa-mma*, qu'il a aussi fait passer en fonction d'accusatif au lieu et place de l'ags. *hwo-n-e* [4] = got. *hwa-n-a*. Mais le neutre est invariable et ne comporte que *what* (comme *that*) à tous les cas [5] :

---

[1] Les formes non accentuées, που, ποτε, πω, τις, τι, sont adverbes ou pronoms indéfinis, ainsi que *quis* et *quid* en latin.

[2] On voit que les formes ag. al. équivalent à un got. *hwa-t-a*, cf. *þa-t-a*.

[3] L'$\bar{o} = \bar{a}$ emprunté au datif *whom*.

[4] Du moment qu'on disait *I speak to the man* tout comme *I see the man*, on devait sans difficulté arriver à dire *the man whom I see* tout comme *the man to whom I speak*. — Sur *who* passé aussi en fonction d'accusatif, cf. Jespersen, *Progress*, p. 215.

[5] Le travail de l'analogie est ici très saisissable : on disait régulièrement (dat.) *with whom have you been ?* par extension on a dit (acc.) *whom have you seen ?* d'autre part on disait régulièrement aussi (acc.) *what have you seen ?* et de tout cela est sortie la quatrième proportionnelle (dat.) *with what*.........? Sur *whom* acc., cf. infra 164, I, 4.

whose et *whom* ne s'appliquent qu'aux personnes. — L'allemand a les quatre cas : *wer was, wen was, wessen, wem*. Le génitif régulier est v. al. *hwë-s*, encore m. al. *wës*, conservé dans les juxtapositions *wesz-wegen, wesz-halb*, etc. ; la forme *wess-en* est une sorte de pléonasme tout moderne, composé par l'adjonction à *wesz-* d'une nouvelle finale de génitif (cas faible). Le dat. *wem*, à l'imitation de l'acc. *wen*, ne s'emploie que des personnes.

2. Got. *hwi-leik-s*, composé du th. **hwi-* et de l'adj. prg. **līka-* (semblable)[1], exactement « à qui ou quoi pareil? de quelle espèce? quel? » ; ags. *hwylc* et ag. *which* invariable ; v. al. *wë-lich-*, et al. *welch-er welch-e welch-es*. La tournure moderne *was für*, par laquelle l'interrogatif est souvent remplacé, doit s'interpréter littéralement : *was hast du für ein kleid?* « qu'as-tu au lieu de, en fait de vêtement? » d'où « quel vêtement as-tu? ».

Pour appuyer sur le sens indéfini, on construit encore ces pronoms avec des adverbes et particules, ag. *ever*, *so ever* (*whosoever*), al. *je*, *irgend*[2] ; mais ces faits n'intéressent que la syntaxe.

§ 3. — *Pronoms relatifs*.

32) Les pronoms dits relatifs, qui annoncent et commandent une proposition subordonnée, ne sont en général autre chose, dans toutes les langues, que d'anciens démonstratifs ou d'anciens interrogatifs-indéfinis adaptés à cette nouvelle fonction : ainsi, en grec, l'article est en même temps pronom relatif dans Homère et Hérodote, et le relatif ordinaire ὅς ἥ ὅ a conservé des traces de son antique emploi démonstratif ; en latin, c'est l'interrogatif-indéfini qui a fourni le thème du relatif

---

[1] Cf. supra 110, I, et comparer got. *swa-leik-s* (*swa* « ainsi, comme », ag. al. *so*), ag. *such*, al. *solch* (lat. *tālis quālis*).

[2] V. al. *io wer-gin*, où *io* est la particule devenue al. *je*, *wer*, l'équivalent de l'ag. *where*, et *-gin*, l'équivalent du got. *-hun* et du lat. *-cum-* de *qui-cun-que*. De même, *immer* = v. al. *io mēr* (*je mehr*). Quant à *ever* = ags. *æf-re*, c'est l'adverbe d'un adjectif dérivé du mot germanique qu'on voit à nu dans l'acc. got. *áiw* (toujours) = al. *io*.

qui quae quod. Les relatifs anglo-allemands se réclament tout à la fois de l'une et l'autre origine.

1. Al. *der die das*, le même que l'article, démonstratif passé en fonction de relatif. Mais, dans cette fonction, il s'est développé, en allemand moderne seulement, par le procédé pléonastique mentionné plus haut, un certain nombre de cas nouveaux à redondance de désinence : gén. msc. sg. *dess-en*, gén. fm. sg. et gén. pl. *der-en der-er*, dat. pl. *den-en*, comme si les monosyllabes réguliers semblaient ici trop courts pour bien soutenir la pensée [1].

2. Ag. *that*, le même que le démonstratif (neutre de l'article), employé comme relatif de tous genres et nombres, mais exclusivement à titre de nominatif ou d'accusatif, ainsi que l'exige son étymologie, jamais en tant que régime d'une préposition [2].

3. Ag. *who* (gén. *whose*, dat.-acc. *whom*), originairement interrogatif-indéfini, employé comme relatif des deux nombres et des deux genres masculin et féminin, mais jamais comme neutre, et son neutre *what* n'a point passé non plus en cette fonction.

4. Ag. *which* invariable et al. *welch-er welch-e welch-es* : pronom relatif ordinaire, identique à l'interrogatif-indéfini.

L'ellipse éventuelle du pronom relatif relève de la syntaxe usuelle. On sait qu'elle est fort commune en anglais [3].

Les divers pronoms exclus à dessein de ce rapide exposé

---

[1] Supra 161, 1. Aussi en fonction de *pronom* démonstratif : *dessen* « de lui » ; *es gibt derer zwei*, « il y en a deux ». — C'est l'usage qui peu à peu a fait le départ de toutes ces formes : Goethe encore emploie *der* comme gén. fm. du relatif, et dans Klopstock, inversement, on trouve *derer* comme gén. pl. du simple article. Il y avait aussi un dat. sg. *deren*, très usité, qui est tombé en désuétude ; on a considéré *deren* comme exclusivement génitif et *der* comme exclusivement datif. Enfin, l'emploi exclusif de *deren* comme gén. fm. sg. et de *derer* comme gén. pl. est aussi le résultat d'une sorte de différenciation toute moderne.

[2] Subsidiairement, *that* et *dasz* conjonctions, supra 130, 1.

[3] Elle n'était pas moins possible en vieux-haut-allemand : *Fater unseer, thū pist in himile* (Pater noster de St-Gall). Le relatif, encore une fois, n'est qu'un démonstratif légèrement détourné de sa fonction, et l'ellipse du démonstratif est toujours admise lorsqu'il n'en saurait résulter d'équivoque.

n'appellent que des observations étymologiques, dont quelques-unes ont trouvé place dans la phonétique[1]. A tous égards ils dépendent bien plus du dictionnaire et de l'usage que de la grammaire proprement dite.

Section II.

Pronoms personnels.

63) Dans cet ordre de **pronoms**, il y a lieu de distinguer, outre ceux de chacune **des trois personnes** aux **deux nombres**, le **pronom réfléchi**, qui en principe ignore la distinction du nombre, et enfin les **pronoms et adjectifs possessifs**, qui sont, dans les deux langues, des formes ou des dérivations particulières des pronoms personnels corrélatifs.

Les véritables pronoms personnels, c'est-à-dire ceux de 1re et de 2e personne, offrent au surplus, dès l'époque primitive la plus reculée, cette particularité remarquable **de ne point se décliner sur un thème unique**, comme la plupart des démonstratifs, et de changer du tout au tout, non pas seulement du singulier au pluriel, — ainsi qu'on le voit dans le lat. *ego* et *nōs*, *tū* et *vōs* (fr. *je* et *nous*, *tu* et *vous*), — mais même d'un cas à l'autre d'un même nombre, — du nominatif à l'accusatif du singulier, par exemple, dans le lat. *ego* et *mē* (fr. *je* et *moi*). — Le même phénomène se reproduit très régulièrement en germanique, et par suite en anglais et en allemand.

§ 1er. — 1re *personne*.

64) I. Singulier. — 1. Le nominatif devait être i.-e. *egóm*, sk. *ahám*, gr. ἐγώ, lat. *ego*, prg. *ik*, d'où : got. *ik*, ags. *ic*, m. ag. *ich* (pr. *it's*) et ag. *I*[2], v. al. *ih* et al. *ich*, sans difficulté.

---

[1] On les cherchera à leur rang dans l'index alphabétique.

[2] La longue vient de ce que *ic*, devant un vb. commençant par une sonore, sonnait *ig*, après quoi le *g* spirant s'est fondu avec l'*i* précédent et l'a allongé, comme dans *might*, *night*, etc.

2. Accusatif. — Parmi les nombreuses formes d'accusatif dont ce thème était susceptible, la plus simple (i-e. *mé) nous est révélée par le gr. ἐμέ ou μέ, qui souvent s'accompagne d'une particule de renforcement et d'emphase, soit ἐμέ-γε, comme au nominatif ἔγωγε, « quant à moi, en ce qui me concerne »: C'est la forme *mé-ge que le germanique a consacrée dans le got. mi-k, ags. me-c mē me et ag. me avec abrègement résultant de l'atonie, v. al. mi-h et al. mi-ch.

3. Génitif. — Le génitif gotique est meina, et relève en réalité, non pas du pronom personnel, mais du possessif qu'on retrouvera plus loin[1]. L'anglo-saxon répond par mîn, perdu en anglais ; le vieux-haut-allemand, par mîn, qui, en allemand moderne seulement[2], a repris une nouvelle désinence de génitif et est devenu pléonastiquement mein-er, en adoptant par analogie la finale qui caractérisait de temps immémorial le génitif pluriel uns-er.

4. Datif. — L'inexplicable datif got. mis ne se rattache à aucune forme primitive connue et paraît formé sur l'analogie d'un datif pluriel perdu, *nis = sk. nas. Selon que l's (z) final a purement et simplement disparu ou s'est changé en r, on a eu : ags. mē et ag. me, confondu avec l'accusatif[3] ; ou v. al. mir, al. mir.

II. Pluriel. — 1. Le nominatif pluriel à w initial est commun au sanscrit et au germanique (sk. vayám « nous », got. weis[4]), mais ne se rencontre nulle part ailleurs. Ags. wē et ag. we, v. al. wir et al. wir[5], comme plus haut me et mir.

(1) C'en est un cas, mais on ne sait au juste lequel, peut-être bien un nominatif masculin faible autrement inusité et figé sous cette forme. Rien d'ailleurs n'est plus commun et plus concevable que l'emploi du possessif (« mon » pour « de moi ») en fonction de génitif du pronom personnel : c'est ainsi qu'en lat. nōs fait au génitif nostrum nostrī, et peut-être meī, qui sert de génitif à ego, n'est-il autre chose que le génitif de meus.

(2) La forme pure encore conservée dans le composé vergisz-mein-nicht.

(3) C'est évidemment cette confusion des deux cas dans le pronom personnel qui en a favorisé la confusion dans les démonstratifs, supra 161, 1.

(4) Le gotique et l'anglo-saxon ont aussi conservé dans ces déclinaisons des formes de duel ; mais le v. al. déjà les avait perdues.

(5) Dialectalement mir (alaman), par analogie du singulier.

2. Accusatif. — On a reconnu dans l'initiale des cas obliques une nasale-voyelle indo-européenne, soit η ou m, qui n'est autre chose que le degré réduit du thème qui apparaît dans le sk. *nas* «nous» (cf. lat. *nōs*) ou dans le gr. μέ (cf. lat. *mē*). La formation sanscrite et grecque comporte en outre l'insertion d'une particule[1] entre le thème et les désinences : i.-e. *η-smé-* ; sk. ablatif *a-smá-d* ; gr. homér. acc. ἄμμε = *$\ast$ἀ-σμέ-* ; attique ἡμεῖς pour *ἀμές (α long) = *ἀ-σμέ-ς. Le germanique avait simplement *uns = *ηs, attesté par le got. *uns*. En ags. et en v. al. l'analogie de l'acc. sg. a fait ajouter à cette forme une nouvelle désinence : ags. *ūsic* = *uns-ic* et v. al. *uns-ih*. Mais ags. *ūs*, qui avait subsisté concurremment, a seul survécu : ag. *us* ; et de même, al. *uns*.

3. Génitif. — Le got. *unsara* est un cas du possessif correspondant, le même que *meina* : ag. *ūser* et par syncope *ūre*, disparu en anglais ; v. al. *unsēr* et al. *unser*.

4. Datif. — Sur le primitif *uns*, le gotique avait refait, d'après *mis* et le pronom de 2e personne, un dat. *uns-is*. Mais l'anglais et l'allemand n'ont que la forme pure, *us*, *uns*, semblable à celle de l'accusatif (sk. *nas* pour les deux cas).

§ 2. — 2e personne.

I. Singulier. — 1. Le nominatif était i.-e. *$\ast t\breve{u}$* et *$\ast t\bar{u}$*, sk. *tvám* = *$\ast tu$-ám*, gr. τύ (τῡ) et σύ, lat. *tū* prg. *$\ast \bar{p}\bar{u}$*, d'où : got. *þu* ; ags. ðū ðu, et ag. *thou* = ðū ; v. al. *dū du* et al. *du*, sans difficulté.

2. Accusatif. — Suivant le même procédé qu'à la 1re personne, on obtient prg. *$\ast \bar{p}i$-k*. Mais le got. a *þuk*, évidemment influencé par le vocalisme du nominatif. L'ags. et le v. al. ont le vocalisme plus pur : ags. ðec ðē ðe, et ag. *thee* = ðē, forme emphatique[2] ; v. al. *dih* et al. *dich*.

---

[1] La même que nous avons constatée dans le got. *þamma*, supra 130,4, et 134.

[2] La théorie exigerait donc pour chacun des deux pronoms personnels deux formes, l'une emphatique et l'autre atone, soit *mee et me*, *thee et *the ; mais la première est tombée en désuétude pour l'un, et la seconde pour l'autre.

3. Génitif. — Got. *þeina*, ags. *ðīn*, v. al. *dīn* et al. *dein*, puis *dein-er*, le tout comme à la 1ʳᵉ personne.

4. Datif. — Got. *þus* pour **þis*, comme *þuk* ; mais ags. *ðē ðe* et ag. *thee*, v. al. *dir* et al. *dir*.

II. — Pluriel. — 1. Le thème du pluriel de 2ᵉ personne était i.-e. **yu-*, qu'on reconnaît, par exemple, dans le sk. *yu-šmá-d* ablatif, le gr. ὔμμε acc. homérique, et ὑμεῖς pour **yu-σμέ-ς*. Le gotique a simplement *jus* au nominatif. Mais le germanique-occidental a changé le vocalisme sous l'influence de la voyelle de 1ʳᵉ personne du pluriel : ags. *gē*, d'après *wē*, et v. al. *ir*, d'après *wir* ; ag. *ye* et al. *ihr*. L'ag. *you*, aujourd'hui d'usage courant, est un accusatif ; mais *ye* subsiste dans le style élevé.

2. Accusatif. — Got. *izwis*, forme difficile à analyser et sûrement altérée, mais dont la dernière syllabe paraît bien identique au sk. *vas* = lat. *vōs*. Le germanique-occidental a une forme écourtée, ags. *ēow* (cf. pl. 1 *ūs*), et une forme à désinence, ags. *ēow-ic*, v. al. *iuw-ih*, par transport pur et simple de la finale de l'acc. sg. C'est *ēow* qui est devenu l'ag. *you*, tandis que *iuwih* survit dans l'al. *euch*, l'accentuation ayant donné dans les deux langues une valeur différente à la diphtongue initiale : en anglais, le premier élément est semi-voyelle et le second est voyelle, et inversement en allemand. L'extrême similitude de *you* et *ye* en a amené la confusion ultérieure.

3. Génitif. — Got. *izwara* ; ags. *ēower* et v. al. *iuwēr* (comme *ūser* et *unsēr*) ; perdu en anglais ; al. *euer*.

4. Datif. — Got. *izwis*, comme à l'accusatif[1] ; ags. *ēow* et ag. *you*, de même ; v. al. *iu*, également sans désinence, mais al. *euch* par transport de l'accusatif, à cause de *uns* qui fait fonction des deux cas (m. al. encore dat. *iu* et acc. *iuch*).

§ 3. — 3ᵉ *personne*.

(166) On a vu que l'indo-européen n'avait point de pronom personnel pour la 3ᵉ personne. Les langues qui s'en sont créé un

---

[1] C'est certainement de ce datif qu'est partie l'analogie qui a créé *uns-is*, et au singulier *mis *þis* (*mir dir*).

postérieurement l'ont emprunté à la classe des démonstratifs, tout de même que le fr. *il* est sorti du lat. *ille*. En l'état, il est fort remarquable que l'anglais et l'allemand, si semblables partout ailleurs, n'aient point recouru au même démonstratif pour combler cette lacune. Ils n'offrent en effet, dans cet ordre aucune forme commune, à la seule exception du nomin. fm. sg. : ag. *she* = ags. *sēo*, et al. *sie* = v. al. *siu*, tous deux identiques au sk. *syâ* = i.-e. *siâ, féminin du démonstratif *sió que nous avons déjà rencontré [1]. Le reste de la flexion ne comporte d'autre comparaison que celle des désinences.

I. Singulier. — Le pronom anglais procède d'un démonstratif primitif *kyó- et *ki-, dont on constate çà et là dans d'autres langues les restes épars : gr. σημερον τημερον (aujourd'hui) = *ky-ᾱμερον ; lat. *hi-c hae-c ho-c* démonstratif [2] ; got. dat. *hi-mma dag-a* « en ce jour » (aujourd'hui), et al. *heute* = v. al. *hiutu* = *hiu tagu ; ag. *here* et al. *hier, her, hin*, etc., adverbes de lieu. — Le pronom allemand, au contraire, n'est autre que le petit thème *i-*, si visible notamment en latin : msc. *i-s* (il, lui, celui-ci), nt. *i-d*, acc. *i-m* (archaïque), que possède aussi le gr. poétique (ἕ-ν μίν νίν).

1. Nominatif. — Ags. msc. *hē* (cf. *thē*, du démonstratif **tó-*) et ag. *he* ; nt. *hi-t*, avec la finale caractéristique du neutre des pronoms (cf. *tha-t* = i.-e. *tó-d), et ag. *it* par chute de l'aspiration [3]. — V. al. msc. *ër*, pour *ir = lat. *i-s*, sans doute par atonie de proclise, et nt. *iʒ* = prg. *i-t = lat. *i-d* ; m. al. *ër*, et nt. *ëʒ* sous l'influence du vocalisme de *ër* ; al. *er* et *es*. — Le fm. *she* et *sie* emprunté à un démonstratif différent.

2. Accusatif. — Ag. nt. *it* ; aux deux autres genres le datif

---

[1] Encore la concordance ne se produit-elle que dans l'état moyen de l'une et l'autre langue ; car, si l'al. a *siu* de temps immémorial, l'ags. décline tout son pronom de 3ᵉ pers. sur le thème de *he* : nomin. sg. fm. *hēo*, et même pl. *hēo* (ils, elles). — L'initiale anglaise *š*, au lieu de *s*, est due à l'influence de l'*i* subséquent prononcé en consonne (groupe *s* + *y*), tandis qu'en al. il est resté voyelle. Cf. supra 127 et 128, II.

[2] Ce n'est pas le thème *ho-* qui est ici en cause, mais le *c* affixé, reste d'un démonstratif *-ce* = *kī.

[3] Cf. supra 66, II, 4, et se reporter à la déclinaison de l'article.

a été transporté en fonction d'accusatif (ags. msc. *hi-n-e* [1]). — V. al. msc. *i-n* = lat. *i-m*, et aussi *in-an* avec double finale d'accusatif, mais al. *ihn* = *in* par allongement tout moderne ; fm. *sia* et *sie* ; nt. *iʒ* et *es*, comme au nominatif.

3. Génitif. — Ags. msc. nt. *hi-s* et fm. *hi-re* (*hiere hyre*), à comparer, d'une part, avec les finales ordinaires du génitif des démonstratifs, de l'autre, avec les possessifs anglais. — V. al. fm. *i-ra*, sans difficulté ; mais, pour le masculin, et plus tard pour le neutre, la langue a adopté une forme de l'adjectif possessif, *sin* [2], comme *min*, *din* aux autres personnes ; puis, l'allemand moderne a refait un génitif pléonastique, *sein-er*, *ihr-er*, comme *mein-er*, *dein-er*.

4. Datif. — Ags. msc. nt. *hi-m* = got. *hi-mma* (comme *þa-mma*), et fm. *hi-re hiere hyre* ; ag. msc. *him*, fm. *her*, mais pour le nt. l'accusatif fait fonction de datif. — V. al. msc. nt. *i-mu*, fm. *i-ru* ; al. *ihm* et *ihr*.

II. Pluriel. — L'anglais moyen et moderne emploie ici, mais pour l'avoir emprunté au vieux-norrois, le démonstratif germanique *þá- = i.-e. *tó-, le même qui lui avait déjà fourni l'article. L'allemand a le même thème qu'au singulier, sauf au nominatif-accusatif qui repose sur le démonstratif i.-e. *sió.

1. Nominatif. — Ag. *they* = v. nor. *þei-r*. — V. al. msc. *sie*, fm. *sio*, nt. *siu*, d'où al. *sie* aux trois genres.

2. Accusatif. — Ag. *them*, originairement datif. — Al. *sie*.

3. Génitif. — M. ag. *thei-r* = v. nor. *þei-rra*, qu'on retrouvera dans les possessifs. — V. al. *i-ro* régulier, mais al. *ihr-er*, par pléonasme de désinence du génitif.

4. Datif. — Ag. *the-m*, avec l'indice ordinaire et connu de ce cas [3]. — V. al. *i-m*, puis *in* régulier, sur lequel l'al. a refait *ihn-en* par pléonasme de désinence du datif.

---

[1] Sur les survivances de cette forme, cf. Jespersen, *Progress*, p. 182.

[2] Infra 168, I, 3, et supra 164-5 (I, 3).

[3] C'est, bien entendu, par pure dégradation phonétique (cf. supra 130, 4, et 131, 4) que la finale de ce cas est devenue pareille aux deux nombres, en sorte que l'ags. dit *him* au pluriel comme au singulier.

§ 4. — *Réfléchi.*

67) La notion du pronom réfléchi, c'est-à-dire de l'action qui revient sur le sujet, s'exprime dans les deux langues par deux procédés différents : celui de l'allemand seul est en partie primitif.

I. A la 1re et 2e personne l'allemand se contente d'employer en fonction de réfléchis les pronoms respectifs de ces personnes : *ich denke mir*, « je me représente » ; *du befindest dich*, « tu te trouves », etc. Mais, pour le réfléchi de 3e personne, l'allemand possède encore l'équivalent du réfléchi général indo-européen, qui avait pour caractéristique une initiale *sw* ou *s* et qui apparaît nettement dans toutes les langues de la famille, th. sk. *svá-*, acc. gr. ἕ = *σϝέ, lat. *sē*, etc. Ce thème, naturellement, n'avait point de nominatif ; de plus, il était **indifféremment singulier ou pluriel**. Le germanique lui a très fidèlement conservé tous ces caractères ; mais l'anglo-saxon déjà l'avait perdu sans retour.

1. Accusatif. — Got. *si-k* = i.-e. *sé-ge*, comme *mi-k þu-k* ; v. al. *sih* et al. *sich* pour les deux nombres.

2. Génitif. — Got. *seina*, v. al. *sîn*, al. *sein-er*.

3. Datif. — Got. *sis*, mais al. *sich*, par transport pur et simple de l'accusatif, aux deux nombres.

Si l'on veut insister sur le pronom réfléchi d'une personne quelconque, on y adjoint le mot invariable *selb-st*, qui n'est qu'en apparence un superlatif : en réalité c'est une corruption du m. al. *sëlb-es*, nomin.-acc. nt. et gén. msc. nt. sg. de l'adjectif *sëlb* (même), qui primitivement s'accordait en genre, nombre et cas avec le pronom auquel il s'ajoutait et qui a fini par se figer sous une forme immuable.

II. Ce thème lui-même, par une tournure non pas identique, mais fort analogue, a fourni à l'anglais sa formation réfléchie et y est devenu obligatoire [1]. Dès l'époque anglo-saxonne,

---

[1] On ne saurait plus dire, par exemple, *I know me* (comme dans la version autorisée de la Bible, Aggée, 1, 6, *ye clothe you*), et *he plagues him* ne peut signifier que « il le tourmente ». A plus forte raison en ags. l'emploi de cet adjuvant est-il à volonté : (Matth. 23, 12) *witodlice sē ðe*

on trouve des juxtapositions telles que *sē seolfa* (cf. al. *derselb-e*) « lui-même, le même ». D'une juxtaposition pareille avec le pronom *hē* sont sortis les accusatifs-datifs *him-self, her-self, hit-self*, pl. *them-selv-es*. Mais, comme la forme *her* est en même temps adjectif possessif et que, par suite, *her-self* pouvait être compris par *self* pris substantivement « la personne d'elle, sa personne », la langue a créé sur ce modèle *min self* « ma personne », d'où *my-self*, respectivement *thy-self, our-selv-es, your-selv-es*, et (en parlant à une seule personne) *your-self*. De là les disparates de la syntaxe de ce pronom d'identité, qui tantôt se construit avec le possessif (1re-2e personne) tantôt avec le pronom lui-même (3e personne). Les dialectes ont conservé des traces nombreuses des anciens types *me-self, thee-self, ye-self*, etc. [1]. Quant à l'élément possessif de la langue classique, on le retrouvera dans la division suivante.

§ 5 — *Possessifs*

(168) Les possessifs comportent en principe, — outre le genre, le nombre et le cas de l'objet possédé, qui s'expriment en allemand par les désinences et n'ont plus d'expression en anglais, — le **nombre et**, à la 3e personne seulement, le **genre du possesseur**, qui résulte, comme on sait, de la forme du radical.

I. Singulier du possesseur. — Dans toutes les langues indo-européennes, les adjectifs et pronoms possessifs sont tirés, par voie de dérivation quelconque, des pronoms personnels auxquels ils se rapportent. Le suffixe dérivatif adopté par le germanique pour les pronoms du singulier paraît être le même que nous a montré déjà l'ag. *swine* et l'al. *schwein* = lat.

---

hyne ūpp āhefð sē byð genyðerud, and sē ðe hyne sylfne geēaðmēt se byð ūpp āhafyn, « en vérité celui qui s'élève sera abaissé, et celui qui abaisse soi-même sera élevé ». — Ultérieurement, l'analogie a fait de *himself* lui-même un cas-sujet ! Jespersen, *Progress*, p. 244.

[1] Cf. Wright, *Dialect of Windhill*, no 353. — Sur le type *my-self* a été ultérieurement construit le réfléchi indéfini *one's self*, en traduction littérale « la personne de quelqu'un ».

su-inu-m exactement « qui appartient au porc ». De même, sans doute, prg. *m-ina-z « qui appartient à moi », etc., got. *mein-s þein-s* et (nt).) *sein*, ags. et v. al. *mīn, ðīn dīn* et *sīn*.

Dans la prononciation rapide et atone, soit en anglais, soit dans beaucoup de dialectes allemands [1], l'*n* final de ces mots était susceptible de disparaître, et il en résultait des doublets tels que ag. *mine* et *my*. Comme, d'autre part, ces mots sont toujours plus faiblement accentués quand ils sont adjectifs, c'est-à-dire qu'ils sont suivis d'un substantif qui attire l'accent à lui, que quand ils font office de pronoms et soutiennent le sens à eux seuls, l'anglais a subsidiairement utilisé cette distinction accidentelle pour différencier l'adjectif du pronom possessif : *my house is higher than thine* [2]. L'allemand classique n'emploie dans l'un et l'autre cas que la forme à *n* final ; mais il s'est créé en outre, au moyen d'une dérivation secondaire par le suffixe *-ig*, un type périphrastique et emphatique de pronom possessif, *der mein-ig-e*, etc. [3].

1. Ags. *mīn*, ag. *mine* et *my* ; v. al. *mīn* (nomin. msc. sg. *mīn-ēr* comme *blint-ēr*, etc.) et al. *mein*.

2. Ags. *ðīn*, ag. *thine* et *thy* ; v. al. *dīn* et al. *dein*.

3. Les deux langues divergent. — L'anglais, ayant perdu le réfléchi, manque nécessairement du possessif qui en relève. Il l'a remplacé par le génitif de 3ᵉ personne : ags. *hi-s* « de lui », quand le possesseur est masculin ou neutre ; *hy-re* « d'elle » ; ag. *his*[4] *her*. Puis, l'analogie du rapport de *he* à *his* a fait créer sur *it* un possessif du neutre *it-s*. A son tour, l'analogie du rapport de *it* datif au possessif *it-s*, a fait créer sur *her* datif un possessif *her-s*, qui par différenciation a été utilisé exclusivement comme pronom. Donc : adjectif *his her its* ; pronom *his hers its*. — V. al. *sīn* et al. *sein*, qui étymolo-

---

[1] Alsacien et suisse *mi pfīfli = mein pfeiflein*.

[2] Et l'ag. populaire a transporté ce faux critérium aux pluriels : *yourn*, Jespersen, *Progress*, p. 69.

[3] Et, par analogie, au pluriel, *der uns-r-ig-e*, etc.

[4] L'anglais *his* quand le possesseur est du genre neutre est encore d'usage courant dans Shakespeare, ainsi que dans la version autorisée de la Bible, où l'on lira, par exemple : *And it (the rock) shall give forth his water*.

giquement devrait servir aux trois genres du possesseur, puisque le réfléchi est insexué comme tous les pronoms personnels[1]. Mais, quand le possesseur est du féminin, on emploie, comme en anglais, le génitif du pronom personnel qui en allemand est *i-*, soit donc v. al. *i-ra* « d'elle », al. *ihr*.

II. Pluriel du possesseur. — De même aussi, dans les deux langues, le possessif du pluriel s'exprime par le génitif du pronom correspondant : « de nous, de vous, d'eux ou elles ». Seulement, l'indice du génitif pluriel est ici une syllabe en *r*, d'origine assez indécise, pour laquelle on ne saurait trouver ailleurs d'analogie sûre [2].

1 Got. *uns-ar*; ags. *ūser* et syncopé *ūr*, d'où ag. *our*, et en pronom *our-s* formé comme *her-s*; v. al. *uns-ēr* (nomin. msc. sg. *unser-ēr*, comme *mīn-ēr*, etc.) et al. *unser*.

2. Got. *izwar*; ags. *ēower* et ag. *you-r*, pronom *your-s*; v. al. *iuwēr* et al. *euer*.

3. Ag. *thei-r* = v. nor. *þei-rra*, et pronom *their-s*. En v. al. *i-ro* « d'eux, d'elles », et al. *ihr*.

L'emploi subsidiaire du pronom et du possessif de 2ᵉ personne du pluriel (anglais et allemand) ou de ceux de 3ᵉ personne du singulier et surtout du pluriel (exclusivement allemand), au lieu de ceux de 2ᵉ personne du singulier, rentre dans l'usage.

(169) III. Déclinaison. — L'anglais n'a plus pour ses possessifs, ainsi que pour tous ses autres démonstratifs, aucun indice de genre, de nombre ni de cas. L'allemand a tout naturellement

---

[1] Supra 158 et 167: al. *sie sehnt sich* absolument comme *es versteht sich*. — Observer qu'en allemand *sein* est encore très nettement réfléchi, beaucoup plus que fr. *son*, et ne peut en rigoureuse correction se rapporter qu'au sujet lui-même; autrement il faut le génitif du démonstratif : *er griff an sein schwert*, mais *Rolland ritt hinterm vater her, mit dessen schwert und schilde* (Uhland).

[2] Peut-être le même *r* qu'on remarque dans les dérivations got. *hē-r* = al. *her hier* = ag. *here*, got. *þa-r* = al. *dar*. = ag. *there*, etc., en sorte que got. *unsar* et v. al *unsēr* auraient d'abord signifié locativement « chez nous », puis « de nous », comme en russe *jestĭ li u vasŭ chlebŭ* ? « y a-t-il du pain chez vous ? » c'est-à-dire « avez-vous du pain ? » — Il se pourrait aussi que *uns-ar* fût un vrai possessif, dérivé au moyen d'un suffixe de comparatif, comme le grec ἡμέ-τερο-ς.

transporté aux siens, en tant qu'ils sont de véritables adjectifs au nominatif (*mein dein sein*), les désinences des démonstratifs ; toutefois on sait qu'aujourd'hui le nomin. msc. et le nomin.-acc. nt. sg. ont toujours la forme amorphe, tandis que l'adjectif suivant, s'il y en a un, prend la désinence [1]. Comme pronom le possessif revêt la désinence, même à ces deux cas : msc. *mein-er* et nt. *mein-s* (le mien) = v. al. *min-ēr* et *min-aʒ*.

En tant que génitifs (*ihr* fm., *unser*, *euer*, *ihr*), les possessifs devraient être invariables : on devrait dire, par exemple, *ihr nase* « le nez d'elle », tout aussi bien que *ihr mund*, et en fait c'est bien ainsi que se trouve encore construit le génitif féminin ou pluriel *ir* en moyen-haut-allemand [2]. Mais, dès le vieux-haut-allemand, les formes *unsēr* et *iuwēr* avaient commencé à se décliner, sur *min* et *din*, comme si elles étaient elles-mêmes des nominatifs : tantôt on avait pris -*ēr* pour une finale de nomin. sg. msc. et on y avait substitué en conséquence les finales des autres genres, nombres et cas, msc. *uns-ēr*, fm. *uns-u*, nt. *uns-aʒ*, etc. (franconien) ; tantôt on avait considéré *unsēr* comme le type amorphe, et on y avait affixé de nouvelles désinences, msc. *unser-ēr*, fm. *unser-iu*, nt. *unser-aʒ*, etc. C'est ce dernier système qui a prévalu en allemand classique et s'est étendu aussi au génitif *ihr*, msc. *ihr-er*, fm. *ihr-e*, nt. *ihr-es*, toutefois sous la restriction relevée plus haut. La dérivation par -*ig* a suivi la même marche.

---

[1] En d'autres termes, la flexion de *mein dein sein* est entièrement dominée par *ein*, analogie qui ne saurait surprendre.

[2] De même en français : puisque *leur* est un génitif pluriel (lat. *illōrum*), il est en principe invariable, et l'on devrait dire : *ces arbres élèvent leur tronc et *leur branches* ; mais l'extension de la marque du pluriel a amené la forme *leur-s*. L'italien n'a aux deux nombres que l'unique forme *loro*.

QUATRIÈME PARTIE.

LA CONJUGAISON.

70) On entend par **conjugaison l'ensemble des modifications** internes ou désinentielles **que subissent les thèmes verbaux pour répondre aux** diverses **relations de signification** qui les peuvent affecter.

Ces relations sont essentiellement au nombre de cinq : le **temps**, le **mode**, l'**aspect**, le **nombre** et la **personne**.

La notion du temps se définit d'elle-même. L'indo-européen possédait un très grand nombre de temps, dont permet de juger la richesse de la conjugaison sanscrite ou grecque. Mais le germanique n'en a conservé que deux, le **présent** et le **passé historique**. Tous les autres temps s'expriment au moyen de périphrases.

Le mode est la façon de concevoir l'idée verbale, soit comme **affirmée ou niée** purement et simplement (**indicatif**), soit comme éventuellement **possible (subjonctif)**, **souhaitée (optatif)** ou **subordonnée** à quelque événement incertain (**conditionnel**), soit enfin comme objet d'un **commandement** ou d'une prohibition (**impératif**). La conjugaison anglo-allemande ne distingue que trois modes : indicatif, subjonctif et impératif [1]. Les autres nuances verbales, et parfois celles-ci mêmes, exigent l'emploi de périphrases.

---

[1] Ne pas oublier que l'infinitif et le participe ne sont pas des modes du verbe, mais de simples substantifs (supra 77-78), qui toutefois, en tant que noms verbaux et pour compléter le tableau de la conjugaison, seront repris plus bas (229), en tête de la conjugaison périphrastique.

L'aspect du verbe — ce que les grammaires grecques nomment la **voix** — est **actif**, ou **réfléchi** (moyen), ou **passif**, suivant que le sujet exécute simplement l'action, ou l'exécute et en subit les effets, ou se borne à la subir. Le latin et surtout le grec expriment ces deux derniers aspects par des changements de désinences que l'anglais et l'allemand ne connaissent plus et auxquels ils ont substitué divers genres de périphrases.

Les catégories du nombre et de la personne sont dans les verbes ce qu'elles sont dans les pronoms personnels [1]; et, non plus que dans les pronoms personnels, elles ne se laissent résoudre en deux indices distincts, l'un pour le nombre, l'autre pour la personne. Un seul indice, affixé en désinence, cumule à la fois les deux notions, et l'on compte par conséquent en tout **six désinences personnelles**, dont trois pour le singulier et trois pour le pluriel.

Ainsi, les **temps**, les **modes**, les **désinences personnelles**, et enfin les **périphrases verbales** de tout genre qui en anglais et en allemand suppléent aux lacunes de la conjugaison proprement dite : telle est la division qui s'impose à notre étude.

---

[1] Supra 163 sq. La conjugaison gotique a encore deux personnes du duel (1re et 2e) ; mais les langues germaniques modernes n'en offrent plus le moindre souvenir.

CHAPITRE Ier.

LES TEMPS.

71) La logique, non moins que la grammaire, distingue essentiellement trois ordres de temps : le **passé**, le **présent** et le **futur**. Mais en grammaire la forme du présent se confond absolument avec la forme même du verbe, telle qu'elle a été analysée dans l'étude de la formation des mots [1]. Quant au futur, tel que le possédait l'indo-européen, il avait complètement disparu dès l'époque prégermanique, et aucune langue germanique n'en offre plus trace : toutes s'accordent à le remplacer par le simple présent, ou, s'il importe de préciser le sens, recourent à quelque périphrase verbale que nous retrouverons en temps et lieu. Il n'y a donc plus, dans la flexion temporelle anglo-allemande, rien de primitif que l'expression du passé, en tant du moins qu'elle-même ne relève pas d'une périphrase et résulte de quelque modification interne ou externe de la forme verbale.

72) Cette expression du passé, à son tour, n'a en germanique qu'une seule forme primitive à son service : des divers passés anciens, imparfaits, aoristes et parfaits, tels que nous les révèle surtout la grammaire du grec et du sanscrit, le germanique n'en a gardé qu'un seul, **le parfait**, qui **joue** tout à la fois aujourd'hui **le rôle d'imparfait et celui de passé historique,** *he was* et *er war*, indifféremment « il était » ou « il fut ». Cette confusion parfois incommode a commencé de

---

[1] Supra 81, sq., 92-3 et 106-7.

fort bonne heure, et c'est précisément pour y remédier que, de bonne heure aussi, l'anglais et l'allemand ont dû recourir à diverses périphrases. Il est remarquable, en effet, que la forme qui en germanique a essentiellement, comme en latin et en français, la fonction de passé historique ou narratif, n'ait point du tout ce sens en grec, ni selon toute apparence en indo-européen : en grec, c'est l'aoriste qui implique le simple récit d'un fait, tandis que le parfait est la constatation de l'action accomplie, qui dès lors se résout souvent au sens d'un présent duratif [1] ; en germanique, au contraire, le parfait est le temps historique, et, pour suppléer à l'absence d'un temps de l'action accomplie, il a fallu, toujours comme en français, emprunter le secours de verbes auxiliaires. Nul ne se trompera sur la nuance qui sépare *I did* de *I've done* (j'ai fini de faire), *er starb* de *er ist gestorben*, etc. A l'intention narrative correspond exclusivement la forme primitive et simple [2].

[1] Comparer ἔθανε « il mourut » et τέθνηκε « il est mort », conséquemment « il ne vit plus ». On retrouvera cette fonction du parfait dans les quelques prétérito-présents germaniques, infra 222.

[2] Le parfait indo-européen avait pour indice à peu près constant un redoublement initial (sk. *bi-bhéd-a* « il fendit », gr. λέ-λοιπ-ε « il a laissé », lat. *ce-cid-i-t* « il tomba », etc.) qui n'appartient pas au même titre à l'aoriste et qui manque à la plupart des parfaits germaniques. D'autre part, c'est l'aoriste indo-européen qui tient essentiellement l'office de passé historique, que remplit le parfait dans les langues germaniques. Étant donné ce double contraste, il est infiniment probable, sinon même certain, que le prétérit germanique — ainsi préfère-t-on souvent le nommer pour bien marquer sa fonction de passé historique — se compose, à doses presque égales, d'anciennes formes de parfaits et d'aoristes qui se sont mêlées et confondues en un seul temps, ainsi qu'on le constate en latin. Mais, cette hypothèse une fois indiquée au début, on ne s'y référera plus au cours des explications ultérieures, où elle ne pourrait qu'apporter le trouble : que, par exemple, le got. *bit-um* = ag. (*we*) *bit* = al. (*wir*) *biss-en* soit originairement une forme de parfait (sk. *bi-bhid-*) ou une forme d'aoriste (sk. *bhid-*), cela ne saurait exercer aucune influence sur le vocalisme de la racine, et ne présente d'intérêt qu'au point de vue, soit du sens, soit surtout de l'explication de la perte du redoublement initial.

Section Ire.

GÉNÉRALITÉS SUR LE PARFAIT.

173) Ainsi, toute l'étude des temps primitifs anglo-allemands se réduit en fait à la **théorie du parfait**. Mais, à elle seule, celle-ci vaut toute une conjugaison ; car elle se complique à la fois des observations phonétiques les plus délicates et des procédés d'analogie les plus variés se croisant et se contrariant en tous sens. Tout d'abord, il est impossible de la séparer de celle du participe passé, dont l'analyse de la formation des mots ne nous a fourni que les premiers principes [1], et qu'il nous faut à présent pousser dans le détail. On sait en effet combien étroitement sont unies ces deux catégories grammaticales : en général, si un verbe anglais ou allemand a un **parfait** dit **fort**, — c'est-à-dire avec changement vocalique interne et sans aucun autre indice, — il a aussi un **participe** passé dit **fort**, — terminé en -*en* et souvent compliqué d'un changement vocalique interne semblable ou différent, — et réciproquement ; si son **parfait** est **faible**, — sans mutation vocalique, mais caractérisé par l'addition d'un suffixe à consonne dentale, — son **participe** passé est **faible** aussi, — sans mutation vocalique et avec suffixe dental, — et réciproquement. Bien plus, la nuance de la voyelle radicale du parfait fort a dû souvent déterminer celle de la voyelle du participe fort, ou réciproquement : que l'on compare ag. *shine shone shone* et al. *scheinen schien geschienen*, où la voyelle radicale, semblable au présent, diffère dans les deux langues aux autres formes, mais, dans chacune, reste semblable à elle-même au radical du participe et du parfait. Il faudra donc, ainsi qu'au surplus le pratiquent les grammaires usuelles, les grouper toujours côte à côte et les envisager parallèlement dans les diverses classes de verbes forts où ils ont pu se contaminer l'un l'autre.

174) Mais ici une question préalable se pose : pourquoi, entre les

---

[1] Supra 77-78 et 89-90.

verbes germaniques, cette différence primordiale et considérable de conjugaison ? en d'autres termes, **pourquoi y a-t-il des verbes forts et des verbes faibles ?** La langue n'offre jamais rien d'arbitraire : il s'agit donc bien ici d'une différence originaire de structure, qui est allée se précisant et s'exagérant de plus en plus. Seulement, ni l'anglais ni l'allemand, ni leurs ancêtres immédiats, ni même le gotique à lui seul, ne suffisent à en trahir le secret : il faut, pour la constater, remonter au plus haut dans le passé.

Et ainsi se justifie l'ordre que nous avons assigné dans ce *Précis* à l'étude de la dérivation verbale : sans elle, toute la conjugaison n'est qu'un chaos, et avec elle tout s'éclaire. Car la réponse à la question posée tient tout entière dans cette formule : il y a des verbes forts et des verbes faibles, **parce qu'il y a des thèmes verbaux primaires,** — c'est-à-dire directement formés sur la racine par l'addition d'un suffixe quelconque, — **et des verbes secondaires,** tertiaires, quaternaires, etc., — c'est-à-dire tirés par dérivation postérieure d'un thème nominal, et où le parfait ne peut être qu'une création secondaire et complexe, puisque déjà le présent en est une et comporte d'autres éléments que la simple racine [1].

Précisons. L'ag. *bear*, par exemple (got. *bair-an*) ou l'al. *nehm-en* (got. *nim-an*) fera au parfait *bare* (got. *bar*) ou *nahm* (got. *nam*), et subsidiairement au participe *born* (got. *baúr-an-s*) ou *ge-nomm-en* (got. *num-an-s*), parce qu'il correspond en indo-européen à un verbe immédiatement tiré d'une racine *bhĕr* ou *nĕm*, soit gr. φέρ-ω ou νέμ-ω, dont le parfait, s'il existait en cette langue, serait sans difficulté *πέ-φορ-α ou *νέ-νομ-α, forme non moins directement construite sur la racine par simple mutation vocalique. Mais, pour rester dans le même ordre d'exemples, un verbe grec du type causatif tel que φορ-έ-ω, ou secondairement dérivé comme νομ-εύ-ω, ne peut plus former un parfait sur la racine pure, puisque déjà le

---

[1] Cf. supra 70, 81 sq., 92-3, et 106-7. N'en pas conclure a priori que tous les verbes primaires soient forts : l'analogie a fait son œuvre ; mais la formule est commode, vraie pour l'ensemble, exacte même dans le détail avec les menues restrictions qu'on va lire.

présent comporte plusieurs éléments surajoutés, ni en changeant la voyelle de cette racine, puisque le changement est déjà fait au présent; et alors il fait au parfait πε-φόρ-η-κ-α ou νε-νόμ-ευ-κ-α, où l'expression du parfait réside, non dans un changement interne du radical désormais invariable, mais dans un nouveau suffixe -κ- greffé sur les précédents. Et il en est exactement de même en germanique, à la nature près du suffixe, qui ici est une dentale au lieu et place de la gutturale grecque : éléments aussi énigmatiques l'un que l'autre quant à la provenance, mais très clairs et tout à fait comparables quant à la valeur significative : ag. *ask* et *ask-ed* ; al. *lieb-en* et *lieb-te*.

Ainsi, indépendamment des cas où un verbe dérivé a pris un parfait et un participe forts à l'imitation des verbes radicaux, et des cas plus fréquents où un verbe radical s'est refait une conjugaison analogique des verbes secondaires [1], on peut poser en règle générale la formule suivante : les verbes forts correspondent aux thèmes verbaux primaires ; les verbes faibles, aux thèmes secondaires ou à ceux qui s'y sont de bonne heure assimilés. Avec plus d'exactitude encore, **les verbes forts sont ceux qui rentrent dans les classes II, III, V et VI de notre dérivation primaire verbale**; car la classe I, disparue en germanique, est naturellement hors de cause, et les causatifs (classe IV) ont en sanscrit déjà un parfait périphrastique [2] ; quant aux classes

[1] Ceux-ci, étant la majorité et s'accroissant de jour en jour, ont dû nécessairement tendre à faire la loi aux autres. Cette tendance s'accuse surtout en anglais, ainsi qu'on va le voir.

[2] Parfois l'application régulière de la phonétique germanique a fait entièrement coïncider le présent du verbe simple et celui du causatif : si *sil* = *sitz-e* (= i.-e. *$séd$-$yō$*) et *set* = *setz-e* (= i.e. *sod-$éy$-$ō$*) restent distincts, i.-e. *$sméld$-$ō$* (gr. μέλδ-ω « je me fonds ») et i.-e. *$smold$-$éy$-$ō$* (germ. *$smaltja$* « je fais fondre ») ont abouti respectivement à v. al. *smëlzen* et *smęlzen*, lesquels ont conflué en al. *schmelzen* ; et de même pour ag. *melt*, qui a les deux sens. Alors il s'est produit analogiquement, soit une extension des formes fortes qui a effacé les formes faibles (l'al. ne connaît plus que *schmolz* et *geschmolzen*), soit une confusion des unes et des autres indifféremment employées (ag. *molt-en* et *melt-ed*): c'est plus ou moins le cas, en allemand, des verbes *verderben* « se corrompre » et

VII-VIII, bien que primaires, on a vu qu'elles ont été traitées comme secondaires en plusieurs points de leur conjugaison, et c'est le cas notamment pour la formation du parfait [1].

De ces verbes dits forts, et souvent si improprement nommés irréguliers, l'anglais, en ne comptant que les simples [2], n'en a plus qu'une centaine, tant l'analogie des verbes faibles a sévi sur eux ; encore plusieurs des verbes forts anglais ne trahissent-ils leur vraie nature que par leur participe en *-en*, le parfait ayant pris l'indice *-ed*. L'allemand, mieux conservé, en montre près du double. On en trouvera l'énumération dans toutes les grammaires pratiques. Il ne saurait être question ici que de les comparer en les classant d'après les mutations vocaliques constantes qui les caractérisent, et de discerner les influences éventuelles qui, dans chacune des deux langues, ont pu altérer les concordances primitives.

Section II.

LE PARFAIT ET LE PARTICIPE FORTS.

(175) Les parfaits dits forts des langues germaniques modernes relèvent de deux formations prégermaniques distinctes, nettement accusées encore par le gotique et quelquefois, mais bien

« corrompre », *löschen* « s'éteindre » et « éteindre » (m. al. respectivement *lëschen* et *leschen*), *quellen*, *schwellen*, etc. Toutefois le souvenir de la régularité primitive demeure : on dira correctement *das licht erlosch*, mais *er löschte das licht aus*.

[1] D'une manière générale, les verbes forts correspondent à la 3e conjugaison latine, et les verbes faibles aux trois autres, savoir : le type *suchen* (got. *sōkjan* = lat. *sāgīre*), à la 4e ; le type *salben* (cf. got. *fiskōn* = lat. *piscāri*), à la 1er ; et le type *haben* (v. al. *habēn* = lat. *habēre*), à la 2e ; cf. la formation de l'impératif (*suochi* = *sāgī*, *salbo* comme *amā*, *habe* = *habē*), infra 196.

[2] Il va sans dire que le verbe composé se conjugue en principe comme le simple : ainsi *kommen* fait *kam* et *gekommen* dans *an-kommen*, *zu-kommen*, etc. Mais, bien entendu, il ne faut point s'arrêter aux apparences de composition : *bewillkommen* fera *bewillkommte* et *bewillkommt*, et très légitimement ; car il n'est pas composé de *kommen*, mais dérivé de *willkommen* (bienvenu), cf. supra 118, 3. De même ag. *he overcame*, mais *he welcomed*.

rarement, par ses congénères : les **parfaits apophoniques** et les **parfaits à redoublement.** Les premiers, on l'a vu, changent la voyelle radicale du présent : got. *bair-a* (je porte), *nim-a* (je prends), pf. *bar* et *nam*. Les autres la conservent ordinairement : certains peuvent aussi la changer ; mais l'indice qui les caractérise, c'est, comme en grec et en latin, un redoublement à voyelle $\breve{e}$ placé en tête de leur racine : got. *háit-a* (j'appelle), *lēt-a* (je laisse), pf. *haí-háit laí-lōt ;* cf. gr. λέ-λοιπ-α, lat. *me-min-ī*, etc.

Quand nous tenons ces deux catégories pour distinctes, cela n'est vrai, bien entendu, que du germanique ; car il est certain que les parfaits apophoniques et les parfaits redoublés ne formèrent qu'une classe à l'origine, ou, en d'autres termes, que tout parfait primaire indo-européen fut à la fois apophonique et redoublé [1]. Seulement voici sans doute ce qui est arrivé en prégermanique : les parfaits où, par suite des lois phonétiques spéciales à ce domaine, la voyelle radicale s'est trouvée la même que celle du présent, ont gardé leur redoublement, seul signe qui désormais permît de les distinguer ; et au contraire, dans la majorité au moins de ceux où le vocalisme tranchait sur celui du présent, le redoublement a paru superflu et l'usage l'a rejeté comme un appendice encombrant et inutile [2].

§ 1ᵉʳ. — *Parfaits apophoniques.*

(176) I. Rappelons-nous les éléments de l'apophonie primitive [3] : c'est une alternance de vocalisme à trois degrés essentiels, que nous avons dénommés normal, réduit et fléchi. Nous connaissons les voyelles qui répondent respectivement à ces

---

[1] En grec, le pf. redoublé λέ-λοιπ-α, de rac. λειπ (laisser), a exactement la même apophonie que le très ancien parfait non redoublé οἶδα = ϝοῐδ-α = sk. *véd-a* (je sais), de rac. ϝειδ (voir).

[2] Que l'on ajoute, brochant sur le tout, l'analogie et le mélange des formes aoristiques non redoublées, supra 172.

[3] Supra nᵒˢ 43-45.

trois degrés. Il reste à déterminer le degré qui doit régulièrement correspondre à chacune des formes de la racine verbale conjuguée. Or, c'est ce que le sanscrit et surtout le grec, ici merveilleusement d'accord avec le gotique, nous permettent de reconnaître et de formuler en quatre brèves propositions.

1. Le présent — et conséquemment **l'infinitif** germanique, qui toujours est calqué sur lui, — accuse de préférence le degré **normal** (gr. ἔδ-ω φέρ-ω λείπ-ω φεύγ-ω νέμ-ω), parfois — — très rarement en germanique — le degré réduit, jamais le degré fléchi, — et il n'en faut pas davantage pour le différencier du parfait.

2. Le **singulier du parfait** a toujours la racine **fléchie** : gr. rac. ϝειδ (voir), dans εἶδ-ος (image), cf. εἶδ-ο-ν (j'ai vu), mais pf. οἶδα (je sais) = ϝοῖδ-α ; gr. λείπ-ω et pf. λέ-λοιπ-α ; lat. $fūg$-$iō$ et pf. $fūg$-i, $vīd$-$cō$ et pf. $vīd$-i = *$void$-ci, etc.

3. Au **pluriel du parfait** la racine se **réduit**[1] : gr. οἶδ-α, mais pl. ἴδ-μεν ἴσ-μεν (nous savons). Le fait ne se vérifie nulle part mieux qu'en sanscrit et en gotique : sk. bi-$bhéd$-a (je fendis), pl. bi-$bhid$-$imá$; got. $báit$ (je mordis), pl. bit-um.

4. Le suffixe -$onó$- du **participe** (sk. -$āná$-, got. -an-) porte l'accent et, par suite, **réduit** toujours la racine : got. bit-an-s (mordu), cf. ag. $bitt$-en et al. ge-$biss$-en ; sk. rac. $vart$ (tourner, lat. $vert$-ere), participe pf. $vā$-$vṛt$-$āná$-s = got. $waúrp$-an-s, cf. al. ge-$word$-en, etc.

(177)   II. Si donc le prégermanique avait continué sans altération la tradition indo-européenne, la théorie du verbe fort s'y confondrait avec celle de l'apophonie et se ramènerait à une série d'équations phonétiques d'une extrême simplicité. Mais aucune langue du groupe européen n'en est restée à ce degré d'antiquité [2] : à des époques diverses, les quatre formes

---

[1] Parce que l'accent primitif passait sur la désinence : cf. l'accentuation sanscrite infra, et supra 44, 45 (2), etc.

[2] A certains égards, c'est, avec le sanscrit, le gotique qui s'en rapproche le plus, puisqu'il a conservé cette curieuse alternance du singulier au pluriel ($báit$ bit-um), que, sauf d'insignifiants débris, le latin et le grec lui-même ont entièrement perdue.

ci-dessus ont agi l'une sur l'autre, de manière à se modifier, à se confondre, ou même à se différencier par des caractères autres que leur critérium originaire. Ces diverses actions, à leur tour, pourront se résumer en quatre formules nouvelles, dont l'effet se superposera en quelque sorte à l'application des précédentes.

1. À l'imitation des quelques présents qui avaient la racine réduite, soit le même vocalisme que le participe, il a pu arriver que d'autres présents, pour se mieux différencier du parfait avec lequel l'application des lois phonétiques germaniques les aurait confondus, adoptassent le vocalisme du participe et opposassent ainsi la racine réduite à la racine partout fléchie du parfait [1].

2. Dans certaines classes de verbes, les deux degrés réduit et fléchi étaient venus à coïncider en vertu du phonétisme germanique ; dans toutes, d'ailleurs, le vocalisme du participe était régulièrement le même que celui du pluriel du parfait : de là à une assimilation plus étroite, à l'intrusion pure et simple du vocalisme du parfait dans le participe, il n'y avait qu'un pas, qui souvent a été franchi [2].

3. Dans l'intérieur même du parfait, une flexion telle que *bait bit-um* pouvait sembler étrange : il y avait tendance à la niveler dans un sens ou dans l'autre, à conjuguer, soit *bait* *bait-um, soit *bit bit-um [3]. Rien de plus fatal : la tendance

---

[1] C'est le cas, notamment, du type *slay* = *schlagen* (got. *slah-a slah-an-s*), supra 45, 7.

[2] Fait déjà constaté pour le ppe ag. *shown*, en opposition au ppe al. inaltéré *ge-schien-en*. Cf. infra 179 (2), 184 (2), 185 (III. 2).

[3] C'est ainsi que le fr. régulier *je treuve* et *nous trouvons* a abouti à *je trouve*, tandis qu'inversement *j'aim* et *nous amons* s'est nivelé en *nous aimons*. En grec, la flexion régulière λέ-λοιπ α *λε-λιπ-μεν ne s'est pas maintenue davantage : on a refait λελοίπαμεν sur λέλοιπα ; ou bien, quand le vocalisme réduit du pluriel l'a emporté, on a dit ἐλήλουθα (au lieu du régulier homérique εἰλ-ήλουθ-α) à cause du pl. ἐλ-ηλούθ-μεν (nous sommes allés). En latin, il y a des parfaits à racine fléchie, comme *fūg-ī*, et des parfaits à racine réduite, comme *tŭl-ī* ; mais, quel que soit le vocalisme, il demeure le même d'un bout à l'autre, singulier et pluriel. Sauf quelques intéressantes survivances, l'anglais et l'allemand modernes en sont exactement à ce point.

devait tôt ou tard aboutir ; les ancêtres ne la subissent encore qu'à peine, mais les descendants l'ont développée jusqu'à ses plus rigoureuses et extrêmes conséquences.

4. Enfin, par imitation des cas où le degré réduit indo-européen se confondait avec le degré normal et où, par conséquent, le participe avait le même vocalisme que le présent, il a pu se faire que le participe l'adoptât dans d'autres cas où il aurait dû se réduire, altération commune à tous les dialectes germaniques et attribuable dès lors à une particularité vocalique de l'ancêtre commun [1].

(178) III. Ces propositions générales étant bien comprises, on peut répartir sous **six chefs** les verbes à parfaits **apophoniques** des deux langues anglaise et allemande ; les verbes à parfaits **redoublés** en occupent un **septième**. En vue de la brièveté on les désignera par des lettres.

(179) **A. Type** *drive* = *treiben* [2].

Le type *drive* = *treiben* correspond à notre 2° classe d'apophonie, c'est-à-dire aux verbes indo-européens dont la racine à l'état normal contient une diphtongue $ĕy$ (prg. $ī$), qui en se fléchissant devient $ŏy$ (prg. ai), et simple i (prg. $ĭ$) en se réduisant. On aura donc ici une alternance $ī\ ai\ ĭ$, qui, transportée par exemple dans un verbe prg. *$drĭb$-ana-m* (pousser), aboutira dans l'évolution des langues modernes aux formes historiques ou théoriques suivantes :

Prg. inf.	*drĭb-ana-m* ;	pf. sg.	*dráib-a* ;	pf. pl.	*drib-umé* ;	part.	*drĭb-aná-s* ;
Got.	» *dreib-an* ;	»	*dráif* ;	»	*drib-um* ;	»	*drib-an-s* ;
Ags.	» *drīf-an* ;	»	*drāf* ;	»	*drif-on* ;	»	*ge-drif-en* ;
Ag.	» *drive* ;	»	*I drove* ;	»	*we *drive* [3] ;	»	*driv-en* ;
V. al.	» *trīb-an* ;	»	*treib* ;	»	*trib-um* ;	»	*gi-trib-an* ;
Al.	» *treib-en* ;	»	*ich *treib* ;	»	*wir trieb-en* ;	»	*ge-trieb-en*.

[1] La racine sans réduction au participe est la marque distinctive du type *see* = *sehen*, supra 45, I.

[2] Nos types A à G correspondent donc respectivement aux classes I-VII de la plupart des grammaires historiques des langues germaniques. L'ordre d'énumération est assez arbitraire ; mais il y avait avantage à n'y rien changer et à suivre une nomenclature consacrée par l'usage.

[3] Prononcé comme *driven* ou *give*, et non comme *drive* du présent.

On voit combien sont pures les flexions du gotique, de l'anglo-saxon et du vieux-haut-allemand. D'autre part, en comparant la forme théorique et historique de l'ag. *we *drive* avec la forme actuelle *we drove*, et la forme théorique et historique de l'al. *ich *treib* avec la forme actuelle *ich trieb*, on voit que dans l'une des langues le pluriel s'est assimilé au singulier, et dans l'autre le singulier au pluriel.

Appliquons le même procédé à un verbe prg. **bit-ana-m* (mordre, rac. i.-e. *bhēyd bhŏyd bhĭd*, cf. lat. *find-ere* « fendre » pf. *fĭd-ī*) :

Prg. inf. **bit-ana-m*;   pf. sg. **báit-a*;   pf. pl. **bĭt-umé*;   part. **bĭt-aná-s*;
Got. » *beit-an*;   » *báit*;   » *bit-um*;   » *bit-an-s*;
Ags. » *bīt-an*;   » *bāt*;   » *bit-on*;   » *ge-bit-en*;
Ag.   » *bite*;   » *I *bote*;   » *we bit*;   » *bitt-en*;
V. al » *bīʒ-an*;   » *beiʒ*;   » *biʒʒ-um*;   » *gi-biʒʒ-an*;
Al.   » *beisz-en*;   » *ich *beisz*;   » *wir biss-en*;   » *ge-biss-en*.

Ici l'astérisque figure dans la même colonne en allemand qu'en anglais : en d'autres termes l'assimilation s'est faite de part et d'autre dans le même sens, et le sg. du pf. s'est conjugué sur le pl., *I bit* sur *we bit*, *ich bisz* sur *wir biss-en*.

Ces deux exemples résument toute la flexion de cette classe, qui ne comporte plus dès lors que quelques brèves observations.

1. L'anglais compte une vingtaine et l'allemand une quarantaine de verbes de ce type. Mais, sauf l'extension du degré fléchi du singulier au pluriel du parfait, l'anglais est ici beaucoup plus pur que l'allemand. Il conserve nettement l'apophonie à trois degrés, par exemple dans les verbes *rise rose risen*, *drive drove driven*, *shrive shrove shriven*, *smite smote smitten*, *write wrote written*, *ride rode ridden*, etc.

2. Toutefois ce dernier déjà admet aussi un participe *rode*, et le vocalisme du sg. du parfait, non content d'avoir envahi le pl., déborde sur le participe dans *abide abode abode*, *shine shone shone* et *strike struck struck*[1], qui n'ont plus que deux degrés d'apophonie. Mais *strick-en* subsiste isolément.

[1] L'abrègement en syllabe fermée a amené le changement de timbre de la voyelle : cf. supra 17, 4. Quant à *stick stuck stuck* et *dig dug dug*, ils relèvent originairement du type E (cf. al. *steck-en stack ge-steck-t*), et c'est par analogie qu'ils ont passé à celui-ci.

3. L'effet inverse, on l'a vu, s'est également produit, et l'apophonie s'est trouvée réduite aux deux degrés i et $\bar{i}$, par l'intrusion au parfait de la voyelle du participe, dans *bite bit bitten* (et *bit* [1]), *chide chid chidden*, *hide hid hidden*, même *split* [2] *split split* [3].

4. C'est ce dernier procédé que l'allemand a poursuivi d'un bout à l'autre de notre classe : il ne connaît plus que deux degrés d'apophonie, savoir *ei* au présent, et au parfait comme au participe *i* prononcé bref ou long [4] suivant les hasards de la syllabe fermée ou ouverte, soit *treiben trieb getrieben*, *reiben*, *leihen*, *schreiben*, etc., — *beiszen bisz gebissen*, *greifen griff gegriffen*, *schneiden schnitt geschnitten* [5], *leiden*, *weichen*, *streiten*, etc. Et en conséquence il répond par *schien risz ritt* aux réguliers *shone wrote rode* de l'anglais.

5. Mais si l'al. mod. a réduit son apophonie au minimum, il s'en est assimilé le mécanisme au point de le transporter à des verbes que leur caractère très net de dérivation secondaire en excluait absolument : *gleichen*, qui relève de l'adjectif *gleich* = got. *ga-leik-s*, cf. ag. *like* verbe faible ; *pfeifen*, venu du lat. *pipāre*, qui eût dû donner un vb. faible *$pfifōn$; et même *preisen*, dérivé de *preis* emprunt français (fr. *prix*).

(180) **B. Type** *choose = kiesen.*

Ce type répond à notre 3ᵉ classe d'apophonie, soit aux

[1] Sur la chute accidentelle de -*en*, cf. supra 19, 2°.

[2] Par abrégement : cf. al. *spleisz-en splisz ge-spliss-en*. On ne peut qu'engager le lecteur à faire mentalement lui-même tous les rapprochements anglo-allemands que la brièveté a fait omettre.

[3] Les verbes *rive* et *writhe* ont encore leur participe fort *riven* et *writhen*, mais ont adopté un parfait faible *rived* et *writhed*. Au contraire *strive* est un verbe faible passé analogiquement à la conjugaison forte.

[4] On sait que cet *i* allongé s'écrit *ie*, supra 12, 4.

[5] Ce verbe et le suivant offrent en outre un beau spécimen de *grammatische wechsel*, supra 53 D et 55, soit prg. inf. *snîþ-ana-m*, part. *snid-aná-s*, avec déplacement régulier de l'accent et tout ce qui s'ensuit. Ailleurs l'analogie du présent a triomphé ; mais Grimmelshausen encore écrit *vermitten* « vermieden ».

racines qui présentaient respectivement les trois états : normal *ĕw*, fléchi *ŏw*, réduit *ŭ* ; prg. *eu* (*eo iu*) *au ŭ*. La racine *gĕws gŏws gŭs* (goûter) du gr. γεύ-ω et du lat. *gŭs-tu-s* traitée suivant ce procédé théorique, donnera les quatre formes que reproduit avec une rigoureuse exactitude la flexion ancienne de toutes les langues germaniques :

Prg. inf. *kéus-ana-m ; pf. sg. *káus-a ; pf. pl. *kuz-umé ; part. *kuz-aná-s ;
Got. » kius-an ; » káus ; » kus-um ; » kus-an-s ;
Ags. » céos-an ; » céas ; » cur-on ; » ge-cor-en ;
V. al. » kios-an ; » kōs ; » kur-um ; » gi-kor-an.

On voit que, par suite des conditions spéciales faites en germanique à l'*ŭ* primitif [1], l'apophonie triple a abouti en anglo-saxon et vieux-haut-allemand à une apophonie quadruple [2]. Mais l'analogie a ensuite beaucoup simplifié cette flexion compliquée.

I. Anglais. — 1. Et tout d'abord, en anglais, le degré *ēa* du sg. du pf. ne s'est maintenu nulle part : le type ags. *flēog-an* (= al. *flieg-en*) *flēag flug-on ge-flog-en*, le mieux conservé de tous en anglais, n'y présente plus que les trois degrés *fly* [3] *flew flow-n* ; en d'autres termes, l'infinitif et le participe gardant respectivement leur voyelle, celle du pl. du pf. a passé au sg., et l'on a dit *flew* = *flug*, tout comme ailleurs *slew* = *slōg* [4].

2. Ce verbe est le seul qui ait conservé trois vocalismes. Partout ailleurs la voyelle du parfait s'est entièrement assimilée à celle du participe. On a donc les trois verbes : *cleave* (= ags. *cléofan*) *clove cloven* ; *freeze froze frozen* (pour *froren*) = al. *frieren fror gefroren* (où au contraire l'*r* du participe s'est généralisé) ; et, avec l'alternance grammaticale intacte de part et d'autre, *seethe sod sodden* = al. *sieden sott gesotten*.

3. Dans deux autres verbes, *shoot* = al. *schieszen*, et *choose*

---

[1] Cf. supra 28, 1.
[2] Observer en outre le *grammatische wechsel* de *s* en *z* (*r*), disparu en gotique, mais intact jusqu'en al. mod. (*kies-en er-kor-en*).
[3] Sur *y* = *eog*, cf. supra 21, p. 45, n. 2.
[4] Supra 45, 7, et infra 184.

= al. *kiesen*, le vocalisme *ēo* s'est nuancé en *ō* simple, sous l'influence, sans doute, de la chuintante initiale. En outre, celui-ci a perdu l'alternance grammaticale. Respectivement donc, *shoot shot shot,* et *choose chose chosen.*

4. Six verbes en tout, c'est à quoi se réduit aujourd'hui la classe B. Tous les autres ont passé à la conjugaison faible, et l'anglais oppose, par exemple, *lose* [1] *lost lost* (jadis *loren*, cf. ag. *for-lorn*), *lie* (mentir) *lied lied, bow bowed bowed,* etc., aux verbes al. *ver-lieren -lor -loren, lügen log gelogen, biegen bog gebogen,* etc.

II. Allemand. — 1. L'allemand, au contraire, présente encore une trentaine de verbes de cette catégorie ; mais il en a ramené la flexion à deux degrés vocaliques. L'ancien *io* du présent y est régulièrement représenté par *ie* (pr. *î*). Quant à la voyelle du sg. du pf. qui en v. al. est tantôt *ō* tantôt *ou* suivant le voisinage [2], elle a commencé par s'unifier en un *ō*, qui aujourd'hui à son tour et suivant le voisinage, se prononce long ou bref. Cet *ō* s'est naturellement confondu avec l'*ŏ* du participe, qui s'est prononcé long ou bref dans les mêmes conditions, et l'*ŭ* du pl. du parfait n'a pu tenir contre lui. Il en est résulté la flexion *ziehen zog* (got. *táuh*) *ge-zogen, fliegen, fliehen, wiegen,* etc., *kriechen kroch gekrochen, giesgen, genieszen, triefen, sieden,* etc., etc.

2. Dans certaines conditions mal définies, une racine indo-européenne dont l'état réduit est *ŭ* paraît pouvoir prendre *ū* au lieu de *ĕw* à l'état normal. Le fait se vérifie pour deux verbes germaniques qui ont au parfait et au participe le même vocalisme que les précédents et n'en diffèrent qu'au présent : v. al. *sūf-an* et al. *sauf-en* (*soff gesoffen*) ; v. al. *sūg-an* et al. *saug-en* (*sog gesogen*). Leur flexion s'est étendue à *schnauben* et *schrauben.*

3. Les verbes métaphoniques *er-kür-en* (cf. *kies-en* primitif), *trügen* (cf. *be-triege-en* primitif) et *lügen,* refaits par

---

[1] En fait, *lose* n'est pas le même mot que l'al. (*ver*)*lieren*, c'est un vb. faible qui l'a remplacé : le m. ag. avait deux verbes de même sens, *losien.* qui subsiste, et *lōsen* = ags. *lēosan,* qui serait devenu *leese* et dont survit seul, isolément, le participe *loren.*

[2] Supra 32, préambule et exemples.

dérivation postérieure sur les substantifs *kur* (choix)[1], *trug* et *lug*, ont adopté la flexion des primitifs *kios-an*, *triog-an* et *liog-an*.

4. A la seule exception de ces sept verbes, le type B est caractérisé en allemand par la voyelle *ie* au présent.

(181)   **C. Type** *drink* = *trinken* **et** *swell* = *schwellen*.

Avec l'$\breve{e}$ radical suivi d'une nasale ou d'une vibrante nous abordons les classes 4 et 5 de l'apophonie indo-européenne ; mais ces deux classes ne rentrent point tout entières dans notre type C : elles n'y rentrent qu'autant que la nasale ou la vibrante est à son tour suivie d'une autre consonne. Dans ces conditions l'$\breve{e}$ devant vibrante reste $\breve{e}$, mais devant nasale il devient $\breve{i}$, en germanique-occidental : de là vient que le type C, unique en gotique[2], se subdivise en deux sous-types dans le domaine occidental.

I. Soit une racine i.-e. *dhreng̊* (boire), fl. *dhrong̊*. réd. *dhr̥ng̊*, et voyons ce qu'elle deviendra du prégermanique aux langues modernes :

Prg. inf. *drĭnk-ana-m ; sg. pf. *dránk-a ; pl. pf. *drŭnk-umé ; part. *drŭnk-and-s ;
Got. »   *drigk-an* ;   »   *dragk* ;   »   *drugk-um* ;   »   *drugk-an-s* ;
Ags. »   *drinc-an* ;   »   *drọnc*[3] ;   »   *drunc-on* ;   » *ge-drunc-en* ;
Ag. »   *drink* ;   » *I drank* ;   » *we*drunk* ;   »   *drunk* ;
V.al. »   *trinch-an* ;   »   *tranch* ;   »   *trunch-um* ;   » *gi-trunch-an* ;
Al. »   *trink-en* ;   » *ich trank* ;   » *wir*trunk-en*[4] ;   » *ge-trunk-en*.

1. On voit d'un coup d'œil ce qui s'est passé dans les deux langues : la voyelle du sg. du pf. a passé au pl., et l'on a dit *we drank*, *wir tranken*. Aussi les plus purs même de tous ces verbes, ceux qui conservent la triple apophonie *i a u*, ne présentent-ils jamais plus que la voyelle *a* immobilisée au radical du parfait.

[1] Aussi *chur*, d'où *chur-fürst* (électeur), et cf. le composé *will-kür-lich* (arbitraire).
[2] Parce qu'en gotique tout $\breve{e}$ devient $\breve{i}$, supra 26.
[3] L'*ọ* ags. pour *a* ag. devant nasale, supra 39, 3.
[4] En m. al. encore, constamment, *ich trank* et *wir trunken*, *ich fand* et *wir funden*, *ich bran* (brûler) et *wir brunnen*, etc.

2. Sur 25 verbes anglais de ce type, onze ont maintenu, au moins facultativement, cette alternance régulière · tels *begin began begun, sing sang sung, spring sprang sprung, sink sank sunk, swim swam swum*, etc. [1] ; cf. al. *beginnen begann begonnen, singen sang gesungen, springen, sinken, schwimmen*.

3. Mais, même dans les verbes qui restent réguliers en anglais, le parfait peut s'assimiler au participe : on dit indifféremment *sank* et *sunk*, *span* et *spun*, *stank* et *stunk* (al. toujours *sank spann stank*). Puis, de corruption en corruption, l'apophonie se réduit à deux degrés dans *cling clung clung, fling flung flung, string strung strung, win won won,* (al. régulier *gewinnen gewann gewonnen*), où tout le parfait se conjugue sur son pluriel.

4. Cette flexion est de règle absolue quand l'$\breve{u}$ primitif a subi l'allongement en $ou = \bar{u}$ devant le groupe nd [2], soit donc : *bind bound bound, find found* [3] *found, wind, grind,* en regard de l'al. *binden band gebunden, finden, winden*, etc.

5. Si l'allemand n'a pas dans cette classe beaucoup plus de verbes que l'anglais, il ressort à l'évidence des exemples ci-dessus qu'il en a bien plus fidèlement conservé les traits primitifs. En fait, l'apophonie *i a u (o)* [4] y subsiste presque partout. Elle n'est qu'à peine entamée par la faculté qu'offrent certains verbes d'introduire au parfait la voyelle du participe (*ich begonn* archaïque), faculté qui se traduit surtout par une hésitation dans le vocalisme métaphonique du subjonctif de ce temps (*ränne* ou *rönne, gewänne* ou *gewönne*, et toujours *begönne*). Quatre verbes sans plus ont généralisé cette altération ; encore deux appartiennent-ils plutôt aujourd'hui à la conjugaison faible : c'est *glimmen* (cf. le dérivé ag. *glimm-er*) *glomm, klimmen* (= ag. *climb*, faible aussi aujourd'hui)

---

[1] Dans *run ran run* (m. ag. *rinnen* = al. *rinnen* « couler », ne pas confondre avec son causatif *rennen*), la voyelle du participe a passé au présent.

[2] Supra 20, 4° B.

[3] Mais dialectal *I fand*, Yorkshire (Currer Bell).

[4] Sur le changement d'$\breve{u}$ en $\breve{o}$ (*gesungen gefunden*, mais *gewonnen geschwommen*) au lieu de m. al. *gewunnen geschwummen*, cf. supra 28, I.

klomm (*klimm-te*), *schinden schund geschunden*, et *dingen dung* (*bedingen bedung*).

II. On a pris pour chef de ce sous-ordre le type *swell* = *schwellen*, parce que c'est accidentellement le seul comparable des deux langues. Mais, dans le paradigme théorique, il y a avantage à lui en substituer un autre que le gotique ait conservé, en négligeant ici l'anglais qui l'a fait passer avec bien d'autres à la conjugaison faible.

Prg.	inf.	*hëlp-ana-m* ;	pf. sg.	*hálp-a* ;	pf. pl.	*hulp-umé* ;	part. *hulp-aná-s* ;
Got.	»	*hilp-an* ;	»	*halp* ;	»	*hulp-um* ;	» *hulp-an-s* ;
Ags.	»	*hëlp-an* ;	»	*healp* ;	»	*hulp-on* ;	» *ge-holp-en* ;
V. al.	»	*hëlf-an* ;	»	*half* ;	»	*hulf-um* ;	» *gi-holf-an* ;
Al.	»	*helf-en* ;	»	*ich half* ;	»	*wir *hulf-en* ;	» *ge-holf-en*.

1. Ici, comme au type B, nous constatons, par suite des conditions du vocalisme germanique, une apophonie quadruple, *e a u o*, réduite d'ailleurs en al. mod. à trois degrés, *e a o*, par l'extension presque générale du radical du sg. au pl. du parfait [1].

2. Mais l'anglais n'a plus rien de cette classe, sauf quelques participes : *molt-en* (cf. al. *ge-schmolz-en*), en face du pf. *melt-ed* ; *holp-en* (aidé), remplacé par *help-ed*, etc. Tout a passé à la conjugaison faible, notamment le curieux vb. *starve*(mourir [de faim], cf. al. *sterb-en*), qui, après avoir adopté au présent la voyelle du parfait [2] (al. *starb*), s'est refait un parfait *starved* sur ce nouveau radical. Le décompte opéré, l'anglais ne range plus sous ce chef que trois verbes : *swell swell-ed swoll-en*, où l'on voit que le parfait est devenu faible [3] ; *burst burst burst* (al. *bersten barst geborsten*) où le vocalisme du verbe tout entier est devenu uniforme ; enfin *fight fought fought*.

3. L'allemand, bien mieux conservé à tous égards, compte

[1] En m. al. encore, *half hulfen*, *warf wurfen*, etc.

[2] Par voie phonétique plutôt que par emprunt : ag. *e* devant *r* prend un timbre grave qui a pu facilement se traduire par *a* : le fait rentre, somme toute, dans la fracture au sens large. — Pour la restriction de sens, cf. le fr. *noyer*, du latin *necāre* (tuer).

[3] Le régulier m. ag. *swal* dans Chaucer (*Prioresses Tale*, 72). Mais il ne faut pas oublier que, en tant que causatif « faire gonfler » le verbe est nécessairement faible.

22 verbes de ce genre, savoir : — 10 à consonne *l* (*helfen, melken, schmelzen, schwellen, quellen, bellen,* etc.), y compris *befehlen* = v. al. *bi-fëlh-an,* et *erschallen* (pour *erschellen), où s'est introduit le vocalisme du substantif *schall* ; — 8 à consonne *r* (*werden, werfen, werben, sterben, bergen, verderben,* etc.), y compris *wirren* (*verwirren*) = v. al. *wërran,* qui a pris le vocalisme de l'adjectif *wirr* ; — 2 où la vibrante précède la voyelle, ce qui au point de vue du vocalisme réduit revient au même [1], *flecht-en* = lat. *plect-ō* (cf. *plicō* « je plie » et gr. πλέκ-ω), et *dreschen* = ag. *thrash* vb. faible[2] ; — 2 analogiques des précédents, *fechten* = ag. *fight,* et *erlöschen* = v. al. *ir-lësk-an* (ö écrit pour ë).

a) L'apophonie quadruple subsiste dans un seul de ces verbes, *werden* = got. *wairþ-an* = lat. *vert-i* (se tourner, se changer, devenir), qui fait *ich ward, wir wurden* et *geworden,* et au subj. du pf. *ich würde.* Ici même, toutefois, la conjugaison primitive n'est point intacte, puisqu'on a refait sur *wir wurden* un sg. *ich wurde,* plus usité que *ward.* Mais enfin ici le degré *u* est conservé.

b) Partout ailleurs il a disparu, sans autres traces que, çà et là, sa métaphonie *ü* émergeant au subjonctif : *stürbe, hülfe, verdürbe, würbe, würfe* ; mais aussi *stärbe, wärfe.*

c) Parmi les dix verbes qui gardent encore l'apophonie triple, quelques-uns déjà la compromettent, en ce qu'ils laissent au moins facultativement la voyelle du participe pénétrer au parfait : à côté de *barst, drasch, schall, galt, befahl,* on a aussi *borst, drosch, scholt, golt, befohl*[3], refaits sur *geborsten, gedroschen,* etc.

d) Dans les autres cette anomalie devient de règle, et la flexion se réduit aux deux degrés *e o* : *schwellen schwoll geschwollen,* cf. ag. *swell* ; et de même *quellen, melken, erschallen, erlöschen,* etc.

[1] Une racine i.-e. *pŏlk,* par exemple, et une racine *plŏk,* en se réduisant, aboutiront également l'une et l'autre à *pl̥k.*

[2] Le présent *thrash* pour *thresh comme *starve* pour *sterve et *warp* pour *werp (pf. al. *drasch*). G. Eliot met *thresh* dans la bouche d'une paysanne (*Scenes of clerical life*, I, p. 162 Tauchn.).

[3] Ces deux derniers archaïques, mais subj. *beföhle.*

D. Type *steal* = *stehlen*.

(182) Ce type comprend tous les verbes de nos 4e-5e classes d'apophonie qui ne rentrent pas dans le type C, soit donc en principe ceux où l'*ĕ* radical est suivi d'une nasale ou d'une vibrante non suivie d'une autre consonne; mais ceux à nasale sont en fort petit nombre; et, d'autre part, l'analogie a introduit de bonne heure dans cette classe quelques verbes sans nasale ni vibrante, principalement empruntés à la classe du type E.

Le type D, en effet, établit la transition entre le précédent et le suivant. Comme le précédent, il repose sur l'*ĕ* suivi de nasale ou liquide : prg. **ném-ana-m* (prendre), **bér-ana-m* (porter); got. *nim-an*, *baír-an*. Comme le précédent, dès lors, il comporte impérieusement l'apophonie *e a u*[1] : got. *nim-an nam num-an-s* (al. *nehm-en nahm ge-nomm-en*), *qim-an qam qum-an-s*, *baír-an bar baúr-an-s* (al. *ge-bär-en ge-bar ge-bor-en*), etc. Mais, comme le suivant, il exige au pl. du pf. un vocalisme spécial en *ē* (got. *nam nēm-um*, *qam qēm-um*, *bar bēr-um*), qui sans doute n'est autre que le degré normal allongé de la racine [2], sans d'ailleurs qu'il soit possible d'identifier avec précision cette formation à aucune catégorie morphologique indo-européenne.

Quoi qu'il en soit, l'alternance got. *bar bēr-um* se traduisait en ags. *bær bǣr-on* et en v. al. *bar bār-um*, soit, dans les deux langues, par un timbre à peu près pareil. De là, tendance à l'unification, d'ailleurs réalisée partout, en sorte que l'anglais, qui devrait répondre par *I bare* et *we *bere* (cf. *we were*), a tout simplement *we bare*. Quant à l'allemand, du jour où l'*a* s'y fut allongé en syllabe ouverte et abrégé en syllabe fermée, il n'eut plus aucune raison de distinguer, l'analogie aidant, entre *ich gebar* et *wir gebaren*, *ich stahl* et *wir stahlen*, *ich kam* et *wir kamen*, *ich nahm* et *wir nahmen*, etc. L'alternance moderne ne peut donc plus être que triple : *e a o*.

---

[1] Et même l'*e*, sauf en gotique, n'y devient jamais *i*. L'*u*, naturellement, y devient *o* dans les conditions ordinaires.

[2] Cf. Chadwick, in *Idg. Forsch.*, XI, p. 145 sqq.

L'allemand compte 18 verbes de ce type, savoir : — 2 en *m*, *nehmen* = v. al. *nëm-an*, et *kommen* (ag. *come*) = v. al. *quëm-an*, par intrusion au présent de la voyelle du participe [1]; — 2 en *l*, *stehlen* (ag. *steal*) = v. al. *stël-an*, et *verhehlen* ; — 4 en *r*, *gebären* = v. al. *bër-an* [2], *scheren*, *gä(h)ren* et *schwären* ; — 5 en gutturale, mais dont 4 ont un *r* dans la racine, *erschrecken*, *brechen*, *sprechen*, *rächen* et *stechen* ; — 1 assimilé aux précédents, *treffen* ; — 4 enfin qui en vieux-haut-allemand se rangeaient sous le type E et ont passé à celui-ci, *pflegen*, *weben*, *bewegen* et *erwägen*. Le vb. *verzehren* (= ag. *tear*) s'est au contraire rangé à la catégorie faible ; mais son ancienne apophonie se conserve dans *zorn* (colère), participe passé au sens de substantif.

L'anglais répond respectivement par : — *come* ; — *steal* ; — *bear*, *shear*, *tear* ; — *break*, *speak* ; — *weave*, *get*, *tread*, empruntés à la classe E[3] ; — *heave*, *swear*, empruntés à la classe F ; — *wear*, ancien vb. faible assimilé à *bear*. Au contraire, *play* (ags. *pleg-ian*) = *pflegen* est verbe faible, comme *pflegen* facultativement en allemand.

De ces treize verbes anglais, deux seulement ont gardé la triple apophonie : *bear* (dans le sens d' « enfanter ») *bare born*, et *come came come*. Deux autres l'ont encore en m. ag., *break brake* (al. *brach*) *broken*, et *speak spake* [4] (al. *sprach*) *spoken* ; mais l'analogie a substitué *broke* et *spoke*. Le vb. *beget* (engendrer) fait encore *begat* en style biblique ; mais *get* n'a plus que *got*, et de même pour tous les autres : *steal stole* (cf. al. *stahl*) *stolen*, *weave wove* (cf. al. *wob*) *woven*, *shear*, *bear* (porter) *bore borne*, etc.

L'allemand est mieux conservé. Dix de ses verbes ont encore l'apophonie triple : *nehmen*, *kommen*, *stehlen*, *gebären*,

---

[1] Dialectalement l'ancienne conjugaison persiste : en hessois on dit *er kimmt* comme *er nimmt*.

[2] L'*ä*, ici et ailleurs, n'est qu'une graphie divergente pour *e*.

[3] Comparer *forget forgot forgotten*, *tread trod trodden*, à *vergessen vergasz vergessen*, *treten trat getreten*.

[4] Usuel dans Shakespeare et ses contemporains, et aujourd'hui encore en poésie et dans le style élevé.

erschrecken, brechen, sprechen, stechen, treffen, pflegen (*pflag* ou *pflog*). Les huit autres introduisent au parfait l'*o* du participe.

(183) **E. Type** *see* = *sehen*.

Jusqu'au participe les deux types D et E concordent absolument : au présent, la voyelle *ĕ*, got. *saíhw-an* ; au sg. du pf., *ă*, got. *sahw* (cf. ag. *see saw* et al. *seh-en sah*); au pl. du pf., un *ē*, non moins énigmatique, got. *sēhw-um*. La divergence ne s'accuse que dans got. *saíhw-an-s* = ag. *seen* = al. *ge-seh-en*.

C'est que notre type E répond à notre 1re classe d'apophonie, c'est-à-dire à la voyelle i.-e. *ĕ* en toute autre position que dans les types A-D : dans ce cas, on le sait, l'*ĕ* en disparaissant au degré réduit ne laisse après lui aucun phonème susceptible de soutenir la syllabe, et dès lors la syllabe elle-même devrait disparaître ; mais on sait aussi que le germanique n'admet pas ici cette extrême conséquence de la théorie, et que le degré réduit y reste identique au degré normal, par conséquent le radical du participe à celui de l'infinitif. De là une apophonie triple, *ĕ ă ē ĕ* (got. *gib-an gaf gēb-um gib-an-s*, etc.), que l'anglo-saxon et le vieux-haut-allemand maintiennent, mais que, toujours par les mêmes raisons, les langues modernes réduisent à deux degrés, *e a a e* (ag. *give gave gave given, eat ate ate eaten* ; al. *geben gab gaben gegeben*, etc.).

Au lieu de la voyelle *e*, on pourra avoir au présent, et éventuellement par analogie au participe [1], la voyelle *i* de métaphonie, quand le verbe sera formé du suffixe i.-e.- *yo-* au lieu d'un simple *-o-* : ainsi prg. **ĕt-ana-m* (manger), de i.-e. **ĕd-ō* (je mange) = gr. ἔδ-ω = lat. *ĕd-ō* ; mais prg. **sit-jana-m*

---

[1] En anglais seulement, dans *bidden* participe de *bid*, tandis que l'allemand répond par *gebeten* participe de *bitten*. Mais ici l'*i* est primitif (cf. gr. πείθ-ω « persuader »), et c'est seulement par analogie de voyelle radicale avec les deux autres que got. *bidjan* (etc.) a passé à la classe E : Streitberg. *Urgerm. Gr.*, p. 53.

(ag. *sit* = al. *sitzen*), de i.-e. **séd-yō*; et de même pour ag. *lie* = al. *liegen*, ag. *bid* et al. *bitten* (got. *bid-jan*) [1].

En résumé, les verbes de cette classe auront: à l'infinitif, *e* ou *i*; au parfait, *a*; au participe, toujours *e* en principe.

C'est ce qui se vérifie parfaitement en anglais dans cinq verbes de cette classe, qui, défalcation faite de ses pertes (*stick, tread, weave, get*), n'en contient plus que neuf en tout, savoir dans: *see saw seen, eat ate eaten* [2], *give gave given, bid bade* (aussi *bid*) *bid*, et *spit spat* (aussi *spit*) *spit*. Dans *sit sat* (*sate*) *sat*, et *lie lay* (al. *lag*) *lain*, le vocalisme du parfait a pénétré au participe. Les deux derniers n'ont plus ni présent ni participe: *quoth* (il dit) = ags. *cwæð* [3], inf. *cwëðan* = got. *qiþan* (dire); *was*, pl. *were*, qui, par un curieux phénomène d'archaïsme, a gardé, lui seul, l'apophonie du sg. au pl. avec le changement d's en *r*, mais a perdu les autres temps en s'incorporant au verbe *be* [4].

Ce dernier nous apparaît tout entier dans l'al. *wesen* (infinitif employé substantivement), pf. *war* (avec l' *r* passé du pl. au sg.), part. *ge-wes-en*: cf. v. al. *wës-an was wār-um gi-wës-an* et got. *wis-an was wēs-um wis-an-s*. Et la triple alternance se reproduit fidèlement dans les 14 verbes du type E que conserve l'allemand: *sehen sah geschen, essen asz gegessen* (corrompu pour **gessen* tout court [5], *geben, bitten, sitzen, liegen*, etc.; *lesen, genesen, messen, geschehen*, perdus en anglais; *treten, stecken, vergessen*, passés à d'autres classes en anglais. On ne peut qu'admirer ici l'étonnante pureté de la flexion allemande.

[1] Dans ag. *give* = al. *geben*, la nuance *i* n'est due qu'à l'effet du *g* précédent (ags. *gief-an*), cf. supra 50, II.

[2] Mais une double analogie a fait créer le pf. *eat* et le part. *ate*, tous deux au surplus peu usités.

[3] L'*o* pour *a* par influence de la labiale précédente.

[4] Cf. infra 217, III. Mais les illettrés disent *you was*, effaçant ainsi jusqu'au dernier vestige de la flexion régulière.

[5] V. al. *gi-ëʒʒ-an* régulier, syncopé en m. al. *gëʒʒen*, sur lequel on a refait *gegessen* par une nouvelle préfixation. — Il est intéressant de constater que ce verbe avait, dès le gotique, unifié son parfait en adoptant au sg. la voyelle du pl.: ags. *ǣt*, v. al. *āʒ*, et got. *fr- ēt*. = v. al. *fr-āʒ*.

F. Type *slay = schlagen.*

Les types A-E ont épuisé les cinq classes essentielles de l'apophonie indo-européenne [1] ; la 6ᵉ n'a plus de représentant dans la conjugaison germanique : reste la 7ᵉ, dont la caractéristique, on l'a vu, est une simple alternance d'$\breve{a}$ à l'infinitif et au participe avec $\bar{o}$ au sg. et pl. du pf. ; car ici, dès l'époque prégermanique, la voyelle est la même d'un bout à l'autre de ce temps, got. *slah-an slōh slōh-um slah-an-s*, ags. *slē-an* (contracté de **slĕahan = *slah-an* par fracture) *slōg slōg-on slag-en*, ag. *slay slew* (pr. *slū*) *slai-n*, v. al. *slah-an sluoh sluog-um gi-slag-an* [2], al. *schlag-en schlug schlug-en geschlag-en.*

Ce type s'est généralement conservé tel quel dans les spécimens qui en subsistent, savoir : ag. *shake shook shaken*, *take* (emprunt scandinave), *forsake*, *draw drew drawn* = al. *tragen trug getragen*, al. *fahren fuhr gefahren*, *graben*, *wachsen*, *schaffen*, *laden*, *backen*, etc. : en tout, une dizaine de verbes anglais et une douzaine de verbes allemands, plus les deux verbes métaphoniques ci-dessous. Il n'appelle qu'un très petit nombre d'observations.

1. Plusieurs verbes ont changé de système : ag. *fare* a passé à la conjugaison faible, ainsi que ag. *shave* et al. *schaben*, mais l'anglais garde encore un part. *shaven* ; ag. *bake* et *lade* sont de conjugaison faible, mais celui-ci fait aussi *laden*, cf. *load* (fardeau) ; ag. *shape* et *wax* ont *shapen* et *waxen*, mais pf. *shaped* et *waxed*, de même al. *schaffte geschafft*, de *schaffen* « travailler » ; enfin ag. *awake* fait *awoke* [3] et *awaked*, tandis qu'al. *wachen* et ag. *wake* sont verbes faibles.

2. Le verbe ag. *stand* = ags. *stond-an* offre plusieurs

---

[1] Résumons encore, en terminant, la concordance générale :

Classes : 1ʳᵉ — 2ᵉ — 3ᵉ — 4ᵉ — 5ᵉ — 6ᵉ — 7ᵉ ;

Types verbaux : E — A — B — C — D — néant — F.

[2] Observer l'alternance grammaticale perdue par le gotique.

[3] On attendrait **awock* : on attribue l'o ouvert à l'analogie de *rose*, à cause de la liaison d'idées toute naturelle, *I woke, I rose.*

particularités. La nasale, signe du présent, ne passe point aux autres temps [1] : ags. *stōd* et ag. *stood*. Puis le vocalisme du pf. passe au part. ag. *stood*, qui remplace ags. *gestonden*. Même passage dans *awake awoke awoke*. L'al. **standen* n'existe plus [2], mais le pf. *stand* et le part. *gestanden* en sont usuels : le dernier est régulier (v. al. *gistantan*); au pf. on attendrait **stund* (= v. al. *stuont* [3]), qui survit au subj. *stünde* : l'al. a donc suivi la voie analogique inverse de celle de l'anglais.

3. Deux verbes anglo-allemands ont au présent, non pas un *a*, mais la métaphonie d'*a*, parce qu'ils sont formés au moyen du suffixe germanique *-ja-* = i.-e. *-yŏ-* : got. *haf-jan* (= lat. *capi-ō*), ags. *hebban* et ag. *heave*, v. al. *heffan* et al. *heben* ; ags. *swer-ian* et ag. *swear*, v. al. *swer-ien* et al. *schwören* [4]. L'identité de vocalisme les a fait passer, totalement en anglais, partiellement en allemand, à la flexion du type D : ag. *heave hove hoven* (aussi *heaved heaved*), *swear swore* (mais *sware* dans la version anglaise de la Bible, v. g. Marc, 6, 23) *sworn*; al. *heben hub* (aussi *hob*) *gehoben*, *schwören*, *schwur* (aussi *schwor*) *geschworen*.

§ 2. — *Parfaits redoublés.*

(185)   **G. Type** unique *fall = fallen.*

I. Ce qui, au premier coup d'œil, différencie cette classe des six précédentes, c'est que chacune de celles-ci présente à l'infinitif un vocalisme différent et spécifique, et qu'au contraire celle que nous abordons admet à l'infinitif les vocalismes les plus variés. Ce qui en constitue l'unité aujourd'hui, c'est

---

[1] Ce serait la règle pour tous les verbes à nasale intérieure, supra 82, 3 : cf. lat. *vinc-ō vīc-ī*, *find-ō fīd-ī*, etc.; mais partout l'analogie a fait passer au parfait la nasale du présent (comme en lat. *jung-ō junx-ī*), et *stand* reste seul exempt de cette altération.

[2] Remplacé dans l'usage par *stehen*, infra 220.

[3] On voit que l'al., moins pur que l'ag., généralise la nasale de l'inf. *stantan*. Comparer encore got. *standan* et pf. *stōp*.

[4] L'*ö* pour *e*, comme dans *löschen*. Cf. supra 50, III, 2, et 121, 12.

que tous les verbes qui la composent, quel qu'en soit le vocalisme d'infinitif, n'en ont qu'un seul et même au parfait [1].

Ce qui la constitue historiquement, c'est le redoublement, mais il n'y paraît plus en anglais ni en allemand. Ces langues répondent par un changement de voyelle au redoublement ancien que le gotique est seul à manifester et qu'inversement il n'accompagne pas d'ordinaire d'une apophonie : ainsi le gotique a *hald-an hai-hald hald-an-s* pour le verbe qui est en ag. *hold held held* (aussi *hold-en*) et en al. *halt-en hielt ge-halt-en* ; et, s'il avait un vb. **fall-an*, il opposerait de même **fai-fal* à ags. *fēoll* et ag. *fell* = v. al. *fial* et al. *fiel*.

Ainsi les parfaits du type G, redoublés en prégermanique, ne sont devenus de radical variable qu'en germanique-occidental. Par suite de quelles altérations internes ? c'est ce que nous aurons à nous demander. Commençons par déblayer le terrain en constatant qu'ils ont pour caractéristique une voyelle à timbre clair (ag. *e* et al. *ie*) [2] qui s'oppose à la voyelle à timbre sombre du présent et du participe. En ce qui concerne celle-ci, on y peut distinguer jusqu'aux neuf sous-types *fall* = *fallen*, *hold* = *halten*, *blow* = *blasen* [3], *let* = *lassen*, (*hew* =) *hauen*, (*leap* =) *laufen*, *stoszen*, *heiszen* et *rufen*, qui tous, malgré leurs énormes divergences de vocalisme à l'infinitif, font, avec la même voyelle, pf. *fell* = *fiel*, *held* = *hielt*, *blew* = *blies*, *let* = *liesz*, *hieb*, *lief* [4], *stiesz*, *hiesz* et

---

[1] Quant au participe, il a eu partout et de tout temps le même vocalisme que l'infinitif.

[2] Historiquement, l'*ē* fermé germanique de notre n° 62 ; et l'on observera qu'un pf. prg. **rēd*, par exemple, est à *reord* qui va être mentionné exactement dans le même rapport que ags. *mēd* à ags. *meord*. C'est tout ce qu'il convient de dire ici de ce phonème d'origine obscure.

[3] Plus exactement l'ag. *blow* serait l'al. *blähen* vb. faible ; mais l's surajouté en allemand se reproduit dans ag. *blas-t* (bouffée). — Observons en passant que tous les verbes de cette classe n'ont pas au pf. le vocalisme ags. *ē* et v. al. *ia* : ceux qui ont à l'infinitif, prg. *au* ou *ō* ont au pf. ags. *ēo* et v. al. *io* ; mais cela revient au même pour le vocalisme actuel.

[4] Malheureusement ces deux verbes en anglais ont passé avec maint autre à la conjugaison faible, cf. infra III, 2.

rief, ce qui dénonce à première vue, pour tous ces thèmes disparates, un principe de formation commun.

Et ce principe commun, encore une fois, c'est le redoublement, puisque les neuf présents et parfaits correspondants sont ou seraient respectivement en gotique : *falla *fai-fal, halda hai-hald, blēsa *bai-blēs, lēta lai-lōt, *hagwa *hai-hagw, hláupa *hai-hláup, stáuta *stai-stáut, háita hai-háit et hrōpja *hai-hrōp. Le système est d'ailleurs fort simple : la voyelle de l'infinitif est toujours celle du participe, presque toujours celle du parfait, et en tout cas celle-ci reste toujours la même du sg. au pl. ; et, sous la seule réserve du vocalisme clair qui caractérise leur parfait, l'anglais et l'allemand reproduisent scrupuleusement tous ces traits.

II. Tout se réduit donc à savoir comment le germanique-occidental a été amené à substituer au redoublement primitif une syllabe unique à timbre clair ; et la réponse se trouve impliquée par la question même ; car, puisque le redoublement indo-européen et germanique, toujours caractérisé par une voyelle ĕ, a nécessairement le timbre plus clair que la racine verbale à laquelle il se préfixe, il saute aux yeux que la mutation vocalique qui affecte celle-ci en anglo-allemand s'est produite sous l'influence du redoublement. Mais dans quelles conditions s'est exercée cette influence ? ici commence l'obscurité. A défaut de documents historiques sur le phénomène, on ne saurait que faire entrevoir deux grandes voies, différentes, mais également plausibles, et qui d'ailleurs ne s'excluent point l'une l'autre. L'analogie les a sans doute suivies toutes deux à la fois, sans compter peut-être quelques sentiers de traverse qui nous échappent.

1. Soit en prégermanique plusieurs parfaits du type got. *hai-hald*, c'est-à-dire de verbes commençant par un *h*, savoir : *hĕ-háld-ĕ (il tint), *hĕ-hágw-ĕ (il frappa), *hĕ-háit-ĕ (il appela), *hĕ-hañh-ĕ (il pendit), etc. On peut concevoir que, l'*h* venant à disparaître dans la prononciation intérieure, les deux voyelles ainsi mises en présence se soient contractées en une seule longue, d'où *hēldĕ, *hēgwĕ, *hēitĕ, *hēñhĕ, etc. (al. *hielt, hieb, hiesz, hieng*). Ensuite, le rapport que l'on saisissait entre les radicaux *hald hágw háit háñg* du présent et les

radicaux *hēld hēʒw hēt hēnʒ* du parfait, ayant été transporté
à d'autres verbes, aboutit à *fēll fēnʒ* (al. *fiel* et *fieng*) refaits
sur *fall* et *fanʒ*, et ainsi de suite. Que consécutivement, quand
la racine contenait un *u*, on ait eu au pf. ags. *ēo* èt v. al. *io*
(v. al. *louf-an liof* = al. *laufen lief*); que l'*ē* simple ait subi
la fracture anglo-saxonne (ags. *feall-an fēoll*), tandis que
l'anglais proprement dit le montre sous forme d'*e* (*held*, *fell*);
que ce même *ē* se soit diphtongué en v. al. *ia* (*fial*, *hiang*);
qu'enfin v. al. *io* et *ia* aient également abouti à al. *ie* et *i*
(*lief*, *fiel*, *hieng*) : autant de phénomènes que la phonétique à
elle seule suffit à justifier.

2. On a vu que la voyelle radicale ne change pas du sg. au
pl. du parfait. Mais il n'est pas dit qu'il en fût ainsi en prégermanique. Tout au contraire, nous savons qu'en indo-européen
la voyelle du pl. du parfait devait se réduire et même, dans
certains cas, disparaître[1]. Or, précisément, l'anglo-saxon
garde encore cinq parfaits qui montrent, à ne s'y point
méprendre, un redoublement intact et une racine réduite
jusqu'à perte de sa voyelle, entre autres : *he-ht*[2], de *hāt-an*,
et *reo-rd*, de *rǣd-an*; cf. al. *hiesz*, de *heiszen*, et *riet*, de
raten. Si donc le prégermanique avait possédé des radicaux
de parfait tels que **hĕ-ht-*, **rĕ-rd-*, etc., il était bien naturel,
disons même il était presque fatal que la consonne intérieure
en fût éliminée; car, en comparant ces radicaux à ceux du
présent, **hait-*, **rēd-*, on n'y voyait pas autre chose, sinon
qu'ils contenaient respectivement un *h* ou un *r* qui semblait
une superfétation; et dès lors on était amené à supprimer
cette consonne, à créer des radicaux de parfait **hēt-*, **rēd-*
(*ē* fermé), puis par analogie **fēl-* au lieu de **fĕ-fl-*, et ainsi
des autres.

III. Mais, si les origines du phénomène se perdent dans la
nuit des temps, les applications en demeurent très claires et
très constantes.

1. L'allemand a encore quinze parfaits de ce type[3], tous à

---

[1] Cf. supra 44 et 45, 1.

[2] Subsiste en m. ag. sous la forme *het* (pr. *hēt*) « il se nommait ».

[3] Le v. al. en avait davantage, mais plusieurs ont passé à la conju-

voyelle *ie* (*ī*), et toujours avec infinitif et participe semblables. Citons, outre ceux qu'on a vus plus haut : *braten briet, schlafen schlief, fangen fing, (gangen)*[1] *ging.*

2. L'anglais est beaucoup plus troublé. Outre les verbes ci-dessus on y relèvera *grow grew, throw threw, crow crew, know knew* et *beat beat* (ags. *bēat-an bēot*). Le vb. *hold* substitue à *hold-en* un part. *held* qui a pris le vocalisme du parfait. Les verbes *hew* = *hauen, sow, mow, strow* et *strew, show* et *shew* (cf. al. *mähen, säen, streuen, schauen*, faibles) ont un part. en *-n*, mais le parfait faible. D'autres, comme *leap* = *laufen*, sont faibles d'un bout à l'autre (*leap-t leap-t*). Enfin, le verbe qui est ags. **hǫ̊ng-an*[2] *hēng ge-hǫng-en* = al. *hang-en hing ge-hang-en*, parfaitement régulier, est devenu ag. *hang hung hung*, par intrusion d'une voyelle étrangère à ce type et empruntée, ce semble, au participe du type C. Pour le participe *hang-ed*, voir p. 152, n. 2, et p. 297, n. 2.

Section III.

LE PARFAIT ET LE PARTICIPE FAIBLES.

(186) On entend, avons-nous dit, par **verbes faibles**, ceux dans lesquels le parfait et le participe se forment, sans mutation interne, par addition d'un élément dental, ag. *-d* (*-ed*), al. *-te* (*-ete*) et *-t* (*-et*). La grande majorité des verbes anglo-allemands répond parfaitement à cette exigence ; mais un bon nombre pourtant, surtout en anglais, semble s'en écarter, soit que l'élément dental y paraisse faire défaut, soit qu'en fait le radical verbal subisse une variation accidentelle. Il importe

---

gaison faible : le vb. *salzen*, par exemple (got. *salt-an*, pf. *sai-salt*, mais al. *salz-te*), se dénonce encore par son part. *ge-salz-en* (*ge-salz-t* en conjugaison) ; mais *mähen, säen*, etc. n'ont plus rien du type fort.

(1) Infinitif et présent disparus en allemand, remplacés par *gehen*. L'anglais a perdu le verbe tout entier. Cf. infra 219.

(2) Inf. *hōn* = got. *hāhan* = **hanhan*, supra 24 et *h* intérieur devenu *g* par alternance grammaticale.

donc, pour bien dégager le principe de formation, de commencer par faire le départ de ces anomalies apparentes et de les ramener à l'unité primitive dont ne les sépare qu'un insignifiant détail.

§ 1er. — *Anomalies apparentes.*

178) Pour résoudre les cas douteux de participe et parfait faibles, on observera en premier lieu que, en anglais comme en allemand, l'affixe dental n'est précédé, depuis le moyen âge, que d'une brève atone, un simple *e* muet, susceptible de disparaître dans la rapidité de la prononciation : il en résultera, dans le radical du verbe, les alternances de syllabe ouverte et syllabe fermées déjà signalées dans la phonétique (supra 19-20), avec leurs conséquences.

On tiendra compte ensuite de la prononciation indécise du *d* final anglais ; car, encore que ce fût bien un *d* germanique, il ne laissait pas de pouvoir devenir *t*, soit devant la sourde initiale d'un mot suivant, soit à la finale absolue, soit au voisinage d'une sourde précédente après chute de la voyelle qui les séparait[1].

Maintenant, remontons plus haut, à l'origine même de la voyelle qui précède l'affixe dental : on sait que, suivant le mode de formation du vb. faible considéré, cette voyelle sera un *i*, un *ō* ou un *ē*[2]. Ces deux dernières voyelles n'exerceront sur le radical aucune influence. La première y produira métaphonie ; mais, comme la métaphonie y est également introduite au présent et à l'infinitif par l'effet du suff. *-jan*, il semble que le radical doive être le même dans toute la conjugaison du verbe. Il n'en est rien cependant, par suite d'une loi subsidiaire, qui peut se formuler ainsi : dans les trissyllabes, — par conséquent au parfait, et ultérieurement au participe par analogie du parfait, — la voyelle intermédiaire se syncope, si celle du radical est longue ou en syllabe fermée ; v. al. *neren*

---

[1] Ne pas oublier d'ailleurs que le suff. *-to-* du participe est, dans certains cas, régulièrement représenté par *-t*, supra 53 B et 78.

[2] Supra 83, 92 et 85.

(guérir)[1] fait au pf. *nẹr-ita*, mais v. al. *hōren* (= **hōrian* = got. *háus-jan* «entendre») fait *hŏr-ta* tout court. Résultat fatal : quand la métaphonie sera fixée en m. al., on aura la parité *nẹren nẹrete*, mais le contraste *hoeren hŏrte*.

On ne s'étonnera donc, ni de trouver souvent un *t* à la finale anglaise, ni de constater l'absence apparente du *d* ou du *t* quand le radical verbal se terminait lui-même par une dentale avec laquelle il s'est confondu après syncope, ni enfin de relever dans le radical même du verbe des variations accidentelles que des yeux moins prévenus pourraient confondre avec des apophonies. Suivons dans les deux langues, par gradation d'irrégularité, le développement de ces divers procédés.

1. Il devient superflu d'expliquer une forme telle que *pas-t*, qui est, somme toute, la vraie représentation graphique de la prononciation du mot *pass-ed* avec lequel elle alterne. Et *durs-t*, au lieu de l'analogique *dar-ed*, n'est pas plus surprenant ; car la racine prégermanique n'est pas **dĕr-*, mais **dĕrs-* (i.-e. *dhĕrs*, cf. gr. θαρσ-εῖν « prendre courage », θρασ-ύ-ς « hardi »), et le présent *dare* = ags. *dearr* [2] dissimule l's final, qui s'y est assimilé à l'*r* précédent, mais qui reparaît devant le *-t* du parfait. Quant à la différence de vocalisme, elle tient à ce que *dare* a le degré fléchi, tandis que *durs-t*, forme très archaïque, présente le même degré réduit que le grec (ags. *durs-te*), soit le vocalisme i.-e. *dhṛs* régulier à cette place.

2. On n'aura pas plus de peine à comprendre les syncopes, d'ailleurs assez rares, qui ont pu se produire, dans des mots très usuels, entre la consonne finale du thème et la dentale du suffixe, et qui ont abouti à la résorption de la première : ag. *had* = ags. *hæf-de* et *had* = ags. *ge-hæf-d*, cf. ag. *head* = ags. *hēafod* ; al. *hatte* = v. al. *hap-ta* [3] (aussi *hab-ē-ta*), mais part. *ge-hab-t* ; ag. *made* = ags. *mac-o-de*.

---

[1] Causatif de *(ge)nesen*, en got. *nas-jan*, écrit et prononcé aujourd'hui *nähren* (nourrir).

[2] En réalité ce présent est lui-même un parfait, infra 222.

[3] Dans les verbes en *-ē-*, malgré la longueur de la voyelle, et sans qu'on sache pourquoi, la syncope est très ancienne, et *habēta* est une forme de restitution : Streitberg, *Urgerm. Gr.*, p. 341.

3. Que ces deux consonnes s'assimilent ou gardent chacune son articulation, la syncope de la voyelle intermédiaire aura déterminé un groupe de deux consonnes, qui à son tour pourra produire son effet ordinaire sur la voyelle précédente, l'abréger ou l'empêcher de s'allonger : que l'on compare seulement la longue de *haben* = v. al. *hăb-ē-n* à la brève de *hatte*, *gehabt*. Il n'y a rien là que d'élémentaire. Mais en anglais le phénomène va plus loin : l'allongement ou l'abrègement agit ultérieurement sur le timbre même de la voyelle radicale ; et alors se produisent les alternances du genre de *keep kept* (ags. *cēp-an cēp-te*), *weep wept, feel felt, kneel knelt, flee fled*[1], *lean leant* (pr. *līn lènt*), *mean meant, lose lost, shoe shod*, etc., que le lecteur multipliera lui-même très aisément.

4. Dans les mêmes conditions, si, à la suite d'une voyelle susceptible de fracture anglo-saxonne, la syncope vient à occasionner un groupe de nature à développer cet accident (*rd, ld*), la fracture se produira, et l'on aura des alternances telles que *hear heard, sell sold* (ags. *hēr-an hier-de, sell-an seal-de*), *tell told*, en sorte que le verbe paraîtra de radical variable, tandis que l'histoire de la langue n'y dénonce que l'action combinée de la fracture et de la métaphonie, simples accidents phonétiques superposés à un vocalisme primitivement identique.

5. Si la consonne finale du thème verbal se trouve être, elle aussi, une momentanée dentale, *d* ou *t*, la syncope de la voyelle intermédiaire ne s'en produit pas moins en principe, soit en anglo-saxon, soit en vieil-allemand : alors, la dentale du thème et celle du suffixe n'en faisant plus qu'une, le parfait et le participe semblent formés sans suffixe aucun ; et, comme l'anglais surtout reste fidèle à ce mode de formation primitif, il hérite et ne se dessaisit pas de types tels que *send sent* (ags. *send-an* et *sende* = **send-de*), *rend rent, gild gilt, gird girt*, ou bien *cast cast, cut cut, put put, set set, hurt hurt*, et même *cost cost* (emprunt français), ou bien enfin *shed shed* (ags.

---

[1] Supra 19 et 20. Le vb. *flēon* = al. *fliehen* est encore fort en ags. : devenu faible pour se différencier de *fly* = *flēogan* = al. *fliegen*, il prend un *d* qui ferme la syllabe, et l'*ē* s'abrège.

scĕad-an scĕad-de), wed wed, etc., etc. Dans ces derniers cas, le parfait et le participe se comportent à l'égard de l'infinitif exactement comme dans les verbes forts des types *split split*, *let let*, etc., et l'histoire seule de la langue permet de faire ici le départ des formations fortes ou faibles [1]. Plus tard, l'analogie a fait rétablir la finale syncopée dans beaucoup de verbes de cette structure : on a conjugué *last-ed* sur *last*, *blotted* sur *blot*, *wedded* sur *wed*, etc., et c'est ce qui s'est produit presque constamment en allemand littéraire, *rett-ete ge-rett-et* sur *rett-en*, *red-ete ge-red-et* sur *red-en*, etc. ; mais les formes survivantes, *sandte gesandt*, *wandte gewandt*, *beredt*, etc., où le *d* s'écrit sans se prononcer et n'est qu'un signe orthographique [2], attestent pour l'allemand un état antérieur aussi régulièrement syncopé que celui de l'anglo-saxon.

6. Devant le groupe de double dentale ainsi développé en anglo-saxon, se produisent en anglais l'abrègement vocalique et le changement de timbre qui l'accompagnent, et alors naissent les alternances *read read* (pr. *rid rèd* = ags. *rǣd-an* et *rǣd-de*), *lead led*, *meet met*, *light lit*, etc. ; même *clothe clad* (ags. *clǣð-an* et *clǣð-de*), qui montre que la mutation d'*ǣ* en *ō* est postérieure à l'abrègement d'*ǣ* en syllabe fermée. Ici donc encore le radical semble changer, sans qu'on ait affaire qu'à un phénomène superficiel de phonétique relativement moderne.

7. Certaines variations paraissent plus profondes, simplement parce qu'elles sont plus anciennes et nous reportent plus avant dans les limbes de la phonétique. Ainsi il se peut que le présent montre une métaphonie régulière, qui n'a aucune raison d'apparaître au parfait [3]. Soit le got. *wand-jan* (tourner),

---

[1] Il est évident que cette identité même, en sens inverse, n'a pas dû peu contribuer à favoriser la chute de la finale -*en* dans les participes forts du type *bid* pour *bidden*, et éventuellement dans une foule d'autres.

[2] Exactement v. al. *wenten*, pf. *wanta*, part. *gi-went-it* ; et de même *rett-en* (sauver), pf. *ratta* (et *ret-ita*, on voit que l'analogie, elle aussi, s'est mise de la partie, part. *gi-ret-it*, nomin. sg. *gi-rat-t-ēr*. La langue est bien moins uniforme qu'aujourd'hui : cf. infra 7. — Pour apprécier sainement ces processus, on ne perdra pas de vue que la chronologie de la syncope et de la métaphonie n'est pas la même dans les deux langues.

[3] C'est ce qu'on vient déjà de voir pour les types *sell* et *tell*, où la métaphonie au présent se complique de fracture au parfait.

qui fait au pf. *wand-ida* : l'infinitif sera représenté régulièrement en v. al. par *wenten*, et le parfait, non moins régulièrement après syncope, par *wanta*, formé dont l'analogie à son tour fera substituer un part. *gewandt* au v. al. *gi-went-it*. Le v. al. avait beaucoup de ces alternances, que la langue moderne a presque toutes nivelées ; mais elle en garde un souvenir, dans la classe des verbes parfois improprement dits mixtes dans certaines grammaires, savoir : *nenn-en* (= got. *namn-jan*) *nann-te ge-nann-t*, *rennen*, *kennen*, *brennen*, *senden* et *wenden*. L'anglais a généralement étendu le même vocalisme à toute la conjugaison : *send sent, rend rent, burn burnt* avec métathèse, etc.

8. Néanmoins l'anglais, lui aussi, garde trace de cet effet de la métaphonie du présent, dans des verbes où le présent et le parfait avaient trop divergé pour qu'une analogie élémentaire pût les réunir. Rien de plus dissemblable à première vue que *buy* et *bought* ; mais, si l'on remonte à l'anglo-saxon, on y trouve *bycg-an* et *boh-te*, et l'on reconnaît sans peine dans l'*y* la métaphonie de l'*o* en d'autres termes, on reconstitue un prg. *$b\breve{u}\mathfrak{z}$-jan(am)*, où l'*ŭ* a subi métaphonie, tandis que le parfait le laissait intact dans *$b\bar{u}h$-ta* où ne s'insérait point l'*i*. C'est ainsi que *seek* et *beseech* sont métaphoniques par rapport à *suchen* et *besuchen*, tandis que les parfaits *sought* et *besought* reproduisent rigoureusement le vocalisme de *suchte* et *besuchte*. Même rapport, mais cette fois avec métathèse, entre *work* et *wrought*, qui sont en ags. *wyrc-ean* et *worh-te* [1], et ainsi des similaires.

9. Lors enfin que vient se superposer à ces divers phénomènes l'effet de la loi connue et plus ancienne, dite d'allongement compensatoire prégermanique [2], on se trouve en présence des alternances, d'ailleurs peu nombreuses, du type *bring = bringen* et *brought = brachte*, *think = denken* (*dünken*) et *thought = dachte*, qu'il suffira de rappeler ici.

10. Restent deux formes anglaises, similaires, mais d'iné-

[1] Sur l'échange des gutturales, cf. supra 53 C.
[2] Supra n° 24, où l'on lira les applications.

gale difficulté, *teach taught* et *catch caught*. L'ags. *tǣc-ean* en regard de son pf. *tāh-te*, dénonce au présent une métaphonie régulière : le timbre des deux voyelles, à peine différent à l'origine, a divergé avec le temps jusqu'à l'énorme contraste d'aujourd'hui. Mais cette explication ne peut valoir pour le m. ag. *caugh-te*, puisque le vb. m. ag. *cacch-en* n'est pas germanique, mais roman, emprunté au picard *cachier* = fr. *chacier* (chasser, attraper) : on suppose que ce parfait a été refait d'après celui d'un autre verbe d'origine germanique, qui avait le même sens et que l'introduction de *catch* a fait tomber en désuétude [1]. Partout ailleurs l'analogie a travaillé en sens inverse ; car on a, par exemple, *reach-ed* de *reach* = ags. *rǣc-ean* et nombre d'autres pareils [2].

En résumé, non seulement les formes à dentale en apparence les plus divergentes rentrent dans la règle générale de formation des parfaits et participes faibles, mais même ce sont elles précisément qu'on doit envisager comme les plus primitives, en tant du moins que leur dégradation obéit aux lois phonétiques de l'une et l'autre langue, tandis que la régularité spécieuse des autres résulte souvent d'une restitution postérieure et factice.

§ 2. — *Principe de formation.*

(188) I. Il est donc maintenant établi que le parfait et le participe faibles anglo-allemands sont partout et toujours identiques à eux-mêmes, identiques par conséquent aux types got. *sōk-ida* « il chercha » et *sōk-iþ-s* « cherché ». Il s'agit dès lors de savoir ce que c'est que ce suffixe dental, à quelle formation indo-européenne il correspond. La question a déjà été posée et résolue pour le participe : on a reconnu que le suffixe prg. *-ida-* est, phonétiquement et fonctionnellement, le même que celui qui apparaît dans le sk. *dam-itá-s* (dompté), gr. δαμ-ατό-ς, lat. *dom-itu-s*, got. *ga-tam-ida*, ags. *ge-tæm-d* et ag. *tam-*

[1] V. Skeat, *Principles*, II. p. 187.
[2] L'al. *reichen erreichen* est aussi verbe faible. Mais ag. *raught* a parfaitement existé.

ed, v. al. *gi-zęm-it* et al. *ge-zähm-t*, et cette équivalence universelle ne saurait souffrir ni doute ni difficulté [1].

II. Mais il n'en est pas de même du parfait, malgré sa ressemblance extérieure avec le participe. La première idée qui se présente à l'esprit, celle d'une dérivation du participe même, ne soutient pas l'examen ; car, dans un verbe transitif, le parfait a toujours le sens transitif, le participe toujours le sens passif, et l'on n'aperçoit pas le lien de signification ni celui de dérivation qui pourrait les unir. Cette hypothèse écartée, il faut convenir que le parfait faible germanique occupe en grammaire comparée une situation tout à fait isolée : pas une langue indo-européenne, non pas même du groupe letto-slave, si voisin à d'autres égards, ne présente rien d'approchant ; et, si l'on ne veut recourir à l'absurde postulat d'une création du néant, force est bien d'admettre que le germanique a utilisé, fait dévier et prodigieusement développé quelque forme préexistante, dont l'indice dental était en indo-européen tout autre chose qu'un suffixe formatif du parfait.

Bien des procédés fort complexes se laissent entrevoir à cet effet. Il n'est pas interdit d'esquisser ici à grands traits celui qui semble le plus plausible. Pour le bien comprendre, on se souviendra d'abord que chaque verbe indo-européen avait deux systèmes de conjugaison, deux voix différenciées par la nature de leurs désinences personnelles, et que la voix moyenne, bien qu'impliquant en principe un retour de l'action sur le sujet lui-même, ne différait, dans nombre de cas, de la voix active que par une nuance de sens vague et presque négligeable : ainsi sk. *bhárati* et *bháratē* se traduiront également « il porte », gr. ἔδω et ἀκούω actifs ont pour futurs ἔδο-μαι et ἀκούσο-μαι moyens, et les déponents latins *imitor*, *morior*, etc., ont, avec une conjugaison passive, exactement le sens qu'auraient des verbes actifs *imitō*, *moriō. Rien n'est donc plus commun et rien ne paraîtra plus naturel que l'emploi d'une forme du verbe moyen dans la conjugaison du verbe actif [2].

[1] Cf. supra 78 et 90.
[2] En particulier, dans le domaine même qui nous occupe, le parfait latin est certainement, pour la grande masse de sa flexion, un parfait à désinences moyennes, et les anomalies qu'on y relève ne sauraient s'expliquer autrement. Cf. Henry, *Gr. du Gr. et du Lat.* n° 253.

Cela posé, considérons un vb. grec quelconque, soit τρέφ-ω (nourrir), racine au degré normal du présent : il fait, avec les apophonies et les désinences régulières de l'actif et du moyen, respectivement sg. 3 pf. act. τέ-τροφ-ε (racine fléchie), sg. 3 pf. moy. τέ-θραπ-ται. Considérons de même une racine indo-européenne, soit *skăb* dont le degré fléchi sera *skōb* : il n'est pas nécessaire de beaucoup réfléchir pour voir que les formes prégermaniques corrélatives aux formes grecques seront sg. 3 pf. act. *ské-skōp-ĕ et sg. 3 pf. moy. *ské-skăp-tăi. Transportons maintenant cette double formation dans l'allemand actuel : elle se recouvrira rigoureusement avec deux formes dont nous y avons déjà constaté l'existence, savoir les deux parfaits (*er*) *schuf* et (*er*) *schaffte*, l'un fort, l'autre faible. Ainsi, d'une façon très générale et abstraction faite de quantité d'éléments accessoires [1], on poserait cette formule : le **parfait fort** et le **parfait faible** sont, l'un le **parfait actif**, l'autre le **parfait moyen** de la conjugaison indo-européenne.

Mais à ce compte, objectera-t-on d'abord, ces deux parfaits devraient coexister côte à côte dans tous les verbes, comme en fait ils coexistent en grec, et comme, par l'effet du hasard, ils coexistent dans le vb. *schaffen* choisi à ce titre comme exemple. Sans doute ; et l'on verra sous les prétérito-présents (infra 222) qu'ils coexistent en effet, dans beaucoup plus de verbes germaniques qu'il ne semblerait à première vue. Si en général soit l'un soit l'autre a disparu dès la phase prégermanique, c'est en vertu d'un **principe d'épargne** dont les applications sont bien constatées dans toutes les langues connues : la mémoire du sujet parlant ne s'encombre point de mots inutiles : deux formes exactement synonymes, ou subsistent en s'appliquant chacune à une nuance particulière de sens, ou, si elles

---

[1] La question est en réalité beaucoup plus compliquée qu'elle n'apparaît ici : le parfait faible recèle au moins deux formations d'ordre tout différent, et peut-être l'une d'elles n'est-elle nullement celle de sg. 3 -*tay*, mais une forme également moyenne, de sg. 2 -*thōs*, qui apparaît dans la désinence -θης de sg. 2 de l'aor. passif grec ; mais il a semblé impossible d'entrer dans les longues explications que comporterait cette doctrine. Cf. Streitberg, *Urgerm. Gr.*, p. 337 sqq.

demeurent exactement synonymes, l'une des deux est bientôt éliminée. Ainsi du parfait fort ou faible germanique : là où un parfait fort se détachait assez nettement, par son vocalisme, de la forme générale du verbe, pour accuser sans équivoque la notion du passé, le parfait faible n'avait aucune raison de survivre ; partout ailleurs, son indice dental de 3ᵉ pers. du sg. s'est trouvé associé, dans la pensée du sujet parlant, à ce concept de passé qu'il s'agissait de mettre en relief, et la forme restée indispensable a été sauvée de l'oubli.

III. Car tout n'est pas dit encore avec les constatations ci-dessus : il n'y a évidemment plus parité entre les termes qui ont été comparés ; on sait qu'en grec l'indice -ται ne caractérise que la 3ᵉ pers. du sg., ne se rencontre à aucune autre ; et, si la finale de *er schaff-te* est au fond la même, comment donc se fait-il qu'on dise également bien *ich schaff-te*, que l'on conjugue le temps tout entier sur la syllabe qui n'en devrait être qu'une seule désinence ? Nous touchons ici à l'un des phénomènes les plus curieux, mais non les moins fréquents, de l'**analogie linguistique**, la naissance de tout un système de formes enté sur une forme unique et isolée, un rejeton devenu tige à son tour. Que l'on suive avec attention la filière dont voici le tracé rapide.

1. Au parfait fort, par suite de faits de grammaire et de phonétique qu'on retrouvera plus bas [1], la forme de sg. 3 se trouvait être toujours, en germanique, identique à celle de sg. 1 : got. *bar* « je portai » et « il porta », *nam* « je pris » et « il prit », etc. ; cf. ag. *I bare* et *he bare*, al. *ich nahm* et *er nahm*, et ainsi partout.

2. D'autre part, la forme sg. 3 du parfait faible était, d'après ce qu'on vient de lire, got. *sōk-ida* « il chercha », cf. ag. *he sough-t* et al. *er such-te*, du vb. *sōk-jan* = *seek* = *such-en*.

3. A raison de l'identité de sg. 1 et sg. 3 du parfait fort, on est naturellement amené à employer aussi sg. 3 du parfait faible en fonction de sg. 1, et à dire de même got. *sōkida* « je cherchai », cf. ag. *I sought* et al. *ich suchte*, transport aussi hardi qu'il le paraît peu.

---

[1] Étude des désinences personnelles, infra 208-9.

4. Une fois ces deux formes identifiées, les autres suivent d'elles-mêmes, et chaque langue germanique construit sur sg. 1 et 3, d'après son génie propre et les ressources désinentielles dont elle dispose, une conjugaison nouvelle (got. *sōkida sōkidēs* etc.), qui, en anglo-saxon déjà et en vieux-haut-allemand, à plus forte raison en anglais et allemand modernes, s'est absolument modelée sur celle du parfait fort.

5. Dans cet énorme développement d'une simple désinence personnelle créant un temps nouveau, et de ce temps, ainsi créé, se propageant à travers presque tous les verbes existants ou futurs de la langue, il ne faut pourtant pas oublier de faire la part très large à l'influence analogique du participe faible. S'il est constant, en effet, que le parfait faible n'en saurait procéder, il n'en reste pas moins que ces deux catégories verbales, extérieurement si semblables, ont toujours marché de pair et se sont soutenues l'une l'autre dans les hasards de la route. Tout verbe qui avait un participe à dentale tendait à développer un parfait à dentale, et réciproquement. De là l'identité et la corrélation à travers les âges, à peine rompues aujourd'hui par quelques insignifiantes exceptions, de ces deux courants de formation qui, certainement partis de sources fort éloignées, ont conflué de bonne heure et fini par se confondre dans un même lit.

§ 3. — *Détails d'application.*

(189) I. Une fois dégagé le principe de formation du parfait faible, les applications en sont d'une rare simplicité, simplifiées encore dans nos langues modernes par les effets de l'analogie et de l'assourdissement vocalique. Le gotique distingue essentiellement trois classes de verbes faibles, selon la syllabe formative prégermanique (-*ja*-, -*ō*- ou -*ē*-) qui a présidé à leur dérivation [1]. Soit les trois types de conjugaison [2] :

1. Inf. *sōk-ja-n*, pf. sg. 3 *sōk-i-da*, ppe *sōk-i-þs* ;
2. » *salb-ō-n*, » *salb-ō-da*, » *salb-ō-þ-s* ;
3. » *hab-a-n*, » *hab-ái-da*, » *hab-ái-þ-s*.

[1] Outre une 4ᵉ classe, de verbes intransitifs, sans intérêt pour le sujet qui nous occupe. Cf. supra 83 (IV), 85, 92 et 93.

[2] Pour l'explication des divergences apparentes entre les conjugaisons des diverses langues, on se reportera aux nᵒˢ 85, 92 et 187.

II. L'anglo-saxon répond assez régulièrement par :

1. Inf. sēc-ea-n, pf. sg. 3 sōh-te, part. ge-sōh-t ;
2. »   sealf-ia-n   »   sealf-o-de,   »   ge-sealf-a-d ;
3. »   habb-a-n,   »   hæf-de,   »   ge-hæf-d.

III. Le vieux-haut-allemand est remarquablement conservé ou restitué :

1. Inf. suoch-e-n, pf. sg. 3 suoh-ta, part. gi-suoch-i-t ;
2. »   salb-ō-n,   »   salb-ō-ta,   »   gi-salb-ō-t ;
3. »   hab-ē-n,   »   hab-ē-ta (1),   »   gi-hab-ē-t.

IV. Que l'on compare maintenant les états actuels :

1. Ag. seek sough-t sough-t = al. such-en such-te ge-such-t ;
2. »   salve salve-d salve-d = »   salb-en salb-te ge-salb-t ;
3. »   have ha-d ha-d = »   hab-en hat-te ge-hab-t.

En tenant compte de toutes les observations faites au § 1er, on n'aura pas de peine à comprendre comment, sauf les anomalies apparentes, les trois types historiques se sont confondus en un type unique, dont la règle de conjugaison se formule empiriquement en ces termes :

a) Le parfait et le participe faibles anglais se forment par addition à l'infinitif d'un -d qui, alors même qu'il s'écrit -ed, ne fait point syllabe (saved pr. sēvd, pushed pr. pušt, etc.), hors le cas où l'infinitif se termine, lui aussi, par une momentanée dentale (shade shaded, melt melted, etc.) ;

b) Le parfait et le participe faibles allemands se forment par substitution à l'-en de l'infinitif d'un élément dental, qui est respectivement -te et -t, mais qui s'écrit et se prononce -ete et -et lorsqu'il se trouve lui-même précédé d'une momentanée dentale.

V. Ces règles s'appliquent rigoureusement : 1° aux verbes primaires qui, dès l'époque prégermanique, ont passé à la conjugaison faible, notamment ceux en i.-e. -sko-, ag. wish = ags. wȳscean, al. forschen — v. al. forscōn, etc. ; 2° aux verbes primaires, beaucoup plus nombreux en anglais qu'en

---

(1) Plus anciennement hap-ta, mais l'analogie a réagi sur la syncope, puis la syncope s'est reproduite en allemand moderne.

allemand, que l'analogie a fait passer de la conjugaison forte prégermanique à la conjugaison faible [1] ; 3° à tous les verbes de dérivation secondaire, tertiaire, etc., indo-européenne ; 4° à tous les verbes de dérivation postérieure anglo-allemande ; 5° à plus forte raison, à tous les néologismes récents ; 6° enfin, à tous les verbes que l'anglais en particulier a empruntés au français, et généralement aux éléments étrangers introduits dans l'une et l'autre langue : — sans préjudice des cas, au surplus fort rares, où un verbe de conjugaison faible a pu par analogie suivre le sort d'un verbe fort auquel il ressemblait extérieurement [2].

[1] On en a vu les principaux exemples, supra 179-185.
[2] Cf. supra 179 (5), 180 (II, 3), etc., etc.

CHAPITRE II.

LES MODES.

(190) L'indo-européen comptait quatre modes, indicatif, subjonctif, optatif et impératif, bien conservés en grec et en sanscrit. Mais le sens du subjonctif et celui de l'optatif étaient certainement fort voisins, souvent à peine distincts, et n'ont guère tardé à se confondre : c'est ainsi que le mode dit subjonctif en latin est en réalité un mélange, à doses inégales, de formes empruntées au subjonctif et à l'optatif originaires [1]. En prégermanique, **le subjonctif** tout entier **n'est** déjà **autre chose que l'ancien optatif**, avec, peut-être, quelques traces indécises du subjonctif indo-européen [2]. L'indicatif, d'autre part, étant dès l'origine dépourvu d'indice et n'ayant d'autre expression que le simple thème du verbe, l'étude des modes anglo-allemands se réduit aux deux formes verbales du **subjonctif** et de l'**impératif.**

Section Ire.

LE SUBJONCTIF.

(191) Les deux temps de l'indicatif, **présent** et **parfait**, sont susceptibles de se conjuguer au **subjonctif**, et le subjonctif de chacun d'eux se dérive, par un suffixe spécial, de la forme corrélative de l'indicatif.

[1] Cf. infra 211 le subjonctif du vb. « être »
[2] Insignifiantes au point de vue de notre étude : cf. infra 192, I.

§ 1er. — *Subjonctif du présent.*

(192) I. Considérons l'optatif du présent grec, qui reproduit avec une remarquable fidélité les traits de l'indo-européen : dans les verbes dits en -ω, les seuls qui comptent dans la conjugaison germanique, il se forme par l'addition d'un élément -ι- inséré entre le thème en -o- et la désinence. Ainsi, un verbe dont le thème à l'indicatif du présent était i.-e. *bhér-ŏ-* faisait à l'optatif *bhér-ŏ-ĭ-*, soit sg. 1 *bhér-ŏy-m* (que je porte), sg. 2 *bhér-ŏy-s*, sg. 3 *bhér-ŏy-t*, etc. Nous retrouverons exactement cette donnée dans la comparaison de la conjugaison de l'optatif du vb. gr. νέμ-ω (je partage) avec celle du subjonctif du vb. got. *nim-a* (je prends) qui lui est identique.

Grec :	sg.	1 νέμ-οι-μι,	2 νέμ-οι-ς,	3 νέμ-οι,
Got :	»	1 nim-au,	2 nim-ái-s,	3 nim-ái,
Grec :	pl.	1 νέμ-οι-μεν,	2 νέμ-οι-τε,	3 νέμ-οι-εν,
Got :	»	1 nim-ái-ma,	2 nim-ái-þ,	3 nim-ái-na.

Sauf une légère différence à pl. 3, il ne se peut pas de concordance plus parfaite. Seule, la forme de sg. 1 présente en gotique une autre diphtongue que celle de grec ; mais, quoi qu'on en doive penser [1], la difficulté n'existe que pour le gotique et le norrois. Ailleurs, aussi haut qu'on remonte, toute la conjugaison repose sur un thème identique en -*ē-* = -*ai-*.

Ags. :	sg.	1 nim-e [2],	2 nim-e,	3 nim-e,
V. al. :	»	1 nëm-e,	2 nëm-ē-s,	3 nëm-e,
Ags. :	pl.	1 nim-e-n,	2 nim-e-n,	3 nim-e-n,
V. al. :	»	1 nëm-ē-m,	2 nëm-ē-t,	3 nëm-ē-n.

L'uniformité des désinences personnelles de l'anglo-saxon étant pour l'instant hors de cause [3], ce paradigme unique suffit

---

[1] C'est peut-être un ancien subjonctif (*nima* = νέμω) auquel s'est surajoutée une particule emphatique qui le distingue de l'indicatif.

[2] Inf. *niman*, avec *i* pour *e* devant nasale. — L'*e* final abrégé, bien entendu : v. al. *nëm-e* = prg. *nem-ē-mi*.

[3] Cf. infra 212 et 214.

à faire comprendre la formation du subjonctif dans les langues actuelles ; car elle demeure identique à elle-même dans tous les genres de verbes, forts ou faibles. Il est vrai qu'en v. al. les verbes faibles de 2ᵉ classe montrent encore devant les désinences leur voyelle caractéristique : sg. 1 *salb-ō* ou *salb-ō-e*, 2 *salb-ō-s* ou *salb-ō-ē-s*, etc. ; mais peu importe, puisqu'à la faveur de l'assourdissement général les types *nëmēs*, *farēs*, *suochēs*, *salbōs*, *habēs*, etc., ont dû tous et nécessairement confluer en *nehmest*, *fahrest*, *suchest*, *salbest*, *habest*, etc.

II. Dans ces conditions l'analyse du subjonctif actuel ne souffre aucune difficulté : l'allemand surtout l'a à peine altéré.

1. La diphtongue germanique *ai*, conservée par le gotique, est devenue en allemand un simple *e* plus ou moins distinctement prononcé : sg. *nehm-e nehm-e-st nehm-e*, pl. *nehm-e-n nehm-e-t nehm-e-n* ; et ainsi partout. On observera que, cette diphtongue n'ayant pu à aucun moment de son évolution produire métaphonie, et étant d'ailleurs la même à toutes les personnes, la flexion du subjonctif sera toujours et nécessairement exempte de métaphonie, même dans les verbes forts que caractérise la métaphonie du sg. 2-3 de l'indicatif : ind. *nehm-e nimm-st nimm-t* [1], mais subj. *nehme nehmest nehme* ; ind. *fahr-e fähr-st fähr-t* = v. al. *far-u fer-i-st fer-i-t*, mais subj. *fahr-e fahr-e-st fahr-e* = v. al. *far-e far-ē-s far-e*, etc. Voilà donc un important détail de la grammaire usuelle, historiquement expliqué dans le dernier détail : les verbes de ce genre distingueront nettement le subjonctif, à sg. 2 et 3, par l'absence de métaphonie ; les autres le distingueront seulement à sg. 3, par l'absence de désinence ; partout ailleurs, les deux modes du présent se confondront, à une nuance près de prononciation.

2. En anglais, l'assourdissement des finales s'est compliqué de la perte de toute désinence, soit *give*, *have* etc., aux trois personnes des deux nombres, phénomène sur lequel on reviendra. Mais, comme l'indicatif lui-même n'a de désinences qu'à sg. 2 et 3, les deux modes du présent ne diffèrent qu'à ces deux formes et s'identifient partout ailleurs.

[1] Cf. infra 204 et 205.

§ 2. — *Subjonctif du parfait.*

(193) Le subjonctif du parfait, que les grammaires usuelles nomment imparfait du subjonctif, se tire du parfait indicatif au moyen d'un suffixe très semblable au précédent. En effet, les formes verbales indo-européennes qui ne sont point terminées par la voyelle de conjugaison -*o*-, affixent à l'optatif une syllabe qui est -*yê*- au degré normal et -*î*- au degré réduit : gr. εἴην = *ἐσ-ίη-ν (que je sois), τι-θε-ίη-ν (que je place), pl. τι-θε-ῐ-μεν, moyen sg. 1 τι-θε-ί-μην, etc. À l'origine, les deux degrés alternent suivant une loi régulière, le degré normal au sg. de l'actif, le degré réduit au pl. de l'actif et dans tout le moyen. Mais peu à peu la conjugaison se nivelle, et, par exemple, le vocalisme du pluriel passe au singulier : c'est ce qui est arrivé au latin, où, du temps de Plaute, on conjuguait encore *s-iē-m* (que je sois, cf. gr. εἴην) *s-iē-s s-iē-t s-ī-mus s-ī-tis*, tandis qu'un siècle plus tard l'analogie avait amené *s-i-m s-i-s s-i-t*, la voyelle -*i*- à toutes les personnes. Cet indice -*î*- généralisé est aussi celui du germanique, si haut qu'on remonte [1], et un parfait prégermanique tel que *fé-fall-ĕ* (il tomba) avait pour corrélatif un subjonctif *fé-fall-î-þ* (qu'il tombât). Dans l'application du procédé il convient naturellement de distinguer le parfait fort et le parfait faible.

(194) I. Parfait fort. — 1. Prenons pour base le double thème de conjugaison du parfait du vb. got. *nim-an*, soit *nam*- et *nēm*-, et observons tout d'abord que le suffixe -*î*- du subjonctif se greffe sur le thème réduit ou allongé du pluriel, jamais sur le degré fléchi du singulier [2]. La conjugaison du subjonctif ainsi formé sera donc, par exemple :

   Got. sg. 1 *nēm-jau*,   2 *nēm-ei-s*,   3 *nēm-i*,
   » pl. 1 *nēm-ei-ma*,   2 *nēm-ei-þ*,   3 *nēm-ei-na*.

[1] Cf. infra 211.

[2] Parce que primitivement l'affixe -*yé*-, étant accentué, attirait à lui l'accent et par conséquent réduisait sans exception la syllabe précédente. Que l'on compare : sk. *va-várt-a* (il tourna), optatif *va-vrt-yā́-t* ; gr. τέ-θνη-κ-ε (il est mort), opt. τε-θνα-ίη ; lat. rac. *ŏs* (être), subj. *s-ie-t s-i-t*, etc. Au pluriel, ensuite, l'accent passait sur la désinence : c'est pourquoi -*yé*- à son tour se réduisait en -*î*-.

Dans toutes ces formes, moins la première [1], on reconnaît sans peine le suffixe -i-, seulement abrégé à sg. 3 en tant que voyelle finale.

2. Il est superflu de donner ici un paradigme anglo-saxon [2], qui n'aurait rien à nous apprendre pour l'anglais actuel, sinon que, dès cette période et par la même raison, le subjonctif était aussi pauvre de désinences au parfait qu'au présent (sg. -*e* partout, pl. -*en* partout) : l'évolution, en effet, du subjonctif du parfait anglais tient tout entière dans la constatation de deux procédés très simples d'analogie.

a) Comme le montre la conjugaison du gotique et celle même de l'allemand actuel, la voyelle radicale du parfait devait subir, et en fait elle a subi la métaphonie devant l'-i- de la syllabe suivante. Mais de cette métaphonie régulière l'anglo-saxon lui-même n'a plus que de rares vestiges : l'analogie de l'indicatif l'a partout effacée, et le subjonctif du parfait n'a d'autre thème que celui du pluriel de l'indicatif sans modification. Exemple : inf. *bind-an*, pf. sg. 3 *bond*, pf. pl. 3 *bund-on*, pf. subj. sg. 3 *bund-e* (qu'il liât), pl. 3 *bund-en*, etc.

b) On sait qu'avec le temps le parfait anglais cessa d'avoir deux thèmes et se conjugua tout entier sur un seul, *he bound* tout comme *they bound*, et inversement *they drank* comme *he drank* [3] : dès lors, le thème unique de l'indicatif devint aussi par analogie celui du subjonctif. Le seul parfait qui conserve le double thème à l'indicatif, *he was, they were*, est aussi le seul qui montre, conformément à la règle, le thème du pluriel dans tout le subjonctif, *he were*. Partout ailleurs, le subjonctif du parfait anglais ne se distingue de l'indicatif que par l'absence de désinence à sg. 2.

3. L'allemand est bien mieux conservé, et il vaut la peine de transcrire ici le paradigme par lequel, ancien ou moderne, il répond trait pour trait à celui du gotique.

			1	2	3
V. al. :	sg.		*nām-i*,	*nām-i-s*,	*nām-i*,
Al.	»		*nähm-e*	*nähm-e-st*,	*nähm-e*,
V. al. :	pl.		*nām-i-m*,	*nām-i-t*,	*nām-i-n*,
Al.	»		*nähm-e-n*,	*nähm-e-t*,	*nähm-e-n*.

[1] Visiblement refaite sur sg. 1 du subjonctif du présent.
[2] On le retrouvera plus bas n° 211.
[3] Cf. supra 177, 3, et les applications 179 sq.

On devra donc s'attendre à trouver, au subjonctif du parfait allemand, la voyelle radicale qui serait régulière au pluriel de l'indicatif, mais frappée de métaphonie par l'influence de l'*i* subséquent. Poursuivons l'application de ce principe à travers les sept types de verbes forts.

A. La voyelle du pluriel du parfait (*i*) n'est pas susceptible de métaphonie : on a donc sans difficulté *trieb-e biss-e*, etc.

B. La voyelle du pluriel est *u*, et aussi est-ce elle qu'on rencontre, par exemple, au subjonctif du parfait du vb. *kios-an*, dans les très fréquentes expressions, v. al. *ni curi* et *ni curit*, qui traduisent respectivement le lat. *nōlī nōlīte*⁽¹⁾. Mais le vocalisme *o* du sg. ayant prévalu dans tout l'indicatif, il a également passé, avec métaphonie, au subjonctif, et l'on a dit en conséquence *zög-e* (m. al. *züg-e*), *frör-e, verlör-e, kröch-e, söff-e*, etc.

C. — Au sous-type *trinken* on attendrait *trünk-e* (m. al.) ; mais ici encore le thème devenu unique à l'indicatif a imposé sa voyelle, ordinairement *a* (métaph. *tränk-e, fände, zwänge*), parfois *o* (métaph. *klömm-e*, et même *begönn-e* malgré *begann*). L'*u* est conservé ou restitué dans *schünd-e, bedüng-e*. — Au sous-type *helfen* l'*u* est souvent resté intact, et la langue maintient *würd-e, stürbe, verdürbe, würbe, würfe*, malgré *starb, warf* (toutefois aussi *würfe*) ; lorsqu'elle altère la voyelle, elle hésite entre *a* et *o*, à cause du participe (*befähle* et *beföhle, gälte* et *gölte* ⁽²⁾).

D. La voyelle du pluriel étant *ā*, les types *nähm-e, käm-e, gebär-e, bräch-e*, etc., sont la régularité même ; mais les verbes qui ont pris l'*o* à l'indicatif ont *ö* au subjonctif, *scheren schor schöre*.

E. Réguliers *wär-e, gäb-e, äsz-e*, sans difficulté.

F. Réguliers *schlüg-e, trüg-e, führ-e*, sans difficulté ; mais, à cause de *stand*, le régulier *stünd-e* se double de *ständ-e*.

---

(1) Littéralement « ne choisis pas de [faire telle ou telle chose] », et par conséquent formule générale et consacrée de prohibition ; cf. la locution anglaise *he did not choose to do it*. — La forme régulière *ni churis*, qui se lit aussi, a perdu son *s* final sous l'influence analogique de l'impératif dont elle avait pris la fonction.

(2) Cf. supra 181, II, 3 b.

G. La voyelle n'étant pas susceptible de métaphonie on a *fiel-e, hielt-e, liesz-e, lief-e, rief-e*, etc., sans modification.

(195) II. Parfait faible. — La formation gotique, qui repose entièrement sur le pluriel de l'indicatif, est, comme lui, de difficile analyse [1]. Mais fort heureusement nous n'en avons que faire ici, le germanique-occidental ayant modelé point par point son subjonctif, comme le pluriel de son indicatif [2], sur les formes du singulier de l'indicatif ; en somme, tout s'y passe comme s'il substituait simplement l'i du subjonctif à l'a final de sg. 1 et 3 de l'indicatif.

1. Par conséquent, à la faveur de l'uniformité des désinences déjà partiellement réalisée en anglo-saxon, le subjonctif anglais est avec l'indicatif exactement dans les mêmes relations au parfait faible qu'au parfait fort.

2. Le v. al. a respectivement, pour les trois classes de verbes faibles, *suoh-t-i, salb-ō-t-i* et *hab-ē-t-i* : dans les deux dernières, la voyelle radicale, ne se trouvant pas en contact avec l'i, ne devait pas subir la métaphonie et ne l'a point subie; dans la 1re, elle pouvait la subir, mais l'analogie des deux autres tendait à l'effacer. Aussi l'allemand moderne ne la montre-t-il plus guère [3] que dans les verbes dits mixtes, où la ressemblance extérieure avec les verbes forts l'a maintenue : v. al. *dāhte* et al. *dachte*, mais v. al. *dāhti* et al. *dächte*. On a de même : *brachte brächte, tat täte*, puis *kennte, brennte, nennte, rennte, sendete, wendete*, et l'archaïque *däuchte* ; dans les prétérito-présents [4], *könnte, wüszte*, etc ; enfin *hätte*, évidemment influencé par l'auxiliaire parallèle *wäre*. Partout ailleurs, le subjonctif du parfait, thème et désinences, est identique à l'indicatif.

---

[1] Got. *sōk-idēd-um* « nous cherchâmes » et *sōk-idēd-jau* « que je cherchasse ».

[2] Cf. supra 188, III, 4, et infra 210.

[3] Le m. al. en a beaucoup plus d'exemples : *męchte, bedręchte*, en regard de *machte, bedrachte* « betrachtete », etc.

[4] Sur lesquels on reviendra, infra 222 sq.

Section II.

L'IMPÉRATIF.

(196)   Le mode **impératif** n'apparaît en germanique qu'**au présent exclusivement.** Il va sans dire d'ailleurs que, par sa nature même, ce mode implique toujours une nuance de futur soit différé soit immédiat.

L'impératif indo-européen **affecte** en général **la forme la plus simple possible du verbe**; et en particulier la 2ᵉ pers. du sg. de ce mode, qui est la forme impérative primordiale et proprement dite, n'est, dans les verbes caractérisés par la voyelle alternante -ŏ-/-ĕ-, autre chose que le thème verbal à l'état pur, toujours terminé en -ĕ- et toujours sans désinence : i.-e. *bhér-ĕ (porte), *ném-ĕ (prends), *wégh-ĕ (traîne) ; sk. bhár-a, gr. νέμ-ε, lat. veh-e, etc. Aussi les verbes forts font-ils got. bair, nim, drigk (bois), tiuh (tire), et ainsi partout. Dans les verbes faibles, on a sōk-ei (= i.-e. *sāg-yĕ), salb-ō, hab-ái, dont la voyelle longue finale, en s'abrégeant, puis s'assourdissant dans les langues plus modernes, devait aboutir à v. al. suoch-i salb-o hab-e, al. such-e salb-e hab-e, enfin à l'absence de finale en anglais.

Le **thème** même du verbe, **exempt de** la **métaphonie** éventuelle que nous allons rencontrer en allemand [1], **et l'absence** absolue **de** toute **désinence**, c'est bien en effet ce que nous constatons sans exception à l'impératif **anglais** de tous verbes forts ou faibles, — drive, drink, bear, give, eat, — seek, salve, have, — et ce mode n'appelle absolument aucune autre observation.

(197)   Mais l'**allemand**, moins atteint par l'usure analogique, perpétue au contraire une antique distinction, non seulement entre verbes forts et faibles, mais entre diverses classes de verbes forts. On sait que sa formation d'impératif est double

---

[1] L'anglais l'a écartée ici en vertu de l'analogie qui l'a fait disparaître aussi à sg. 2-3 de l'indicatif, infra 204.

et peut se formuler empiriquement comme suit : dans les verbes forts qui ont encore aujourd'hui la voyelle *e* à l'indicatif, l'impératif se fait ordinairement par **métaphonie et sans** addition de **voyelle finale**, *nehm-en nimm*, *geb-en gieb*, *ess-en isz* ; dans tous les autres, forts ou faibles, il **se termine en** -*e* et le radical est **sans métaphonie**, *treib-e*, *flieg-e*, *trink-e*, *fahr-e*, *lauf-e*, etc. [1]. Cette différence ne tient qu'à l'analogie qui, dans les verbes forts des types *helfen*, *nehmen* et *geben*, a fait créer à sg. 2 de l'impératif *hilf* d'après *hilfu*, etc., du sg. du présent, et de même *nim*, *gib*, etc., tandis que *far* « va en voiture », *hlouf* « cours », etc., gardaient leur voyelle intacte [2].

En effet, les verbes faibles, nous l'avons vu, avaient une finale, qui était devenue en m. al. un *e* atone : à *suchen*, *salben*, *haben*, s'opposaient *suche*, *salbe*, *habe*, et l'on obéissait à une tendance très logique en restituant de même *fahre* sur *fahren*, *laufe* sur *laufen*, *trage*, *trinke*, *treibe*, *ziehe*, etc. Cette tendance était corroborée par la présence de verbes forts en --*jan*, qui avaient donc une finale à l'impératif et un vocalisme identique partout, *sitze*, *liege*, *hebe*, etc. [3]. La conséquence inéluctable fut qu'on imposa à nouveau la finale -*e* à l'impératif, soit de tous les verbes où ce mode ne se distinguait point de l'indicatif, soit de ceux où l'analogie avait fait disparaître accidentellement cette variation : c'est ainsi qu'on dit *schere* (tonds), *gebäre* [4], *räche* (opposer *brich*, *sprich*), et même *dresche* malgré *er drischt*, et *werde* malgré *er wird*. La voyelle finale a partout fait son chemin.

Les verbes, au contraire, qui avaient propagé la métaphonie à l'impératif se séparaient nettement des verbes faibles à radical invariable et n'en devaient pas subir l'influence : aussi sont-ils demeurés tels quels aux types C (2ᵉ sous-type, *hilf*, *wirf*,

---

[1] Sans préjudice, bien entendu, de la chute ultérieure de cette brève atone dans la prononciation rapide.

[2] Cf. infra 205.

[3] Cf. supra 183 et 184 in fine.

[4] Cf. infra la métaphonie du présent, n° 206D.

stirb, erlisch), D (*nimm, brich, sprich, stiehl*) et E (*isz, gib, tritt, vergisz*). La dualité de l'impératif allemand est une très claire et précieuse survivance [1].

[1] Les verbes qui la maintiennent sont actuellement au nombre de trente-cinq. La restitution exceptionnelle de l'*e* dans *sieh-e* est tout à fait moderne et due à l'emphase « regarde ! ». Le m. al. dit *sich* régulier, conservé dans certains dialectes alamans.

CHAPITRE III.

LES DÉSINENCES

198) Les **désinences personnelles** anglo-allemandes forment un système très cohérent, qui embrasse à la fois tous les verbes forts et faibles, presque sans distinction, mais qui tout au moins semble inapplicable à un fort petit nombre de conjugaisons d'apparence anomale. Nous réservons celles-ci pour les traiter à part, et nous commençons par envisager d'ensemble la **conjugaison ordinaire** de l'une et l'autre langue.

Section Ire.

LA CONJUGAISON ORDINAIRE.

199) La langue indo-européenne distinguait **quatre ordres** de désinences personnelles, qui se sont plus ou moins altérés et confondus dans ses descendants, savoir : — désinences primaires ou **du présent**, qui sont en germanique celles de l'indicatif du présent ; — **désinences secondaires** ou des temps à augment, qui étaient aussi celles de l'optatif, et qui, par cette raison, **caractérisent le subjonctif** germanique, soit du présent, soit du parfait [1] ; — **désinences du parfait**, en germanique aussi (indicatif), — et **désinences de l'impératif**. Fort mutilées dans les langues modernes, elles y restent pourtant très reconnaissables.

---

[1] Il y a donc pour nous avantage à ne les étudier qu'à la suite de celles de l'indicatif du parfait : c'est ce que nous ferons.

§ 1ᵉʳ. — *Désinences du présent.*

(200) I. **Formes primitives.** — Conjuguons le présent du thème **bhér-ŏ-*(porter), avec ses répondants dans les langues anciennes de la famille.

	I.-e.	Sk.	Gr.	Lat.
Sg. 1	**bhér-ō*	*bhár-ā-mi*	φέρ-ω	*fer-ō*
2	**bhér-ĕ-sĭ*	*bhár-a-si*	φέρεις⁽¹⁾	*fer-(ĭ-)s* ⁽³⁾
3	**bhér-ĕ-tĭ*	*bhár-a-ti*	φέρει ⁽¹⁾	*fer(-ĭ-)t* ⁽³⁾
Pl. 1	**bhér-ŏ-mĕs*	*bhár-ā-mas*	φέρ-ο-μεν	*fer-ĭ-mus*
2	**bhér-ĕ-tĕ*	*bhár-a-tha*	φέρ-ε-τε	*fer-(ĭ-)tis* ⁽³⁾
3	**bhér-ŏ-nti*	*bhár-a-nti*	φέρ-ο-ντι ⁽²⁾	*fer-u-nt*.

Deux faits saillants s'imposent ici à notre attention.

C'est d'abord l'alternance, déjà constatée ⁽⁴⁾, de la voyelle qui précède la désinence : cette voyelle est ŏ à la 1ʳᵉ personne du sg. et du pl. et à la 3ᵉ du pl., ĕ aux trois autres personnes. L'accord sur ce point est complet, sauf pour le latin à la 1ʳᵉ du pl. ⁽⁵⁾, et cette variation, qui relève probablement d'un fait d'accentuation primitive, se reproduit en germanique comme dans tout le reste de la famille.

C'est ensuite la forme même des désinences, partout très visible, avec d'insignifiantes divergences d'une langue à l'autre ⁽⁶⁾. Seule, celle de sg. 1 se dissimule : une simple

---

⁽¹⁾ Ces formes semblent altérées pour **φέρ-ε-σι*, **φέρ-ε-τι*. Mais le grec montre ailleurs la finale -τι de sg. 3 : dorien δί-δω-τι (il donne), attique δί-δω-σι (parce que l'attique change τ en σ devant ι). Cf. Henry, *Gramm. du Gr. et du Lat.*, n° 249.

⁽²⁾ En dorien ; mais en attique φέρουσι = **φέρονσι*.

⁽³⁾ Afin de ne pas rompre l'unité du paradigme, on a conjugué théoriquement *ferō* comme *legō* : on sait qu'il fait *fers fert fertis* ; mais on sait aussi que ce type est une exception presque unique.

⁽⁴⁾ Supra 82 (II), et cf. Henry, *Gr. du Gr. et du Lat.*, n° 269.

⁽⁵⁾ On y attendrait **fer-ŭ-mus*. Mais on a *s-ŭ-mus*, *vol-ŭ-mus*, *quaes-ŭ-mus*, et, dans un tout autre ordre de mots (superlatif *optimus* = *optŭmus*), le latin montre la même hésitation, probablement phonétique, entre ŭ et ĭ devant un *m*. Puis l'analogie de *leg-i-tis* a favorisé *leg-i-mus*.

⁽⁶⁾ On les attribue à des doublets primitifs, infra 203, 1.

voyelle longue, — qui n'est pas le produit d'une contraction, car elle n'est pas ultra-longue, — y tient à la fois le rôle de voyelle thématique et de désinence.

Il est nécessaire d'avertir en outre que l'indo-européen avait, pour les verbes dont le thème ne se terminait pas en -ĕ-/-ŏ- (verbes en -μι de la langue grecque), une autre désinence de sg. 1, -mĭ, que nous retrouverons plus loin [1], que nous allons même retrouver en vieil-allemand, et que le grec surtout met en relief : ἵστημι (je place) = *σι-στᾱ-μι, τί-θη-μι, δί-δω-μι, etc. Mais cette désinence, d'ailleurs importante, ne nous intéresse ici que pour la symétrie avec -sĭ et -tĭ et pour la comparaison ultérieure avec la désinence secondaire correspondante -m ; car précisément la conjugaison ordinaire germanique ne se compose plus que de verbes que la grammaire grecque appellerait verbes en -ω, et c'est d'elle seulement que nous nous occupons quant à présent.

(201) II. **Formes prégermaniques.** — Transportons maintenant en prégermanique le paradigme indo-européen ci-dessus : nous obtenons une série de formes qui, sauf quelques minces détails à reprendre en sous-œuvre, se vérifie rigoureusement dans la conjugaison des langues qui en sont issues :

	Prg.	Got.	Ags.	V. al.
Sg. 1	*bër-ō	bair-a	bër-e	bir-u
2	*bër-ĕ-sĭ	bair-i-s	bir-e-s	bir-i-s
3	*bër-ĕ-þĭ	bair-i-þ	bir-e-ð	bir-i-t
Pl. 1	*bër-ă-mĕs	bair-a-m	bër-a-ð	bër-a-mēs
2	*bër-ĕ-þe	bair-i-þ	bër-a-ð	bër-e-t
3	*bër-ă-npĭ	bair-a-nd	bër-a-ð	bër-a-nt

Écartons, pour le moment, la métaphonie visible au singulier de l'ags. et du v. al. ; écartons aussi le pluriel ags. avec sa finale uniforme, et réservons toutes ces complications pour les traiter à part. A nous en tenir au simple squelette de la flexion

---

[1] Infra 217, I. Cf. sg. 1 -m en désinence secondaire, infra 211.

[2] Très variable suivant les dialectes, mais toujours le même principe de conjugaison ; le type donné est celui du Wessex, sauf sg. 2 birest, comme aussi birist concurremment à biris en v. al., infra.

du présent, il est aussi facile de remonter à l'indo-européen en partant des langues germaniques anciennes, que de descendre de celles-ci au germanisme contemporain.

(202) III. **État actuel.** — A. Singulier. — 1. L'-$\bar{o}$ final s'est abrégé, puis diversement assourdi, jusqu'à aboutir à un -$\breve{e}$, tombé lui-même en anglais [1], ainsi qu'en allemand dans la prononciation rapide : gebär-e, nehm-e, trink-e, fahr-e, etc. Dans les verbes faibles, on a de même: got. sōk-ja, salb-ō, hab-a; ags. sēc-e, sealf-ie, hæbb-e, d'où ag. seek, salve, have ; v. al. suoch-u, salb-ō-m salb-ō-n, hab-ē-m [2], d'où al. such-e, salb-e, hab-e : toutes formes devenues identiques.

2. Après chute de l'i final il est resté -s, désinence parfaitement conservée en gotique, mais vieillie déjà dans ses congénères, bien qu'elle survive parfois jusqu'au moyen-haut-allemand : nim-i-s (tu prends), fer-i-s (tu voyages), etc. On verra plus bas que la désinence régulière de sg. 2 du parfait était en germanique -t, et que les parfaits qui l'avaient conservée avaient un sens très marqué de présent [3] : de là l'influence analogique qu'ils ont exercée sur les présents ; alors qu'on disait, en germanique-occidental, *wais-t « tu sais », *kan-t et même subsidiairement *kan-s-t « tu peux », etc., on se trouvait amené à dire aussi *bir-i-st « tu portes » au lieu de *bir-i-s. Mais il faut aussi tenir compte d'une autre circonstance : l'addition fréquente du nominatif du pronom de sg. 2 *þū à la forme sg. 2 du verbe avait produit une liaison *biris tū [4], v. al. biris tu, qu'on était par confusion amené à résoudre en birist du, ag. bearst (thou), al. gebierst (du). Aussi la finale -st a-t-elle absolument prévalu dans les deux langues, avec ou sans syncope de la voyelle précédente : ag.

---

[1] Même quand il s'écrit : il n'y a pas plus d'e final dans drive, give, shake, take, que dans bear, drink, fall, etc.

[2] Ici donc le v., al. plus pur même que le gotique, conserve la désinence i.-e. -mi, qui est légitime, car les verbes de ces classes ne sont pas des thèmes en -$\breve{e}$-/-$\breve{o}$, supra 85 et 92-93. Mais le m. al. déjà a effacé la distinction, et par suite l'm (n) final de sg. 1 y a à peu près disparu

[3] Cf. infra 208, 209 et 222.

[4] Ne pas oublier que l's devant t empêche la lautverschiebung.

bear-e-st, drive-st, give-st, take-st, drink-e-st, etc. ; al.
gebier-st (gebär-st), nimm-st, trink-st, fähr-st[1], etc. Les
verbes faibles n'appellent plus d'observation particulière.

3. La finale prg. *-þĭ* devait rester *-þĭ* après syllabe accentuée et devenir *-ðĭ* après syllabe atone (loi de Verner) ; or l'indo-européen avait des verbes en *-ŏ-* accentués sur la racine et d'autres accentués sur le suffixe : les deux désinences *-þĭ* et *-ðĭ* ont donc coexisté en prégermanique. Puis, ainsi que nous en avons vu de nombreux exemples[2], l'analogie a généralisé séparément chacune des deux dans chacune des deux langues : en anglo-saxon, la première, devenue *-ð* ; en v. al. la seconde, changée en *-t* : ag. *bear-e-th, give-th*, etc. ; al. *gebier-t (gebär-t), nimm-t, fähr-t, trink-t*, etc. L'allemand est resté intact, mais non l'anglais. On sait que la finale *-th*, encore courante dans les traductions de la Bible, le style ecclésiastique, le langage de la chaire et de la poésie, a été supplantée dans le langage usuel par une désinence *-s*, d'ailleurs toute moderne : *bear-s, give-s, drink-s*, etc. Comme *th* et *s* sont toutes deux des sifflantes, le passage de l'une à l'autre a dû être fort aisé ; mais il ne saurait relever de la pure phonétique, puisqu'il ne s'est point effectué ailleurs. C'est évidemment l's de 2ᵉ personne qui, propagé par l'esprit de système, a imposé son articulation au *th* de 3ᵉ : en d'autres termes, on a dit *gives* au lieu de *giveth* parce qu'on disait *givest*[3].

(203) B. Pluriel. — 1. L'indo-européen paraît avoir eu à sa disposition un grand nombre d'indices de pl. 1 : *-mēs*, conservé en v. al. seulement ; *-mĕs*, dorien -μες ; *-mŏs*, lat. *-mŭs* ; *-mĕ* tout court, gr. -με(ν) et got. *-m*, désinence primitivement réservée aux temps secondaires, mais souvent étendue par

---

[1] La syncope était même plus énergique autrefois qu'aujourd'hui, cf. supra 187 : l'al. a restitué *trägst trägt* sur *trage* ; mais le m. al. conjugue *trage treist treit*, syncopé encore intacte dans *getreide* (céréales) = v. al. *gi-tregg-idi* (produit). Comparer d'ailleurs la conjugaison syncopée ag. *have hast hath (has)* et al. *habe hast hat.*

[2] Supra 63, 124 (I), 139, et infra 203 (2-3), 212.

[3] Le northumbrien avait opéré de bonne heure ce changement de *-th* final en *s*, et il peut y avoir ici mélange dialectal.

l'analogie au présent, ainsi qu'on le voit par le grec et le gotique eux-mêmes. Aussi celui-ci n'a-t-il partout qu'un -*m* : *bair-a-m*, *nim-a-m*, etc. Le v. al. emploie concurremment ses deux désinences : ayant à sa disposition -*mēs* pour le présent (*bër-a-mēs*) et -*m* pour les temps secondaires, il a propagé -*m* au présent (*bër-ē-m*), comme aussi -*mēs* dans les temps secondaires ; mais cette dernière forme n'a plus aujourd'hui qu'un intérêt rétrospectif [1]. Le v. al. a encore *nëm-a-mēs*, *nëm-e-mēs* [2] et *nëm-ē-m*, *zioh-e-mēs* et *zioh-ē-n*, *far-ē-m* et *far-ē-n* ; le m. al. même, *nëm-e-mēs* et *nëm-e-n* [3] ; mais le dernier type finit par prévaloir, et l'al. mod. ne connaît plus que *gebär-e-n*, *nehm-e-n*, *zich-e-n*, *fahr-e-n*, etc. ; de même aux verbes faibles.

2. La finale -*þĕ* a été traitée comme -*þĭ*, par suite -*þĕ* après l'accent et -*dé* après syllabe atone : le gotique -*þ* confond naturellement l'une et l'autre forme ; l'indice général du pl. ags. concorde avec -*þĕ* ; l'indice pl. 2 al. relève de -*dé*, avec ou sans syncope : *gebär-e-t* et *gebär-t*, *nehm-e-t* [4] et *nehm-t*, *trink-t*, *fahr-e-t*, etc.

3. La désinence -*nþĭ* se scinde de même en -*nþĭ* et -*ndĭ* : le got. a l'un ou l'autre ; l'ags., -*nþĭ*, devenu -(*n*)*ð* ; le v. al., -*ndĭ*, devenu -*nt*, v. al. *bër-a-nt nëm-a-nt zioh-e-nt* [5] *far-e-nt*, m. al. *nëm-a-nt et nëm-e-nt*, ainsi toujours. Mais on verra qu'au parfait et au subjonctif la désinence était régulièrement -*n* tout court : aussi, dans la dernière période du moyen-allemand, *nëment* devient par analogie *nëmen* (comme *nāmen*

---

[1] Elle a dû partir des cas, très rares, où la désinence de pl. 1 s'attachait immédiatement à une racine, prg. * *stō-més* (nous nous tenons), * *ʒō-més* (nous allons), etc. ; car cette position est la seule où la désinence porte l'accent, cf. sk. *i-más* (nous allons) = gr. ἴ-μεν ; et, si -*mēs* avait été atone, il n'aurait pas pu conserver son *s* final.

[2] Par intrusion de la voyelle de pl. 2 *nëm-e-t*. Cf. le latin.

[3] A noter l'apocope facultative de l'*n* final quand le pronom-sujet est postposé : *nëme wir* (nous prenons).

[4] En m. al. (alaman) *nëm-e-nt* par une bizarre contamination de la forme de pl. 3 ; encore en Haute-Alsace *ër nămĕ* « vous prenez », comme *sī nămĕ* « ils prennent » Mais m. al. régulier *nëm-e-t*.

[5] Même altération vocalique qu'à pl. 1.

« ils prirent »), et pl. 3 se confond dès lors avec pl. 1, al. *gebär-e-n nehm-e-n fahr-e-n*, etc. [1].

§ 2. — *Métaphonie du présent.*

(204) Jusqu'à présent nous n'avons envisagé que les désinences du présent, non la modification interne susceptible d'affecter le thème verbal. Or, si tous les verbes anglais et les verbes faibles allemands gardent le même thème à travers tout l'indicatif du présent, on sait qu'en général les verbes forts, en tant du moins que leur voyelle radicale peut subir la **métaphonie**, l'introduisent **à sg. 2 et 3,** tandis que les autres personnes en restent exemptes : *nehm-e nimm-st nimm-t nehm-e-n*, etc. ; *fahr-e fähr-st fähr-t fahr-e-n*, etc. C'est cette particularité de la conjugaison allemande qu'il s'agit d'expliquer.

Si nous nous reportons au prégermanique, nous y constatons trois désinences susceptibles de produire métaphonie, en d'autres termes, contenant un *i*. Ce sont celles de sg. 2 et 3 et de pl. 3.

Eliminons tout de suite la dernière ; car la voyelle qui la précède est un *ŏ* indo-européen, par suite un *ă* prégermanique, bref une voyelle qui en prégermanique ne pouvait subir de métaphonie. En d'autres termes, un type **ném-ă-ndĭ *făr-á-nþĭ* devait rester tel quel en prégermanique, puisque l'*é* est la seule voyelle sujette à métaphonie à cette époque ; et plus tard, en vieux-haut-allemand, quand l'*ă* en fut devenu susceptible à son tour, il y avait longtemps que l'*ĭ* final était tombé, soit *nëm-a-nt far-e-nt*, où, par une autre raison, la métaphonie était également impossible.

[1] Pour être complet je donne ici le présent des trois verbes faibles, qui dans les langues modernes s'est réduit au même vocalisme incolore :

got.	*sōk-ja*	*sōk-eis*	*sōk-ei-þ*	*sōk-ja-m*	*sōk-ei-þ*	*sōk-ja-nd* =
v. al.	*suoch-u*	*suoch-i-s*	*suoch-i-t*	*suoch-e-mēs*	*suoch-e-t*	*suoch-e-nt* ;
got.	*salb-ō*	*salb-ō-s*	*salb-ō-þ*	*salb-ō-m*	*salb-ō-þ*	*salb-ō-nd* =
v. al.	*salb-ō-n*	*salb-ō-s(t)*	*salb-ō-t*	*salb-ō-mēs*	*salb-ō-t*	*salb-ō-nt* ;
got.	*hab-a*	*hab-ái-s*	*hab-ái-þ*	*hab-a-m*	*hab-ái-þ*	*hab-a-nd* =
v. al.	*hab-ē-n*	*hab-ē-s(t)*	*hab-ē-t*	*hab-ē-mēs*	*hab-ē-t*	*hab-ē-nt.*

Éliminons ensuite l'anglais, non qu'il n'ait jadis partagé avec l'allemand la métaphonie régulière, mais simplement parce qu'aujourd'hui il n'en offre pas plus trace qu'à l'impératif, et que, nivelant sa conjugaison, il dit, par exemple, *choose choose-th*, là où l'ags. conjuguait *cēose cīes-ð*.

Restent donc à examiner sg. 2 et 3 dans la conjugaison allemande des verbes forts, et ensuite à expliquer pourquoi ces formes ne subissent jamais de métaphonie dans les verbes faibles.

(205) **I. Verbes forts.** — 1. Soit en prégermanique un verbe fort quelconque, de préférence, pour la facilité de la démonstration, un verbe contenant un *ă* radical (type F), comme **făr-ănă-m* (voyager) : ainsi qu'il a été constaté et démontré, le présent de ce verbe s'est conjugué **făr-ō *făr-ĕ-sĭ *făr-ĕ-þĭ *făr-ă-mĕ *făr-ĕ-þĕ *făr-ă-nþĭ*. Mais une pareille conjugaison n'a pu rester intacte : dès le prégermanique aussi, les formes qui contenaient un *ĕ* suivi d'un *ĭ*, c'est-à-dire sg. 2 et 3, lui ont fait subir la métaphonie, et l'on a eu **făr-ĭ-sĭ *făr-ĭ-þĭ*. Dans les dialectes postérieurs, l'*ĭ* final est tombé : got. *far-i-s far-i-þ* ; par suite, v. al. **far-i-s *far-i-t*. Mais à leur tour ces deux formes deviennent impossibles en v. al., à partir du jour où commence en cette langue la métaphonie de l'*a* ; car, devant l'*i* qui précède la désinence, l'*a* du radical doit devenir *ę*, et l'on a en conséquence sg. 2 *fęr-i-s* (*fęr-i-st*), sg. 3 *fęr-i-t*, en opposition à sg. 1 *far-u*.

Prenons maintenant le cas où la racine verbale contenait un *ĕ* conservé en prégermanique. Ici le phénomène est à la fois plus ancien et plus complexe. Il semblerait au premier abord que les deux métaphonies *far-an fęr-i-s fęr-i-t* et *nëm-an nim-i-s nim-i-t* fussent rigoureusement parallèles. Il n'en est rien ; car la métaphonie de l'*ĕ* est bien plus ancienne que celle de l'*ă* : ce n'est donc pas au vieux-haut-allemand, c'est au prégermanique même, que remonte ici la mutation vocalique ; en d'autres termes, on a eu **nĕm-ĕ-sĭ *nĕm-ĕ-þĭ*, puis **nĕm-ĭ-sĭ *nĕm-ĭ-þĭ*, et enfin **nĭm-ĭ-sĭ *nĭm-ĭ-þĭ*, dès l'époque prégermanique. Ainsi, d'une part, le type *nimis nimit* plonge bien plus profondément dans les couches préhistoriques du germanisme que le type *feris ferit*, bien qu'ils relèvent du même principe [1].

Et, d'autre part, le premier a plus d'extension historique que le second ; car, en vieux-haut-allemand, ce n'est pas l'*i* subséquent seul, c'est aussi l'*u* subséquent, qui peut produire la métaphonie de l'*e*. Or il y a un *u* à la désinence de sg. 1 ; et en conséquence, tandis que *far-u* de *far-an* reste intact, *nëm-u de *nëm-an* devient fatalement v. al. *nim-u* ; de même, *biru*, *gibu*, *iʒʒu*, etc.

Le v. al. avait donc une conjugaison forte avec métaphonie à sg. 2-3, *faru ferist ferit*, à laquelle l'al. répond fidèlement par *fahre fährst fährt*, et une conjugaison forte avec métaphonie dans tout le sg., *nimu nimist nimit*, à laquelle l'al. répond infidèlement par *nehme nimmst nimmt*. Pourquoi ne dit-il pas aussi bien *ich* *nimme[2] ? La réponse s'impose, et le phénomène d'analogie est d'une clarté qui ne laisse rien à désirer : on voit que la métaphonie s'est nivelée. Dans le type *fahren*, s'opposait à sg. 2-3 *fährst fährt* métaphoniques la forme sg. 1 *fahre* semblable à la forme corrélative pl. 1 *fahren* ; dans le type *nehmen*, on a reconstruit, en contraste avec *nimmst nimmt* métaphoniques, la forme sg. 1 *nehme* pareille à pl. 1 *nehmen*. Il semble un calcul de proportion, tant le résultat est précis.

Ainsi, et par une sorte de compromis entre deux types de verbes forts, s'est établi l'usage actuel, savoir : hors les cas assez rares où l'analogie a complètement uniformisé le vocalisme[3], tous les verbes forts ont au présent, mais à sg. 2 et 3 seulement, la métaphonie de la voyelle du radical, en tant du moins que cette voyelle est susceptible de métaphonie.

2. Poursuivons dans nos divers types l'application de cette règle.

---

[1] C'est aussi pour cela que la métaphonie de l'impératif du type *nimm* est isolée au regard du type *fahr-e* sans métaphonie, supra 197.

[2] En m. al. encore, le présent est *nime nimes nimet*. Et en Haute-Alsace jusqu'aujourd'hui, *i ném* (je prends) et *mr nämě* (nous prenons).

[3] Altération fréquente dans les dialectes : l'alaman, par exemple, conjugue *er fahrt*, *er schlagt*, *er halt* (pourtant *er treit*), etc.

A. La voyelle radicale (*i*) n'est pas susceptible de métaphonie.

B. Le v. al. a, très régulièrement, au sg. *ziuh-u ziuh-i-s ziuh-i-t* métaphoniques, et au pl. *zioh-e-mēs zioh-e-t zioh-e-nt* sans métaphonie; mais l'al. mod. a généralisé la forme sans métaphonie, *zieh-e zieh-st zieh-t zieh-e-n*, etc. [1], et ainsi pour toute la classe; sauf toutefois les vestiges de métaphonie que présentent encore, dans la langue archaïque et poétique, les verbes *fliehen*, *fliegen*, *flieszen*, *gieszen*, *schlieszen*, *kriechen*, etc., mais, bien entendu, à sg. 2 et 3 seulement [2]. Dans un des verbes qui ont au radical *au* = *ū*, l'analogie a introduit la métaphonie: *sauf-e säuf-st säuf-t sauf-e-n*, etc.

C. Le sous-type *trinken* est naturellement hors de cause. Mais le sous-type *helfen* a la métaphonie constante: v. al. *hilf-u hilf-i-s hilf-i-t, stirb-u stirb-i-s stirb-i-t*; al. *helf-e hilf-st hilf-t, sterb-e stirb-st stirb-t*; de même *schwillt*, *quillt*, *befiehlt*, *erlischt*, et, avec confusion des deux dentales après syncope, *birst* pour **birst-i-t*, *wird* pour **wird-i-t*, etc. [3]. Cette syncope énergique, mais régulière, a fait place à une désinence *-t* restituée et précédée d'un *ĕ*, toutes les fois que sg. 3 n'est pas métaphonique: ainsi, *binden*, *gestatten* font *er bindet*, *er gestattet*, parce que les formes syncopées *er *bint*, *er *gestatt* ne détacheraient pas assez nettement sur le fond de la conjugaison l'indice de la 3ᵉ personne. Mais, lorsque cette personne se trouve suffisamment caractérisée par la métaphonie même, la restitution du *-t* était inutile et la syncope est demeurée: *er gilt, er schilt, er ficht*, etc. [4].

D. La métaphonie est constante: v. al. *biru biris birit*, *nimu nimis nimit*; al. *gebäre gebierst gebiert* (aussi *gebärst gebärt*), *nehme nimmst nimmt*; de même, *bricht*, *spricht*, *trifft*, même *kömmt* par une analogie toute moderne. Elle

---

[1] Le thème métaphonique serait **zeuh-*, supra 29.

[2] *Was da kreucht und fleugt.* Schiller, *W. Tell*, acte III, v. 12.

[3] Cf. supra 187, les syncopes du parfait faible.

[4] Même à sg. 2 dans *wirst* = **wird-i-st*. Et dans d'autres classes de verbes forts: *er tritt* = **trit-i-t, er hält* = *helt-i-t*.

s'est effacée partiellement ou en totalité dans *gebärt, kommt, scheert, pflegt*.

E. La métaphonie est constante : v. al. *sihu sihis sihit, gibu gibis gibit* ; al. *sehe siehst sieht, gebe gibst gibt* ; de même, *iszt, miszt, liest*. Sauf naturellement les verbes qui sont déjà métaphoniques dans tout l'ensemble de leur conjugaison (*bitten, sitzen, liegen*).

F. La métaphonie, on l'a vu, est ici identique en v. al. et al. mod. : *faru feris ferit* et *fahre fähre fährst fährt* ; de même, *schlägt, trägt, wächst*, etc. Mais *laden*, jadis verbe faible, ne l'a point prise, et *schaffen* l'a éliminée ; *heben* et *schwören* ne sauraient l'avoir, puisque leur vocalisme est déjà métaphonique à l'infinitif.

G. Tous les verbes de ce type, sauf *hauen*, qui ont un *a* au radical, montrent la métaphonie : *fällt, hält, läszt, läuft*. Elle s'est même étendue à *stöszt* comme à *kömmt*. Mais *heiszen* n'en était point susceptible, et *rufen* en est resté indemne.

207) II. **Verbes faibles.** — La 1re classe de verbes faibles comprend ceux à l'infinitif en -*jan*, soit got. *nas-jan* (guérir) *sōk-jan* (chercher). Dans cette classe donc le radical est, toujours et à toutes les personnes, suivi d'une syllabe qui pouvait produire la métaphonie : lorsqu'elle l'a produite de bonne heure, soit en prégermanique comme dans *sitzen*, soit en v. al. comme dans *heben* (v. al. *heffen*), — par exemple, al. mod. *nähren* (nourrir) = got. *nasjan*, — le verbe est métaphonique partout et ne saurait l'être spécialement à sg. 2-3 ; lorsqu'elle ne l'a pas produite, comme dans *suochen* devenu *suchen* [1], le verbe n'est métaphonique nulle part, car il n'a pas de raison de l'être à sg. 2-3 plutôt qu'ailleurs. Une forme *suochit* (il cherche) ne pouvait subir métaphonie en v. al., puisque *uo* y reste encore intact ; et, quand en m. al. *uo* est devenu à son tour sujet à métaphonie, la forme était déjà devenue *suochet* et ne contenait plus d'*i*. Ainsi, dans cette classe, à quelque point de vue qu'on se place, les formes de sg. 2 et 3 ne sauraient se distinguer des autres par le vocalisme radical.

[1] On a déjà vu que l'ags. l'a dans *sēcean*, ag. *seek*.

À plus forte raison les deux autres classes de verbes faibles sont-elles hors de cause ; car, dans prg. *salb-ō-dĭ *hab-ē-dĭ, l'*i* ne se trouve pas en contact avec une voyelle susceptible de métaphonie, et en germanique-occidental il est déjà tombé.

Par là s'explique historiquement une particularité qui différencie la conjugaison des verbes forts et des verbes faibles au même titre que la formation divergente des parfaits et participes [1].

§ 3. — *Désinences du parfait.*

(208) Les désinences du parfait n'offrent naturellement rien de primitif qu'au parfait fort, dont le parfait faible a d'ailleurs scrupuleusement suivi l'analogie. Or, autant qu'on en peut juger par la conjugaison du sanscrit [2], soit par exemple le pf. sk. *véd-a* (je sais),

sg. 1 *véd-a*, 2 *vét-tha*, 3 *véd-a*, pl. 1 *vid-má*, 2 *vid-á*, 3 *vid-úr*,

les désinences indo-européennes de ce temps étaient :

sg. 1 -*ă*, 2 -*thă* 3 -*ĕ*, pl. 1 -*mé* ;

les deux dernières étant sans conséquence pour le germanique, parce qu'il a emprunté les siennes à une autre série de désinences.

(209) **I. Parfait fort.** — Etablissons maintenant une série de paradigmes germaniques, en choisissant, pour plus de simplicité, un parfait qui, dès l'époque prégermanique, n'ait plus d'apophonie du singulier au pluriel.

		Prg.	Got.	Ags.	V. al.
Sg.	1	*slōh-ă	slōh	slōg	sluog
	2	*slōh-tă	slōh-t	slōg-e	sluog-i
	3	*slōh-ĕ	slōh	slōg	sluog
Pl.	1	*slōȝ-ŭmé [3]	slōh-um	slōg-on	sluog-um [4]
	2	*slōȝ-ŭdé	slōh-up	slōg-on	sluog-ut
	3	*slōȝ-ŭnþ	slōh-un	slōg-on	sluog-un

[1] On doit pourtant faire observer qu'en m. al. et dans les dialectes la métaphonie a souvent par analogie atteint aussi le verbe faible : il y a des conjugaisons *mache mächst mächt*, *sage sägst sägt* (ainsi en Haute-Alsace) ; mais cet usage a été rejeté par la langue littéraire, qui n'en garde d'autre trace que *frägst frägt* (aussi *fragt*).

[2] Contrôlée par le témoignage du grec, cf. la flexion de οἶδ-α (je sais) : οἶδ-α οἶσ-θα οἶδ-ε ἴδ-μεν (ἴσ-τε ἴσ-αντι).

[3] Avec *grammatische wechsel*, diversement nivelé partout ailleurs.

[4] Aussi *sluog-umēs*, supra 203, 1.

Sg. 1 et 3, une fois leur finale respective régulièrement disparue, deviennent identiques : ags. *slōg* et ag. (*I, he*) *slew drove chose drank bound burst bare spoke gave was fell*, etc. ; v. al. *sluog* et al. (*ich, er*) *schlug trieb erkor trank band barst gebar sprach gab war fiel*, etc. Ainsi s'explique l'absence constante de désinence à sg. 3 du parfait, faisant contraste avec le *-th* (*-s*) ou *-t* du présent.

Sg. 2 est en germanique-occidental une forme toute différente de ce qu'elle est en indo-européen et même en gotique : à vrai dire, ce n'est point une forme de parfait, mais d'aoriste égarée dans le parfait [1]. Ce n'est pas à dire pourtant que le germ.-occ. ait complètement ignoré la désinence de sg. 2 *-t* qui représente en prg. et got. le *-thă* i.-e. : nous l'avons déjà vue et la retrouverons dans les prétérito-présents [2]. La survivance éventuelle de cette désinence *-t* et le développement d'une désinence *-st* au présent ont ensuite agi sur le parfait, et introduit, séparément et parallèlement dans chacune des deux langues, la finale *-st* au parfait : là où le m. al. encore conjugue *nam næm-e* (= v. al. *nām-i*) *nam*, l'al. mod. dit *nahm nahm-st nahm*, et ainsi partout, ag. *slew-est* comme *slay-est*, et al. *schlug-est* comme *schläg-e-st*, etc. [3].

Pl. 1 a une désinence primitive *-mé*, où, après consonne, l'*m* développe sa résonnance, soit donc *-m̥mé*, d'où prg. *-ŭmé*, got. *-um*. Postérieurement *m* final devient *n* : c'est déjà l'état de l'ags., et même du v. al. (aussi *sluog-un*), ag. *slew* et al. *schlug-en*, où par suite pl. 1 et 3 sont aussi complètement confondus que sg. 1 et 3.

Tout comme le grec (ἴσ-τε λε-λοίπ-α-τε), le prégermanique emprunte la désinence de pl. 2 à la série des désinences pri-

[1] Par exemple, sg. 1 *zōh* (je tirai) et sg. 2 *zug-i* (tu tiras) se superposent exactement à la relation respective du gr. (pf.) πέ-φευγ-α « je suis en fuite » et (aor.) ἔ-φυγ-ε-ς « tu pris la fuite ». Cf. supra 172.

[2] Supra 53 A et infra 222 sq.

[3] Mais l'ancienne forme aoristique n'a pas disparu sans laisser trace de son passage : l'assimilation si complète, en allemand, et surtout en anglais, du subjonctif du parfait à l'indicatif de ce temps (supra 193-5) est certainement partie de la forme de sg. 2, où les deux modes à la fois étaient caractérisés par une voyelle *-i* et le degré réduit de la racine.

maires ou secondaires, i.-e. -tĕ, prg. -dĕ. L'ŭ phonétiquement développé devant les indices de pl. 1 et 3 est transporté par analogie à pl. 2, et il en résulte une finale got. -up (-ud) et v. al. -ut, al. (ihr) schlug-et [1].

Le grec emprunte pl. 3 à la série des désinences primaires, il a -ntĭ ; le prégermanique, à la série des désinences secondaires ; il a -np comme au subjonctif, et par conséquent, avec la résonnance de l'n̥, -un tout court dans les langues issues puisque la consonne finale disparaît. L'ags. et v. al. opposent donc très régulièrement slōg-on et sluog-un (jamais *sluog-unt) « ils frappèrent » à slē-a-ð et slah-e-nt « ils frappent ». Mais on a vu que le présent a effacé cette distinction [2].

(210) II. — **Parfait faible.** — On a vu que tout le parfait faible est probablement issu d'une forme de 3ᵉ (ou 2ᵉ) pers. du sg. [3] : sur cette forme le germ.-occ. a appliqué les désinences ci-dessus du parfait fort, en les décalquant si fidèlement qu'il suffit de rappeler ici la flexion moderne :

Ag. sought   sought-est   sought   sought   sought   sought
Al. suchte   suchte-st   suchte   suchte-n suchte-t suchte-n.

De même, ag. salved salved-st, had had-st ; al. salbte salbte-st, hatte hatte-st, etc., sans exception ni difficulté [4].

§ 4. — *Désinences du subjonctif.*

(211) Les désinences secondaires indo-européennes, qui sont celles de l'optatif, par conséquent celles du subjonctif germanique, ne diffèrent des désinences primaires qu'en un trait essentiel : la suppression de l'ĭ final dans les indices qui le contiennent, c'est-à-dire à sg. 1, 2, 3 et à pl. 3 [5]. On peut donc construire parallèlement les deux séries.

Primaires : sg. 1 -mĭ, 2 -sĭ, 3 -tĭ ; pl. 1 -mes, 2 -tĕ, 3 -ntĭ.
Secondaires : »   » -m, » -s, » -t ; »   » -mĕ, » -tĕ, » -nt.

---

[1] On se souvient que l'uniformité des désinences anglaises a été réservée.
[2] Cf. supra 203, 3, et infra 211.
[3] Supra 188, II-III.
[4] Le gotique conjugue : sōkida sōkidēs sōkida sōkidēdum sōkidēdup sōkidēdun ; salbōda salbōdēs, etc. ; habáida, etc.
[5] Comparer, en grec, présent λύουσι = λύ-ο-ντι et imparfait ἔλυον = *ἔ-λυ-ο-ντ. Le rapport est le même en germanique.

Le latin ayant, non seulement conservé, mais même souvent propagé aux temps primaires les désinences secondaires, on ne saurait recourir à un meilleur garant que lui pour les restituer. Que l'on compare la conjugaison du subjonctif (optatif) de la racine *ĕs* (être) :

Lat.	s-ī-m	s-ī-s	s-ī-t	s-ī-mus	s-ī-tis (1)	s-i-nt ;
V. al.	s-ī	s-ī-s	s-ī	s-ī-m (2)	s-ī-t	s-ī-n ;
Al.	sei	sei-est	sei	sei-en	sei-et	sei-en.

On demeurera frappé de l'admirable concordance des deux domaines italique et germanique après des siècles d'évolution isolée.

Ce simple tableau en dira plus que tous les commentaires à qui l'éclairera par le souvenir des lois fondamentales du phonétisme germanique. Il comprendra comment, *m* ou *t* final étant également tombé en prégermanique, les deux formes de sg. 1 et 3 sont devenues identiques dès cette époque, comme elles le sont aujourd'hui. La même chute de *t* final à pl. 3 lui expliquera comment pl. 1 et 3 se sont à leur tour confondues quand v. al. pl. 1 *sīm* est devenu *sīn*. Enfin la substitution de sg. 2 *sīst* à *sīs* n'a rien que de familier pour nous. Il n'y a plus dès lors qu'à mettre en regard les paradigmes anciens et modernes.

		Présent			Parfait		
		Got.	Ags.	V. al.	Got.	Ags.	V. al.
Sg.	1	slah-au	bind-e (4)	slah-e	slōh-jau	slōg-e	sluog-i
	2	slah-ái-s	bind-e	slah-ē-s	slōh-ei-s	slōg-e	sluog-ī-s
	3	slah-ái	bind-e	slah-e	slōh-i	slōg-e	sluog-i
Pl.	1	slah-ái-ma (3)	bind-e-n	slah-ē-n	slōh-ei-ma (3)	slōg-e-n	sluog-ī-n
	2	slah-ái-þ	bind-e-n	slah-ē-t	slōh-ei-þ	slōg-e-n	sluog-ī-t
	3	slah-ái-na (3)	bind-e-n	slah-ē-n	slōh-ei-na (3)	slōg-e-n	sluog-ī-n

D'où :

Ag.	slay	slay	slay	slay	slay	slay,
Al.	schlag-e	schlag-e-st	schlag-e	schlag-e-n	schlag-e-t	schlag-e-n ;
Ag.	slew	slew	slew	slew	slew	slew,
Al.	schlüg-e	schlüg-e-st	schlüg-e	schlüg-e-n	schlüg-e-t	schlüg-e-n.

(1) C'est le seul écart du latin : on y attendrait *sī-te ; mais -tis est pris à l'indicatif, et le lat. ne connaît plus -te qu'à l'impératif.

(2) Aussi s-ī-mēs, qui ressemble encore davantage au latin.

(3) Désinences amplifiées d'une voyelle, qui ne rentrent pas dans notre sujet puisqu'elles sont étrangères au germ.-occidental.

(4) On a substitué ici le vb. *bind-an* au vb. *slē-an*, qui n'aurait pas laissé voir les désinences parce que son subj. se contracte en *slē*.

(212) Un seul point mérite encore examen : outre l'uniformité du pluriel ags., question réservée, nous constatons l'uniformité du singulier, c'est-à-dire l'**absence** absolue **de désinence à sg. 2** tout comme ailleurs. Cela non plus ne saurait faire difficulté ; car nous savons que toute désinence primitive en -*s* devait, selon l'accentuation, demeurer -*s*, ou devenir -*z* et disparaître : c'est ce dernier fait qui s'est produit en anglo-saxon, avec cette circonstance en plus, que les cas où la finale était devenue -*z* ont agi par analogie sur ceux où elle était demeurée -*s* et conséquemment l'ont fait disparaître partout, tandis qu'inversement le haut-allemand généralisait l'-*s* par analogie des cas qui l'avaient conservé [1]. Le subjonctif anglais ne nous offre donc rien que nous n'ayons constaté dans mainte forme à -*s* final, notamment dans le pluriel allemand opposé au pluriel anglais [2]. C'est ainsi que l'anglais actuel a abouti à un subjonctif, présent ou parfait, entièrement amorphe.

§ 5. — *Désinences de l'impératif.*

(213) L'anglais et l'allemand modernes ont perdu toutes les formes primitives de l'impératif, sauf deux, la 2ᵉ personne aux deux nombres. Les autres sont simplement empruntées au subjonctif (al. *nehme er, nehmen sie*) ou rentrent dans la conjugaison périphrastique.

La forme sg. 2 se confondant avec le thème du mode [3], tout se réduit pour nous à pl. 2, dont l'indice est i.-e. -*té*, prg. -*þĕ* ou -*dĕ* : i.-e. **bhér-ĕ-té* (portez), sk. *bhár-a-ta*, gr. φέρ-ε-τε νέμ-ε-τε, lat. *leg-i-te dic-i-te*, etc.; got. *baír-i-þ* (portez), *nim-i-þ* (prenez) ; ags. *bind-a-ð* (liez), *hëlp-a-ð* (aidez), *bidd-a-ð* (priez), etc.; v. al. *nëm-e-t zioh-e-t far-e-t* et al. *nehmet ziehet fahret*, etc., etc., avec syncope éventuelle de l'*ĕ* atone.

---

[1] En fait l'-*s* est généralement précédé d'une syllabe atone à l'optatif du présent (sk. *várt-ē-s*), et d'une syllabe accentuée à l'optatif du parfait (sk. *va-vr̥t--yá-s*), en sorte qu'en anglais le présent a influencé le parfait, et réciproquement en allemand.

[2] Cf. supra 63, 139 et 143, et rapprocher 202, 3, etc.

[3] Supra 196-197.

Il n'y a pas ici d'observation à faire, sinon que, les syllabes qui suivent le radical n'étant jamais et en aucun cas de celles qui peuvent causer métaphonie, le contraste de *nimm* et *nehmet* est rigoureusement conforme à l'histoire de la langue depuis ses origines.

Dans les verbes faibles, on a de même : got. *sōk-ei-þ salb-ō-þ hab-āi-þ* ; v. al. *suoch-e-t salb-ō-t hab-ē-t* ; al. *suchet salbet habet*.

Mais, en anglais, pl. 2 ne diffère pas même de sg. 2, c'est-à-dire que, ici comme partout, le pluriel a complètement perdu ses désinences. C'est la dernière particularité qu'il nous reste à expliquer.

§ 6. — *Le pluriel verbal anglais.*

214) I. Si l'on a suivi avec attention les inductions à tirer, soit de la forme originaire des désinences personnelles, soit de l'aspect qu'elles présentent en gotique et en vieux-haut-allemand, on doit s'attendre à rencontrer, au pluriel anglo-saxon, les systèmes désinentiels que voici.

1° Indicatif du présent : **bind-a-n*[1] **bind-e-ð bind-a-ð* (= **bind-a-nð*[2]). — Mais on n'a que *bind-a-ð* aux 3 personnes, et en anglais, aux 3 personnes aussi, *bind* tout court.

2° Indicatif du parfait : *bund-on *bund-oð bund-on*. — Mais on n'a partout que *bund-on*, et en anglais *bound*.

3° Subjonctif du présent : *bind-e-n *bind-e-ð bind-e-n*. — Mais on n'a partout que *bind-e-n*, et en anglais *bind*.

4° Subjonctif du parfait : *bund-e-n *bund-e-ð bund-e-n*. — Mais on n'a partout que *bund-e-n*, et en anglais *bound*.

5° Impératif : **bind-e-ð*. — On a *bind-a-ð*[3], qui en approche, mais en anglais *bind* tout court.

---

[1] Exactement **bind-a-m*, et de même aux autres temps ; mais tenir compte de l'indécision de la nasale finale, supra 39.

[2] Par allongement compensatoire anglo-saxon (supra 20, 4° A), puis abrègement postérieur de la longue à raison de l'atonie (supra 65-66).

[3] Encore *-eth* dans Chaucer, v. g. *Nonne Preestes Tale*, 500 : *singeth* « chantez »

II. Comment se sont produits ces nivellements bizarres? et comment une conjugaison à désinences variées a-t-elle pu devenir uniforme en anglo-saxon, puis totalement amorphe en anglais? C'est ce qu'évidemment la réduction phonétique, à elle seule, ne saurait suffire à expliquer : il y a fallu le concours de procédés analogiques, fort simples sans doute, mais assez longs à déduire. Bornons-nous à en présenter une rapide esquisse que le lecteur complétera aisément.

1. L'analogie a dû partir des deux temps du subjonctif, où, comme on vient de le voir, les trois formes du sg. étaient devenues identiques : puisqu'on disait indifféremment *bind-e* au présent et *bund-e* au parfait pour les 3 personnes du sg., et que, d'autre part, on disait aussi indifféremment *bind-e-n bund-e-n* pour deux des personnes du pl. (la 1re et la 3e), il a paru naturel de dire également *bind-e-n bund-e-n* à pl. 2. L'assimilation peut ici se traduire en formule mathématique, soit $(g\bar{e})$ *binden* : $(w\bar{e})$ *binden* = $(\eth\bar{u})$ *binde* : (ic) *binde*, et $(g\bar{e})$ *bunden* : $(w\bar{e})$ *bunden* = $(\eth\bar{u})$ *bunde* : (ic) *bunde*. Sur ce point donc aucune hésitation.

2. On doit pourtant faire observer que, comme le supposent expressément les formules ci-dessus, cette assimilation se lie intimement à un phénomène nouveau d'analytisme, à savoir : l'emploi courant, avec le verbe, du pronom personnel sujet, que ne pratique point encore le gotique. Tant que le français, par exemple, a conjugué, en faisant sonner toutes les voyelles et consonnes, *aim aim-e-s aim-e-t*, il n'a pas eu besoin de préposer *je tu il* ; mais, du jour où il a préposé constamment *je tu il*, il n'a plus eu besoin de faire sonner toutes les voyelles et consonnes : et ainsi les deux faits d'uniformité des désinences et d'analytisme de la conjugaison marchent toujours de pair et se prêtent un mutuel appui. Si l'anglo-saxon a pu de bonne heure passer le niveau sur ses désinences, c'est que l'emploi, précoce aussi, des pronoms sujets le sauvait de l'amphibologie.

3. Sous le bénéfice de cette observation, une fois l'uniforme désinence en -*n* établie au subjonctif, elle s'étendit facilement à l'indicatif du parfait. Il est vrai qu'ici les trois formes du sg. n'étaient point identiques. Mais en revanche l'indicatif et le

subjonctif du parfait se ressemblaient beaucoup ; et, comme au surplus deux personnes (1 et 3) étaient d'ores et déjà identiques à l'indicatif, l'identité *bunden* au pluriel du subjonctif avait pour conséquence logique l'identité *bundon* au pluriel de l'indicatif.

4. Au pluriel de l'indicatif du présent il n'y avait pas de formes identiques, mais il y en avait deux fort voisines, *bindeð et *bindað* ; elles s'assimilèrent en *bindað*, qui passa aussi à l'impératif. Cela fait, une formule d'analogie telle que (*wē*) *bindað* : (*gē*) *bindað* = (*wē*) *bundon* : (*gē*) *bundon*, devait d'autant plus naturellement se poser, que *bindan* avait subsisté à pl. 1 de l'impératif, et qu'il pouvait y avoir avantage à distinguer « nous lions » du simple « lions ». Ici donc le nivellement se fit aux dépens de la 1re personne, qui suivit l'analogie des deux autres.

5. Revenons maintenant aux désinences en *n*. On sait avec quelle facilité disparaît l'*n* final anglais. Dès l'époque anglo-saxonne, il abandonne facultativement les désinences du pluriel verbal, lorsqu'elles sont suivies du pronom sujet : en d'autres termes, on dit obligatoirement *wē bundon* et *gē bundon*, mais à volonté *bundon wē* et *bunde wē*, *bundon gē* et *bunde gē* [1]. De là au type uniforme ag. pf. ind. subj. *bound* et prés. subj. *bind*, la transition est toute phonétique.

6. Cette apocope, régulière pour l'*n* final, s'étendit, par une analogie presque fatale, au *ð* final de l'indicatif du présent, et l'on en vint à dire, facultativement aussi, *binde wē* « nous lions » et *binde gē* « vous liez ». Puis le moyen anglais propagea cet usage.

7. Les formes écourtées ayant décidément prévalu, l'anglais ne connaît plus que *bind* dans tout le pluriel du présent ainsi qu'à pl. 2 de l'impératif.

8. Le même travail s'effectuant parallèlement dans tous les verbes forts ou faibles, il en résulte en fin de compte que le **pluriel** de tous les temps et modes n'a plus d'autre caractéristique que son état **amorphe**.

---

[1] Même phénomène en m. al., supra 203, 1. — Tenir compte ensuite de ce que la désinence analogique -*en* partout, même au présent, s'est propagée de bonne heure en mercien ; or on sait que l'anglais descend du mercien et non du saxon.

Section II.

LES CONJUGAISONS ANOMALES.

(215) Les anomalies apparentes de la conjugaison germanique comprennent : 1° **le verbe « être »**, qui a conservé presque intacte une conjugaison radicale, très primitive, et plus simple que celle des thèmes verbaux en -$\breve{e}$-/-$\breve{o}$- ; 2° **quelques autres** verbes qui en montrent tout au moins une trace indécise ; 3° **les faux présents** qui en réalité sont d'anciens parfaits et qu'on dénomme en conséquence prétérito-présents.

§ 1er. — *Le verbe « être »*.

(216) On se souvient qu'en indo-européen beaucoup de verbes pouvaient se conjuguer sans insérer la voyelle alternante -$\breve{e}$-/-$\breve{o}$- entre la racine et les désinences, et en affixant directement celle-ci à la racine pure [1]. C'est la classe que l'on désigne en grec sous le nom de verbe en -μι : εἰ-μί (je suis) = *ἐσ-μί, εἶ-μι (je vais), τί-θη-μι (je place), etc. Elle compte encore en grec, ainsi qu'en sanscrit, un bon nombre de représentants. Mais en latin elle n'en a plus qu'un, qui est précisément le verbe *sum*, et il en est de même, à peu de chose près, en germanique.

Mais ce qui complique **la flexion** du verbe germanique, c'est qu'elle n'est point une et **confond** en un seul **plusieurs verbes** : de même que le vb. fr. « aller » se compose en réalité de trois verbes mélangés à doses inégales (*aller, il va, j'irai*), ainsi en germanique le verbe « être » se conjugue sur **trois racines** verbales qui ne sont pas toujours les mêmes aux mêmes personnes dans des langues aussi voisines que l'anglais et l'allemand, mais qui d'ailleurs se retrouvent, avec des sens plus ou moins nuancés, dans toutes les autres langues indo-européennes.

Ces trois racines sont : — ĕs « être » au sens propre, cf. sk. *ás-ti* (il est), gr. ἐσ-τί, lat. *ĕs-t*, russe *jestĭ*, etc.; — bhĕw « devenir », cf. sk. *bháv-a-ti* (il devient, il est), gr. φύ-ε-ται (il est

---

[1] Supra 81, et rapprocher 92.

produit), πέ-φῦ-χε (il est), lat. fu-i-t (il fut), russe bu-du (je serai), etc. ; — wĕs « habiter », cf. sk. vás-a-ti (il demeure, il se trouve), gr. ἑστία = *ϝεσ-τί-ᾱ (foyer), lat. Vĕs-ta (déesse du foyer), got. wis-a (je séjourne), etc.

Le gotique déjà les confond toutes trois dans le sens commun d'« être », la dernière pourtant avec une nuance d'état duratif et permanent. En anglo-allemand elles sont devenues tout à fait synonymes : l'anglais montre une prédilection marquée pour la seconde ; l'allemand, pour la première ; tous deux empruntent à la troisième les deux modes du parfait.

(217) I. Indicatif du présent — A. En anglais. — Sg. 1 : ags. eom eam am = got. i-m [1] = i.-e. *és-mĭ (sk. ás-mi, gr. εἰμί = *ἐσ-μί, russe jes-mi, etc.) ; ag. am. 2 : ags. eart, qui semble une forme de pf. fort relevant d'une tout autre racine [2] ; ag. árt. 3 : ags. is = lat. es-t ou gr. ἐσ-τί [3] ; ag. is. — Pl. 1, 2, 3 : ags. s-ind, par extension générale à toutes les personnes de la forme du pl. 3, ainsi qu'on l'a vu pour les autres indicatifs ; cette forme était i.-e. *s-énti [4], cf. sk. sánti, lat. sunt, got. sind, etc. ; mais ags. earum et ag. are relèvent du même type que sg. 2.

B. En allemand. — Sg. 1 : v. al. bi-m, pour *biu-m = i.-e. *bhĕw-mĭ ; de là, bin, m. al. bin, al. bin, 2 : v. al. bi-st, pour *bi-s, par affixation constante de la finale -st dont l'origine est connue. 3 : v. al. is-t = got. is-t, cf. la note sur ag. is. — Pl. 1 : v. al. birum birun [5] ; encore m. al. birn, mais aussi sin par

[1] Le vocalisme ags. est visiblement troublé : il a subi l'influence du vocalisme du verbe parallèle bēo-m (al. bi-n), qui existait concurremment en ags., mais que l'ag. a perdu à ce temps ; l'al. au contraire, qui a fait prévaloir *biu-m, lui a imposé le vocalisme de i-m. — Les dialectes anglais ont parfois gardé bēom : on lit I binna pour I am not aux premières pages d'Adam Bede.

[2] Cf. Streitberg, Urgerm. Gr., p. 317.

[3] Car le groupe st devient ss en germanique : donc *esti a donné *issi, puis *iss et is. Le got. et l'al. ont réajouté par analogie une finale -t de sg. 3.

[4] La racine ŏs se réduit parce que l'accent passe sur la désinence.

[5] Aussi birumēs, et pirum pirumēs, etc. Ces formes bizarres et tombées en désuétude contiennent un r d'origine obscure ; mais leur u les dénonce à première vue comme relevant primitivement du parfait : elles ont dû être refaites de toutes pièces sur wārumēs wārum (al. waren).

transport du subjonctif, et enfin *sint* par analogie du pl. 3 ; car, pl. 1 et pl. 3 étant devenues identiques dans tous les autres verbes, on était amené à dire *wir sint* comme *sie sint* du moment qu'on disait *sie nëmen* comme *wir nëmen*[1] ; al. *sind*. 2 : v. al. *birut* ; m. al. *birt*, mais aussi *sīt* par transport du subjonctif ; al. *seid*. 3 : v. al. *sint* = got. *sind* = i.-e. **s-énti* ; al. *sind*.

II. Subjonctif du présent. — Ags. *sīe*, etc., comme en v. al., et *bēo*, pl. *bēo-n* ; en anglais, le dernier seul conservé, *be* invariable. — V. al. *sī*, etc. (got. *sijau*, etc.), flexion étudiée sous le n° 211.

III. Indicatif du parfait. — La racine *wĕs* forme naturellement un pf. i.-e. sg. 3 **wĕ-wós-ĕ*, prg. **wás-ĕ* : got. *was was-t was wēs-um wēs-up wēs-un*. L'ags., encore plus pur que le gotique, a au pluriel le rhotacisme qui atteste l'adoucissement d's en *z* après syllabe atone : sg. *wæs*, pl. *wǣron* ; à quoi l'ag. répond fidèlement par *was* et *were*. De même v. al. *was* et *wār-un* ; m. al. *was* et *wār-en* ; mais al. *war* et *waren* par extension au singulier du rhotacisme et de la voyelle longue[2].

IV. Subjonctif du parfait : ags. *wǣr-e* et ag. *were* ; v. al. *wār-i* et al. *wär-e* ; sans difficulté.

V. Impératif : ag. *be* = ags. *bēo* ; m. al. *wis* régulier, et aussi *bis* (pour **bi*, par analogie de *wis*) ; al. *sei*, par transport du subjonctif.

VI. Infinitif : ag. *be* = ags. *bēo-n* ; m. al. *wēs-en* = got. *wis-an*, conservé seulement comme substantif neutre (*das Wesen* « l'être »), et aussi *sin*, al. *sein*, toujours par imitation du subjonctif.

VII. Participes. — Présent : ag. *be-ing* ; al. *wes-e-nd* régulier (dans les composés du type *abwesend*), mais communément *sei-end*, analogique du subjonctif. — Passé : ag. *been* = ags. *ge-bēo-n* ; al. *ge-wes-en* = v. al. *gi-wēs-an* = got. *wis-an-s*.

---

[1] Cf. supra 203, 1 et 3, et 211.
[2] Dialectalement en ag. aussi : *I war*, Yorkshire (Currer Bell).

§ 2. — *Autres verbes radicaux.*

218) I. Ag. *do* = al. *tun*. — La racine i.-e. *dhē* « placer, faire » (cf. sk. *da-dhâ-ti* = gr. τί-θη-σι « il place » et lat. *fa-c-i-t* « il fait » avec un *c* intercalaire) se conjugue bien encore par simple affixation des désinences; mais ses apophonies sont étranges, parfois déconcertantes, et le gotique ne saurait être d'aucun secours pour les éclaircir; car le verbe y a la forme *tau-jan* et a entièrement passé à la conjugaison faible.

1. L'indicatif du présent paraît montrer, tout à fait exceptionnellement, le degré fléchi de la racine, soit i.-e. **dhô-mi* [1], d'où ags. *dō-m* = v. al. *tuo-n* (je fais). La flexion métaphonique ags. *dō-m dē-št dē-ð* pl. *dō-ð*, s'est altérée et simplifiée en *do dost does* = *doth*, pl. *do*, et l'on voit que l'-*m* final de sg. 1 est tombé, par imitation de la forme corrélative des autres verbes. Il en est exactement de même en allemand : v. al. *tuo-n*; m. al. *tuo-n*, puis *tuo*; al. *tu-e*. Les autres formes, *tuo-st tuo-t tuo-ēn tuo-(n)t tuo-nt*, sont fidèlement reproduites dans la flexion actuelle *tust tut tun tut tun*.

2. Le subjonctif du présent se construit régulièrement sur l'indicatif : ags. *dō*, etc., et ag. *do*; v. al. *tuo-e*, etc., et al. *tu-e*.

3. L'indicatif du parfait est d'une extrême complication : c'est un ancien parfait redoublé, soit i.-e. **dhē-dhē-*, vieux-saxon *dëda*, v. al. *tëta* « il fit », mais ags. *dyde* dont le vocalisme demeure énigmatique ; au pl. le redoublement est allongé, soit i.-e. **dhē-dh-*, vieux-saxon *dādun*, v. al. *tātun*, et même ags. régulier *dædon* en concurrence à *dydon*. L'ag. *did* est le continuateur du type à *y*, et l'al. *tat* a étendu au sg. le vocalisme du pluriel.

4. Subjonctif du parfait : ags. *dyd-e dyd-e-n* et ag. *did*; v. al. *tāt-i tāt-i-s*, etc., et al. *täte* métaphonique.

5. Impératif : ags. *dō*, etc., et ag. *do*; v. al. *tuo* et al. *tue*.

6. Infinitif : ags. *dō-n* et ag. *do*; v. al. *tuo-n* et al. *tun*.

7. Participes : présent, ags. *dō-nde* (ag. *do-ing*), et al. *tu-*

---

[1] A moins que ce ne soit un subjonctif i.-e. en -*ā*- (cf. lat. *leg-a-m*) en fonction d'indicatif : « que je fasse, je vais faire », pour « je fais »; la question paraît insoluble.

end ; passé, ags. *ge-dō-n*, et ag. *do-ne* avec le vocalisme du présent; v. al. *gi-tā-n* et al. *ge-ta-n* avec le vocalisme du parfait.

(219) II. Ag. *go* = al. *geh-en* [1]. — Ce verbe n'a point d'équivalent précis en indo-européen, ni même en dehors du germanique occidental. On y a supposé une fusion du préfixe prg. ʒ*a*- (supra, 96, I, et 97) avec la rac. i.-e. *i* (aller, gr. εἶ-σι, lat. *i-t* « il va »), ou, plus vraisemblablement, la rac. i.-e. *ghē* (sk. *ja-hā́-ti* « il quitte », gr. κί-χη-μι « il va »), conjuguée athématiquement, mais sans redoublement : dans ce cas, le vocalisme ʒ*ā*-, anglais et partiellement allemand, représenterait fidèlement l'indicatif primitif (v. al. *gā-m* = i.-e. **ghē-mi*), et le vocalisme ʒ*ē*-, exclusivement allemand, serait celui d'un ancien subjonctif (optatif, prg. ʒ*a-ĭ*-) passé en fonction d'indicatif [2].

1-2. Présent. — Indicatif : v. al. sg. 1 *gā-m* *gā-n* ou *gē-m* *gē-n*, et le reste à l'avenant. Le m. al. a encore *gā-n* et *gē-n* ; mais l'al. mod. n'a plus que *gehe* = **gē*, avec chute analogique de la désinence. La même altération est beaucoup plus ancienne en anglais : l'ags. déjà n'a plus que sg. 1 *gā*, d'où ag. *go*, le reste à l'avenant. — Le subjonctif n'offre aucune particularité.

3-4. Parfait. — Le parfait allemand se forme sur un vb. *gang-an* = got. *gagg-an* (aller) dont l'étymologie n'est point connue [3] : c'est un parfait fort du type G, par conséquent *ging*. — L'anglais n'a plus trace de cette dernière racine dans la conjugaison du verbe ; mais il la montre dans *gang* (troupe), cf. al. *gang* (marche), et dans *gang-way* (passage étroit), cf. got. *gagg-s* (rue). Quant au parfait du vb. *go*, il l'emprunte au vb. *wend* (se tourner, se diriger) = al. (*sich*) *wenden* [4] = got.

---

[1] Bien entendu, l'*h*, ici comme dans *stehen* et ailleurs, n'a pas de valeur étymologique et ne sert qu'à allonger la syllabe.

[2] Mais il se pourrait aussi que *gān* et *gēn* fussent des formes écourtées de *gangan* (infra 3-4), forgées sur le modèle de *stān* et *stēn*, à cause du contraste de signification qui rapproche ces deux verbes dans la pensée.— Le vocalisme *ā* (devenu *ō* comme en anglais) se maintient en haut-alaman: suisse *ěr kōt* « il va », *ěr štōt* « il se tient debout ».

[3] On rapproche le sk. *jáṅgh-ā* (jambe) = i.-e. **ghéṅgh-ā*.

[4] La forme ag. *went* est avec al. *wandte* dans le même rapport que *sent* et *sandte*, supra 187, 7. Le verbe lui-même est aujourd'hui inusité, sauf dans la locution *I wend my own way* et similaires ; mais il se lit encore deux fois dans Shakespeare.

wand-jan, causatif de got. *wind-an* = al. *wind-en* = ag. *wind.*
— Le subjonctif *went* et *gienge* sans difficulté.

5-6. L'impératif et l'infinitif comme le présent.

7. Participe (présent *go-ing* *geh-e-nd*) passé : sur le thème *gā-*, ags. *ge-gā-n* et ag. *go-ne* ; sur le thème *gang-*, v. al. *gi-gang-an* et al. *ge-gang-en*, conformément au type G.

220) III. Al. *stehen*, cf. ag. *stand*. — Ici encore deux conjugaisons ont conflué en une seule. Toutefois l'ag. ne possède plus nulle part l'équivalent de *stehen*, car son verbe *stay* est d'origine romane : il conjugue donc tout le verbe sur un thème *stand-*, cf. got. *stand-an*, pf. *stōþ*, et v. al. *stant-an* tombé en désuétude. L'al. au contraire garde au présent la forme radicale pure qui correspond à sk. *á-sthā-t* (il se tint debout) = gr. ἔ-στη = lat. *sta-t*, etc., ou, respectivement, au subjonctif de ce même verbe (optatif aor. gr. σταῖ-μεν « que nous nous-tenions », cf. supra 219) : v. al. sg. 1 *stā-m* *stā-n* ou *stē-m* *stē-n*, le reste à l'avenant ; m. al. *stā-n* ou *stā*, *stē-n* ou *stē* ; mais al. mod. seulement *stehe*. Le parfait et le participe ont été classés sous les verbes forts du type F [1], et les autres formes n'offrent rien de particulier.

221) IV. Ag. *will* = al. *wollen*. — Les grammaires usuelles rangent ce verbe dans la classe qui va suivre et avec laquelle il présente en effet une ressemblance très frappante, mais tout extérieure. Le trait commun qui les relie, l'absence de désinence à sg. 3 du présent, est dû, dans *will* = *wollen*, à une particularité presque unique de conjugaison : ainsi qu'on le voit par la flexion gotique, son présent n'est pas un indicatif, mais un subjonctif de présent ; ou, en d'autres termes, ag. *I will* = al. *ich will* = got. *wil-jau* ne signifie point « je veux », mais « je voudrais » (optatif) ; au pluriel de l'allemand, toutefois, l'indicatif reparaît. Quant à la racine, elle est i.-e. *wĕl* (cf. lat. *vel-le vol-ō vul-t vel-i-m*), qui donne en prégermanique les vocalismes : normal *wĕl*, d'où *wĭl* s'il y a métaphonie ; réduit *wŭl wŏl* (= i.-e. *wḷ*) ; fléchi *wăl*, d'où *wĕl* s'il se produit une métaphonie ultérieure. Ces notions bien appliquées suffisent à

---

[1] Supra 184, 2.

débrouiller l'écheveau de cette conjugaison d'aspect disparate et compliqué.

1. Indicatif du présent (ancien subjonctif). — Sg. 1 : got. *wil-jau*, ags. *will-e* et ag. *will*, v. al. *will-u* [1] et al. *will*. 2 : got. *wil-ei-s* = lat. *vel-i-s* ; ags. déjà *wil-t*, par intrusion de la désinence *-t* , et ag. *wil-t* ; v. al. *wil-i* = *wil-i-z* [2], mais al. *will-st* analogique. 3 : got. *wil-i* = lat. *vel-i-t* ; ags. *wil-e wil* et ag. *will* ; v. al. *wil-i* et al. *will*. — Pluriel : got. *wil-ei-ma wil-ei-þ wil-ei-na*, exclusivement subjonctif ; mais la voyelle de la finale ags. *will-að* (ag. *will*) montre déjà l'intrusion de l'indicatif, qui apparaît plus nettement encore dans le vocalisme radical du northumbrien *wall-að*. Il triomphe absolument dans le v. al. *węll-e-mēs węll-e-t węll-e-nt*, devenu al. *woll-e-n woll-e-t woll-e-n* sous l'influence du vocalisme du pf. *woll-te* [3].

2. Une fois le subjonctif du présent passé en fonction d'indicatif, la langue se refit par analogie un nouveau subjonctif : ags. *will-e*, et ag. *will* ; v. al. *węll-e* (cf. northumbr. *wæll-a*) et al. *woll-e*.

3-4. Le parfait est un type de parfait faible, régulièrement formé sur la racine réduite, soit i.-e. sg. 3 *$(w\breve{e}\text{-})wl̥\text{-}táy$: got. *wil-da*, avec intrusion de la voyelle du présent ; mais le vocalisme bien conservé en germ.-occ., ags. *wol-de* et ag. *woul-d*, v. al. *wol-ta* et al. *woll-te*. Le subjonctif, ici sans métaphonie, est naturellement identique.

5-7. Impératif inusité. Infinitif : ags. *will-an* et ag. *will* ; mais v. al. *węll-an woll-an*, et al. *woll-en*. Participe *ge-woll-t*.

§ 3. — *Les prétérito-présents.*

(222) On sait que **le parfait indo-européen n'était pas** un **passé historique, mais** le temps de l'action accomplie,

---

(1) Indicatif, ou subjonctif plié à l'analogie de l'indicatif ; car la forme du subjonctif pur serait *wit-i*, supra 193-194 et 211.

(2) Cf. la perte régulière de cette désinence en ag., supra 212.

(3) L'e du radical procède de métaphonie, parce que l'indicatif se conjugue sur un thème en *-yo-*, soit *węll-e-nt* = prg. *$w\breve{a}l\text{-}j\breve{a}\text{-}nd\ddot{\imath}$* : en d'autres termes, il y a eu confusion avec le vb. dérivé *węllen* « choisir » (al. mod. *wählen*), qui d'ailleurs est issu de la même racine. — Encore aujourd'hui, en Haute-Alsace, *mr̥ vèlě* « nous voulons ».

pouvant dès lors faire office de **présent duratif**, et l'on a déjà insisté sur la différence de sens qui sépare, en grec, ἔθανε « il mourut » de τέθνηκε « il est mort », conséquemment « il ne vit plus » : tout de même, λέλειπται ne signifie pas « il fut laissé », mais « il a été laissé », et par suite « il reste », et ainsi de tout autre parfait grec. On a vu aussi que le parfait i.-e. *wŏyd-ĕ, exactement « il a vu », signifie « il sait » dans presque toutes les langues de la famille [1] : sk. *véd-a*, gr. οἶδε = ϝοῖδε, got. *wáit*, etc. Or, les langues germaniques, tout en détournant couramment le parfait au sens de passé historique, ont conservé dans l'usage un vestige de sa fonction ancienne sous la forme d'**une douzaine de parfaits** qui jusqu'à nos jours joignent à la flexion de ce temps le **sens du présent**. C'est la catégorie qui va nous occuper.

En s'isolant, elle s'est trouvée, dans une large mesure, préservée des altérations qui ont troublé la conjugaison des parfaits ordinaires : on y retrouve, notamment, l'apophonie régulière du singulier au pluriel, que les langues modernes ont si obstinément nivelée, et même, en partie, l'ancienne désinence -*t* de sg. 2 (= i.-e. -*thă*), que leurs ancêtres déjà avaient abandonnée [2] ; quant à l'**identité** nécessaire **de sg. 1 et 3**, c'est naturellement le caractère spécifique et distinctif de cette classe de formes verbales, et elle y est demeurée fidèle [3].

Bien que tout **prétérito-présent** soit au fond un parfait, il est pourvu à son tour d'un passé historique (*can could, weisz wuszte*, etc.), qui toujours répond au type de parfait faible : ce qui revient à dire que les prétérito-présents sont des verbes germaniques qui emploient leur parfait actif en guise de présent et leur parfait moyen en guise de passé [4].

---

[1] Cf lat. *nō-vī* « j'ai pris connaissance de » et en conséquence « je sais », *me-min-ī* « je me souviens », *vīxit* « il est mort », etc.

[2] Cf. supra 209.

[3] Du moins dans la langue littéraire, car l'analogie a parfois fait son œuvre ailleurs : Il ne manque pas de dialectes allemands où l'on dit *er weiszt*, et il arrive aux illettrés anglais de dire *he cans*.

[4] Cf. supra 188, II in fine.

Les grammaires usuelles, en y comprenant *will* = *wollen*, en distinguent encore neuf, dont deux anglais, un allemand et six communs. Les anciennes langues en avaient quelque peu davantage ; mais plusieurs sont tombés en désuétude ; d'autres, comme ag. *dare* et al. *taugen* [1], ont passé à la conjugaison ordinaire. La meilleure façon de les étudier consiste à les ranger sous les divers types de verbes forts dont ils relèvent [2].

(223) Type A.

I. Got. *wáit* [3] (il sait), ag. *wot* inusité, al. *weisz*.

1. Indicatif du présent. — Le singulier a régulièrement la racine fléchie. 1 : got. *wáit* = sk. *vêd-a* = gr. ϝοῖδ-α, cf. lat. *vid-i* (j'ai vu) ; ags. *wāt* et ag. *wot* ; v. al. *weiʒ* et al. *weisz*. 2 : got. *wáis-t* = sk. *vêt-tha* = gr. ϝοῖσ-θα ; v. al *weis-t* et al. *weisz-t* (ags. *wās-t*). 3 : got. *wáit* = sk. *vêd-a* = gr. ϝοῖδ-ε ; v. al. *weiʒ* et al. *weisz*. — Le pluriel a régulièrement la racine réduite. 1 : got. *wit-um* = sk. *vid-má* = gr. ϝίδ-μεν ἴσ-μεν ; ags. *wit-on*, mais ag. *wot* sans apophonie ; v. al. *wiʒʒ-um* et al. *wiss-en*. 2 : got. *wit-uþ* et al. *wiss-et*. 3 : got. *wit-un* et al. *wiss-en*.

2. Subjonctif du présent : la racine régulièrement réduite ; got. *wit-jáu wit-ei-s*, etc. ; ags. *wit-e* ; v. al. *wiʒʒ-i* et al. *wiss-e*, etc.

3.-4. Parfait (faible). — Got. *wissa* (régulier pour *wis-ta*), etc. ; ags. *wisse*, puis *wiste* par restitution analogique de la désinence *-te* ; v. al. *wissa*, etc. ; m. al. *wisse*, puis *wiste* de même, enfin très tard *woste wuste* [4] ; al. *wuszte* et subj. *wüszte*.

---

[1] Sur *dare*, cf. supra 187, 1. En sa qualité de parfait, *taugen* montre encore l'état fléchi de la racine qui apparaît réduite dans *tugend*. cf gr. τύχ-η.

[2] En voici la liste alphabétique : ag. *can, may, must, need, ought, shall, will, wot* ; al. *dürfen, können, mögen, müssen, sollen, wissen, wollen.*

[3] Ce *wáit* est donc le parfait d'un verbe dont l'infinitif normal serait *weit-an* ; cf. ag. *wit* = al. *witz* (intelligence), et ag. *wise* = al. *weise* (sage), ag. *wit-ness* (témoin), etc.

[4] Vocalisme altéré par diverses causes : le subj. rég. *wiste* a été pris

5. L'infinitif, v. al. *wizz-an*, m. al. *wizz-en* et al. *wiss-en*, est refait sur le participe passé et sur le pluriel du présent, à l'instar du verbe précédent (*wellen wollen*) et des suivants [1].

6. Le participe passé est très régulier : v. al *gi-wizz-an* = got. *wit-an-s* = i.-e. *wid-onó-s*; m. al. *ge-wizz*-en (cf. al. *gewisz* « certain ») et *ge-wis-t* ; mais al. *ge-wusz-t* comme au parfait.

Type C.

24) II. Got. *kann* (il sait), ag. *can*, al. *kann*. — Ce verbe, qui littéralement signifie « il a appris », par suite « il sait », et enfin « il est capable de, il peut », n'est autre chose que le parfait de la rac. i.-e. *gĕn* (connaître, sk. *jānā-ti* « il sait »), qui en grec et en latin apparaît surtout sous la forme *gnō*, gr. γι-γνώ-σκω, pf. ἔ-γνω-κα, lat. *nō-scō* = *gnō-scō*, pf. *nō-vi*, part. *nō-tu-s*, etc.

1-2. Présent. — Indicatif sg. 1 : got. *kann*, ags. *con can* et ag. *can*, v. al. *kan* et al. *kann*. 2 : got. *kan-t* régulier, mais déjà ags. *con-st* et ag. *can-st*, v. al. *kan-st* et al. *kann-st*. 3 : comme sg. 1. Pl. 1 : got. *kunn-um*, ags. *cunn-on*, v. al. *kunn-un* et m. al. *kunn-en* réguliers. Mais l'ag. généralise *can*. Quant à l'al. mod., il reste fidèle à l'apophonie, mais la complique d'une métaphonie empruntée au subjonctif. — Le subjonctif, en effet, est très régulièrement *künne* = v. al. *kunn-i* ; mais, comme au présent de la conjugaison ordinaire l'indicatif et le subjonctif ont toujours le même vocalisme radical, il a semblé qu'il en devait être de même ici, et l'on a dit m. al. *künnen*, al. *können*, au pluriel de l'indicatif comme au subjonctif. — De même pl. 2 *könn-t* et pl. 3 *könn-en*.

pour *wüste* (*wöste*), et l'on a refait sur ces formes *wuste* et *woste* par métaphonie inverse ; tenir compte aussi de l'influence des similaires *muoste*, *kunde konde*, *dorfte*, car on sentait un lien entre ces verbes de flexions semblables et de sens très voisins : aussi le vocalisme est-il dans tous un tant soit peu flottant. — L'anglais archaïque a encore la forme régulière *he wist* « il savait », p. ex. Act. Apost. 12, 8.

[1] Mais on peut aussi le tenir pour régulier : supra 82, 2.

3-4. Parfait. — Indicatif : got. *kun-þa* [1] = i.-e. *(*ge-*)*gn̥-láy* (?) ; ags. *cū-ðe*=*cŭn-ðe, m. ag. *coud* et ag. *could* [2] ; v. al. *kon-da*, m. al. *kun-de kon-de* et al. *konn-te*. — Subj. *could* et *könnte*.

5-6. L'infinitif, ag. *can*, al. *könn-en*, a le vocalisme, l'un du sg., l'autre du pl. du présent. Le participe al. mod. *gekonnt* est refait sur le parfait [3].

III. Got. *þarf* (il a besoin de), al. *darf* (il a loisir de). — C'est le sk. *ta-tárp-a*, parfait de la rac. *tarp* = i.-e. *tĕrp* (satisfaire, être satisfait), cf. gr. τέρπ-ε-ται (il est charmé). Il signifie donc « trouver satisfaction dans », par suite « avoir besoin de » [4] et « avoir la possibilité de », seule acception aujourd'hui subsistante.

1-2. Présent. — Indicatif sg. 1-3 : got. *þarf*, ags. *ðearf*, v. al. *darf*, al. *darf*. 2 : got. *þarf-t*, v. al. *darf-t*, al. *darf-st*. Pl. 1 : got. *þaúrb-um*, avec apophonie et changement de consonne ; ags. *ðurf-on* et v. al. *durf-un*, avec apophonie, mais l'*f* généralisé ; m. al. *durf-en*, et *dürf-en* avec la métaphonie du subjonctif comme *können* ; al. *dürf-en*. — Le reste à l'avenant, et subjonctif *dürf-e*.

3-4. Parfait. — Indicatif : got. *þaúrf-ta* v. al. *dorf-ta*, m. al. *dorf-te*, mais al. *durf-te* influencé par le vocalisme du présent. — Subjonctif, de même, *dörfte* et (mod.) *dürfte*.

5-6. Infinitif : *durf-an* et *dürf-en*. Participe passé : *ge-dorf-t (dans le composé *be-dorf-t*) et *ge-durf-t*.

(225) Type D.

IV. Got. *skal*, ag. *shall*, al. *soll*, parfait d'une racine qui

---

[1] Ce consonnantisme par got. *þ* = ags *ð* = al. *d* est exceptionnel et assez embarrassant : en voir la discussion dans Dieter, *Laut- und Formenlehre*, p. 366 sq.

[2] Consonnantisme et orthographe altérés par l'influence de *would* et *should*.

[3] Le régulier est l'adjectif *kund* (connu) = got. *kunþ-s*.

[4] Le sens « avoir besoin » de l'ags. du v. al. et du m. al. vit encore dans l'al. mod. *be-dürf-en* (même flexion) ; le sens actif « satisfaire » et par suite « prospérer », dans *derb-en, auquel le préfixe péjoratif (*ver-derb-en*) donne le sens de « se corrompre ».

serait i.-e. *skĕl*, mais qui ne se rencontre pas en dehors du germanique. Le vocalisme et le consonnantisme allemands sont troublés par divers accidents : la mutation de *a* en *o* paraît due exceptionnellement au voisinage de l'*l* ; quant à la chute du *k*, elle était régulière dans les cas où la réduction de la racine avait donné naissance au groupe *skl*, et l'analogie l'a étendue aux autres [1].

1-2. — Sg. 1-3 : got. *skal* ; ags. *sceal* et ag. *shall* ; v. al. *scal sol*, m. al. *sal sol* et al. *soll*. 2 : got. *skal-t* ; ags. *sceal-t* et ag. *shal-t* sans altération ; v. al. *scal-t sol-t*, et parfois déjà *sol-st* ; m. al. *sal-t sol-t*, mais al. *soll-st*. Pl. 1 : got. *skul-um* ; ags. *scul-on*, mais ag. *shall* ; v. al *scul-un*, m. al. *sul-n* ou *sül-n* (métaphonique) ; al. *soll-en* avec le vocalisme du sg., ou même *söll-en*, mais la forme sans métaphonie a prévalu et même envahi le subjonctif : v. al. *scul-i*, m. al. *süll-e*, al. *soll-e*.

3-4. — Got. *skul-da* ; ags. *sceol-de* et ag. *shoul-d* ; v. al. *scol-ta sol-ta*, m. al. *sol-te* et al. *soll-te*. — Subj. : m. al. *sol-te* et *söl-te*, mais al. classique *soll-te*, comme ag. *shoul-d*.

5-6. — Infin. *shall* et *soll-en*. — Part. *ge-söll-t*.

26)   Type E.

V. Got. *mag*, ag. *may*, al. *mag*, parfait d'une racine i.-e. *mĕgh* (aussi *mĕg*), qui exprime l'idée de grandeur et puissance et se retrouve dans sk. *mah-ánt-* (grand), *máh-as* (grandeur), gr. μέγ-α-ς (grand), cf. ags. *meah-t* et ag. *migh-t*, v. al. *mah-t* et al. *mach-t* [2].

1-2. — Sg. 1-3 : got. *mag*, ags. *mæg* et ag. *may*, v. al. *mag* et al. *mag*. 2 : got. *mag-t* ; ags. *meah-t mih-t*, mais ag. *may-est* ; v. al. *mah-t*, m. al. *mah-t*, mais al. *mag-st*. Dès le pré-

[1] M. al. encore, en bavarois, *er schol*.

[2] Très douteux : *mag* peut être un pf. du type E, qui ait perdu l'apophonie, ou un pf. du type F, qui, au contraire, de tous les autres, l'ait conservée d'abord, puis nivelée en généralisant le vocalisme du pl. (soit *mōg magum unifié en *mag magum*), ou même un simple présent qui aurait adopté, par analogie de sens avec les prétérito-présents, une flexion de pf. : cf. Brugmann, *Grundriss*, II, p. 1255.

germanique, le pluriel prend ici le vocalisme du sg. : got. *mag-um*, ags. *mag-on* et ag. *may*; v. al. *mag-un*. Mais, par analogie de *kunn-un*, *durf-un*, on a aussi *mug-un*, d'où : m. al. *mug-en müg-en* (aussi *męg-en*); al. *mög-en*. — Subj. *may mög-e*.

3-4. — Got. *mah-ta*, ags. *meah-te mih-te* et ag. *migh-t*, v. al. *mah-ta* et m. al. *mah-te*, tous réguliers; mais aussi v. al. *moh-ta* (comme *kon-da*), m. al. *moh-te* et al. *moch-te* (*ver-moch-te*). — Subjonctif : m. al. *męhte möhte* et al. *möchte*; ag. *might*. — Le reste sans difficulté.

(227) Type F.

VI. Got. *ga-mōt* (il trouve occasion de), ag. *must* (il est obligé de), al. *musz*, parfait d'une racine inconnue. L'anglais a perdu le parfait fort, et c'est son parfait faible qui remplit à la fois l'office de présent et de passé : *he must = er muszte*[1].

1-2. — Sg. 1-3 : got. *ga-mōt*, ags. *mōt* (il peut), v. al. *muoz* (il peut) et al. *musz*. 2 : got. **mōs-t*, ags. *mōs-t* et ag. *must*, v. al. *muos-t* et al. *musz-t*. Pl. 1 : got. **mōt-um*, ags. *mōt-on*, v. al. *muoz-un*, mais m. al. *müez-en* et al. *müss-en*, etc.

3-4. — Got. *ga-mōs-ta*, ags. *mōst-e* et ag. *mus-t*, v. al. *muosa* (pour **muos-sa* comme *wis-sa*) et *muos-ta*, m. al. *muos-te*, al. *musz-te* et subj. *müsz-te*, etc.

(228) Hors cadres.

VII. Ag. *ought*. — C'est un parfait faible : got. *áih-ta* (il avait), du vb. *áih-an*[2], cf. al. *eig-en* (propre) = ag. *ow-n*; ags. *āh-te*; perdu en allemand. La locution *he ought to do* signifie donc « il avait » (indicatif) ou « il aurait (subjonctif) à faire »: ainsi s'expliquent à la fois, et la construction constante de *ought* avec *to* [3], et son indifférence absolue entre le présent et le passé.

[1] Sauf à sg. 2 infra, car on ne dit pas **must-est*.
[2] V. la phrase gotique citée supra 128.
[3] Toutefois elle n'est pas encore obligatoire en moyen-anglais, v. g. Chaucer, *Clerkes Tale*, 132.

VIII. Ag. *need*. — Ce verbe est secondaire, dérivé du substantif *need* (besoin) = ags. *nēad* = al. *not* = got. *náuþ-s*; mais l'analogie de *he must not, he shall not*, etc., a fait dire *he need not*, seul trait par lequel il se rattache à la classe des prétérito-présents.

IX. Ag. *will*, al. *wollen* : n'est pas un prétérito-présent, supra 221.

CHAPITRE IV.

LES PÉRIPHRASES VERBALES.

(292) La conjugaison réduite, ainsi qu'on vient de le voir, à sa plus simple expression — un seul temps passé et point de futur, — était loin de pouvoir comporter toutes les nuances délicates de l'idée verbale : elle suffit telle quelle au germanique primitif, même au gotique et aux premiers ancêtres de l'anglais et de l'allemand ; mais, dès que la langue se précisa et s'affina, elle dut, comme le français et ses congénères, recourir à la périphrase pour exprimer clairement les modalités dont le verbe simple avait perdu l'équivalent. **La périphrase verbale** peut varier dans le détail ; l'esprit et l'origine en sont toujours et partout les mêmes : **c'est une locution composée, où un verbe** dit **auxiliaire gouverne un** nom verbal, **infinitif, gérondif ou participe**, dérivé du verbe principal. Dès lors, c'est celui-ci qui exprime l'idée verbale pure, et l'auxiliaire qui en précise la nuance temporelle, modale ou d'aspect.

I. Rappelons donc, avant tout, la formation et la fonction des **noms verbaux** qui peuvent figurer dans la périphrase.

1. **Infinitif.** — La formation primitive de l'infinitif, originairement substantif neutre et d'ailleurs toujours susceptible d'être employé comme tel en allemand, l'extension de cette catégorie à tous les verbes même non radicaux, des plus anciens aux plus modernes, l'uniformité enfin de son indice,

réduit à -*en* -*n* en allemand et à rien en anglais, ont été étudiées avec un détail qui dispense d'y revenir[1].

2. **Gérondif.** — Le gérondif, qui aujourd'hui se confond tout à fait avec l'infinitif, en diffère à l'origine, non seulement en ce qu'il se décline tandis que le nom verbal infinitif n'apparaît jamais que sous la forme de l'accusatif neutre, mais encore en ce qu'il se construit sur un thème amplifié et dérivé : le suffixe de l'infinitif étant i.-e. -*ono*-, celui du gérondif est i.-e. -*onyo*-[2], comme le montre le double *nn* (= prg. *nj*) qui le caractérise toujours, ags. dat. *tō sāwenne* (pour semer), *tō drincenne* (à boire)[3], v. al. gén. *nĕm-anne-s* (de prendre), *nĕm-anne* (à prendre), etc. Dans les langues modernes, le gérondif génitif ne vit plus que par la faculté allemande de mettre l'infinitif, comme tout nom neutre, au gén. sg. (*des nehm-en-s*), et le gérondif datif, par la chute des finales, a conflué avec l'infinitif, ag. *to drink*, al. *zu nehmen*, etc.[4]

3. **Participes.** — A. **Présent actif** : on connaît la formation du participe présent actif indo-européen[5], conservée en sanscrit, grec, latin, gotique, anglo-saxon, allemand ancien et moderne, et l'on a vu par quel artifice ou quelle confusion

---

[1] Supra 77 (1), 89 (2) et 106-107.

[2] En d'autres termes, ils se comportent entre eux à peu près comme gr. οὐρ-ανό-ς (ciel) et οὐρ-άνιο-ς (céleste), et le gérondif est l'adjectif dérivé du substantif qui sert d'infinitif.

[3] Cf. supra 128, et les phrases *ic tō drincenne hæbbe* « j'ai à boire », *ðā com hit tō witenne ðām eorlum* « alors vint cela à connaissance aux comtes », qui montrent bien, et que le gérondif est un nom, et que la forme qui dépend des verbes *have*, *ought*, *am* (*he is to do*), et généralement de la préposition *to*, est un gérondif et non un infinitif. C'est donc par abus, en vue de la commodité pratique, que la grammaire usuelle emploie *to* précisément comme signe distinctif de l'infinitif.

[4] Déjà v. al. parfois *ze wĕsan*, *za galaupian* (*zu glauben*). — Noter toutefois qu'après une préposition autre que *to* l'ag. ne met pas l'infinitif, mais le nom d'action en -*ing* (supra 103, II, 2), qui dès lors lui tient lieu de gérondif (même après *to*, lorsqu'en réalité le complément n'est pas un verbe, mais le substitut d'un substantif : *I look forward to meeting you*, cf... *to our meeting*).

[5] Supra 79 (XI) et 90 (VI).

bizarre l'anglais s'en est créé un nouveau [1] : al. *trink-e-nd*, ag. *drink-ing*; et ainsi dans tous les verbes, forts et faibles, primitifs ou dérivés, sans distinction.

B. Passé passif. — Cette formation a été étudiée en grand détail quant au suffixe, différent dans les verbes forts et faibles [2]. Quant au préfixe, fréquent mais non obligatoire en anglo-saxon [3], d'usage constant en allemand [4], on en a vu la genèse et l'on sait aussi comment l'anglais s'en est débarrassé [5]. L'allemand, au contraire, l'a étendu à tous ses verbes, à la seule exception de ceux qui sont déjà pourvus d'un préfixe inséparable [6], et même à ceux-ci quand le préfixe n'y était plus sensible : *ge-fr-essen, ge-b-lieben, ge-g-laubt*, etc. [7]. Seules les formations modernes et hybrides en *-ieren (-ier-t)* en sont restées indemnes [8].

C. Futur passif. — Sur le double modèle de son gérondif et de son participe présent, l'allemand tout moderne s'est créé, par une combinaison étrange, un participe futur passif : *das zu lesende buch* (= v. al. *daʒ zi lësanne buoch*) « le livre à lire », *der zu schreibende brief*, etc.

II. Les périphrases verbales traduisent, avons-nous dit, les

---

(1) Supra 103, II, 2. Même passif, car la tournure vive et claire *the tea is a-making* n'a été supplantée qu'à la fin du dernier siècle par la circonlocution languissante *is being made*. Le participe présent passif et le participe passé actif s'expriment aujourd'hui, dans l'une et l'autre langue, par des périphrases, respectivement : ag. *being done*, al. *getan werdend* (inusité); ag. *having done*, al. *getan habend*. Le participe futur actif n'a pas d'expression.

(2) Supra 77 (1), 78 (1), 89 (1), 90 (1), 175 sq., 186 sq.

(3) Et rare en mercien, ce qui en explique la perte en anglais.

(4) La forme courante *worden* est aujourd'hui le seul reste de la faculté originaire de dériver un participe radical sans préfixe *ge-*. Sauf encore l'emploi de l'infinitif pour le participe dans les locutions *er hat's nicht tun wollen* et similaires.

(5) Supra 96 (I) et 97.

(6) Et par bonne raison : on n'a pu dire *ge-er-funden *ge-ver-ziert, puisqu'il n'y a jamais eu de verbe *ge-er-finden, etc.

(7) Supra 19 (4°), 65 (4) et 183 (deux fois dans *ge-g-essen*).

(8) Supra 107 (VI).

nuances, soit de **temps**, soit de **mode**, soit d'**aspect** du verbe. Ce classement nous impose la division de notre chapitre.

Section Ire.

LES TEMPS PÉRIPHRASTIQUES.

(230) On peut ou doit exprimer par voie de circonlocution plusieurs variétés de **présent**, de **passé** et surtout de **futur**.

§ 1er. — *Le présent.*

L'allemand, non plus que le français, n'a de terme spécial pour le **présent momentané** : il dira, par exemple, *ich rauche sehr wenig* « je fume très peu » (présent d'habitude), et de même *ich rauche eine gute pfeife* « je suis en train de fumer une bonne pipe » ; ou du moins il lui faudra, comme au français, un tour complexe pour marquer la distinction. On sait que l'anglais dit dans le premier cas *I smoke*, mais dans le second *I am smoking*, et que de cette locution même il a abstrait son participe présent [1].

Le développement de cette tournure a donné naissance à toute une conjugaison, dans laquelle le verbe principal, mis au participe présent invariable, sert de prédicat au verbe *be*, qui peut revêtir la forme de tous les modes, — l'impératif toutefois inusité, — et subsidiairement celle de tous les temps : *he was working as I came in* (il était au travail quand je suis entré) ; *I have been working while you were away* (j'ai passé au travail tout le temps de votre absence), etc., etc.

---

[1] D'autre part, l'anglais s'est aussi créé par périphrase un temps d'habitude, mais à l'imparfait seulement : *Dr. S. was a fast, sporting young chap, and the other young officers* would meet *in his rooms of an evening and play cards* (Conan Doyle, *the Sign of Four*, p. 256 Tauchn.). L'allemand dialectal obtient le même résultat par l'ingénieuse adjonction d'un génitif adverbial : Henry, *le Dialecte de Colmar*, n° 120, 2.

§ 2. — *Le passé.*

(231) I. On a vu que, en détournant au sens de passé historique le parfait indo-européen, qui était originairement le temps de l'action accomplie, le germanique s'est par là même privé de l'expression de ce dernier temps [1] : en d'autres termes, ayant perdu l'aoriste, et disant *I spoke, ich sprach*, pour « je parlai », *he died, er starb*, pour « il mourut », etc., l'anglais et l'allemand, tout comme le français, manquent de terme simple pour préciser la nuance « j'ai dit (j'ai fini de parler), il est mort (il a cessé de vivre) », etc. Ils ont comblé cette lacune au moyen de deux artifices de tournure très simples et tout à fait identiques à ceux des langues romanes.

1. Il arrive très souvent que le résultat de l'action accomplie est une possession réelle ou tout au moins métaphorique : par exemple, le résultat duratif de l'action d'acquérir, c'est celle de posséder [2], et des locutions telles que *j'ai acheté une maison, I have bought a house, ich habe ein haus gekauft*, peuvent se traduire littéralement « je possède une maison [que j'ai] achetée ». De même, *j'ai cueilli ce fruit, j'ai rempli ce vase, j'ai cassé ma pelle* ; au figuré *j'ai appris les sciences, j'ai compris le fait* (« j'en *tiens* la cause »), etc. ; et enfin, une telle extension de l'emploi du verbe « avoir » comme simple auxiliaire, un tel effacement de son acception primordiale, qu'on en vient à pouvoir dire, au rebours du bon sens et de la réalité, *j'ai vendu ma maison, I have sold my house, ich habe mein haus verkauft*.

2. D'autre part, le résultat du fait accompli est très souvent aussi un état duratif, qui dès lors se rendra très bien par le verbe « être », suivi du participe passé jouant dans la proposition le rôle de prédicat comme pourrait le faire n'importe quel adjectif : ainsi les phrases *il est mort, he is dead, er ist tot*, au point de vue de la structure primitive, sont à mettre

---

[1] Supra 172 et 222.

[2] Aussi gr. κέ-κτη-μαι « j'ai acquis » signifie-t-il « je suis en possession de ». Cf. lat. *nōvī* « j'ai appris », donc « je sais ».

exactement sur la même ligne que les phrases *il est grand*, *she is pretty*, *wir sind stark*, etc. ; mais peu à peu la fonction du verbe « être » a pâli jusqu'à le réduire au rôle d'humble auxiliaire et d'indice du passé, et, l'angle de visée étant légèrement dévié, la locution *er ist gestiegen*, littéralement « il est monté (parvenu au sommet) », se traduira « il a gravi ».

3. C'est naturellement affaire de pur usage, en anglais et en allemand comme en français, que le point de savoir si un verbe exprime une action ou un état, — car la limite est souvent bien indécise, — et, par suite, s'il se doit conjuguer avec l'auxiliaire « avoir » ou « être ». Rappelons seulement que l'anglais, plus complet et plus logique, les emploie souvent en concurrence et traduit, par exemple, par le choix entre *he has come* ou *he is come*, deux nuances très fines pour lesquelles le français et l'allemand n'ont qu'un seul terme, *il est venu, er ist gekommen* [1].

II. Le passé de l'action accomplie ou **passé indéfini**, en opposition au passé historique (parfait), s'exprime donc, à l'indicatif et au subjonctif, par le présent de l'indicatif ou du subjonctif du verbe *have* = *haben* ou du verbe *be* = *sein*, accompagné du participe passé du verbe principal [2]. Dès lors, le parfait de ces mêmes auxiliaires s'est trouvé disponible pour exprimer une nouvelle nuance du passé, le **plus-que-parfait**, c'est-à-dire le temps exprimant une action passée déjà par rapport à une autre action également passée : *j'avais lu* (« j'avais fini de lire ») *quand il est arrivé, I had read, ich hatte gelesen; il était venu, he had* ou *was come, er war gekommen*, etc.; et de même au subjonctif (ag. *had, were*; al. *hätte, wäre*).

[1] Mais la seconde nuance résultera en al. de l'emploi du vb. à préf. *angekommen* (cf. la note sur le n° 97 supra), fr. « il est *arrivé* ».

[2] Il est remarquable — tant les langues ont de tendance à repasser par les sentiers déjà frayés — que ce passé de l'action accomplie soit à son tour devenu souvent un passé historique : ainsi le français parlé a à peu près abandonné le passé défini, et l'on dit « j'ai vu » en racontant comme en constatant ; de même, l'allemand du sud (alaman, etc.) ne connaît plus *ich sah* et ne dit jamais que *ich habe gesehen*.

§ 3. — *Le futur*.

(232) Le prégermanique avait complètement perdu le **futur** indo-européen. Le gotique rend le futur par le simple présent ; dans les rares cas où il éprouve le besoin de préciser, il le fait au moyen de l'auxiliaire *skal* ou *haba* (j'ai à) avec l'infinitif. L'ags. use de même, éventuellement, de l'auxiliaire *sceal* (je dois), et le v. al., de l'auxiliaire *sculan* ou *wellen* (vouloir), mais toujours avec une préférence marquée pour l'emploi du présent, qui épargne une périphrase incommode. Aujourd'hui encore d'ailleurs, en allemand surtout, quand l'équivoque n'est point possible, on emploie couramment, ainsi qu'en français, le présent pour le futur : *morgen fahre ich ab* = *je pars demain*.

Les nuances impliquées par la notion du futur étant fort diverses, on ne s'étonnera pas de la voir traduite par plusieurs périphrases différentes.

1. La nuance la plus commune est celle de la simple intention : « je *veux* faire » [1] et par suite « je ferai ». Le verbe « vouloir » pourra donc s'employer utilement pour indiquer une éventualité future de la part d'un sujet sur lequel ne pèse ou ne semble peser aucune contrainte extérieure. C'est ce qui se produit en anglais : *I will go* « j'irai » (parce qu'il me plaît d'aller) ; *you will go* « vous irez » (mais rien ne vous y force, ou du moins je n'y suis pour rien). Aussi l'auxiliaire *will* est-il l'indice ordinaire du futur anglais. Dans le même ordre d'idées, l'allemand dit très bien *ich will* et *wir wollen gehen* ; mais les autres personnes n'y font pas fonction de futur au sens propre du mot.

2. Il se peut au contraire que le futur implique une nuance accessoire d'obligation ou de nécessité : « il faut que je fasse » et par suite « je ferai ». En ce cas, un auxiliaire signifiant « devoir » est tout à fait de mise, et l'anglais dit *I shall go*. Dans cette locution l'idée de « devoir » est d'ailleurs aussi

[1] Ne pas oublier qu'en germanique « je veux » est originairement bien moins affirmatif et péremptoire qu'en français : supra 221.

atténuée que dans le fr. « jĕ dois aller » ; mais elle n'en subsiste pas moins et reparaît avec force dans les autres personnes du temps [1]. Dans le même ordre d'idées, l'allemand dit, mais avec signification atténuée à toutes les personnes, *ich soll* et *du sollst*. Le commandement exprès exige *du muszt* [2].

3. Une tournure exclusivement propre à l'anglais, et impliquant aussi une nuance d'obligation, mais beaucoup moins marquée, consiste à construire le verbe « être » avec l'infinitif gérondif : *he is to go*. Elle a l'avantage, puisque les imparfaits de *will* et *shall* ont été détournés à l'acception conditionnelle [3], de fournir à la langue un imparfait du futur qui autrement serait amphibologique : *the member who was to read the report*, fr. « ... qui *devait* lire..... » ; en allemand aussi, ... *der... vorlesen sollte*.

4. Le futur ordinaire de la langue allemande lui est exclusivement propre, mais ressemble beaucoup au précédent : il substitue simplement au verbe « être » le verbe « devenir », et l'infinitif au gérondif. Il n'est d'ailleurs pas fort ancien. La tournure ne s'accuse qu'à la fin du XIII⁰ siècle ; encore n'implique-t-elle pas le futur, mais, au sens littéral, le commencement de l'action : *sie wërdent ęʒʒen*, soit « ils deviennent [à] manger » ; *ęr wart weinen* « il se mit à pleurer », etc. [4]. C'est dans l'allemand moderne que s'établit l'usage de transformer ce présent inchoatif en un véritable futur.

5. En combinant chacune de ces locutions avec celles qui expriment le passé, l'anglais et l'allemand se sont créé un

---

[1] A ce point que *you shall go* implique un commandement impérieux, déplacé même à l'égard du subordonné le plus infime, sauf le cas de mutinerie et refus d'obéissance.

[2] Cf. supra 225 et 227.

[3] Infra 235.

[4] Cette tournure alors rare se comprendrait mieux comme une corruption de participe présent, soit *sie wërdent ęʒʒend* « ils deviennent mangeant ». Mais la supposition n'est pas nécessaire ; car en m. ag. et m. al., un autre auxiliaire inchoatif, *gin* (ag. *begin*) et *beginnen*, d'un emploi tout à fait courant, se construit également avec l'infinitif tout court.

futur de l'action accomplie (futur antérieur) : *I will* ou *shall have done* ; *ich werde getan haben*, etc. Subsidiairement en anglais un futur de l'action momentanée : *I will be doing*, etc.

SECTION II.

LES MODES PÉRIPHRASTIQUES.

(233) Parmi les modes, la périphrase verbale peut s'appliquer à **l'indicatif**, au **subjonctif**, au **conditionnel** et à l'**impératif**.

§ 1er. — *L'indicatif*.

De tout temps, en germanique, il a été possible de remplacer l'indicatif du verbe par son infinitif dépendant de l'indicatif du vb. *do* = *tun* [1], pour marquer avec plus de force la réalité de l'action ou l'intensité de l'affirmation dont elle est l'objet. Certains linguistes même n'assignent point au parfait faible gotique d'autre origine qu'une pareille agglutination, soit *sōki-dēd-um* [2] = *we did seek*. Le m. al. connaît encore cette tournure, mais l'emploie rarement : *daz sie uns tuon bewarn* « qu'ils prennent garde à nous ». Elle n'est plus guère usitée en al. mod., où pourtant l'on peut toujours dire *ich tu' es leugnen* « je le conteste formellement ». L'anglais seul l'a développée au point d'en élever l'emploi à la hauteur d'un principe.

Il y a trouvé d'abord le double avantage d'insister fortement sur une affirmation (*I do ask you* « voici la question que je vous pose ») et de pouvoir formuler une interrogation ou une négation sans répéter le verbe qui s'y rapporte (*you mean to go, do you? I don't* = « vous avez l'intention d'y aller, n'est-ce pas ? moi non »). Mais, de l'habitude d'exprimer ainsi une

---

[1] Puisque l'infinitif n'est autre chose en principe que l'accusatif d'un nom d'action neutre, il est clair qu'une locution prégermanique **dōmi bindanam* (ag. *I do bind*. al. *ich tue binden*) se traduit sans difficulté « je fais l'action de lier », donc « je lie ».

[2] Cf. supra 195 et 210.

interrogation ou une négation abrégée, on a passé aisément à l'illusion de voir dans *do you* et *I do not* le signe spécifique et respectif de l'interrogation ou de la négation elle-même ; et ainsi s'est établi l'usage, à peu près obligatoire aujourd'hui, de tourner par l'auxiliaire *do did* l'**indicatif d'une proposition interrogative ou négative**.[1], quand toutefois le verbe ne comporte pas déjà un autre auxiliaire : *do you see?* mais simplement *have you seen?*

§ 2. — *Le subjonctif.*

34) Le subjonctif **potentiel** anglais, c'est-à-dire le mode qui traduit notre subjonctif en proposition finale [2], est en réalité un indicatif du verbe auxiliaire *may* [3] suivi du verbe principal à l'infinitif : *tell him so, that he may know it* ; *I told him so, that he might know it*, etc. De même à la suite des mots qui marquent une éventualité portée à sa plus haute expression : *I did not believe him, whatever he might say* (al. *was er auch sagen mochte*). A plus forte raison dans une formule de souhait [4] : *God grant, he may succeed!* (Dieu veuille qu'il réussisse ! = al. *es möge ihm gelingen*), etc., etc

Ainsi qu'on le voit, l'allemand peut toujours, dans les mêmes conditions, introduire le similaire *mögen* ; mais l'emploi n'en est jamais obligatoire.

§ 3. — *Le conditionnel.*

35) L'indo-européen n'avait pas de mode spécial pour l'expression du **conditionnel** : l'éventualité conditionnelle, comme toute autre, se formulait par le subjonctif ou l'optatif (sanscrit, grec, latin), ce qui pour le prégermanique revient au même ; et aujourd'hui encore, au moins dans les verbes forts, l'alle-

---

[1] Mais seulement, bien entendu, quand la négation est *not*.
[2] Proposition introduite par « afin que, pour que, en sorte que », etc.
[3] Supra 226.
[4] Cf. fr. « puissé-je.... ! puisse-t-il... ! » Ici, naturellement, l'auxiliaire lui-même est au subjonctif.

mand a la ressource de rendre brièvement le conditionnel par le subjonctif du parfait : *ich täte*, « je ferais » ; *nähme er*, « s'il prenait », etc. Mais, en anglais, ainsi qu'en allemand dans la plupart des verbes faibles et même un certain nombre de verbes forts, le subjonctif du parfait ne se distingue pas du tout, ou à peine, de l'indicatif : l'emploi de cette forme prêtait donc à l'équivoque, et l'on se tira de la difficulté en imaginant une périphrase, qui repose sur ce principe général que le conditionnel est conçu comme le temps passé du futur [1].

1. En conséquence, l'anglais emploie, avec l'infinitif du verbe principal, le parfait des deux auxiliaires *will* et *shall*, soit *would* et *should*, respectivement avec les mêmes nuances de sens que ceux-ci au futur : *I would go* ; *we should answer*, etc. Avec le secours de *have* ou *be*, il forme de même un conditionnel passé : *they would have done it*[2]. Dans le même sens, l'allemand peut aussi user du verbe *sollte* ; mais tel n'est pas son conditionnel ordinaire.

2. Comme son futur a pour auxiliaire le présent du verbe *werden*, ainsi l'indice de son conditionnel est le subjonctif du parfait du même verbe : *ich würde gehen*, *ihr würdet sehen*, etc. Mais, au lieu des énormes circonlocutions *ich würde gekommen sein* et *ihr würdet gesehen haben*, l'allemand dit plus volontiers, avec le simple subjonctif de l'auxiliaire du passé, *ich wäre gekommen* et *ihr hättet gesehen* [3].

---

[1] En français aussi (et dans les autres langues romanes), *j'aurais* est à *j'aurai* comme *j'avais* est à *j'ai*

[2] Quant au choix de l'auxiliaire, c'est le sens même qui l'impose : on ne dira pas, par exemple, *if I were her father, I would be at least forty years old*, puisque le fait ne saurait dépendre du sujet parlant. On sait que la confusion de *shall* et *will*, *should* et *would* est le trait caractéristique de certains illettrés, et notamment le péché mignon des Irlandais et des Écossais. — Il va de soi que le type signalé en note sous le n° 230 n'a du conditionnel que l'apparence.

[3] Cf. ag. *had I known*, *were he come*, mais seulement en proposition éventuelle (avec le sens de « si »).

§ 4. — *L'impératif.*

6) Les formes périphrastiques de l'impératif, sg. 3 ag. *let him go,* pl. 1 ag. *let us go* = al. *laszt uns gehen* (exactement « laissez-nous aller = allons »), pl. 3 ag. *let them go,* etc., sont d'une clarté qui se passe de commentaire.

De même que la formule négative de l'indicatif, la formule prohibitive de l'impératif par *not* exige usuellement l'auxiliaire *do* : *do not steal* ; mais *never break your word.*

Section III.

LES ASPECTS PÉRIPHRASTIQUES.

7) On a vu que tout verbe est essentiellement susceptible de trois aspects : **actif, réfléchi** et **passif.** L'aspect actif n'ayant naturellement pas d'autre indice que la forme du verbe lui-même, nous n'avons à nous occuper que de l'expression des deux autres.

§ 1er. — *L'aspect réfléchi.*

8) En indo-européen, l'aspect réfléchi se traduisait par la voix moyenne du verbe ; mais, comme la voix moyenne pouvait rendre aussi l'aspect actif [1], et même fort souvent l'aspect passif, il en résultait sans doute une fâcheuse amphibologie, encore fort sensible en sanscrit, en grec et en latin [2], à laquelle les langues analytiques postérieures ont paré de leur mieux. En prégermanique déjà la voix moyenne avait cessé d'être applicable aux aspects actif et réfléchi, et s'était restreinte au sens passif. Dès lors, il fallut recourir à une périphrase pour fixer la fonction réfléchie, et l'artifice tout indiqué consista, comme en français, à donner au verbe son

---

[1] Cf. supra 188, II.

[2] Dans la même conjugaison, par exemple, *imitor* signifie « j'imite », *recordor,* « je me rappelle », et *amor,* « je suis aimé ».

propre sujet comme régime (al. *ich besinne mich*, ag. *he asked himself*, etc.), procédé dont le détail a été étudié à propos des pronoms [1].

§ 2. — *L'aspect passif.*

(239) Le gotique, comme le latin, a encore une voix passive, qui n'est autre que l'ancienne voix moyenne de l'indo-européen, c'est-à-dire qu'il dit d'un mot ce qu'il en faut deux à l'anglais, à l'allemand et au français pour exprimer : *nimada* [2] « je suis pris », *háitada* « je m'appelle [3] » ; subj. *nimáidau háitáidau*, etc. Mais encore ce verbe passif n'a-t-il que le présent, et, pour exprimer le passé, faut-il déjà en gotique recourir à des périphrases par l'auxiliaire *wisan* (être) ou *wairþan* (devenir) avec le participe passé. A plus forte raison en est-il de même en anglo-saxon et en vieux-haut-allemand ; car ni l'un ni l'autre n'offrent plus trace de voix passive, même au présent. Leurs auxiliaires sont ceux du gotique ; mais l'anglo-saxon emploie presque exclusivement *bēon* et *wësan*, qui plus tard se confondent en un seul verbe, tandis que *weorðan* tombe tout à fait en désuétude ; et au contraire, à partir du IXe siècle, l'allemand accuse une préférence décidée pour *wërdan*, qui en effet, par la nuance qu'il traduit de **passage d'un état à un autre**, répond mieux que *wësan* à la notion impliquée par le verbe passif.

Il en résulte que l'allemand marque avec beaucoup de finesse une distinction qui manque à l'anglais comme au français. Ces deux langues, en effet, confondent extérieurement le verbe passif proprement dit (« il est blessé » = « on

---

[1] Supra 167. Ne pas confondre avec le verbe réfléchi le verbe impersonnel à sujet neutre exprimé ou sous-entendu : ag. *me-think-s* = al. *es dünkt mich* (supra 24), « il me semble ». Cf. Ev. Joan., 4, 19 : ðæs mē ðyncð ðū eart wītega, « .... devin ».

[2] Conjugué : sg. 1 *nim-a-da*, 2 *nim-a-za* (gr. *νέμ-ε-σαι), 3 *nim-a-da* (gr. νέμ-ε-ται), pl. *nim-a-nda* (gr. νέμ-ο-νται).

[3] C'est par une dernière survivance de cette conjugaison passive disparue, que le verbe al. *ich heisze* signifie à la fois « j'appelle » et « je m'appelle », lat. *voco* ou *vocor*.

le blesse [en ce moment] ») avec la locution composée du verbe « être » et d'un participe passé jouant le rôle de prédicat (« il est blessé » = « il a été blessé [et il l'est encore] ») : dans l'un et l'autre cas, *he is wounded*[1]. Au passé l'inconvénient est même pire en anglais qu'en français ; car *he was wounded* peut signifier, suivant l'occurrence, « il fut » ou « il était blessé ». L'allemand, au contraire, distingue expressément *ich werde* et *ich ward verwundet*, au sens propre « je deviens » ou « je devins blessé », de *ich bin* et *ich war verwundet* « je le suis » ou « l'étais [déjà] », et possède ainsi, à tous les temps et modes simples ou périphrastiques, une conjugaison de verbe passif dont le sens se superpose avec la plus parfaite exactitude à celui du passif grec ou latin[2].

---

[1] Toutefois l'anglais, quand le présent n'est pas narratif, a ici la ressource du présent momentané : *he is being wounded*. Le français, qui ne l'a pas, mais qui a un pronom *on*, préfère tourner par l'actif et dire « on le blesse ». Et au surplus l'anglais moderne s'est créé, au moyen du vb. *to get* un auxiliaire qui rend très bien le sens du présent passif : *he gets tired* « il se fatigue », passé *he got tired*, etc. ; même, avec une nuance de plus, *he was getting tired* « il était en train de se fatiguer ».

[2] Cf. lat. *volnerātur* et *volnerātus est* ou *fuit*.

CONCLUSION.

Nous sommes au bout de notre tâche. Après avoir établi, par des exemples aussi nombreux que probants, la concordance matérielle des sons de l'anglais et de l'allemand, nous avons étudié en détail, dans l'une et l'autre langue, le mécanisme de la formation des mots et de leurs flexions grammaticales; et partout elles se sont révélées identiques; ou, si parfois elles ont accusé quelque violent contraste, c'est que l'une d'elles — nous avons pu nous en assurer en toute occurrence — a exagéré un caractère primitif que l'autre a atténué jusqu'à disparition, mais que toutes deux jadis possédèrent en commun. Ce qui importe davantage, les analogies relevées ne sont point de celles qui sautent aux yeux d'abord, et trop souvent les déçoivent; mais, prises au fonds le plus intime du langage, et suivies de degré en degré depuis son état actuel jusqu'à ses origines, elles se sont vérifiées, bien par delà le germanique, dans les langues de l'antiquité classique et leurs aînées de la préhistoire orientale [1]. La pratique pure, soit vulgaire ou supérieure, a peut-être le droit de dédaigner ces

[1] C'est ce dont le domaine même que nous venons de quitter est éminemment propre à laisser une vue d'ensemble : nulle part, plus que dans la structure complexe du verbe anglo-allemand ou indo-européen, les ressemblances ne s'affirment avec la souveraineté de l'évidence; nulle part les routes divergentes ne mènent plus fatalement au centre d'où elles ont rayonné.

résultats : le polyglotte n'en parlera que plus aisément l'une et l'autre langue, pour n'avoir établi entre elles que des rapprochements extérieurs, puérils et de simple mnémotechnie ; et le lettré n'a pas besoin, pour comprendre et faire goûter les chefs-d'œuvre où il se complaît, d'avoir disséqué les organes élémentaires que suppose et dissimule leur immortelle beauté. Mais l'esprit réfléchi, qui aime à pénétrer le pourquoi des choses, trouvera satisfaction à pouvoir s'expliquer à tout moment, par l'histoire suivie et l'évolution naturelle d'un langage, ses préceptes les plus minutieux et, en apparence, les plus contradictoires. Et même, — car c'est peu que la science sans un rayon d'enthousiasme, — rassuré contre les écarts d'imagination par la sûreté des documents et la rigueur de la méthode, il ne se défendra point d'admirer la tradition spirituelle qui maintient en notre bouche la parole d'ancêtres à jamais disparus sans autre trace de leur passage sur terre, et le génie des maîtres qui ont renoué un à un les anneaux de cette chaîne sacrée, perdue au début dans les brumes du passé, confondue dans l'avenir avec les destinées de l'humanité pensante.

INDEX DES MOTS.

N. B. — Ne sont pas repris, en principe, dans cet index : — 1° les dérivés secondaires et ultérieurs, qu'on cherchera sous leur syllabe finale à l'Index des finales ci-dessous ; — 2° les composés décomposables à première vue, qu'on trouvera au chapitre de la composition (n°⁵ 112-118) ; — 3° les formes nominales autres que le nominatif singulier, et les formes du verbe autres que l'infinitif, sauf exception pour celles qui présentent un intérêt tout particulier.

Les chiffres renvoient aux numéros marginaux.

I. — Anglais.

A........ 66, 121, 134	*also*............ 66	*ask*.......... 50, 84
a- 50, 96, 98, 103, 229	*am (I)*.......... 217	*asunder*.......... 40
abide............ 179	*an*...... 66, 121, 134	*at*............... 96
above............ 54	*and*.............. 66	*aught*............ 96
accrue............ 17	*angel*............ 39	*await*............ 103
ache............ 107	*angle*............ 39	*awake*.... 50, 106, 184
acre. 30, 36, 50, 57, 76	*Angle*............ 23	*awaken*.......... 106
adder............ 49	*another*.......... 114	*aware*............ 96
ado.............. 96	*answer*....... 96, 139	*away*............ 96
afford............ 97	*ant*.............. 23	*awful*............ 110
after............ 117	*any*.......... 31, 134	*awkward*........ 111
again............ 96	*apple*............ 146	
against.......... 96	*apron*............ 49	*Bag*.............. 17
akin............ 96	*arbalist*.......... 65	*bake*... 50, 57, 82, 184
alderliefest...... 155	*arch*............ 96	*balk*............ 17
alike............ 96	*arise*............ 98	*band*............ 45
all.......... 17, 117	*arm*.......... 39, 139	*bare*............ 17
alone............ 117	*as*................ 66	*batch*............ 50
along............ 96	*ash*.............. 74	*bath*............ 17

bathe 17	bottom 39, 75	cat 102
be 217, 230, 231, 232, 239	bough 110	catch............ 187
be- 17, 19, 65, 99	bow 50, 110, 180	caterwaul 102
bear.. 26, 82, 174, 182	bow « arc » 50	cave 17
beard 21, 48	boy 33	chalk 50
beat 185	boycott 107	character 65
become 99	brake (pf.) 100, 182	chew 36
beech 33, 48, 50, 56, 139	breadth 90	chide 179
beget 182	break 42, 182	child 14, 18, 20, 139,
begin 181, 232	breakfast 117	140, 147
behead 99	breath 48	childermass 139
belief 32	breathe 48	chill 50
believe 19, 32	breed 17, 23	chin 50
bellows 146	brethren 140	choice 29
bend 45	bride 48	choose 29, 50, 57, 61,
beseech. 33, 50, 99, 187	bridegroom 65	82, 180, 194, 204
best 80	bring 24, 187	circle 17
better.. 49, 61, 80, 106	broad 90	clad 187
better (vb.) 106	brood 17, 18, 23	clasp 106
beyond 160	brother. 18, 33, 41, 48,	clean 17, 77
bid 83, 183	49, 51, 53, 54, 139	cleanse 106
bind.. 26, 28, 45, 48, 49,	brow 117	cleave « fendre ».. 180
56, 82, 181	brown 18	cleave « adhérer ». 82
birch 17	buck 48	climb 82, 181
birth 17	buckmast 33	cling 181
bishop 17	bull 17, 48	clothe 187
bit.. 17, 48, 49, 56, 57,	burial 104	cold 17, 21, 50, 57, 78
72, 179	burn 187	colour 5
bite. 27, 48, 49, 56, 57,	burst 17, 181	comb 39, 48
82, 179	bush 17	come 39, 45, 50, 57, 182
bitter 49	bustle 23	com 50, 57
blast 185	busy 17, 23	cost 187
bleed 33	but 12, 66	could 224
blind 17, 49	butcher 17	cow 14, 18, 50, 57
blood 33	butter 5	coxcomb 114
bloom 33, 75	buxom 10, 19, 110	creed 139
blossom 33	buy 83, 187	cripple 88
blot 187	by 17, 66, 99	crow 185
blow 48, 56, 185		cut 187
bolt 17	Cab 17	
bone 17, 48	calf 48, 56, 139	daisy 114
book 33, 48, 50, 56, 139	call 54	dale 14
born 182	can 39, 84, 224	danger 65
borough 50, 65, 139	care 13, 139	dare 187, 222
both 31	cast 187	darling 103

daughter.. 49, 56, 139	eat............ 26, 183	fifty...... 20, 48, 122
day 47, 50, 56, 72, 139, 143	eatable (s).... 69, 157	fight............. 181
	edge............. 50	file « souiller ».... 23
dead.......... 32, 78	egg.............. 50	fill........ 17, 23, 107
deaf............ 32	eight...... 30, 53, 121	filth.......... 23, 90
deal............ 96	either........... 79	find... 19, 20, 28, 181
death........ 32, 47	eke.............. 32	fine............. 12
deed 26, 45, 47, 78, 218	elbow........ 10, 114	finger.. 26, 39, 50, 121
deem........ 23, 107	elder............ 80	fire............. 29
deep...... 29, 57, 90	eldest........... 80	first.... 17, 23, 49, 124
deer..... 49, 139, 143	eleven........... 121	fish.. 27, 48, 50, 54, 72
defile........... 23	else......... 23, 111	fish « pêcher ». 19, 174
depth............ 90	en-............. 107	fist............. 49
dew............ 17	end........ 22, 139	five...... 20, 54, 121
die « dé »...... 145	English....... 23, 91	flea............ 139
dig............ 179	enough. 20, 50, 55, 96	flee............ 187
dip............ 29	enow............ 50	fleet............ 84
dis........ 100, 107	ere............. 124	flesh......... 48, 50
dish............ 50	even...... 10, 17, 48	flight........ 49, 78
dive............ 29	ever............ 161	fling............ 181
dizzy........ 17, 23	eye... 50, 54, 74, 139	flood......... 33, 78
do 45, 56, 218, 233, 236		floor...... 17, 76, 139
doom........ 23, 75	Fair....... 13, 50, 76	flower........... 33
door........ 17, 28	falcon........... 13	flutter.......... 106
dough..... 50, 56, 65	fall 17, 21, 83, 84, 185	fly « mouche »..... 50
dove............ 32	false............ 17	fly « voler ».. 50, 180
down............ 18	falsehood....... 109	fodder....... 5, 49, 79
drag............ 50	far........... 17, 21	fold............ 110
draw..... 17, 50, 184	fare... 17, 82, 83, 184	folk............ 139
dream........... 49	farther.......... 17	follow........... 50
drench.......... 14	farthing......... 103	food............ 23
drink.. 14, 39, 40, 181	fasten........... 93	foot.. 18, 33, 72, 139, 144, 145
drink « boisson ». 117	father 17, 25, 48, 49, 51, 53, 54, 139	for............. 99
drive..... 45, 49, 179	fatherless........ 10	for......... 65, 99
due............. 17	fathom.......... 39	fore............ 23
dumb........ 17, 28	feather..... 23, 49, 54	fore-........... 99
dung............ 17	fee........ 34, 50, 54	foremost........ 124
durst........... 187	feed............ 23	forget........... 182
dutch......... 2, 29	feel............ 187	forlorn.... 19, 45, 180
	fell « toison »..... 26	form............ 5
Ear... 32, 61, 74, 139	fell « abattre »..... 83	former.......... 124
early........... 124	fiend... 22, 54, 90, 139	forsake......... 184
earth 13, 17, 20, 21, 73, 139	fifteen........... 48	forth............ 49
Easter.......... 152	fifth..... 20, 49, 124	foster........... 79

— 408 —

foul. 23, 28, 50, 76, 90
four.............. 121
fowl............ 41, 48
fox............... 23
France............ 23
freeze.... 61, 180, 204
French............ 23
fresh.............. 50
fret............... 99
friend 22, 41, 54, 90, 139
frost.............. 61
fulfil............. 114
full.... 17, 23, 42, 77
fulness............. 5
funk............... 17
furrow............. 42
further............ 79

Gander........... 102
gang............. 219
gangway.......... 219
garden............ 30
gardener......... 102
Gardiner......... 102
garlic............. 32
geese....... 144, 145
get.. 50, 182, 183, 239
ghost.......... 50, 62
gift....... 48, 50, 78
gild.. 23, 50, 107, 187
gird.......... 106, 187
girdle............ 106
give 44, 45, 48, 50, 183
glass.......... 20, 61
glazier..... 14, 50, 61
glimmer..... 106, 181
glitter........... 106
go............... 219
God........... 28, 50
godfather........ 114
gold. 17, 20, 23, 49, 50
good.............. 50
goods............ 157
goose 18, 56, 102, 144, 145

gosling....... 18, 103
gospel........... 115
grasp............ 106
great............. 32
Greenwich........ 50
grind............ 181
groom............ 65
grow............ 185
guest 30, 34, 50, 51, 56, 139, 144
guilt............. 50

Hail.......... 50, 54
hair......... 50, 143
half..... 21, 48, 124
halm............. 75
hand 34, 39, 49, 50, 72, 139
handicraft........ 96
handiwork........ 96
handsome........ 110
hang.. 24, 39, 83, 185
hard 17, 20, 50, 54, 72, 110
hare............. 61
hark............. 20
harvest.......... 41
haste............ 17
hate......... 50, 93
hater........... 102
hatred.......... 109
have 17, 19, 85, 187, 189, 231
he....... 17, 66, 166
head..... 19, 32, 187
headlong......... 111
heal......... 90, 93
hear............ 187
heart 20, 21, 49, 74, 140
hearth........... 21
heat............. 74
heathen..... 19, 141
heave. 54, 83, 182, 184
hedge............ 50
height........... 90

heir............. 74
help......... 45, 181
henchman......... 83
her.......... 17, 168
herd............. 21
here........ 166, 168
hers............ 168
hew............. 185
hide « pelage »... 17
hide « cacher ».... 179
high...... 50, 54, 90
hill...... 50, 54, 88
hireling......... 103
his............. 168
hold 17, 21, 50, 54, 84, 185
holy............. 50
home............. 65
hoof............. 17
horn......... 42, 77
horse........... 143
hot.......... 31, 74
hound........ 20, 28
house.. 18, 20, 28, 32
hue........ 5, 17, 37
hundred..... 50, 123
hunger........... 50
hunt............ 103
hurt............ 187
husband.... 5, 18, 114
hussy............ 65
hut.............. 17

I............... 164
ice.............. 145
idle............. 110
if............... 66
in............... 66
in-.............. 96
ink.............. 13
ink (vb.)........ 107
is.......... 26, 217
it.......... 66, 166
its.............. 168

Keep 20, 187	lie « mentir » 180	mice 17, 144, 145
ken 39, 84	lief, ... 48, 56	mid...... 26, 36, 39, 56
kernel............ 88	life............ 48	middle......... 10, 49
kin 50, 96	light « lumière » 29, 41, 50	midwife.......... 117
kindred........ 5, 109	light « allumer ».. 187	might « puissance » 50, 78
king 14, 50, 103	light « léger »..... 50	might (pf)......... 226
kiss............. 50	like.......... 34, 96	mild............. 20
kite............. 17	lit............. 187	mile............. 17
knave............ 17	little............ 88	mill............. 42
knee 50, 57	live...... 27, 48, 85	mine............ 168
kneel......... 106, 187	liver............ 27	minster 65
knight........... 21	load............. 184	mint............. 49
know......... 84, 185	loaf........... 17, 65	mirth............ 90
knowledge..... 50, 109	loan............. 82	mis-............. 96
	lone............ 117	mischief.......... 96
Lade (vb.).... 50, 184	long....... 39, 50, 90	miss (vb.)........ 96
lady............. 65	loose......... 17, 110	mist............. 27
lamb......... 39, 139	lord............. 65	molten........... 181
lame............ 10	lose 20, 45, 61, 180, 187	monday.......... 18
land.......... 39, 49	loud.. 41, 50, 78, 110	month............ 90
landscape........ 109	louse....... 144, 145	mood............ 49
last « dernier »... 80	love...... 48, 56, 107	moon......... 18, 139
last (vb.)........ 187	low.............. 50	more.......... 61, 80
late............. 80		morn........ 50, 54
laugh........ 36, 50		morning....... 50, 54
laughter...... 50, 79	Maid 17, 19, 50	most............. 80
lay « coucher ». 50, 83	maiden....... 19, 114	mother. 18, 19, 33, 49, 54, 139
lay (pf.)......... 183	make...... 20, 50, 187	mount 26
lead (vb.). 19, 20, 187	man 37, 39, 48, 144, 145	mouse 23, 61, 144, 145
leaf............. 32	many............ 74	mouth........ 20, 40
lean............ 187	mare......... 10, 65	move............. 17
leap...... 32, 50, 185	marshal.......... 65	mow......... 50, 185
learn 20, 21, 31, 61, 106	may..... 78, 226, 234	murder 42
lease............ 61	me........... 17, 164	murther.......... 42
leave............ 20	mead............ 39	music............ 17
leek............. 32	mean (adj.)....... 96	must............ 227
lend............ 82	mean (vb.)........ 187	mutton......... 5, 65
length........... 90	meat............. 65	my............. 168
let........... 45, 236	meed........ 62, 185	
lick.......... 27, 50	meet............ 187	Nail............. 50
lid............. 117	melt.... 174, 181, 189	name 75
lie « être couché » 50, 83, 183	mere... 17, 19, 34, 72	napkin........... 103
lie « mensonge » 17, 50, 139	mermaid.......... 17	nation............ 65
	merry............ 90	
	methinks......... 238	

— 410 —

near............ 50	Pale « pieu »..... 48	rear............ 83
need « besoin »... 228	palfrey........... 48	reason 65
need (vb.)........ 228	pan........... 23, 48	red............ 41
needle......: 26, 39, 79	pass............ 187	relations 5
needs 111	past............ 187	rend............ 187
neigh 50	path......... 49, 139	rest............ 73
neighbour...... 50, 65	peacock..... 48, 115	rich 50
neither....... 79, 96	pen (vb.)........ 107	riddle........... 104
nephew.......... 54	pence 145	ride......... 41, 179
nest......... 27, 62	penny...... 23, 145	Riding 68
net 17	people.......... 143	right......... 53, 78
never........... 96	person 17	ring « cercle ».... 50
next 80	pilgrim 23	ring (vb.)..... 13, 181
nigh...... 50, 80, 110	pillow........... 17	rinse........... 106
night 21, 39, 50, 54, 79	pinafore.......... 117	ripe............ 107
nightingale....... 114	pink............ 13	ripen 106
nine 121	plant 48	rise 83, 179
no............. 134	play 182	rive............ 179
none........ 96, 134	plenty........... 5	road............ 17
nor............ 96	poison........... 48	room .. 17, 28, 39, 75
nose............ 61	pound.... 18, 48, 143	rough......... 50, 54
not 96	pretty........... 110	roundabout....... 117
note 10	pride 74	rule 17
nought.......... 96	proud........... 74	rummage......... 17
nuncle 49	push........... 189	run............ 181
nut............. 50	put 17, 187	
		Sad............ 59
Of............ 54, 66	Queen............ 72	saddle........... 49
off........... 54, 66	queer............ 17	sail........... 50
oft 49	quick......... 27, 50	sale............ 21
old..... 17, 20, 21, 80	quicksilver 27	salt 30, 49, 59
on.......... 96, 103	quite............ 117	salve...... 92, 93, 189
once........ 111, 124	quoth 183	same........... 110
one 31, 39, 66, 121, 157		sand............ 39
ordeal 96	Radish 23	say............. 50
other 49, 124, 157	rain 50	screw........... 17
ought........ 228, 229	raise............ 83	second 124
our............. 168	rare 10	see 17, 45, 50, 54, 183
out 66, 96	rash 50	seed........ 26, 49, 59
oven........... 48	rather 17	seek 33,50,187,189,207
over............ 54	raven 13, 50, 54	seethe..... 53, 77, 189
own...... 50, 54, 228	reach 187	seldom.......... 23
ox... 17, 74, 139, 140	read 17, 20, 41, 185,	self...... 21, 160, 167
Oxford.......... 114	187	sell 21, 187
oxlip............ 117	ready........... 109	send 187

serve............ 17
set. 17, 26, 36, 83, 187
seven..... 26, 40, 121
sew.............. 59
shade........ 37, 189
shadow........... 37
shaft............. 48
shake............ 184
Shakespeare.. 114, 117
shall 225, 232
shamefaced....... 110
shape « forme »... 5
shape (vb.) 48, 50, 57, 184
sharp............ 20
sharpen.......... 106
shave 30, 48, 56, 57, 82, 184
she........ 133, 166
she.............. 115
shear............ 182
shed............. 187
sheen............ 77
sheep.. 5, 50, 139, 143
shepherd......... 87
sheriff........... 65
shew............. 185
shilling.......... 103
shine 18, 53, 84, 173, 179
ship.............. 50
ship (vb.)........ 107
shire............. 65
shoe (vb.)........ 187
shoot............ 180
shop............. 17
should...... 225, 235
shove............. 50
shovel...... 48, 50, 88
show......... 59, 185
shrine............ 59
shrive........ 59, 179
sight......... 50, 78
silly.............. 23
silver........ 21, 59

sin.............. 17
sing............. 181
sink....... 39, 82, 181
sister 10, 13, 59, 61, 139
sit..... 26, 59, 83, 183
six........ 21, 50, 121
sixpence......... 145
slaughter...... 50, 79
slay...... 45, 59, 184
sleep..... 20, 48, 57
slide............. 17
slight............ 78
slip.............. 59
slow............. 31
small............ 59
smile............ 59
smite............ 179
snow, 37, 39, 50, 56, 59
so............... 66
sob.............. 106
sodden........ 53, 77
soft.............. 48
some........ 40, 134
son 20, 34, 39, 59, 77, 139
soothly.......... 110
sore............. 31
sorrow........... 93
soul............. 31
sound (adj.)...... 20
sour.......... 32, 76
sow « porc »..... 27
sow « semer » . 59, 185
speak........ 17, 182
spear........ 48, 139
spew......... 48, 53
spin......... 48, 181
spindle........... 88
spinster.......... 90
spit............. 183
split............ 179
spouse........... 5
spring (vb.).... 82, 181
staff............. 48
stand « état »..... 49

stand (vb.) 53, 184, 220
star.............. 21
starch............ 50
stark............. 50
starve........... 181
stave............. 48
stay............. 220
steadfast........ 110
steal............ 182
steed............. 33
stick (vb.).... 179, 183
stiff.............. 48
stink............ 181
stitch............ 83
stone............ 105
stood............ 184
stool............. 33
stove............. 20
stream....... 59, 75
strength.......... 90
stride............ 59
strike........ 50, 179
string............ 181
strive........... 179
strong........... 90
strow............ 185
stud.............. 33
sty......... 26, 53, 82
such......... 50, 161
suit.............. 17
sunday........... 117
swamp............ 59
swart............. 59
swear............ 182
sweat...... 49, 57, 59
sweet...... 49, 57, 59
swell..... 28, 174, 181
swim... 17, 39, 59, 181
swine.. 27, 59, 89, 143
sword........ 21, 59

Take......... 82, 184
tale......... 23, 49
tallow............ 50
tame............. 49

— 412 —

taught 187
teach 187
tear « larme » .. 30, 76
tear « déchirer » 41, 82, 182
teens 121
tell 23, 49, 187
ten 40, 47, 54, 57, 121
thank 50
that 46, 47, 49, 66, 130, 160
that « qui » 162
that « que » 162
thatch 36, 57, 59
the 47, 49, 66, 133
thee 165
their 49, 168
them 66, 166
there 80, 168
these 160
they 49, 166
thigh 50
thimble 88
thin 47, 54
thine 168
thing 24
think 24, 47, 50, 83, 187
third 124
thirst 42
thirteen 121
thirty 122
this 160
thorn 47, 54, 77
those 160
thou 47, 49, 165
though 14
thousand 19, 28, 49, 123
thrash 181
thrice 121
thrise 124
through 49, 50
throw 185
thumb 18, 47, 54
thursday 114
thy 168

tide 49, 139
tight 78
tile 50
timber 47, 57, 76
tin 49
tithe 124
titter 49
to 66, 100
toe 50
token 77
tomorrow 50
tong 39
tongue 13, 39, 47, 50, 54, 74, 139
too 66
tooth 79, 144, 145
tother 66
town 18
tread 182, 183
tree 37
trow 37
true 37
tub 17
tuesday 17, 37, 114
tune 17
twelve 121
twenty 121, 122
twice 111, 124
twig 50
twilight 121
twin 121, 124
twist 124
two 37, 49, 121

Udder 28
un- (négatif) 17, 40, 96
un- (inversif) .. 98, 100
uncouth 78
under 40, 49
undo 10, 98
up 66
us 20, 164
use 48

Vat 23

very 110
view 17
vixen 23, 87
vouchsafe 118

Wait 103
wake 36, 50, 184
Wales 23, 67
wall 139
walnut 115
warm .. 21, 50, 56, 75,
warm (vb.) 106
warp 48, 57, 181
warrant 97
was 17, 20, 61, 183, 217
wash 17, 84
watch 50
water 5, 17, 37, 49
wax « cire » 50
wax « croître » ... 184
way 50
we 17, 63, 164
wear 182
weasel 88
weather 17, 49
weave 182, 183
wed 187
wedlock 109
weep 187
Welsh 23, 67, 91
wend 219
went 219
were (pl.) 61, 183, 217
were (subj.) .. 194, 217
werwolf .. 27, 115, 117
what 50, 54, 161
wheat 50
when 66
where 80, 168
whet 50, 54
which 161, 162
while 17
white 37, 50, 54
who 17, 161, 162
whole 90, 93

— 413 —

wide............ 90	wolf 34, 37, 42, 48, 54,	Y-............. 97
widow............ 27	139	yard......... 30, 74
width............ 90	woman...... 115, 145	ye............. 165
wife......... 48, 139	womb........... 48	year..... 36, 76, 143
wild......... 17, 49	wood............ 41	yearn........... 50
will........ 36, 139	word........ 20, 139	yellow..... 37, 50, 56
will (vb.) 17, 221, 228,	word (vb.)...... 107	yellowhammer.... 65
232	work 21, 50, 53, 83, 187	yesterday.... 41, 50, 56
win........ 97, 181	world..... 21, 27, 65	yield........ 50, 125
wind « vent », 17, 26, 37	worm............ 139	yoke... 28, 36, 72, 139
wind (vb.) 17, 181, 219	worship.... 109, 118	yon............ 160
wine........ 17, 37	worth........... 21	yonder.......... 160
wise « sage »..... 223	wot.... 31, 37, 45, 223	you......... 36, 165
wise « guise »..... 111	would... 221, 230, 235	young....... 28, 36
wish......... 84, 189	wound........... 78	youngster........ 90
wit............. 223	write........ 37, 179	your........... 168
with............. 79	writhe.......... 179	youth........... 90
witness.......... 223	wrought..... 53, 187	

II. — Allemand.

Ab............. 54	an.............. 96	bachen....... 50, 57
abenteuer......... 6	andacht......... 78	backen (vb.) 50, 57, 82,
aber............ 117	ander....... 49, 124	184
aberglaube....... 117	anders.......... 124	bad............. 17
abgott.......... 147	anderthalb...... 124	bahre....... 26, 44
achsel........... 76	angel........... 39	balg............ 146
acht « huit » 30, 53, 121	ant-............. 96	balken........... 17
acht « attention ».. 93	apfel........... 146	band........ 45, 147
achten........... 93	arbeit.......... 142	bart..... 20, 21, 48
acker 30, 36, 50, 57, 76	arm « bras ».. 39, 143	bauen........... 18
146	armbrust......... 65	bauer « paysan ».. 141
ader............ 142	armut........... 90	baum........... 10
adler........... 146	asche........... 74	be-. 17, 19, 65, 94, 99
afterwort........ 117	ast......... 30, 146	beben........... 81
all.............. 17	au............. 142	beck............ 50
allein........... 117	auch............ 32	bedingen..... 24, 181
allod........... 115	aue............ 142	bedürfen..... 55, 224
als.............. 66	auf............. 66	befehlen..... 181, 206
also............. 66	auge 50, 54, 74, 140, 142	begehren........ 23
alt....... 17, 20, 21	aus......... 66, 96	begierde......... 23
am.............. 66	ausdruck......... 6	begierig......... 23
ameise........... 23		beginnen... 181, 232
ammer........... 65	B ar............ 17	begleiten........ 19

behaftet 110
behende 22, 99
bei 17, 99
beide 31
beil 79
bein 17, 48, 143
beiszen 27, 48, 49, 56,
57, 82, 179
bekommen 99
bellen 181, 206
bequem 65
beredt 17, 19, 187
bereit 109
berg 146
bergen .. 104, 181, 206
bersten ... 17, 181, 206
besser 49, 61, 80
best 80
besuchen 187
beten 117
betriegen 180
beugen 29
bewegen 182
biegen 29, 50, 180
biegsam 19, 110
bin 217
binden 26, 28, 45, 49,
56, 82, 181
birke 17
bis 96
bischof 17
bistum 109
bisz 17, 48, 49, 56, 57,
72
bitten 83, 183
bitter 49
blähen 48, 56, 185
blasen 185
blech 14
bleiben 19, 65, 85, 121,
229
blind 17, 49, 155
blühen 33, 36
blume 33, 75, 137, 140,
142

blut 33
bluten 33
bock 48
boden. 39, 75, 141, 146
bogen 50
bolz 17
böse 109
bösewicht 147
boshaft 110
bosheit 109
bote 141
braten 185
braue 117
braun 18
braut 48
bräutigam 65
brechen ... 42, 182, 206
brennen 187
brenzeln 106
bringen 24, 187
bruder 18, 33, 41, 48,
49, 51, 53, 54, 146
brunnen 141
brut 17, 18, 23, 48
brüten 17, 23, 107
bube 18, 33
buch 33, 48, 50, 56, 147
buche 33, 48, 56
buchstabe 33
bucht 136
bulle 17, 48
burg 59, 65
busch 17
butter 5

Charakter 65
chor 146
christ 141, 149
chur 180

Da 80, 168
dach ... 36, 50, 57, 59
dank 50
dar 80, 168
das 130, 162

dasz 46, 130, 162
däuchte 24, 195
däuchten 24
daumen 18, 47, 54, 141
decken. 36, 50, 57, 59
degen 146
dehnen 36
dein 168
denken 24, 50, 187
der 66, 130, 162
deuchte 24, 28
Deutsch 23, 29, 91, 141
dicht 78
die 66, 132, 162
die (pl.) 131
dienstag 17, 114
dies 160
dieser 160
Dietrich 29
ding 24
dingen 24
dirne 149
doch 14
donnerstag 114
dorn ... 47, 54, 77, 147
drechseln 102
drehen 102, 185
drei 121
dreschen 181, 206
drille 124
du 47, 165
dumm 17, 28, 32
dung 17
dünken 24, 47, 83
187, 238
dünn 47, 54
durch 49
dürfen 55, 224
dürr 42
durst 42
dusel 23
dutzen 106

Eben 48
eber 54

— 415 —

eck 50
ecke 50
ei 50, 117, 147
eiergelb 117
eigen 50, 54, 228
eilf 121
ein 31, 39, 66, 121, 134
ein 66
einander 114
eindruck 6
einfalt 110
einige 31, 134
einöde 90
einst 124
eis 145
eitel 110
elend 23
elephant 141
elf 121
ellenbogen 114
Elsasz 23
emp- 98
emsig 23
ende 22, 142
engel 39
ent- 95, 96, 98
entgegen 96
er 166
er- 98, 99
erbe 74, 137, 140
erde 17, 20, 21, 73, 137
                 142, 152
ergötzen 49
erküren 180
erlauben 98
erlöschen 174, 181
erquicken . 27, 50, 107
erschallen 181
erschrecken . . 182, 206
erst 124
ersuchen 99
erwägen 182
erz- 96
erzählen 23
es 166

essen 26, 82, 183, 197,
                 206, 229
euch 36, 165
euer 168
euter 28, 49
ewig 31

Fach 82, 124
faden 39
fahl 37
fahne 102
fähnrich 102
fahren 17, 82, 83, 184,
                 204, 205
falb 37
falke 13
fallen 17, 21, 83, 84, 185
fällen 83
falls 111
falsch 13, 17
falte 110
fangen . 24, 50, 82, 185
fast 77
faul 23, 28, 32, 76
fäule 23
faust 49
fechten 181, 206
feder 23, 49, 54
fegefeuer 50
fegen 50, 76
feind 22, 54, 90
fell 26
fels, felsen 141
fern 10, 21
fernsprecher 6
fest « fête » 143
fest « ferme » 77, 93..
feuer 29, 143
finden . . 19, 20, 28, 181
finger . 26, 39, 50, 121
fisch 27, 48, 50, 54, 72,
                 146
fischen 19, 174
fischer 102
fittich 23

flaum 48
flechten 181
fleck, flecken 141
fleisch 48, 50
fliege 50
fliegen 29, 50, 180, 206
fliehen 180, 187
flieszen 84, 206
floh 139
flosz 146
flucht 49, 78
flur 17, 76
flut . . 33, 78, 136, 142
folgen 50
folgern 106
fordern 97
forschen . . 44, 84, 189
fort 49
fragen 44, 207
frau . . 32, 74, 136, 142
frauenzimmer 114
freilich 110
fressen . . . 99, 183, 229
freund 22, 41, 54, 90, 137
friede, frieden . . . 141
frieren 61, 180
frisch 50
frohndienst 74
frost 61
frucht 136
früh 77
fuchs 23
füchsin 23, 87
führen 83
füllen (vb.) 17, 23, 107
fünf 17, 20, 39, 54, 121
fünfte 49, 53, 124
fünfzehn 48
fünfzig 48
funke, funken . 17, 141
für 99
furche 42
fürst . . 17, 23, 49, 124
fusz 18, 33, 72, 144, 146
futter 5, 49, 79

— 416 —

Gabe.......... 44, 142
gähren............ 182
gang.............. 219
gans. 56, 102, 144, 146
gänserich........ 102
gären............ 182
garten 30, 74, 137, 141
gärtner.......... 102
gast 30, 34, 50, 51, 56,
        137, 144, 146
ge- 19, 23, 50, 65, 69,
     96, 97, 143, 229
ge- (ppe)..... 97, 229
ge- (subst.)... 96, 143
gebären 26, 82, 182, 206
geben 44, 45, 48, 50,
        183, 197, 206
gebirge............ 96
geburt............. 17
gedeihen........... 24
gefährte........... 96
gefallen........... 97
gefilde............ 96
gegen.............. 96
gehen....... 185, 219
gehl............... 37
geist... 50, 62, 147
gelächter.......... 79
gelb...... 37, 50, 56
geleiten........... 19
gelten 50, 125, 181, 206
gemahl............. 96
gemein............. 96
genesen .. 97, 183, 207
genie 6
genieszen......... 180
genug .. 20, 50, 55, 96
gern 23, 50
geschehen.... 183, 206
geschweige........ 97
geselle............ 96
gesinde............ 96
gestehen........... 97
gestern........ 41, 56
gesund............. 20

getreide.......... 202
gevatter........... 96
gewahr............. 96
gewinnen.......... 181
gewisz............ 223
gieng........ 185, 219
gier............... 23
gieszen 45, 84, 180, 206
gift 48, 50, 78
ging......... 185, 219
glas 20, 61
glauben 19, 32, 65, 229
gleich........... 34, 96
gleichen.......... 179
gleichung........... 6
glimmen.......... 181
glitzern.......... 106
gold 17, 20, 49, 50
golden 22, 23, 89
Gott 28, 50, 147
grab............. 147
graben........... 184
grad............. 143
graf............. 141
greifen.......... 179
grosz............. 32
groszsohn........ 115
gülden 22, 23
gusz............. 45
gut 50

Haar......... 50, 143
haben 19, 85, 187, 189,
                   231
hafen............ 146
haft « lien »..... 54
haft « prise » 54
hagel........ 50, 54
hahn 74, 137, 140, 141
halb...... 21, 48, 124
hälfte....... 48, 124
halm........ 75, 143
hals............. 146
halten 17, 21, 50, 54, 84,
                185, 206

hammer.......... 146
hand 34, 48, 49, 50, 72,
              137, 146
handeln......... 106
handhabe........ 118
handhaben.... 114, 118
hangen 24, 39, 83, 185
hängen........... 83
hart.... 20, 50, 54, 72
hase............. 61
hassen........ 50, 93
hast « hâte »..... 17
hauen........ 37, 185
haupt......... 19, 32
haus 18, 20, 28, 32, 147
haut........ 17, 146
heben 54, 55, 83, 85, 184
hecke............. 50
heer.... 41, 137, 143
heft.............. 54
heide « lande ».... 137
heide « païen ». 19, 141
heil......... 90, 93
Heiland.......... 90
heilen....... 90, 93
heilig............ 50
heim.............. 65
heimat........... 90
heischen..... 50, 84
heisz........ 31, 49
heiszen.... 84, 185, 239
helfen....... 45, 181
henker....... 13, 83
her......... 166, 168
herbst............ 41
herd.............. 24
herde........ 21, 87
herr............. 141
herz 20, 21, 49, 74, 137,
         140, 142, 150
herzog.... 87, 141, 143
heute............ 166
hieb.............. 37
hier........ 166, 168
hin.............. 166

— 417 —

hirte............ 87, 141
hitze............. 49
hoch...... 50, 54, 74
höchst........... 50
hof............. 53
höhe 50, 74, 136, 137, 140, 142
hoheit........... 110
höher....... 50, 80
holz............ 147
horchen.......... 20
hören........... 187
horn............. 77
hübsch........... 53
huf......... 17, 143
hügel...... 50, 54, 88
huhn............ 147
hund...... 20, 28, 143
hundert...... 50, 123
hunger........... 50
hütte............ 17

Ich.......... 14, 164
ihr « vous »..... 165
ihr « son »...... 168
ihr « leur »..... 168
immer............ 96
in............... 66
irden............ 89
irdisch.......... 91
irgend.......... 161
ist.......... 26, 217

Jahr....... 36, 76, 143
jauchzen......... 106
je....... 96, 124, 161
jedenfalls....... 111
jeder............ 79
jener........... 160
joch 28, 36, 72, 136, 143
jugend........... 90
jung......... 28, 36
jungfer......... 117
junker........... 65

Kalb 48, 56, 80, 137, 147
kalk............. 50
kalt.. 17, 21, 50, 57, 78
kamm......... 39, 48
kann......... 39, 224
kater........... 102
katze........... 102
kauen............ 36
kaufen........... 99
keck............. 50
kehren « balayer » 105
kehricht........ 105
kein............ 134
kennen..... 39, 84, 187
kiesen 29, 50, 57, 61, 82, 180
kind............ 136
kinn............. 50
kirche.......... 142
klauben.......... 32
kleben........... 82
klein........ 47, 77
kleinod.......... 17
klimmen...... 82, 181
kloster......... 146
knabe...... 17, 36, 141
knappe........... 36
knecht........... 21
knie...... 50, 57, 143
knoblauch........ 32
knobloch......... 32
kommen 39, 40, 45, 50, 57, 182
könig........ 50, 103
können...... 84, 224
korn......... 50, 57
kost............ 142
kosten........... 29
krächzen'....... 106
kraft........... 146
kraut........... 147
kreuz........... 143
kriechen.... 180, 206
krüppel.......... 88
kuh... 14, 50, 57, 146

kühl............. 50
kund......... 78, 224
kunft........ 40, 78
kunst........ 78, 146
kur............ 180
kürze............ 74

Lachen........ 36, 50
laden « charger ». 17, 50, 184
laden « volet » 141, 146
lahm............. 10
laib............. 17
lamm........ 80, 147
land......... 39, 49
lang......... 39, 50
lange........... 110
länge....... 74, 142
lassen.... 45, 185, 236
lasz............. 45
laub............. 32
lauch............ 32
laufen 32, 50, 185, 206
läugnen......... 106
laus....... 144, 146
laut « son »... 41, 143
laut (adv.).. 41, 50, 78
lauter.......... 110
leben..... 27, 48, 85
leber............ 27
lechzen.......... 50
lecken....... 27, 50
legen...... 20, 50, 83
lehren. 31, 61, 83, 106
leib............ 147
leiche.......... 110
leicht........... 50
leiden.......... 179
leier........... 142
leihen...... 82, 179
leiten........... 19
lernen 20, 21, 31, 61, 83, 106
lesen....... 61, 183
letzt............ 80

27

leuchten.......... 29	melken.......... 181	namhaft.......... 117
leugnen.......... 106	menge.... 74, 140, 142	narr............. 141
leumund.......... 75	mensch........ 67, 141	nase............. 61
leute..... 29	messen........... 183	nasz............. 49
leutnant.......... 65	messer........... 65	natter............ 49
licht...... 29, 41, 50	met............. 39	neffe............. 54
lid............... 117	miete........ 62, 185	nehmen 44, 45, 82, 174,
lieb, liebe... 29, 48, 56	mild............ 20	182, 197, 204, 205
lieben............ 107	mis-............ 96	nein..... 10, 96, 134
liegen..... 50, 83, 183	missen........... 96	nennen........... 187
los....... 17, 45, 110	mist............ 27	nest'........ 27, 62
löschen...... 174, 181	mit........ 73, 117	netz............. 17
losen............ 41	mitte 26, 36, 39, 56, 73	netzen........... 49
löwe............ 141	mittel........ 10, 49	neun............ 121
luft........ 78, 146	mode.......... 6	nicht............ 96
lug........ 139, 180	mögen.... 20, 226, 234	nichte........ 53, 87
lüge....... 14, 17, 50	monat.......... 90	nichts........... 96
lügen.... 50, 106, 180	mond........... 18	nie 96
lust........... 146	montag.......... 18	nimmer.......... 96
lützel............ 88	mord........... 42	noch............ 96
	morgen........ 50, 54	not........ 142, 228
Machen........ 20, 50	mühle........... 42	nur............. 96
macht.. 20, 50, 78, 146, 226	mund........... 40	nusz............ 50
mag........ 226, 234	münster........ 65	nutzen........... 107
magd..... 19, 50, 146	münze.......... 49	nützen........... 107
magen.......... 141	müszen......... 227	
mähen...... 50, 185	mut............ 49	Oben............ 54
mahnen......... 83	mutter 10, 18, 19, 33,	ocean........... 65
mähre 65	49, 54, 146	ochs....... 17, 74, 140
maid........ 17, 50		ochse........... 141
manch.......... 74	Nach........... 50	öde............. 90
mann 37, 39, 67, 144, 147	nachbar... 50, 65, 149	ofen...... 48, 141, 146
	Nachbaur....... 65	oft............. 49
marsch.......... 6	nächst.......... 80	ohr.... 32, 61, 74, 142
marschall........ 65	nacht 14, 21, 39, 50, 54, 79, 146	ort............. 147
marschieren...... 6	nachtigall........ 114	Ostern.......... 152
maus.. 23, 61, 144, 146	nadel....... 26, 39, 79	
meer... 17, 34, 72, 143	nagel........ 50, 146	Pabst, papst... 14, 48
mehr........ 61, 80	nähe........... 50	parlieren......... 6
meiden.......... 96	näher.......... 50	pfad........ 49, 143
meile........... 17	nahme.......... 44	pfaffe........... 48
mein....... 10, 168	nähren..... 187, 207	pfahl........... 48
meist.......... 80	name..... 75, 141, 142	pfalz............ 65
meiszel.......... 88	namen.......... 141	pfanne....... 23, 48
		pfan......... 48, 149

pfennig 23
pferd 48, 65, 143
Pfingsten... 48, 65, 152
pflanze 48, 142
pflaum........... 48
pflegen........... 182
pfülwe 17
pfund..... 18, 48, 143
philosoph......... 141
photographie..... 142
pilgrim 23
planet........... 141
preisen.......... 179
punkt........... 143

Quecksilber..... 27, 50
quellen.. 174, 181, 206
quer........... 17

Rabe ... 36, 50, 54, 141
rächen........... 182
rad............. 10
rand............ 147
rappe........... 36
rasch........... 50
räsonnieren....... 6
rast............ 73
raten...... 17, 41, 185
rätsel........... 104
rauchwerk..... 50, 54
rauh.......... 50, 54
raum...... 28, 39, 75
recht....... 53, 78
recht (subst.).... 143
recken 99
reden.. 17, 20, 123, 187
regen « pluie »... 50
reiben........... 179
reich............ 50
reich (subst.).... 109
reichen......... 187
reifen.......... 107
rein 77
reiszen...... 37, 179
reiten..... 17, 41, 179

reiter 102
rennen 181, 187
retten........... 187
rettich 23
richtig 91
rind 147
ring 50
rinnen 181
ritter 102
ritz 37
rohr............ 146
rosz 143
rot 32, 41
rufen 185
ruhe........... 63

Saat.... 12, 26, 49, 59
Sachse 141
säen......... 59, 185
sagen........ 20, 50
salbe............ 92
salben..... 92, 93, 189
salbuch 21
salz 10, 30, 49, 59, 143
salzen.......... 185
same............ 75
samstag......... 65
sand............ 39
sanft............ 48
sang 39, 146
sänger 102
satt............ 59
sattel........... 49
sau 27, 146
sauer 32, 76
saufen...... 32, 180
saugen.......... 180
säule « alène ». 59, 76
schaben 30, 48, 56, 57, 82, 184
schaf........ 50, 143
schaffen 48, 50, 57, 184, 188
schaft........... 48
schalk 146

schall........... 181
scharf........... 20
schärfen........ 106
schauen..... 59, 77
schaufel.... 48, 50, 88
scheiden..... 31, 179
scheinen... 31, 53, 84, 173, 179
schelten 181
scheren......... 182
schieben..... 50, 180
schieszen....... 180
schiff............ 50
schiffen 107
schilling........ 103
schinden........ 181
schlacht 142
schlaf...... 48, 146
schlafen... 48, 57, 185
schlaff..... 48, 57
schlag...... 72, 146
schlagen.. 45, 59, 184,
schlank 13
schlecht......... 78
schlitten........ 17
schlüpfen........ 59
schmal.......... 59
schmeicheln..... 59
schmelzen... 174, 181
schmerz........ 150
schnauben...... 180
schnee 37, 39, 50, 56, 59
schneiden..... 77, 179
schneider....... 102
schneien........ 50
schnitter 102
schon 77
schön 77
schopf.......... 17
schöpfen........ 48
schraube 17
schrauben...... 180
schreiben...... 179
schrein 59
schreiten..... 59, 179

schuh............ 50	so............... 66	stuhl......... 33, 146
schwären......... 182	sohn 12, 20, 34, 39, 59,	stute............ 33
schwarz.......... 59	77, 137, 146.	suchen 33, 187, 189, 207
schweigen........ 59	solch......... 50, 161	sumpf............ 59
schwein 27, 59, 89, 143	soldat............ 141	sünde....... 17, 142
schweisz.... 49, 57, 59	sollen... 225, 232, 235	süsz...... 49, 57, 59
schwellen. 28, 174, 181	sommer........... 146	
schwert........ 21, 59	sonder............ 40	Tag 47, 50, 56, 72, 137,
schwester . 59, 61, 142	sonne............ 142	143
schwimmen 17, 39, 59, 181	sonntag........... 117	tal............... 14
schwingung....... 13	sorge............. 93	talg............. 50
schwitzen... 49, 57, 83	sorgen............ 93	tat 14, 26, 45, 47, 78,
schwören..... 96, 184	spähen........... 53	137, 142, 218
sechs...... 50, 21, 121	spät.............. 77	tau.............. 17
see.............. 37	spazieren......... 107	taub............. 32
seele............ 31	speer............. 48	taube........ 32, 142
segel............ 50	speien........ 48, 53	taufen........... 29
sehen 17, 36, 45, 50, 54,	spielen........... 17	taugen........... 222
183	spindel........... 88	tausend 19, 28, 49, 123
sehr............. 31	spinnen.... 17, 48, 181	teig......... 50, 56
sei (subj.)........ 211	spleiszen......... 179	teil.............. 96
sein « son »...... 168	sprechen...... 17, 182	teutsch........... 29
sein (vb.) 217, 231, 239	springen...... 82, 181	tief.......... 29, 57
selb............. 160	stab............. 48	tiefe............ 74
selbst............ 167	stand............ 49	tier......... 49, 143
selten........... 23	stand (pf.)........ 184	tiergarten........ 49
seltsam........... 23	stark............ 50	tisch............ 50
senden........... 187	stechen.......... 182	toben............ 32
setzen 17, 26, 36, 49,	stecken...... 179, 183	tochter 49, 56, 137, 146
83, 174	stehen.... 53, 184, 220	tod....... 32, 47, 48
seufzen.......... 106	stehlen...... 182, 206	tor (porte). 17, 28, 143
sich............. 167	steif............. 48	tot........... 32, 78
sicht......... 50, 78	steigen.... 26, 82, 179	tracht............ 20
sie.............. 166	stein............ 105	tragen. 17, 20, 50, 184
sieben..... 26, 40, 121	sterben.......... 181	träne............ 22
sieden...... 53, 180	stern............. 21	trauen........... 37
sieg............. 117	sticken........... 83	traum............ 49
silber........ 21, 59	stinken.......... 181	treffen.......... 182
singen........... 181	stoszen.......... 185	treiben..... 45, 49, 179
singer........... 102	streben.......... 179	treten..... 6, 182, 183
sinken.... 39, 82, 181	streich........... 50	tretoir........... 6
sitte............. 59	streiten......... 179	treu............ 37
sitz............. 26	strom........ 59, 75	triefen..... 48, 180
sitzen.. 26, 49, 59, 83,	stube............ 20	trinken.... 39, 40, 181
174, 183	studiren.......... 107	trittoir.......... 6

tropfen............ 48
trügen............ 180
tugend....... 142, 222
tun 14, 45, 56, 218, 233
tür................ 28
türel.............. 88

über............... 54
um................ 40
un-........ 17, 40, 96
und............... 66
universität........ 142
uns........... 20, 164
unser............. 168
unter.......... 40, 49
ur-................ 96
urteil.............. 96

Vater 25, 48, 49, 51, 53
54, 146
ver-.... 49, 65, 69, 99
verderben 174, 181, 224
verfaulen......... 107
vergebens......... 99
vergehen....... 10, 99
vergeigen.......... 99
vergessen 49, 182, 183,
206
verhehlen..... 83, 182
verkaufen......... 99
verlieren 19, 45, 61, 99,
180
verlust....... 45, 61
vermögen........ 226
verrecken......... 99
versehren......... 31
verwirren......... 181
verzehren.. 41, 82, 182
vieh........... 12, 54
viel............... 12
vier.............. 121
vogel.. 41, 48, 50, 146
volk.............. 139
voll 17, 23, 42, 77, 157
vor........... 23, 99

vorder........ 79, 97
vorhanden........ 146

Wachen... 36, 50, 184
wachs............. 50
wachsen.......... 184
wahren........... 106
wahrsagen........ 118
wald.......... 41, 147
Wälsch............ 23
wamme............ 48
wange............ 142
wann.............. 66
war (pf.) 17, 20, 61,
183, 217
war-.............. 80
wäre....... 194, 217
warm 21, 50, 56, 75, 106
wärmen.... 106, 107
warnen........... 106
was....... 50, 54, 161
waschen.. 17, 84, 184
was für.......... 161
wasser.... 5, 17, 37, 49
wasserstoff........ 6
weben............ 182
wechsel.......... 104
wecken........ 30, 50
weder............. 79
weg..... 50, 96, 146
weib.............. 48
weichen.......... 179
weigand........... 54
weigern........... 54
weile.............. 17
wein.......... 17, 37
weise « sage »... 223
weise « guise »... 111
weisz « blanc » 37, 50, 54
weisz (vb.) 31, 37, 53, 223
weizen............ 50
welch............ 161
welt....... 21, 27, 65
wenden...... 187, 219
wenn............. 66

wer............... 161
werben........... 181
werden 45, 77, 181, 229
232, 239
werfen.... 48, 57, 181
wergeld........... 21
werk.............. 50
wert.............. 21
werwolf 21, 27, 115, 117
wesen.... 61, 183, 217
wetter........ 17, 49
wetzen........ 50, 54
wider............. 79
wiedehopf......... 41
wieder............ 79
wiegen....... 14, 180
wiese............. 88
wiesel............ 88
wild.......... 17, 49
will (vb.). 17, 221, 228
wille......... 36, 141
willen............ 141
willkürlich....... 180
wind...... 17, 26, 37
winden... 17, 181, 219
winter............ 146
wir.......... 63, 164
wirken............ 83
wirr.............. 181
wissen.... 45, 82, 223
wittib............. 37
wittwe.... 27, 37, 142
witz.............. 223
wo............ 80, 168
wolf 34, 37, 42, 48, 54,
146
wölfin............ 54
wollen 221, 228, 229,
232
wor-.............. 80
worden.......... 229
wort 20, 137, 143, 147
wund............. 78
wunde............ 78
wünschen......... 84

wurde 181
würde (subj.) 181, 194, 235
wurf 95, 146
wurm 147

Zahl 23, 49
zählen 23, 49
zahm 12, 49
zähmen 49
zahn 79, 145, 146
zähre 30, 76, 146
zange 39
zart 20
zaun 48
zehe 50
zehn 40, 47, 54, 57, 121
zehren 41

zeichen 77
zeigen 77
zeit 49
zer- 100
zerren 82
zeugen 29
ziegel 50
ziehen 29, 53, 55, 82, 180
zimmer 47, 57, 76
zimmermann 47
zinn 49
zistag 17
zittern 49
zog (pf.)... 32, 55, 180
zögern 106
zorn 182
zu « à » .. 66, 100, 229
zu « trop » 66

zucht 55
zug 55
zunge 13, 39, 47, 50, 57, 74, 137, 140, 142
zur 66
zwanzig 121, 122
zwar 65
zwei 37, 49, 121
zweifel 121
zweig 50
zweite 124
zwiefach 121
zwirn 124
zwirnen 121, 124
zwist 124
zwo 121
zwölf 121

INDEX DES FINALES.

N. B. — Ne sont pas reprises à cet index les finales de déclinaison des démonstratifs (article, adjectifs, pronoms et possessifs), qu'on trouvera étudiées en leur lieu, n°s 128-133, 155-157, 160-162 et 164-168.

Les chiffres renvoient aux numéros marginaux.

I. — Anglais.

-*ability*........................ 69	-*en* (pluriel)............... 19, 140
-*able*...................... 69, 110	-*er* (noms d'agent)............ 102
-*age*........................... 50	-*er* (noms d'instrument)....... 90
-*an*........................... 105	-*er* (noms de provenance)..... 102
-*ance*.......................... 69	-*er* (noms de mâles).......... 102
-*ation*......................... 69	-*er* (comparatifs)........ 61, 80, 90
-*bury*.......................... 65	-*er* (verbes en)............... 106
-*ce* (adverbes)............ 111, 124	-*es* (pluriel)............... 19, 139
-*ce* (pluriel).................. 145	-*es* (sg. 3).................... 202
-*d* (participes) 19, 54, 90, 186 à 189, 229	-*ese*........................... 69
-*d* (adjectifs)................. 90	-*ess*..................... 5, 69, 87
-*d* (pf. faible)........... 186 à 189	-*est* (superlatifs)........... 80, 90
-*d* (noms abstraits)............ 78	-*est* (sg. 2)......... 202, 209, 210
-*dom*....................... 75, 109	-*eth* (ordinaux)............... 124
-*e* (ou absence de désinence = infinitif) 19, 77, 89, 107, 229	-*eth* (sg. 3)................... 202
	-*fast*.......................... 110
-*e* (ou absence de désinence = participe passé) 19, 179 à 185	-*fold*..................... 110, 124
	-*ful*........................... 110
-*ed* (participe passé) 19, 54, 90, 186 à 189, 229	-*ham*........................... 65
	-*head*.......................... 109
-*ed* (adjectifs)................ 90	-*hood*.................. 67, 108, 109
-*ed* (pf. faible).......... 186 à 189	-*ian*........................... 105
-*en* (participe passé) 19, 77, 89, 179 à 185, 229	-*ing* (noms d'action)....... 91, 103
	-*ing* (diminutifs).......... 91, 103
-*en* (adjectifs de matière)... 89, 105	-*ing* (au 1er terme d'un composé) 117
-*en* (verbes en)............ 93, 106	-*ing* (participe présent)... 103, 229
	-*ing* (gérondif)........... 103, 229

-ior	102	-s (adverbes)	111
-ish	67, 91, 105	-s (pluriel)	19, 63, 139
-ism	67	-s (génitif)	19, 20, 63, 111, 150, 151
-ist	69	-s (sg. 3)	202
-kin	103	-se (verbes en)	93, 106
-l (verbes en)	106	-sh (adjectifs)	67, 91
-le (noms d'instrument)	88	-ship	67, 109
-le (verbes en)	106	-som	110
-ledge	50, 109	-some	110
-less	110	-st (superlatifs)	80, 90
-ling (dérivés en)	103	-st (sg. 2)	202, 209, 210
-ling (adverbes)	111	-t (participe passé)	19, 78, 90, 186 à 189
-long	111		
-ly (adjectifs)	17, 50, 67, 110	-t (parfait faible)	186 à 189
-ly (adverbes)	110, 111, 124	-t (noms abstraits)	78, 90
-ment	69	-t (sg. 2)	202, 217, 222 à 227
-n (participe passé)	77, 89, 179 à 185, 229	-teen	121
		-ter (noms en)	79
-n (adjectifs de matière)	89, 105	-th (noms abstraits)	78, 90
-n (verbes en)	106	-th (ordinaux)	124
-ness	68, 104	-th (sg. 3)	202
-or	102	-ther	79
-ous	69, 110	-ty	50, 54, 122
-r (noms d'agent)	102	-ward	111
-r (noms d'instrument)	90	-wards	111
-r (comparatifs)	80, 90	-wise	111
-ric	109	-y (adjectifs)	17, 50, 91, 105
-ry	69	-y (substantifs)	69

II. — Allemand.

-at	90	-en (infinitif)	19, 23, 77, 89, 107, 229
-bar	104, 110, 117	-en (participe)	19, 77, 89, 179 à 185, 229
-chen	23, 103, 146		
-der	79	-en (adjectifs de matière)	23, 89, 105
-e (noms abstraits)	23, 74, 142	-en (pluriel)	19, 87, 140 à 142
-e (pluriel)	23, 143, 144, 146	-en (acc. sg.)	87, 149
-e (dat. sg.)	152	-en (gén. sg.)	87, 150
-e (subj. prés.)	192	-en (dat. sg.)	87, 152
-e (subj. impf.)	23, 193	-end (participe prés.)	90, 229
-ei	69	-end (noms abstraits)	90
-el (noms d'instrument)	88	-ens	124
-el (diminutifs)	23, 88, 103	-er (noms d'agent)	102, 146
-eln (verbes en)	106	-er (noms d'instrument)	90
-en (noms en)	39, 141, 146	-er (noms de provenance)	102

-er (noms de mâles)............ 102
-er (comparatifs)..... 23, 61, 80, 90
-er (pluriel........ 23, 80, 138, 147
-ern (adjectifs de matière). 89, 105
-ern (verbes en).............. 106
-es (gén. sg.)....... 19, 20, 63, 150
-est (superlatifs)........ 23, 80, 90
-est (sg. 2)........... 202, 209, 210
-et (participe) 19, 90, 186 à 189, 229
-et (sg. 3)..................... 202
-et (pl. 2).................... 203
-ete (parfait faible)...... 186 à 189
-fach........................ 124
-falt.................... 110, 124
-fältig....................... 124
-haft........................ 110
-halb........................ 124
-halben...................... 124
-heit..... 67, 68, 108, 109, 136, 142
-icht.................... 23, 105
-ieren............... 6, 107, 229
-ig..... 17, 22, 23, 50, 91, 105, 168
-igen................... 107, 109
-igkeit...................... 109
-in................. 23, 87, 142
-ing.................... 91, 103
-inn......................... 87
-iren............... 6, 107, 229
-isch......... 22, 23, 67, 91, 105
-ismus........................ 67
-ist.......................... 69
-keit............ 68, 109, 136, 142
-lei......................... 124
-lein............... 23, 103, 146
-lich... 17, 22, 23, 50, 67, 110, 111
-ling.................... 23, 103
-lings....................... 111
-los......................... 110
-mal......................... 124
-n (infinitif)........... 77, 89, 229
-n (participe) 77, 89, 179 à 185, 229
-n (adjectifs de matière)... 89, 105
-n (pluriel)...... 19, 87, 140 à 142
-n (acc. sg.)............. 87, 149
-n (gén. sg.)............. 87, 150

-n (dat. sg.)............. 87, 152
-n (dat. pl.)............. 39, 152
-n (sg. 1).................... 217
-n (pl. 1)........ 203, 209, 210, 211
-n (pl. 3)........ 203, 209, 210, 211
-nd....................... 90, 229
-nen (verbes en)............. 106
-ner (noms d'agent)........... 102
-nisz........ 68, 104, 136, 143, 146
-rei.......................... 69
-rich........................ 102
-rn (adjectifs de matière)... 89, 105
-s (gén. sg.)........... 19, 63, 150
-s (adverbes)............ 111, 124
-sal........... 104, 136, 143, 146
-sam................... 104, 110
-sch.................... 67, 91
-schaft................ 109, 142
-sel......................... 104
-st (noms abstraits)........... 78
-st (superlatifs)........ 23, 80, 90
-st (ordinaux)............... 124
-st (sg. 2)... 23, 202, 209, 210, 211
-szig........................ 122
-t (participe). 19, 54, 78, 90, 186 à 189, 229
-t (adjectifs)................ 90
-t (noms abstraits)....... 78, 136
-t (ordinaux)................ 124
-t (sg. 2)........... 209, 222 à 227
-t (sg. 3)............... 23, 202
-t (pl. 2)... 203, 209, 210, 211, 213
-te (parfait faible)...... 186 à 189
-te (ordinaux)............... 124
-tel (partitifs).............. 124
-ter (noms en)............... 79
-thum, -tum...... 67, 75, 109, 147
-ung................ 91, 103, 142
-ut........................... 90
-wärts...................... 111
-weise...................... 111
-zehn....................... 121
-zeln....................... 106
-zen................... 93, 106
-zig............... 50, 54, 122

TABLE DES MATIÈRES.

Nos		Pages.
	Préface..	v
	Trancriptions	ix
	Signes conventionnels.....................................	xv
	Indications bibliograqhiques	xix
(1)	Introduction...	1

PREMIÈRE PARTIE.

(8)	LES SONS.	17
(9)	Chapitre Ier. — Éléments de phonétique physiologique.	20
(10)	Section Ire. — *La production des phonèmes*............	21
(11)	Section II. — *Classification des phonèmes*...............	25
(12)	§ 1er. — Voyelles, semi-voyelles et diphtongues..	25
(13)	§ 2. — Consonnes-voyelles.........................	27
(14)	§ 3. — Consonnes....................................	29
(15)	Chapitre II. — Les voyelles et les diphtongues........	32
(16)	Section Ire. — *Lois vocaliques anglo-allemandes*	32
(17)	§ 1er. — Changement de timbre des voyelles.....	33
(20)	§ 2. — Abrègements et allongements	43
(21)	§ 3. — La fracture anglo-saxonne................	46
(22)	§ 4. — La métaphonie	48
(24)	§ 5. — Allongement compensatoire prégermanique.	54
(25)	Section II. — *Les voyelles et diphtongues primitives et leur évolution*	56
(26)	§ 1er. — L'*e* bref ou long...........................	57
(27)	§ 2. — L'*i* bref ou long............................	60
(28)	§ 3. — L'*u* bref ou long	61
(29)	§ 4. — Les diphtongues d'*ě*.....................	62

Nos		Pages.
(30)	§ 5. — L'ă et l'ŏ et leurs diphtongues............	65
(33)	§ 6. — L'ā et l'ō............................	68
(34)	Section III. — *Les voyelles en syllabe finale*............	69
	§ 1er. — Principes généraux....................	70
	§ 2. — Voyelles brèves.......................	71
	§ 3. — Voyelles longues et diphtongues..........	71
(35)	CHAPITRE III. — LES SEMI-VOYELLES ET LES CONSONNES-VOYELLES.................................	73
	Section Ire. — *Les semi-voyelles*................	73
(36)	§ 1er. — Le *y*............................	73
(37)	§ 2. — Le *w*............................	75
(38)	Section II. — *Les consonnes-voyelles*................	76
(39)	§ 1er. — Les nasales.......................	76
(41)	§ 2. — Les vibrantes......................	79
(43)	Section III. — *L'apophonie indo-européenne*............	82
(44)	§ 1er. — Le principe de l'apophonie..............	82
(45)	§ 2. — Les applications en germanique..........	86
(46)	CHAPITRE IV. — LES CONSONNES MOMENTANÉES ET LEURS ÉQUIVALENTS............................	91
(47)	Section Ire. — *La seconde mutation consonnantique*.....	92
(48)	§ 1er. — Les labiales......................	93
(49)	§ 2. — Les dentales......................	98
(50)	§ 3. — Les gutturales	101
(51)	Section II. — *La première mutation consonnantique*....	109
(52)	§ 1er. — Lois de Grimm et de Verner............	111
(54)	§ 2. — Les sourdes primitives..............	115
(56)	§ 3. — Les sonores aspirées primitives..........	119
(57)	§ 4. — Les sonores primitives................	120
(58)	CHAPITRE V. — LES SIFFLANTES....................	122
(59)	Section Ire. — *Sifflante initiale*................	122
(60)	Section II. — *Les sifflantes médiales*..............	125
(61)	§ 1er. — La sourde	125
(62)	§ 2. — La sonore........................	127
(63)	Section III. — *Sifflante finale*................	128
(64)	CHAPITRE VI. — L'ACCENT....................	130
(65)	Section Ire. — *Accent de mot*................	131
(66)	Section II. — *Accent de phrase*..................	135

Nos.		Pages
(67)	DEUXIÈME PARTIE.	
	LES MOTS	139
(70)	Chapitre Ier. — Dérivation primitive.....................	145
(71)	Section Ire. — *Suffixes primaires*....................	146
(72)	§ 1er. — Thèmes nominaux.......................	146
(81)	§ 2. — Thèmes verbaux.........................	158
(86)	Section II. — *Suffixes secondaires*...................	163
(87)	§ 1er. — Thèmes nominaux.......................	163
(92)	§ 2. — Thèmes verbaux.........................	169
(94)	Chapitre II. — Dérivation anglo-allemande.............	173
(95)	Section Ire. — *Les préfixes*.........................	173
(96)	§ 1er. — Préfixes nominaux.......................	174
(97)	§ 2. — Préfixes verbaux.........................	178
(101)	Section II. — *Les suffixes proprement dits*..............	184
	§ 1er. — Suffixes nominaux.......................	184
(102)	A. Substantifs.............................	185
(105)	B. Adjectifs..............................	190
(106)	§ 2. — Suffixes verbaux.........................	191
(108)	Section III. — *Les mots anciens devenus suffixes*........	196
(109)	§ 1er. — Substantifs............................	197
(110)	§ 2. — Adjectifs..............................	199
(111)	§ 3. — Adverbes.............................	203
(112)	Chapitre III. — Composition........................	205
(113)	Section Ire. — *Classification des composés*..............	206
(114)	§ 1er. — Classification grammaticale...............	206
(115)	§ 2. — Classification fonctionnelle................	209
(116)	Section II. — *Formation des composés*.................	210
(117)	§ 1er. — Forme du premier terme.................	211
(118)	§ 2. — Forme du dernier terme..................	216
(119)	Chapitre IV. — La numération.....................	218
(120)	Section Ire. — *Les nombres cardinaux*..................	218
(121)	§ 1er. — Les unités et additions d'unités..........	218
(122)	§ 2. — Les décades............................	221
(123)	§ 3. — Les centaines et au delà.................	223
(124)	Section II. — *Les dérivés de nombres cardinaux*........	224

Nos		Pages.
(125)	**TROISIÈME PARTIE.**	
	LA DÉCLINAISON.	229
(126)	CHAPITRE Ier. — L'ARTICLE	231
(127)	Section Ire. — *Article défini*.................	232
(128)	§ 1er. — Origine et flexion primitive............	232
(129)	§ 2. — État actuel...................	234
(134)	Section II. — *Article indéfini*.....................	238
(135)	CHAPITRE II. — LE SUBSTANTIF......................	240
(136)	Section Ire. — *Le genre*.......................	240
(137)	Section II. — *Le nombre*......................	243
(138)	§ 1er. — Généralités.................	246
(139)	§ 2. — Pluriels en -*s*.............	248
(140)	§ 3. — Pluriels en -*en*............	252
(143)	§ 4. — Pluriels en -*e* sans métaphonie.........	258
(144)	§ 5. — Pluriels métaphoniques avec ou sans -*e*...	261
(145)	A. Métaphonie anglaise..................	262
(146)	B. Métaphonie allemande.................	264
(147)	§ 6. — Pluriels métaphoniques en -*er*...........	266
(148)	Section III. — *Les cas*.....................	268
(149)	§ 1er. — L'accusatif.................	268
(150)	§ 2. — Le génitif.................	270
(152)	§ 3. — Le datif.................	274
(153)	CHAPITRE III. — L'ADJECTIF.....................	278
(154)	Section Ire. — *Adjectif décliné*..................	279
(155)	§ 1er. — Déclinaison forte.............	279
(156)	§ 2. — Déclinaison faible.................	280
(157)	Section II. — *Adjectif amorphe*.................	282
	§ 1er. — En allemand.................	282
	§ 2. — En anglais.................	283
(158)	CHAPITRE IV. — LE PRONOM...................	285
(159)	Section Ire. — *Démonstratifs*..................	286
(160)	§ 1er. — Démonstratifs proprement dits..........	286
(161)	§ 2. — Interrogatifs et indéfinis..............	288
(162)	§ 3. — Pronoms relatifs.................	289
(163)	Section II. — *Pronoms personnels*....................	291
(164)	§ 1er. — 1re personne.................	291
(165)	§ 2. — 2e personne.................	293
(166)	§ 3. — 3e personne.................	294
(167)	§ 4. — Réfléchi.................	297
(168)	§ 5. — Possessifs.................	298

Nos		Pages
(170)	QUATRIÈME PARTIE.	
	LA CONJUGAISON.	303
(171)	CHAPITRE Ier. — LES TEMPS	305
(173)	Section Ire. — *Généralités sur le parfait*	307
(175)	Section II. — *Le parfait et le participe forts*	310
(176)	§ 1er. — Parfaits apophoniques	311
(179)	A. Type *drive = treiben*	314
(180)	B. Type *choose = kiesen*	316
(181)	C. Type *drink = trinken* et *swell = schwellen*	319
(182)	D. Type *steal = stehlen*	323
(183)	E. Type *see = sehen*	325
(184)	F. Type *slay = schlagen*	327
(185)	§ 2. — Parfaits redoublés	328
	G. Type unique *fall = fallen*	328
(186)	Section III. — *Le parfait et le participe faibles*	332
(187)	§ 1er. — Anomalies apparentes	333
(188)	§ 2. — Principe de formation	338
(189)	§ 3. — Détails d'application	342
(190)	CHAPITRE II. — LES MODES	345
(191)	Section Ire. — *Le subjonctif*	345
(192)	§ 1er. — Subjonctif du présent	346
(193)	§ 2. — Subjonctif du parfait	348
(196)	Section II. — *L'impératif*	352
(198)	CHAPITRE III. — LES DÉSINENCES	355
(199)	Section Ire. — *La conjugaison ordinaire*	355
(200)	§ 1er. — Désinences du présent	356
(204)	§ 2. — Métaphonie du présent	361
(208)	§ 3. — Désinences du parfait	366
(211)	§ 4. — Désinences du subjonctif	368
(213)	§ 5. — Désinences de l'impératif	370
(214)	§ 6. — Le pluriel verbal anglais	371
(215)	Section II. — *Les conjugaisons anomales*	374
(216)	§ 1er. — Le verbe « être »	374
(218)	§ 2. — Autres verbes radicaux	377
(222)	§ 3. — Les prétérito-présents	380
(223)	Type A	382
(224)	Type C	383

Nos		Pages
(225)	Type D	384
(226)	Type E	385
(227)	Type F	386
(228)	Hors cadres	386
(229)	CHAPITRE IV. — LES PÉRIPHRASES VERBALES	388
(230)	Section Ire. — *Les temps périphrastiques*	391
	§ 1er. — Le présent	391
(231)	§ 2. — Le passé	392
(232)	§ 3. — Le futur	394
(233)	Section II. — *Les modes périphrastiques*	396
	§ 1er. — L'indicatif	396
(234)	§ 2. — Le subjonctif	397
(235)	§ 3. — Le conditionnel	397
(236)	§ 4. — L'impératif	399
(237)	Section III. — *Les aspects périphrastiques*	399
(238)	§ 1er. — L'aspect réfléchi	399
(239)	§ 2. — L'aspect passif	400
(240)	CONCLUSION	403
	INDEX DES MOTS. — I. Anglais	405
	II. Allemand	413
	INDEX DES FINALES. — I. Anglais	423
	II. Allemand	424
	TABLE DES MATIÈRES	427

Lille Imp. L. Danel.

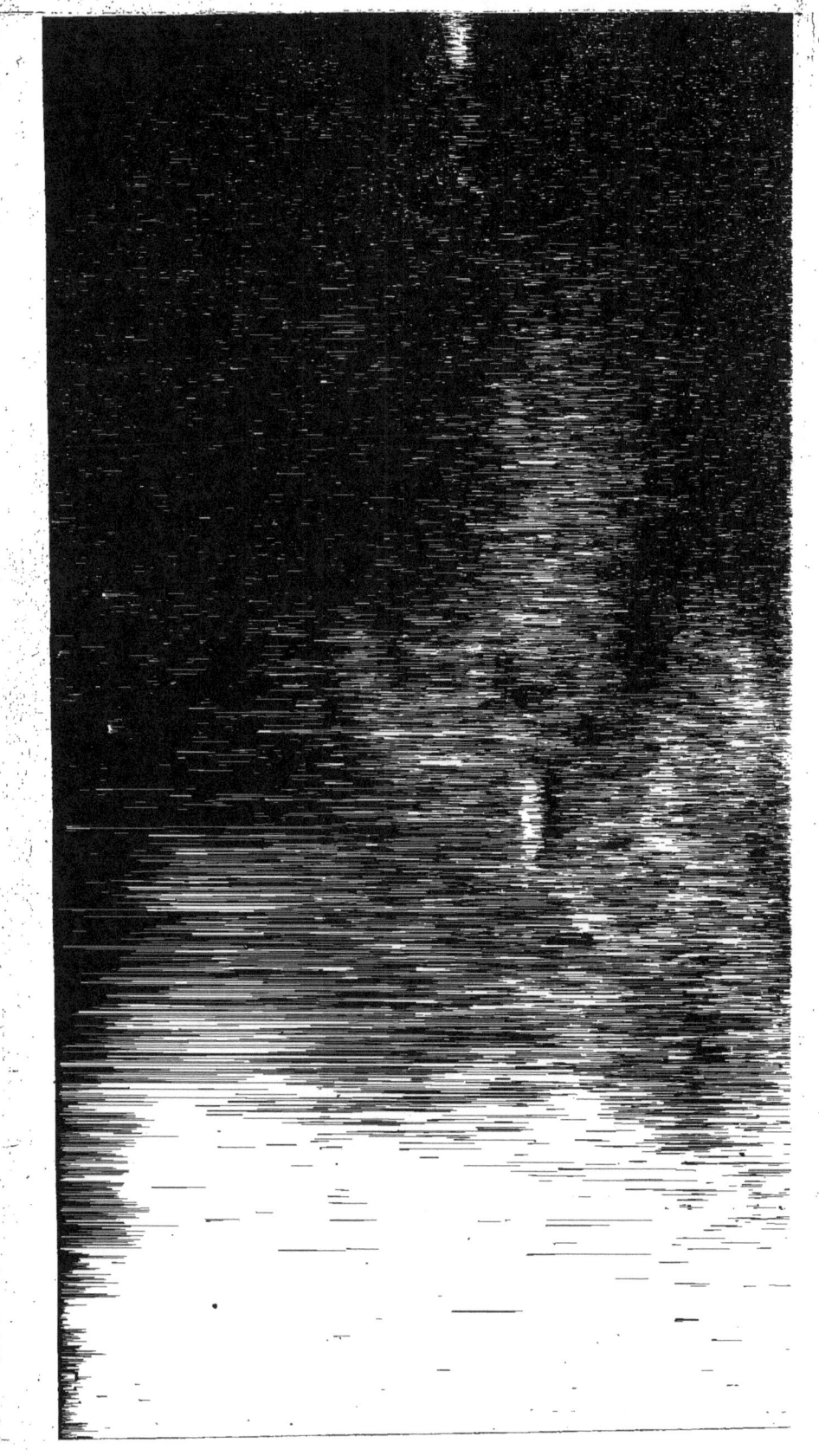